U0031386

OPENING
THE PATH TO IDEAS

THE
ORGANIZED MIND

THINKING STRAIGHT
IN THE AGE OF INFORMATION OVERLOAD

過載

洞察大腦決策的運作，重整過度負荷的心智和人生

DANIEL LEVITIN

丹尼爾‧列維廷 ————著 黃珮玲、謝雯伃 ————譯

《過載》好評推薦

我們領域強有力的發言人。列維廷用輕鬆又熟悉的方式談論大腦，引人入勝。

——大衛・胡貝爾（David Hubel），已故諾貝爾獎得主，因有關人類視覺系統資訊處理方面的發現獲獎。

引人入勝的書籍……結合神經科學和認知心理學，《過載》強調個人掌管自身注意力和記憶系統的重要性，才能促成效率最佳和令人滿意的生活。對於該如何組織我們的家園、社交圈、時間、決策和事業提供寶貴的見解。

——納丁 J. 卡思洛博士（Nadine J. Kaslow, PhD），美國專業心理學委員會主席。美國心理學會成員，埃莫里大學醫學院教授和副校長。

這本書不僅提示該如何清晰地思考和管理過載資訊，也一路引領我們遍覽當代神經科學和認知科學中最激勵人心的面向，並特別強調對日常生活的影響。任何曾對人類思維感到好奇的人會在這本有趣又實用的書中滿載而歸。

——史蒂芬・科斯林（Stephen Kosslyn），凱克研究所密涅瓦藝術和科學中心主任，前哈佛大學心理學系主任

《過載》是資訊超載影響的完美解藥。我喜歡這本書。

——史考特・圖羅（Scott Turow），紐約時報暢銷書《Identical and Innocent》作者

在預算和周轉金有限的情況下，要經營公共電視網主要電視連續劇不僅需要組織和效率，有時還需要來點魔法。列維廷在書中一窺大腦決策的內部運作方式就提供這額外的法力——也使得本書成為引人入勝的翔實紀錄！

——帕梅拉・霍根（Pamela Hogan），美國公共電視網艾美獎獲獎製片人

這是一本如何保持理智的指導手冊——如何制伏我們每天面對的源源不絕資訊與選擇，並將它導向我們自己的目標和目的。這是你的心靈使用說明書。

　　——國會議員艾倫・格雷森（Alan Grayson），美國眾議院

　　在資訊過多的時代，我們都需要改善心靈組織。隨著特有的清晰文筆和科學洞識，列維廷提點我們如何整理心靈衣櫥。我真的很喜歡這本書。

　　——約瑟夫・勒杜（Joseph LeDoux），紐約大學神經科學中心

　　列維廷又辦到了。先前他解釋過音樂和大腦的關係，現在他藉由大腦如何運作的關鍵洞察，提出組織我們生活各面向最好最有效的方式。他的迷人風格，深刻實際的知識，使我們從《過載》中學習到的不僅是我們何以這般處事的原因，還包括我們可以更順利、有效，甚至更愉快過生活的可能性。

　　——凱西・N・戴維森（Cathy N. Davidson），紐約市立大學研究生院未來
　　倡議計畫主持人，《眼見為憑》作者。

　　運用關於大腦與其運作方式的最新資訊，列維廷提出一系列如何組織自己生活和事業的理念。渴望高效率或是找到鑰匙的人都必須閱讀！

　　——大衛・艾德曼（David Eidelman），醫學博士，麥吉爾大學醫學院院長

　　《過載》適合對人類心靈如何組織我們周圍世界——以及偶爾失控——有興趣的人閱讀。本書引人入勝、機智、出色並富含科學內容：列維廷採納心靈運作的心理學和認知神經科學原則，顯現深入瞭解這些原則如何可能幫助我們改善組織日常生活。《怪誕經濟學》靠邊閃，書架上有新傢伙要來了。

　　——傑瑞・奧特曼（Gerry Altmann），康乃狄克大學心理學教授，《The
　　Ascent of Babel》作者。

極具天賦作家的非凡作品。

　　——已故菲爾・雷蒙（Phil Ramone），曾擔任鮑勃迪倫、艾瑞莎・富蘭克
　　林、艾爾頓強、帕華洛帝的製作人。

列維廷有趣、翔實、富有見地。這就像是有位神經學家的朋友，向你展示為你的大腦建立小小秩序如何能夠解放如此多的創意。

　　——萊恩‧布魯姆（Len Blum），《粉紅豹》、《Meatballs》編劇

這是一本好書，讓你思考你以為知道的事情，並進一步深思。列維廷才華洋溢。

　　——湯姆‧湯布瑞諾（Tom Tombrello），加州理工學院物理系羅伯特‧高達德講座教授

我一直在品味這本書並且不希望結束。一本精心打造充滿詩意的書。

　　——班‧席德藍（Ben Sidran），爵士鋼琴家，史蒂夫‧米勒樂隊的原始成員

從我作為海軍陸戰隊員到擔任內布拉斯加州州長和參議員，再到經營一所大學的經歷，我發現我生命中最具挑戰性的部分向來是處理不斷出現的衝突，以及經常令人分心的資訊所帶來的考驗。尤以現在為最。丹尼爾完美地指導如何使用最新的神經科學發現提升生產力和創造性。這本書將改善你的生活。

　　——鮑勃‧克里（Bob Kerrey），前美國參議員，前紐約新學院大學副校長

任何認真關注理解客戶的執行長或個人，都希望能更加瞭解人類大腦的複雜性。列維廷的求知欲和敏銳思維透過嶄新與獨到的見解，展現在《過載》一書中。

　　——約翰‧范豪斯（John Venhuizen），王牌五金公司總裁兼執行長

面對資訊過載的大腦因應之道

謝伯讓（台大心理學系教授）

　　2011 年，我購買了人生中第一台智慧型手機，同時也開始接觸當時最流行的即時通訊軟體和社群媒體。在當時，使用即時通訊軟體的朋友人數仍不算多，社群媒體上的資訊也都還在「可控」的範圍之內，在個人的臉書河道上，甚至還有機會能在滑動幾分鐘後就「見底」。但是很快地，科技和資訊的變化就進展到令人難以掌握。二十多年過後，仍在使用智慧型手機的人們，應該都會遇到一個十分惱人的困境：通訊軟體的簡訊內容已經多到難以消化。有很多時候，群組中的通訊內容根本就多無法一一細讀，只能選擇一鍵略過。而臉書河道上，則是不管如何快速地滑動，都會有永無止盡的新資訊冒出。

　　而這樣的現象，其實並不僅止於通訊和社群軟體。我們生活在資訊爆炸的年代，當今的資訊生產速度，遠遠超出一般人的想像和承載。根據粗略的估算，全世界即時通訊軟體的簡訊數量每分鐘超過一億則；視訊和語音通話每分鐘超過一百萬次；IG 和臉書等社群媒體每分鐘的分享圖文超過一百萬則；Youtube 和網飛的影片總長度則是超過一億五千萬個小時。

　　當資訊量遠超過大腦記憶力的負荷時，我們究竟該如何應對？

　　其實關於這個問題，人類早已不是第一次面對。綜觀人類的近代演化歷史，在將近五千至一萬年前的人類農業革命時期過後，就因商業需求而產出了大量交易資訊紀錄，而這可能就是人類第一次面臨資訊超載的時刻。當時人類的因應之道，就是創造出文字和數字紀錄來將大腦記不住的資訊「外部化」。

　　同樣地，當人類大量聚集並進入中央集權的時代之後，在祭祀、歷史和其他知識領域，文字和石板或紙書等「記憶外掛」的出現，也讓我們記憶能

夠透過「外延」的形式被記住、散播和流傳下去。

這種將記憶外部化的做法，一直是人類在面對資訊超載時的典型做法。例如每日要面對大量商業或人際訊息的企業主管或政治人物，通常也會將超載的資訊外包到私人秘書或電子記事本上，讓這些外掛的記憶體來提醒我們各種該記住卻記不住的資訊。

2011 年發表於《科學》期刊上的「谷歌效應」，也顯示出用慣網路搜尋引擎的受試者，會想要把記憶資訊的工作外包，讓搜尋引擎去協助記憶超出大腦負荷的過多資訊。該實驗發現，人們想要回答複雜問題時，腦中時常會先想到搜尋引擎。而且當受試者知道眼前的某個訊息會被儲存在電腦或網路上時，就會刻意不去記憶該資訊的內容。該實驗也發現，在面對網路和搜尋引擎時，人們傾向於去記住資訊的保存位置（資訊位於哪個網站或是如何搜尋到該資訊）而非去記住資訊的內容。這些現象都告訴我們一個鐵錚錚的事實，就是大腦的記憶力有限，而且各種協助記憶的「外掛策略」無所不在。

在明白了人類喜歡將超載的資訊外包給各種「記憶外掛」的現象之後，大家可能會開始納悶：如果我們請不起私人秘書、不擅長使用電子記事本、或是在面對無法使用谷歌的情境（例如每天在日常生活中遇到的龐雜資訊）時，腦科學是否能夠提供我們一些管理和記憶資訊的「外掛」訣竅呢？

關於這個問題，加拿大蒙特婁麥基爾大學心理學暨神經科學教授列維廷在本書中提出了一個指引方針。諸如空間資訊、社交資訊、時間資訊、人生重要決策相關資訊、商業企業管理資訊等，列維廷都在書中提出了符合大腦習性的各種資訊管理建議。除此之外，在教育、資訊判讀，以及激發創意等面向，列維廷也都提出了獨到的見解。

如果你也在資訊洪流中掙扎想著不被淹沒，那麼《過載》這片浮木，或許就是能讓你逃過滅頂之災的關鍵。甚至它還可能成為一只方舟，帶你在資訊的大海上乘風破浪，重整過度負荷的心智和人生！

獻給教育我的父母

目次

Part Three 第三部

資訊與大腦煞費苦心的組織方式

INTRODUCTION: Information and Conscientious Organization

我們人類，長久以來追求提升神經性能的表現——這是改善演化所賦予我們大腦的方式。我們訓練大腦成為更可靠並且更有效率的盟友，以幫助我們實現目標。法學院、商學院、醫學院、音樂學院和體育課程，都力求善用人腦潛力，以實現更高水準的成就，並在這競爭日益激烈的世界中佔有優勢。藉由人類智慧的龐大力量，我們設計一套系統，將我們的大腦從雜亂無章中解放，幫助我們記住那些我們無法信任自己能記住的細節。所有這些創新設計都能提升我們大腦的效能，或將大腦的部分功能下放到外部資源。

神經強化的一大進展發生在不過五千年之前。當時的人類發現，透過改變遊戲的方式，能夠提升大腦的記憶和索引系統的容量。文字的發明向來是為人所稱道的突破，但相形之下，少有人確實知道人類最早寫下的是什麼——大多是簡單的食譜、銷售單據和商業庫存紀錄。

大約在西元 3000 年前，我們的祖先開始從游牧生活進入城市，在日益擴充的城市和商業中心定居。城市之間增長的貿易，給個別商家帶來記憶的壓力，使得早期的書寫成為記錄商業交易的一項重要構成要素。詩歌、歷史、戰術，以及指導建設複雜的建築工程，則是後話。

文字發明之前，我們的祖先不得不依靠記憶、草圖或音樂，將重要資訊納入保存。當然記憶難免出錯，但出於檢索的限制多過儲存的限制。某些神經學家認為，幾乎每項意識的經驗都儲存在你腦中某個位置，然而難處在於

找到它，並且再次將之提取出來。而提取出來的資訊常常不完整、扭曲或會造成誤導。

情節特殊的生動故事經常出現在我們的腦海裡，遠勝過根據大量觀察得出的統計資料，然而後者才能更準確地幫助我們在社交世界中，針對醫療、投資或人們是否值得信任做出正確的決定。這種對故事的喜愛，只是我們大腦運作的眾多衍生產品與副作用之一。

理解人類在採行狩獵和採集生活時，就已經發展了上萬年的思維和決策模式，對於思考這問題很有助益。我們的基因還沒有完全跟上現代文明的要求，但幸運的是，人類的知識已經趕上了——我們現在更瞭解如何克服演化的限制。這是個關於人類如何從文明伊始應對資訊和組織的故事。這則故事也是最成功的社會成員，包括成功的藝術家、運動員和戰士，以及企業主管、資歷完整的專業人士等等，如何透過組織他們的生活，最大限度地發揮其創造力和效率，使他們浪費較少的時間在俗事上，而把更多時間花在生活中具有啟發性、讓人感到欣慰和獲得成就感的事情上。

藉由書寫，人類的大腦被解放

認知心理學家在過去的二十年內，提供了如山鐵證說明記憶是靠不住的。而更糟糕的是，我們對虛假的記憶展現出過人的自信。這不只是我們記錯東西（這已經夠糟了），而是我們甚至不知道我們記錯了，固執地堅持不準確的記憶其實是真實的。

大約五千年前，第一批想出如何將事情寫下來的人，本質上是試圖增加人類大腦記憶系統之一的海馬迴的能力。藉由將部分記憶保存在泥板、洞穴的牆壁，以及日後的莎草紙和羊皮紙上，他們有效地擴充人類記憶的自然限制。然後我們發展了其他機制，例如日曆、文件櫃、電腦和智慧型手機，幫忙組織和儲存我們所寫下的資訊。當我們的電腦或智慧型手機運作開始變慢，我們可能會購買一張容量更大的記憶卡。記憶在這裡既是一種隱喻，也是外在的現實。我們將通常由我們的神經元進行的處理程序，大量下放到外部設備，變成我們大腦的擴充、一種神經增強器。

這些外部記憶機制通常有兩種類型，不是依循大腦本身的組織系統、就是重塑它，有時則是克服其局限性。知道它們的類型，可以強化我們利用這些系統的方式，從而改善我們面對過載資訊的能力。

一旦記憶隨著文字開始外部化，書寫者的大腦和注意力系統就被解放，能專注於其他事項上。但是隨著最早的文字而來的是儲存、索引和存取的問題：記下來的東西該存在哪裡（包括上面的資訊）才不會弄丟呢？如果記錄的資訊本身就是提醒，或某種石器時代的「待辦事項」清單，書寫者就必須要記得查看它，以及它所在的位置。

假設有份文件包含食用植物的相關資訊，也許這是某人看到最喜愛的叔叔，因食用某種有毒漿果而亡的可怖景象後所寫下的──想留下該種植物的樣貌，以及如何與外觀類似但營養豐富的植物做出區分的資訊。索引的問題則在於根據你的需要，你在儲存這份報告時的幾種可能性：它可以與其他有關植物、家族史、烹飪，或是與如何毒害敵人的文件一起儲存。

人類大腦透過關聯性存取記憶

這裡我們看到人類大腦與其設計最引人注目的兩項特性：豐富性和關聯性存取。豐富性是指你曾經想過或經歷過的大量事情，仍存在腦中某處的理論。關聯性存取則意味著，你的想法可以透過語義或感知聯想，以多種不同的方式使用──記憶可以經由相關字、類別名稱、氣味、一首老歌或照片觸發，甚至看似隨意的神經觸發，也可能將記憶帶向意識層面。

無論儲存位置在什麼地方，任何記憶都能被擷取出來，這是電腦科學家所謂的隨機存取。DVD 和硬碟就是以這種方式運作；錄影帶則否。你可以跳轉 DVD 或硬碟上的電影到你所指定的任何一幕；但要將錄影帶轉到特定的一幕，你需要先經過該幕之前的所有畫面（循序存取）。我們隨機從多條線索擷取記憶的能力特別強大，電腦科學家稱之為「關聯式記憶」。你可能聽說過關聯式資料庫──這就是人類記憶實際上運作的狀況（這點在第三章還會提到）。

關聯式記憶意味著，如果我希望你想到消防車，我可以用許多不同的方

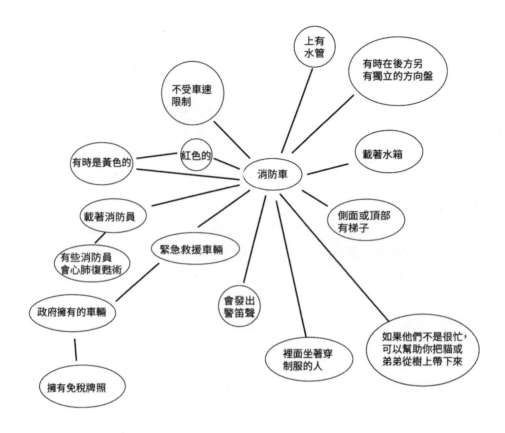

式誘導你的記憶。我可以製造警笛聲，或是對你口頭描述，如「是輛紅色的大卡車，側邊有梯子，通常在回應某種緊急狀況」。我可能嘗試運用聯想遊戲誘導概念出現，要求你在一分鐘內盡可能提出紅色的事物（一般人會在這類遊戲中提到「消防車」），或是提出越多緊急救援車種越好，這所有事物都具有消防車的特性：它是紅色的、是種緊急救援車輛、會鳴警笛、有特別的大小和形狀、通常在其中或上方會看到身著制服的男女等等，僅有少部分的車輛會像它一樣旁邊附有梯子。

　　如果你剛開始思索上段最後一句所提到的其他附有梯子的車輛，例如電話公司維修車或是安裝窗戶、修繕屋頂和清掃煙囪的貨車，那麼你得出了重要的一項觀點：我們可以用許多看似無限的方式分類事物，而這些線索中的任何一項都有自己的路徑，可以通往你大腦中代表消防車的神經元節點。

　　下圖中的消防車概念，是由位於中心的圓圈所代表——這個節點相應於

大腦中的神經元叢集，該神經元叢集會連接到其他代表消防車不同功能或特性的神經元叢集。其他與消防車關聯最密切的概念，會較快速地從記憶中檢索到，顯示在圖中較接近消防車節點的位置（在大腦中，它們實際上可能並未更接近，而是神經連接更強，所以更容易檢索到）。因此，表示消防車是紅色的節點，比指出它有時在後方另有獨立方向盤的節點，更靠近中心。

　　大腦中的神經網絡除了有再現事物的特性外，也會將這些特性以關聯性的方式連接到其他事物。消防車是紅色的，但我們能聯想到很多其他紅色的事物，例如櫻桃、番茄、蘋果、血液、玫瑰、部分美國國旗，以及陽光少女加州葡萄乾的外包裝。你有沒有想過，為什麼如果有人要求你提出一堆紅色的事物，你能如此迅速地辦到？這是因為當你專注思想紅色的事物時，以神經元節點作為代表，你啟動了電子化學活性反應，這反應會通過網絡並沿著分支，向下到你的大腦中所有其他一切與之相連接的事物。下方圖中，我在典型的神經網絡上，又重疊加入了與消防車相關的其他資訊節點——像是其

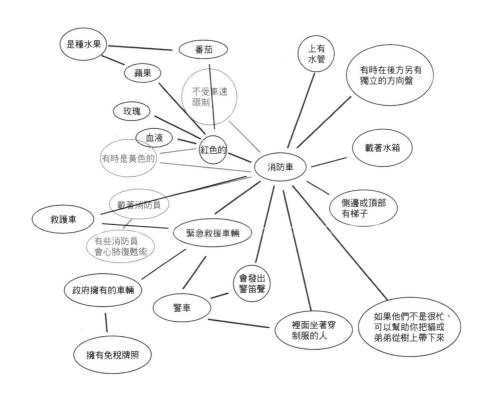

他紅色事物、會發出警報聲的東西等等。

想想一項記憶往往會刺激其他記憶產生，這既是優點也是缺點。如果你想檢索一項特定記憶，激發的洪流可能會引起不同節點之間的競爭，讓試圖突破浮上意識的神經節點堵塞在一起，最終你什麼也沒有想起。

古希臘人設法透過大腦訓練增進記憶力，像是記憶宮殿和位置記憶法。在此同時，他們和埃及人更成為資訊外部化的專家，發明了現代化圖書館，成為外部化知識的龐大資料庫。我們不知道當他們這麼做時，伴隨著的是何種智力活動的迸發（也許是人類的日常經驗達到一定程度的複雜性）。但是我們人類想讓自身生活、環境，甚至想法變得組織化的需求依然旺盛，這種需求不單是後天學習而來，而是出於生理上的迫切需要——動物本能地組織牠們的環境。大多數哺乳動物天生內建的設定，會將自己的排泄物帶離吃飯睡覺的場所。狗知道要收集牠們的玩具，並放在籃子裡。螞蟻會將死亡成員從蟻穴帶到墓地。某些鳥類和鼠類會在巢穴周圍建立結構對稱的障礙物，以便能更輕易檢測到入侵者來襲。

大腦像個老房子，不斷進行零星翻修

理解組織化心靈的關鍵，在於認識到它不會依照你所希望的方式整理東西。它雖然極富彈性，卻是預先配置好的，奠基在演化超過幾萬年的系統上，負責處理與我們今日相較種類跟數量都顯然有所不同的資訊內容。

更具體地說：大腦組織資訊的方式，不會像是你規劃家中書房或浴室藥品櫃那樣，你不能把東西放在任何你想放置的地點。大腦演化的結構雜亂無章又不連貫，還使用多個系統，每個偏偏還有自己的主見。演化並不設計或建立系統——長遠來看，它採行能使生存獲益的系統（如果更好的方式出現，它就會採用）。沒有一位掌理一切的策劃者來推動這些系統，促成它們協調運作。大腦不是新式建築，而比較像是一間老舊的大房子，每個樓層都做了零星的翻修。

你可以想想下面的例子當作類比：你擁有一間老房子，房子裡一切的東西都有點老舊，但你覺得還可以接受。在一個特別炎熱的夏天裡，你在房間

裡裝了台冷氣。幾年後，當你手上有更多的錢，你決定裝設中央空調系統。但你沒有移除臥室裡的那台冷氣——為什麼要移除呢？它可能會派上用場，況且它已被螺絲釘固定在牆上了。再過了幾年，你遇到嚴重的水管管線問題，裝設在牆壁裡的水管破裂。水電工需要撬開牆壁並鋪設新的水管，但理想情況下應該鋪設新水管的位置被中央空調系統給擋住了，於是水電工只好讓新的水管管線繞遠路穿過閣樓。目前一切運作正常，直到某個特別寒冷的冬天，未經絕緣處理的閣樓讓水管凍結了，如果你當初讓水管埋在牆中，就不會發生這種事，但因為中央空調系統的關係，讓你無法這樣做。如果你從一開始就將這一切納入規劃當中，你必然會採取不同的做法，但你沒有——你是在有需要時一次添加一點東西。

演化以大致相同的方式打造我們的大腦。當然，演化沒有意志、也沒有計畫。演化並不能決定你記憶事物的能力，你放置記憶的系統是逐步透過修改和天擇的遺傳過程而來的，它的演化獨立於你對事實和數據的記憶。這兩個系統可能透過進一步的演化過程攜手合作，但它們不一定會做到這一點；而且在某些情況下，它們可能是相互衝突的。

瞭解我們的大腦如何組織資訊，有助於我們運用而非對抗我們所擁有的系統。大腦像是由不同系統組成的大雜燴，每個系統負責解決特定的適應性問題。它們有時攜手合作、有時發生衝突、有時甚至彼此不相往來。我們能控制和改善組織過程的兩項關鍵途徑，就是去瞭解我們將資訊輸入到記憶中的方式（如何納入），以及輸出記憶的方式（如何檢索）。本書將在第二章和第三章拆解這個部分。

我們為什麼總是搞丟東西？

管理我們注意力和記憶系統的需求從未如此巨大，我們的大腦比起以往任何時候都更加繁忙。我們被貌似資訊的事實、偽事實、閒談和傳聞所襲擊，試圖釐清什麼是你需要知道的、什麼又是你可以忽略的，這一切讓人筋疲力盡。而在同一時間，我們還有更多事情要做。結果是，試圖找出時間為所有不同的活動做安排，成為我們龐大的挑戰。三十年前，旅行社幫我們預定機

票和火車票、售貨員幫我們尋找商品、專業打字員或秘書幫大忙人處理書信往來，現在這類事情大部分我們都得自己來。

資訊時代將大量先前由我們稱之為資訊專家所做的工作，轉嫁到我們自己身上。我們一邊做十人份的工作，一邊同時試圖跟上我們的生活、事業、愛好，以及喜愛的電視節目，並與我們的孩子、父母與朋友保持聯繫。這也難怪，有時記憶會彼此混淆，導致我們在錯誤的日子出現在正確的地方，或是忘記最後我們把眼鏡或遙控器放在哪裡的這類小事。

每一天，我們當中有數以百萬計的人弄掉鑰匙、駕照、錢包，或是上面記有重要電話號碼的紙條。我們不只弄丟實物，也忘了我們應該記住的像是電子郵件或網站的密碼、提款卡密碼等重要資訊——這在認知上來說相當於弄丟鑰匙。這些都不是雞毛蒜皮的事情，因為人們搞丟的不是肥皂或是水果盤中的幾棵葡萄這類比較容易取代的事物。我們的記憶大體上來說不會出錯，我們只會針對一兩件事產生特定而暫時的記憶錯誤。當你在那幾分鐘內瘋狂尋找你弄掉的鑰匙時，你（可能）還記得你的名字和住址、電視機擺放的位置，以及早餐的內容，但就是這項記憶讓人惱火地出錯。證據顯示，有些東西搞丟的次數遠超過其他東西：我們常常弄丟我們的車鑰匙，而不是車子；弄丟我們的錢包或手機，而非辦公桌上的釘書機或廚房裡的湯匙；我們找不到的往往是大衣、毛衣和鞋子，而非褲子。長期來看，理解大腦的注意力和記憶系統如何相互作用，可以將記憶的失誤減到最低。

我們往往會搞丟這類而非那類事物的單純事實，說明了我們的大腦如何運作，以及為什麼事情會出錯的大量內容。這本書關注的就是這兩者。我希望本書是防止這類損失的有效指南。任何人都能盡量減少弄丟東西的可能性，並在真的弄丟東西時盡快恢復正常。越是透徹瞭解指示和計畫內容，便越能遵循它們（認知心理學家都會這麼說），所以本書討論了我們組織化心靈的眾多不同面向。

我們將回顧過去幾個世紀以來，人類曾嘗試過的組織系統歷史，這樣我們就可以看到成功與失敗的例子以及原因。首先，我會解釋為什麼我們會遺忘東西，以及那些聰明又有組織的人會採取何種方式避免遺忘。故事的一部分涉及我們小時候如何學會事情。好消息是，我們可以重新審視童年思維的

某些面向，來幫助已經成年的我們。或許這故事的核心，是將我們的時間組織得更好，讓我們不只更有效率、也能將更多時間投注在樂趣、遊戲、有意義的關係以及創造力上。

我也會談到企業組織，它們被稱為組織是有原因的。企業就像是大腦的擴展，當中個別工作人員的功能有點像是神經元。企業往往是一群擁有共同目標的個人之集合，每位工作人員履行某項專門的功能。因為分散處理，企業的日常業務表現通常比個人的表現更佳。

在大型企業中，會有準時支付帳單的部門（應付帳款），也會有保管鑰匙的部門（實體設備或保全）。儘管個別工作人員都可能會犯錯，系統和備用人力通常（或者應該）還是能發揮作用，確保不會因為一個人的一時分心而造成全面性的停擺。當然，企業的組織並不總是完美，讓我們弄丟汽車鑰匙的相同大腦認知區塊，也會造成企業損失——不管是在利潤、客戶或市場上的競爭地位各方面都是如此。管理顧問是我的副業，我因此看見效率低下和缺乏監督，會造成不同種類的問題。我從業務興旺與身陷危機的企業身上偷偷學到很多東西。

你有沒有一個專門堆放雜物的抽屜？

組織化心靈能輕鬆促成良好決策。在我還是大學生時，遇到兩位出色的教授——阿莫斯・特沃斯基（Amos Tversky）和李・羅斯（Lee Ross），他們兩人均是社會判斷和決策的科學研究先驅，引發我們好奇人們究竟是如何在社交世界中評估他人，並與之互動產生，以及將各種偏見和誤導帶入人際關係中的。阿莫斯與他的同事康納曼（Daniel Kahneman，他在阿莫斯去世幾年後，因兩人攜手合作的研究贏得諾貝爾獎）發現一系列系統的偏誤，阻擾人類大腦評估證據和處理資訊。

我在大學裡持續教授學生這類知識二十年了，我的學生也幫我設想各種辦法來解釋這些錯誤，好讓我們能輕鬆改善決策。當中的利害關係在醫療決策上特別明顯，錯誤的決定會立即產生嚴重的後果。現有的資料都說明了，大部分的臨床醫生訓練中並不包括這些簡單的規則，也不理解統計推理，結

果醫生可能會糊里糊塗地給出意見。這樣的建議可能導致你服用藥物或接受手術，卻只有非常低的統計機率能讓你獲得改善。相對地，卻有比較高的統計機率會讓你變得更糟（本書第六章會專門討論這個問題）。

有待我們牢記的資訊與小東西數量前所未見，在這個 iPod 和隨身碟的時代，你的智慧型手機可以錄製影片、瀏覽兩億個網站，並告訴你蔓越莓司康蛋糕有多少卡路里的同時，我們當中大多數人仍採用電腦出現前的那個時代所存在的系統試圖記住東西的位置。這肯定還有改進的餘地。

電腦的主要隱喻，是基於 1950 年代電視劇《廣告狂人》的組織策略：文件放在桌面的文件夾裡。今日即便是電腦（電子計算器）這個詞都已經過時了，大多數人完全不使用電腦進行計算——電腦反而變成每個人自家廚房都有的雜亂大抽屜，在我家稱之為雜物抽屜。有天我到一位朋友家，下面是我在他的雜物抽屜裡找到的物品（我只需提問：你有沒有這樣一個抽屜，當你不知道該把東西往哪裡放時就會扔進這個抽屜裡？）

電池

橡皮筋

烤羊肉串

繩子

包塑金屬絲 [1]

照片

37 分零錢

一個空的 DVD 盒

沒有盒子的 DVD（不幸的是，跟上面的盒子不是一組的）

油漆廚房時可用來遮住煙霧探測器的橘色塑膠蓋，因為油漆味會觸動探
測器

火柴

不同尺寸的木質螺絲丁三根，其中一根上面有螺紋

1　譯注：用來綁緊塑膠袋口或是綑綁電線。

塑膠叉子

垃圾處理專用扳手，他不確定用途

去年夏天戴夫‧馬修斯樂隊演唱會票根兩張

兩把已經存在至少十年的鑰匙，家裡沒有人知道它們是做什麼用的（卻
　　不敢扔掉）

兩支筆，都不能寫了

半打他不知道是做什麼用的東西，但是不敢丟掉

　　我們的電腦也是一樣，只是雜亂無章的程度超過數千倍。我們的電腦裡有我們搞不清楚的文件，也有當我們閱讀電子郵件時因意外而神不知鬼不覺出現的文件，還有同一份文件的多個版本，很難知道哪個才是最新版本。我們的「電腦」已成為一個裝滿電子文件的大型、難堪又雜亂到難以置信的廚房抽屜，包括一些不確定來源或功能的文件。我的助手讓我瞧瞧她的電腦，部分的目錄顯示以下內容，我發現很多人電腦中都有這樣的特徵：

照片

影片

音樂

貓戴著派對帽、或是用 Photoshop 處理過有著人嘴的微笑豬螢幕保護程式

稅單

旅行行程安排

信件

帳戶號碼

遊戲

記載預約的本子

要閱讀的文章

與工作相關的各種表格：請假單、季報告、病假計算、要求從工資中扣
　　除退休金的申請書、本書的存檔副本（以防萬一我弄丟我的存檔）

幾十份清單——當地的餐館、大學批准的飯店、系所成員的辦公室地點

和電話號碼、緊急電話清單、各種災難情況下的安全程序、處理老舊設備的草案等等

軟體更新

無法再使用的舊版軟體

數十種外文鍵盤分布和字體檔案，以防萬一她需要鍵入羅馬尼亞文、捷克文、日本或是古代或現代希伯來文字母

小型的電子版「便利貼」，提醒她重要文件的位置，或如何執行某項功能（諸如增加或刪除便利貼檔案，或是改變它的顏色）

我們沒有弄丟更多東西真是一項奇蹟。

掌握細膩的組織技術，擺脫資訊過載的困境

當然，我們當中某些人比其他人更有條理。人與人之間的差異成千上萬，在此之上可以建立數學模型說明一大部分的差異，並將人們之間的差異以五個類別條列：

外向

合群

神經質

樂於接受新體驗

責任感

在這五項類別之中，認真追求條理的特質與責任感最高度相關。責任感包括：勤奮、自制力、不屈不撓和對秩序的渴望。這回過頭來，也是人類許多重要結果的最佳預測指標，包括：死亡率、壽命、受教育程度，以及一系列相關的事業成功標準。責任感與外科和移植手術後的較佳恢復效果有關。幼兒期的責任感與數十年後的積極成果相關。總而言之，證據表明，隨著社會變得更加西化和複雜，責任感越來越重要。

記憶力和注意力的認知神經科學，即我們增進對大腦及其演化和局限的認識，有助我們更能面對這個越來越多人感到自己快速奔跑，不過是為了保持原地站立的世界。一般美國人都有睡眠不足、壓力過大，以及沒有足夠時間做想做的事情的問題。顯然，我們還有改善空間。

我們當中有些人的表現較佳，而我有機會和他們交談。《財富》雜誌前五百大企業的執行長和其他成就非凡者的個人助理，讓他們的老闆在工作滿檔時仍找得出時間玩樂放鬆。他們和他們的老闆並未陷入資訊過載的困境，因為他們受益於組織的技術，當中包括許多嶄新與相當老套的技術。他們的系統某些聽起來很熟悉，某些則否，還有一些是令人匪夷所思的細緻；然而它們都能造成深遠的差異。

沒有一套系統能適用於所有人，這是因為我們每個人都是獨特的，但在下面章節中所包含的一般性原則，是任何人都可以應用，以重新取得秩序感，並重拾花費在試圖克服混亂心智所失去的時間。

PART ONE

第一部

第一章

過多資訊，眾多決定：
認知超載的內部歷史

TOO MUCH INFORMATION, TOO MUCH DECISIONS
The Inside History of Cognitive Overload

我有幸遇過最優秀的學生，出生於共產主義統治下由尼古拉·西奧塞古（Nicolae Ceauşescu）高壓殘暴統治的羅馬尼亞。雖然共產黨政權在她十一歲就垮台，但她仍清楚記得大排長龍領取食物與物資短缺的情況，以及政權傾覆後仍長時間持續的經濟匱乏。伊娃娜雖然年輕，卻聰明充滿好奇心，具有學者的真正本色：當她遇上新的科學思想或問題時，她會從各個角度切入，閱讀她手邊能得到的任何資料。

我遇見她時，她剛抵達北美。就讀大學的第一個學期，她選修我的思考和推理心理學導讀課程。雖然這堂課的學生人數超過七百名，但她在課堂上回答問題時展現的周密思慮，與我會談時尖銳地提問，還有不斷提出的新實驗，都讓她從一開始就嶄露頭角。某天，我在大學書店遇到她，那時她正佇立在擺設各種筆類的走道上一動也不動。她無精打采地靠著展示架，顯然極其煩惱。

「一切還好嗎？」我問她。

「生活在美國，可以是非常糟糕的一件事，」伊娃娜說。

「和共產時期的羅馬尼亞相比！？」

「所有事情都複雜極了。我要找一間學生公寓。租約該怎麼訂？[1]要不

要附帶家具？頂樓或是一樓？鋪有地毯或是硬木地板⋯⋯」

「你決定好了嗎？」

「對，我最終做出了決定。但我不可能知道哪個決定才是最好的。而現在⋯⋯」她說話的聲音越來越微弱。

「是公寓出問題嗎？」

「不，公寓很好。但我今天來書店四趟了。瞧！這一整排的筆。在羅馬尼亞，我們只有三種筆。而且它們總是缺貨，也就是說，實際上一支筆都買不到。在美國，有超過五十種形形色色的筆。我在生物學課堂上該用哪種筆？詩學呢？我需要的是氈尖筆、[2] 鋼筆、中性筆、可補充墨水的筆，還是可擦去墨跡的筆？原子筆、簽字筆，還是鋼珠筆？我在這裡看了一個小時的說明標籤。」

快樂的人運用滿意度做決定

我們每天都需要做出幾十個決定，其中大部分可說是微不足道或是不重要的決定，像是要先穿左腳或是右腳的襪子？乘坐公車或是地鐵上班？該吃些什麼或是到哪裡購物？當我們旅行時，無需遠赴其他國家，即使只是到不同的州，我們也能體會伊娃娜迷失的感受。商店不同，商品也殊異。面對這樣的情況，多數人採用的是所謂的「滿意度」策略，這是組織理論和資訊處理領域的創始人——諾貝爾獎得主赫伯特・西蒙（Herbert Simon）——所創造的術語。西蒙想要找一個詞來形容那些夠好卻非最佳的選擇，用以說明針對無關緊要的事情，我們的決定只要做到令我們自己滿意那就夠了。你並不真的知道你選擇的乾洗店是否是最好的——你只知道它們夠好，而這一點幫助你做出決定，因為你沒有時間比較住家附近二十四個街區內所有的乾洗店。Dean & DeLuca[3] 真的有最棒的外帶美食嗎？這不重要，重點是它的外帶食物

1　譯注：作者原文是「Rent or lease?」Rent 是單純地付錢租用物品，lease 則是日後若決定購買該項物品，先前所付租金可抵付價款。Lease 所要求的租金價格通常較高。

2　譯注：氈尖筆（felt tip）就像著色用的彩色筆，筆尖是一塊氈毛。

3　譯注：美國超市。

品質夠好。

　　滿意度是人類行為生產力的基礎，為了不浪費時間在無關緊要的決定上，我們都會用上它，或者更精確地說，當我們不想浪費時間試圖改善不會使我們的幸福感或滿意度產生顯著差異的決定時，我們會採取滿意度策略。

　　每個人在清理家裡時都會使出滿意度這一招。如果我們每天趴在地上用牙刷清潔磁磚縫，或是每天都擦洗窗戶和牆壁，房子將會一塵不染。但是即便僅是一週一次的清潔，都很少有人願意如此大費周章（當我們這麼做時，很可能會被認定有強迫症傾向）。對於大多數人來說，我們只要將房子清理到夠乾淨，達到某種付出與效益平衡就可以了。滿意度的核心就是這種成本效益分析（西蒙也是一位受人尊敬的經濟學家）。

　　最近的社會心理學研究顯示，快樂的人所擁有的並沒有比較多，而是他們對所擁有的東西感到滿足。快樂的人持續運用滿意度模式做出決定，即使他們並不自知。沃倫‧巴菲特（Warren Buffett）[4] 可說是將滿意度決定模式發揮到極致的人，身為世界首富，他在奧馬哈離高速公路僅一個街區的小房子裡住了五十年。他曾告訴電台記者，如果要在紐約待上一週，他會給自己買一加侖的牛奶和一箱奧利奧餅乾當作早餐。不過，巴菲特在投資上並沒有使用滿意度策略；滿意度這項決策模式，是避免浪費時間在無足輕重小事上的工具。至於生死攸關的事情，追求卓越的老派作風仍是正確的策略。難道你希望你的醫生、你所搭乘飛機的技術工程師，或是執導一億美元電影的導演，只求做到夠好就可以了嗎？還是你希望他盡力做到最好？有時候你需要的不僅僅是奧利奧餅乾和牛奶。

消費者選擇爆炸的時代

　　令我這位羅馬尼亞學生沮喪的原因，有部分可以歸類為文化震撼——浸淫在陌生的環境裡而缺乏熟悉感。但這不是她個人獨有的問題，上一代

4　譯注：出生於美國內布拉斯加州的奧馬哈的投資家，所擁有的財富名列全球前茅，除了精準的投資眼光外，亦以生活儉樸為人所周知。

的人就已經面臨消費者選擇爆炸的問題。在 1976 年，超市平均擺放九千種不同的產品；而今天，這個數字已經激增到四萬種，然而一般顧客只需要一百五十種不同的超市商品，就能滿足 80% 的需求。這意味著我們得對商店裡三萬九千八百五十項商品視而不見。這還只是在超市的情況。據估計，今日在美國就有超過百萬種產品（這是根據簡稱 SKUs 或稱保存庫存控制的最小可用單位，即我們購買商品上的條碼代表系統所做的統計）。

選擇購買或視而不見都是要付出代價的。神經學家已經發現，過多的決定可能造成生產力不足或是缺乏動機。雖然我們大多數人在被要求下，都能順利依據決定的重要性排出優先順序，但我們的大腦並不會自動自發這麼做。伊娃娜知道跟上課業比買筆更重要，但面對日常生活中眾多如此瑣碎的選擇，還是會讓她感到神經疲勞，缺乏力氣面對真正重要的決定。最近的研究顯示，被要求做出一連串無意義決定的人——諸如是用圓珠筆或氈尖筆寫字這類決定——較難控制衝動，並對後續的決定缺乏判斷力。

這就好像我們的大腦構造每天只能做出一定數量的決定，一旦達到極限，不管事情有多重要都無以為繼。晚近神經科學界最有用的發現之一可概括為下面這句話：我們大腦的決策網絡沒辦法判定優先順序。

今天我們所面對的資訊量前所未見，我們每個人均生產資訊量遠勝於人類過往歷史。就像是前波音科學家暨《紐約時報》作家丹尼斯·奧佛拜（Dennis Overbye）所指出的，這些資訊潮流中包含「越來越多與我們生活相關的資訊：我們在哪裡購物、買些什麼東西，還有我們人現在到底在哪裡？經濟發展、無數我們不知其名的微生物基因組、難以數盡的銀河系繁星、新加坡的塞車路況，以及火星的天氣情況……」。這樣的資訊「從日益巨型的電腦轉向每個人的指尖，以越來越快的速度落下，我們使用著比操控阿波羅太空任務還更具處理能力的設備」。

資訊科學家對所有這一切做過定量分析。2011 年，美國人每天接收的資訊量是 1986 年的五倍，相當於一百七十五份報紙。工作以外的閒暇時間，我們每個人每天經手的資訊量是三百四十億位元組或十萬字。全球兩萬一千兩百七十四家電視台，每天製作八萬五千小時的原創節目，而我們每天平均觀看五小時的電視，相當於兩百億位元組的音頻和視頻影像。這還不包括

YouTube 每小時上傳六千小時長度的影像。至於電腦遊戲？人們打電動使用的位元組，超過包括 DVD、電視、書籍、雜誌和網路在內所有媒體的總和。

　　光是想維護我們自己的媒體和電子文件，就已經讓人喘不過氣來。我們每個人的電腦裡儲存了超過五十萬冊的書籍，更不用說所有儲存在我們手機或是信用卡背面磁條中的資訊。我們已經創造了一個富含三億萬萬兆位元組人為資訊的世界，如果當中每項資訊都寫在一張 3×5 平方英吋的索引卡片上，然後攤開並排，光是一人份（也就是你所擁有的資訊）將涵蓋麻薩諸塞州加上康涅狄格州的面積大小。

　　我們的大腦確實擁有處理所納入資訊的能力，但這是需要付出代價的：我們難以區分瑣碎或是重要的資訊，況且處理這一切資訊使我們感到疲憊。神經細胞是會新陳代謝的活細胞，它們需要氧氣和葡萄糖才能生存，當它們致力於此時，我們會感到疲倦。你在臉書上所閱讀的每一則狀態更新、朋友寄給你的推特推文或是簡訊內容，都在跟重要事項爭奪你大腦裡的資源：像是是否該把你的儲蓄投資在股票或債券上、你把護照擱在哪裡，或是和剛吵翻的密友最佳的和好之道。

　　據估計，大腦有意識的處理能力為每秒一百二十位元。這個頻寬（或說窗口），是我們在任何時刻有意識地注意資訊的速度上限。當大量資訊在我們無意識的狀態下發生，將會影響我們的感覺以及我們生活未來可能的樣貌，為了讓某件事情能內化成你經驗的一部分，你需要有意識地注意它。頻寬限制（即資訊的速度上限）在人際互動方面有何意義？為了瞭解對話的對象，我們每秒需要處理六十位元的資訊。

　　每秒一百二十位元的處理上限，意味著你只能勉強理解兩個同時跟你說話的人。在大多數的情況下，你將無法理解同時說話的三個人在說什麼。我們在這個星球上被其他幾十億人包圍著，但我們至多一次只能理解兩個人！難怪這世界充滿那麼多的誤解。這種注意力的限制讓我們清楚看到，為什麼有許多人對管理生活最基本的面向都感到不知所措，部分原因出在我們的大腦演化是為了幫助我們處理狩獵採集的生活，身處那樣的人類歷史時期，我們可能一輩子也不會遇到超過一千人——而這是你在曼哈頓市中心散步時，半小時內擦身而過的人數。

注意力過濾器讓我們免受不相干事物干擾

對於任何生物而言，注意力都是最重要的心智資源。它決定我們該針對環境的哪些方面做出回應；大部分的時間，決定何者該傳遞到我們意識中的選擇，是由各種自動且下意識的過程所做出。為了做到這一點，數以百萬計的神經元持續監測環境，以決定何者是需要我們關注的重要事項。這些神經元整體看來就像是注意力過濾器。它們的主要工作在後端，且在我們的意識之外工作。

這就是為什麼我們日常生活中大多數的感知細節都沒有留下紀錄，或者為什麼當你在高速公路上一連開上幾小時的車，卻不記得呼嘯而過的風景：你的注意力系統「保護」你不去記得這些事情，因為它們並不被認定是重要的。這個無意識的過濾器遵循若干原則讓事物通過，而能被你的意識覺知。

注意力過濾器是演化最偉大的成就之一，它可以確保動物不被不相干的事物所干擾。松鼠只對堅果和自己的天敵有興趣，其他東西都不看在眼裡。嗅覺比我們更敏感百萬倍的狗，利用氣味勝過聲音，收集這世界的資訊，是牠們注意力過濾器的演化所致。當你的狗聞到有意思的味道時，你試著叫喚牠，你會發現要用聲音吸引牠的注意力是很困難的，這是因為與聲音相比，氣味在狗的大腦裡佔有壓倒性的地位。目前還沒有科學家摸索出人類注意力過濾器的所有層次結構與致勝因素，但我們算是已經非常瞭解它了。當我們的原始人類祖先離開樹木的掩護，尋求新的食物來源時，他們同時也擴大了新的營養來源範疇，並將自己暴露在更多的新掠奪者面前；為了能夠生存下去，他們必須保持警覺，對威脅的蛛絲馬跡有所警惕。這意味著，通過注意力過濾器的資訊量增加了。

根據大多數的生物學標準衡量，人類是地球上前所未見最成功的物種。這個星球上幾乎所有的氣候類型我們都成功撐過來了（到目前為止），而我們人口擴張速度超過任何其他已知物種。一萬年前，人類以及其寵物和牲畜佔地球上陸地脊椎動物的 0.1%，現在這個比例是 98%。我們的成功大體上歸功於我們的認知能力：我們的大腦能靈活地處理資訊。然而必須記得，我們

的大腦在演化過程中所面對的是一個非常簡單的世界，資訊量遠不如今日。如今我們的注意力過濾器很容易就不堪重負。成功人士（或者說是負擔得起的人）雇用各種員工擔任他們的注意力過濾器；也就是說，企業總裁、政治領袖、被寵壞的電影明星，以及其他時間與精力都特別寶貴的人，身邊總跟著一群工作人員，來有效延伸他們大腦的功能。這種做法就是對於前額葉皮層的注意力過濾器進行了複製和改進。

這群成就非凡的人士（我們姑且稱為卓越人士）雇用員工幫他們處理讓人分心的日常生活瑣事，好讓他們能將全副注意力專注在眼前的各種事項上。他們似乎完全活在當下。他們的員工會幫忙處理信件、安排會面、當有更重要事情等待處理時打斷會面、輔佐規劃最有效率的一日活動（包括午睡在內）。他們準時支付帳單、在適當時候讓車子進場維修、在計畫截止日期會做提醒、當這些卓越人士的親人生日和遇到重要紀念日時會收到他們挑選的合適禮物。如果這一切都進行順利，什麼會是這些卓越人士的最終大獎？那就是禪定般的專注。

身為一名科學研究者，我在工作中曾有機會見到州長、內閣成員、樂界名人、世界五百大企業負責人，他們的技能和成就雖然各有不同，但作為同一類人，有一點顯然是共通的。我多次訝異於他們的從容自在，他們無需擔心接著是否要趕往其他地方，或是與其他人談話，他們泰然自若地投入當下的談話中，與對方眼神交會，無論對方是何許人也。他們不擔心此時是否該跟更重要人士談話，因為他們的員工——他們額外的注意力過濾器——已經幫忙確認這是他運用時間的最好方法。在他們開口吩咐之前，大量措施已在適當地點佈署完成，以確保他們能準時抵達下個會面地點。

至於我們其他人，在開會時往往會讓思緒如脫韁野馬貫串古今，斷送任何禪定般冷靜的希望，這讓我們無法專注於此時此地：我關掉爐火了嗎？午餐該怎麼打發？我要如何離開這裡趕赴下個地點？

如果你可以依靠其他人處理這些事情，好讓你的注意力過濾器專注在眼下正在發生的事情，情況會有所不同嗎？我在卡特競選總統時遇到他，他說起話來好似我們擁有全世界的時間可以暢所欲言。在某個時間點，一位助理過來將他帶往下一位需要談話的對象身邊，卡特總統完全不需要決定會談何

時結束，也不用考慮其他瑣事，只需完全放開內心的勞繁雜念專注當下。有位固定在大型體育場館領銜演出的專業音樂家朋友雇有一群助理，他用「快樂地迷失」描述這種狀態。他不需要提早一天以上的時間翻看日曆，這讓他每天的生活充滿驚奇和各種可能性。

如果我們根據神經科學在注意力和記憶力方面的新進展，重新組織我們的心智和生活，我們都能在面對世界時擁有那些卓越人士所享有的自由感受。我們要怎樣才能真正在日常生活中充分利用這門科學呢？首先，要瞭解我們注意力系統的結構。為了改善心智組織，我們需要知道心智是如何組織起來的。

大腦對於變化非常敏感

注意力過濾器運用的原則中，最關鍵的是變化和重要性。大腦對變化非常敏感：如果你在開車時突然遇上顛簸的情況，你的大腦會立刻注意到變化，並指示你的注意力系統專注在變化上。這是如何發生的呢？神經迴路會關注路況與聲音、你的坐骨末端、背部、腳以及身體其他與汽車接觸部位的感覺，還有你的視野是否平穩連續。當同樣的聲音、感覺和整體情況維持幾分鐘後，你的大腦意識就會開始放鬆，並讓注意力過濾器接手。這讓你可以做其他的事，比如進行對話或收聽廣播，或者兩者兼顧。但只要稍有變化，比如胎壓不足、路況顛簸等等，你的注意力系統便會讓新資訊浮上意識，好讓你可以專注於變化，並採取適當行動。可能你的眼睛會掃描路面，查看路面不平是否是柏油路上高起的排水溝所致。如果你找到滿意的解釋，你就會再度放鬆，好讓這一感官決策回到意識的較低階層。如果道路狀況看似平穩，你找不出路況顛簸的原因，你可能會決定靠邊停車，並檢查你的輪胎。

無論你知情與否，大腦的變化探測器無時不在工作。你可能會發現電話那頭的至親好友聲音聽起來有些異常，於是詢問她是否鼻塞或罹患感冒。當你的大腦檢測到變化，便會將資訊發送到你的意識層面；但當一切如常時，大腦不會特意發送消息。如果與你通話的朋友聲音聽起來很正常，你不會立即想到：「哦，她的聲音與往常一樣。」這裡我們再一次看到，注意力過濾

器的作用是**檢測變化**，而非恆常的狀況。

重要性是注意力過濾器運用的第二項原則，會決定何種資訊能通過注意力過濾器。在這裡，重要性原則指的不只是該資訊客觀上重要與否，而是對你個人而言是否重要。比如你在開車時，你最喜愛的樂團廣告看板可能會吸引你的目光（實際上應該說抓住你的心），而其他的廣告看板卻會被你忽視。如果你處在人擠人的房間裡，比如說參加派對，某些對你來說十分重要的談話，可能會突然引起你的注意，即使說話者遠在房間的那一頭。如果有人提到「火災」、「性」或是你的名字，你會發現自己突然跟上這段談話，即使你的所在之處離說話者老遠，並且在他們引起你的注意之前，你根本不知道他們談論了什麼事。由此可知，注意力過濾器的運作相當複雜。它能監控許多不同的對話，以及它們的語義內容，而只讓那些它認為你會想知道的資訊通過。

拜注意力過濾器之賜，我們才能在自動駕駛的狀態下好好體驗這個世界，不被複雜的細節所困，專注於眼前的美好。注意力缺失的狀況大多因為我們不懂得善用這兩項原則所賦予的優勢才會發生。

有個關鍵值得強調，那就是注意力是一項容量有限的資源──我們可以同時注意的事物數量有一定的限制。我們在日常活動中可以看到這類情況，在大多數情況下，你可以一邊開車，一邊播放收音機或與車上的其他人進行談話。但是，如果你正在尋找一條特定街道準備轉彎，你會本能地把收音機關掉，或請朋友暫停一下對話。這是因為嘗試做這三件事，已經達到你注意力的極限。每當我們同時做太多件事情時，這類限制便會展現出來。下面情況已在你身上發生過多少次了？你剛從超市購物返家，雙手各拿一個袋子。你一邊保持平衡、一邊打開大門，走進大門後你聽到了電話鈴聲。為了接電話，你必須放下手中的購物袋，也許還要小心不讓狗貓跑出還開著的大門。掛上電話後，你會發現你不知道你的鑰匙在哪。怎麼會這樣？因為同時注意鑰匙的位置，已超出你的注意力系統可以處理的事件數量。

人類大腦的演化使我們看不到注意力未及的事物。換句話說，我們總是有認知盲點：我們不知道我們錯過了什麼，因為我們的大腦完全忽略無需在當下優先處理的事物──即使它們近在眼前。認知心理學家為這樣的盲點取

了許多名字，其中包括「不注意視盲」。有支籃球短片可以說是「不注意視盲」最驚人的展示，如果你還沒有看過這支短片，希望你快把手中這本書放下，在你往下之前先看看這短片。你可以在下面這個網址找到：http://www.youtube.com/watch?v=vJG698U2Mvo。你的任務是忽略穿黑色 T 恤衫的球員，只計算穿白色 T 恤衫球員傳球的次數（爆雷警告：如果你還沒有看過短片就先閱讀下面這段文字，那短片中的錯覺效應對你來說就起不了作用）。

這支短片來自克里斯多福·查布里斯（Christopher Chabris）和丹尼爾·西蒙斯（Daniel Simons）針對注意力進行的心理研究。因為我先前所描述的注意力系統處理限制，將心智集中在觀看籃球傳球次數，已佔據一般人絕大部分的注意力資源。至於其餘的資源，則都用在試圖忽略穿黑色 T 恤衫的球員和他們的傳球。短片中的某個時間點，一位穿著大猩猩裝的人走進場中，搥胸後離開。大多數觀看這支短片的人並沒有看見大猩猩。原因何在？單純因為注意力系統已經過載。如果我不要求你計算籃球的傳球次數，你就會看見大猩猩。

像是汽車鑰匙、護照、錢以及收據等物品，很多時候我們弄丟它們，是因為我們的注意力系統過載，根本無法記住所有東西。和狩獵採集時期的人們相比，美國人平均擁有數千倍以上的財產，在嚴格的生物學意義上，我們需要掌控的事情已超出大腦原本設計的處理量。就連像康德和華茲華斯這般卓越的知識分子，也抱怨資訊過多，以及過量的感覺輸入或心理負荷過重所引起的龐大精神疲憊。但我們沒有理由失去希望。與以往相比，有效的外部系統可用於組織、分類和記住事情。在過去，我們唯一的解決之道是找一群助理，但在今日這個自動化時代，我們還有其他選擇。本書第一部分是關於如何使用這些外部系統的生物學基礎；第二部和第三部則說明人人都可以運用它們來掌握生活，減少網絡世界日益增多的雜訊所造成的壓力，讓生活更有效率、富有生產力並且更快樂。

生產力和效率依賴於透過分類幫助我們組織的系統。我們大腦原始的線路，藉助於專門的神經系統，發展出分類的驅力，創造和維持了事物的意義與聯合的關係。無論是食物、動物、工具或是部落成員，都在我們連貫的分類項目中。根本上來說，分類減少心力消耗並簡化資訊。我們不是第一個抱

怨資訊過多的人。

資訊過載的過去與現在

人類存在的歷史已有二十萬年。這段歷史最初 99% 的時間，除了繁衍和生存我們沒有多做什麼。這主要是受限於全球惡劣的氣候條件，在大約一萬年前左右才穩定下來。之後人們很快發現了農耕和灌溉，為了種植和照顧穩定的作物而放棄游牧生活。但並不是所有的農田條件都一樣；各地區在日照、土壤和其他條件上的差異，意味著某位農民所種植的洋蔥可能收成特別好，而另一位農民種出的蘋果品質特佳。這最終導致了專業化：農民可能只種植他最擅長的作物，並以此交易所需，取代全面種植維持家庭所需的所有作物。因為每位農民只生產一種作物，產量又超出他本身所需，市場和貿易活動因此出現和成長，隨之而來的便是城市的發展。

蘇美城市烏魯克（～西元前 5000 年）是世界上最早的大型城市。其活躍的商業貿易創造出前所未有的交易量，蘇美商人因此需要會計制度，以利掌握每日存貨和交易明細；書寫由此應運而生。在這裡，主修文科的學生可能需要擱置自己的浪漫想法。書寫最早的形式不是為了藝術、文學或是愛情而產生，也不出於宗教或禮拜的目的，而是為了滿足商業所需——所有文獻都可說是源自於交易明細（對不起）。隨著貿易、城市和寫作的成長，人們很快發明了建築、政府，並且想要改進其他事物，這些加總起來就是我們所認為的文明。當書寫在大約五千年前出現時，並未獲得所有人的衷心支持；當時許多人認為這項技術太過頭，好比惡魔的發明將腐化心靈，需要被阻止才是。

當時和現在一樣，印刷出的文字造成一片混亂——既無法控制會落在誰的手中，也很容易在作者不知情或無能掌握的情況下散布。反對書寫陣營的人抱怨，由於缺乏直接從說話者口中聽到消息的機會，將無從確認作者的主張，或是提出後續的問題。

柏拉圖曾和其他人一樣表達出這種擔憂；他筆下的埃及國王塔木思譴責對書寫文字的依賴，會「削弱人的特質，造成健忘的靈魂」。這樣的事實和故事呈現在外，意味著人們將不再需要自行在腦海裡保存大量資訊，而將會

越來越依賴他人以形諸文字的方式傳達的故事和事實。身為埃及國王，塔木思認為文字會以虛假的知識腐化埃及人民。

希臘詩人卡利馬科斯（Calimachus）[5] 說：書是「重大罪惡」。羅馬哲學家塞內卡[6]（Seneca，尼祿的導師）抱怨，他的同儕都浪費時間和金錢累積過多的書籍，他告誡說：「豐富的藏書會讓人分心。」塞內卡反而建議，要專注在數量有限的好書上，反覆而透徹地閱讀。過多的資訊可能會損害心理健康。

隨著印刷機在 15 世紀中期傳入，取代繁瑣（且容易出錯）的手工複寫，讓書寫更快速地普及，再度造成許多人抱怨這是精神層面生活的終結。伊拉斯謨（Erasmus）[7] 曾在 1525 年長篇大論反對「蜂擁而來的新書」，他認為這種情況嚴重妨礙學習。他指責印刷業者為了謀利，要讓世上佈滿「愚蠢、無知、惡意、誹謗、瘋狂、不虔誠和顛覆」的書籍。

萊布尼茲（Gottfried Wilhelm Leibniz）[8] 抱怨「驚人的書籍數量不斷增長」，最終將造成「讓人回到野蠻狀態」的現象。笛卡爾著名的建議是：忽略文本的庫存積累，轉而依賴自身的觀察。笛卡爾抱怨說，「即使所有的知識都可以在書本上找到，但也是雜處在如此眾多無用的東西之中，大量堆疊混淆，導致我們需要比此生更長的時間來閱讀那些書籍，並且要付出更多的努力去找到有用的東西。」預告了眾人在今日所面臨的狀況。

一直到 17 世紀末期，對書籍增長的抱怨仍持續不斷迴盪。知識份子警告說，人們將會埋首書堆停止交談，讓無用而愚蠢的觀點汙染心靈。

我們都清楚這情況，這類警告也發生在我們的時代，先是針對電視的發明，然後是電腦、iPod 和 ipad、電子郵件、推特和臉書。每一項都被譴責為上癮症狀，會造成不必要的干擾，可看做是性格軟弱的徵兆，並會削弱真實人際交往的能力與觀念的即時交流。即使是撥號電話取代接線生服務都曾引起反對，人們擔心無法記得或是分類和記錄所有的電話號碼（就像是大衛·拜

5　譯注：古希臘著名詩人、學者以及評論家。
6　譯注：古羅馬時代著名斯多亞學派哲學家、政治家以及作家。曾任尼祿皇帝的導師。
7　譯注：是中世紀低地國（今荷蘭和比利時一帶）著名的人文主義思想家和神學家。
8　譯注：活躍於 17 世紀末期、18 世紀初期的德意志自然哲學家。

恩〔David Byrne〕與「傳聲頭像」[9]所唱的歌〈和往日一樣〉）。

隨著工業革命和科學興起，新發現的數目激增。舉例來說，在 1550 年我們知道的植物品種僅有五百種。到了 1623 年，這一數字已上升到六千種。今天，光是草類我們知道的就有九千種，還有二千七百種棕櫚樹和五十萬種不同的植物品種。這個數字還在不斷增加中，隨之增加的科學資訊量更是驚人。不過三百年前，擁有大學「科學」學位的人，在當時就可稱作是專家。反觀今日，一位生物學博士尚且無法完全掌握有關魷魚神經系統的所有知識，Google Scholar 有關該主題的研究論文就有三萬篇，這個數字以指數倍增的方式成長。當你讀到這段文字時，研究論文篇數可能又增加了至少三千篇。過去二十年間我們發現的科學資訊，已超出早先從語言發明伊始累積的資訊量總和。光是 2012 年 1 月產生的新資訊就高達五百萬兆兆位——這是美國國會圖書館全部館藏字數的五萬倍。

轉換注意力需付出極高代價

這種資訊爆炸的狀況，讓我們所有人都感到負擔沉重，因為我們得要努力分辨何者是我們真正需要知道的資訊。我們勤做筆記、製作待辦事項清單、在電子郵件和手機裡設定提醒功能，卻仍然感到忙不過來。

被資訊淹沒的這種感覺，很大一部分原因可以追溯到我們就演化角度來看已然不合時宜的注意力系統。先前我已經提過注意力過濾器的兩項原則：變化和重要性。至於注意力的第三項原則——不只特別針對注意力過濾器——在今日較以往意義更顯重大，也就是注意力轉換的困難度。關於這項原則我們可以這麼說：轉換注意力需要付出極高的代價。

大腦的演化讓我們一次只專注在一件事情上，我們的祖先因此能勝任打獵、製造工具、保護家族避免掠食者或鄰人侵擾等事情。注意力過濾器演化的目的，是幫助我們專心在任務上，只讓重要資訊通過從而影響我們的思

9　譯注：1975 年成立的傳聲頭像是美國新浪潮樂團，以實驗性的前衛藝術風格以及嘲諷又深奧的歌詞著稱；大衛・拜恩是樂隊主唱兼吉他手，該樂團於 1991 年解散。

路。但在邁向 21 世紀的過程中，有趣的事情發生了：過多的資訊和伴隨而來的技術，改變了我們使用大腦的方式。

多頭馬車是專心一致注意力系統的敵人。漸漸地，我們要求注意力系統能同時將焦點放在好幾件事情上，這是演化所不及之處。我們一邊講電話一邊開車、收聽廣播、找停車位、規劃母親的生日宴會、試圖避開道路施工標誌，並思考午餐該如何打發。我們不能同時好好思考或注意所有這些事情，因此我們的大腦只能浮光掠影地從一件事跳到另一件上，每一次這類神經生物學上的轉換，都需要付出代價。注意力系統就是無法以這種方式好好運作。專心致力於單一任務時，我們的大腦效能最能發揮。

注意一件事意味著我們忽略其他事物。注意力是容量有限的資源。當你專注於籃球短片中穿白色 T 恤衫的球員時，你就過濾掉穿黑色 T 恤衫的球員。事實上，你忽略了大多數黑色的事物，包括穿猩猩裝的人。當我們專注於自身的談話，我們就會忽略其他人的交談。當我們走進家門，揣想著電話的另一端是誰打來時，我們就會忘了車鑰匙放在哪裡。

注意力是由前額葉皮層（就位於你的額頭後方）的神經元網絡所構成，只對多巴胺起反應。當多巴胺釋放時，注意力就被啟動，好像用鑰匙開家門一樣，它們會發出微小的電脈衝，刺激網絡中的其他神經元。但是導致最初多巴胺釋放的原因何在？通常有兩種不同的引發狀況：一、可以自動獲取你注意力的事物，一般而言是與你的生存緊密相關的事物，這是演化而來的功能。這個結合注意力過濾器的警告系統總是在工作，即使你入睡了，它都監測四周是否有重要事件發生。可能是一聲巨響或是明亮的光線（驚跳反射）、快速移動的東西（這可能表示有掠食者）、解渴的飲料，或是外型富吸引力的可能交配對象。

你自發且極有效率地只注重環境中與你意欲搜索的事物相關的資訊。實驗已證明，這種特意篩選確實會改變大腦神經元的靈敏度。如果你想在大型活動中尋找走失的女兒，你的視覺系統會重新設置，只尋找與她身高、髮色和體型相當的事物，從而過濾掉其他所有資訊。與此同時，你的聽覺系統也會重新根據女兒特定的聲線調整頻道。你可以說這是有如閱讀《威利在哪裡？》[10] 一般的過濾網絡。

《威利在哪裡？》：主動運用注意力過濾器

童書《威利在哪裡？》中的主角男孩威利穿著一件紅白相間的橫條紋襯衫，他總是與許多色彩豐富的人物與東西一起放在密密麻麻的圖片中。在為幼兒設計的版本中，威利可能是圖片中唯一紅色的東西；幼兒的注意力過濾器可以快速掃描圖片後，定睛在這個紅色的東西上——也就是威利。

設計給年齡較大玩家的威利謎題難度則逐漸提高，干擾玩家的可能是純紅色和純白色的 T 恤衫，或是不同顏色的條紋襯衫，或是紅白相間的直條紋襯衫，這些都與威利的紅白相間橫條紋襯衫有所區別。

《威利在哪裡？》謎題利用的是靈長類視覺系統的神經結構。在我們的大腦枕葉中，有個稱為視覺皮層的區域，內含只針對特定顏色做出回應的神經元群集——某一群的神經元會針對紅色物體發出電子信號作為回應，另一群神經元則針對綠色作回應，以此類推。此外，還有其他的神經元群對於直條紋與橫條紋的差異很敏銳，而針對橫條紋作出回應的神經元中，有些還會特別注意條紋寬窄的不同。

如果你能發送指令給這些不同的神經元群集，告訴當中的某一些神經元，你需要它們挺直腰桿幫你做事，並同時告訴其他神經元可以休息放鬆一下。那麼，你就能夠找到威利、他遺失的圍巾或錢包，還有觀看籃球短片。我們告訴大腦想要尋找的心理形象，此時位於視覺皮層的神經元就會幫助我們在腦海裡拼湊該物體的樣貌。如果這個形象當中包含紅色，我們大腦中對紅色敏感的神經元便參與其中，然後這類神經元會自行調整並抑制其他神經元（那些針對你現在不感興趣的顏色），以利於搜尋。

《威利在哪裡？》培養孩子設置和運用自身視覺注意力過濾器，用以尋找環境中越發細微的暗示。我們的祖先可能就是以此訓練他們的孩子追蹤森林中的動物，一開始的對象是容易看到和分辨的動物，接著則是懂得偽裝、

10 譯注：《威利在哪裡？》是英國畫家 Martin Handford 創作的兒童繪本書籍。讀者需在佈滿密密麻麻人物與物品的圖片中，找出主角威利或是他遺忘的衣物、鞋子等東西。書中主角最早的名字是 Waldo，之後根據出版國家不同而有不同的名字與相對應的人格特質。台灣發行的版本是《威利在哪裡？》

較難從周圍環境中找出的動物。這套系統也適用於過濾聽覺——如果我們期待聲音中某個特定的音高或音色，我們的聽覺神經元就會特意針對這些特質進行調整。

當我們刻意以這種方式重新調整感覺神經元，我們大腦的處理過程便會利用比一般時候所用到的更高階部分，以進行全面性的調整。正是這種自上而下的系統，讓專家在其領域表現得出類拔萃。這個系統讓四分衛能看到不受攔阻預備接球的球員，而不會因球場上的其他球員分心。它也讓聲納操作員保持警惕，並（在適當的培訓下）輕易地只靠聆聽「嗶」聲，就能分辨敵方潛艇、貨輪或鯨魚的不同。它也讓指揮家能在六十名樂手同時演奏的情況下，一次只專注在一種樂器上。也是這個系統讓你能專注在本書上，即使現在你身邊可能有讓人分心的事物——風扇聲、交通噪音、屋外鳥鳴、遠處的談話聲，更不要說在你手中的書或螢幕四周、你的中央視線焦點外圍的視覺干擾物。

電腦化社會將工作轉嫁給消費者

如果我們擁有如此有效的注意力過濾器，在過濾干擾這件事上我們為什麼不能做得更好？為什麼是資訊超載在今日成為重大問題？

原因之一在於我們的工作量比以往任何時候都來得多。我們被告知，電腦化社會的承諾是將單調乏味的重複性工作交由機器接手，好讓我們人類追求更崇高的目的，並擁有較多閒暇時間。然而，事情的發展並非如此。我們大多數人所擁有的時間減少而非增多了，大大小小的企業將額外工作轉嫁給消費者。以前被視為企業所提供超值服務的一部分，由企業為我們做的，現在被認定要由我們自己動手去做。

像是搭飛機旅行，我們現在被認為應該自行訂票和辦理登機手續，這些手續過去是由航空公司職員或旅行社完成的。在雜貨店，我們要自行打包所購買的食品雜貨，在某些超市甚至還得自行掃描貨品並付費。我們在加油站自助加油。也不再像以前有電話接線生幫我們查找號碼。

部分公司的服務內容不再包括寄發帳單——我們被認為應該自行登錄

這些公司的網站、進入我們的帳戶、取得我們的帳單,並啟動電子支付系統付費;我們實際上是在幫這些公司工作。這類工作統稱為「影子工作」,它代表著一種平行的影子經濟,當中眾多我們認為應該是公司要提供的服務項目,已經轉嫁到消費者身上,我們每個人都在幫其他人無償工作。原本我們預期在 21 世紀將享有的閒暇時間,有大半因此被奪走。

除了工作量增加,我們面對的資訊科技變化也比上一代來得多,而且成年後的我們所面臨的改變較童年時更大。美國人平均每兩年淘汰一次手機,這意味著學習新的軟體、新的按鈕、新的介面。我們每三年更換一次電腦操作系統,因而需要學習新的圖示和程序,並找出過往常用選項的新位置。

但總體而言,就像奧佛拜所說的那樣,「從新加坡的塞車路況到火星的天氣情況」,實在有過多資訊對準我們而來。全球經濟意味著我們接觸到大量祖父母那一輩前所未聞的資訊,距離我們半個地球遠的國家才剛發生革命和經濟問題,我們就聽聞了;從未到訪的國家我們也能看到相關圖片,也能聽見先前從未聽說過的語言。我們的大腦狼吞虎嚥地吸收這一切資訊,因為大腦的設計就是如此;但在此同時,所有這些資訊瓜分了我們的神經注意力資源,與我們生存必須知道的事項競爭。

越來越多的證據顯示,擁抱新的想法和學習除了傳統上認定的增長見聞這項優點外,還能幫助我們活得更長壽,延緩老年癡呆症的發生。所以說我們所需要做的並非減少資訊,而是有系統地組織資訊。

資訊一直是我們生活中的重要資源,它讓我們能改善社會、醫療和決策,享受個人和經濟的增長,並選出適任的官員代表。資訊的獲取和處理也需要相當的代價;隨著知識變得更加容易取得,資訊的來源也因為網路的關係分散各地,準確性和權威性的概念已變得模糊不清,相互矛盾的觀點也比以往任何時候都更容易看到,而且在許多情況下,人們不分青紅皂白地傳播它們。很多人都覺得不知道該相信誰,不知道哪些資訊是真實的、哪些已被變造了,而又有哪些是通過審核的。我們沒有足夠的時間或專業知識為每一項小決定做研究;相反地,我們依賴值得信賴的相關當局、報紙、廣播、電視、書籍,或者有時依賴我們的親戚、草坪修剪完美的鄰居、載我們到機場的計程車司機、記憶中類似的經驗……。有時,這些資料來源值得我們信賴,

有時則否。

我們容易被第一人稱的故事迷惑

　　我的老師——史丹福大學認知心理學家阿莫斯・特沃斯基——在他提出的「富豪汽車的故事」中涵括了這一點。他有一位同事要購買新車，並已為此做了大量研究工作。〈消費者報告〉顯示，獨立測試結果證實富豪汽車是同級車輛中建造品質最佳和最可靠的車種。客戶滿意度調查顯示，經過幾年的時間，富豪汽車的車主相形之下較為滿意自己的購車選擇。該調查的基礎是數以萬計的消費者，接受調查的人數眾多意味著任何異常的購車經驗——比方說買到性能特別好或是特別差的某輛車——將不會顯得特別突出。換句話說，這類調查具有統計和科學上的合理性，應該相應地被決定買車的人所重視。它代表的是平均經驗的可靠結論，也是你預測自己購車經驗最接近的結果（如果你沒有其他更進一步的資訊來源，你的最佳猜測是，你的經驗將與平均值很相近）。

　　阿莫斯在某個聚會上遇到了他的同事，詢問他最後買了哪輛車。結果，同事決定下手買的是另一輛評價較低的車種，而非富豪汽車。阿莫斯問他，在所有的研究都指出富豪汽車是他的最佳選擇下，是什麼讓他改變了主意。是因為不滿意價格，還是車身顏色的選擇或車子的樣式？同事說，不，這些都不是原因，而是他發現他曾購買富豪汽車的親戚總是將車送廠維修。

　　從嚴格的邏輯角度來看，這名同事的選擇並不理性。成千上萬富豪汽車購車人的良好經驗，足以掩蓋他親戚單一的惡劣經驗——這是一個不尋常的異常值。但我們是社會動物，我們很容易因為第一人稱敘述的故事，以及活靈活現的描繪而動搖。雖然就統計的觀點來看這是不對的，我們應該學會克服偏見，但大多數人都辦不到。廣告商瞭解這點，這就是為什麼我們在電視上看到這麼多的第一人稱推薦廣告。「吃這杯新優格後，我在兩週內減輕了二十磅。而且它非常好吃！」或是「我頭疼纏身，我對著狗大叫，怒氣沖沖頂撞我的親人。但在我服用這種新藥物後，我又回到常軌。」我們的大腦專注於生動的社會性敘述，勝過乏味無聊的統計描述。

認知偏差使我們做出許多錯誤推論。我們許多人都熟悉下面這類錯覺，例如在羅傑‧謝波德（Roger Shepard）版本的著名「龐索錯覺」（Ponzo illusion）圖中，位於上方的怪物似乎比位於底部的怪物來得大，但是如果你進行測量，就會知道它們的大小相同。而在下面的「艾賓豪斯錯覺」（Ebbinghaus illusion）圖中，左邊的白色圓形似乎比右邊的來得大，但其實它們的尺寸是相同的。我們說是眼睛唬弄我們，但事實上捉弄我們的不是我們的眼睛，而是我們的大腦。視覺系統採取啟發式或是捷徑的方式運作，將我們對世界的理解拼湊在一起，這種作法有時會出錯。

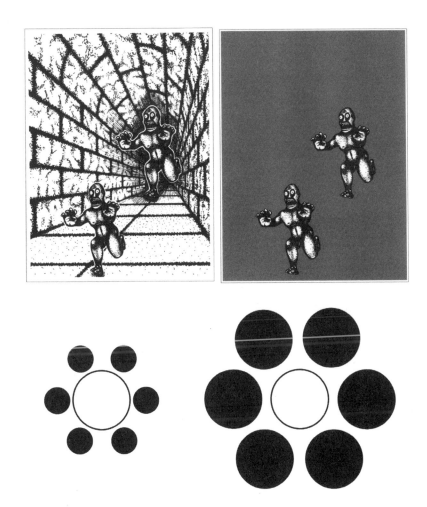

就像視覺錯覺的出現一般，因為我們的大腦以捷徑方式做出決定，所以當我們試圖做出決定時，很容易產生認知錯覺，特別當我們面臨各種大數據已成為常態的今天，這類錯覺更可能發生。我們可以學習克服這些困難，但在我們這麼做之前，它們仍深深影響我們使用注意力與處理資訊的方式。

分類、注意力和記憶間的相互關係

認知心理學是研究人類（和動物，在某些情況下也包括電腦）如何處理資訊的科學研究。傳統上，認知心理學家所劃分的不同研究領域包括：記憶力、注意力、分類、語言學習和運用、決策，以及其他一兩項主題。許多人認為，注意力和記憶力有密切關係，你不會記得你先前未曾注意過的事情。相形之下，分類、注意力和記憶之間的重要相互關係較少獲得重視。

分類的行為幫助我們組織的不僅是外在的物理世界，也包括我們腦袋裡的心智世界，決定我們會加以留意並記住的事物。

舉個基本分類如何運作的例證，藉此說明如果我們無法分類事物時，生活會變成什麼樣子。當我們仔細盯著一盤黑豆，你會發現每顆豆子都將與其他豆子全然不同，不能互換替代，也沒有可視為「同類」之處。每顆豆子吃起來都一樣的觀點在這裡行不通。當你出門修剪草坪時，每一根草看起來都截然不同，你無法將之視為某個集體的一部分。然而在這兩種情況下，每顆豆子和每根草之間，也有感知上的相似之處。

你的感知系統可以幫助你建立基於外觀的分類，但是我們往往是基於概念，而非感知的相似性進行分類。如果廚房裡的電話響了，你需要記錄留言，你可能會步行到放置雜物的抽屜，抓住第一件看起來能寫字的東西。即使你知道鋼筆、鉛筆和蠟筆彼此之間並不相同，屬於不同類別，但在當下它們的功能是一樣的，它們都是「可以用來在紙上寫東西」這個類別的成員。你也可能只發現口紅，並決定使用它來留話。

所以是你的認知而非感知系統將它們聚合成一類。雜物抽屜讓我們瞧見類別如何形成的大致情況。當我們遇到那些恰好不屬於任何其他地方的物品時，雜物抽屜重要而有用的功能就在於充當這類物品的避難所。

我們遠古的祖先並沒有太多的個人財產，他們只有獸皮衣服、裝水容器、收集水果的袋子等等。事實上，整個自然世界就是他們的家。因此掌握自然世界所有的品種和變化至關重要，也是一項艱鉅的腦力任務。我們的祖先是如何認知自然世界？什麼樣的區別對他們來說是根本的？

由於事件發生在史前時代，所謂的「史前」就是沒有任何歷史紀錄留下，所以我們必須依靠間接證據來回答這些問題。來源之一是當今與工業文明隔絕、尚未發展出文字的狩獵採集民族。我們並不能確切知道，只能盡可能猜測，他們的生活與我們狩獵採集時期的祖先非常近似。研究人員觀察他們的生活方式，並採訪他們的家族史與口述傳統，好弄清楚他們對祖先生活型態的瞭解。語言是相關的證據來源，「詞彙假說」假設人們需要談論的重要事項，最終會被納入語言當中。

對我們而言，語言最重要的功能之一是幫助我們做出區分。當我們說某樣東西可以食用，我們暗地裡自動將它與所有其他不能食用的物品做出區分。當我們說某樣東西是水果，我們必須將之與蔬菜、肉類、奶製品等等作出區分。即使是兒童也能直觀地理解詞彙具有的限制性，要求喝一杯水的兒童可能會抱怨：「我不要喝浴室的水，我要喝廚房的水。」小人兒正在對物質世界做出細微的層級劃分，並行使自己的分類系統。

我們仍然從事早期人類據以組織他們心智和思想的基本區分，並從中獲益。最早提出的一個區分項目是判定當下與否：這些事情發生在現在，那些事情發生在過去，現在則存在在我的記憶之中。沒有任何其他物種會意識到過去、現在和未來的區別；沒有其他物種會對過往感到遺憾，或是深思熟慮未來的計畫。當然許多物種都會與時俱移——築巢、南飛、冬眠、交配，但這些都是預先設定在基因裡的本能行為，而這些並非有意識的決定、冥想或計畫的結果。

理解現在與過去的對比，意味著同時清楚物體恆存：某樣東西可能當下不在我眼前，但並不意味著它不存在。四到九個月大的人類嬰兒表現出他們對物體恆存的理解，證明了這種認知運作是與生俱來的。當資訊透過我們的感覺受體傳入，我們的大腦便呈現出物體存在於此時此地。舉例來說，我們看到了一頭鹿，而且透過我們的眼睛（和下游一組天生內建的認知模組），我們

知道這頭鹿就站在眼前。當鹿消失了，我們可以記住牠的形象，再現在我們的腦海裡，或甚至用塗鴉、繪畫或雕刻的方式，將它呈現在外。

早在距今至少五萬年前的洞穴壁畫時代，人類就已具有區分所見物體是否存在當下的能力。這是地球上所有物種中第一個顯示這類區分能力的證據。換句話說，那些早期穴居的大畫家們正是藉由繪畫這項行為，做出了對於時間、地點和對象的區分，這是我們稱之為心智表徵的高階認知運作。他們表現出一種前後相關的時間感：曾經有一頭鹿在那裡（當然不在現在這面洞穴牆壁上）。牠現在已經不在那裡了，但是牠曾經去過那裡。「現在」不同於「曾經」；這裡（洞穴牆壁）只是重現那裡（山洞前面的草地上）曾發生的事。史前文化的這一步，對組織我們的心智關係重大。

滲透人類社會生活的分類

在做出這樣區分的同時，我們也隱然形成分類，而這一點往往遭到忽視。在動物王國中，分類的歷史淵遠流長。鳥兒築巢需要暗自對建材進行分類，鳥巢要搭得好，需要樹枝、棉花、樹葉、布料和泥巴，而不該使用像是釘子、金屬絲、瓜類外皮或玻璃碎片等材料。期盼付出最少的努力、納入越多資訊越好，這樣的認知原則引領人類形成分類。分類系統有效地將概念簡化，並突出與其他系統溝通的重要性。

分類也滲透到社會生活中。在今日地球上已知的六千種通用語言中，可看出每一種文化都藉由語言，標示人與人之間的「家庭關係」。親屬稱謂讓我們將眾多可能的關係組合，減少到更易於處理、小而堪用的類別。親屬結構讓我們能夠用最少的認知努力，納入越多越好的相關資訊。

所有的語言都包含一組相同的核心（生物）關係：母親、父親、女兒、兒子、姐妹、兄弟、（外）祖母、（外）祖父、孫女和孫子。語言從此處開始分化，在英文中，你母親的弟弟和你父親的弟弟都被稱為 uncle，你母親與父親的妹妹的丈夫也叫 uncle。但在許多語言中情況卻有所不同；uncle 只被用來指稱父親這邊（在父系文化中）或是母親這邊（在母系文化中）的姻親關係，並且可以擴展到兩代或以上使用。

還有另外一種常見的狀況，所有語言中都有數量龐大的集合類別，指稱該文化中所認定的遠親——類似於我們英文中的堂表兄弟姐妹。雖然理論上我們可能擁有數十億種的親屬系統，但是根據研究顯示，橫跨世紀各地實際存在的系統，形成的目的是為了減化複雜的情況，並盡可能有利於溝通。

親屬關係的分類告訴我們生物適應以利擁有健康下一代的故事，像是某人是否為我們適宜婚配的對象。我們也能據以窺見一個團體的文化，以及他們對於責任的態度。從親屬關係的分類可以看出相互照顧的規矩，當中也包括諸如一對年輕夫婦將居住何處的習俗。人類學家採用下面的列表來說明這個目的：

- 從夫居：夫妻與新郎的親屬共同或就近居住。
- 從婦居：夫妻與新娘的親屬共同或就近居住。
- 兩可居：已婚夫婦可以選擇與新郎或是新娘的親屬共同或就近居住。
- 新居：夫婦搬到新地方建立新家庭。
- 原居：夫婦兩人都留在原生家庭中不共同居住。
- 從舅居：夫妻與新郎母親的兄弟（或是其他 uncle，取決於該文化的定義）共同或就近居住。

今日在北美的主要親屬行為模式為新居與兩可居：年輕的已婚夫婦通常有自己的住處，他們可以選擇任何想要的地方居住，即便距離雙方父母十萬八千里遠也不為過；不過，也有許多人選擇與丈夫或妻子的家人共同居住或就近居住。

後面這種兩可居的選擇，提供了重要的情感（有時是經濟）支持，此外在育兒或是內含的親友網絡上也給予支持，有助於年輕夫婦開始新生活。

根據一項研究指出，夫妻（尤其是低收入者）生活在靠近其中一方或雙方父母者，他們在婚姻和育兒兩方面的表現較佳。

超越父母子女這類的核心親屬關係，看似完全是任意決定的、僅止於人類的發明；但事實上，在許多動物物種身上也可以看出這層關係，從遺傳的角度量化親屬關係，即可顯示其重要性。從嚴格的演化觀點視之，你該盡可

能大量傳播你的基因。你和你的父母親或是任何後代分享 50% 的基因，你也與兄弟姐妹（除非你是雙胞胎）分享 50% 的基因。如果你的姐妹有孩子，你會與他們分享 25% 的基因。如果你沒有任何自己的孩子，你傳播基因的最佳策略就是幫忙照顧你姐妹的孩子，也就是你的外甥和外甥女。

你的直屬堂表兄弟姐妹——你的姑姑、阿姨或是叔伯、舅舅的子嗣——與你分享 12.5％的基因。如果你沒有侄子和侄女或是外甥和外甥女，照顧你的堂表兄弟姐妹有助於傳遞你的部分基因。理查·道金斯（Richard Dawkins）和其他人就此提出有力的論據，來反駁宗教本位主義者和社會保守派，後者認為同性戀是違背自然的「罪惡」。透過幫忙扶養跟照顧家族其他成員的孩子，男女同性戀者得以投入大量時間和財力，讓家族的基因得以傳播。這毫無疑問是歷史上的真實狀況。

這張附圖自然導出的結果是，堂表兄弟姐妹共同生育的孩子，能提升他

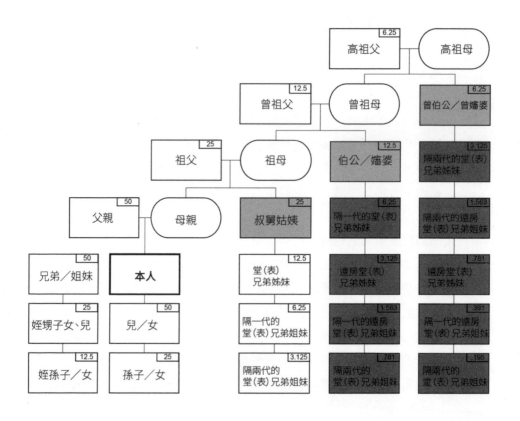

們基因傳遞的數量。事實上，許多文化都鼓勵堂表兄弟姐妹之間的聯姻，以此增進家族團結、保持家族財富，或者確保這類結合能維持相似的文化和宗教觀點。

不只是人類才會照顧自己的侄子和侄女或是外甥和外甥女，鼴鼠也會這麼做，但牠們不會去照顧沒有血緣關係的年輕一輩。日本鵪鶉明顯表現出與近親交配的偏好——這種方式能增加牠們自身基因傳遞的數量（堂表兄弟姐妹所共同生育的下一代，與他們的父親或母親共享的基因比例超過 50%，達到 56. 25%——與無血緣關係的外人所生養的下一代相較，近親交配的結果能多保存 6.25% 的「家族」基因）。

像是親屬類別這樣的分類系統，有助於複雜知識的組織、編納與溝通。分類源自動物行為，所以可以說是業已存在的認知。人類所做的是用語言表示這些區別，從而能明確地傳遞資訊。

字彙的出現：將重要區別納入語言系統

早期人類是如何在植物和動物的王國中進行劃辨和分類？基於詞彙假說提供的資料，對一個文化來說，最重要的區分會被納入該文化的語言中。隨著認知和分類的複雜度日益增加，語言的詞彙也繁複起來，而這些字彙的功用是將重要的區別納入語言系統。社會生物學家、人類學家和語言學家的研究工作揭露，為植物和動物命名的模式具有跨越文化與時間的共通性。

人類和非人類之間的分辨，是早期人類最先做出一個區分，而這點是有道理的。漸漸地，更細的區分有系統地進入語言之中。研究過數千種不同語言後，我們知道如果某種語言只包含兩個名詞（名詞的功用是用來命名）說明有生命的東西，它們所要區分的就是人類和非人類。隨著語言和文化的發展，其他字彙也開始被使用。接下來要加入的區別是分辨會飛翔、游泳或爬行的東西——大致上等同於飛鳥、游魚和爬蛇。

一般來說，這些字彙中的兩或三個是同時被加入語言中使用，因此一個語言不可能僅有三個說明有生命體的字彙。如果一個語言含有四個這類字彙，它們將是人類、非人類，還有鳥、魚與蛇當中的其中兩種。至於是哪兩

個字彙會被加入語言中使用，則依照情況而定。你可以想像得到，這會根據早期人類居住的環境以及環境中最常遇到的小動物種類而決定。

如果語言中有四個這類的動物名詞，它就是會把先前鳥、魚與蛇當中少掉的那一種加入。而擁有五個這類動物字彙的語言，增加的是哺乳動物的總稱，或是指稱小型爬蟲類的字彙，後者合併成英文中稱為蠕蟲和昆蟲的分類。因為在文字出現之前，就有眾多語言將蠕蟲和昆蟲結合為單一類別，民族生物學家為這個類別命名為「蟲蟲」。

缺乏字彙 → 人類
非人類 → ⎧魚
鳥
蛇⎫ → ⎧蟲蟲
哺乳類⎫

這些四處亂爬的東西在大多數語言中都擁有一個簡單好記的名字，英文也不例外。「蟲子」在英文中是一個非正式並包含各種差異的類別，包括：螞蟻、甲蟲、蒼蠅、蜘蛛、蚜蟲、毛蟲、蝗蟲、蝨子，以及大量不管是從生物或是分類觀點來看都截然不同的生物。

我們今天仍然在做一樣的事情，利用我們所有先進的科學知識，強調功能性分類的實用性和天性。「蟲子」這個字會將我們大部分時間並不需要考慮周詳，只想將牠們驅離我們餐盤，或是避免爬到我們皮膚上的東西，合併成一個單一類別，藉以促進認知的經濟效益。將這些生物結合在一起的，並非是牠們的生理構造，而是牠們在我們生活中的功能，或是我們想要避免牠們進入我們身體的企圖。

史前時代部落社會使用的類別名稱，往往與現代科學分類相互牴觸。在許多語言中，鳥類這個字彙包括蝙蝠在內；而魚類則可以包括鯨魚、海豚和烏龜；爬蛇有時包括蠕蟲、蜥蜴和鰻魚。

有了這七個基本名詞後，人們接著會以較為缺乏系統的方式在語言中加入其他字彙。在這個過程中，有些社會會特意為具有深厚社會、宗教或實用意義的特殊物種命名。某個語言可能除了鳥類的總稱外，還有另一個字彙指稱老鷹，但卻未為其他的鳥類命名。又或者，在哺乳動物中只選擇為熊單獨命名。

字彙在語言中出現的通用順序也顯現在植物世界中。相形之下，較不發達的語言沒有單一字彙泛稱所有植物。缺乏這類字彙並不意味著人們沒有察覺到其中的差異，或是無能辨識菠菜和臭菘之間的區別；他們只是缺少一個廣義的詞彙泛指植物。這樣的情況也出現在英文中。

例如，英文缺少指稱食用菇類的單一字彙。如果你要住院三個星期，英文中也缺乏字彙涵括所有你必須通知的人。他們可能包括你的近親、朋友、老闆、送報生，以及任何在這段期間內與你有約的對象。缺乏這類字彙並不意味著你不明白這類概念；只能說那是因為該項類別沒有反映在我們的語言中。這可能是因為我們對其需求尚未迫切到需要創造新字。

如果某一語言中只有一個字彙指稱非動物的生物，這個字彙不會是我們英文中總稱的植物，而會是用來指稱高大木本的植物，也就是我們所說的樹。當一種語言要引進第二個字彙時，如果不是泛指青草與藥草的總稱（研究人員稱之為青藥草），就是青草與草類的總稱。

當一種語言已經擁有樹與青藥草的字彙，若想要加入第三、四、五個植物類字彙，那將會是灌木、青草與藤蔓（不一定按照這個順序，這得視環境而定）。如果這個語言中已經有青草的字彙，加入的第三、四、五個植物類字彙將會是灌木、藥草與藤蔓。

青草是一個有趣的類別，因為對以英文為母語的人來說，這個類別中大多數的成員他們都叫不出名字。我們可以說出幾十種蔬菜和樹木的名字，但我們當中大多數的人只會用「青草」一詞來涵蓋九千多種不同的草類。這就跟我們用「蟲子」這個字彙的情況類似——大多數說英語的人並不知道這類別中的大量成員名字。

其他概念的字彙在語言中出現時也有其順序。加州大學柏克萊分校的人類學家布倫特・柏林（Brent Berlin）與保羅・凱（Paul Kay）所發現的顏色字彙出現普世順序，是當中最知名的。世上尚未工業化社會的語言系統中，有許多只擁有兩個顏色的字彙，它們大致把世界劃分為明亮與陰暗兩類。按照學術文獻的作法，我在下方圖表將之標示為白色和黑色，但這並不意味著這些語言的使用者真的僅區分白色和黑色，而是表示他們把半數的顏色歸入「明亮色」這個字彙之下，另外半數顏色歸入「陰暗色」這個字彙之下。

$$\begin{bmatrix} 白色 \\ 黑色 \end{bmatrix} \rightarrow \begin{bmatrix} 紅色 \end{bmatrix} \begin{matrix} \begin{bmatrix} 黃色 \end{bmatrix} \rightarrow \begin{bmatrix} 綠色 \end{bmatrix} \\ \begin{bmatrix} 綠色 \end{bmatrix} \rightarrow \begin{bmatrix} 黃色 \end{bmatrix} \end{matrix} \begin{bmatrix} 藍色 \end{bmatrix} \rightarrow \begin{bmatrix} 棕色 \end{bmatrix} \rightarrow \begin{bmatrix} 粉紅色 \\ 紫色 \\ 橘色 \\ 灰色 \end{bmatrix}$$

接下來是最有趣的部分。當一個語言發展到需要增加第三個顏色字彙時，這第三個字彙永遠是紅色。關於這點有各式各樣的理論提出，其中最主流的解釋認定，紅色的重要性來自它是血的顏色。當一個語言需要添加第四個字彙時，往往不是黃色就是綠色。接著第五個字彙則不是綠色就是黃色。而第六個字彙會是藍色。這些不只是學術上的分類或是人類學家獨有的興趣。

大腦偏好秩序勝過混亂

對認知科學的基本追求目標——理解資訊是如何組織的——來說，上述發現至關重要。這項瞭解的需求，是我們人類分享的內建天賦特質，因為知識對我們來說是有用的。當早期人類祖先離開樹林的掩護，冒險現身開放的稀樹草原以尋找新的食物來源時，他們讓自己更容易遭受掠食者的威脅，以及像是老鼠和蛇的侵擾。

那些有意獲得知識（喜歡學習新事物）的人，會一直處於生存的優勢地位，所以在天擇的過程中，這種對學習的熱愛最終將納入基因保留。正如人類學家克利福德・格爾茲（Clifford Geertz）指出，毫無疑問地在文字出現之前，以

部落形式生活的人們「對於所使用的各式各樣東西都感興趣，既不出於計畫所需，也不是為了填飽肚子……他們分類那些植物、爬蛇或蝙蝠，並非出於心靈深處先天具備讓人無法抵擋的認知熱情……在充滿針葉樹、爬蛇或食葉蝙蝠的環境中，好好瞭解這些針葉樹、爬蛇或食葉蝙蝠是很實際的問題，無論一個人所知的是否在任何嚴格意義下都能被定義為有用的。」

人類學家克勞德・李維・斯特勞斯（Claude Levi-Strauss）則持反對意見，他認為分類滿足人類劃分自然世界的天賦需求，因為人的大腦具有很強的認知傾向，想要追求秩序。此種偏好秩序勝過混亂的傾向，可以回溯到數百萬年的演化過程。正如我在導論中提到的，某些鳥類和囓齒動物會在牠們的巢穴周圍劃定界限，通常使用岩石或樹葉依序排列而成；如果順序被打亂了，牠們就知道有闖入者來過。

我曾養過幾條狗，牠們會週期性地在屋裡遊蕩撿拾牠們的玩具，並將之放入一個籃裡。人類對秩序的渴望，無疑地建立在這些古老的演化系統之上。加州大學柏克萊分校的認知心理學家艾莉諾・羅許（Eleanor Rosch）認為，人類的分類不是偶然或任意的歷史因素所致，而是心理或是與生俱來的分類原則所產生的結果。

格爾茲對認知熱愛和實務知識的劃分，並不獲得李維・斯特勞斯和羅許的認同。我的看法是，格爾茲所謂的熱愛，是隨著知識而來的實際利益之一部分——它們像是一枚硬幣的兩面。對生物世界的豐富知識可以是實際的，而人類的大腦配置不僅為此獲取知識，也有對於獲取知識的渴望。

我們對植物界絕大多數的命名，嚴格來說都可被認定是非必須的，藉由這點事實可以清楚看出，我們的天生熱愛命名和分類。

被認定在地球上生長的三萬種食用植物中，93% 被含括在十一種分類中：燕麥、玉米、米、小麥、馬鈴薯、絲蘭（也稱為木薯澱粉或木薯）、高粱、小米、豆類、大麥和黑麥。然而，我們的大腦演化使我們在學到新事物、將之有系統地分類，並且納入一個有序的結構中時，都會接收到令人感到愉快的多巴胺釋放。

追求卓越的分類

我們人類注定要享受知識，特別是我們所感受到的知識。我們也注定要為這些感知到的知識套用結構，用做各類的轉換，並從不同的角度觀看，嘗試將之安插在多元的神經架構內。

這是人類學習的本質，我們注定要將結構強制賦予世界。差異廣大的文化中都可見到為生物分類命名（植物和動物）極為一致的傳統，可說是這種天賦結構的進一步證據。

所有的語言和文化都各自獨立地發展出極相似的命名原則，這些原則有力地呈現一種與生俱來的分類傾向。舉例來說，每一種語言都包含初級和次級的動植物名字。在英語中，我們有杉樹（廣義稱謂）和道格拉斯冷杉（特定稱謂）。蘋果之下還可細分澳洲青蘋、金冠蘋果和翠玉蘋果。鮭魚之下有紅鮭，啄木鳥之下有橡實啄木鳥。我們望向世界，看出某類事物可以用類別顯示其相似大於相異之處，然後我們再辨識當中細微的差異。

這點也延伸到人為器物。椅子之下有安樂椅，刀子之下有獵刀，鞋子之下有舞鞋。這裡還可附帶說明有趣的一點：幾乎所有語言都有某類字彙模仿這類語言結構，但實際上並不是指同類型的事物。例如在英文中，蠹蟲（silverfish）是一種昆蟲，而不是某個種類的魚；草原土撥鼠（prairie dog）是一種嚙齒動物，而不是狗；毒蕈（toadstool）既不是一隻癩蛤蟆，也不是讓癩蛤蟆拿來坐的凳子。

我們對知識的渴望，可能就是我們失敗或成功的根源所在。它能分散我們的注意力，也可以讓我們終身追求深刻的學習和理解。某些學習能提升我們的生活，有的則是無關緊要地徒然讓我們分心──八卦故事大概就屬於後面這一類（除非你的職業是小報作家）。成功人士都是懂得劃分有用與分散注意力知識之間差異的專家。他們是怎麼做到的呢？

當然，他們當中有些人擁有一堆助理使他們能夠聚焦當下，而這又回過頭來增益他們的成功。智慧型手機和數位文件有助於組織資訊，但要用有效益的方式分類資訊（運用我們大腦組織的方式），仍然需要我們人類進行大量細緻的分類工作。

卓越人士們日復一日做的事，就是主動排序。急診室的護士這麼做時，我們叫它檢傷分類。[11]檢傷分類一詞源於法文的 trier，意思是「篩選、分類或排序」。你可能已經執行主動排序，但並不這麼稱呼它。簡單說，這意味著你將事務區分為需要當下處理或是不需要當下處理。在我們的生活中，這種有意識的主動排序具有許多不同形式，沒有哪一種才叫做正確的方式。劃分類別的數量各不相同，每天進行的次數也有所不同。也許你甚至不是天天都需要這麼做。

　　然而無論以何種方式進行，主動排序都是組織、效率與成效的重要組成部分。我曾擔任成功商人艾德蒙 W. 利特（Edmund W. Littlefield）的個人助理好幾年的時間，他曾是猶他建設（後來更名為猶他國際）公司的執行長，該公司曾建造胡佛大壩以及遍布世界各地眾多的建築工程，其中包括密西西比河以西大半的鐵路隧道和橋梁建設。當我為他工作時，他同時還擔任通用電氣公司、克萊斯勒公司、富國銀行、德爾蒙公司和惠普公司的董事。

　　他具有非凡的財智與商業頭腦，但最重要的是他的真誠謙遜。他是一位慷慨的導師。我們的立場並不總是一致，但他尊重反對意見，並試圖讓討論根基於事實而非猜測。身為他的助理，我受教的第一件事就是將他的郵件分為四類：

一、需要馬上處理的文件。這可能包括他的辦公室或商業夥伴的來信、票據、法律文件等等相關內容。之後他會進行細部分類，區分需在當天或是接下來數天內處理的事情。

二、重要但可以擱置的文件。我們稱之為暫時擱置類。這可能包括需要他評論的投資報告、他可能想閱讀的文章、汽車定期檢查的提醒、還要再過一陣子才會舉行的派對，或是大型宴會的邀請函等等。

三、不重要但可擱置，卻仍應該保留的文件。這類內容主要是產品目錄、

---

11 譯注：檢傷分類又稱分診，是根據病患的病情，決定治療和優先處理順序的程序。在有效運用醫療資源的前提下，利用此程序決定緊急治療病患與救護運輸的優先順序別，以及病患應送達的地點。

節日賀卡與雜誌。

四、可丟掉的文件。

　　艾德蒙定期檢閱所有這些類別的文件，並重新分類。其他人有他們自己更細緻或概略的分類系統。某位卓越人士使用二分的系統：該留下和該扔掉的東西。另一位卓越人士則將系統從信件延伸到她桌上出現的一切物品，無論是電子文件（例如電子郵件和 PDF 文件）或是紙本文件。你可以在利特的分類上為正在進行的不同事物增加次要類別，像是嗜好、居家修繕等等。這些類別中的事物，最後有些會分類放在桌子上、有些會放入檔案櫃的資料夾中或是電腦中。

　　主動排序是一種強有力的方式，可以避免分心。它是在智性層次而不僅是在實際層次上，建立和培育效率的極致。在你開始工作之前先考量事情的優先順序，你會清楚知道自己正著手於當下最重要的事情，這點認知會帶來令人驚訝的威力。其他事情可以擱置一旁——你專注於手中事務，而無需擔心是否遺忘某些事情。

　　主動排序之所以有效的原因既深刻又簡單。組織心智最根本的原則、讓我們不致忘記或遺失東西最關鍵的一點，就是將組織事物的壓力，從我們的大腦移交到外部世界。如果我們能將大腦的某些或全部運作程序移除，轉交到現實世界中，我們就比較不容易失誤。

　　這並不是因為我們的大腦容量有限——而應該說，是因為我們大腦記憶儲存和檢索的本質使然：記憶形成運作的過程，很容易因為其他類似的事物分散注意力或產生混淆。主動排序只是利用物質世界組織心智的眾多方法之一：你所需要的資訊並不全擠在腦海裡，而是在物質世界中的資料堆裡。

吉布森預設功能：將大腦記憶負擔卸除到提醒物上

　　為了要做到這一點，成功人士已經設計出幾十種方法，在自己家中、車上、辦公室，乃至生活的各個面向，設定實際的提醒物，好讓記憶的負擔從

大腦轉換至外部環境。廣義來說，這些方法都涉及到認知心理學家以研究者J. J. 吉布森（J. J. Gibon）命名的「吉布森預設功能」（Gibsonian affordance）。

「吉布森預設功能」指的是，一項物品的設計特點會告訴你該如何使用它。認知心理學家唐·諾曼（Don Norman）曾以門為例，給出著名的範例。當你走近一扇門時，你如何得知該門是向外拉或是往內推？你可以試著記住常使用的門打開的方式，但我們大多數人不會這麼做。當實驗的受試者被問到「你家臥室的門是朝向臥室往內推開，還是朝向外面走廊拉開」時，大多數受試者都不記得。但是門的某些設計包含了這些資訊，提供我們如何開門的方法，這讓我們的大腦無需費力記憶（或塞滿）可在外部世界更持久並有效保存的資訊。

當你握住家門把手，試圖將門朝自己的方向拉時，就可以知道門框是否會阻止你這麼做。你可能不會意識到這一點，但你的大腦會留意並自動引導你的行動——這麼做的認知效益，遠勝於記住你所遇到每一扇門不固定的開門方式。

商業辦公大樓或是其他公共設施因為使用者眾多，在這方面做得更加明顯：設計要推開的門往往用平板代替門把，要往外拉開的門才有門把。即便有額外的指示，有時還是會因為對環境不熟悉，或者你正要趕赴工作面試或是其他的約會而讓你分心，造成你因為不知道那是推門還是拉門而猶豫了一下。但大多數時候，你的大腦會依據門的預設功能，辨識你該如何開門。

同樣地，你辦公桌上的電話設計，會讓你知道哪個部分可供你拿起。聽筒的尺寸和形狀就是用來告訴你，你該拿起的部位是這裡，而非其他部位。大多數剪刀具有兩個可供手指穿過的孔洞，其中的一個尺寸較大，讓你知道這是供拇指使用的，另一個則供其他指頭使用（這點通常也是左撇子的煩惱所在）。此外，茶壺壺柄的設計也讓你知道該如何持壺。

預設功能的例子不勝枚舉，這就是為什麼鑰匙掛鉤有用的原因。把你經常弄丟的東西掛在掛鉤上，諸如車鑰匙、眼鏡，甚至錢包，這涉及到的就是創造預設功能，以減少大腦意識的負擔。在這個資訊超載的時代，掌握環境並充分利用大腦運作的知識，是非常重要的。

有組織的頭腦會創造預設功能和類別，讓我們在諸如找車鑰匙和手機等

無數日常細節的世界裡遊刃有餘，同時也將幫助我們度過充滿想法的 21 世紀。

第二章

理解注意力與記憶力如何運作

THE FIRST THINGS TO GET STRAIGHT
How Attention and Memory Work

我們生活在一個錯覺的世界裡，自認能意識到周遭發生的一切事物。我們望見的世界是連續而完整的畫面，由成千上萬細微的影像細節所組成。我們也許知道每個人都有盲點，但我們很幸運地在日復一日的生活中感覺不到確切的盲點所在，因為我們的枕葉皮層運作絕佳，填補了資訊的缺失，讓我們無從得知。實驗指出，注意力的盲點（如上一章提到的大猩猩實驗短片）凸顯了我們確實能感知到的世界極其有限，儘管我們壓倒性地認定自己掌握一切。

我們對周遭事物的關心，一部分源自我們的意志（我們選擇地注意某些事情），另一部分源自監測我們周邊世界安全與否的警報系統，還有另一部分來自我們難以捉摸的大腦。我們大腦的預先配置，能在無需意識介入的情況下，自動針對事物建立起類別與分類；當我們試圖建立的系統與大腦自動歸類事物的方式有所衝突時，就會造成我們搞丟東西、錯過約會，或者忘記我們該做的事情。

白日夢模式：神經科學界的重大發現

你是否曾經坐在飛機或火車上，單純盯著窗外，既不閱讀也不特別觀看某物？你可能已經發現了，當你並不真的記得你確實看到或思考的內容，或

是到底經過多長的時間時，時光的流逝令人心曠神怡。上一次當你坐在海邊或湖邊，讓你的思緒恣意徜徉，期待能因此體驗到放鬆的感覺時，你可能有過類似的感受。

在這種狀態下，思緒的流動似乎一個緊接著另一個，過去、現在和未來的想法，以及視覺影像和聲音融合在一起。我們稱這種意識流般鬆散相連、好似夜間作夢狀態的內傾思緒為白日夢。

這種獨特的大腦狀態，其特色在於串聯了不同的意見和想法，感官和概念之間相對來說沒有屏障橫亙；它可能會引出偉大的創造精神，藉以得出難題的解決方案。這種支持更為流動和非線性思維方式的特殊大腦網絡，可說是過去二十年來神經科學界最重大的發現。

這個網絡會對意識施加拉力；當你手邊沒有事做時，它會急切地將你的大腦切換成白日夢狀態，又或者在你從事一項無聊工作時劫持你的意識。當你發現讀了好幾頁的書卻記不得內容，或者當你行駛在綿延的高速公路上，突然意識到自己不知身在何方，並已經錯過出口時，就是它得手的時候。當你意識到前一分鐘鑰匙還在手中，而現在卻不知要從何找起時，也是相同的網絡在作用。當發生這種情況時，你的大腦在哪裡？

設想或計畫自己的未來、將自己投身到某種情況（尤其是社交場合）、發揮同理心、回憶自己的生平等等，都涉及到這個白日夢模式（或稱魂不守舍模式）。如果你曾經停下手中正在進行的工作，想像某些未來行動的後果或者自己在未來的某種特別遭遇，你的目光會從正常的直盯前方，轉而注視上方或下方，同時想法盤據了你的心頭：那就是白日夢模式。

發現這個白日夢的模式，並沒有在大眾媒體上造成轟動，但它已經改變了神經科學家對注意力的看法。我們現在知道白日夢和魂不守舍都是大腦的自然狀態。這解釋了為什麼我們在經歷這種狀態後會覺得特別神清氣爽，以及為什麼假期和午睡可以大大恢復元氣。這項系統接管大腦的傾向是如此強大，以至於它的發現者——馬庫斯·瑞奇（Marcus Raichle）——把它命名為「不履行模式」。

這個模式是大腦的休息狀態，當你的大腦並不從事有目的性的任務時、當你坐在沙灘上、或是窩在安樂椅上輕鬆品嘗麥芽蘇格蘭威士忌，還有當你

的心思流轉飄蕩在不同的主題間時⋯⋯這並不意味著你無法捕捉滾滾思潮中的任何一個想法，而是沒有任何一個想法要求你做出回應。

從事諸如報稅、寫報告，或是在陌生城市找路這樣的任務時，你必須極其專注。白日夢模式與此形成了鮮明的對比。這種專注任務的模式是人類注意力的另一項主要模式，它負責我們眾多高層次的運作，研究人員將其命名為「中央執行系統」。這兩種大腦狀態形成了一種陰與陽的關係：當其中一個活躍時，另一個則否。執行高要求的任務時，中央執行系統出馬。此時越是抑制白日夢網絡，手頭上任務的表現就會越精準。

非彼即此的白日夢模式和中央執行模式

白日夢模式的發現也解釋了為什麼我們需要努力才能集中注意力。集中注意力這種說法是非常象徵性的語言，在這句老生常談中富有有益的含義：那就是，注意力需要付出代價。這是非彼即此的零和遊戲。當我們將注意力集中在某件事情上（無論是透過有意識的決定，還是因為我們的注意力過濾器認為這件事的重要性，足以讓它晉升到注意力的首要焦點），我們都必須從另外的事件上收回注意力。

我的同事維諾德・梅農（Vinod Menon）發現，白日夢模式是種網絡，因為它不位於大腦的特定區域。更確切地說，它將分布在大腦中的不同神經元集群聯繫在一起，讓它們彼此相連，形成相當於電子迴路的網絡。

用網絡來形容大腦的運作方式，是神經科學近年來的深遠發展。大約二十五年前開始，心理學和神經科學領域經歷了一場革命。心理學原本是透過客觀且可觀察的事物，像是字詞學習清單，或是在分心狀況下執行任務的能力等等已使用數十年的老方法來認識人類行為。神經科學則是研究大腦細胞與生物結構如何進行溝通。因此，要心理學家研究思考發生的「硬體設備」（即生物基礎）是很困難的。而神經科學家的相關研究往往卡在個別神經元的層次，無法針對實際行為做進一步的研究。

我所說的革命，指的是非侵入性神經成像技術的發明，這是一組類似於X光的工具，但它不只呈現大腦的輪廓和結構，還能呈現正在進行思考與行

動的大腦即時表現，即正在思考中的大腦圖像。該類技術—正子發射斷層掃描、功能性核磁共振成像和腦磁波儀——的縮寫 PET、fMRI 和 MEG，現在都已廣為人知。這波研究一開始主要集中於定位大腦各部位的功能，研究當你在練習網球發球、聆聽音樂，或是進行數學計算時，哪一部分的大腦處於活躍狀態？這就像是測繪神經版圖。然而，最近的研究旨趣轉向增進這些區域如何合作的理解。

神經科學家得出的結論是，思維活動並不總是發生在某個特定的大腦區域，而是相關的神經元群集組成的網絡負責。如果有人問「讓冰箱能夠運作的電儲存在哪裡」，你會怎麼回答？是在插座嗎？事實上，如果電器產品沒有插上電，插座是沒有電流通過的。而一旦電器插上電，電就不只是儲存在某個地方，而是透過電流在所有的家電用品中流動。從某種意義上可以說，是在整座房子裡流動。電確實不存在於某個單一地點，它是一個分散式的網絡；它不會顯示在手機的照片中。

同樣地，認知神經科學家也逐漸瞭解到，思維功能往往是分散的。語言能力不存在於大腦的特定區域，而是由一個分散式的網絡組成（就像你家中的電線），將分布在大腦的各個區域連結整合在一起。

早期的研究人員之所以認為語言可能限定在局部大腦，是因為干擾大腦的特定區域，確實會造成語言功能的喪失。再來想想你家的電路系統。如果電力公司不小心切斷電線，你家裡的某個區域可能會停電，但這並不代表停電的地方就是電力來源之所在——而只是意味著傳輸電力所需的線路中斷了。

事實上，要用切斷電線這招讓你家停電的可能性有無限多種，可以從電源或是斷路器箱下手，甚至是你正在廚房使用的那台打不出冰沙的攪拌機，都可能造成一樣的效果。只有當你開始著手修理時，才看得出當中的差異。

神經科學家現在認定的大腦，是一套錯綜複雜的重疊網絡。白日夢模式與中央執行模式的工作是相對立的：當一個活躍時，另一個就停止運作；非彼即此。中央執行網絡任務是避免你在工作時分心，藉由限制進入你意識的事物，讓你可以持續專注在手中的工作上。

再一次地，無論你是在白日夢或中央執行模式，你的注意力過濾器幾乎

總是運轉不息,悄悄在你的下意識工作著。對我們的祖先而言,所謂的任務,通常意味著獵殺大型哺乳動物、逃離掠食者或是戰鬥。在這類活動中,心不在焉會帶來災難。在今日,我們比較傾向採用我們的中央執行模式來撰寫報告、進行人際互動、使用電腦、開車、航行、在腦海裡盤算問題的解決方式,或是進行如繪畫和音樂的藝術創作或演出。從事這些活動時,心不在焉通常不會危及生命,但當我們試圖有所作為時,它就會影響我們的成效。

我們的思維處於白日夢模式時,我們多半向內關注於我們的目標、欲望、情感、計畫,以及我們與其他人的關係。白日夢模式活躍於人們感到相互理解時;而當我們處在中央執行模式運作時,則同時是向內關注與向外觀看。

既能專注在任務上又不因為過度投入,而成為潛伏在灌木叢後方掠食者或敵人眼中的肥羊,或是忽略了爬上後頸的毒蜘蛛,這很明顯是一種演化的優勢。這就是注意力網絡的價值所在;注意力過濾器能持續監視環境中任何可能的重要資訊。

注意力的切換開關

除了白日夢模式、中央執行模式和注意力過濾器,注意力系統的第四項組成內容,讓我們能在白日夢模式和中央執行模式之間轉換。這項開關使我們能在任務間進行轉換,好比當你跟朋友在聚會上聊天時,你的注意力會突然轉移到關於廚房火災的對話內容上。

這個神經元總機將你的注意力引領到你額頭上的蚊子,然後又讓你回到午餐後的白日夢上。梅農和我在一篇 2010 年的論文中指出,這個切換的機制受到大腦中稱為島葉的部位控制,這個重要結構位於顳葉和額葉連結處表面下方約二到三公分處。也就是說,注意力在兩個外部對象之間的轉換,涉及到顳葉與額葉的交界處。

島葉與大腦中稱為前扣帶皮層的重要部位雙向連接。把你的手指搭在頭頂正上方,你可以將前扣帶設想成位於鼻子後方、大約距離鼻子跟頭頂各五公分距離處。下面的示意圖顯示出島葉與其他大腦結構的相對位置。中央執

行系統和白日夢系統之間的關係，就像一個蹺蹺板，而島葉（注意力的轉換開關）就像是一個成年人將其中一側往下壓，好讓另一側留在空中。

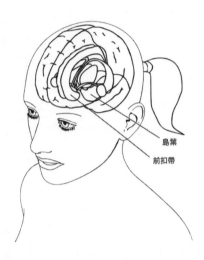

島葉
前扣帶

島葉與扣帶的這個網絡功能因人而異。對某些人來說，這就像是上了油的開關；但對另一些人來說，則像是扇生鏽的老舊大門。不過，切換的次數過多或過於頻繁，都會使人感到疲累暈眩，這就像是我們玩蹺蹺板的速度過快一般。

請注意，前扣帶從前面的眶皮層和前額葉皮層（圖片左方），延伸到上方的輔助運動區。它與這些區域緊鄰是很有趣的，因為眶皮層和前額葉皮層負責諸如規劃、調度與衝動控制，而輔助運動區則負責活動身體。換句話說，提醒你報告繳交期限將至，讓你移動手指在鍵盤上輸入報告並專注於工作，以及幫助你乖乖坐在椅子上完成報告的大腦部位是相連的。

這四組人類注意力迴路系統，歷經數萬年的演化（不同的大腦網絡是否變得更加活躍，端視情況而定），如今的關鍵就在於我們組織資訊的能力。我們每天都看到這樣的情況發生。你坐在書桌前，被周圍的雜音和影像干擾：中央空調的風扇、日光燈發出的嗡嗡聲、窗戶外面車水馬龍、偶爾車輛擋風玻璃反射陽光直直射向你的臉龐……然而，一旦你安頓下來著手工作，你就不再注意到這些，而是可以專注於工作。但經過大約十五到二十分鐘後，你會發現自己又心不在焉了：出門時我是否記得鎖上大門？我需要提醒傑夫今天中

午要開會嗎？眼前我正在著手處理的計畫是否能準時完成？大多數人都會一直在腦海裡進行這樣的內在對話。這可能會讓你好奇是誰在你的腦袋裡提問題，以及更令人好奇的是誰在回答這些問題？當然你的腦袋裡並不住著成群的迷你小人。

你的腦中是否住了一個「迷你我」？

你的大腦是由層次分明、功能殊異的處理單元集結而成。內在對話是由大腦中前額葉皮層的策劃中心產生，而這些問題會由大腦其他擁有資訊的部分進行回答。大腦的不同網絡因此能容納完全不同的想法，並執行完全不同的日常事項。某部分的大腦關注的是滿足眼前的飢餓，另一部分則重視規劃並堅持節食；某部分的大腦在你開車時注意路況，另一部分則是跟著廣播打拍子。注意力網絡必須監控所有這些活動，並分配資源到當中的某些項目上。

如果這聽起來不容易理解，也許你可以想像大腦一直在做這類小小的家務事，好讓你可以更容易看清狀況。例如當你跑步時，一部分的大腦會發出「質疑」：我們是否有足夠的氧氣輸送到腿部肌肉，以支持這項活動？而在同時，另一部分的大腦發布指令提升呼吸作用的層級，以增加血液中的含氧量。正在監視身體活動的第三部分大腦，則確保呼吸量確實依照指令增進，如果實際情況並非如此就會負責回報。大多數的時間這些交流都發生在下意識，也就是說，我們並不會意識到這類的對話或是信號—回應機制的運作。

不過神經學家越來越認定，意識並不是一種若非全有便全無的狀態；相反地，它是不同狀態的連續體。我們口頭上說這件或那件事發生在潛意識，就好像是說潛意識是大腦某個獨立的部分，可以指出其地理位置就在頭顱深處潮濕昏暗的地下室。描述神經更準確的說法，應該是許多神經元網絡發出訊號，就像是繁忙的辦公室裡電話全都同時響了。當其中一個神經網絡相形之下較活躍時，它會引起我們的注意，意即我們的意識心靈（我們的中央執行單位）捕捉到它的活動，使我們意識到它。

我們當中很多人對意識持有的通俗觀點雖然不正確，卻具有說服力。這

是因為我們確實感覺到我們的腦袋裡面好像住著一個「迷你我」，他告訴我們世事的發展，並提醒我們星期一要記得倒垃圾。

一個比較精緻的故事版本如下：在我們的腦袋裡面有個「迷你我」正坐在舒適的椅子上觀看多個電視螢幕。螢幕上呈現的是我們意識的內容──也就是我們在外部世界的所見所聞，我們所觸摸到、聞到和品嚐到的感受。此外，螢幕會還報告我們內部的精神和身體狀態：現在我感到飢餓、我覺得太熱、我感到疲累。我們覺得在腦中有個旁白般的聲音不斷為我們的生活做敘述，讓我們看見外在世界發生了什麼事、告訴我們這些事件的意義，並將這些資訊與來自我們體內的內在情緒與身體狀況報告整合起來。

這種解釋方式會導致無窮後退的問題。你是否設想過自己坐在腦中這個電影院裡的景象？在這個模型中的「迷你我」，是否也有小眼睛和小耳朵可以觀看並聆聽電視？他是否有著自己的小腦袋？如果真是這樣，在他的腦袋裡面是否還有更迷你的「迷你我」？然後這個更迷你的「迷你我」的腦袋裡面也有一個小人？這樣的循環永遠不會結束（丹尼爾·丹尼特〔Daniel Clement Dennett〕表示，這種解釋意識的方式符合邏輯，卻又令人難以信服）。然而，實際的情況甚至更為奇妙。

你的大腦中有許多特殊用途的模組在運作，試圖釐清並瞭解你所經驗到的事情。這些模組大多數都在私底下運行。然而，當神經活動達到一定的臨界點時，你便會開始意識到它，這就是我們所謂的意識。意識本身不是一個東西，它並不位於大腦中的某一處，而是我們把意識這個名詞加諸在進入我們中央執行單位的想法和觀念上。這個系統的容量非常有限，一般而言最多同時只能注意到四或五項事物。

總括來說，人的注意力系統由四個部分組成：白日夢模式、中央執行模式、注意力過濾器，以及注意力的切換開關。後者引導神經和新陳代謝資源，在心不在焉、執行任務或保持警覺的模式間往返。

這套系統極富效率，甚至讓我們幾乎不知道自己正在過濾資訊。在許多情況下，當注意力過濾器運作時，我們並不會意識到自己的注意力正在白日夢模式和中央執行模式間進行切換──我們只有在已經切換到另一個模式時，才會注意到系統的運作。當然也有我們可以自主決定切換模式的例外時

刻，像是當我們在查閱某項資訊時，我們會仔細思索閱讀的內容。但注意力開關的切換仍然隱而不顯，你不會下命令說：「我現在要切換模式；你（或島葉）快去工作。」

注意力的神經化學

在過去二十年中，神經科學界揭露了大量有關注意力如何產生的事實。白日夢網絡募集位於前額葉皮層內（位於額頭和眼睛後方）的神經元——只有再深幾公分的扣帶例外，將它們與記憶內存整理的中心海馬迴連結一起。這個過程是透過去甲腎上腺素神經元進行的；去甲腎上腺素神經元位於頭顱深處、靠近腦幹的細小樞紐藍斑核中，像一群緊密的纖維連接到前額葉皮層。儘管名稱相似，去甲腎上腺素和腎上腺素卻是不同的化學物質。由大腦合成的去甲腎上腺素，其化學結構大體上類似於多巴胺。當處於白日夢模式時，刺激與抑制神經傳導的谷氨酸和 GABA（γ-氨基丁酸）之間必須維持精確的平衡。

我們知道多巴胺和血清素是這類大腦網絡的組成成分，但它們之間的相互作用複雜難解。引人注目的新證據顯示，特定的遺傳變異（來自名為 COMT 的基因）導致多巴胺和血清素之間平衡的改變，而這種改變與情緒障礙和抗抑鬱劑能夠作用有關。至於運送血清素的基因 SLC6A4 則被證實與藝術創作以及靈性追求相關。這兩者似乎都和白日夢模式有些關聯，代表遺傳學、神經傳導物質和藝術／靈性發展之間彼此相關（與谷氨酸和 GABA 或任何其他化學物質相較，多巴胺並不特別重要。我們對多巴胺所知甚多主要是因為研究的門檻低。再過二十年，我們對於其他化學物質都會有更深入的瞭解）。

中央執行網絡募集在前額葉皮層、扣帶，以及深處於大腦中央的基底神經節等各個不同部位的神經元——這個中央執行網絡並不如一般所認定的位於前額葉皮層。它的化學作用包括調節額葉的多巴胺水平。

維持注意力也取決於去甲腎上腺素和乙醯膽鹼，特別是身處令人分心的環境中——這是集中注意力所需的化學基礎。當你將注意力集中在手頭上的任務時，前額葉皮質右側的乙醯膽鹼，有助於提升注意力過濾器的工作品

質。大腦中的乙醯膽鹼濃度則可在不到一秒的時間內迅速變化——你在尋找東西時就會導致乙醯膽鹼分泌。

乙醯膽鹼在睡眠中也發揮作用：它在 REM 睡眠階段達到高峰，並有助於防止外部資訊進入擾亂你的夢。在過去幾年中，我們已經瞭解到乙醯膽鹼和去甲腎上腺素是藉由異源受體整合進入大腦迴路；異源受體是神經元的化學物質接受器，能接受不只單一種類型的化學物質分泌。這一點造成它與較常見的自體受體有所區分，後者僅接受特定的神經傳導物質進入突觸，就像是每個鎖都有自己搭配的鑰匙一般。通過這一機制，乙醯膽鹼和去甲腎上腺素能影響彼此的釋放。

注意力過濾器包含位於額葉和感覺皮層（聽覺和視覺皮層）的網絡。當我們在尋找東西時，過濾器就會重新調整神經元，以符合我們正在尋找物品的特點，像是威利的紅白條紋，或是你車鑰匙的大小和形狀。這使得你的搜尋能夠非常迅速地進行，並過濾不相干的東西。但由於神經元的干擾，這項功能並不總是完美運作，有時我們正在尋找的東西就在眼前，我們卻沒有意識到這一點。

注意力過濾器（或說讓你找到威利的網絡）部分是由位於大腦無名質部位，包含菸鹼受體的神經元所控制。菸鹼受體因為會對尼古丁反應而得名，它們散布大腦各處，在你吸菸或咀嚼菸草時起反應。尼古丁除了會對我們的整體健康造成問題，一般公認尼古丁也有助在人們被誤導時提高信號的檢測率；也就是說，尼古丁會使人產生警覺，因而更加注重細節，而不會只單單根據原本的預期。

注意力過濾器也與島葉緊密相連，所以可以啟動位於該處的開關，以便有需要時能帶我們脫離白日夢模式，切換到工作模式。此外，注意力過濾器也與扣帶並肩作戰，促成快速進入機動系統，以做出適當的行為反應，像是當有危險物品朝你而來時趕快跳開。

回想先前我們所提到的，注意力過濾器內含警告系統，可讓危及生命的重要訊號立即打斷你原本的白日夢或是專心一致狀態。如果你心不在焉地開車，當一輛大貨車突然切換到你的車道，這個系統會通知你，並同時給你一劑腎上腺素。

這套警告系統是由位於額葉和頂葉的去甲腎上腺素所控制。高血壓、過動症和憂鬱症患者服用的藥物，如胍法辛（藥品名稱是 Tenex 和 Intuniv）和氯壓定，可以阻斷去甲腎上腺素的釋放，進而使你的警報系統失靈。如果你是潛水艇的聲納操作員或是森林消防員，你會希望你的預警系統火力全開。但如果你因為疾病而產生幻聽，你就會希望削弱警告系統，胍法辛能做到這一點。

梅農和我在島葉找到的注意力開關有助於轉移關注焦點，並由去甲腎上腺素和皮質醇（壓力荷爾蒙）所掌控。這裡和周圍組織中多巴胺的濃度提高，會連帶提升白日夢網絡的運作。藍斑和去甲腎上腺素系統也有助於調節這類行為狀態。演化歷史淵遠流長的去甲腎上腺素系統，即使在甲殼類動物身上也能發現，部分研究人員認為它在此也扮演了類似的角色。

記憶如何再現真實經驗？

神經科學家對這些注意力系統的討論，可能會讓你認為它們是以一種非此即彼的方式影響整個大腦：我們就像蹺蹺板一般，在中央執行模式與白日夢模式之間擺蕩，我們不是醒著就是睡。畢竟我們都知道自己何時是清醒的，不是嗎？而當我們睡著時，就像是全面下線一樣，只有轉醒時才知道自己剛剛睡著了。

但這並不是注意力系統運作的方式。與這種誤解恰恰相反，神經科學家最近發現，大腦的某些部分可以暫時進入睡眠狀況，甚至維持更長的一段時間而不為我們所意識到。大腦中的某些迴路可能會在任何時刻下線、進入睡眠狀態，好減少能量的消耗，只要我們不要求它們提供服務，我們就不會注意到。

我們注意力系統的四個部分也同樣以此方式運作——它們都可以設定只發揮局部的作用。這可能就是我們搞丟東西或迷路的主要原因：我們大腦中應該注意物品放置位置的部分不是睡著了，就是在為別的事務分心。明明要找的東西就在眼前，卻視而不見。那是因為我們正在作白日夢，所以需要一點時間回復警覺。這同時也是說，我們搞丟東西是因為當我們把它們放下

時，我們的注意力就沒在上頭。補救的方法是練習專注和注意力，訓練自己禪定般的專注，活在當下，每次移動東西時都要注意。

多一點專注，能夠有效訓練大腦（特別是海馬迴）記住我們放置東西的位置，因為我們在當下啟用了中央執行模式提供協助。另外，可以運用像是鑰匙掛鉤、手機放置架和擺放太陽眼鏡等小物件的特殊掛鉤或抽屜，透過這類外部的努力，也能讓我們不必把一切都記在腦海裡。

外部記憶這招可以追溯到希臘時代，其效益已數度為當代神經科學所證實。其運用範圍之廣，我們只要稍加思索便會覺得驚奇。就如同哈佛心理學家丹·韋格納（Dan Wegner）所說的：「靠牆的書櫃上滿是書籍，檔案櫃中塞滿文件，筆記型電腦中有著雜記，家裡充斥著東西和紀念品。」紀念品這個字，來自法文的「記得」並非巧合。我們的電腦裡記錄大量資料，我們的日曆上記載著約會和生日，而學生把考試答案寫在手上。

現階段有些記憶理論家認定，我們生活中大量有意識經歷過的事情，都儲存在腦裡。大多數你所看到、聽到、聞到、想到，還有你曾有過的所有談話、騎乘自行車的經歷，以及享用過的餐點，都可能就在大腦中的某處，等著你注意它們。但是如果上述種種都在大腦裡，為什麼我們還會忘記呢？這就像影集《超感警探》裡派屈克·簡頗具說服力地陳述：「記憶並不可靠，因為未經訓練的大腦有著彆腳的存檔系統。」不論你願意與否，它把發生在你身上的一切，全都丟進一個黑漆漆的大衣櫃裡——當你到衣櫃裡去尋找東西時，你只能找到顯而易見的大件物品，像是你母親過世的那個時刻，或是你並不真正需要的東西，好比一首古怪的歌。你找不到所需的東西時也不用驚慌，因為它仍然在那裡。

這是怎麼發生的？我們遇到的任何情況，都會觸動與該情境性質相對應的特定神經元網絡。觀看夕陽？觸動了再現陰影和光線、粉紅色、橙色和黃色的視覺中心；相距半小時的日落景色殊異，與之相應會涉及不同的神經元來再現它。觀看網球比賽？神經元會辨識網球選手的臉孔，並針對選手的身體、球以及球拍的移動進行動態偵測，而較高階的認知中心會鎖定他們是否越界以及比賽的得分。我們的每一個想法、觀點和經驗，都有特定的神經對應物——若非如此，我們就會認定每一件事情都是相同的；是神經元運作上

的差異，使我們能區辨種種不同的事件。

回憶是將原初經驗發生時所涉及的神經元重新恢復聯結的過程。起初將所發生事件呈現給我們的神經元，與我們回憶時再現事件的神經元是相同的。一旦我們能讓這些神經元以與原初事件發生時類似的方式運作，我們就會體驗到像是原初事件低解析度播放的回憶。

如果我們能夠讓原初經驗所使用的神經元，完全以與原本相同的方式運作，我們的記憶將會驚人的生動和逼真。但回憶不會是完美的；哪些神經元需要聯合起來，並做出精準運作的指令，往往薄弱不如以往，造成再現的只會是真實經驗黯淡且往往不準確的副本。

記憶是虛構的。它展現給我們的宛如事實，卻又很容易受到扭曲。記憶是重寫而非僅是重播事實。由於我們的許多經驗都擁有相似之處，所以當我們試著透過回憶重組經驗時，大腦會被類似的項目所矇騙，難度因而增加。因此，大部分的時候我們的記憶都是乾枯的，這並不是因為我們的大腦儲存資訊的能力有限，而是因為提取記憶的本質很容易失去焦點，或是被其他類似的經驗所混淆。另外還有一個問題：那就是記憶是會改變的。

當記憶被提取時是處在一個不穩定或脆弱的狀態，它們需要適當地合併重組。如果你與朋友分享回憶時她說：「不，那輛車子是綠色的，不是藍色的。」這項訊息會被移植到你的記憶中。如果合併重組的過程遇到干擾，像是睡眠不足、注意力不集中、外傷或是大腦中的神經化學物質改變，那麼這種不穩定狀態的記憶也可能消失。人類記憶最大的問題，也許就在於我們並不總是清楚自己的回憶有誤，很多時候我們對錯誤而扭曲的記憶感到異常篤定。這種錯誤的信心很常見，而且難以消滅。

獨特且具強烈情感成分的記憶最難忘

組織系統在此扮演的角色，就是當我們越是將記憶的功能透過外在紀錄，在現實世界中進行外部處理，我們就越不需要依靠過度自信卻不夠準確的記憶。是否有任何理由或原因可以說明，何以有些記憶我們可以準確地記得，有些則否？其中最重要的原則就是：特殊／獨有，以及帶有強烈的情感

成分在內的經驗最難忘。

與眾不同的事件或經驗往往較難忘，因為當你的大腦試圖從記憶庫提取它們時，沒有類似事件與它們競爭。換句話說，要記得你上上週四吃了什麼早餐可能很困難，因為那個週四或是那頓早餐可能沒什麼特殊之處。因此，你所有關於早餐的記憶都融合成一種一般性的早餐印象。

你的記憶將類似事件匯合在一起，不僅出於效率之故，也因為這就是我們學習的根本之法。我們的大腦從同類經驗中獲得抽象的規則，特別例行性的活動。如果你的早餐總是一成不變，好比說是牛奶麥片、柳橙汁外加咖啡，那麼你的大腦要從中獲取特定一頓早餐的細節就很困難。

諷刺的是，墨守成規的人雖能記住行為的一般內容（比如入口的食物，因為吃的東西總都一樣），但要論及特定時刻的細節卻非常困難（像是路過垃圾車的聲音，或是窗外的鳥鳴），除非它們極為特別或是觸動情感。

但另一方面，如果你做了一件獨特而打破慣例的事——可能是你把吃剩的披薩拿來當早餐，結果上頭的番茄醬料弄髒了你的襯衫——記住這件事對你來說就比較容易。有一點原則很重要，就是記憶重現需要我們啟動篩選功能，好在眾多相互競爭的例子中挑選出我們試圖回想的對象。如果當中包含類似事件，大腦會重現眾多或是所有內容，然後通常在不自覺的情況下使用它們創造出某種複合而一般性的混合物。這就是為什麼我們很容易忘記將眼鏡或汽車鑰匙放在哪裡——在過去那麼多年間，我們將它們放置在眾多不同的地方，當所有這些記憶同時運作時，我們的大腦便很難在當中找到所需資訊。

反之，如果不存在類似事件，獨特事件便很容易脫穎而出，讓我們能夠回憶起。這一點與該事件的獨特程度成正比。早餐吃披薩可能滿少見的；跟你的老闆相偕外出吃早餐可能更不尋常。二十一歲生日當天，你的新情人裸體送早餐到你床上更是非比尋常。

其他使人銘記在心的典型事件包括生命週期事件，諸如兄弟姐妹的出生、結婚或所愛的人逝世。作為一位業餘的賞鳥愛好者，我清楚記得自己第一次看見大啄木鳥的地點，還有在看見牠前後幾分鐘內我做了些什麼。同樣地，我們當中有許多人還記得自己第一次看到同卵雙胞胎、第一次騎馬，或

是第一次遭逢暴風雨的經驗。

從演化的角度來看，我們記住唯一或獨特的事件是有道理的，因為它們代表周遭世界的潛在變化，或是我們對世界的認識發生變化——我們需要記住這些事件，好在不斷變化的環境裡極大化我們成功的機會。

情緒是記憶的第二項原則。如果某件事令我們極為驚恐、高興、悲傷或憤怒（這四種人類的主要情感），要記住它對我們來說就比較容易。這是因為大腦會隨著這類經驗，產生神經化學標籤或標誌物，將之標記為重要的。

這就好像大腦拿著黃色螢光筆在我的生活紀錄本上，有選擇地劃出生活體驗的重點。這是具有演化意義的——我們需要記住觸動情感的重要事件以利於生存，像是天敵的咆哮聲、新的淡水水源、食物腐臭的氣味，以及不守承諾的朋友。這些與觸動情感事件相連的化學標記，說明了何以我們這麼容易記住全國性的重大事件，像是甘迺迪總統遭到暗殺、挑戰者號太空梭爆炸、911 攻擊事件，或是歐巴馬總統勝選和就職。

對於我們大多數人來說，上述這些事件都會觸動情感，它們會立即被大腦化學物質給貼上標籤，並擺在特殊的神經狀態以利獲取和搜尋。這些神經化學標記工作，對於個人記憶以及全國性的事件都起作用。你可能記不得上次洗衣服是何時的事，但是你大概還記得初吻的確切發生地點與對象。即便當中一些細節對你來說已是浮光掠影，你仍然可能記得與這場回憶相關的感受。

不幸的是，這類情緒連帶標籤的存在雖然讓記憶的提取更快、更容易，卻不保證所提取的記憶更加準確。下面的例子說明了這種狀況。如果你像大多數美國人一樣，清楚記得當你首度得知紐約市世貿中心雙子星大廈在 2001年 9 月 11 日遭到襲擊時，自己身處何方，你大概還記得當時你人在哪個房間裡，大致是什麼時間（當天上午、下午或是晚間），甚至你可能還記得身邊有誰、當天跟哪些人交談過。你也許也記得看見飛機撞入第一棟大廈（北塔）的駭人電視影像。然後，大約過了二十分鐘，又見到第二架飛機撞向第二棟大廈（南塔）的影像。事實上，根據最近的一項調查顯示，80% 的美國人對911 事件的回憶都是如此。然而事實證明這是完全錯誤的回憶。

911 當日，電視台播出南塔遭飛機撞擊的即時影像，但由於北塔遭飛機

撞擊的影像尚無法取得，所以電視台一直要到隔天，也就9月12日才播出。成千上萬的美國人看到的相關影像與事發先後順序相反，先看到南塔遭受攻擊的畫面，過了二十四小時後，才看到飛機衝撞北塔的畫面。但我們被告知並相信為真的事發經過，是北塔比南塔早大約二十分鐘遭到攻擊，這使得我們的記憶與事發順序結合在一起，而非我們實際經歷這兩件事的順序。所造成的錯誤記憶無可抗拒，即使是美國總統布希都錯誤地回憶說在911當日看到北塔被攻擊，雖然電視台的存檔顯示這是不可能的。

回憶本身也可能扭曲記憶

　　試試下面這個練習，你就知道記憶有多不可靠。首先，拿一枝原子筆或鉛筆和一張紙。在下面，你會看到一列單字。以一秒一個單字的速度，將它們每一個大聲唸出來。也就是說，不是要看你能讀得多快，而是要你慢慢來，在唸的同時專注在每一個單字上。

休息	疲倦
清醒	作夢
打呼	床
吃	睡眠
聲音	舒適
枕頭	醒來
夜晚	

　　現在不要回頭翻找，盡可能在下面寫下你記得的單字，完成後翻到下一頁。

　　別擔心，你可以將結果寫在書頁上。這是一本科普書籍，而你正在進行實證研究紀錄。你是否寫下休息？夜晚？非洲食蟻獸？睡覺？

　　如果你的表現跟大多數人一樣，這表示你記住了一部分的單字。85%的人們記得休息。休息是你看到的第一個單字，這一點與記憶的首要作用一致：

我們傾向於牢記列表中的第一個項目。70%的人們記得夜晚這個單字。這是你看到的最後一個單字，這一點則與近因效應相一致：我們傾向於記住列表上最後看到的項目，但是表現不如我們牢記的第一個項目。科學家針對列表上各項目的位置記錄了連續曲線圖，顯示各項目所處位置與人們記憶的函數關係。

幾乎可以篤定的是，你沒有寫下非洲食蟻獸，因為這個單字並不在列表上——研究人員通常會用這樣的問題測試受試者，以確保他們有認真回答問題。大約有60%接受測試的人寫下睡覺，但是如果你回過頭去查找，你會發現睡覺這個單字並不在列表上！如果你的表現和大多數人一樣，那顯然你剛剛記錯了。當你寫下睡覺這個單字時，你確信自己看到這個單字。這是怎麼回事？

這是我們先前在導論中所描述的關係網絡運作的結果：關鍵在於如果你想到紅色，便可能會透過所謂的擴散活化過程，啟動其他的記憶（或是概念有所重疊之處）。同樣的原則在此處發揮作用；藉由提供一連串與睡覺概念相關的單字，睡覺這個單字便在你的大腦中活躍了起來。但實際上這是錯誤的記憶，你所記得的事情實際並未發生，這一點所造成的影響是很深遠的。

手段高明的律師可以利用這一點或是這類原則，在證人、陪審團甚至法官的思維中植入對當事人有利的想法和記憶。只要改變用語中的一個字眼，就能造成證人的錯誤記憶。在一項實驗中，心理學家伊麗莎白·洛夫特斯（Elizabeth Loftus）讓受試者觀看一段小型車禍意外的影片。

之後她詢問其中半數的受試者：「兩車對撞的速度有多快？」對剩下一半的受試者提出的問題則是：「兩車猛烈互撞的速度有多快？」僅僅因為用語不同，對車速的估計便產生極大的差異（對撞與猛烈互撞）。然後她要求受試者一週後返回，並提出問題：「現場有沒有碎玻璃？」（影片中沒有出現碎玻璃）。

一週前被問到兩車猛烈互撞速度為何的受試者，回答有碎玻璃的比例是另一組的兩倍之多。

糟糕的是，回憶這個行為本身也會因為扭曲因素的引入而改變記憶，結果當你將記憶擺回或重新儲存時，不正確的資訊也會轉嫁其上，就好像事情

原本就是如此。比方說，如果你在情緒低落時追憶一段美好過往，你在提取這段往事時的心情，會在你將記憶重新存入記憶庫時造成影響。這段往事因而帶著淡淡憂傷被記錄下來。

范伯格醫學院的精神病學家布魯斯·佩里（Bruce Perry）針對這點提出總結：「今日我們知道的是，當你從大腦中提取儲存的記憶時，就好比你在電腦上打開 Microsoft Word 文件，並自動開始『編輯』的功能。你可能並未意識到你現在的心情和環境，會影響你回憶與詮釋事件的情感基調，甚至影響你是否相信某些事件確實發生過。而當你再次『儲存』記憶、並將之歸檔資料庫時，你可能無意中修改了記憶⋯⋯等到下回你提取『檔案』時，〔這〕可能會造成你如何回憶以及回憶內容上的偏誤⋯⋯」久而久之，增添的變化甚至可能創造出從未發生過的事件記憶。

即便記憶如此容易被扭曲和覆蓋——這一點既是問題，又使得處理記憶具有潛在難度——大腦仍以一種巧妙的方式組織過去發生的事件，意即利用多元化的通路和方式，提取任何特定記憶。如果一如那些更大膽創新的理論家所主張的，你所經歷過的所有一切都在大腦的「某處」等待被提取，那麼我們何以未被記憶淹沒？為什麼當你想起馬鈴薯煎餅時，你的大腦並不會自動提供每一次吃馬鈴薯煎餅的記憶？這是因為大腦將類似的記憶組織分類。

分類有助於節省大腦資源

羅許指出，分類行為出於認知經濟的目的。我們將事物分類處理後，就不需浪費寶貴的神經處理迴路在對我們的目的來說無關緊要的細節上。

當我們望向窗外的沙灘，通常看到的是一個整體，而不會注意到個別的沙粒。沙粒彼此聚合成一個集體，但這並不意味我們無法辨別各個沙粒間的差異，而是我們的大腦出於最實際的目的，自動將類似的對象歸為一類。與此相似，當我們看到一碗豌豆時，我們看見的是豌豆作為一類食品總稱的聚合狀態。正如我在前面提過的，我們出於實際目的，認定豌豆間可以相互替換——它們的功能相當，因為它們為同樣的目的服務。

為了不被我們用來指稱世上眾多物品的可能單詞所淹沒，這是認知經濟

的部分理由——我們最常使用的是自然而富代表性的單詞，也就是在大多數情況下最為適當的單詞。我們說街角傳來汽車噪音，而不說是來自一輛 1970 年產的龐帝克 GTO。[1] 我們說有隻鳥在郵箱中築巢，而不說是隻身側為紅褐色的托喜。[2] 羅許將之稱為基本層次的分類。

嬰兒和兒童最初學習的單詞就來自基本層次的類別，這也通常是我們學習新語言時的起點。當然也有例外狀況。如果你走進一家家具店，你可能會詢問接待人員椅子展示的地點。但是如果你走進一家叫做「只賣椅子」的店，詢問同樣的問題聽起來就很奇怪；在這種情況下，你會使用比基本層次類別更深入的單詞，來詢問辦公椅或是餐椅的所在位置。

當我們使用或是獲取專業知識時，我們傾向在日常會話中使用更深入類別的單詞。「只賣椅子」店裡的銷售員，不會打電話到倉庫詢問是否有扶手椅的庫存，他要找的會是複製安妮女王黃色絨面椅背的桃花心木椅子。賞鳥愛好者會傳簡訊給同好，告知有隻身側為紅褐色的托喜在自家郵箱中築巢。我們的知識會引導我們的大腦形成類別和結構的方式。

認知經濟決定了我們以此種方式分類物品，而不被對大多數目的而言並不重要的細節所淹沒。此時此刻你可能想知道特定事物的詳細資料，但你不會希望無時無刻都知道所有細節。如果你想在黑豆中揀選出生硬未煮熟的豆子，這時你眼中所看到的是各有不同而非功能相當的豆子。

在這些聚焦模式之間來回穿梭、改變從集體或個別角度觀看事物的眼光，這樣的能力不僅是哺乳動物注意力系統的特色，更突顯中央管理模式的分層特性。

雖然研究者傾向把中央執行模式視為單一實體，但實際上我們最好將之理解為一組不同的鏡頭，使我們能夠根據所從事的活動放遠或拉近焦距，專注在當下最相關的焦點。就像是畫家的眼中不僅要關注下筆的筆觸與落點，也要來回調整他的焦距，注意整體畫作的呈現。作曲家不僅致力於音高和節奏層面的工作，也需要掌握較大範圍的音階以及整體作品，以確保各個部分

1　譯注：龐帝克（Pontiac）是由通用汽車公司生產的汽車品牌。
2　譯注：托喜是一種北美雀科小鳥。

能相互配合。家具木工師傅動手製作櫃子門板的某個細節時，心裡仍掛念著櫃子作為一個整體。

在上述以及更多其他情況下，像是企業家創立公司、飛機駕駛員規劃落地時，執行工作者心裡持有一幅景象或是理想，並嘗試把它在現實世界中表現出來，讓外在事件與內心意象相符。

外在事件與內心意象之間的區分，可追溯到亞里士多德和柏拉圖，他們是希臘古典哲學的基石。亞里士多德和柏拉圖都談到區分事物呈現在外的樣貌以及真正的本質。家具木工師傅可以用貼皮的方式，使膠合板看起來好像是實心桃花心木。我的老師和導師——認知心理學謝波德（他設計了本書第一章中提到的怪物錯覺實驗）——進一步延伸形成他的理論，即適應行為取決於生物體能夠區別三種外觀與現實間的差異。

首先，某些對象儘管表現有所差異，本質上卻是相同的。也就是說，從不同的觀點觀看相同的對象，會在視網膜上產生非常不同的影像，但最終是指向相同的對象。這是一種分類的行為——大腦必須將針對相同對象所產生的不同觀點，整合成一個連貫而一致的圖像，藉以將不同的觀點結合成單一類別。

我們在人際互動時常常這麼做，談話對象的面容以側面、正面以及各個角度呈現在我們眼前，再加上臉部表情傳達的情緒，在我們的視網膜上投射出非常不同的圖像。俄羅斯心理學家盧里亞（A. R. Luria）呈報著名的病例，病人因為腦損傷的緣故，無法合成這些不同的觀點，導致難以識別面孔。

其次，外觀看似相同的對象，本質上其實不同。例如看到草地上放牧的馬匹，每匹馬看起來都非常類似，甚至在我們的視網膜成像上也是相同的，但適應性行為的演化要求我們明白每匹馬都與眾不同。

這一原則與分類無涉；事實上，它需要的是將分類鬆綁，瞭解儘管這些對象可能在功能和實際上是相同，但在某些情況中我們有必要瞭解它們是不同的實體（例如如果只有一匹馬快跑奔向你，危險性可能就比一整群馬都衝著你來要低得多）。

最後，外觀有所差異的物體，可能天生屬於同一類。如果你看到下圖中的昆蟲在你的腿上或食物上爬動，你根本不會去管牠們可能有著全然迥異的演化歷史、交配習性或 DNA。牠們可能往前追溯一萬年在演化上都找不到共同祖先。但你唯一關心的是牠們屬於「不要在我腿上或食物上爬動」的類別。

因此，根據謝波德的理論，適應性行為取決於認知經濟，當它們確實相同時將它們視為相同的。對物體進行分類意味著認定它與同類物體是相等的，並依據某些顯著的面向判定與其他類別的物體不同。

關於這個世界，我們從感官接收到的資訊通常有其結構和秩序，而非任意的。有生命的動物和植物通常顯現出相關性結構。例如，我們感知到的動物特質，包括翅膀、毛皮、喙嘴、羽毛、鰭、鰓和嘴唇，這些都不是隨機發生的。翅膀往往被羽毛而非皮毛覆蓋，這是世界提供的經驗性事實。換句話說，組合不會胡亂或隨機發生，同時某些組合較之他者更有可能發生。

分類要如何才能周全？分類往往反映了這些伴隨出現的特質：鳥類意味著這種動物身上可見翅膀和羽毛（雖然也有反例，像是紐西蘭沒有翅膀的鷸鴕，和某些沒有羽毛、現已滅絕的鳥類）。我們甚至從年輕起就能依靠直覺歸類一個類

別的成員，以及它與該類別相符的程度。我們使用的語意修辭指出不尋常的類別成員。如果你問說「企鵝是鳥類嗎？」正確的回應應該答是，但我們很多人會運用修辭回應，像是「技術上來說是，企鵝是一隻鳥」。如果我們想要仔細說明，我們可能會說「牠們不會飛，而是會游泳」。

但我們不會說「技術上來是，燕子是一隻鳥」。燕子不只在技術層面上是一隻鳥，牠無庸置疑就是一隻鳥，考量諸多因素包括燕子存在的普遍性、人們對牠的熟悉度、以及牠與鳥類其他成員間擁有最多的共同特質這一點：牠會飛、會唱歌、有翅膀和羽毛、會下蛋、會築巢、會吃昆蟲、會造訪餵鳥器……等等，讓燕子成為北美洲鳥類最佳的例子。

分類的三種方式：外觀、功能和概念分類

對於是什麼構成某個類別成員的代表性，這種當下的感知在日常對話中表現在形式完整的句子裡。我們用某個類別成員取代該類別名稱，而我們精心挑選的這個成員能反映出該類別的內部結構。看看下面的句子：

我的窗外在早晨，常有二十隻左右的鳥棲息在電話纜線上。

我可以拿掉當中的鳥類這個詞，以知更鳥、麻雀、胸草雀或者八哥替代，都不致減損句子的正確性。但如果我改以企鵝、鴕鳥或是火雞來代替，就會聽起來很荒謬。

同樣地，想想這個句子：

男學生從他的飯盒中拿出一塊水果，在吃三明治前咬了幾口。

我們可以用蘋果、香蕉或是橘子替代，都不會減損句子的正確性，但若換成黃瓜或南瓜，要讓句子看上去不顯古怪就比較困難了。重點是，當我們使用既存類別或是開創新類別時，常常出現的明顯範例是，某些事物顯然屬於某個類別或具有該類別的核心特質；而其他事物顯然並不屬於該類別。辨

識差異的能力以及將之組織成類，這是生物的現實，是組織化人類心靈的必要核心。

　　類別如何在我們的腦中形成？一般來說有三種方式。首先，我們根據大體或是細微的外觀進行分類。所有的鉛筆大致上看來都相同，所以我們將之放在同一個筆筒中。鉛筆外表細部的差異，讓我們能夠區分筆心軟硬的不同、灰色與彩色鉛筆，以及短鉛筆跟寫功課用的鉛筆之間的差異。包括基於外觀的分類方式在內，所有人類腦中分類過程的特點都是可擴展和靈活的，並會依照解析度或是粒子的多重層次進行。

　　例如，近看鉛筆，你可能希望能像文具店所做的一樣，盡可能依照製造商和筆心的硬度，將之分類為 3H、2H、H、HB 和 B。或者你決定劃分的標準是還剩多少橡皮擦，不管上面有沒有咬痕；又或者是根據橡皮擦的長度。

　　退後一步看，可能你決定把所有的鉛筆、鋼筆、劃重點的記號筆和蠟筆，全部歸入書寫工具這單一個範圍廣大的類別。一旦你決定要確認類別並為之命名，大腦就會創立該類別圖像，將能夠劃入該類別的對象與不能夠劃入該類別的對象區分開來。

　　如果我說「哺乳類是一種動物，在生育下一代後會進行哺乳」，你很容易就可以快速為鴕鳥（不是）、鯨（是）、鮭魚（不是）和猩猩（是）作出區分。如果我告訴你有五種哺乳動物會下蛋（包括鴨嘴獸和針鼴在內），你可以很快接納這些例外情況的新資訊，這似乎非常尋常。

　　當對象的外觀缺乏相似性時，我們分類的第二種方式是考量其功能是否相當。在緊要關頭時，你可以用蠟筆記事，它的功能此時等同於鋼筆或鉛筆。你也可以將迴紋針扳開，在軟木告示板上張貼東西；拉直的吊衣架可以拿來疏通你家廚房的水槽；你可以把你的羽絨衣捲成一堆，在露營時拿來當作枕頭。

　　食品的分類是功能相當的經典方式。如果你開車上高速公路，停在加油站時感到飢餓，你可能願意接受一系列同樣能緩解飢餓感的產品，即使它們並不相似：新鮮水果、優格、一包混合堅果、燕麥棒、瑪芬蛋糕，或是預先做好的玉米煎餅。如果你曾使用釘書機底座或是鞋子來釘釘子，你所採用的是與錘子功能相當的物品。

分類的第三種方法是針對特殊情況在概念層次分類。這些分類有時在暗中運作完成，產生特別的類別。例如：下列項目有什麼共同之處？你的錢包、童年的照片、現金、首飾和家裡的狗。它們沒有任何相似的物理特徵，也缺乏類似的功能。但它們屬於「家裡萬一失火，你可能會帶離房子的物品」，這讓它們連結在一起。你可能從來沒有想過它們該擺在一起，或是具有概念上的連結，直到你必須迅速決定要帶走什麼的那一刻。此外，這些因應情境而產生的類別可以早早預先規劃：專門擺放緊急情況預備用品（水、罐頭食品、開罐器、手電筒、用來關閉天然氣開關的扳手、火柴、毛毯）的架子，就充分體現了這一點。

分類具有神經生物學基礎

這三種分類方法都提供資訊，說明我們如何組織我們的家庭環境和工作空間，我們該如何分配書架和抽屜空間，以及我們該如何分類物品，好輕易且快速地找到它們。每一次我們得知或創立一個新類別時，就有神經迴路活動調用到位於尾狀核旁邊的前額葉皮層—丘腦迴路；它包含了低解析的感知空間地圖（連接到海馬迴），也與感知刺激的分類空間有所關聯。

當你根據分類規則，正確進行分類時，多巴胺的釋放會強化突觸。如果你更改分類規則——像是決定按照顏色，而不是季節整理你的衣服——則會啟動扣帶皮層（中央執行模式的一部分）。當然，我們也可能會交叉進行分類，把東西歸入一個以上的類別。有時你可能會認定優格是種乳製品；其他時候則認為它是早餐。前者是基於系統分類，後者則依照功能分類。

但分類的重要為何？真有那麼深奧嗎？這種心智的分類會不會真的表現在神經組織上？事實上，它們的確如此。

五萬多年前，我們人類的祖先為他們周遭的世界做分類，對與他們生活相關的事物進行區辨和劃分：食用與非食用、掠食者與獵物、生與死、有生命的與無生命的。

正如我們在本書第一章所看到的，他們為生物進行分類是依據外觀或特性，將其分別成群。此外，他們會針對物理上並不相似但具有共同功能特性的事物，運用概念做出特定類別。例如，在「你不會想要拿來吃的東西」這

一個異質的類別中，可能包括蠕蟲、昆蟲、一把泥土、樹皮，以及你家小弟弟的臭腳丫。

在過去的幾年中，我們瞭解到類別的形成和維持，在大腦已知的生物過程中有其根源。神經元是活的細胞，它們彼此之間可以以無數種不同的方式相連接。這些連接代表著學習，卻又不僅止於此。我們每個人大腦狀態的可能性如此廣袤，超越宇宙中已知的粒子數量。這層涵義令人難以置信：理論上，你應該能在腦中獨特再現宇宙中所有已知的粒子，並且綽綽有餘地將這些粒子以有限的類別組織起來。你的大腦正是資訊時代所需的工具。

神經影像學技術已經揭露分類的生物基質。要求身處掃描機內的志願受試者建立或設想不同的分類，這些類別可能包含植物和動物這類自然界的對象，或是工具和樂器這種人工製品。掃描技術讓我們能精確定位特定神經活動正在發生的位置，通常範圍不到一立方公厘。這項研究表明，我們所形成的類別是真實的生物實體，在大腦中具有特定位置；也就是說，當我們回想先前所做的分類，或是正在建立分類的當下，大腦中特定而重複的區域變得活躍。無論這些類別是基於物理上的相似性（例如「可食用的葉子」），或是概念（「我可以拿來當作錘子用的東西」），情況都是如此。

關於分類的生物學基礎，尚有來自人腦病變案例研究提供的額外證據。疾病、中風、腫瘤或其他腦組織外傷，有時會導致大腦特定區域的損壞或死亡。目前我們已知非常特定部位腦損傷的患者，可能會失去使用和理解某個單一類別的能力（例如水果），卻保留使用和理解相關類別的能力（如蔬菜）。

病患失去辨識特定類別的能力這一點，指出數百萬來演化的生物學基礎和分類在我們今日生活的重要性。我們使用和建立類別的當下，所運用的就是認知經濟的一種形式。藉由整合類似的事物，它幫助我們從可能導致氣力耗盡的決定中脫身，像是「我要的是這支筆或那支筆？」「這正是我買的那雙襪子嗎？」「我找到的這兩隻襪子是否幾乎完全相同，可以湊成一雙嗎？」

界線模糊的分類亦有大腦的生物基礎

大腦中的功能性分類可以有堅實（清晰明確的）或模糊的界限。三角形就

是界限明確的分類例子。要成為該類別的一員，必須是具有三個邊的平面封閉圖形，且內角總和必須恰好等於一百八十度。另一個界線明確的例子是刑事法律程序的結果，除了因陪審員意見不一致而未能作出裁定的陪審團，或是無效審判的例外狀況，被告不是被判定有罪就是無罪，不會有 70% 有罪這樣的判決（判決時，法官可以衡量刑罰的輕重或涉案責任的歸屬，但一般而言不會論析涉罪的程度。然而，民法案件可能會判定涉罪程度的高低）。

分類界限模糊的一個例子是「友誼」。你清楚知道哪些人稱得上朋友，哪些人則否（比方說陌生人）。但是對於我們大多數人來說，「朋友」作為一個類別的界限是模糊不清的，在一定程度上依情況而定。我們邀請到家裡、參加鄰里烤肉會或是生日派對的對象都不同；我們會和工作夥伴一起出門喝一杯，但不會邀請他們來家裡。就像許多分類一樣，對象能否納入該類別端賴情況而定。「朋友」這個類別的界限模糊具有滲透空間，不像多邊形要麼能歸入三角形，要麼則否。我們出於某種特定目的認定有些人是朋友，其他人則否。

界限分明主要適用於典型的正式分類，像是數學和法律。界限模糊的分類可能發生在自然界和人工製品的類別上。技術上而言，黃瓜和櫛瓜屬於水果，但因為食用的情況，我們讓它滲入「蔬菜」的模糊界限中——我們在食用它們時往往搭配或替代「正港」蔬菜，如菠菜，萵苣和胡蘿蔔。當我們談論溫度時，分類視情況而定的這一點也很明顯——當我們想睡覺時，臥室氣溫攝氏四十度太熱了，但對泡個熱水澡來說這是完美的溫度。同樣地，如果是杯攝氏四十度的咖啡，似乎又嫌不夠熱。

界限模糊分類的典型例子是「競賽／遊戲」，20 世紀哲學家維特根斯坦（Ludwig Josef Johann Wittgenstein）長時間思考何謂競賽／遊戲的問題，得出的結論是：沒有一組屬性可以明確定義競賽／遊戲作為一種類別。你是出於休閒娛樂的需求投身競賽／遊戲嗎？這個定義將排除職業足球比賽和奧林匹克運動會。競賽／遊戲是你與他人共同從事的活動嗎？那麼單人玩的紙牌遊戲就會排除在外。競賽／遊戲是追求趣味的活動、有一定的規則，並且有時相互競爭以吸引球迷觀看嗎？這又不包括孩童們繞圈唱歌的遊戲，因為它不僅無涉競爭也沒有任何規則，但確實看起來像是一種遊戲。

維特根斯坦的結論是，競賽／遊戲之所以是競賽／遊戲，是因為它與其他競賽／遊戲之間的家族相似性。所謂的家族相似性是指，假設有個姓拉松的家族，在年度闔家團圓的場合中，如果你認識夠多的拉松家庭成員，你也許能基於一定的家族特徵，輕易地辨識出何者是拉松家庭成員、何者是他們的配偶。

　　也許是拉松家人特有的帶凹痕的下巴、高挺的鼻子、大耳垂、紅頭髮，還有往往身高超過一百八十公分。但是可能（而且是非常可能）沒有一位拉松家族成員擁有所有這些屬性。這些是典型但非決定性的特徵。界限模糊的分類允許任何人只要與拉松家族成員的原型相似就可被納入，而事實上所謂的拉松家族成員原型，也就是具有所有知名特徵的拉松家族成員，可能僅是如柏拉圖理想型一般的理論建構，並不真正存在。

　　認知科學家威廉·拉博（William Labov）以下圖中一系列的繪圖顯示界限模糊的類別與家族相似的概念：圖片中左上角的物體顯然是個杯子。當我們的視線沿著最上面一行向右移動時，杯子變得越來越寬，編號 4 的物體已經大到更像是一個碗而非杯子了。那麼編號 3 呢？它可以視情況被歸類為杯子或碗。同樣地，一路往下杯子變得越來越高，看起來就越來越不像是杯子，而比較像是水罐或花瓶。

其他的變化，比如說增加一個柄（編號 17），會讓它看起來更像是一個高腳杯或葡萄酒杯。而改變形狀（編號 18 和 19）會使它看起來像個奇形怪狀的杯子，但杯子就是杯子。這說明了一個根本概念：分類界限是靈活且具可塑性的，並端賴情況而定。如果我用編號 17 的形狀、材質為玻璃而非陶瓷的杯子為你倒酒，你比較有可能把它當作是高腳杯。但是 1 號杯子即使是玻璃材質，它仍舊最像是個杯子，無論我用它來裝咖啡、柳橙汁、葡萄酒或是湯。

界限模糊的類別在大腦中找得到具生物基礎的範例，並與堅實的類別一樣真實。我們的大腦具有天賦能力能夠創造、使用並瞭解這兩種類別，即便是兩歲孩子也做得到。當我們想組織我們的生活和居住空間時，創造類別和分類事物是認知經濟的行為。如果我們願意的話，它也是一種能催生組織化系統的偉大創造性行為，範圍從軍火庫般一絲不苟的分類、整理完美的放襪子抽屜，到能反映帶有趣味觀看世界與當中所有物體的異想天開類別。

將心智的部分功能外放，擴大大腦功能

大腦以其特有的方式組織資訊，這個方式向來十分契合於我們的需求。但是在資訊過載、遑論必須做出眾多決定的時代，我們需要大腦以外的系統提供協助。分類可以利用外部環境，分擔大量由大腦執行的困難工作。如果我們有一抽屜的烘焙用具，我們不需要記住十個不同用具各自的位置——擀麵杖、餅乾模型、過濾篩……等等——我們只需記得我們有烘焙用具這個類別，當中的物品都在咖啡機下面的第三個抽屜。

如果我們打算辦兩場不同的生日派對，一場在辦公室，一場在家裡。我們大腦的記憶、電腦郵件檔案，或是智慧型手機聯絡人應用軟體當中的「同事」類別，可以幫助我們追憶誰該在邀請名單之列。

日曆、智慧型手機和地址簿也擴展了大腦功能，將之外部化到紙張或電腦晶片，使我們不再需要將無數細節記在腦海裡。從歷史上來看，大腦功能擴展最極致的方式就是書，我們可以在需要時，藉著書本獲取幾個世紀以來值得收藏的知識。也許它們仍有其價值。

在專業領域表現傑出的人，特別是因創意和效率聞名者，會盡可能使用注意力系統和外部記憶的方式。令人訝異的是，他們當中有多人即使從事高科技工作，卻斷然使用低科技的解決方案掌控全局。是的，你可以在鑰匙內嵌入微型晶片，以利你用手機應用程序追蹤它們的所在位置，你也可以在出門旅行前建立一張電子清單，確保你帶了所有需要的東西。但是許多有效率的大忙人說，從條列購物清單到指定下一個大計畫的概念，跟看不見的東西相較，使用老式有形的東西追蹤重要事情的後續發展，在內心深處的感受是不同的。

把事情寫下來：古老但有效的「頭腦清醒法」

我在寫作這本書的過程中遇到最讓我訝異的其中一件事情，就是抱持這類主張的人數眾多。他們隨身攜帶一支筆和記事本或索引卡手寫筆記，並堅持這種做法比現在市面上出售的電子類相關產品更有效率，效果更令人滿意。

雪柔·桑德伯格（Sheryl Soundberg）在她的自傳《挺身而進》（Lean In）中，不情願地承認自己隨身帶著筆記本記下她的待辦事項，並承認在她擔任營運長的 Facebook 公司中，這種行為「就像身上背著石板和鑿子」。然而她和許多同類都堅持這項古老的技術。當中必定有值得深究之處。

想像一下，無論你走到哪裡都隨身攜帶一疊 3×5 平方英寸的索引卡片。當你對手邊的工作產生想法時，就把它記在一張卡片上。或是你想起稍後需要處理的事情，立刻把它寫在卡片上。你坐在公車上，突然想到要打電話給某些人、要到五金店去取貨——再來幾張卡片。你想通該如何解決姐姐與姐夫之間的問題——寫在卡片上。每當你對手邊工作冒出任何想法時，把它寫下來。效率專家與《搞定——兩分鐘輕鬆管理工作與生活》作者大衛·艾倫（David Allen），稱這種記筆記的方式是在「清理頭腦」。

請記住，白日夢模式和中央執行模式是處於彼此對立、相互排斥的狀態；它們就像是站在你肩膀兩側、都在試圖誘惑你的小小魔鬼和天使。當你著手一項計畫時，白日夢的魔鬼就會開始思考你生活中所有其他事情，試圖讓你

分心。這種不利執行任務的網絡，其威力會讓這些想法在你的大腦中左右翻騰，直到你以某種方式對付它們。寫下來，能讓它們從你的腦中移除，專注在你想專注的事情上，從而清理大腦中的雜音干擾。

艾倫指出：「你的思維會在你無力處理時提醒你各種事情，而只想著你所擔心的事情，完全不等於促成這些事情有任何進展。」艾倫注意到，當他用一長串的清單列下腦海中的一切事情時，他覺到更輕鬆、更能專注於工作上。這項觀察是有神經科學基礎的。

當我們心中記掛著重要事情（尤其是待辦事項）時，我們擔心自己會忘記，所以我們的大腦像是繞圈子一般反覆進行複述。事實上，認知心理學家將之稱為複述迴路，指的就是將位於你眼球後面的額葉皮層以及大腦中央的海馬迴聯繫在一起的大腦區域網絡。

複述迴路演化時世上還沒有筆和紙，也沒有智慧型手機或其他人類大腦功能擴展的替代品；幾萬年來，我們僅有複述迴路，而在這段時間裡它能相當有效地記住事物。但問題出在它運作得太好了，不斷複述事情直到我們注意到它們。因此將事情寫下來，同時給了複述迴路隱性和顯性的許可，好對這些事情放手；並且放鬆它的神經迴路，好讓我們可以專注於別的事情。「如果我一直把一項工作只記在心裡，」艾倫說，「某部分的我就會不斷想到應該要注意到這項工作，這會造成本質上來說既有壓力又徒勞無功的情況。」

把事情寫下來，可以節省花費在擔心可能忘記事情，以及試圖不要忘記事情的心理能量。當中涉及的神經科學原理是白日夢與中央執行的網絡的競爭關係，在這樣的爭戰中，白日夢不履行模式的網絡通常獲勝。

有時候你的大腦好像有自己的心智。如果你想知道禪宗的看法，禪宗大師會說，心中揮之不去的待辦事項，讓你無法活在當下。你的心牽掛著未來，使你從來沒有辦法完全活在當下、享受當下。大衛‧艾倫指出，他有許多客戶工作忙得團團轉的同時，還擔心自己需要做的家事，而當他們人在家裡時卻又記掛著工作。所以問題在於無論身在何處，都無法專注當下。

「你的大腦需要你投入能致力於提供它所需的某種一致性基礎，」艾倫說。「你必須確保你正在做的事就是你現在需要做的事，如果你心中記掛著事情，那你的心智就有待清理。不管你以何種方式認定為尚未完成的事情，

都應該以值得信任的心智外部系統來捕捉……」這個值得信任的的系統，就是把事情寫下來。

要讓這套索引卡片系統運作到極致的規則，就是每張卡片上只寫下一個想法或工作任務——這將確保你可以很容易地找到它，並在工作完成後將之丟棄。每張卡片只寫下一條資訊的做法，讓你可以快速對卡片進行分類和重新分類，在使用時不會受到規則限制，這意味著你可以翻找任何你要的想法，將其從一堆卡片中取出，其他想法並不會因此受到擾亂。此外，你也可以將想法類似的卡片就近放在一起，但隨著時間的推移，你對於何謂相似或是哪些不同的想法應該結合在一起的觀點可能會發生變化，而這套系統因為沒有規則也不連續，所以保有靈活性。

羅勃·波西格（Robert Pirsig）於 1974 年出版極受歡迎的小說《禪與摩托車維修的藝術》，激勵了一個世代的人進行哲學反思，並組織他們的想法。在他稍後出版較不為人所知（曾提名普立茲獎）的《尋找萊拉》一書中，他致力於建立一種思考形上學的方式。

費卓司（作者的另一個自我和書中故事的主角）使用索引卡片系統組織他的哲學觀念。他說：「索引卡片的大小，使用上較不受規則限制。它們的大小可以放入襯衫口袋或錢包。」因為大小相當，索引卡片便於攜帶和整理（萊布尼茲曾抱怨，記錄他想法的紙片之所以會弄丟，都是因為它們的大小和形狀不同之故）。重要的是，「當資訊以小紙片的方式組織，並可以不受規則限制地使用與排列時，這套系統的價值高過必須依照排序方式來使用的系統……藉由清空腦袋，以及盡可能不加以排序的使用方式，它們（索引卡片）確保沒有全新尚未開發的想法被遺忘或扼殺。」當然，我們永遠不可能真正清空腦袋，但這是很有力的觀點。我們應該盡可能將腦中資訊卸下到外部世界。

兩分鐘規則：兩分鐘內可以處理的事現在就去做

當你手上有一疊索引卡片，你要注意定期為它們重新分類。卡片數目少時，你只需把它們依照需要處理的順序排列；但隨著數量增多，你需要為索引卡片指派類別。我修改艾德蒙要我分類他信件的系統，提出下面的分類：

- 本日待辦事項
- 本週待辦事項
- 稍後待辦事項
- 垃圾桶

　　關鍵不在類別的名稱，而是將分類外化的過程。也許你的分類系統比較像是下面這樣：

- 購物清單
- 外出跑腿辦事
- 家中待辦事項
- 工作待辦事項
- 社交活動
- 需要吩咐派特去做的事
- 照顧媽媽身體健康相關事項
- 要打電話安排的事

　　大衛‧艾倫建議使用下方的記憶方法。幫助細分待辦事項為四種處理類別：

去做
授權委派他人執行
暫緩處理
放棄處理

　　艾倫建議一套兩分鐘規則：如果你可以在不到兩分鐘的時間內處理好清單上的某件事，現在就去做（他建議每日挪出一段時間，比方說三十分鐘，專門處理這些小事情，因為它們會迅速累積超載的資訊）。如果一項工作可以由別人完成，就授權委派他人執行。暫緩處理凡是需要超過兩分鐘來處理的事情，你可能

延遲到今天稍晚再來處理，但仍是暫緩處理，不列入兩分鐘處理清單。還有一些事情因為優先處理順序改變的緣故，不再值得你花時間費神了。你可以在每天過濾索引卡片時決定放棄處理它們。

一開始這聽起來可能像是件繁忙的工作。你可以把這些東西都記在你的腦袋中，不是嗎？嗯，是的，你可以，但問題是你大腦的生理結構會讓它在這樣做時缺乏效率，況且這工作其實也不是真的那麼繁瑣。該是時候把時間留給反省跟有益健康的白日夢模式了。

索引卡片：能不受限制地整理並重新排序

為了區分不同類別的卡片，可在新類別的起始處放置一張標題卡。比方說，如果你的 3×5 分類卡片是白色的，你可以使用藍色卡片當作標題卡，這樣一來便很容易找到它們。有些人應用索引卡片系統的態度非常瘋狂，將這招擴大成不同類別使用不同顏色的卡片。但這會讓卡片分類改變時不利移動，況且採用索引卡片系統的重點是盡量保持彈性——任何一張卡片都應該要能任意改變位置。

將每一條資料寫在個別的索引卡片上，這樣當你處理事情的優先順序改變時，你只需按照想要的順序和類別重新排列卡片。費卓司藉由把想法、徵引出處、資料來源和其他研究成果，寫在他稱之為紙條的索引卡片上，如此完成了一整本書的寫作工作。結果，試圖釐清資料在報告中該如何呈現的艱鉅任務，變成單純是紙片排列順序的問題。

> 與其問「宇宙玄學由何開始？」這種幾乎無法回答的問題，他要做的不過就是手持兩張紙條，然後問自己「何者為先？」。這樣做起來很容易，他似乎也總是能得到答案。接著他拿起第三張紙條跟第一張比較，又問自己「何者為先？」，如果新紙條的處理順序在第一張紙條之後，他就把它再拿來跟第二張紙條相比。這樣一來，他就組織好這三張紙條了。他就這樣一張紙條接著一張紙條不斷反覆這個過程。

使用索引卡片系統讓人覺得好輕鬆。利用錄音機記錄需要找時間回過頭聆聽，即便採用加速播放的方式，聆聽記事就是比閱讀手寫筆記來的耗時，因而不是有效率的方式。況且聲音檔案不容易整理。但使用索引卡片，你可以完全不受限制地整理並重新排列。

波西格繼續描述費卓司的組織實驗。「他前前後後試過各式各樣不同的東西：使用彩色塑膠標籤標示次標題跟更細的分項；用星號表明相對重要性；劃線將紙條一分為二，分開標示與主題相關的感性和理性面向；種種做法不但沒有減輕困擾，反而徒增混淆。他發現將這些資訊另存他處，會讓事情變得更清楚。」

費卓司接受的例外狀況是「尚未消化完畢」的類別。「這包含打斷他手邊工作的新想法。這些想法就這麼突然冒出來，就在他組織其他紙條、駕船、在船上工作，或是正在做其他事情而不想被人打擾的時候出現。面對這類情況，你的心中通常會對這些想法說：『走開，我很忙』，但是這種態度對於品質來說是要命的。」波西格知道某些最棒的想法，會在你處理完全不相干事情時出現。你沒有時間釐清該如何利用這個想法，因為你正忙著別的事情，花時間從所有角度和發展方向進行考量，會中斷你手邊正在進行的工作。

對於費卓司來說，一個「未消化完畢」的類別有助於解決這問題。「他只要把這些紙條擱置在那裡，直到有時間和欲望利用到它們。」換句話說，這個類別的功能就像是垃圾桶，裡面放著不屬於其他地方的東西。

你當然不需要到哪裡都攜帶著所有卡片——暫時擱置或是有待未來處理的卡片，可以留在你的辦公桌上。為了極大化這套系統的效率，專家們每天早上會瀏覽卡片，必要時重新排列，如果翻閱卡片能為他們帶來新的想法，就增加新卡片。優先順序改變與卡片不受規則限制的特性，意味著你可以任意擺放它們，端視何者對你來說最為有益。

待辦事項清單中的項目有待我們決定，但許多人覺得尚未掌握足夠資訊做出決定。好比說，你的待辦事項清單上有一項是「為羅絲姨媽挑選安養中心」。你已經走訪好幾家安養中心，也收集了資料，但尚未做出決定。你在早上瀏覽卡片時，會發現你還沒準備好處理這件事。

現在花兩分鐘時間想想下決定之前你需要做些什麼。康納曼和特沃斯基說，決策會出問題，往往在於我們常在不確定的情況下做出決定。你不確定把羅絲姨媽送到安養中心的結果會怎樣，所以你很難做出決定。你還擔心萬一你的決定錯誤，會因此後悔不已。如果更多資訊能夠去除這種不確定性，那麼就弄清楚需要何種資訊，以及如何獲得它，並且把它寫在索引卡片上——同樣讓這套系統幫助你。也許該多跟幾家安養中心聊聊，或是跟其他家人談談。

或者你只是需要時間收集資訊。在這種情況下，你把下決定的最後期限寫在卡片上，好比四天後，並試著在那時候做出決定。這裡的關鍵是：藉由每天瀏覽卡片，你必須處理索引卡片上記載的事項——你可能即時處理、把它列為擱置事項，或是給自己新任務幫助推動這項計畫往前邁進。

索引卡片系統只是無數大腦功能擴展設備當中的一項，並不適合所有人。保羅·西蒙無論到哪裡都帶著他的筆記本，隨手記下短文或句子可能稍後可以用來寫一首歌。衛星通訊的發明者約翰 R. 皮爾斯則把橫線筆記本當做手札，記下所有必須處理的事項，以及研究的想法思路和交談對象的人名。許多創新者攜帶口袋大小的筆記本記錄他們的觀察、代辦事項和其他，這些人包括喬治 S. 巴頓（Georges S. Patton，用於探索領導和戰略的想法，以及記錄每天批准的事項）、馬克吐溫（Mark Twain）、托馬斯·傑弗遜（Thomas Jefferson）和喬治·盧卡斯（George Lucas）。這些資訊的儲存是依序排列而非任意存取；每件事都按時間順序記下。雖然需要常常反覆翻閱書頁，但這個方式適合它的使用者。

雖然索引卡片系統可能看起來既不起眼又無技巧可言，使用效果卻很宏大。這是因為它根植於注意力、記憶和分類的神經科學。大腦休息（task-negative）或進入白日夢模式的目的，是為了產生更有用的資訊，但常常來的不是時候。藉由將我們的記憶外部化處理，把資訊寫在索引卡片上，我們因而可以充分利用大腦由遠古進化而來的分類欲望，為這些外部記憶建立一個個小整理箱，當我們的中央執行網絡功能想要時，隨時都可以瞄一眼。我們可以這麼說，將我們的記憶分類並拿到外部處理，能夠平衡我們散漫的思緒與集中精神處理的能力，達到陰陽協調的境界。

PART TWO

第二部

第三章

我們為什麼老是弄丟東西？組織你的家園

ORGANIZING OUR HOMES
Where Things Can Start to Get Better

我們當中很少有人覺得自己的家或工作場所井然有序。我們找不到車鑰匙或是一封重要的郵件；我們去購物卻忘了買該買的東西；我們錯過了自認為一定不會忘記的約會。最佳狀況是，我們的房子乾淨整潔，但抽屜和壁櫥亂七八糟。我們當中有某些人上回搬家的箱子還沒拆封（即使已經過了五年），家裡書房的文件累積快過我們想出該如何解決的速度。我們的閣樓、車庫、地下室以及廚房的雜物抽屜，情況糟到我們希望沒有熟人往內瞧過一眼，也擔心有天我們有需要在裡面找出某樣東西時該怎麼辦。

這些對我們的祖先來說顯然都不成問題。當你設想一千年前你的祖先可能過著怎樣的生活時，你很容易注意到彼時與今日在科技方面的差異——祖先們沒有汽車、電力供應、中央暖氣系統或是室內抽水馬桶。人們很容易用今日對家的理解，去想像遠祖們的生活，認為除了缺乏包裝食品外，膳食內容應該差不了多少，也許就多了道自己磨麥、幫家禽剝皮的功夫。但是人類學和歷史的紀錄卻呈現截然不同的故事。

在食品的種類上，我們的祖先吃的往往就是他們可以取得的東西。各種各樣今日的我們會因為味道不甚美味而不吃的東西，像是老鼠、松鼠、孔雀，還有不要忘了蝗蟲，都是他們固定食用的內容，只因為這是他們能取得的食物。

我們今天認為是高級菜餚的食物，好比龍蝦，在 19 世紀因為供應非常

充足，不僅被當成囚犯和孤兒的伙食，還被磨碎做為肥料；公務員還曾要求一紙保證，要求龍蝦一週不能出現在他們的餐點中超過兩次以上。

我們認為理所當然的事情，像是廚房這樣根本的設備，直到幾百年前才出現在歐洲家庭中。一千六百年前，典型的歐洲家庭只有一個房間，家庭成員一年到頭圍在火爐邊取暖。現今每人平均擁有的財產數量，遠比我們演化史上大多數的時候多得多，隨便就差上一千倍。因此如何組織它們，顯然是現代才出現的問題。

根據研究，一個美國家庭光是在客廳和兩間臥室裡就有超過二千二百六十項有形物品。這還不包括放在廚房和車庫，以及那些被塞進抽屜、櫥櫃或是箱子裡的東西。如果把這些也算進來，物品數量輕易可以達到三倍之多。

許多家庭積累的東西超過自家房子的容納量。結果舊家具和沒用過的體育器材霸佔車庫，書房則堆滿成箱等著被移送到車庫的東西。四分之三的美國人說，他們的車庫滿到車子無法駛入。遇到這樣雜亂的情況，女性的皮質醇濃度（壓力荷爾蒙）會急遽增高（男性上升的情況則沒有這麼明顯）；而皮質醇濃度升高可能會導致慢性認知功能障礙、疲勞，並抑制人體的免疫系統。

壓力還來自我們有許多人自覺已經無能掌握我們所擁有的財產物件。床頭櫃堆滿了東西。我們不記得那些密封的箱子裡有些什麼。電視遙控器需要新電池，但我們不知道新電池放在哪裡。去年的帳單還堆在書房桌子上。我們當中很少人覺得家裡有條不紊就像是王牌五金行一樣。王牌五金行是怎麼做到的呢？

把概念類似、功能相關的物品放在一起

精心設計的五金行貨架上商品擺放的位置與方式，體現了我們在前面章節中概述過的原則。店家的做法是將概念類似、功能相關的物品放在一起，並且同時保持彈性認知的類別。

王牌五金行是一家在美國有超過四千三百家門市的零售商，它的總裁兼執行長約翰・范豪斯（John Cenhuizen）說：「認真看待零售和市場營銷的人，

會想要更瞭解人類的大腦。大腦混亂的部分原因出於容量——大腦能吸收和辨識的內容有限。那些量販店都是很棒的零售商，我們可以從他們身上學到很多，但我們採用的模型是努力經營規模較小、較易掌握的商店，因為這對我們客戶的大腦來說較為容易。這是永無止境的追求。」換句話說，王牌五金行使用彈性的類別創造認知經濟。

王牌五金行雇用一整個「類別管理」團隊，致力於讓貨架上產品的排列，可以反映消費者思考和購物的方式。一家典型的王牌五金行門市陳設兩到三萬件不同的產品，整個連鎖體系庫存則有八萬三千件不同的產品（記得第一章中我們提到，在美國估計有百萬個最小存貨單位。這意味著王牌五金行的連鎖庫存接近美國所有可購得產品的 10%）。

王牌五金行透過不同層級將商品做分類，像是園藝、配管、電器和塗料等部門。然後在這些類別下面又細分諸如肥料、灌溉和工具（園藝部門），或是燈具、電線與燈泡（電器部門）。其分層結構盤根錯節。在手動與電動工具部門下面，王牌五金行列出一個個細項如下：

・電動工具
・居家用電動工具 | 重型電動工具 | 濕／乾式樹葉吸入器
・電動電鑽
・工匠牌
・百得牌
・牧田牌
・其他

然而，有利存貨管理工作的，不一定適用於上架和展示目的。范豪斯說：「我們早就瞭解到這點，槌子該和釘子一同販售，因為當顧客購買釘子時，看到貨架上的槌子會提醒他們也需要一個新槌子。我們一度硬性將槌子都和其他手動工具一同展示；現在出於這個原因，我們把一些槌子跟釘子擺在一起。」

假設你需要釘子修理你鬆脫的籬笆，到了五金行，通常會看到一整排的

扣件（上層分類類別）。釘子、螺絲釘、螺帽和墊圈（基本層次分類）佈滿了整個走道，當中又另有層層分類，包括混凝土釘、石膏板釘、木板釘、地毯圖釘（下層類別）。

假設現在你想購買曬衣繩，這種類型的繩子具有某些特性：它必須以不會弄髒濕衣服的材質製成；它要一直留在室外，所以必須要能承受惡劣氣候；它必須夠強韌才能承載衣物，而不至於斷裂或失去彈性。

現在，你可以想像五金行有一整個通道的繩子、帶子、細繩、線與電線，將所有這些相似的商品放在一起（就好像釘子的例子），實際情況也確實如此。但商家運用我們大腦的聯想記憶網絡，也將一推曬衣繩擺放在汰漬洗衣粉、熨板電熨斗和曬衣夾附近。也就是說，部分曬衣繩跟「洗衣服需要的東西」放在一起，這個功能類別反映大腦組織資訊的方式。這不僅讓你輕易找到你想要的產品，也提醒你可能的需求。

服飾零售商如何管理庫存呢？他們傾向跟王牌五金行一樣使用分層制度，他們按照功能分類雨衣與睡衣。服飾零售商通常遇到的分類問題是：庫存商品至少有四個重要面向上的差異——預期買家的性別、衣服種類（褲子、襯衫，襪子，帽子……等等）、顏色以及尺寸。服裝店通常會把褲子和襯衫等等先分門別類。然後繼續往下分類，正式的襯衫與運動衫和汗衫不同。褲子部門的庫存則傾向以尺寸大小排列。如果該部門員工在粗心的顧客瀏覽商品後，會一絲不苟地重新整理排列，那麼同尺寸類別的褲子會依顏色排列。

然而情況變得有點複雜，因為男人的褲子有腰圍和腿長兩種尺寸。大多數的服裝店按腰圍尺寸分類，將尺寸相同的褲子擺放在一起。所以，當你走進 GAP 服飾店詢問褲子部門的所在位置，你會被指引到服飾店的後半段，在那裡你會發現一排排的方型盒子裡有上千條褲子。你立刻注意到劃分的細項。牛仔褲大概不會跟卡其褲或是任何其他運動型、考究的或更高檔的褲子放在一起。

現在，所有腰圍三十四吋的牛仔褲都會在貨架上清楚標示。當你看到時，褲子的腿長應該會按照遞增的順序排列。至於顏色則端賴店家決定。有時所有的黑色牛仔褲會在一個架上一字排開，而所有的藍色牛仔褲則放在另一個展示架上。

有時所有尺寸相同的藍色牛仔褲，會統一放在黑色牛仔褲上，或是交叉陳列。按照顏色分類的好處是明顯可見——因為你的注意力過濾器會凸顯你尋找的顏色（《威利在哪裡？》一書利用的大腦網路），這跟按尺寸分類不同，你不需要搜尋小標籤才知道你手上拿的褲子是什麼顏色。還要注意貨架的擺設不僅分層，還有部門的劃分。店家的男裝與女裝分屬不同部門，這是有道理的，因為這通常是「挑選空間」的粗略劃分。大部分時候，我們想要的衣服是屬於性別分類的二者之一，我們不會在兩個性別的衣服中來回穿梭。

　　當然不是所有商店都這樣一目瞭然地方便顧客瀏覽商品。百貨公司往往是按設計師規劃不同空間——羅夫·羅倫（Ralph Lauren）在這裡，凱文·克萊（Calvin Klein）在那裡，再過去一排則是肯尼思·科爾（Kenneth Cole）——然後同一個設計師的產品會再層層排序分類，首先按類型（褲子與襯衫），然後按照顏色和／或大小將衣服分類。百貨公司的彩妝專櫃通常依照廠商安排空間——蘭蔻、歐萊雅、倩碧、雅詩蘭黛、迪奧，都各自有屬於自己的專櫃。

　　這對想要找到能匹配皮包的特定眼影或是紅色唇膏的消費者來說並不便利。很少有顧客懷著「我就是要買一條倩碧的紅色唇膏」的想法走進梅西百貨。在商店裡的不同區域間來回穿梭非常不方便，但是梅西百貨會這麼做的原因，是因為它們將樓層空間租給不同的彩妝公司。在梅西百貨內的蘭蔻專櫃，就像是一個微型的店中店，專櫃的銷售人員為蘭蔻公司工作。蘭蔻提供設備和商品，梅西百貨本身則不必擔心貨架管理或是訂購新產品；只是單純地從每筆交易中分享一小部分的利潤。

為什麼倫敦的計程車司機海馬迴特別發達？

　　我們的家通常在規劃方面比不上像是王牌五金行、GAP 或是蘭蔻專櫃來得有組織。後者是由市場力量推動，加上雇用人力維持，你家的情況則不同。

　　一個解決方法是在家中運作系統，以克服混亂的場面——利用基礎設備追蹤物品、分類並將它們放置在找得到且不會弄丟的位置。組織化系統的任務是讓我們能在花費最少的認知努力下，獲得最大量的資訊。問題是，運用系統組織我們的家和工作場所是項艱鉅的任務；我們擔心會花費過多時間和

精力來推動它們，並且就像是新年新希望下決心要減肥一樣，我們無法長時間堅持下去。好消息是，在有限的程度上，我們都已經運用組織化系統，保護我們免受混亂包圍。

我們很少弄丟刀叉，因為這類物品通常會放在廚房的銀器抽屜裡。我們也不會弄丟牙刷，因為它們通常會放在特定的室內，並有特定的存放地點。但我們確實會弄丟開瓶器，我們常常將開瓶器從廚房帶到娛樂室或客廳，然後忘記剛剛將它們擺在哪裡。同樣的事情也會發生在梳子身上，如果我們習慣將它們帶出浴室。

如此看來，大部分遺失的物品都是結構性因素造成的——也就是那些在我們生活中各式各樣不能如牙刷般被限定在特定位置的物品。拿老花眼鏡來說，我們戴著它到不同的房間，因為沒有指定的擺放地點，所以很容易放錯地方。今日我們已經充分瞭解上述這點的神經科學基礎，稱為海馬迴的特殊化大腦結構專職負責記住物品的空間位置。這在整個人類的演化史上極為重要，可用來追蹤可能找到食物和水的地點，更不用說各類危險的所在之處。海馬迴是存放記憶的重要中心，即便在鼠類（rats and mice）身上也能發現。埋藏堅果的松鼠就是靠著牠的海馬迴，幫助牠在幾個月後還能從數百個不同地點找回堅果。

今日在神經學家之間流傳一篇著名的論文，研究一群倫敦計程車司機的海馬迴功能。倫敦所有的計程車司機都必須通過城市交通路線的常識測試，準備這項考試可能要花上三到四年的時間。在倫敦開計程車特別困難，因為它的道路規劃不像大多數美國城市一般是網格系統；許多街道並不能連續通行，中斷後會在一段距離外的某處重新以相同街名繼續下去，許多街道都是單行道或是只能從限定的路線進入。要在倫敦當一名有效率的計程車司機，需要卓越的空間（地點）記憶能力。在幾個實驗中神經科學家發現，倫敦計程車司機的海馬迴較年齡和教育程度相當的其他人來得大，為了記住所有地點的資訊，它們的體積增加了。

近來我們還發現，海馬迴中有專門的細胞（稱為齒狀顆粒細胞）負責記憶特定位置。記憶地點的能力歷經超過萬年的演化，好讓我們記住像是樹、水井、山脈、湖泊等固定事物。它不僅能記住大量對我們的生存而言至關重要

的靜物，還極為準確。但是要記住會改變地點的物品位置，就不是那麼容易的事了。

　　這就是為什麼你記得牙刷的位置，卻找不到你的眼鏡。這也是為什麼你搞丟的是你的車鑰匙，而不是車子（家裡有無數可能的地方可以放鑰匙，但相對來說能停車的地方比較少）。古希臘人已經知道記憶地點的現象，他們所設計的著名記憶系統「地點記憶法」，靠的就是我們能將想記住的對象連結到我們熟悉地點的生動記憶，好比家中的房間。

利用環境提醒物提升大腦智能

　　回想第一章中我們提到的吉布森預設功能。同樣地，我們也能利用環境充當提升智力或提升的方式。透過簡單提醒我們生活中的物品之所在，可以緩解我們試圖記住它們在哪裡的精神負擔。物歸原位──讓物品不再散落四處──不僅看起來舒服，也讓人感覺良好。我們可以把這類方式想像成是認知功能的義肢。以鑰匙為例，你可以利用在門旁擺個碗或掛鉤，來解決找不到鑰匙的問題（就像是電影《齊瓦哥醫生》和影集《宅男行不行》）。而碗或掛鉤也可以搭配房間的裝潢，充當擺飾品。

　　這套系統需要強制配合。每當你回到家，鑰匙就應該放在這裡。你一走進家門就先把鑰匙放好，不能有例外。即便進家門時電話正在響，也要先掛

好鑰匙。即便進家門時你空不出手來，也要把大包小包都放下來，掛好鑰匙再說！不想弄丟東西最重要的規則，就是把東西放在指定位置。

為智慧型手機設計的托盤或架子，促使你把你的手機擺在那裡而不是其他地方。這方式同樣適用於其他電子產品和每日的郵件。Sharper Image、布魯克斯東、SkyMall 以及 Container Store，都根據這個神經科學的事實經營生意，具有這類特色的產品有各類款式與價格（塑膠、皮革或純銀），種類繁多令人訝異。它們的功用就是充當提醒物，讓難以掌握的物品都能回歸各自的位置。認知心理學理論認為應該大筆投資在這類產品上：當你已經花了很多錢添購特定的托盤擺放信件時，任由信件散落一地就變成非常困難的事。

但你並不好總是添購新東西，單單只是為了提醒自己。如果你的書籍、CD 或 DVD 已經經過整理，你想要記住剛取出的書或是光碟的位置，你可以把左側的書或是光碟往外拉出約兩、三公分的距離，以此提醒自己之後能輕易找到你從自己的圖書館「借出」的書或光碟該歸還的位置。設置提醒物不僅對記憶力不佳或是年長者有效，包括記憶力絕佳的年輕人在內，許多人都說自己常常記不住日常用品的位置。年僅二十三歲馬格努斯·卡爾森（Maynus Carlsen）是世界排名第一的西洋棋手，他能在看不到棋盤的情況下，單憑記憶力一次下十局盲棋，但他也說：「我記不得各式各樣〔其他〕東西擺在哪裡。我經常弄丟我的信用卡、手機、鑰匙……。」

深具影響力的哈佛大學心理學家斯金納（B. F. Skinner），不僅是行為主義的開創者，也是撰述包括《桃源二村》（Walden Two）一書的社會批評家，闡述了提醒物的效用。他說，如果你聽到傍晚的天氣預報說明天可能會下雨，就把雨傘放在前門附近，這樣你才不會忘記帶傘出門。如果你有信件需要郵寄，把它們擱在你的車鑰匙或是家門鑰匙附近，這樣當你出門時，它們都在那裡。基本原則都一樣，就是將你腦中的資訊轉嫁到外在環境；利用環境提醒自己待辦事項。

原米拉麥克斯影業公司的副總裁、現為獲獎獨立製片人的傑弗瑞·金博爾（Jeffrey Kimball）說：「如果我知道自己出門時可能會忘記某樣東西，我就會把這東西放在門邊，跟我的鞋子擺在一起。我也利用『四』這個系統，每次要出門前我都會檢查四樣東西：鑰匙、錢包、電話和眼鏡。」

如果你擔心自己在回家路上會忘了添購牛奶，開車時在身旁的座位上放一個空牛奶盒，或是放在你搭捷運上班時會攜帶的背包裡（當然，寫在紙條上也能達到提醒的效果，但紙盒較為特別，更容易引起你的注意）。

利用物品當作提醒物的另一項步驟，是當你不需要它們時將它們擱置一旁。大腦就像是精妙的變化感應器，這讓你注意到門邊的傘或是汽車座椅上的牛奶盒。但也就是這一點，導致大腦將不變的事物視為理所當然——所以你的朋友走進你家廚房時，會注意到冰箱發出奇怪的嗡嗡響聲，而這是你已不再會留心注意的現象。

如果無論晴雨，傘一直都放在門旁，它就不再能刺激你的記憶，因為你不會注意到它。為了幫助你記住停車地點，舊金山機場停車場的標誌上建議以手機拍下停車地點的照片。當然，這一招也適用於自行車（科技產業的核心新技術發展，可能會讓谷歌汽車和谷歌眼鏡很快為我們做到這一點）。

為常移動的物品準備備份

當有組織的人發現自己為了一把剪刀，不斷在廚房和書房來回穿梭時，他們會多買一把。表面上看來這似乎會把家裡搞得更亂，而不是更有組織，但重複購買你經常使用的東西並擺在不同的位置，有利於避免你找不到這些東西。

你可能會在臥室書房和廚房使用你的老花眼鏡。準備三副眼鏡就能解決找不到的問題，前提是你能在每個房間找出特定地點擺放它們，並總是將它們放在該處。因為老花眼鏡不再在不同房間中變換位置，你的地點記憶能力會幫助你記住它們在每間房間中的位置。

有些人會多買一副額外的老花眼鏡放在汽車置物箱中，準備用來閱讀地圖；或是在錢包或外套裡放一副備用老花眼鏡，到了餐廳時便可以用來閱讀菜單。需要醫生處方配製的老花眼鏡可能索價不菲，要配製三副眼鏡更是不便宜。因此替代方案是為你的老花眼鏡套上繫繩，利用項鍊讓它們時時與你在一起（與我們經常觀察到的聯想相反，沒有科學證據顯示這些不起眼的眼鏡掛鍊會讓你的頭髮變灰，或看起來像是會穿羊毛衫的人）。這一點的神經科學原理是一樣的，

當你取下它們時要確保放回指定地點；如果你有好幾處放眼鏡的地點，這套系統就會失效。

這套策略中的任何一點——無論是多準備幾件相同物品或是嚴格限定物品的擺放地點——都適用於許多日常用品：唇膏、髮圈、隨身折疊刀、開瓶器、釘書機、Scotch膠帶、剪刀、梳子、指甲刀、鋼筆、鉛筆和記事本。這套系統對於你無法複製的物品不管用，好比你的鑰匙、電腦、iPad和每日的信件或手機。對於這類物品，最好的策略是運用海馬迴的力量，勝過試圖與之對抗：在家中為這類物品設計特定的安置定點，並堅持嚴守原則。

很多人可能會想；「哦，我是不拘小節而有創意的人。」但創意與組織化的思維並不相對立。瓊妮‧蜜雪兒（Joni Mitchell）的家是運用組織化系統的典範。她家廚房安裝了幾十個客製化、特殊用途的收納櫃，以便將那種難以定位的東西組織得更好。

透明膠帶、紙膠帶、郵寄和打包用具、繩索，各自放在不同的抽屜裡；電池也有專門擺放的抽屜（用塑膠托盤依不同尺寸大小分類）；還有一個特別深的抽屜用來放置備用燈泡。烘焙跟煎煮的工具與用品則分開擺放。她的食品儲藏室也以類似方式組織：餅乾、麥片、湯料和罐頭放在不同架上。「我不想浪費精力翻找東西，」她說。「這有什麼好處呢？如果我不用花費那些額外的時間沮喪地尋找東西，我可以更有效率、更富生產力地做事，心情也會更好。」因此，其實很多有創意的人發現，正是這樣的系統為他們減輕大腦的負擔、弭平混亂，他們才有時間發揮創意。

許多成功的搖滾樂和嘻哈樂手都在家中設有工作室，儘管他們的名聲可能來自百無禁忌或是酗酒，他們的工作室卻經過精心組織。史蒂芬‧斯蒂爾（Stephen Still）家中的工作室有特定的抽屜收納吉他的弦、撥片，六角扳手、插頭與設備零件配件（按設備的類型組織）以及絕緣膠帶。擺放電源線和電纜的架上（這東西看起來像是領帶架）放置了各種電氣和樂器的電線，並以特定順序安排，以便無需查看、伸手就可以拿到他想要的東西。麥可傑克森一絲不苟地編目管理他所有的財產；他所雇用的龐大工作人員中有一人職稱是首席檔案管理員。約翰藍儂保存了無數箱還在進行製作中的歌曲錄音帶，仔細為它們貼上標籤來組織。

打開抽屜時看到裡面種類齊一的物品能帶來莫名的欣慰，檢視規劃過的衣櫃亦然。不用翻箱倒櫃尋找東西，不僅能節省腦力用來處理更重要且更富創意的工作，事實上也帶來生理上的撫慰，避免掉揣想到底能否找到所需物品的壓力。

找不到東西會讓你的大腦陷入混亂迷霧中，警覺模式帶來的毒害會讓你既不能集中精神，也無法放輕鬆。越是費心打造你的分類，周遭環境就能越有組織，並回過頭來讓你擁有組織化的頭腦。

事實上，天生擅於分類的大腦是我們組織生活的有力手段，我們可以用這樣的方式打造我們的家和工作環境，讓它們成為我們大腦功能的延伸。為此，我們必須接受我們的中央執行單元有容量限制這個事實。多年來，大腦記憶力和注意力運作極限的標準說法是大約五至九項無關的項目。最近，一些實驗顯示這個數目較實際的說法可能是接近四項。

要在我們的家中建立有用的分類，關鍵在於限制該類別中所包含的物品種類僅有一到至多四種類型的東西（遵守大腦記憶力運作的容量限制）。要做到這一點通常很容易，如果你家廚房有個抽屜放了派對餐巾、烤肉串、火柴、蠟燭和杯墊，你可以將這個抽屜概念化為「派對用品」。以這種方式將所有不同的物品概念化，在較高層次上將它們聯繫在一起。然後如果有人給你特別的肥皂，而你想在招待客人時拿出來使用，你就知道該把肥皂放在哪個抽屜。

建立這些類別是我們大腦與生俱來的能力，這些類別能被彈性地認知，並可以分層排列。也就是說，可以依據脈絡並按照不同程度的理解，決定什麼東西該被歸為同一類。你的臥室衣櫃裡應該放置衣物，並可再細分成特定類別，如內衣、襯衫、襪子、褲子和鞋子。這些都可以進一步細分，像是所有牛仔褲都放在一個地方，昂貴的褲子放在另一處。當整理房子時，你可能會將跟衣物相關的物品都扔入衣櫃，稍來再來進行更仔細的分類。

你可能會把所有工具類物品都放在車庫，然後再劃分釘子與錘子、螺絲與螺絲起子。在這裡我們發現的重點是，我們可以建立自己的類別，這些類別能將我們的效率極大化。以神經科學的觀點來說，我們要找出的是一條線能將某個特定類別的所有成員都綁在一起。

把不需要的東西藏起來

效率專家大衛・艾倫（David Allen）根據觀察指出，當人們說需要組織時，通常意味著他們需要掌控自身的心理與外在環境。認知心理學的相關發現說明了，**掌控**意味著使你能看見常常需要的東西，而把你不需要的東西隱藏起來。

這一原則最初是為了像是電視遙控器這類物品的設計而制定。暫時不去管你有些按鈕找不到了——很顯然地，你不希望調整色彩平衡的按鈕就在選台按鈕旁邊，你可能會因此而誤按。最棒的遙控器設計會把很少用到的設定控制鍵放在滑動的面板後面，或者至少不會跟你日常使用的按鈕擺在一起。

為了要組織生活空間，你的目標是將部分大腦的記憶功能轉載到環境中；讓你的環境看起來井井有條，才不會在當你試圖放鬆、工作或找東西時分散你的注意力；為物品規劃指定放置的地點，讓它們容易被歸位。

假設你衣櫃儲放衣服的空間有限，就把某些你很少穿到的衣服（燕尾服、晚禮服、滑雪服）移到備用衣櫃，別讓它們佔用主要的衣櫃空間，你可以因而更有效率地組織你的日常衣物。這一原則同樣適用於廚房，與其把所有的烘焙用品都擺放在同一個抽屜裡，將聖誕節才會用到的餅乾模型與其他慶祝聖誕節相關的物品，一起放在特殊抽屜裡更有利於組織，也有助減輕你日常烘焙用具混亂的情況。畢竟一年只有兩週才會用到東西，不該在剩下的五十週內妨礙你做事。將郵票、信封、文具用品放在同一個抽屜裡，因為你總是同時用到它們。

繁忙的酒吧和酒館（許多人以這些地方為家！）遵循這個原則擺放酒瓶。常用的酒種都在酒保伸手可及的所謂快速酒架上，就掛在吧檯下方；調製受歡迎的飲料時，無需大動作或花費精神，就能在快速酒架上找到所需；至於較少使用的酒款，則會放在架上的兩側或在後方。

然後在這套系統中，同樣是烈酒會並排放置。三、四款最受歡迎的波本酒近在咫尺、彼此相鄰；三、四款最流行的混合麥芽蘇格蘭威士忌就在旁邊，接著是單一麥芽威士忌。哪些酒款該放在快速酒架上，哪些又該上架展示，要考量各地的偏好。肯塔基州萊辛頓（Lexington）的酒吧會特別將很多知名的

波本酒上架展示；大學城的酒吧則會展示較多的龍舌蘭酒和伏特加。

　　一個組織良好的系統會在類別大小與特殊性之間取得平衡。也就是說，如果你只有少量的釘子，空出整個抽屜只放釘子就很愚蠢。在「居家修繕物品」的概念類別下納入相關物品，會更有效而實用。然而，當你擁有的釘子數量達到臨界值，讓你每週日花費過多時間試圖找到你想要的正確釘子，那麼像五金行那樣將釘子按尺寸大小分類裝到小盒裡，就有其必要了。時間也是一項重要的考慮因素：在接下來幾年中，你預期將會更常或是更少使用到這些東西？

　　學學費卓司，保持彈性建立「其他」類別——一個雜物抽屜。即便你擁有精心規劃的系統，你的廚房、你的辦公室或工作室裡的每一個抽屜、架子和壁櫥都貼上標籤，還是常常會有東西就是無法歸入任何既有的系統內。另一種情況是，你擁有的東西可能不足以填滿整個抽屜或架子。從單純強迫症的角度看，有一整個抽屜或架子擺滿備用燈泡，另一個放滿黏合劑（膠水、接觸黏合劑、環氧樹脂，以及雙面膠帶），再一個放你收集的蠟燭是很棒的。但如果你只有一個燈泡和半條強力膠，這麼做實在沒道理。

組織家中物品的幾項規則

　　設立居家資訊系統的兩項神經科學基礎步驟是：第一，你所建立的類別要能夠反映你如何使用所擁有的物品，以及彼此間的交互關係。也就是說，類別對你而言是具有意義的，應該考慮到你所處的生命階段（祖父留給你的所有手工假蠅魚鉤可能未經分類都放在釣具箱裡，直到你在數十年後也開始從事飛蠅釣，你才會想用更有條理的方式處理假蠅）。

　　第二，避免把太多的不同類別的事物放入同一個抽屜或文件夾中，除非你能將它們歸入某項重要的主題。如果做不到，將它們放入雜項或雜物或無分類的抽屜更好。但是如果你發現自己已有四、五個雜物抽屜，就是時候重新分類和重組內容物，將物品歸入例如居家雜物或園藝雜物，或是孩子雜物了。

　　除了這些實用的人性化步驟，還有下列三項一般性的組織規則需要遵守。

組織規則 1：錯誤標記或歸位的物品或位置，不如不要標記。

一陣大張旗鼓後，吉姆為辦公室的某個抽屜標記為儲存郵票和信封，另一個抽屜則擺放電池。幾個月後，他交換兩個抽屜的內容物，因為他發現自己很難彎腰去分辨 AAA 電池與 AA 電池的差異，但他沒有把標籤交換過來，因為這麼做太過麻煩，而且他認為這樣不打緊，因為他知道這些東西放在哪裡。這犯了滑坡謬誤！如果你搞錯兩個抽屜的標籤，遲早你會失去掌握，搞出「一個地方可以放任何東西，而任何東西都放在這地方」的局面。這也會使得別人都很難找到任何東西。沒有貼上標籤的東西實際上有可取之處，因為它會催生「吉姆，你把電池放在哪裡？」的溝通對話。又或者如果吉姆不在，可採取系統性的搜索。但是錯誤標記的抽屜，會讓你搞不清楚哪些抽屜的標籤是可以信任的，哪些則否。

組織規則 2：如果有現成的標準規格，就採用它。

梅蘭妮在她的廚房水槽下方放有資源回收筒和垃圾桶。其中一個是藍色，另一個是灰色。而市政府環境部門給她的戶外垃圾桶有藍色（資源回收）和灰色（垃圾）兩種。她應該遵行這種依照顏色分類的系統，因為這是標準規格，這樣一來她就無需嘗試記住兩個彼此相反的不同系統。

組織規則 3：不能用的東西不要留下來。

如果你用不到這東西，或是它已經故障又無法修理，就丟了吧。艾利從她的文具抽屜拿出一支不能寫的原子筆，她試過用所有她知道的方式修理它：滋潤筆尖、用打火機加熱、搖晃筆桿、在紙上畫圈圈，結果她得出的結論是這筆就是不能用了，然後又把筆放回抽屜裡，另外拿了一支筆。她（還有我們）為什麼會這樣做呢？我們當

中很少有人明確知道一支筆能用或不能用的問題出在哪裡。我們修筆的努力能否得到回報是難以預期的，有時我們修好了筆，有時則否。我們把筆放回抽屜，自顧自地想著：「也許下回能用。」但是一個放滿各式筆類的混亂抽屜當中有些筆能寫，有些卻不行，這只是徒然浪費腦力罷了。你最好把這些不能寫的筆給丟了。或者，如果你無法接受這一點，指定一個特定盒子或抽屜放這類不聽話的筆，你會試著找一天把它們修好。如果你還留著電視機的備用橡膠腳墊，但電視機已經換了，就把這些橡膠腳墊也丟了吧（我假設當這本書出版時，人們還會觀會所謂的電視）。

組織你的數位家園

數十來年的研究顯示，人類的學習受到環境與學習地點的影響。準備考試的學生在稍後測驗舉行的教室唸書，表現會比在其他地方念書的學生來得好。經過一段長時間的缺席後，我們回到童年時期的家，遺忘的記憶會像洪水一般釋放。這就是為什麼為我們所擁有的物品指定地點非常重要——如果我們將物品與特定的空間位置相連結，海馬迴確實會為我們記住物品之所在。當我們家中的資訊實質上越來越數位化時，會發生什麼情況呢？在這樣一個時代，我們當中有許多人在家辦公，或把家裡當做辦公室，有許多重要的影響因應而生。

利用海馬迴天生記憶儲存方式的一種做法，是為我們不同的工作建立不同類型的工作空間。但我們坐在同一部電腦前計算家用、回覆電子郵件給老闆、網路購物、觀看貓咪彈鋼琴的短片、儲存我們所愛之人的照片、聆聽喜歡的音樂、支付帳單，並且閱讀每日新聞，這也難怪我們無法記得所有事情。大腦的設計原本就不能在一個地方容納這麼多資訊，這個奢侈的建議可能只有少數人負擔得起，但隨著電腦價格下降可能很快會成真：如果可以的話，每項設備都用來處理單一領域的需求會有所助益。利用專用的媒體設備（iPod、iPad）而非用電腦觀看短片與聆聽音樂；用一台電腦處理個人業務（管理帳戶和稅務），第二台電腦用於個人和休閒活動（規劃旅行、網上購物、儲存照

片）；第三台則是工作用電腦。在電腦上建立不同的桌面模式，透過視覺提示幫助提醒你，讓你置身適當的地點記憶環境中，即每台電腦負責的領域。

神經學專家和作家奧利弗・薩克斯（Oliver Sacks）進一步說：如果你正在執行兩個完全不同的計畫，為它們在家中各自選一張桌子或一個角落，這能使你在步入不同的空間時，彷彿按下大腦的重新開機鍵般，讓你的思維更有效率與創造性。

雖然並未擁有兩三台電腦，今日的科技讓可攜式的口袋裝置能容納整個硬碟的容量——你可以隨插隨用「休閒類」的口袋型裝置、「工作類」的口袋型裝置，或是「個人財務類」的口袋型裝置；或者在某些電腦上使用不同的用戶模式，來更改桌面的模式、電腦上的文件以及整體的外觀，這些都有利於這類由海馬迴推動、根植於地點的區別。

該保留紙本文書嗎？

這讓我們想到大量尚未數位化的資訊。你知道，寫在他們稱之為紙上的東西。兩個學派思潮正為了如何組織你家中的紙類文書爭執不下。這一類事務包括設備與各種電器或電子儀器的操作手冊、購買產品的保證書與服務保證、支付過的帳單、註銷的支票、保險單，以及其他日常商業文件和收據。

微軟工程師馬爾科・司拉力（Malcom Slaney，曾待過雅虎、IBM 和蘋果）主張將一切掃描成 PDF 檔案儲存在你的電腦裡。家用掃描器相對而言較為便宜，而且可供手機使用的掃描應用程式品質驚人地優異。如果你想將某些東西儲存起來，司拉力說，將它們掃描並運用檔名和文件夾，能幫助你日後找得到它們。

第二個學派的思維是我稱為琳達的女士所主張的，多年來她擔任《財富》雜誌百大公司總經理的行政助理，她要求匿名以維護她上司的隱私權（真是一名優秀的行政助理！）。琳達喜歡把一切都複印存檔，紙類文書的優點在於可以永久保存。由於科技迅速變化，數位文件很少在十年後還可以打開閱讀；相形之下，紙製品可以保存數百年。許多電腦用戶都在其舊電腦故障後，驚

訝地突然警覺到：幾乎不可能再買到一部電腦內建有舊的操作系統，而新的操作系統無法打開所有舊文件檔案！財務紀錄、退稅紀錄、照片、音樂，一切都沒有了。在大城市裡，有可能找到將舊檔案轉換成新格式的服務，但這可能所費不貲，並且無法做到盡善盡美。數位文件是免費的，但你得到的結果與付出成正比。

紙類文書的另一項優點是，它不易受到病毒影響而更改內容或損壞，且無需電源也可以閱讀。雖然紙製品不能防火，但電腦又何嘗不是如此。

儘管兩個學派各有主張，但即便是馬爾科和琳達，也都有許多檔案並非以他們偏好的格式保存。在某些情況下，是因為原本收到的檔案就是如此——網路購物的收據是透過電子郵件寄發的數位檔案，而有些小公司仍透過美國郵局寄送書面帳單。

但無論是數位檔案還是紙類文書，整理並極大化這兩種資訊效用的方法有很多種。最重要的因素是便於檢索。

以紙製品來說，經典的文件櫃仍是我們所知的最佳系統。其中最尖端的技術——懸掛式文件夾系統——在 1941 年由弗蘭克 D. 喬納斯發明，並由牛津檔案系統供應公司取得專利，該公司後來改名為牛津 Pendaflex 公司。這家公司和秘書學校合作制訂建立檔案夾的原則，關注如何儲存與檢索檔案才方便。對於好比說少於三十份的文件，按照主題依字母順序貼上標籤並分類整理，通常就足夠了。

文件多於這個數量時，通常最好是在較高層級的分類下再按字母排序文件夾——像是家務、財務、孩子等等……諸如此類。利用外在環境區分類別，例如文件櫃不同的抽屜置放不同高層級的分類；或在同一個抽屜內以不同顏色的文件夾或標籤，使人一眼就可以快速區分類別。有些人（尤其是有注意力缺失症的人）一旦無法看到所有文件在他們面前一字排開，便會感到恐慌。在這種情況下，開放式的檔案推車和文件架讓文件無需隱身在抽屜裡。

關於傳統檔案系統（這裡指的是把紙類文書放入懸掛式文件夾中），我們常被告知的實用規則是一個文件夾不要只有一張紙在裡面，這樣太沒有效率了。我們的目標是將文件按類別分組，讓每個文件包含五至二十份左右的獨立文件。文件的數目若少於這個數字，將難以快速掃瞄快速暴增的文件夾標籤；

數目若多於此，你在過濾單一文件夾中的內容時會花費過多時間。同樣邏輯也適用於建立居家和工作項目的類別。

建立居家檔案系統不僅僅是在文件夾上打上標籤，最好先有個計畫。花點時間思考你要分類的紙類文書有哪些不同類別，把你數個月來想好好處理的那疊文件都放在桌上，然後開始進行分類，建立統合性的類別後再把它們歸類。

假設你所擁有的文件夾不足二十個，你可以給每個主題一個文件夾，並按字母順序排列。但如果你所擁有的文件夾數目超過這個數字，當你有需要時可能會浪費時間在翻找文件夾上。你擁有的文件夾類別可能包括財務、居家用品、個人醫療資料與雜項（可說是你這套系統的雜物抽屜，用來存放不適合其他文件夾的東西，如寵物接種紀錄、更新後的駕照、想留到明春使用的旅行手冊等等）。特定單位寄發的文件應該有各自的文件夾。換句話說，如果你的儲蓄帳戶、支票帳戶和退休金帳戶是分開的，你不會想把它們都放進標記為銀行對帳單的文件夾中；而是會想給每個帳戶一個文件夾。同樣邏輯也適用於所有類型的文件。

花費在歸檔跟分類的時間，不該超過你利用搜尋所能節省的力氣。對於好比說醫療紀錄這類你常使用的文件，文件夾和類別的建立要對你找到所需文件有所幫助才行。為每位家庭成員準備各自的文件夾，或是建立一般醫療、牙科、眼科護理等等類別的文件夾。如果你有一堆文件夾裡面只放了一張紙，試著將它們整合在統合性的主題下。建立一個重要文件專用的文件夾，放你經常需要用到的文件，諸如簽證、出生證明或健康保險單。

所有適用在可見文件夾的原則，當然也適用於電腦上的虛擬檔案和文件夾。然而電腦擁有的明顯優勢是你可以完全無需組織檔案，搜尋功能通常就能幾乎立即幫你找到它們（如果你還記得自己如何命名的），但這會對你的記憶能力造成負擔——它需要你記得自己曾使用的每個檔案名稱。將檔案與文件夾分層組織的一大優勢，是你可以藉由瀏覽它們重新發現你已經遺忘的檔案。這會將你大腦記憶功能外部化到電腦上。

如果你真心擁護為你的重要文件製作電子複本的想法，你可以建立極具彈性的關係資料庫和超連接。例如，假設你用 Excel 管理個人帳目，也已將

所有收據和發票都掃描成 PDF 檔，在 Excel 中，你可以將某個單元格連結到你電腦中的任一檔案。要搜尋你奧維斯釣魚背心的保證書和收據？在 Excel 檔中搜尋奧維斯、點擊單元格，你就可以找到收據並直接發電子郵件到客戶服務部。並不只有財務文件可以以這種方式連結。如果你在 Word 檔案中引用研究論文，你也可以建立即時連接到儲存在硬碟、公司伺服器或雲端中的論文。

Google 前首席資訊專家和工程副總裁道格‧美林（Doug Merrill）說：「對任何人來說，組織化不是也不該是全都一樣的事情。」不過，有些根本的事情是一致的，像是待辦清單、隨身攜帶便條或索引卡片，或是「把所有東西都放在固定地方，並記住那個地方在哪裡」。

別讓檔案分類佔據你家居時光

但等一下！即使許多人在家處理公事，也在家支付帳單，做了許多聽來並不該是待在家裡做的事，但要注意的是：檔案分類不該是在家裡做的事。你為什麼喜歡待在家裡？不就是為了那種平靜、能掌握如何消磨時光的安全感？然而你在家裡做些什麼呢？如果你也像大多數美國人一樣，你就變成多頭馬車了。人們不只在工作上說我們還應該做這做那，更何況智慧型手機和平板電腦已經佔據你家。

我們的手機已經成為瑞士刀：就像是台結合字典、計算機、網頁瀏覽、收發電子郵件、Game Boy、行事曆、錄音機、吉他調諧器、天氣預報、GPS、收發簡訊、推特和臉書更新，以及手電筒功能的家電。其功能比起三十年前 IBM 總部最先進的電腦更強大且多元。我們隨時都能使用它們，這個 21 世紀的熱潮有部分表現在我們將所有時間填滿，一刻也不得閒。我們在過馬路時寄發簡訊，排隊時急著檢查電子郵件，與朋友一起吃午飯時偷偷摸摸地查看其他朋友在做些什麼。我們在家中舒適且安全的廚房櫃檯旁，也一邊聆聽精彩翔實的播客報導城市養蜂，一邊用智慧型手機記下購物清單。

然而美中不足的是，雖然我們自認一次能處理好幾件事，一心能多用卻

已被證明是強而有力的邪惡錯覺。厄爾·米勒（Earl Miller）是麻省理工學院的神經科學家，也是注意力分散領域的世界級專家，他提到我們的大腦「無法做到一心多用……當人們認定自己能一心多用時，他們實際上只是非常迅速地從一項工作切換到另一項工作。而每次他們這樣做，就是一筆認知上的開銷」。

也就是說，我們實際上並不是一次可以空拋好幾顆球的把戲高手；我們比較像是一個糟糕的業餘轉盤子雜技表演者，瘋狂地從一項工作切換到另一項工作，無暇顧及不在我們眼前的事務，卻又擔心它隨時會被搞砸。儘管我們認為我們完成不少工作，但諷刺的是，一心多用確實使我們效率變差。

神經科學家已發現，一心多用會增加壓力荷爾蒙皮質醇以及會回應該戰鬥或逃跑的荷爾蒙腎上腺素的產生，這會過度刺激你的大腦，造成心理困惑或思維干擾。一心多用也會產生多巴胺（成癮的反饋迴路），有效地獎勵大腦注意力不集中並不斷尋找外部刺激。更糟糕的是，前額葉皮層偏愛新穎事物，這意味著其注意力可以輕易地被新鮮玩意兒所掌控。我們都知道要用亮晶晶的東西來吸引嬰兒、小狗或小貓的注意力。對於我們這些試圖專注在無法兼顧的活動上的人而言，矛盾很明顯：我們專注工作時，必須依賴的大腦區域很容易分心。

我們接電話、檢視網頁、檢查電子郵件、發送簡訊……所有這些事觸動了大腦尋求新奇與獎勵的中心，催生一陣由內而生的類鴉片類劑（難怪帶給你的感覺真好！），這些都會降低我們對工作的專注，這對大腦來說是最極致的無熱量糖果。我們不求贏得持續且專注的努力所帶來的龐大回報，反而謀求完成上千件小小糖衣包裹的工作所帶來的空洞獎賞。

在過去，如果手機響時我們正在忙，我們可能會不接聽電話或是把電話鈴聲切掉。在所有電話都還掛在牆上的時代，沒有人期待能夠隨時與我們聯絡——你可能出門散步或是正在前往某處的路上，所以如果有人無法聯絡到你（或是你不想被找到），這種情況被認定是正常的。然而，現在手機擁有者多過擁有廁所的人，這就形成一種隱性期待，讓你認定應該要在自己方便時連絡到他人，而不管對方是否方便接聽。這種期望如此根深蒂固，讓參與會議的人經常要回覆手機說：「很抱歉，我現在不能交談，我在開會。」不

過就在十幾二十年前，同樣一群人在會議進行中不會回覆他們辦公桌上的電話。關於連絡的期盼變得如此不同。

光是可能造成一心二用的機會，就不利於認知表現。倫敦格雷欣學院的格倫・威爾遜（Glenn Wilson）稱這情形為「資訊狂熱」。他的研究發現，當你正試圖專注於某項工作時，收件匣中有未讀顯示的電子郵件可能會降低你的有效智商多達十分。而儘管人們聲稱吸食大麻好處多多，包括能提升創造力、減輕疼痛和壓力，但是充分的資料顯示，它的主要成分大麻酚會刺激腦中專門的大麻受體，深深干擾記憶能力和我們同時間專注在多樣事務上的能力。威爾遜指出，一心多用造成的認知損失比吸食大麻來得更大。

史丹福大學神經科學家羅斯・波特拉克（Russ Poldrack）發現，在一心多用情況下獲得資訊，會讓新資訊來到大腦中錯誤部位。好比說，如果學生一邊學習一邊看電視，他們在學業中獲得的資訊會來到紋狀體，這個區域專門用來儲存新的程序和技巧，而非事實和想法。如果不受電視干擾，資訊會來到海馬迴，在這裡資訊會以多種方式被組織和歸類，使檢索變得容易。麻省理工學院的米勒補充：「人們『一心多用』的表現不可能太好，當他們說可以好好表現時，其實是自欺欺人。」事實證明，大腦很擅長自欺欺人。

再來就是我先前提到的，切換注意力本身的代謝成本。要求大腦在不同活動間轉換注意力，將導致前額葉皮層和紋狀體燃耗氧化葡萄糖，這也是它們專注在工作上所需的燃料。我們在一心多用時，那種迅速且持續地切換注意力會導致大腦快速燃盡燃料，因此即便只是很短的時間，也會使我們感到疲憊、無所適從，因為我們已經確確實實地耗盡了大腦的養分。

這導致我們在認知表現和身體表現兩方面的妥協。除此之外，重複切換工作會造成焦慮，引發大腦中壓力荷爾蒙皮質醇濃度上升，這反過來又會促成攻擊性和衝動行為。相形之下，當我們專注在工作上時，會由前扣帶和紋狀體接管，因此一旦我們啟動中央執行模式，保持在那個狀態中會比一心多用消耗較少的能量，並確實降低大腦對葡萄糖的需求。

更糟糕的是，一心多用的工作很多時候涉及決策：我應該要回覆這封簡訊或是不理它？我該如何回覆呢？我該如何將這封電子郵件歸檔嗎？我該繼

續現在手頭上的工作還是休息一下？事實證明，決策對你的神經資源來說也是嚴峻的挑戰，而且決策無論大小，所消耗的能量都是一樣的。一心多用首先讓我們失去對衝動的掌控，接著在兩相夾擊下能量快速耗竭，而後在做出大量微不足道的決定後，能量迅速耗盡的狀態會使得我們最終在重要關頭上做出嚴重錯誤的決定。既然如此，為什麼還會有人想在他們的日常資訊處理重擔上嘗試一心多用呢？

電子郵件和簡訊打斷我們的專注力

在與《財富》雜誌前五百強企業領袖、頂尖科學家、作家、學生和小型企業主討論資訊過載的過程中，再三顯示電子郵件是個問題。我們並非出於哲學上的理由反對電子郵件，而是我們收到的電子郵件數量已經讓人心靈麻痺。我的神經科學家同事傑夫·莫吉爾（Jeff Mogil）有個十歲的兒子，當被問到父親以何維生時，他回答：「他回覆電子郵件。」傑夫坦言，在一番思索後這個回答其實貼近事實。在政府、藝術界和工業界工作的人都提到，他們收到的電子郵件數量之龐大，讓人喘不過氣來，每天需花費大把時間處理。我們覺得有義務回覆電子郵件，但似乎不可能在這樣做了之後還有時間顧及其他。

在電子郵件出現之前，如果你想寫信，你必須付出一些努力。你備好筆紙或是打字機坐下來，認真撰寫郵件。當時沒有任何媒介可供我們不加思索、匆匆速記；另一部分則是因為寫信所涉及的整個儀式過程（包括寫信、找出信封寫上地址、貼上郵票、出門到郵箱寄信）所耗費的時間。

由於給某人寫便條或信件需要歷經這麼多的步驟，除非我們有重要事情要提，我們不會去淌這渾水。相對地，因為電子郵件的即時性，我們大多數人都會在腦海中出現任何點子時，不假思索地就打字並按下送出按鈕。再加上電子郵件無需任何費用，當然你得付錢買電腦和連線上網的費用，但多寄一封電子郵件並不需要多花一塊錢。將電子郵件與傳統信件相較，每一封傳統信件都涉及信封和郵票的開銷，雖然這不代表大量的金錢支出，但這些並不是無限量供應的，如果用完了，就必須特別跑一趟文具店和郵局添購，所

以你不會輕率地使用它們。

因此，發送電子郵件十分輕易就造成我們態度上的改變，我們對他人的要求變得較不客氣，很多專業人士都提到類似的故事。像是說「我收到的電子郵件中有一大部分來自我幾乎不認識的人，要求我為他們做通常不被認定是我工作範圍內的事，或是與我們交情深淺不相符的事。電子郵件在某種程度上顯然讓人們認定，可以開口要求他們不會藉由電話、面談或者郵寄信件提出的要求。」

對收信人來說，郵寄信件和電子郵件也有重大差異。在過去，我們一天只收一次信，這有效地在你的一天中創造出一段區隔出來的時光，你到信箱收信並分類信件。最重要的是，因為這封信花了數天才寄達，沒有人期待你會在收到信之後立即採取行動。如果你正在做其他事，你只需讓郵件待在戶外信箱中或是放在你的辦公桌上，直到你準備好要來處理它。在郵差把信送進信箱的那一刻就衝向信箱取信，甚至會顯得有點古怪（這封信經過數日才寄達，有差這麼幾分鐘嗎？）。

現在我們不斷收到電子郵件，而且大多數電子郵件都要求我們採取某種行動：像是點擊以下網站連結，好觀看熊貓寶寶的影片，或回答同事的詢問，或計畫與朋友共進午餐，或將這封電子郵件當作垃圾郵件刪除。所有這類行動都讓我們感到自己完成了某些事情。在某些情況下，我們的確如此。但是當電子郵件打斷我們應該優先進行的活動時，我們犧牲了效率和深刻的專注力。

直到不久之前，眾多不同的溝通模式各自標示著它們的相關性、重要性和意圖。如果愛人與你透過詩句或歌曲溝通，在看到內容之前，你能假定某種與之相關的本質與情感價值。如果同一位心愛的人透過法院官員交付的傳票與你溝通，即使在閱讀之前，你也能預期將收到不同的資訊。同樣地，電話常用來處理電報或是商業信函之類的事務。溝通憑藉的媒體曾經提供資訊內容的線索，但電子郵件改變了這一切，這是它被忽視的一個缺點，因為電子郵件可用來傳遞所有資訊。在過去，你可能會把所有收到的信件粗略分成兩堆：私人信件和帳單。如果你是一位行程繁忙的公司經理，你可能會依照是否需要回電，分類你電話中的留言。但是當生活中所有消息都透過電子郵

件而來，我們強制性地檢查我們的電子郵件，部分原因就在於我們無從分辨接下來的消息是休閒／娛樂、逾期帳單、待辦事項，還是他人的諮詢⋯⋯。這裡面有些是你現在或稍後該做的事，某些會你的改變一生，某些則無關緊要。

這種不確定性摧殘了我們的快速感知分類系統，並造成壓力和要我們做出超載的決策。每封郵件都有待我們做出決定。我該回信嗎？如果回信，應該現在回還是以後回？這件事有多重要？如果我不回信，或者現在不馬上回信，會在我的社交、經濟或工作方面上帶來何種後果？

當然，現在電子郵件已經是一種快要被淘汰的溝通媒體。大多數不到三十歲的人認為電子郵件是「老一輩的人」才用的過時溝通方式。取而代之的是發送簡訊，甚至上傳到臉書。他們在簡訊和臉書的貼文附上檔案、照片、影片和網站連結，就像超過三十歲那一代人利用電子郵件所做的一樣。而現在很多不到二十歲的人認定臉書是舊時代的媒體，對他們來說，簡訊已成為溝通的主要方式。

簡訊提供電話沒有的隱私性，以及電子郵件缺乏的即時性。生命線（Crisis hotlines）已經開始接受邊緣青少年透過簡訊發送的呼求，這提供他們兩大優勢：他們可以在同一時間處理一個以上的對象，並且如果有需要的話，可以在不中斷談話的情況下將通話轉給專家處理。

要避免網路神經上癮

但簡訊讓電子郵件產生的問題變本加厲。因為簡訊有字數的限制，因而阻礙了深思熟慮或是任何細節層次的討論。上癮的問題也因為簡訊的即時性加劇。電子郵件透過網路、交換機、路由器和服務器工作的方式，需要一定的時間傳送，並且需要你明確採取打開信件的步驟。

然而，簡訊卻像變魔術般出現在你的手機螢幕上，並要求你立即的關注。再加上社會預期，未獲回覆的簡訊感覺上像是在侮辱發信人。此外，你的癮頭也受到刺激：當你收到一封簡訊，它刺激了你大腦中對新鮮事物感興趣的中心，當你回覆簡訊時，你會感受到完成一項任務的獎勵（即使你在十五

秒之前完全不知道這項任務）。這當中的每個步驟都提供了多巴胺的釋放，讓你大腦的邊緣系統[1]呼喊：「更多！更多！給我更多！」

在一項著名的實驗中，我在麥基爾大學的同事彼得・米爾納（Peter Milner）和詹姆斯・奧爾茲（James Olds），將一片電極放在老鼠大腦邊緣系統中一處名為伏隔核的微型結構上。該結構調節多巴胺產生，並且是當賭客贏得賭注、吸毒者吸食可卡因以及人擁有性高潮時，讓人容光煥發的區域——奧爾茲和米爾納稱它為快感中心。籠裡的老鼠可以透過槓桿，控制微量電子信號直接傳送到牠的伏隔核。你覺得牠們會喜歡嗎？我的老天爺啊！牠們喜歡的不得了，除此之外不做其他事。

牠們完全忘記了要吃飯和睡覺。儘管挨餓許久，只要有機會按下那根鍍鉻的小小金屬桿，牠們就會忽略美味的食物；牠們甚至把性交的機會都忽略了。老鼠只會一遍又一遍地按下槓桿，直到牠們因飢餓和疲憊而亡。這是否讓你想起什麼？在廣州（中國）有一名三十歲的男性在連續玩了三天的電動遊戲後死亡。在大邱（韓國），另一名男性在不間斷玩了五十小時的電動遊戲後，才因為心臟停止跳動而住手。

我們每次用電子郵件分派工作（不論是以哪種方式），都讓我們獲得成就感，而且我們的大腦也會獲得荷爾蒙的獎勵，藉此告知我們完成了一些事情。

我們每次檢查推特或臉書的更新，就獲得新知並感覺與社會接軌（以一種怪異且缺乏人情味的網絡方式），並獲得荷爾蒙的獎勵。但請記住，驅動包含這種愉悅感受的邊緣系統的，是大腦尋求新鮮感的愚蠢部分，而非前額葉皮層中負責規劃、調度以及高層次思考的中心。別搞錯了，檢查電子郵件、臉書和推特其實是一種神經上癮。

避開這種神經上癮的秘訣，在於運用系統誘使我們自己（我們的大腦）依照我們的需求處於待機狀態。比方說，一天固定幾次檢視電子郵件。專家建議一天只要處理兩、三次電子郵件就可以，累積一定數量再處理，勝過一收

1　譯注：邊緣系統（Limbic System）乃一術語，指包含海馬迴及杏仁核（Amygdala）在內，支援多種功能，例如情緒、行為及短期記憶的大腦結構。

到信馬上採取行動。很多人將自己的電子郵件設定為收到郵件主動通知或是每五分鐘檢查一次。試想一下：如果你每隔五分鐘就要檢查電子郵件一次，這表示你在白日清醒時就要檢查個兩百次。這會讓你的主要工作目標受到嚴重干擾。你可能要訓練你的朋友和同事不該期望你立即回信，針對像是當天稍晚的會議、午餐的約會，或是簡單的問題，改用其他溝通方式。

長久以來，有效率的工作者會將門關上，切掉自己的手機，以求「有效率地工作」。在這段時間內，他們可以專注而不受打擾。停止處理我們的電子郵件遵循的就是這個傳統，就神經化學與電子學的觀點來看，這麼做確實能使大腦放鬆。

如果你的工作型態真的徹底不允許這種方式，你可以在大多數電子郵件系統和手機上設定郵件過濾器，指定某些人寄發的郵件要立即通知你，而其他郵件則留在收件匣中累積，直到你有時間處理它們。對於實在不容錯過的電子郵件，另一招有效的做法是建立專門的私人電郵帳戶，並且只將這個郵件地址給少數需要立即連絡到你的人，而只在特定的時間檢查其他帳戶。

哈佛大學法學教授勞倫斯‧萊斯格（Lawrence Lessig）與其他人共同推動「電子郵件破產」的觀念。到了一定的時候，你會發現你永遠趕不上處理電郵的速度。當這種情況發生時，你要將收件匣裡的一切刪除或歸檔，然後寄發群組電郵給所有聯絡人，解釋說你處理電郵的速度已經無望趕上了，如果他們寄給你的電郵仍有其重要性，請他們再寄一次給你。

此外，有些人會設定自動回覆功能給任何電郵的發送者。回覆可能會提到類似「我會盡可能在未來一週內處理你的電郵，如果你需要我立即採取行動，請撥打電話給我。如果你期待我回信但在一週內沒有收到回音，請重新寄發郵件，並在信件主旨處加上『第二次寄發』字樣。」

組織你常用的各種密碼

由於影子工作的增加，我們被要求進行更多我們個人的業務管理，與各式不同的公司行號交手需要不同帳戶的情況激增。記住你的登錄資訊和密碼是很困難的，因為不同的網站和服務供應商，對這些參數有著完全不同的

規定。一些供應商堅持認定你該用你的電子郵件地址登入，其他供應商則堅持不能這樣做；有些需要你的密碼中包含特殊符號，如 $ & * #，有些則不允許任何這類特殊符號包含在內。其他限制還包括不能夠重複字母兩次以上（所以 aaa 就不能出現在你密碼中的任何一處），或者不允許使用你在過去半年中曾用過的同一組密碼。即使你可以擁有標準化登入的名稱和密碼，但是所有帳戶都使用相同的用戶名稱和密碼是個壞主意，因為如果一個帳戶的資料外洩，就表示你所有的帳戶資料都外洩了。

現在有幾種軟體幫助你記住密碼。其中有許多將資訊儲存在雲端伺服器上，這點構成了潛在的安全威脅——駭客突破竊取數以百萬計的密碼只是時間早晚的問題。在最近幾個月裡，駭客竊取了三百萬名 Adobe 客戶的密碼，二百萬名德國沃達豐公司的客戶密碼，和一億六千萬 Visa 信用卡和金融卡客戶的密碼。存在電腦上的其他密碼較不容易遭受外部攻擊（雖然還是沒有達到百分之百安全），但如果你的電腦被偷了，密碼就更容易外洩。最好的軟體會產生極度難以猜測的密碼，然後將它們儲存在加密文件中，這樣即使有人將你的電腦弄到手，也無法破解密碼。

你可以選擇利用加密密碼管理軟體，將密碼儲存在電腦上，它會辨識你到訪的網站，並會自動幫你登入；也有一些網站能在你忘記密碼時幫你找回。一項成本低廉的替代方案，是簡單將你的所有密碼存在一個 Excel 或 Word 文件中，並設定密碼保護這份文件（確保你選擇了自己不會忘記的密碼，並且不能跟你使用的其他密碼相同）。想都別想要使用你家小狗的名字或你的生日做為密碼，或者針對這點而言，不要使用任何可以在辭典中找到的單詞，這些都太容易破解。兼顧安全性和使用便利性的系統，會根據你記住的公式來產生密碼，然後在一張紙上或是加密文件中，記下那些需要改變基本公式的網站。一個聰明的密碼產生公式，是設想一個你能記住的句子，然後使用句子中每個單詞的第一個字母。你可以為供應商或網站量身訂作密碼。例如，你使用的句子可能是「我最喜愛的電視節目是絕命毒師。」（My favorite TV show is Breaking Bad.）

把這個句子轉換成為實際的密碼，取用每個單詞的第一個字母，將產生

MfTVsiBB

現在，用特殊符號取代其中一個字母，並在中間加上一個數字，這是為了使其更安全：

MfTV$6iBB

現在你擁有一個安全密碼，但你不希望每個帳戶都使用相同密碼。你可以藉由在密碼開頭或結尾處，加上你正在造訪的供應商或網站名稱的方式，產生專屬密碼。如果你要將它用來當作你的花旗銀行支票帳戶的密碼，你可以在你密碼前方加上三個字母 Cca，藉以產生密碼如下：

CcaMfTV$6iBB

而你的美國聯合航空航程累積帳戶的密碼，則會是：

UAMPMfTV$6iBB

如果你遇到一個網站不允許使用特殊符號，你只需將它刪除。所以你的安泰醫療保險帳戶密碼可能會是：

AMfTViBB

然後，你唯一必須要做的是在一張紙上寫下與標準公式不合之處。因為你沒有寫下確實的公式，這又為你添加額外的安全防護，以防有人發現你的列表。你的列表可能會是下面這個樣子：

| 安泰醫療保險 | 標準公式刪除特殊符號或數字 |
| 花旗銀行支票帳戶 | 標準公式 |

花旗銀行 Visa 卡	標準公式刪除數字
利寶互助家庭保險	標準公式刪除特殊符號
水費帳單	標準公式
電費帳單	標準公式前六碼
希爾斯信用卡	標準公式加上月份

有些網站要求你每個月都要更改密碼，那就將月份加到你的密碼後方。例如說，你的希爾斯信用卡在十月和十一月的密碼可能是：

S M f T V $ 6 i B B Oct
S M f T V $ 6 i B B Nov

如果覺得這一切很麻煩，IBM 預測到了 2016 年，我們將不再需要密碼，而將使用生物特徵識別標記，諸如虹膜掃描（目前美國、加拿大和其他國家的邊境管制機構已採用）、指紋或語音識別，但許多消費者會出於隱私考量，抵制共享生物特徵。因此，也許我們會持續使用密碼至少再一段時間。這裡的重點是，即使是像密碼這樣刻意缺乏組織性的東西，實際上很容易在大腦中組織起來。

真的弄丟東西時該怎麼辦？

某些東西如果搞丟，相形之下會造成大得多的不便或壓力。如果弄丟的是原子筆，或者衣服送洗時弄丟了褲子裡皺巴巴的一美元鈔票，這還稱不上是災難。但如果是半夜遇上暴風雪又被鎖在房子外，在緊急情況下找不到你的車鑰匙，或者搞丟你的護照或手機，則可能讓你感到無力。

我們在旅行時特別容易搞丟東西。部分原因是因為我們身處規律作息和熟悉的環境之外，所以我們在家裡設置的提醒物派不上用場。當我們試圖接受新的外在環境，就是對我們海馬迴中的位置記憶系統提出額外需求。此外在資訊化時代，弄丟東西會帶來某種弔詭或是進退兩難的處境。如果你搞

失了信用卡，你要打哪通電話報告這件事？這不是容易的事，因為電話號碼就寫在卡片的背面。而且大多數的信用卡電話客服中心會要求你輸入你的卡號，如果你的卡片不在眼前，你沒辦法做到（除非你已記住十六位數的卡號，外加卡片背面三位數的驗證密碼）。如果你弄丟了錢包或手提包，因為你的身分證不在手邊，你可能很難取得任何現金。有些人最擔心這件事。如果你跟成千上萬的人一樣會弄丟東西，事故安全防護規劃或備份可能可以去除你心頭的壓力。

康納曼建議採取積極的態度：設想你可能會怎樣弄丟東西，並嘗試防止它們發生。規劃事故安全防護包括像是：

- 將房子的備用鑰匙藏在花園裡或是鄰居家
- 書桌最上層的抽屜放一把備用車鑰匙
- 使用手機相機為你的護照、駕照、健保卡和各式信用卡拍攝特寫照片
- 把你所有的醫療紀錄存在隨身碟密鑰上帶著走
- 旅行時，在你的口袋裡或是錢包以外的某處放置一份身分證明文件、部分現金或一張信用卡，與其他卡片分開放置；這樣一來，如果你弄失其中一者，尚不至於失去一切東西
- 當你離家遠行時，攜帶一個信封保管旅行時的收據，讓它們集中在一處，而不會參雜在其他收據中

當東西真的弄丟時該怎麼處理？史蒂夫・永利（Steve Wynn）是《財富》雜誌前五百大企業的執行長（永利渡假村就是以他的名字命名），也是獲獎豪華飯店包括位在拉斯維加斯的 Bellagio、永利和喝采，以及永利澳門渡假村的設計者，負責超過兩萬名員工的企業執行。他詳細介紹了系統化的方法。

我當然就像其他人一樣也弄丟過鑰匙、錢包或護照。當這種情況發生時，我會試著回溯事實。上一次我是在哪裡真的看見我的護照？當我在樓上講手機時手裡拿著護照。然後從那時至今我做了一連串

的事情。我在樓上講手機。那手機還在樓上嗎？不，我把手機帶到樓下了。我在樓下都做了些什麼事？我一邊講電話、一邊胡亂轉台看著電視。我需要有遙控器才能做到這一點。好，那遙控器在哪裡呢？我的護照跟它在一起嗎？不，護照不在遙控器旁。哦！對了，我從冰箱給自己弄了一杯水。就是那裡，護照就在冰箱旁邊，我在講手機時不假思索地把護照放在那裡。

再來，要試圖記起東西也有一整套程序。有個演員的名字我幾乎就要脫口而出。我知道自己知道這個名字，只是想不起來。所以我有系統地思考。我記得這名字是 D 開頭。那麼我們來看看是 dǎ, day, deh,dee, dih, die, dah, doe, due, duh, dir, dar, daw……我像是在舉重一般費力回想，試過每個組合直到名字浮現。

很多六十歲以上的人都擔心自己會遭遇記憶障礙之苦，無論是對抗早發性的阿茲海默症，或是單純地失去理智，因為他們不記得諸如是否已經服用綜合維他命或是吃過早飯這類簡單的事實。但是神經科學可以解決這問題。

會忘記是否服用維他命，這可能只是因為服用藥丸的行為已經變得司空見慣，所以在事發之後幾乎立即就忘記。兒童通常不會忘記他們是否已經服用藥丸，因為服用藥丸的行為對他們來說仍是一件新鮮事。他們專注於這個經驗，擔心會嗆到或在嘴裡留下不好的味道，而所有這些反應有兩個目的：首先，它們在服用藥丸的當下強化了這件事的新奇性；其次，它們使孩子極為專注於當下。正如我們在前面看到的，集中注意力是記住事件非常有效的方法。

但是想想我們大人是怎麼服用藥丸的。這個舉動如此平常，我們做來可以不假思索（並且經常如此）。我們把藥丸放進我們的嘴裡，喝一口水，嚥下藥丸，同時還想著其他六件事：我記得付清電費帳單了嗎？今天十點的會議老闆將會指派我什麼新工作？我越來越厭倦這個早餐麥片了，下一次我到商店一定要記得買不一樣的…… 在我們過度活躍的大腦中競相出現的所有聲音，加上我們對服用藥丸這件事缺乏注意力，都增加我們會在短短幾分鐘後忘記這回事的可能性。當我們還是孩子時大驚小怪的稚氣，讓我們將每項活

動都視作冒險，這就是我們在年輕時記憶力旺盛的部分原因。

　　但這並不代表我們正逐漸陷入癡呆狀態，而是顯示出要記住日常活動有兩種策略。一個是試著從我們所做的一切事情中獲得新鮮感，當然這一點說的比做的容易。但如果我們能進入像是禪定般的清明心智，留意我們正在做的一切事情，不去想未來與過去，我們就會記住每一個時刻，因為每一刻都將是特殊的。

　　弗雷斯諾城市學院音樂系主任——拉里·本田四重奏的團長拉里·本田（Larry Hinda），是我的薩克斯風老師與朋友，他在我年僅二十一歲時就給了我這個非凡禮物。時值盛夏，我住在加州的弗雷斯諾，他每週來到我家教我薩克斯風。那一年的草莓盛產，我的女朋友維姬又從我家花園裡採了一筐草莓，當拉里出現在人行道上時，她給了他一些草莓。維姬也把草莓分給其他現身的朋友，他們一邊吃草莓，一邊繼續談論先前的話題。他們都邊吃邊說話，這在現代的西方社會是很尋常的情況。

　　但拉里的方式不同。他停下來看著草莓。他拿起一顆草莓用手指撫摸著葉莖，然後將草莓放在鼻孔下方，閉上眼睛深呼吸。他專注地品嚐、緩慢地咀嚼。他是如此投入在那展開的瞬間，這吸引了我，讓我在三十五年後還清楚記得。拉里對待音樂的態度也是如此，我認為這使他成為偉大的薩克斯風演奏家。

　　記住這些短暫時刻較為實際而不那麼浪漫的第二種策略，是同樣有效但也許較不能提供精神上滿足的方式（你以前聽說過它）：將記憶功能從你擁擠

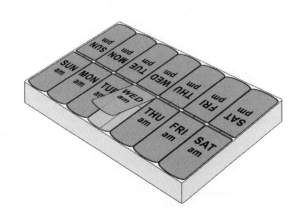

的思維世界下放到外在世界。換句話說，把它寫在一張紙上；或者你喜歡的話，運用系統化的處理方式。今日，我們大多數人都看過一種放藥丸的塑膠小盒子，上面寫著一週七天或是一天當中的某個時間或是兩者兼具。你把藥丸放在正確的空格中，然後你什麼都不用管，只要記住空格表示你已經服過藥。這樣的藥盒並非萬無一失（如那句老話：不怕一萬只怕萬一），但藉由將平淡重複的資訊從前額葉下放到外部環境，能減少錯誤的發生。

練習跳脫思考的框框

除了為你很可能會亂放的東西指定一個特定地方（像是在靠近前門處設置鑰匙掛鉤），把東西放在最可能派上用場的地方也有助益。這會全然減輕記憶的負擔，類似於斯金納在天氣預報會下雨時將傘放在門邊的規劃。例如設備和家具附帶的專門工具，好比說垃圾處理扳手、宜家家具扳手、運動自行車的調整扳手等等，可以使用膠帶或尼龍扣帶綁在會用到這項工具的物品上。如果你把宜家家具扳手綁在桌腳上，當桌子開始搖晃而你需要拴緊螺絲時，工具就在手邊。這樣做符合認知效益的原則：何必記住東西擺放的位置？把它們放在你需要它們之處不就好了？！手電筒製造商幾十年前就開始這樣做，他們把備用燈泡放在你換電池時必須轉開的頂端內，這樣你就不會弄丟它，因為它就在你需要的地方。這方法若無法應用到所有你需要用到的物品上，那麼把它們放在個別的拉鍊袋中，再放入一張便條紙說明它們的用途，然後將所有這些袋子都放在標示為「我會用到的物品」的鞋盒中。

人與人之間在無數的面向上有所差異，包括對壓力和安全感的定義不同，但我們大多數人都會想在我們周圍的環境中建立秩序。即便在許多較低等的物種中也能發現這項特徵，包括某些鳥類和囓齒動物在返巢時，會藉由查看牠們精心整理過的枝葉是否散亂，來辨識是否有入侵者。喜歡把自己的衣服堆在地板上勝過掛在衣櫃裡或是折疊好放進抽屜裡的人知道，各式成堆的衣服對他們來說是特定的系統。

我們的秩序感有一部分體現在如果我們辦得到的話，會想要進行簡易的修繕工作。這種情況再次因人而異。極端狂熱份子無法忍受窗台有絲毫缺口

卻不修復，或是水龍頭沒有關緊。另種極端份子可以燈泡燒壞幾個月也不替換，牆上灰泥裂縫經年不補。但遲早我們大多數人都會進行居家修繕，並且已準備好工具和材料。

關於組織和存放工具的系統，在光譜最簡單這端的方式是到五金店或量販店花十五美元購買一個工具箱，然後把所有相關工具以及建材放進去。但很多人採用的另一種做法，是在車庫中利用抽屜、櫃子和貨架，打造擺放工具的系統——這個抽屜放各種不同類型的錘子；那個抽屜放可調式扳手；再來一個抽屜放固定扳手等等。在光譜的中間，有幾家郵購和五金商店出售一種「多合一」居家修繕工具箱，箱子裡有固定位置擺放各式工具……箱子裡的每樣工具都有指定擺放的位置，所以當有工具不見時很明顯就可以看出。這類多合一的工具箱通常也包含最常用的螺絲和釘子。

創意顧問和史丹福大學機械工程系退休教授詹姆斯 L. 亞當斯（James L. Adams），常使用「跳出思考的框框」這句話。在工作之餘，亞當斯改造修復古董拖拉機與卡車。要以符合成本效益的方式購買組織工具，他建議可以選擇美國中央採購公司和類似商家。美國中央採購公司是一家在美國各地擁有連鎖實體店面的郵購公司，專門販售各種難以找到的工具、伸縮檢視鏡和零組件夾、簡易拔除器（去除卡住螺絲的工具），以及手動工具、電動工具、工作台和重型工具，諸如發動機升降機和汽車坡道（車子開上坡道後方便更換機油）。許多工具都裝在箱子裡，以便組織管理。

建立自己的微型五金行

有一種稱作「組合包」的產品，可以大幅簡化並有利熱愛居家修繕者的生活。例如，美國中央採購公司販售螺絲與螺帽的組合包，幾乎所有你可能會用到的大大小小螺絲與螺帽，組合包裡都附上幾個；也有螺絲起子跟螺絲釘的組合包，以及售價四點九九美元，內附一百四十一件工具的「萬用組合包」。至於「一千零一件螺絲與螺帽組合包」，除了零件還附上塑膠的工具櫃（以及已經印好的工具櫃抽屜標籤！），在我寫作這本書的當下，它索價十九點九五美元。

對許多人來說，擁有一千零一個螺絲和螺帽的組合，並用小抽屜仔細分類，而且每個小抽屜間還有隔層，聽起來像是矯枉過正的強迫症。但以邏輯分析這點會對你有幫助。假設你終於有時間修復廚房裡歪斜的櫥櫃，你發現鉸鏈的部分有個螺絲釘不見了。你手邊沒有正確的螺絲釘，所以你開車或乘坐公車到五金店，這一天你花了至少半小時時間跟幾美元的車資，更不用說螺絲釘的費用。兩趟下來的開銷就抵得上一個螺絲釘組合包了。當你的花園水管開始漏水，墊圈組合包能省下幾趟到商店的成本。下一次當你在外面辦事，剛好經過當地五金店時，你可以順便為你的組合包添購零件。

　　它的好處不只如此，如果你在家裡各處找到螺絲、螺絲釘和墊圈的備品，你也有個地方放置它們且一目瞭然。比起在需要關頭才零星購買東西，一鼓作氣建立自己的微型五金店，能大幅節省時間和精力。許多成功人士都提到，他們在緊張時藉由規劃、組織他們的壁櫥或抽屜，獲取心理上的益處。我們現在明白這一點背後的神經科學：此種活動讓我們的大腦探索與我們生活空間中雜亂物品之間的新連結，並以白日夢模式重新為這些物品分類，並脈絡化它們彼此之間的關係，以及我們與它們之間的關係。

　　也就是說，接受人類彼此間在眾多面向上的差異是很重要的。讓某人感到安全的事物，可能導致另一個人瘋狂。對極簡的反物質主義者來說，為了哪天也許會派上用場而積放上千個螺絲跟螺帽，不僅會讓他感到緊張，也違背他的自我形象。與此極端不同的活命主義怪胎，則是如果沒有二十加侖的存水和四十天份的真空包裝蛋白質存量，就會感到緊張。世上不只這兩種人，還有介於兩者之間的每個人。重要的是在你的組織方式、系統以及你的個性之間做協調。

　　我們的祖先無需面對現代家庭擁有上千物品的這類問題。我們的祖先所面臨的壓力與我們不同，當中包括早夭這種非常現實的威脅。我們必須積極主動地透過活動讓大腦休息，以減輕壓力（像是體驗自然與藝術、讓白日夢模式定期發揮作用、花時間與朋友相處）。那麼，我們該如何安排這類事宜呢？

第四章

今日人們如何保持聯絡？組織你的社群

ORGANIZING OUR SOCIAL WORLD
How Humans Connect Now

2013 年 7 月 16 日，一名精神不穩定的紐約女子從曼哈頓的寄養機構，綁架她七個月大的兒子。經驗顯示，這種綁架個案發生後，發現孩子的機率隨著時間一小時一小時流逝會大幅下降。警方擔心男嬰的安危，在缺乏線索的情況下，轉向廣大的國家緊急社會網絡——向城裡四處發送數百萬封的簡訊。清晨四點不到，無數紐約人被下面這封簡訊給吵醒：

安珀警戒
紐約市曼哈頓安珀警戒
更新：LIC/GEX1377（紐約 1995）
棕色凌志轎車 ES300

　　這項警報上顯示綁架嬰兒車輛的車牌號碼，使得看到該輛車的某位民眾打電話給紐約市警察局，安全地找回嬰兒。這則簡訊突破了人們的注意力過濾器。

　　三週後，聖地亞哥市附近有兩名孩童遭到綁架，加州公路巡警發出一則區域性的安珀警報，並在稍後擴及全州。

衛生防護中心媒體公關室
安珀警報可疑車輛資訊：藍色日產 VERSA 四門轎車，加州車牌
6WCU986。
看到請與聖地亞哥警方連絡

　　警報以簡訊發送給加州數百萬的手機用戶，衛生防護中心也在推特上公告警報內容，加州高速公路上方通常用於公告交通狀況的大螢幕也重複顯示這則訊息。這一次，受害者也安全尋回。

　　成功不僅僅因為科技之故，還因為我們人類天生會保護幼童，即便是與我們沒有關係的兒童。每當我們讀到恐怖主義攻擊或戰爭暴行，對兒童受傷的描述總能引發我們痛苦與本能的反應。這種感覺是舉世皆然且天生的。

群眾外包：讓大眾轉為資訊收集團隊

　　安珀警報是群眾外包（外包給群眾）的例子。利用這個方式已讓成千上萬、甚至上百萬的人，幫忙解決困難或者不可能用任何其他方式解決的問題。群眾外包已運用在各類事務上，包括計算野生動物和鳥類的數量、提供牛津英語辭典編輯用法範例和引文、幫助破譯模棱兩可的文字。美國軍方和執法部門對這技術感到興趣，因為它能藉由將大批民眾轉為資訊收集團隊成員的方式，增加收集到的資訊量。群眾外包是組織我們的社會世界（我們的社會網絡）的一個例子，為了眾人的利益，充分利用了精力、專業知識以及具體存在的個人。從某種意義上說，它代表人類大腦的外部化，這種方式將活動、感知和眾人的大腦，連結到追求集體利益的共同活動上。

　　2009 年 12 月，DARPA 在美國大陸空曠處放置十顆氣球，並懸賞四萬美元給能找到所有氣球所在位置的人。DARPA 是美國國防部高級研究計畫局，隸屬美國國防部。DARPA 打造了網絡（更精確地說，他們設計並建造的第一個電腦網絡阿帕網，為當前網際網路的模型）。這項議題關注的是，美國如何解決廣大國土安全和國防問題，以測試在緊急危機時期美國的動員力。只要將「氣

球」換成「髒彈」[1]或其他爆炸物，這道測試與該問題的相關性便顯而易見。

　　預定當天，DARPA 將十個直徑約二百四十公分的大型紅色氣象氣球，藏在全美國各地不同的場所。來自世界各地最先正確辨識出所有氣球精確位置的個人或團隊，將獲得四萬美元的獎金。早在比賽公布時，就有專家指出這個問題無法用傳統的情報收集技術解答。

　　關於這個問題該如何解開，在科學界引發大量猜測，並成為世界各地大學和研究實驗室的午餐話題，長達數週的時間。大多數人認為，獲獎團隊將善用衛星圖像，但這也是該問題棘手之處：該如何將美國分區檢視，使得衛星照片的解析度足以辨識出氣球，但仍能快速瀏覽數量龐大的照片？該把衛星圖像拿到擠滿人的房間裡分析嗎？獲獎團隊是否改良電腦影像演算法，將紅色氣球與其他氣球以及其他非目標的圓形紅色物體區分開來？（一直到 2011 年，才有部分電腦程式可以有效處理《威利在哪裡？》的問題）

　　進一步的推測還包括，是使用偵察飛機、望遠鏡、聲納和雷達，還是光譜圖、化學感應器和雷射派得上用場？加州理工學院的物理學教授湯姆・湯布雷諾（Tom Tombrello）傾向偷吃步的做法：「我要設想出一個方式，在他們送出氣球之前，在氣球上設置 GPS 跟蹤設備。這樣一來要找到氣球就輕而易舉了。」

　　這次的比賽共有五十三個團隊、四千三百名志願者參加。麻省理工學院研究人員組成的獲獎團隊，在短短九小時內就解決了這個問題。他們是如何做到的呢？不是利用許多人想像的種種高科技衛星成像或是偵察飛機技術，而是（如同你可能已經猜到的）建立由共同研究者和偵察人員組成的龐大而專門特定的社交網絡。簡言之，是利用群眾外包的方式。

　　麻省理工學院的研究小組分配四千美元給每一個氣球。如果你碰巧在你家附近發現氣球，並提供正確的位置給研究小組，你能得到兩千美元。如果你找來的朋友發現氣球，你的朋友能獲得兩千美元，你則可以因為鼓勵你的朋友共同出力而得到一千美元。如果是你朋友的朋友找到氣球，你則會因為第三手的轉介得到五百美元。

　　任何單一個人偵察到氣球的可能性極為渺小，但如果每個人都找他們認

1　譯注：髒彈是指結合炸藥與放射性物質的武器。

識的人，後者又去召募他們認識的每個人，你就能建立起一個理論上來說能覆蓋全國各地的視覺網絡。讓社交網絡工程師感興趣也讓國防部人員好奇的一個問題，就是當諸如尋找位置不明的核子武器這類真正的全國性緊急事件發生時，需要有多少人力才能涵蓋整個國家？在 DARPA 氣球的案例中，只需要四千六百六十五人不到九個小時的努力。

群眾可以信任嗎？

集合數量龐大的人力（即公眾之力），通常有助於解決如公家機關這類傳統體制之外的重大問題。維基百科是群眾外包的一個例子：任何握有資訊的人都被鼓勵做出貢獻，藉由這個方式，維基百科成為世界上最大型的參考書，並為百科全書帶來革新。就像是 Kickstarter[2] 在風險投資界做出的創舉：超過四百五十萬人捐款超過七點五億美元，資助大約五萬項由電影製片、音樂家、畫家、設計師，以及其他藝術家提出的創意計畫。

Kiva[3] 將這個概念應用在銀行業務上，藉由贊助微型貸款，幫助開發中國家發展小型企業，利用群眾外包的方式促成經濟獨立。Kiva 在最初運作的九年中，運用群眾外包從將近百萬名放款人的捐款中，撥發總金額五億美元的貸款，給七十個不同國家內上百萬名的借款人。

投身群眾外包的人，通常是業餘而熱心的愛好者，雖然這不是必然的狀況。Yelp[4] 和 ZAGAT[5] 網站上的消費者評論，大概是群眾外包最突出的形式；

---

2 譯注：Kickstarter 於 2009 年在美國成立，透過網站進行公眾集資，為創意專案籌集資金。

3 譯注：Kiva 是全球最大的微型信貸社會企業，依靠大型企業贊助和小額捐款運作。它結合微型信貸與群眾募資的概念，運用網路連結遠在世界各地的借款人與放款人，其宗旨是有效處理貸款資源分配不均的問題。

4 譯注：Yelp 成立於 2004 年，是美國最大的消費者評論網站，為提供各地餐館、商場、旅館、旅遊景點的評比平台。

5 譯注：餐廳與旅遊服務指南出版商 Zagat 成立於 1979 年，透過調查全球超過三十五萬名消費者，出版各種指南書籍，推薦全球的餐廳或旅遊服務。此外，Zagat 還成立會員制的網站，必須付費才能瀏覽 Zagat 針對餐廳的美食、裝潢、服務與花費，所提供的完整評價。

此外，還有像是亞馬遜這類網站上的產品評價。在網路還沒出現前，有評論專家這樣的工作存在，這些專家在報紙上或是如消費者報導的雜誌專欄上，分享對產品和服務的印象。現在，在 TripAdvisor[6]、Yelp、Angie's List[7] 以及其他類似網站上，一般民眾也有權現身說法提出評論。

不過，這種方式有利有弊。在最好的情況下，我們可以從數百人的經驗中，得知這家汽車旅館是否既乾淨又安靜，或是那家餐廳是否油膩而餐點份量又少。另一方面，舊時代的做法有其優點。網路尚未出現前的評論人士專家，由於提供評論就是他們維生的工具，他們有豐富的經驗可供借鏡。

你所閱讀的餐廳評鑑，是到過很多餐館用餐而非少有比較經驗的人所寫的。汽車和音響器材的評論專家具有這方面的專業知識，可以比較產品性能、進行產品測試，或是關注很少人想到、但可能是重要的事情，比如說防鎖死煞車系統在濕滑路面上的功能。

群眾外包在評論方面已成為一股民主化的力量，必須有所保留地接受。群眾可以信任嗎？答案既是是也是否。每個人都喜歡的東西未必是你喜歡的東西。想想某個你喜愛卻不受歡迎的特定音樂家或某本書，或者你認為很糟糕的暢銷書或電影。另一方面，在數量的判斷上，群眾的意見會很接近。拿一個裝滿軟心豆粒糖的大玻璃瓶，要求人們猜猜裡面有多少粒糖果？雖然大多數答案可能會錯得離譜，但整體的平均數字會令人驚訝地十分接近。

亞馬遜、Netflix 公司、潘朵拉以及其他內容提供商，已經將群眾的智慧運用在一個叫做「協同過濾」的數學演算法上。這是一種技術，藉由追蹤相關性或共同出現的行為，用來提出建議。如果你在網頁上見過一小行文字，提到像是「購買這項商品的顧客也喜歡以下商品」，你已經體驗協同過濾提供的第一手資料。使用這類演算法的問題，在於它們沒有考慮到各式各樣的細微差別，以及可能影響準確性的情況。如果你剛剛買了一本園藝用書給貝莎阿姨，你可能會收到一陣亂七八糟的園藝用書網站連結──「你專屬的

6　譯注：Tripadvisor.com 是全球最廣為使用的旅遊評論網站。由旅行者提供切身經驗與評論，是 TripAdvisor 最大的特點。

7　譯注：Angie's List 是讓網站付費會員能針對居家、醫療等服務項目，發表或是取得評論的美國網站。

推薦商品！」──這是因為演算法不知道討厭園藝的你購買這本書是為了送禮。如果你曾為小孩下載電影，之後你會在搜尋一部好的成人電影時發現，該網站推薦給你的普遍級電影多到讓人受不了。這時你就會看到它的缺點。

導航系統也使用了群眾外包的形式。當你智慧型手機上的 Waze 應用程式或是 Google 地圖，根據目前的交通狀況，告訴你到機場的最佳路徑時，他們是如何得知交通狀況的呢？他們追蹤你和其他成千上萬應用程序用戶的手機，獲知手機在車流中移動的速度。如果你遇到交通堵塞被困住，你的手機會持續幾分鐘回報同樣的 GPS 坐標；如果車流迅速，你的手機移動速度與你的車子相同。透過這些狀況的回報，這類應用程序做出對交通路線的推薦。

群眾外包的資訊品質取決於人數

如同所有群眾外包的情況，整個系統的品質關鍵取決於是否有龐大的用戶群。在這方面，它們類似於電話、傳真機以及電子郵件：如果只有一兩個人擁有，它們的用處不大。它們的效用會隨著用戶數量多寡而增加。

身兼藝術家和工程師的薩爾瓦多·拉貢雷斯（Salvatore Iaconesi）將他所有的醫療紀錄放上網，利用群眾外包的方式，瞭解治療他腦癌的可能方案。結果，他獲得超過五十萬筆的回覆。當醫生們相互討論可能的醫療選擇時，一個團隊就形成了。「這些解決方案來自全球各地、跨越數千年來的人類歷史和傳統。」拉貢雷斯說。費力地閱讀大量建議後，他選擇結合傳統手術與某些另類療法進行治療，現在癌症病情已經緩解。

群眾外包最常見的應用藏身在幕後：reCAPTCHAs。這些經常顯示在網頁上的扭曲詞語，目的是為了防止電腦或「機器人程式」突破安全網站。這類問題電腦難以解答，但對人類來說通常不是太困難。（CAPTCHA 是全自動區分電腦和人類的圖靈測試的縮寫。[8]reCAPTCHAs 的名稱則來自其循環利用〔recycle〕人類的處理能力）。reCAPTCHAs 充當哨兵，對抗試圖滲透到網站竊取電子郵件

8　譯注：CAPTCHA 是 Completely Automated Public Turing test to tell Computers and Humans Apart 的縮寫，俗稱驗證碼。

地址和密碼，或者單純利用漏洞的自動程式（例如電腦程式可能會購買大量演唱會門票，然後企圖以高價售出）。

　　這些扭曲的詞語是從哪來的？許多時候，它們是從 Google 正在數位化、但電腦卻難以破譯的舊書和手稿而來。單獨來看，每個 reCAPTCHA 只需要大約十秒鐘就能解答，但 Google 每天需解決超過兩百萬筆資料，這相當於一天超過五十萬小時的工作量。何不把這時間拿來做更有生產力的事呢？

　　自動掃描書面材料並轉換成可供搜尋文本的技術，並不完美。電腦會誤讀許多人類可以辨別的字。想想下面 Google 掃描實體書籍的例子：

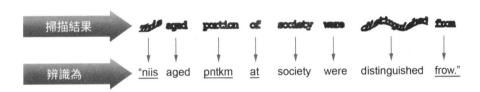

　　掃描文本後，兩種不同的 OCR（光學字符識別）程式會試著將這些頁面上的黑點與已知的詞語做比較。如果程式間有異議產生，這個字就會被認為是尚待解決的問題，然後 reCAPTCHA 會將這有待解決的挑戰提供給用戶。系統如何得知你正確猜出這個未知的字？系統無法得知！但 reCAPTCHAs 會將這個未知的詞語與已知的詞語進行配對；它假定，如果你能答對已知詞語，表示你是人類，那你對未知詞語的猜測就有道理。當許多人都同意未知詞語的解答，它就會被認定已獲解決，而能將該資訊整合到其他掃描內容中。

　　亞馬遜的 Mechanical Turk 所經手的通常是電腦不擅長、但人類又嫌重複沉悶與枯燥的任務。最近在科學期刊上發表的一個認知心理學實驗，就利用亞馬遜的 Mechanical Turk，找到實驗的參與者。志願參加者（會獲得三美元）必須在閱讀一則故事後，接受同理心水平的測試。同理心需要的是在相同情況或互動中切換不同觀點的能力。這需要使用到大腦的白日夢模式（不利任務達成的網絡），涉及前額葉皮層、扣帶和它們與顳頂交界處的連結。共和黨員和民主黨員想到彼此時，不會使用大腦中這個同理心區域。

　　結果這項研究發現，閱讀文學小說（相較於通俗小說或是非小說）更能感應他人的情緒，據以提出文學小說的讀者會涉入解讀角色思想和動機的過程，

這是較單純的通俗小說和非小說做不到的。這項實驗需要數百名參與者，如果參與者要來到實驗室進行實驗，耗費的時間會多上許多。

當然欺騙也是人類本性一部分，任何運用群眾外包的人，都需要採取制衡的措施。當閱讀一家餐廳網路評論時，你不會知道撰文者是真的在那裡用過餐的人，還是餐廳老闆的親戚。至於維基百科，制衡的機制在於貢獻與查看文章的人數多少。因此我們的基本假設是，任何既定的人群中，欺騙、撒謊與其他極端反社會人格者是少數，而邪不勝正。不幸的是，這並非總是實情，但已經足夠讓群眾外包成為一種有用且大多數時間都值得信賴的方案。在許多情況下，它也是取代付費專家的省錢方案。

專家曾認定「群眾永遠是對的」，但這點已被證實並非實情。群眾中某些人可能固執、僵化並受到誤導。有專家小組監督，可讓群眾外包計畫不斷改善其準確性，並能促成諸如維基百科的成功。如同《紐約客》撰稿人亞當‧高普尼克（Adam Gopnik）所解釋的：

> 一項有基本共識的議題還行得通；在價值或事實上有廣泛分歧，比如說資本主義起源為何的議題也可行，你會得到正反兩面的意見。麻煩在於一方意見正確，另一方則是錯誤的卻不自知。維基百科莎士比亞作者與都靈裹屍布頁面，是經常發生衝突的場合，滿布著不可靠的資訊。創造論者與演化論者都盡其可能地充斥在網路空間中，並充分伸張他們的意見。整體上來說，我們的問題不是缺乏明智之士，而是純然愚蠢的棘手力量。

現代社群網絡充斥著沉悶老舊的失能和奇妙的新機遇。

現代社會關係是否太過複雜而難以組織？

做為一個社會，我們所面臨的重大變遷有部分發生在文化層面，我們的社會以及與人交往的方式改變了。想像一下你生活在西元 1200 年。你可能有四、五個兄弟姐妹，另外四、五個手足在他們兩歲生日前就過世了。你住

在泥土地面、只有一個房間的屋子裡，你們在屋子的中央升火取暖。

你與你的父母子女共享這間房子，再加上阿姨、叔叔、侄子、外甥女，整個大家族都擠在一起。你的日常生活與這約二十名家族成員有著密切關係。你認識幾百個人，當中大多數人是你一出生就認識的。你對陌生人持懷疑態度，因為遇到他們是極不尋常的事。你一生中遇到的人，少於今日在曼哈頓尖峰時段行走時遇到的人數。

到了 1850 年，歐洲家庭成員緊密相依、共同居住的平均人數已從二十人下降到十人。而到了 1960 年，只剩下五人。如今 50% 的美國人獨自生活。我們當中少有人養兒育女，即便有，生養的孩子數量也減少了。家庭作為人類生活的重心已有幾萬年的時間，但在世界上大部分工業化地區，這一點已經產生變化。取而代之的是，我們透過職場、鄰里和興趣，建立了多元而重疊的社交世界。我們與我們孩子朋友的父母，或是我們狗兒朋友的飼主成為朋友。我們與我們大學或高中的朋友建立並維持社群網絡，卻越來越少跟家人保持聯繫。我們認識更多陌生人，並用非常新穎的方式將他們納入我們的生活。

不過才兩百年的時間，隱私的概念就跟我們今日視為理所當然的態度相當不同了。即便到了 19 世紀，在路邊客棧與他人共享臥室甚至床鋪，都是常見的做法。當時的日記提到，客人抱怨遲來的顧客在半夜爬上他們的床。正如比爾·布賴森（Bill Bryson）在他記錄私密細節的書《居家》中指出的：「僕人睡在主人的床腳邊再正常不過了，不管他的主人會在床上做什麼。」

人類的社會關係是建立在互酬的習慣、利他主義、商業行為、身體的吸引力以及生育之上。我們從最親近的生物學親屬猴子和類人猿的行為中，學到許多這類的心理現實，包括許多令人不快的社會親近副產品：對抗、嫉妒、猜疑、感情傷害，以及為了提升社會地位而競爭。猩猩和猴子的社交世界比我們現在小得多，一般來說是由不到五十名成員形成一個共同生活的單元。超過五十名成員會導致抗爭，將牠們分裂。相形之下，幾千年來人類一直在城鎮和城市中與成千上萬人生活在一起。

懷俄明州的牧場主人或身處佛蒙特州農村的作家，可能一整個星期都不會遇到任何一個人，而沃爾瑪商場的接待人員可能每天與一千七百人有眼神

接觸。我們遇到的人大致構成我們的社交世界，我們暗自為他們做分類，按照幾乎無止盡的類別將他們分門別類：家人、朋友、同事、服務提供者（銀行櫃員、雜貨店店員、乾洗店店員、汽車技師、園丁等等）或是專業顧問（醫生、律師、會計師等等）……。這些類別再進一步細分，你的家人包括：你的核心家庭成員、你期待看到的親戚，以及你不想遇到的親戚。同事可能包括：你會在下班後一起出去喝啤酒，以及不會這麼做的人。環境也要考量在內：你在工作場合中喜歡交談的對象，不一定是你週末在海灘想要碰到的人。

你的工作、你的住處和你的個性，這些背景因素都會增加社會關係的複雜性。懷俄明州牧場主人可能會把為數不多、但或多或少固定出現的人納入他的社交世界；藝人、《財富》雜誌前五百大企業的執行長，以及其他生活在公眾視線下的人，每星期可能會遇到上百張新面孔，他們會出於各種個人或專業的理由，想與其中某些人再有進一步的互動。

透過外部記憶記住你要連絡的人

那麼，你如何記住這一大群你要連絡的人？名流律師羅伯特‧夏皮羅（Robert Shapiro）建議一個實用的系統。「當我遇到新面孔，我會做筆記。無論是記在他們的名片上或一張紙上，我會寫下我在哪裡以及如何遇見他們、他們的專業領域，還有如果有人引介，是誰介紹我們認識的。這些有助於我記住我們交集的背景。如果我們曾一起吃飯，我會記下其他共餐的人。我把這些都交給我的秘書，她會打字輸入到我的通訊錄裡。」

「當然，針對我經常互動的人，這套系統會處理更多細節。當我最終認識他們後，我可能會在通訊錄裡加入他們配偶與子女的姓名、他們的愛好、我們一起做的事情，以及發生的地點和日期，也許還有他們的生日。」

戴維‧戈爾德（David Gold）是輝瑞藥廠的區域醫療產品專家，也使用了相關技巧。「假如我在 2008 年遇到維爾博士，我會用手機上的應用程式寫下我們的談話內容，並透過電子郵件傳送給我自己。這樣一來，如果我在2013 年再次見到他，我可以說『還記得我們討論過曲酮……諸如此類。』這不僅提供互動背景，還能延續互動。」

克雷格·卡爾曼（Craig Kallman）是紐約大西洋唱片公司的董事長兼執行長，他的事業有賴與龐大數量的人保持聯繫，包括代理商、經理、製作人、員工、商界同仁、電台經理、零售商，當然還有自家品牌的歌手，從艾瑞莎·富蘭克林到弗洛·里達，從齊柏林飛船到傑森·瑪耶茲，火星人布魯諾和蜜西·艾莉特。卡爾曼的的電子聯絡簿裡有一萬四千個聯絡人。

該檔案的部分內容包括他們最後一次交談的時間，以及對方與資料庫中其他人的關係。用電腦處理這種規模資料庫的一大優點，在於可以依循不同的參數進行搜索。卡爾曼這會兒才剛碰見的人，可能一年後他只記得一、兩件與對方相關的事情，他可能只記得大約一年前他與對方在聖莫尼卡共進午餐，或者他是透過昆西·瓊斯的引介認識這人，但他可以透過搜索通訊錄找到正確項目。他也可以利用最後碰面的日期為聯絡簿進行排序，看看有誰他好一陣子沒聯絡了。

正如我們在第二章中所看到的，彈性且界限模糊的類別往往用處最大，尤以人際關係的分類為最。「朋友」的概念取決於你離家多遠、社交生活忙碌的程度，以及許多其他狀況而定。如果你在遊覽布拉格時碰上一位高中老同學，你可能會喜歡與他共進晚飯。但是回家後有很多你願意花時間相處的熟人，你可能永遠不會想和他出門。

我們出於各種動機，組織我們的友誼和需要。這些動機可能是歷史因素（我們與學生時期的老朋友保持聯繫，喜歡自己早期生活有所延續的感覺）、相互傾慕、共同目標、外表吸引力、個性互補、社會階層上升……在理想的情況下，朋友是我們與之相處時還能做真正自己的對象，我們無需擔心在他們面前撤下心防（按理說，我們可以在親密的朋友面前進入白日夢模式，也可以切換不同的注意力模式而不感覺彆扭）。

友誼顯然也與共同的好惡相關——喜好相同的人較容易成為朋友，即使這點是相對的。如果你愛好拼布，而鎮上只有另一名愛好者，共同的興趣可能會使你們成為朋友。但在拼布大會上，你可能會發現某個人對拼布的品味恰好與你特別一致，你們之間因而有更多共同點和緊密的結合。這就是為什麼當你身處布拉格時，會歡迎家鄉來的朋友與你作伴（終於來了一個會講英語、可以討論超級盃比賽的對象），但這也是為什麼當你回到家，同一個朋友就不再

那麼吸引你的原因，因為在這裡你有興趣更一致的朋友。

組織必要資訊，能讓實質互動更具情感意義

因為我們祖先生活在變遷緩慢的社會群體中，他們終其一生遇到的都是相同的人，他們幾乎可以在腦袋裡記住每一個社交細節。如今我們很多人逐漸發現，我們無法記住所有我們認識與剛碰過面的人。認知神經科學研究指出，我們應該將資訊外部化，以清理思維。這就是為什麼夏皮羅和卡爾曼利用通訊錄檔案，記住像是在哪裡遇到了新面孔、談話的內容，以及介紹人等相關脈絡的資訊。此外，在這類檔案中加注小小標記或注釋，有助於組織條目——工作上的朋友、同學、兒時玩伴、最好的朋友、熟人，或是朋友的朋友——你也可以在某項條目上加注多個標記。你不需要對電子資料庫中的條目做排序，你可以搜索任何包含你感興趣關鍵字的內容。

我承認這似乎需要大量的忙碌作業——你花時間組織你的社交世界的資料，而不是實際與人互動。記住某人生日或是最喜愛的紅酒，並不與享受社交生活相互排斥，也不意味著必須嚴格安排每一次的相遇。透過組織必要的資訊，可以讓那些自發性的實質互動更具有情感意義。

你的通訊錄資料不需要與大西洋唱片公司的執行長相提並論，就能確實感受到工作、家庭和時間各方面而來的壓力，讓你無法享有你想要的社交生活。本書上一章介紹的行政助理琳達提出一個實際的解決方案，使你能與大量的朋友與社交圈保持聯繫，即利用備忘錄。備忘錄是一種提醒物，能刺激你的記憶，最佳方式將備忘寫在你的筆記本或電子日曆上。你可以設定比方說每兩個月檢查與朋友間的聯繫狀況。當設定的提醒時間到了，而你自前一回的提醒後還沒有跟朋友聯絡過，你就給朋友發送個簡訊、打通電話或是在臉書上貼文向他打招呼。經過幾次後，你會發現你融入這樣的節奏中，並開始期待以此方式與朋友保持聯繫；他們可能甚至開始回撥電話給你。

外部記憶並不一定需要如日曆、提醒檔案、手機、鑰匙環和索引卡這類實物——它也可外部化到其他人身上。你可以把教授視為你幾乎用不到的艱

深資料庫，就是一個典型例子；或是你的配偶可能記得你喜歡的那家波特蘭餐廳的名字。涉及他人在內的的外部記憶，在技術上稱為交互記憶，你可以弄清楚你的社交網絡中有誰擁有你所尋求的知識。例如，如果你搞丟傑弗瑞的手機號碼，你可以詢問他的妻子潘或是他的子女萊德和亞倫。或是如果你不記得今年加拿大感恩節的日期（而你又無法就近使用電腦），你可以詢問你的加拿大籍朋友蘭尼。

關係親密的夫婦對於需記住的事項有他們分擔責任的方式，這部分大多隱而不顯，無需實際指派任務給對方。例如，大多數夫婦都擁有各自精通、對方卻不擅長的領域，並且彼此都知道這些領域的存在。當與這對夫妻相關的新資訊出現時，具有專長的那一方就會擔負起處理資訊的責任，另一方則放手不管（因而紓解自己必須處理的壓力）。如果出現的資訊是雙方都不擅長的領域，通常需要簡單協商該由誰處理。這些交互記憶之間的交互結合，能確保所需資訊至少被夫妻當中其中一人所接收。這就是為什麼維持很長一段時間的關係後，如果一方死亡，活著的一方會不知所措，失去日常生活的方向。我們有很多資料可說是儲存在我們個人關係的小小群體中。

我們最需要的還是親密關係

就像其他任何事情一樣，要成功組織我們的社交世界，端賴辨識出我們究竟想從中得到什麼。部分的靈長類遺產使我們當中大多數人希望得到自己融入某個團體的感受，成為團體的一份子。我們隸屬哪個團體的重要性因人而異，只要我們是團體的一份子，就不會完全被孤立。

雖說有個別差異存在，但孤獨太久會造成神經化學的變化，導致幻覺、憂鬱、自殺的念頭、暴力行為甚至精神病，社會隔離甚至比吸菸更可能造成心跳驟停而死亡。雖然很多人都認定自己喜歡獨處，卻並不總是知道我們想要的是什麼。在一項實驗中，通勤者被問到他們理想的通勤狀況：他們傾向於跟旁邊的人交談，或是自己靜靜坐著？壓倒性的回答是寧願自己坐著——他們痛恨必須與鄰座交談（我承認我也會這麼說）。接著，通勤族被指定獨自入坐「享受獨處」，或者跟坐在他們旁邊的人交談，結果與鄰

座交談者的報告明顯呈現這是較令人感到愉悅的通勤經驗。這項實驗並不因個性而有差異——無論受試者是外向、害羞、開放或保守，都支持這項結果。

在我們人類這個物種的早期階段，組成團體是不可少的，可防備掠奪者和敵對部族、分享有限的食物資源、撫育兒童，以及在受傷時提供照顧。擁有社交網絡滿足了我們深層的生物需求，活化大腦前額葉皮層區域，幫助我們在人際交往中為自己定位，並且監管了我們的社會地位。這也活化了包括杏仁核在內、位於大腦邊緣系統的情感中樞，有助於我們調節情緒。歸屬感會為人帶來安慰。

接下來我們談談社群網站。2006 年到 2008 年間，MySpace 是世界上最多人造訪的社群網站，也是美國各式網站中造訪人數最多的網站，甚至超過了 Google。然而今日它就像是網路上的一座鬼城，只有數位的風滾草吹過空曠的街道。臉書迅速成長為主要的社群網站，目前每月固定的使用者超過十二億，這數字超過地球上七分之一的人口。它是怎麼做到這點的？它引發我們的新鮮感，以及我們想與他人連結的驅力。它使我們投資少少的時間，就能與大量的人保持聯繫（對那些真的只想獨處的人來說，他們可以與他人保持聯繫而無需真正與對方相會！）。

在你花了一輩子試圖記住人、處理寫著對方電話號碼和地址的小紙片後，現在你可以毫不費力地利用名字尋找對象，看看他們在做什麼，並讓他們知道你正在幹什麼。請記住，在歷史發展的過程中，我們是在小型的社群團體中成長，童年玩伴就是一生的夥伴。然而現代生活不按這種方式運作。我們的流動性很大，我們離家上大學或工作、組織家庭。我們的大腦仍攜帶著殘留的原始渴望，想知道所有在我們生命中出現過的人最後發生什麼事，期待與他們重新連接以弄清楚狀況。社群網站讓我們無需花費太多時間就能做到這一切。

另外，正如許多人所觀察到的，我們與這些人失去聯繫是有原因的！這是自然淘汰的過程；我們不會與我們不喜歡，或是隨著時間彼此之間的關聯性會跟著降低的人保持聯絡。現在，他們可以找到我們，並期待我們可以被找到。對於數以百萬計的人來說，這利大於弊。相當於街頭公告或髮廊八卦

的消息，透過我們的平板電腦和電話持續不斷地寄送給我們。我們根據這些連綿不斷的資訊，聯絡我們最關切的對象，就好比是我們個人的社交股票漲跌走勢資訊來源[9]一般。這會輔佐而非取代人際接觸，是一個與分布廣泛且忙碌的對象保持聯繫的簡單方式。

當然，在這過程中可能會出現一種錯覺。社群網絡能提供廣度卻少有深度，而人與人之間的接觸正是我們所渴望的，即使是網路上的聯繫也能稍稍滿足這份渴求。這類線上互動做為輔助工具的效果極佳，但不能取代實際上的人際接觸。我們為所有這類電子聯絡方式所付出的代價，看來就是讓它限制了我們與其他人聯繫的能力。另一種拉鋸則是它們取代我們對人與人接觸的注意力。

我們許多人尋求的是能一起合作的朋友，無論是共度休閒時光或是齊力工作；一群人能瞭解我們可能遇到的困難，並在需要時提供協助，以及實際的幫助、讚美、鼓勵、信心和忠誠的關係。

除了陪伴，伴侶之間還尋求親密關係，這可以定義為允許他人分享並接近我們的行為、想法、歡笑、痛苦，以及害怕受到傷害的心情。親密關係還包括建立共享的意義——那些只有你親愛的另一半才懂得的私密笑話與眼神——就像是一種心靈感應。它包括在這段關係中做自己的自由（而無需投射虛假的自我形象），並允許對方也這麼做。

親密關係讓我們能公開談論對我們來說非常重要的事情，並在涉入個人情感的議題上採取明確立場，而無需擔心被嘲笑或拒絕。所有這些描述都是鮮明的西方觀點，並不是所有文化都認為親密關係是必要的，或以不同的方式定義親密關係。

親密關係的維持，取決於人格特質

男性和女性對於何謂親密關係有著不同的想像，這一點並不令人意外：女性比男性更注重承諾和持續溝通，男性則更有針對性並渴望身體上的親

9　譯注：英文原文 ticker tape，是 19、20 世紀以電報方式傳送股票市場行情的機器。

近。親密關係、愛情與激情並不總是伴隨發生，它們屬於完全不同的多層結構。我們所期盼的友誼與親密關係涉及相互信任，但情況並非總是如此。就像我們的黑猩猩表親一樣，當涉及我們自身利益時，我們似乎有一種與生俱來的欺騙傾向（造成訴不盡的挫折與心痛，遑論情境喜劇般的情節上演）。

相較於我們的祖先，現代的親密關係更加多樣、多元且複雜。縱觀歷史與不同文化背景，親密關係很少如今日這樣被人們所重視並強調。千百年來（人類歷史最初 99% 的時間），我們所做的幾乎就只有生育和生存。婚姻和配對（生物學家使用的術語）主要是尋求繁衍和社會結盟。歷史上眾多的婚姻關係，是為了建立相鄰部落之間的連結，這是面對有限的資源藉以化解對立和緊張的方式。

親密關係的定義不斷變化的結果，是今天我們當中很多人對浪漫關係中的另一半提出的要求，比以往任何時候都來得高。我們希望對方提供情感支持、陪伴、親密關係和財務支持，我們也期望在不同時期，他們能成為我們的知己、護士、顧問、秘書、會計、父母、保護者、導師、啦啦隊或按摩師。在這種種過程中，我們期盼他們能始終如一地迷人、具性吸引力，並與我們自己的性慾和喜好保持步調一致。我們希望我們的另一半幫助我們實現充分發揮潛力的生活，並且越做越多。

期盼我們的另一半做所有這些事情的願望日益提升，這是根植於人想要與至少一人產生深層連結的生物性需要。當我們在這一點上有所缺乏時，便會高度重視這類連結。令人滿意的親密關係會滿足這項需求，帶來心理和生理兩方面的好處。交往中的人健康情況較佳、能從疾病中早日康復，並且壽命更長。事實上，令人滿意的親密關係是目前測量幸福和情緒健全最強的預測變量。我們要如何進入並維持親密關係？其中一個重要的因素是人格特質的組織方式。

人類彼此間的差異成千上萬，因此與人相處時最重要的特質可能是合群。在科學文獻中，合群代表願意合作、友善、體貼和樂於助人，這項特質在童年早期便已出現，且近乎穩定地表現在一個人的整個生命週期中。合群的人能控制諸如憤怒和沮喪的不良情緒，這種控制發生在支配衝動控制並幫助我們調節負面情緒的前額葉，這也是管理我們中央執行注意力模式的相同

區域。當額前葉受損（比方說因為受傷、中風、阿茲海默症或是腫瘤），首當其衝的就是那個人的合群表現。這種情緒調節是可以學習的，接受正向強化衝動控制和憤怒管理的孩子，會成為合群的成人。正如你可能已經想到的，合群的人在維持正向的社交關係上享有龐大優勢。

我們在青春期的行為某種程度上難以預測，並且受到人際關係的強烈影響，我們朋友的所做所為壓倒性地影響著我們的反應和方向。成熟的標誌就是能獨立思考，得出自己結論的能力，在青春期擁有摯友已被證明是成為適應良好成人的重要環節。沒有好友的人比較可能被人欺負和邊緣化，並背負這些經驗成為不受歡迎的成年人。雖然成為一個合群的人對於促進人生後面階段的社會成果很重要，但即使你本身不是個合群的人，單單擁有一個合群的朋友也能避免社會問題在往後的生活中發生。男孩和女孩都會受益於合群的朋友，尤其是女孩。

當網路交友盛行時……

包括婚姻在內的親密關係，均受到行為經濟學家稱之為強排序模式，以及許多不同屬性的影響。例如，一般而言婚姻伴侶往往在年齡、教育程度和吸引力上相當。我們如何在茫茫人海裡找到另一半？婚姻仲介或是「我愛紅娘」並非新鮮事。聖經中就有提到兩千多年前的專業媒人，18世紀初類似現代報紙的首批出版品上也有個人張貼的廣告（主要是男性）尋找配偶。不同的歷史時期，當人們無法接觸到可能的對象（例如美國西部拓荒者或是內戰士兵），他們會刊登廣告尋求另一半，或是回應上面提供個性或特徵介紹的可能對象所張貼的廣告。20世紀網路出現，網戀替代了交友廣告。在某些情況下，透過標榜運用科學演算法來提高相配指數的網站，甚至可以為人做媒。

2004年至2014年間，約會型態最大的變化是在美國，有三分之一的婚姻是從網戀開始。相形之下，十年前只有很少人這麼做。這些婚姻中有半數是從交友網站開始，剩下的則是透過社交媒體、聊天室、即時通訊諸如此類的媒介開始。在1995年，線上約會開始的姻緣還因為如此罕見而引來報紙報導，讀者為這古怪、前衛又有些畸型的行為感到吃驚。

這種行為的改變並不全然隨著網路或是約會選擇對象的變化而來，而是網路用戶人口改變所致。線上約會曾被汙名化，被視為是 1960、1970 年代那種讓人感到有點不舒服的個人廣告更加驚悚的延伸版，是絕望或滯銷者的最後樂園。但隨著新一代用戶的出現，網戀一開始時的汙名變得無足輕重，對新生代來說，他們熟悉、信任網路接觸，這也是他們原本就在使用的聯絡方式。就像傳真機和電子郵件一樣，系統只在大量用戶使用時才會發生作用。這種情況發生在大約 1999 至 2000 年之間。到了 2014 年，也就是推出線上約會二十年後，年輕用戶有較高的投入，因為他們自童年以來就一直熱衷使用網路，無論是在教育、購物、娛樂、遊戲、人際交往、求職、閱讀新聞和八卦，或是觀看影片與聽音樂上皆如此。

如前所述，網路已幫助我們當中的一些人變得更樂於交際，並且建立和維持了大量的人際關係。對於其他那些特別是因個性內向而開始重度依賴網路的用戶，網路則讓他們降低社會參與、更加孤獨，並且更容易沮喪。

研究表示，大學生的同理心急劇下降，他們顯然不認為設身處地為別人著想或是嘗試理解對方的感受，是件有價值的事。這不只因為他們閱讀的文學小說較少，而是因為他們在人際交往的假象下獨處的時間變得更長。

網路交友與傳統約會有四個重大差異——使用、交流、配對和非同步。與網路出現之前的生活型態相比，網路交友讓我們有機會接觸範圍更加廣大的可能配偶。以往中意的對象受限於我們認識、共同工作、一起上學或是住在附近的人。很多交友網站擁有數百萬用戶，極為驚人地增加了交友的可能性。事實上，大約二十億的網路用戶都是可能的對象。當然，有可能接觸到數以百萬的人，並不意味著能與對方在網路或現實生活中相遇；但它讓用戶看到還有誰是可能的對象，即便這對象可能對你沒意思。

網路交友的溝通媒介可以讓我們在承受會面壓力之前就先瞭解對方、查看各類事實並交換資訊。如果事情進展不順，還可以避免尷尬的會面。通常配對是透過數學演算法，先篩除擁有不良習性或缺乏共同興趣的人，以此幫助我們選擇可能的對象。

網路的非同步特色，允許雙方在回應之前使用自己的步調蒐集個人想法，從而展示出最好的自我，以避免即時互動產生的壓力和焦慮。你是否曾

在談話結束後數小時才意識到你希望自己提到的事嗎？網路交友解決了這類問題。

綜合來看，網路交友這四個突出的主要特點並不總是我們想要的。一方面人們發現，在對方個人檔案中的迷人特點，往往和他們面對面時所發現的事實有所出入。正如美國西北大學的心理學家伊萊·芬克爾（Eli Finkel）所指出的，這種極富效率可與成千上萬可能對象接觸的方式，「可能引發一種秤斤論兩心態，讓網路交友者物化可能對象，甚至破壞他們與其中一人定下來的意願。」

另一方面，它還可能導致人們由於認知和決策超出負荷，因而做出懶惰、不明智的決定。行為經濟學告訴我們，在決定汽車、家電、房屋，甚至……沒錯！可能的配偶時，若評估的方案數量過於龐大，消費者便無法針對超過兩或三個利益變量做出決定。這與大腦運作的記憶容量限制直接相關，我們在第二章中已經討論過了，它也關係到我們注意力網絡的限制。

當考慮約會的可能情況時，我們必然需要讓我們的思維來回穿梭在中央執行模式（記住所有小細節）和白日夢模式中間；後者讓我們試圖想像自己與每個富吸引力的可能對象之間的所有發展：兩人的生活會是什麼樣子、擁對方入懷的感覺會有多棒、他與我的朋友是否能相處融洽、以及我們的孩子如果鼻子像對方不知道看起來如何……正如你現在已經知道的，在中央執行模式與白日夢模式之間快速切換，會消耗大量神經資源，導致我們做出錯誤的決定。當認知資源不足，我們很難專注於相關資訊並忽略無關的內容。網路交友也許是一種已經失控的社會組織形式，它使得決策更形困難，而非提供協助。

無論一開始時是否透過網路交友，要維持任何互許終身、一夫一妻制的關係，都需要忠誠或「不偷嘗禁果」。然而眾所周知，網路交友能提供迷人的可能對象。網路交友出現後扭曲的現象，就是我們在虛擬世界的機會可能比下線後多出數千倍，無論男女都可能因此面對誘惑超過意志力的情況。人們（通常是男性）在開始約會、認真交往後，「忘記」把他們在交友網站上的個人資料撤下的故事多到不可勝數。

真實的自己 vs. 希望呈現的自己

隨著三分之一的已婚者是從線上交友開始，最近出現了線上交往科學研究。研究人員證實了我們的懷疑：網友會搞欺騙；81% 的人謊報自己的身高、體重與年齡。男人往往謊報身高，女性則是體重。雙方都會謊報年齡。一項研究觀察到，線上交友者會謊報自己年輕十歲、少報十五公斤的體重，並且浮報五公分的身高。由於這幾項特徵在面對面時就會被發現，這使得謊報這些資訊更顯得奇怪。

顯然在網絡世界中，政治傾向比年齡、身高或體重更敏感，所以較不便於公開。想要結交網友的人明顯寧願承認自己是胖子，勝過承認自己是共和黨人。在這些情況下，絕大多數的騙子都知道自己在說謊。他們的動機為何？因為網路交友者擁有眾多選擇，以及所提供的個人簡介中真實的自己和希望呈現自己最好一面間的潛在緊張所致。個人簡介經常謊稱的是你在過去這段時間的狀態（例如就業狀況），或者呈現出你的自我期許（例如瘦五公斤並年輕六歲）。

社交世界組織是否會出錯呢？網路交友世界顯示出的趨勢至少前景看好：到目前為止，網路交友開始的婚姻，離婚收場的風險降低了 22%。不過，雖然這數字聽起來頗為可觀，實際上的意義卻很微小：網路交友整體而言將離婚率從 7.7% 降低至 6%，這是說如果在現實生活中交往結婚的夫妻都改以網路交友開始關係，每一百對夫妻中只有一對可以避免離婚。此外，因為網路交友成為夫妻者往往教育程度較高，因而比起一般約會結婚者較有可能找到工作，而教育程度與就業與否可用來預測婚姻是否長久。所以我們所觀察到的可能不是網路約會本身造成的，而是出於網路交友者作為一個社群而言，其教育和就業表現較採傳統約會交友者為佳的事實。

正如你所預料的，最初透過電子郵件交往的夫妻，往往比藉由社交網絡和虛擬世界找到另一半的夫妻來得年長（年輕人不再那麼常使用電子郵件了）。而像 DARPA、維基百科和 Kickstarter 一樣，利用群眾外包的線上約會網站也已經出現。ChainDate、ReportYourEx 和 Lulu 應用程式，是三個與 Zagat 相似的例子，提供了約會對象的評分制度。

一旦我們開始一段關係，無論是浪漫或柏拉圖式的關係，我們對自己在乎的人瞭解多少？我們能掌握他們的想法到什麼程度？答案是令人驚訝地差勁。朋友和同事怎麼看待我們，我們幾乎無能掌握，甚至連他們喜歡我們與否我們都不知道。參加閃電約會的人很不擅於評估哪些人願意與他們約會，哪些人則否（直覺在此並不管用）。

　　認定彼此相互瞭解的夫妻，能正確猜測對方回應的比例，十次只有四次正確；他們卻認為自己十次能猜對八次。在另一項實驗中，志願受試者觀看短片，推測片中人物自陳是愛滋病帶原者的敘述是真或假，相信自己能準確判定真假的比例高達七成；但事實上他們正確的比例不超過一半。我們極不擅長判定某人是否撒謊，即使我們的生活有賴於此。

　　這在外交政策上可能會造成嚴重後果。1938年，英國人相信希特勒的保證，如果讓他跨過捷克邊境，就能保有和平。因此英國勸阻捷克動員軍隊。但是希特勒撒謊，他已經準備好軍隊侵襲。反面誤讀意圖的狀況也發生在美國認定海珊謊稱並未擁有大規模毀滅性武器上；事實上他說的是真話。

　　撒謊是一種軍事或戰略性的戰術，然而一旦離開這個脈絡，為什麼人們還是會在日常互動中撒謊？其中一個理由是，擔心我們因為做了不該做的事而受到報復。這不是美好人性的一部分，但說謊逃避處罰是人類的天性。人類很早就開始說謊，六歲大的小孩會一邊做一邊說「我沒有這樣做！」。路易斯安那州墨西哥灣水域「深水地平線」鑽油平台的工人知道安全有疑慮，但他們因為害怕被解雇而不敢呈報。[10]

　　但是寬恕也是人性的一部分，特別是當我們提出解釋時。在一項研究中，試圖插隊的人即使提出荒謬的解釋，也會獲得他人的原諒。在排隊列印的隊伍中，說「對不起，我能插隊嗎？我需要列印」，與說「對不起，我能插隊嗎？我在趕時間」，其效果是一模一樣的。

　　當密西根大學醫院的醫生對患者開誠佈公他們的錯誤時，醫療事故訴訟

10　譯注：2010年4月20日，英國石油公司位於墨西哥灣外海的「深水地平線」（Deepwater Horizon）鑽油平台故障並爆炸，造成油污外漏事件。這起爆炸同時導致十一名工作人員死亡，以及十七人受傷。

減少一半。一直以來，解決的最大障礙在於醫療體系總要求患者設想他們的醫生如何思考，然而患者只能透過訴訟發現，而非單純讓醫生解釋錯誤如何發生。當我們面對人性因素、醫生的限制和掙扎，我們更容易理解和寬恕。

芝加哥布斯商學院的教授尼古拉斯・艾普里（Nicholas Epley，《心靈智慧》一書的作者）寫道，「如果透明公開能強化社會連結，使生命值得繼續下去，並使別人寬恕我們的不足，我們為什麼不更常這樣做？」

人說謊不只是害怕遭到報復，當然還有其他原因。其中包括避免傷害別人的感情，有時善意的小謊言凝聚了社會，避免大動肝火而將對立降到最低。在這種情況下，我們出奇地擅於辨識人們是否說謊，並且合作配合，這種情況每天都在發生。當我們想避免與人發生衝突，我們會以溫和的方式提出要求，這被稱作「間接的言語行為」。

為什麼人們在我們面前有所掩飾？

人類社會交往絕大部分有賴我們壓抑與生俱來的靈長類動物鬥性，才能彼此共處。雖然一般來說靈長類是社交的物種，卻少有靈長類的生活團體能支撐群體中有超過十八名雄性動物的存在——不堪負荷的人際關係緊張和統治階層的劃分，會使團體分崩離析。然而，幾千年來人類一直生活在男性數目成千上萬的城市中，我們該怎麼辦呢？維持大量人口密切生活的一種方式，就是透過使用非對抗性的語言，或者說間接的言語行為。間接言語行為暗示卻不直接點名我們真正想要的事物，哲學家保羅・格里斯（Paul Grice）稱之為言外之意。

假設約翰和瑪莎都坐在辦公室裡，而瑪莎坐在窗戶邊。約翰覺得熱，便直接說：「打開窗戶！」這可能會讓瑪莎覺得有些奇怪。如果他們職位相當，約翰怎能要求瑪莎做事或是對她頤氣指使呢？她可能會這麼想。如果約翰改說：「天哪，這裡好熱！」他是在邀請瑪莎與他合作，簡單卻不隨便說出自己的心意。他用一種既非高高在上也不挑釁的方式，暗示自己的渴望。通常在這種情況下，瑪莎會藉由推斷他希望她打開窗戶，而非單純觀測天候，加入他的談話。瑪莎此時有幾種回應的選擇：

a. 她回給約翰一抹微笑並打開窗戶，表明她加入這個小小社交遊戲，以及她願意合作完成猜謎遊戲的意圖。

b. 她說：「哦，真的嗎？我其實覺得有點冷。」這表示她雖然投身這場遊戲，但他們對基本事實的意見分歧。瑪莎雖然表達出不同的觀點，但她是合作的。至於約翰這邊的合作表現，則有賴於他要放棄話題或是加大賭注，後者所冒的風險是將挑釁和侵略的水平提高。

c. 瑪莎可以說，「哦？是啊，這裡很熱。」根據她的口氣，約翰可以判定她的反應是輕佻俏皮或是諷刺無禮。在前者的情況下，她在邀請約翰更明確表明自己的意思，有效點出他們可以無需使用遁詞；因為他們之間的關係夠堅固，所以她允許約翰直接表示心意。在後一種情況下，如果瑪莎語帶嘲諷，她想說的是她同意辦公室很熱這件事，但她不要去打開窗戶。

d. 瑪莎可以說：「你為什麼不脫掉毛衣？」這回答既不合作又有點挑釁，瑪莎選擇不加入遊戲。

e. 瑪莎可以說：「我在脫下毛衣之前也覺得熱，我猜暖氣終於開始運作了。」這是較不挑釁的回覆。瑪莎同意他們共同的前提，但不同意該如何回應的暗示。她在幫助約翰解決問題，這個部分是合作的，雖然不符合他原本的意圖。

f. 瑪莎可以說：「我管你。」這表明她不想要加入這場意在言外的遊戲，並且以一種富侵略性的方式傳達。約翰此時的選擇有限，他可以忽略她（馬上打退堂鼓）或是提高賭注，起身大步越過她的辦公桌，並強行打開該死的窗戶（戰爭現在開打）。

言語行為最簡單的情況是，說話者所說的句子正好和他想說的意思完全相符。然而，間接的言語行為能強有力地凝聚社會，有助於人際之間的相處。說話者不僅能透過間接的言語行為明確展現己意，還能表達出更多。這多出來的部分雖然並未說出，對聽者而言應該仍是顯而易見的。

因此，採用間接言語行為本質上可以看做是在玩遊戲，邀請對方在一場

「你明白我的意思嗎？」的口頭捉迷藏遊戲中合作。哲學家約翰‧塞爾（John Searles）表示，間接言語行為的運作訴諸說話者和聽者雙方對表徵世界的共識；他們依賴語言和社會兩方面共享的背景運作。透過喚起他們共享的知識，說話者和聽者協商確認他們共享的世界觀。

塞爾要求我們考慮另一種 A 和 B 兩人對話的例子。

A：讓我們今晚一起去看電影吧。
B：今晚我要唸書準備考試。

說話者 A 並未隱藏其意，從「讓我們……」的用法，就可以直接按照字面意義理解為提出直接要求。但是說話者 B 的回答顯然是間接的，目的是溝通字面上的訊息（「今晚我要唸書準備考試」）和未提及的隱含之意（「所以我不能去看電影」）。大多數人都同意，B 是採用溫和的的方法避免挑釁，解決兩個人之間的潛在衝突。相反地，如果 B 說

B1：不要。

說話者 A 感覺受到拒絕，並且未獲知任何理由或解釋。我們非常強烈地恐懼被拒絕是可以理解的；事實上，社會排斥跟身體疼痛刺激的是大腦相同的部位，所以（也許令人驚訝並因人而異）止痛藥 Tylenol 可以減少人們體驗到的社交痛苦。

說話者 B 藉由提供解釋，採取了合作的態度，她暗示自己真的很想去看電影，只是沒有辦法。這相當於插隊影印的人雖然提供的是無意義的解釋，也好過沒有任何解釋。但並不是所有的言外之意都是一樣的。相反地，如果 B 說的是

B2：我今晚要洗頭。
或
B3：我一個人在玩紙牌遊戲，我一定得要完成。

那麼 B 是在期待 A 能理解這些回答就意味著拒絕，而且並未提供解釋細節。這兩種回答方式都延續了意在言外的遊戲，卻像搧了一記耳光般挑釁。B2 和 B3 的拒絕方式只比 B1 稍稍溫和了些，因為不涉及明顯和直接的牴觸。

合作性言談的準則

塞爾持續延伸間接言語行為的分析，納入意義可能完全難以辨認的發言，但其意圖百分之百清楚。他要求我們想想下面狀況。假設你是在二戰期間被義大利人捕獲的便服美軍，現在為了獲得釋放，你擬定計畫說服他們你是一名德國軍官。你可以用義大利文告訴他們「我是一名德國軍官」，但他們可能不相信，並且假設你的義大利文程度不足以讓你一開始就這麼說。

在這種情況下，理想的發言內容是你以完美的德文說「我是一名德國軍官，快放開我。」但假設你的德文程度不足以造出這樣的句子，你所知道的德文只有你在高中學過的一句德文詩「Kennst du das Land, wo die Zitronen blühen？」（這意味著「你知道檸檬樹開花的那塊土地嗎？」）如果俘虜你的義大利人不懂任何德文，你說「Kennst du das Land, wo die Zitronen blühen?」這句話，便具有表達你是德國人的**效果**。換句話說，你的言語行為字面上的意義變得無關緊要，只有隱含的意義起了作用。義大利人聽到他們認為是德文的內容，你希望他們會跨出合乎邏輯的一大步，認定你的確是德國人然後釋放你。

溝通的另一個面向在於資料會透過社會契約更新。你可能對你的朋友伯特提起厄尼如此這般說了些什麼，但伯特加油添醋說我們現在知道厄尼是個騙子，不值得信任。我們知道不該再視冥王星為一顆行星，因為相關的專家團隊獲得社會賦權做出這樣的決定和判斷。

透過社會契約，某些言論足以影響世界，並使其改變狀態。宣告你死亡的醫生在瞬間改變你的法律地位，造成的影響會完全改變你的生活，無論你實際上是否真的死亡。法官有權宣告你是否有罪，對你的未來而言，真相比不上宣判的效力來得重要。能夠大舉改變世界狀態的言論集合雖然有限，卻極富威力。我們賦予這些法律或準法律機構權力，以促成我們對社會世界的

理解。

除了這些正式和法律性的宣告，格里斯和塞爾提出一項前提，認為幾乎所有的談話都開展了合作關係，有賴字面和隱含的雙重含義進行。格里斯將一般合作性的言談所需要的各種規則做了系統化的分類，有助於釐清間接言語行為運作的機制。格里斯提出的四點準則是：

1. 量：貢獻談話所需的資訊，不要讓你所貢獻的資訊超過所需。
2. 質：你認定是錯的內容就別提了，也別提缺乏適當證據的內容。
3. 方式：避免表達模糊（不要用會讓聽者搞不懂的字眼），避免模稜兩可，要長話短說（避免不必要的長篇大論），要有條不紊。
4. 相關性：你的談話內容要有相關性。

下列三個例子顯示違反第一項有關談話量的規則，當中的說話者 B 並未貢獻足夠的資訊：

A：你今天下午要去哪裡？
B：出門去。
A：今天過得如何？
B：很好。
A：今天在學校裡學了些什麼？
B：沒什麼。

即使我們不知道格里斯的規則，我們直觀知道這是不合作的回答。在上述的每個例子中，提問者的詢問期待某種細節的回應，但是回話者決定不採取任何一種合作協議。

再舉一個例子，假設卡普蘭教授正為申請研究所的學生撰寫推薦信。

「敬啟者，XXX 的英文程度好，他固定出席我的課。敬祝教安，卡普蘭教授。」

這封信違反了有關量的規則——沒有提供足夠的資訊——卡普蘭教授雖然沒有明說，卻暗示 XXX 不是一個非常優秀的學生。

下面是另一個極端的例子，其中，談話者 B 提供過多的資訊：

A：爸爸，鐵鏈在哪裡？

B：在離車庫門五公分的地板上，三小時前我告訴你把它放回工具箱，你卻把它留在一灘水裡。

在這個例子中，回話者藉由提供過多資訊，暗示超過他言論中所提及的事實，並且傳達出他的氣惱。

下面的例子是 A 站在一台明顯發不動的車子旁，而 B 路過。

A：我的車沒油了。

B：就在這條街過去四百公尺處有個修車廠。

如果事實是這條街上沒有修車廠，或是 B 其實知道修車廠不提供汽油，那他就違反了有關質的規則。假設 B 意圖偷走 A 汽車的輪胎，而 A 卻認定 B 說的是實情而走開，就會讓 B 有充足時間將車子架高，拆下一個或兩個輪胎。

A：比爾在哪裡？

B：蘇的房子外面停了一台黃色的福斯汽車……

B 不重視相關性規則，假定 A 會自行推斷。A 現在有兩種選擇：

1. 接受 B 無視相關性規則的說法，並視為合作的邀請。A 說（自言自語）：比爾開黃色福斯汽車。比爾認識蘇，那比爾一定在蘇她家（而 B 不想直截了當這麼說，是由於某種原因；也許事有蹊蹺，或是 B 保證不會告訴其他人）。

2. 不加入 B 提出的對話，並重複原來的問題：「是的，但是比爾在

哪裡？」

當然對「比爾在哪裡？」這個問題，B 有其他可能的回答方式：

B1：在蘇家。（沒有暗示的意味）

B2：嗯，我看到蘇的房子前停著一台福斯汽車，比爾就開福斯。（輕
度暗示，為 A 填補大部分的空白）

B3：你不該問這問題！（直接，有點挑釁）

B4：我不應該告訴你。（不那麼直接，但還是有點挑釁）

B5：我不知道。（違反質的規則）

B6：〔轉身離開〕（選擇退出談話）

諸如這類的間接言語行為，反映我們在日常談話中實際使用語言的方式，我們熟悉這類交流。格里斯和塞爾的貢獻卓越之處，在於他們對這些語言交流做分析之後，將其置入系統中使我們可以分析並暸解它們如何運作。對我們大多數人來說，這一切都發生在潛意識層面。具有泛自閉症障礙的人，往往難以理解間接言語行為，因為他們大腦生理上的差異，使他們很難理解諷刺、矯情、挖苦或任何非字面意義上的談話。

建立社群關係的神經化學基礎

要能維持完整的社會關係，是否有神經化學的相關因素涉入呢？大腦腦下垂體後半部會釋放名為催產素的荷爾蒙，大眾媒體將之稱為愛情荷爾蒙，因為過去一度認定催產素是導致人們墜入愛河的原因。催產素會在人享有高潮時釋放，而其作用是讓我們感受與他人的結合。演化心理學家推測，這是一種自然的方式，讓夫妻在性愛後共同養育因性愛而來的小孩。換句話說，這是明顯的演化優勢，好讓一個孩子擁有兩個同時關懷並養育他的父母。如果釋放催產素讓父母感到相互結合，他們就更有可能共同承擔養育子女的責任，從而繁衍自己的部族。

除了難以理解任何非字面上意義的言論，泛自閉症障礙者也無法像他人一般產生人際連結，並且通常很難為他人設身處地著想。自閉症患者的催產素濃度顯示低於常人，補充催產素能提高他們的社會表現和情緒認知（同時也降低他們的重複性行為）。

催產素還牽涉到信任感。在一項具代表性的實驗中，受試者觀看政治人物發表演講，其中有半數的演講是在受催產素的影響下觀看，另外半數則是使用安慰劑（當然，受試者並不知道哪個是催產素、哪個是安慰劑）下觀看。當他們應要求選出最信任的或是最有可能投票支持的對象時，他們選擇受催產素影響時觀看的對象。

得到社會支持（簡單的關懷和照顧）的病人能更全面且迅速地康復，這是獲得公認的發現。當我們生病時，簡單的社會交往也能讓我們釋放催產素，藉由降低壓力與會削弱免疫系統的荷爾蒙皮質醇，來改善健康狀況。

矛盾的是，催產素濃度也會在缺乏社會支持或是社交功能不佳時增加（因此小別確實勝新婚，或至少讓雙方更親密），因此催產素可充當呼救信號，促使個人尋求社會接觸。為了調和這種矛盾——催產素是愛情靈藥或愛情解藥？——最近一項引人注目的理論指出催產素調節社會資訊的特點，並能引發的正面和負面社交情緒，是視情況和個人而異的。它的真正作用是組織社會行為。前景看好的初步證據表明，催產素藥物療法有助於增進信任與減少社交焦慮，包括罹患社交恐懼症和邊緣性人格障礙者在內。非藥物療法（如音樂療法）也可以經由調節催產素，發揮相似的治療效果；音樂已被證明能增加催產素的濃度，尤其當人們一同聆聽或演奏音樂時。

大腦中有一種名為精胺酸血管加壓素的化學物質，也被發現能調節聯絡、社交和求愛。如果你認為自己的社交行為大致上是由意識所控制，你就低估了神經化學物質在塑造思想、感覺和行動上所起的作用。下面這個有趣例子可以幫助說明：有兩種草原田鼠；一種是一夫一妻制，另一種則否。為愛拈花惹草的田鼠注射血管加壓素，牠們就成為一夫一妻制；阻斷一夫一妻制田鼠的血管加壓素分泌後，牠們變得像是吉恩‧西蒙斯（Gene Simmons）[11]

---

11 譯注：美國 Kiss 樂團主唱與吉他手。

演出約翰‧霍姆斯（John Holmes）[12]電影那般淫蕩。

注射血管加壓素，也會讓天生的侵略性行為轉為謹慎，以保護配偶不受情緒（和身體）衝動所影響。經發現，軟性毒品如大麻和LSD能增強服藥者與他人之間的情感連結，並在許多情況下更加感受到與世界整體的連結。大麻的活性成分會刺激稱為大麻酚受體的特定神經受體，在老鼠實驗中已證明這會強化社會活動（此時老鼠會離開牠們的座位）。LSD在大腦中起的作用包括刺激多巴胺和特定的血清素受體，同時削弱從視覺皮層（可能負責部分的視幻覺）輸入的感知。然而，LSD催化社會連結感受的原因仍屬未知。

人們解釋他人行為時會低估情況因素

為了感受與他人之間的社會連結，我們樂於自認瞭解對方，並在一定程度上可以預測他們的行為。花點時間想想你熟識的人——摯友、家人或配偶，並根據下面的三個選項評量對方。

這個人我想到的常常是：

a. 主觀的	善於分析的	視情況而定
b. 精力充沛的	輕鬆自在的	視情況而定
c. 莊嚴的	休閒的	視情況而定
d. 安靜的	健談的	視情況而定
e. 謹慎的	大膽的	視情況而定
f. 寬容大量的	態度堅定的	視情況而定
g. 緊張的	平靜的	視情況而定
h. 現實的	理想主義的	視情況而定

現在回過頭來用相同的項目評價自己。大多數人用前兩類特質評價他們的朋友，但卻用第三類的「視情況而定」論斷自己。為什麼呢？因為顧名思

---

12 譯注：美國成人電影著名男演員。

義，我們只能看到別人的公開行為。但對於自己，我們能夠觸及的不只是公開的行為，還有私下的表現、感情與想法。我們自身的生活似乎更是充滿了種種不同的思想和行為，因為我們體驗到自身行為的範圍較為廣泛，但同一時間面對他人時，卻只能講求效率地考量單面向的證據。哈佛大學心理學家丹尼爾‧吉爾伯特（Daniel Gilbert）稱此為「看不見」的問題──我們看不見別人的內心和想法。

在第一章中，我們比較了認知錯覺與視覺錯覺。我們能觀察心靈和大腦的內部運作，並看出部分支持認知和感知的底層結構。認知錯覺如同視覺錯覺一般是自動產生的──即使我們知道它們的存在，也很難或不可能關閉產生錯覺的心理機制。認知錯覺導致我們對現實產生錯誤的感知，因而在面對選擇時做出錯誤的決定，像是醫療選擇、解釋他人行為，特別是那些構成我們社交領域的對象。

曲解別人的動機會造成誤會、猜疑和人際衝突，甚至戰爭這種最惡劣的情況。所幸許多認知錯覺是可以藉由訓練克服的。最受公認的社會心理學發現是關於我們如何解釋他人的行動，這和上面的示範相關。解釋人類行為之舉的原因有兩大類──傾向因素或是情境因素。強調傾向的解釋主張，我們所有人都有特定的特質（傾向），或多或少穩定貫穿我們的一生。正如你剛才所看到的，我們有以個人特質描述我們所知道人們的傾向：他們是外向還是內向、友善或是不合群、能炒熱聚會氣氛或是製造冷場的人。另一方面，強調情境的解釋則認識到，當下情境有時會促成我們的回應，並且可能凌駕任何天生的傾向。

這兩個對立的觀點，有時被標示為「個人或情境」的解釋。強調傾向的解釋會說「我天生（或注定）如此」。強調情境的解釋則會（在此引用喜劇演員菲力普‧威爾遜〔Flip Wilson〕的話）說「是魔鬼讓我這麼做的」。

在一項著名的研究中，普林斯頓神學院的學生被要求進入辦公室，提供有關「宗教教育與聖召」的意見。在他們填寫一系列調查問卷後，實驗人員解釋說由於問卷有點過於簡化，所以研究的最後一部分要求學生根據短文錄製三到五分鐘的談話。學生拿到一份資料閱讀，可能是探討專業神職人員在今日是否能有效「傳道」，或是新約有關善良的撒馬利亞人的故事（他在祭

司和利未人路過後，停下來幫助路邊受傷的人）。

在社會心理學實驗中，事情往往不是表面上看起來的樣子，實驗人員竭盡全力來隱藏他們真正想測試的反應，以降低受試者因應這項實驗而改變他們行為的可能性。在此情況下，實驗人員告訴受試者，他們所處的建築物空間不足，因此另外安排在隔壁辦公大樓記錄談話（這是騙局的一部分）。接著，實驗人員為受試者繪製地圖，並告訴他們如何到達那裡。

不同短文的閱讀小組中都各有十三名受試者被告知應該趕快出發，因為隔壁大樓有位助理幾分鐘前就已經在等著他們了。小組中另外十三人則被告知「他們還需要幾分鐘的時間為你準備，但你不妨先出發」。這構成了情境因素——部分學生趕時間，部分則否。有些人比其他人更樂於助人，這是一種我們認為或多或少會穩定貫穿人的一生的特質傾向。但是神學院學生是個特殊群體，他們無疑地比一般人更樂於助人，因為他們正在學習成為神職人員，這是提供他人幫助的專業工作。

我們假設在這個特殊的群體中，樂於助人和同情的特質差異降至最低，並且因為實驗人員隨機分配學生面對兩種不同的條件，所以任何剩餘的個人差異也被平均地分散開了。實驗的設計巧妙地讓傾向因素對抗情境因素。

實驗人員安置一位同僚在普林斯頓校園兩棟建築物之間，這位研究助理癱坐在走廊上，看來似乎需要就醫。每當有神學院的學生路過，他就咳嗽並呻吟。

如果你相信個人特質能為行為提供最佳預測，你會期待所有或大多數的神學生都停下腳步，幫助這個受傷的人嗎？而且這項實驗還有一個額外且漂亮的轉折，半數剛剛閱讀完善良撒馬利亞人故事的學生，會因為這個**非常類似**的情境停下來幫助他人嗎？

想知道實驗的結果嗎？結果，趕時間的學生與時間充裕的學生相較，繼續行走、越過明顯受傷的人而沒有提供協助的比例達六倍之高。學生所擁有的時間是情境因素，預測了他們將會如何反應，他們所閱讀的文章則沒有顯著影響。

這項發現出乎大多數人意料之外。已有數十項論證顯示，人們試圖解釋行為時過度強調特質的影響，並低估情況因素，因而做出錯誤的預測。這種

認知錯覺威力如此龐大，為它贏得一個名字：基本歸因謬誤。基本歸因謬誤的另一部分則是，我們無法理解被迫承擔某些角色的人們，在某些情況下會做出限制自身的行為。

資訊超載時代，我們傾向以結果論英雄

在一個巧妙的實驗中，李・羅斯和他的同事在史丹福大學模擬遊戲節目，羅斯從他的課堂上找來少數學生，隨機分配半數學生擔任問答遊戲的提問者，另外半數則是參賽者。提問者要提出常識性的問題，可以有難度但不能無法回答。他們可以從任何感興趣或專精的領域找題目，例如電影、書籍、體育、音樂、文學、他們的課程作業，或是他們在新聞中讀到的內容。羅斯提醒他們，每個人都有某些知識很可能是課堂中其他人所不知道的。也許他們收集硬幣，就能提出從哪一年開始美國用銅替代鋼鑄造硬幣這樣一個不錯的問題。或許他們正在英語系選修維吉尼亞・伍爾芙的課程，提出「自己的房間」在哪個年代出版這樣的問題也很好。但像是「我二年級的老師叫什麼名字？」的問題就不妥。

然後提問者站在全班同學面前，在眾目睽睽下詢問參賽者。他們運用的常識、益智和改編過的資訊，就好比我們在電視上看到的遊戲節目《岌岌可危》（*Jeopardy!*）一樣，提出的問題諸如「W. H. 奧登名字中的縮寫代表什麼？」「斯里蘭卡政府目前的形式？」「世界最長的冰川？」「誰是第一位在四分鐘內跑完一英里的跑者？」「1969 年世界棒球大賽的冠軍隊伍？」

參賽者回答這些問題的表現並沒有特別出色。此處的關鍵明顯在於是以隨機方式操控誰擔任提問者，誰又是參賽者。比賽結束後，羅斯對課堂上的觀察者提出下列問題：「用一到十分來表示，你認為提問者與一般史丹福大學生相較該得幾分？」，還有「用一到十分來表示，你認為參賽者與一般的史丹福大學生相較該得幾分？」

我們人類天生就會注意個體差異。在整個歷史演化的過程中，當我們需要決定該與誰配對、或是一起去打獵，以及誰是可信任的盟友，這點大體上惠我良多。諸如會照顧人、有義氣、情緒穩定、可靠、值得信賴、聰明等特

徵，都是重要的衡量標準。如果我們坐在李‧羅斯的史丹福課堂中觀察這個模擬的競賽遊戲，我們一面倒的印象可能會是訝異於提問者所擁有的種種艱深知識——他們怎麼會知道這麼多這麼不同的知識？不僅是參賽者不知道問題的答案；大多數在旁觀察的人也都不知道！

該實驗的一項重要特點，是其設計讓提問者相較於參賽者或觀察者而言，握有自我表現的優勢。羅斯在清點數據時發現，課堂擔任觀察者的學生評定提問者比一般史丹福的學生更聰明。此外，他們也評定參賽者的聰明才智低於平均水準。

評分者將他們觀察到的歸因於穩定的性格表現。認知錯覺讓他們無從意識到，提問者所扮演的角色實際上保證他們看來知識淵博；同樣地，參賽者的角色也注定他們看似一無所知。發問者的角色被賦予的巨大優勢，讓他們有機會為自己建立一種形象。沒有一個心態正確的提問者會提出他不知道答案的問題，再加上被鼓勵提出艱澀的問題，參賽者就不太可能知道答案。

受到操縱的不僅是遊戲本身，還包括參與者的心理反應。我們經常屈服於基本歸因謬誤的認知錯覺，瞭解它的存在有助於克服它。假設你經過辦公室大廳遇到新同事凱文，你打招呼而他沒反應，你可能將此行為歸因為穩定的人格特質，斷定他生性害羞或是無禮。但你也可以將他的行為歸因為實際情境所致——也許他陷入沉思、趕不上會議，或是對你生氣。科學提出的解釋不是凱文極少受到情境因素影響，而是觀察者傾向於低估它們。丹尼爾‧吉爾伯特已證明基本歸因謬誤是由於資訊超載產生的。具體來說，一個人所經歷的認知負擔越大，就越有可能對於造成個人行為的原因做出錯誤判斷。

另一種說明史丹福大學實驗結果的解釋，是參與者得出的結論被競賽結果過度影響，因而做出以結果論英雄這種具偏見的推論。如果你聽說茱莉通過艱難的大學課程而瑪蒂娜卻失敗，你可能會斷定茱莉比較聰明、比較努力，或是一名較為優秀的學生。大多數人都會如此認定。在與學術能力相關的事務上，以結果論英雄似乎是具有說服力的指標。

但是，如果你發現茱莉和瑪蒂娜的班級講師不同呢？茱莉和瑪蒂娜在考試時答對的問題數量相當，但是茱莉的講師仁慈寬鬆，讓全班都過關；而瑪蒂娜的講師把關嚴格，班上幾乎每個人都不及格。即便知道這一點，以結果

論英雄的偏見是如此強大，以至於人們不斷認定茱莉就是比較聰明。如果以結果論英雄有時就是會出錯，那麼它的效力為什麼還是會如此強大？

當中的玄機在於大部分時候結果具有預測價值，在我們做判斷時可以成為簡單的推理線索。通常依賴這種原始的無意識線索是有效的，能讓我們在較不費力與不增加認知負荷的情況下產生準確判斷。在資訊超載的時代，有時以結果論英雄的偏見能節省時間，但我們需要瞭解它們，因為有時它們就是會讓我們出錯。

一旦植入錯誤訊息就很難消除

另一個涉及社會判斷的認知錯覺，在於我們有種很難忽略後來證明是錯誤的資訊之傾向。假設你正在考慮 A 與 B 兩個工作機會，而兩家公司提出相同薪資希望雇用你。你開始多方打聽。一個朋友告訴你，A 公司的員工很難相處，更有甚者已經有人對該公司管理階層提出性騷擾訴訟。很自然地，你在心中會開始檢視自己在 A 公司遇到的人，試圖設想誰很難相處、誰可能被控騷擾。幾天後，你的朋友在談話中道歉，說她將 A 公司與其他名字類似的公司搞混了——你最初判斷所賴的證據瞬間移除了。但數十項實驗顯示，即便原本的認識已知有誤，仍對你產生揮之不去的影響；你不可能當做什麼都沒發生過。做律師的都很清楚這一點，所以常會在陪審團和法官的心裡植下錯誤的觀念；在另一方律師提出反對後，法官提出告誡「陪審團不要理會這發言」，但為時已晚，印象和判斷早受其影響。

在這一點上，有個生動的例子來自心理學家斯圖爾特・范林斯（Stuart Valins）進行的另一項實驗。這項實驗顯示，其所處的 1960 年代依今日標準來看，遠稱不上政治正確。但它提供的有效數據，已在數十個概念類似的研究中被大量重複運用。

大學男生被領入實驗室參與實驗，他們被告知該實驗的目的在於瞭解普通大學男生認為有魅力的女性類型。他們被安置在椅子上，手臂貼上電極片、胸前則有麥克風。實驗者解釋，他們每一次會看到一張花花公子雜誌的摺頁海報，此時電極片和麥克風將測量所引發的生理反應。每名受試者看到

的圖片都相同，但順序不同。擴音器會播放受試者的心跳聲，受試者看著實驗者展示一張接一張的圖片，並聽到心跳聲因應男性認為女性圖片誘人的程度明顯增快或減速。

然而，受試者不知道他們手臂上的電極片和胸前的麥克風並沒有連接到擴音器上——一切都是詭計。他們以為他們聽到心跳聲，事實上是錄音帶裡的合成心跳聲，並且頻率波動已由實驗者預先設定好。當實驗結束時，實驗者向受試者表明，心跳聲音事實上是合成的心跳聲，與受試者自己的心跳完全無關；並向受試者展示錄音播放系統，而胸前的麥克風和手臂上的電極片並未與任何東西連接。

現在讓我們從受試者的角度看這件事。在短時間內，他所獲得的印象是自己身體的真正生理反應，顯示他認為某個特定女性特別有魅力。現在造成這種印象的證據被完全清除了。從邏輯上講，如果他能理性地做決定，他會重新整理他的印象，並不再相信擴音器傳出的心跳聲。這項實驗真正想知道的結果要出現了，當實驗者讓受試者選擇照片帶回家，作為協助實驗的報酬時，這些男人挑選的是哪些圖片？

他們壓倒性地選擇了擴音器傳來心跳頻率最快時所看的那張圖片。儘管讓他們這般相信的所有證據現在都移除了，這個信念仍舊維持下來，影響他們的判斷。范林斯認為，是自我說服機制促成了這個情況產生。人們投入大量的認知努力所產生的信念，與他們經歷的生理狀態表現一致。

這個過程所產生的結果相當持久並難以改變，顯現判斷暗中隱伏的謬誤。艾普里說，大多數情況下，我們不知道我們的信念如何構成，也不知道催生它們的心理過程。造成的結果就是即使證據已經明確地去除，信念依然持續。

信念持之以恆的特色顯現在日常生活的八卦上。八卦當然不是什麼新鮮事，從聖經舊約和其他文字剛出現時的古老資料來看，它是書面紀錄中最早提及的人類弱點之一。人們聊八卦的原因有很多：當我們在他人面前缺乏安全感時，它可以讓我們自覺高人一等；它也有助我們打造與其他人之間的連結，以測試他們的忠誠度——如果蒂芙尼願意加入我說布蘭妮的八卦，我也許可以將蒂芙尼當作盟友。八卦的問題在於它可能是假的，特別當八卦已在

幾個人之間傳開，每個人都可能加油添醋。由於信念具有持之以恆的特色，由瀰天大謊或歪曲事實所衍生出來的錯誤資訊可能很難根除，影響所及，可能會讓一個人的職業生涯和社會關係從此難以修復。

團體外的偏見讓我們錯估外人

我們的大腦除了具有朝向運用人格特質進行歸因和享受八卦的與生俱來傾向外，還往往在面對圈外人時天生多疑，這裡的圈外人指的是任何與我們不同的人。「與我們不同」可以用許多面向和素質加以描述：信仰、膚色、家鄉、畢業學校、收入水平、所屬政黨、聆聽的音樂種類以及參與的體育隊伍等等。美國各地的高中生都會根據（他們自認）突出的差異面向劃分派系，主要分成兩種：一種是附和並相信課業學習有所助益的理想學生，另一種則是那些由於背景、家庭經驗或社會經濟地位等因素，而認定求學是在浪費時間的學生。除了這類根本劃分，高中生還會更進一步根據是什麼構成「我們這類人」而分裂成數十個派系。

這種社會群體劃分的出現，適逢我們大腦和身體經歷戲劇性的神經和荷爾蒙變化階段。在社會方面，我們逐漸瞭解我們可以擁有自己的品味和欲望。我們無需跟隨父母的喜好，或者應該喜歡父母所喜歡的事物——我們探索並發展增進我們自己對音樂、服裝、電影、書籍和活動的品味。這是為什麼小學時期往往相形之下社交團體或課外社團數量較少，而高中卻如此之多。

但這個稱為團體內／團體外偏見的現象跟許多其他認知錯覺一樣，都會導致錯誤的社會判斷。我們會（當然是錯誤地）傾向認定自身所處團體內的成員人人不同，無論這是個怎樣的團體；相反地，卻認為團體外的成員是差異不明顯的集合。這也就是說，當被要求判斷我們團體（團體內）與另一個團體（團體外）中的人在興趣、個性和氣質上的差異時，我們往往高估團體外成員的相似性。

因此，舉例來說，如果要求民主黨員描述民主黨員彼此之間的相似之處，他們可能會這樣說：「哦，民主黨員來自各行各業，我們是一個非常多

元化的團體。」如果再要求他們形容共和黨員，他們可能會說：「哦，那些共和黨員，他們所關心的一切是減稅。他們都是一個樣。」我們也往往喜歡自己團體的成員。一般而言，人們對團體成員看法各異，更精確來說，團體內成員比起外人更是如此認定。

團體內與團體外的效應有其神經生物學基礎，在被稱為內側前額葉皮層的大腦區域有一組神經元，會在我們想到自己以及與我們相像的人時啟動。這個神經網絡與我們在第二章中所描述的白日夢模式相關——當我們思索自己與他人間的關係，並準備要採取觀點（看法）時，白日夢模式處於活躍狀態。

對於團體內／團體外的效應其中一個合理解釋，是將之視為單純接觸的產物——我們認識自身團體中各式各樣的人，並對他們的瞭解勝於其他團體的人。這一點根據定義來說是錯不了的；我們與團體內而非團體外的成員有所交集。因此，我們常常見識到熟悉友人的複雜性和多樣性，並同時錯誤認定我們不認識的人都較缺乏複雜性與多樣性。我們的內側前額葉皮層遇到團體內成員時運作較佳，因為我們的大腦就是能更容易地顯現出他們所有行為的細微差異。

但此一假設與一項顯著事實相互矛盾，意即團體內與團體外的區分可以是由非常薄弱的定義所構成，像是隨意根據投擲硬幣的結果區分兩個團體。

團體歸屬感的產生條件與命運相互依存。投擲硬幣的結果確立了共同的命運之後——其中一個團體將贏得小獎品，另一個則否——參加實驗的學生接著被要求判斷各組成員間的相似或相異程度。即便是這樣臨時組成的群體，團體內／外的效應也很強大。

團體內的成員回報自身團體內的人（儘管是他們剛剛認識的人）更具可取的特質，也較願意花時間與對方相處。其他研究也顯示類似這樣薄弱的分組操弄，會造成團體內成員評定彼此間的差異大於團體外成員。如此看來，即使缺乏合理的依據，只要人們劃分互斥的類別，就會導致「我們」比「他們」好的想法。「我們」就是如此。

當我們思考我們是如何組織我們社交世界時，其中涉及的團體內／外偏見非常清楚。我們有一種偏執的傾向錯估外人，這會削弱我們開拓嶄新、合

作且具有潛在價值社會關係的能力。

種族主義也是一種團體外偏見

種族主義就是一種負面的社會判斷形式，源於持久的信念、團體外偏見、分類謬誤，以及錯誤的歸納推理彼此結合所致。我們聽說關於某人的一項特殊不良特徵或作為，就立即得出錯誤的結論，認定這一點可以完全用來預測出於該種族或國家背景之某人的行為。這種論證的形式如下：

1.0. 媒體報導 A 先生做了這件事。

1.1. 我不喜歡他做的這件事。

1.2. A 先生來自糟糕國。

1.3. 因此，每個糟糕國來的人都會做這件我不喜歡的事。

1.0. 和 1.1 的陳述當然沒有錯。1.2 的陳述似乎違背（無視）格里斯相關性的準則，但本身並非不合邏輯。注意到某人的出身，本身無涉道德。這是項無涉道德的事實。如何使用該資訊才是道德涉入之處。你可能藉著注意到一個人的宗教或國籍，邁出建立友好關係的一步，以求更能理解文化的差異。

或者一個人也可據此做出種族主義的概化。從邏輯的觀點來看，真正的問題發生在 1.3，從單一特定例子所做出的概化。出於幾項歷史和認知的因素，人類演化出這樣一種不幸的傾向，因而促成這點，並在某些情況下會自動調整。我吃了以前從未吃過的水果後生病了，那麼我想（歸納推理）所有這類水果都是不可食用的。我們對所有的人事物做出概化，因為大腦是一個巨大的推理機，運用它所得到的所有資料試圖確保我們的生存。

在 1970 年代晚期，社會心理學家米克・羅特巴特（Mick Rothbart）教授種族關係，課堂上的黑人和白人學生數目大致相當。白人學生提出的問題往往一開頭就是「難道黑人不會覺得……」，然後這會讓米克想到說：「這是一個很好的問題。」但是，如果一個黑人學生提出的問題開頭是「難道白人不

會覺得……」，米克發現自己會想：「他們提到的『白人』所指為何？有各種各樣的白種人，有的保守、有的是自由派；有些是猶太人、有些則否；有人敏於少數民族的問題、有人則不以為意。『白人』這個類別過於寬泛，因而在使用上並無意義，我沒有辦法回應這種形式的問題。」

當然，當問題一開頭就是「難道黑人不會覺得……」時，同樣的想法有可能出現在課堂上的黑人學生腦海裡。在團體內／外偏見的情況下，每個團體都認為其他團體是同質且視之為一個整體，卻視自己的團體是多樣而複雜的。你可能以為解決之道是增加彼此的接觸，如果各個團體的成員彼此之間增加瞭解，刻板印象就會消失。

這點大致上來說沒錯，但是團體內／外偏見在我們的演化生物學上扎根如此之深，很難完全動搖。在一項實驗中，男性和女性組成的兩個團體彼此評判，仍難逃脫這種認知偏差。「這點令人印象深刻，」米克・羅特巴特寫道，「證明在兩個幾乎持續有所接觸且掌握彼此豐富資訊的團體裡，都還存在著這種現象。」一旦我們產生一種刻板印象，我們往往不會重新審視這個刻板印象，而是將任何不相符的新證據摒除為「例外」。這是維持信念的一種形式。

我們面臨著饑荒、戰爭和氣候變遷等嚴重問題，所需解決方案涉及未來世界上所有相關單位，沒有一個單一國家可以解決這些議題，也沒有哪個跨國聯盟可以辦到，如果他們視彼此為團體外而非團體內成員。你甚至可以說世界的命運取決於（包括）廢除團體偏見在內的事項，在某個特定的情況下的確如此。

赫魯雪夫運用「我們」的智慧扭轉危機

1962 年 10 月也許是世界歷史上最接近完全摧毀地球的時刻，因為美國總統甘迺迪和蘇聯主席赫魯雪夫涉入一場被美國人稱為古巴飛彈危機的核子僵局中（或者如蘇聯所稱的 1962 年加勒比海危機）。解決該衝突的關鍵是後台溝道，即甘迺迪和赫魯雪夫之間的私下溝通。這是冷戰的高潮。兩邊官員都認為對方試圖統治世界，並且不能信任。甘迺迪覺得自己和所有美國人是站在

同一陣線上的團體內成員，而赫魯雪夫和蘇聯則是團體外成員。所有我們看到的偏見累積後變成：美國人認為自己是值得信賴的，美國所發動的任何侵略性舉動（即使依照國際標準判定為侵略性舉動）都是合理的；任何由蘇聯所發起的攻擊行為，則顯示出他們邪惡、無情和非理性的官員執意破壞的企圖。

危機的轉折出現在赫魯雪夫打破所有虛張聲勢和修辭，要求甘迺迪運用一點點同理心，從他的角度考慮事情。他幾次懇求甘迺迪「試著設身處地著想」，接著指出他們作為各自國家領導人的共同點：「如果你真的關心你人民的和平與福祉，這是你做為總統的責任，那麼我做為部長會議主席[13]也會關心我的人民。此外，維護世界和平應該是我們共同的關切，因為在此時的情況下，如果戰爭爆發，這場戰爭將不僅止於相互叫戰的雙方，而是擴及全球的殘酷和破壞性戰爭。」

實際上，赫魯雪夫指出，他和甘迺迪均為成員的一組團體——世界主要強權的領導者。如此一來，他將甘迺迪從團體外成員轉為團體內成員。這是危機的轉折，開創了折衷解決方案的可能性，在1962年10月26日解除危機。

軍事行動往往收到反效果。二戰期間納粹轟炸倫敦，希望能使其投降，卻造成反效果，讓越來越多的英國人決心抗戰。1941年日本攻擊珍珠港，試圖阻止美國涉入戰爭，結果事與願違，反而促使美國參戰。

1980年代，美國政府提供軍事行動資金以對抗尼加拉瓜，追求政治改革。在埃及民主起義開始後三年，2013年底和2014年初，臨時政府仍陷在恐怖主義和穆斯林兄弟會鎮壓的惡性循環之中，雙方的態度都變得更加強硬。

為什麼這些干預手段常常難以成功？因為團體內與團體外偏見。我們傾向認定以脅迫手段對付敵人比起對待自己人更為有效，而以調解方式對待自己人比對付敵人來得有效。前國務卿喬治‧舒茲（George Shultz）反思1970年至今四十年的美國外交政策，他說：「當我想到我們花在炸彈和軍需品的錢，以及我們在越南、伊拉克、阿富汗和其他世界各地遭遇到的失敗……我們應該在這些國家建立學校和醫院，改善他們兒童的生活，而不是用武力推進我

---

13 譯注：蘇聯部長會議主席即蘇聯總理。

們的議程。那麼到了今日這些孩子已經成長，並擔任有影響力的職位，他們會感激我們，而不是憎恨我們。」

我們為什麼袖手旁觀

在一個有組織的文明社會中，我們以各種相互依存的方式彼此依賴。我們認為人們不管願不願意，都不會將垃圾扔在我們家門口的人行道上；當我們出遠門時，鄰居會讓我們知道他們是否看到可疑活動；如果我們需要緊急醫療幫助，會有人停下來撥打九一一。在城市和城鎮共同生活，基本上就是一種合作的行為。

各級政府（聯邦、州、縣、市）透過法律來界定人民的行為，但充其量也只能解決文明邊緣最極端的情況。我們彼此依賴靠的不單是遵守法律，還要在法律不及之處根本上互助合作。少有轄區制定法律說，如果你在街上看到塞德里克的四歲小孩從腳踏車上摔下來，你一定要幫他通知塞德里克，但如果你沒有這麼做，外界普遍會認為你很可惡（阿根廷立法規定應幫助有需要的人）。

然而社會互動是複雜的，大量實驗證明我們往往出於自身利益行事，或單純就是不想插手。比方說目睹持槍行凶、搶劫或其他危險情況，清楚的社會規範會讓我們知道應該幫助這樣情況下的受害人，但恐懼插手後可能面臨的遭遇也是完全合情合理的。幾股心理力量讓我們抗拒社會規範和合作的傾向，促成我們無作為。正如社會心理學家約翰・達利（John Darley）和比伯・拉塔（Bibb Latahé）所說：「『我不想介入』是一種熟悉的說法，這句話背後存在對於人身傷害、在公開場合遭遇難堪、捲入警方工作程序、影響或失去工作，以及其他未知危險的擔憂。」

此外，在許多似乎需要介入的情況中，我們並非唯一的目擊者，比方說發生在公共場所的事件。做為一個高度社會化的物種，與其他成千上萬的人貼近地生活，我們想要融入社會。然而這種渴望反而會促使我們觀察他人的反應尋求線索，看看在這個特定情況下什麼是可以被接受的。我們看到對街有人似乎打算搶劫，我們舉目四望，其他幾十個人也都看到相同的情況，但

沒有人對此做出任何反應。「也許，」我們自己心想，「這事情不是表面看起來的那樣。其他人都沒有做出任何反應，或許他們知道某些我不知道的內情。也許這不真的是搶劫；這只是兩個彼此認識的人之間即興的摔跤對抗。我應該尊重他們的隱私。」

我們不知道的是，其他人也環顧四周、展開類似的內心對話，並獲致同樣的結論，認為介入這個特定的衝突會違反社會規範。這些不只是在教科書中提到的問題。2011 年，一名心臟有問題的六十一歲男子沃爾特·萬斯（Walter Vance），在西維吉尼亞州的靶心商店內倒地後死亡，有數百名購物者經過、甚至越過他的屍體卻無動於衷。2013 年，密西根州卡拉馬祖 QuickStop 便利商店的消費者跨過門口一名遭槍擊倒地處在彌留狀態的男子，收銀員繼續為客戶提供服務，卻沒有檢查受害者是否還活著。

這種袖手旁觀傾向是由三個強大且相關的心理學原理所驅動。一是順應他人行為的強烈欲望（從眾），希望這能使我們為所處社會團體所接受，如此一來我們會被視為合作與合群的。二是社會比較——我們往往以他人的行為來檢視我們的行為。

導致我們無為的第三股力量在於責任分散。這是基於公平與想要懲罰不勞而獲者的一種非常自然且根深蒂固的感受：「如果其他人都不做，為什麼我要做？他們跟我一樣都可以出手做點什麼。」

達利與拉塔內進行的經典實驗，模擬設計了現實生活中的醫療急救情況。當受試者自認是唯一目擊癲癇患者發作之人時，與在場有其他四人同時目擊的情況相較，尋求立即幫助的可能性提高近三倍。責任分散會延伸為分散無動於衷表現所受到的譴責壓力，而極有可能我們不認識的他人已採取了像是報警的援助行動。

就像是達利和拉塔內說的，當緊急情況在場的旁觀者只有一人時，如果需要援助就必須由他出手。雖然他可能會選擇無視情況（出於自身安全的考量或是「不想捲入」），但插手與否的壓力都由他一人扛起。然而當在場有數名目擊者時，插手的壓力就不落在任何一名目擊者肩上；干預的責任起而代之是由所有圍觀者共同承擔，而非任何單獨個人。結果就是沒有人會伸出援手。

當然，針對道德觀念進行推理，這並非特別值得讚揚的形式，但它確實抓住人性的重要組成部分。無可否認地，這不是我們做為一個物種最值得驕傲的時刻。我們不只是一個社交物種，往往還是自私的物種。正如參與達利和拉塔內實驗的一位受試者所說的，面對癲癇發作的人，「我就是命中注定會遇到衰事！」也就是說，他並不同情患者，只考慮到遇到危機阻礙帶給他的不便。值得慶幸的是，我們不會在每種情況下都做出如此反應。

人類和其他動物通常是無私的。鵝會干冒巨大的個別風險彼此互助；長尾黑顎猴會在掠食者接近時發布警報，將自己大剌剌地暴露在掠食者眼前；貓鼬會在同伴進食時站崗。支持這類利他站哨行為的神經化學機制為何？催產素——這種社會關係荷爾蒙，同樣會增加人與人之間的信任與社會合作。

我們的自私和無私反應之間的區別，可以被看作是種分類謬誤。當我們涉及從眾、社會比較或是責任分散時，我們將自己劃入與受害者相對的較大團體，並自認與團體內成員站在同一陣線。我們不認同受害者，後者成為不被信任或至少是受到誤解的團體外成員。

這就是為什麼達利與拉塔內發現，眾多受試者在他們以為自己是唯一的目擊者時會競相伸出援手——因為他們無法將自己劃入某個社會團體之中，所以可以不受限制地認同受害者。瞭解這些原則可以幫助我們克服偏見，如此同情受害者，並壓制「我不想插手」的傾向。

你的社交世界是你的社交世界。誰又能說該如何安排呢？我們彼此之間的聯繫日益緊密，我們的幸福和福祉越來越難以分割。衡量成功社會的一個標準，是公民涉入公眾利益促進的程度。如果你在高速公路上看到安柏警報，接著見到待尋的車牌號碼，請打電話報警。試著做個合群的人。我們社會生活的各個面向正在數位化，這仍是我們共同生活的社會。

第五章

關於時間的迷思何在？保留你的創意時間

ORGANIZING OUR TIME

What Is the Mystery?

十七歲已婚的露絲是六個小孩的母親。她正為了她哥哥、丈夫和孩子準備傍晚六點的晚餐。當她的丈夫在六點十分走進廚房時，他看到爐子上有兩鍋料理，但是肉仍在冷凍狀態，沙拉只弄好了一部分。露絲拿起一盤甜點正準備上桌。她沒有意識到自己做事的順序錯誤，或者說有所謂正確的處理程序。

厄尼一開始是名會計師，三十二歲那年晉升為一家建築公司的會計長。他的朋友和家人認為他非常負責可靠。三十五歲時，他突然把所有積蓄拿去跟一位不靈光的商人合夥，不久後就宣布破產。之後，厄尼在一個又一個的工作間流動，被開除的原因每一次都是因為遲到、雜亂無章，以及缺乏整體規劃和瞭解工作任務優先順序的能力。他早上需要花兩個多小時打理自己才能出門上班，並經常整天除了刮鬍子跟洗頭外什麼事都不做。厄尼突然失去正確評估未來需求的能力：他堅決拒絕出清無用的財物，像是五台故障的電視機、六架故障的風扇、各種枯死的盆栽，以及裝滿冷凍柳橙汁空罐頭的三個袋子。

彼得是位擁有耶魯大學碩士學位的成功建築師，具有數學和科學專長，智商較平均高出二十五分。他被指派一項簡單任務，重新規劃一個小型辦公空間，卻發現自己完全沒有頭緒。他花了將近兩個小時準備開始這項計畫，而一旦他開始動手，就莫名其妙地不斷從頭開始。他為零星想法製作了幾個

181

草圖，但無法連結這些想法或改善草圖。他很清楚知道自己的思維失序了。「我知道我要畫什麼，但我就是不這麼做。這太瘋狂……這就像我有一連串的想法，但當我開始要去畫它時，我就會迷失在其中。然後，我有兩個不同的想法而兩者並無交集……而這其實是個非常簡單的問題。」

露絲、厄尼和彼得的共同點，是在上述事件發生前不久，他們三人的前額葉皮層都受到了損害。我先前寫到這部分的大腦連同前扣帶、基底核和島葉，有助於我們安排時間、規劃和持續專注，並在我們展開任務後堅持下去。網絡化的大腦不是一塊未分化的組織——零散部位受到損害，往往會造成非常特定的障礙。前額葉皮層受損會大肆破壞規劃一系列活動的能力，以及後續維持平穩且富有成效的努力，致使我們無法善用時間完成目標。但即便是在我們最健康的時候，偶爾也會表現得像是前額葉受損一般，錯過約會、犯下愚蠢的錯誤，或是沒有善用大腦進化出的能力規劃時間。

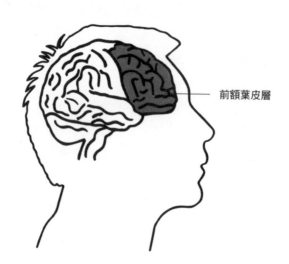

前額葉皮層

時間的生物學現實

神祕主義者和物理學家都告訴我們，時間是一種幻覺，是我們思維的產物。在這方面，時間就像顏色——顏色在物理世界並不存在，而是不同波長的光經過物體反射而成；正如牛頓所說的，光波本身是無色的。我們對顏色

的整體感覺，來自大腦視覺皮層對這些波長的處理，而將它們詮釋為顏色。

當然，顏色並不因此顯得主觀或較不真實。我們看見一顆草莓，它是紅色的，而不是看起來像是紅色的。用類似觀點思索時間，也可以將時間看成大腦加諸在我們對世界的經驗上的一種詮釋。我們在經過一定時間後會感到肚子餓，我們在清醒一定時間後會覺得愛睏。地球繞著地軸和太陽規律轉動，讓我們用一連串週期性的事件組織時間，如白天和黑夜還有四季，這回過頭來讓我們在心裡記下時間的推移。在先前的人類歷史上，沒有比今日人們更掛心時間的，我們將時間切分成一塊塊，然後與我們打算在這些時間內完成的活動和期望連結在一起。對我們而言，這些時間區塊就跟草莓是紅色的一樣真實。

我們大多數人的生活有賴時鐘。我們用二十四小時制的時鐘組織時間，訂定約會、起床、睡覺跟吃飯的時間。一天的長度是依照地球轉動的週期而定，但這個將一天均分的想法是從哪裡來的？以及為什麼一天是二十四小時？

據我們所知，最早劃分時間的是蘇美人，他們將有陽光的白日劃分成六等分（每一等分大約相當於我們現在的兩小時）。其他古代時間測量系統，計量一天從日出到日落的長度，將之劃分成兩個相等的部分。這樣一來，隨著季節不同白日的長度改變，古代的早晨和下午長度也有所變化。

今日我們最熟悉的三種時間劃分法，依舊是基於天上星體的運行，只是現在的我們稱之為天體物理學。一年的長度由地球繞行太陽所需的時間決定，一個月的長度（大致上）是月球繞行地球所花費的時間；一天的長度是地球地軸自轉所需的時間（兩個連續日出或日落之間的時間跨度）。但進一步的區分並不基於任何物理定律，而是出於任意的歷史因素。沒有任何固有生物或天體週期促使我們將一天劃分為二十四等份。

將時鐘分為二十四等份的做法來自古埃及人，他們將一天分為十份，然後在不明確的晨昏階段各加上一個小時，變成十二份。考古遺址中出現的埃及日晷證明了這一點。夜幕降臨後，就要藉由一些手段持續記錄時間，包括追蹤星辰的移動、燃燒蠟燭，或用底部鑽有小孔的容器接力量水。巴比倫人還有古希臘的數學家和天文學家依巴谷（Hipparchus），也都將一天固定劃分

成二十四小時。

一小時六十分鐘、一分鐘六十秒的劃分也是任意的，衍生自希臘數學家埃拉托斯特尼（Eratosthenes）為了在早期的製圖系統上呈現緯度，而將圓圈劃分成六十份。

人類歷史上大部分的時候並沒有鐘錶或任何手段能準確地計算時間，需要聚首的會面和儀式則會參考明顯的自然事件，如「請在月圓時到我們的營地」或「我會在日落時與你見面」。不可能（也不需要）比這更精確了。我們習慣使用的精確時間，是從修造鐵路後才開始的。你可能以為理由是鐵路局希望能準時發車，為了方便乘客起見而採行了標準化時間；但其實是出於安全考量。1840 年代早期接二連三的鐵路碰撞事件發生後，調查人員尋求改善通訊和減少事故的方式。在此之前，報時被認為是各個城市或鄉鎮的地方事務，由於沒有快速的通訊或運輸方式，各地時間不同步也就不構成實際上的缺點──況且沒辦法真的確知時間是否同步！

曾參與設計加拿大許多鐵路工程的蘇格蘭工程師桑福德・弗萊明爵士（Sir Sandford Fleming），構思了世界標準時區的概念，並在 1883 年下旬為加拿大和美國所有鐵路所採用。美國國會要到三十五年後才通過標準時間法案。

儘管如此，我們所謂的小時、分鐘和日是任意的：將一日劃分成二十四等份，或是將小時和分鐘分成六十等份，並不是出於物理或生理上的必須。因為這些劃分沒有抵觸任何內在的生理過程，所以很容易就被採納了。

跟時間有關的生理機制

時間是否涉及任何生理相關的常數？由於老化之故，我們的壽限看來似乎約為一百年（或增減二十年）。曾有理論認為，壽命有限是由基因決定，目的是要限制人口規模，但這看法已遭到駁斥，因為在條件惡劣的野外，多數物種的壽命甚至短到老化來不及發生，所以沒有數量過剩的威脅。

少數完全不會老化的物種，就技術上而言可說是不朽的，當中包括一些水母、扁形蟲（渦蟲）和水螅；造成牠們死亡的原因不是受傷就是疾病。人類的情況與此形成鮮明對比──每天世界上大約有十五萬人死亡，其中三分

之二死於老化相關原因，在戰爭或疾病較不太可能影響壽命的和平已開發工業國家中，這個數字可以達到 90% 以上。

天擇對老化進程的影響非常有限，或甚至沒有機會施加任何影響。天擇傾向於支持在生育年齡前的生命早期會對生物產生良好影響的基因，即使它們在老年階段會有不良影響。一旦一個人已經繁衍並藉此將他或她的基因傳給下一代，天擇就不再操控個人的基因組。

這會帶來兩種後果。如果一個人遺傳了基因突變，使他不太可能繁衍後代（有個基因使他在早年接段受到疾病侵襲或單純就是讓他對異性缺乏吸引力），該基因將不太可能出現在下一代身上。另一方面，假設有兩個基因突變並各自具有生存優勢，讓這人特別富有吸引力，但是其中一個基因突變的副作用是在七十五歲時會罹患癌症，但到此時也已經離他最可能傳宗接代的時期有好幾十年了。

這就是天擇無法攔阻致癌基因的原因，因為該基因要到傳遞給下一代後才會顯現出來。因此，造成老年生存危機的遺傳變異，如罹患癌症或是骨骼疏鬆等變異，傾向在一個人變老並且過了生育高峰期許久之後逐漸累積（這是因為只有極少部分的生物在一定年齡後還會繁衍後代，致使超過這年齡的遺傳投資只有比例很少的人口獲益）；再加上海弗利克極限（Hayflick limit），[1] 也就是連續的細胞分裂累積錯誤，會造成細胞分裂有次數上的限制。因此，我們不僅會死亡且壽命有限的事實，在不同的生命階段產生不同的影響。本章末尾我還會寫到這點。

至於與小時和分鐘最為相關的常數是人的心臟速率，通常是每分鐘六十到一百次不等；還有為了身體正常運作，我們有三分之一的時間拿來睡覺；如果沒有陽光的提醒，我們的身體會逐漸傾向一天二十五小時的長度運作，目前生理學家和生物學家還不知道為什麼會這樣。再來，看看發生在千分之一秒內的事情，這是我們所能感受到的時間分辨率的生理常數。如果聲音之間的留白空檔短於十毫秒，我們就會聽不出來，因為這就是聽覺系統分辨率

---

1 譯注：細胞每次複製 DNA，端粒都會逐漸變短，造成染色體組成不穩定，使得細胞進入凋亡期，或是可能造成免疫力下降和癌變。

的極限。

出於同樣的理由，一連串的點擊動作當以每二十五毫秒一次左右的速度呈現時，聽起來就不再像是點擊，而會成為音符。當你翻閱靜態（靜止）照片時，速度一定要低於每四十毫秒翻閱一頁，才能看到一張張個別的圖像。比這快的速度將使它們超過我們視覺系統的時間分辨率，造成我們感知到畫面在動，雖然其實並非如此（動畫和動態影像即是根據這點而來）。

照片的趣味之處在於能捕捉和留存超出我們視覺系統所能分辨的世界。當這種情況發生時，我們便能透過照片，看到單憑眼睛和大腦本身絕不可能看見的世界。一百二十五和兩百五十的快門速度，讓我們看見發生在八毫秒和四毫秒瞬間的世界圖像，這就是讓我們愛上它們的部分原因，尤其是當照片捕捉到的是人體的運動與表情時。這些感官的極限受到結合神經生物學和感官物理力學所造成的約束。個別神經元的擊發速率具有一定範圍，從每毫秒至每兩百五十毫秒左右放電一次。

我們擁有比任何其他物種更高度發達的前額葉皮層，它造就了我們認定為人類獨有的許多行為：邏輯、分析、解決問題的能力、運用良好的判斷力，以及規劃未來和決策的制定力。正是由於這些原因，它通常被稱為中央執行單位或是大腦的執行長。大腦前額葉皮層和幾乎所有其他大腦區域之間，有著廣泛的雙向連結；這使它擁有獨特的地位，去安排、監控、管理和操作幾乎每項我們所進行的活動。就像是真正的執行長，我們大腦的執行長領有以新陳代謝做為貨幣支付的高薪。瞭解它們如何運作（以及它們究竟如何獲得報酬）有助於我們在運用它們的時間上更有效率。

我們很自然地認為因為前額葉皮層策劃所有的活動和思想，就必定具有大量的神經束與其他大腦區域間往復溝通，以便激發它們、使之活絡。事實上，前額葉皮層與大腦其他區域間大部分的連結不但不會促成刺激，反而會抑制刺激。

這是因為人類前額葉皮層的一個偉大成就就是為我們提供衝動控制，並且因此延遲滿足，這是大多數動物所缺乏的能力。試著在貓面前晃動繩子，或是在獵犬面前扔球，看看牠們是否還能保持不動。由於人類的前額葉皮層要到二十歲以後才發展完全，青少年的衝動控制因此尚未完全發展（正如許

多青少年的父母所觀察的）。這也是為什麼兒童與青少年在計畫或延遲滿足方面的表現並不特別出色。

前額葉受損會失去對時間的控制

當前額葉皮層受損（例如因為疾病、受傷或腫瘤），會導致一種稱為執行功能失常症候群的特殊醫療情況。在家庭主婦露絲、會計師厄尼與建築師彼得身上發生的時間規劃和協調缺失，可以辨識出該症候群的情況。它也常伴隨著一系列特別是發生在社交場合上的失序行為，患者可能脫口說出不當言論，或者沉溺賭博、飲酒或與不適宜的伴侶產生性行為。他們往往對於眼前事物立即產生行動。看到有人移動，他們很難抑制模仿這些行為的衝動；若他們看到一樣東西，便會把它撿起來使用。

這跟安排時間有什麼關係呢？如果你受到的抑制減弱，就會降低你預見你的行為在未來可能產生後果的能力，如此便會傾向在當下做出日後可能會後悔的事，或是難以適當完成著手中的計畫。

持續觀看一整季的《廣告狂人》影集而沒有處理公務？吃一個（或兩個）甜甜圈而沒能堅持減肥？這是你的前額葉皮層沒有善盡職責。此外，前額葉皮層受損，會導致人類大腦處理時間進退失據、無能失效。還記得本章開始對建築師彼得一遍又一遍地從頭開始、無法與時推移所做的描述？執行功能失常症候群的患者常常停留在現在，不斷重複行為，固執且顯現出對時間控制的失能。

由於神經缺陷的雙重夾擊，這類患者在安排行事曆與待辦事項清單上的表現可能很糟。首先，他們無法按照正確的時間順序安排事情。受損嚴重的患者可能會在添加所有配方之前，就將蛋糕送入烤箱。許多額葉受損的患者並不知道自己的缺失；因為額葉病變而缺乏洞察力的患者，普遍低估自己的失能。失能已經夠糟了，但如果你不知道自己失能，便很容易在沒有採取適當的預防措施前一頭陷入情況中，最終陷入困境。

事情還沒完，嚴重的前額葉皮層損傷，會干擾讓不同的思想和觀念產生連結與關聯的能力，導致創造力的喪失。前額葉皮層對於催生藝術和音樂的

創意行為尤其重要。這個大腦區域在藝術家的創作巔峰時期最為活躍。

如果你有興趣試看看前額葉皮層受損是什麼狀況，有一個簡單而可逆的方式：喝醉。藉由破壞多巴胺受體與阻斷被稱為 NMDA 受體的特定種類神經細胞，酒精會干擾前額葉皮層神經元彼此溝通的能力，使我們類似於額葉損傷患者。重度飲酒者也經歷額葉系統的雙重夾擊：他們可能會失去某些功能，如衝動控制或運動協調或安全駕駛的能力，但他們不知道自己已失去這些能力（會根本就不在意），所以他們仍然向前奮進。

額葉的多巴胺神經元過度生長會導致自閉症（特點是社交笨拙和重複行為），一定程度上類似額葉損壞的狀況。相反地，帕金森症和注意力缺陷症（ADD）患者額葉的多巴胺神經元則減少，造成思緒不集中與缺乏計畫，有時可以藉由給予左旋多巴或是派醋甲酯（也以藥品名稱「利他能」為人所知）改善，這些都是增加額葉多巴胺的藥物。我們已從自閉症和帕金森症患者身上瞭解到，多巴胺過多或過少都會導致功能障礙。我們大多數人的生活處於一切恰到好處的平衡狀態，因此我們可以策劃活動並依照規劃執行，並抑制會讓我們偏離常軌的衝動。

大腦協調大部分的身體管理和計時功能，這點可能顯而易見，包括調節心跳和血壓、號令睡眠與清醒、讓我們知道餓了或飽了，並在外界溫度變化時維持體溫。這種協調發生在我們與所有脊椎動物共享的結構——所謂的爬蟲類大腦裡。除了這一點，大腦皮層也處理高階的認知功能：推理、解決問題的能力、語言、音樂、精密的運動、數學能力、藝術，以及支持以上種種活動的心理運作，包括記憶力、注意力、知覺、運動規劃和分類。腦部的總重量為一點四公斤，僅占成年人身體總重量的一小部分，通常為 2%。但它消耗身體所有使用能量的 20%。為什麼呢？一個也許過於簡化的回答是：時間就是能量。

神經元的溝通十分快速——它必須如此——速度可達每小時超過五百公里，且神經元彼此間每秒溝通數百次。單個靜止的神經元所輸出的電壓為七十毫伏，大約等同於一個 iPod。如果你可以為神經元掛上一對耳機，你實際上可以聽到它以點擊聲輸出的成串節奏。我的同事彼得・賈納塔（Petr Janata）很多年前就針對貓頭鷹的大腦神經元這樣試過，他將十分小巧輕薄的

電線一端連結貓頭鷹的大腦神經元，另一端接到放大器和喇叭。對著貓頭鷹播放音樂，彼得可以聽到神經元的放電模式與原來音樂的節奏和音高相同。

控制神經元之間溝通的神經化學物質由大腦本身所製造。包括一些相對知名的化學物質，諸如血清素、多巴胺、催產素、腎上腺素、乙醯膽鹼、氨基丁酸、谷氨酸和內源性大麻素。化學物質在非常特定的位置針對特定的突觸釋放，以改變大腦內資訊的流動。製造這些化學物質並分發它們，可用來規範並調節大腦的活動需要能量——神經元是會新陳代謝的活細胞，它們從葡萄糖取得能量。除了睪丸，身體沒有任何其他組織能單單依靠葡萄糖取得能量（這就是為什麼男人偶爾會體驗到他們的大腦和腺體之間競爭資源的對抗）。

多項研究表明，吃或喝葡萄糖能提高耗費心神任務上的表現。比方說，要求實驗的受試者解決困難的問題，其中半數攝取甜食、半數則否。攝取甜食的受試者表現得更好、更迅速，這是因為他們供應身體葡萄糖直達大腦，有助於餵飽那些解決問題的神經迴路。這並不意味著你應該趕快出門採買大量糖果，其中一個原因在於大腦可以在有需要時利用體內已儲存的葡萄糖。另一個原因是，長期攝入糖分（這些實驗只著眼於短期攝取）可能損害其他系統，並導致糖尿病和糖潰散（sugar crash），很多人後來會在糖分帶來的高潮消退後感到突然的虛脫。

就像汽車消耗汽油，大腦燃燒無論由何而來的葡萄糖，以支援心理活動。到底大腦使用多少能量？當放鬆或做白日夢時，大腦一個小時消耗十一卡路里或是十五瓦特（大約相等於一個新型的節能燈泡）。當運用中央執行功能進行閱讀時，一小時大約需要四十二卡路里。坐在課堂上，相形之下消耗六十五卡路里——這不是你在座位上坐立不安所消耗的能量（這點不在我們的考量範圍內）——而是吸收新資訊所需的額外心理能量。大多數大腦的能量使用於突觸的傳遞，也就是神經元彼此的連接，以及後續想法和意見之間的連結。

這一切都指向：良好的時間管理，意味著以能最大限度提高大腦效率的方式組織我們的時間。今天我們許多人提出的大哉問是：這是否表示該一次做一件事，或是多頭馬車進行？如果我們一次只做一件事，我們有希望迎頭趕上嗎？

一心多用會干擾解決問題的能力和創造力

麻省理工學院的神經學家米勒說，大腦「一次只從世界接受一小部分的資訊」。你可能會認為你所獲知的資料與你周圍發生的事件之間沒有落差，但現實是你的大腦「拾取、選擇，並預測它認為十分重要、所以你需要注意的事情」。

我在第一章和第三章中談到多頭馬車所耗費的新陳代謝成本，像是一邊閱讀電子郵件、一邊講電話，或是一邊上社交網絡、一邊讀書。在任務間轉換注意力，需要更多能量，因此耗費在專注上的力氣變少。這意味著有一種安排自己時間的方式，不僅可以專注於完成更多工作，完工後也比較不會感到疲累或是耗盡神經化學物質。白日夢模式所需的能量也比多頭馬車少。在專注模式和白日夢模式之間自然直觀的拉鋸，有助大腦重新校準與恢復。多頭馬車則無此效果。

更重要的是，一心多用根據定義會干擾解決問題和創造力常常需要的那種持續的思考。加州大學爾灣分校資訊學教授格洛里亞·馬克（Gloria Mark）解釋了何以一心多用不利於創新。她說，「在一項計畫上花上十分半鐘的時間，並不足以深入思考任何事情。」創意的解決方案經常來自允許在專注聚焦和做白日夢之間接連的辯證。

更複雜的事情是大腦的覺醒系統具有對新奇事物的偏見，即其注意力很容易被新鮮事物所把持—我們都知道該用亮晶晶的東西引誘嬰兒、小狗和貓。這個偏見比我們某些最深層的生存驅力更為強大；人類想獲得新經驗所付出的努力，就跟爭取一餐或是爭取伴侶相當。對於我們這些專注在競爭活動上的人來說，遭遇到的困難非常很明確：為了專注在任務上，我們所依賴的大腦區域正好很容易因為閃亮的新事物而分心。當我們多頭馬車工作時，會不知不覺進入成癮循環，大腦的新奇中心會因為處理閃亮的新刺激獲得獎勵，損害我們專注在任務上、用持續的努力和注意力獲得獎勵的前額葉皮層。我們需要訓練自己追求長期而放棄短期獎勵。不要忘了，知道你的收件夾中有一封未讀郵件，可以有效降低你的智商表現十分；而一心多用，則會讓你想知道的資訊被導向錯誤的大腦區域。

認知風格因人而異，多頭馬車呈現的權衡折衷之道，往往歸結為專注與創造力的相互抗衡。當我們稱某人專注，我們通常指的是他們裡外一致地著眼於當前，以避免分心。另一方面，創造力則意味著能夠連結不同的事物。所謂的創意發現，指的是藉由類比、比喻或將我們沒有意識到彼此關聯的事物綁在一起，以探究新的想法。這需要在專注聚焦和較為廣闊的觀點之間取得微妙平衡。某些服用如派醋甲酯等增強多巴胺藥物的人提出，服藥可以幫助他們保持工作動力、持續專注並避免注意力分散，促成他們持續重複性的工作。他們所回報的缺點則是，他們產生連結與關聯的能力，以及廣大富創意的思維都被摧毀了。這凸顯了專注和創造力之間的拉鋸關係。

被稱為 COMT 的有趣基因，能透過調節前額葉皮層的多巴胺，促使人進行任務切換。COMT 攜帶指令到大腦，告訴大腦如何製造酶（在此，兒茶酚－O－甲基轉移酶縮寫成 COMT），幫助前額葉皮層維持多巴胺和去甲腎上腺素的最佳水準，而這兩者都是保持專注至關重要的神經化學物質。具有特定 COMT 版本基因的人（稱為 Val158Met）前額葉皮層的多巴胺水準低，顯示出更大的認知彈性，更容易進行任務切換，因此比一般人更富創造力。

具有不同版本 COMT 基因（稱為 VAL/VAL 同型結合子）的人多巴胺水準高、缺乏認知彈性，並難以切換任務。這與一般對注意力缺陷症患者所做的觀察一致──特徵是多巴胺水準低──這也表示他們更富創意。可以非常專注在一項任務上的人，可能會是循規蹈矩的優秀員工，但不特別具有創意。記住，這些都是基於統計數據所做的概括陳述，其中還是有許多個人差異和不同存在。

露絲、厄尼和彼得被諸如煮飯、清理家中故障不需要的物品，或重新裝修小辦公室的日常活動所卡住。我們要完成的任何任務都需要界定開始與結束。在更複雜的情況下，我們需要將一整個任務劃分成可管理的區塊，每塊都有自己的開始和結束。比方說蓋房子，這件事情似乎是難以想像地複雜，但建築商不是這麼看的。他們將工程劃分成階段與區塊：填平和準備建地、打地基、建立上層建築和支架、排水、供電、安裝牆板、地板、門、櫥櫃和油漆等等，然後再將各個階段每一個都進一步劃分為可管理的區塊。前額葉皮層受損所引發的狀況，包括可能會導致無法劃分事件，或是無法將劃分後

的事件按照適當順序銜接進行——前者造成彼得難以重修辦公室，後者則是露絲不按順序烹調食物的原因。

人類最複雜的行為包括把一連串事件依照正確時間順序排列。為了完成時間排序，人類大腦需要設置不同情境，一個接著一個，思考如果萬一，並考量不同的搭配組合，以釐清它們如何相互影響。我們倒推估算每項工作的完成時間。時間排序與記憶和空間的地圖一同呈現在海馬迴。如果你在種植花草，你會先挖一個洞，然後把花從暫時安置的花盆中移出，再把花植入地下，最後用土填埋再澆水。

對我們無時無刻不在做的事來說，這點似乎顯而易見，任何試過組裝家具的人都知道，如果你的組裝順序錯誤，可能需要拆開從頭開始。大腦這種排序能力有賴海馬迴和前額葉皮層之間的溝通，它們持續忙碌地在腦海裡組合成品與半成品的圖像（大部分時候是下意識地進行）。設想如果你做事不按牌理出牌會發生什麼狀況？（你不會想在已將奶油舀上派後才來攪打，真是亂七八糟！）

更多認知上的投注，使得一連串獨立的運作成為可行，當中每一項都有自己的完成時間，接著只要組織它們各自開始的時間，就能讓它們都同時完成。烹飪和戰爭這兩種常見的人類活動，就是這類奇怪的組合。

你從經驗中得知，不能將剛從烤箱中取出的派端上桌，因為這樣太燙了；又或者烤箱需要一點時間預熱。在正確的時間將派端上餐桌的目標，意味著你需要考慮到這些不同的時序參數，所以你需要快速根據直覺或是經驗，來計算大夥喝湯吃麵的時間需要多久？大夥吃完主菜後大概要等多久才會想要用甜點（如果你太快上甜點的話，他們可能會覺得有點趕；如果等待時間過長，他們可能會越來越來不耐煩）？我們從要將派端上餐桌的這個時間點往回推算何時需要預熱烘箱，以確保上菜的時機正確。

戰爭演習也需要精確的時間規劃

戰爭演習也要求基本上相同的精確組織和時間規劃。二戰中，盟軍以迅雷不及掩耳的速度打敗德軍，除了使用一連串的詐術，還包括德軍入侵現場

沒有港口存在的事實；德軍因而假定盟軍的攻勢不可能在沒有船艦補給下持續。然而空前大量物資和人力暗地裡來勢洶洶地來到諾曼地。就這樣，可移動的人工港口迅速地在濱海聖洛朗和阿爾羅芒謝萊班興建。

代號為桑椹的這座港口，就像一個巨大的拼圖般被組裝起來，當全面使用時可以移動七千噸的車輛、物資以及每天的人員。港口的運作有賴約四十一萬立方公尺的混凝土、六萬六千噸的鋼筋、九千根木材（約四十萬立方公尺）、三十三萬平方公尺的膠合板，以及一百五十五公里長的鋼繩，並需要兩萬名人力的打造，這些都必須以正確的順序在適當的時間到位。

建造並將它運送到諾曼地而不被發現或引起懷疑，被認為是人類史上最偉大的工程和軍事壯舉之一，也是人類規劃和時間安排的傑作——這都要感謝前額葉和海馬迴之間的連結。

祕密計畫入侵諾曼地像所有計畫一般，最初看似極其困難，但是巧妙劃分成任務細項（上千的小型任務）就變得容易很多。此一原則適用於所有規模的計畫：如果你有件大計畫要完成，將它拆解成有意義、能實現且可行的區塊吧。這會使時間管理變得容易得多；你只需要管理並完成單一區塊的時間。而每個階段的任務完成都會附帶神經化學物質帶來的滿足感。

接下來就是平衡你的執行和監控進度，這對任何多步驟的計畫來說都是必要的。計畫的每一步驟都需要我們不時停下實際工作、客觀地觀察，以確保我們執行妥當，並對截至目前的成果感到滿意。我們的心靈之眼回頭查看我們所做的事情，釐清是否有需要重做的部分，還是可以繼續向前推進。

無論我們是在打磨精細木製櫥櫃、揉製麵團、梳頭髮、畫畫或者建立PowerPoint 講稿，都是相同的。這是一種常見的循環：我們工作、檢視工作、進行調整、然後向前推進。前額葉皮層協調外在現實與腦中規劃的比較工作。試想一位藝術家評估她剛剛的著色是否達到她要的效果，或者想一想像是拖地這樣簡單的事——我們不僅是盲目地來回揮動拖把；我們會確保地板變得乾淨。如果沒有，我們就回頭在髒汙處多抹兩下。許多無論是創意或世俗的任務，都需要我們不斷地在工作和評估兩方面往返，在腦海裡的理想圖像與我們眼前的工作之間做比較。

又是老闆又是工人：多頭馬車耗損能量

這種需要我們大腦不斷反覆思索的事情最消耗精力。我們跨出時間和當下的限制，察看全局。我們可能喜歡或不喜歡我們所看到的，然後我們回到工作本身，無論是再度前進，或是回頭修正概念或實際上的錯誤。正如你現在所熟知的，這種注意力和觀點的切換很累人，就像多頭馬車一樣，它比起專事一項單一任務消耗更多大腦養分。

在這樣的情況下，我們的功能既是老闆也是員工。擅長其中一者，不意味你也能扮演好另一者的角色。每位總承包商都知道，畫家、木匠或鋪磁磚工人的手藝就算精巧，也需要有人從旁提供觀點。許多分包商實際上做的工作，既不希望也沒能力考量預算或是衡量時間和金錢做出最佳決定。事實上如果讓他們獨立運作，完美主義會讓他們當中某些人結果什麼也無法完成。

我曾與一位錄音師合作，在我阻止並提醒他我們仍有十一首歌曲待製作之前，他已經為了嘗試製作一首完美的三分鐘歌曲超支預算。音樂界只有少數藝術家產量出眾（史蒂夫‧汪達、保羅‧麥卡尼、王子、吉米‧佩奇、瓊妮‧蜜雪兒和史提利‧丹），這並非偶然。許許多多的博士生就屬於這一類，他們過於完美主義而無法前進，所以從未完成他們的學位。博士生導師的實際的工作不是教導研究生事實，而是要讓他們保持在常軌上前進。

規劃和動手做有賴大腦的不同部位。既是老闆又是工人，需要形成和維持多元且分層的注意力組合，然後在它們之間來回穿梭。你的大腦中央執行單位注意到地板髒了，它先形成「拖地板」這個執行的注意力組合，然後又建構了「動手」的注意力組合，以進行實際的清掃。

執行組合只關心該工作已經完成，並且做得很好。它可能會找到拖把、適合該拖把的水桶與地板清潔產品；然後動手組合、起身弄濕拖把、開始工作、觀察拖把頭，三不五時在它變得太髒時，將它放回水桶裡清洗。一位好員工的注意力關照一切，搖身一變成為細心的工人，會讓你看到拖把無法清除的汙點，會跪下來用手刮除、磨去汙點，或是使用任何必要的方法辦到這一點。

細心的工人與一般工人或老闆相比，擁有不同的心智組合與目標。細心的工人對付角落的汙漬十五分鐘後，他的配偶走進來說：「你瘋了！？你還

有整層樓的範圍要清潔，而客人十五分鐘內就要抵達了！」注重細節的工人會將觀點拉高到與老闆一致，再度看見大局。

所有這些從老闆下至工人，再下至細心工人，然後再返回的觀點轉換，是注意力組合的持續變化。這般多頭馬車耗費大量新陳代謝，這正是為什麼優良的手洗車工廠會將工作分攤給三種工人。有些洗車工人只將肥皂抹上車並沖洗車輛。在他們完成後，由細心的工人接手，仔細查看是否留下任何汙點、清潔車輪和保險槓，然後交車給你。另外還有老闆監督整個運作過程，以確保沒有工人花費太多或太少時間在任何一個環節或車輛上。透過這種方式劃分角色，每位工人只形成一個（而不是三個）注意力組合，他們可以投身其中，而不必擔心其他層面發生的事情。

我們可以從中學習，因為我們都至少在某些時刻需要扮演某種形式的工人。研究指出，如果你有家務待做，把類似的瑣事安排在一起吧。如果你已收集一堆待繳賬單，就只支付帳單吧，別利用這段時間做出像是搬到一間較小的房子還是買一輛新車的重大決定。如果你空出時間打掃房間，就不要利用這段時間來修復你的門前台階，或是整理你的衣櫃。在你完成工作的期間，保持專注並維持單一的注意力組合。有效地組織我們的心智資源，意味著在我們的行程表上提供位置，使我們可以維持較長時間的注意力組合。這使我們能有更多的精力完成更多工作。

與管理者／工人區別相關的是前額葉皮層（包含迴路），它負責告訴我們現在是我們自己或是某人正在進行控制。當我們自己建立了一個系統，大腦會將之標誌為自我產生的。當我們涉入別人的系統，大腦則會標誌為他者。這有助於解釋為什麼堅持他人規劃的運動計畫或節食較容易：通常我們信任「專家」勝過自己。「我的教練告訴我，用八十八公斤磅的啞鈴做三回的……，每回十下。他是健身教練，他一定知道自己在說什麼。我不能規劃自己的訓練，我知道什麼啊！」要克服大腦對自我產生的動機系統之偏見，亟需大量紀律。為什麼呢？由於我們在第四章看到的基本歸因謬誤，我們不知道別人腦袋裡的想法，只知道我們自己的。

我們痛苦意識到使我們達到某個特定結論（我真的需要認真運動）的決策過程中所有的苦惱、猶豫不決與細節，卻無從得知他人的這個（大部分發生在

內部）過程；因此在很多情況下，我們傾向更看重他們篤定的態度勝過自己的（這是為你安排的計畫，你要每天做）。

除了最簡單的作業，執行所有任務都需要靈活的思維和適應的能力。除了我們討論過的許多人類特徵外，前額葉皮層還讓我們可以靈活地根據脈絡改變行為。我們切胡蘿蔔跟切起司所出的力氣不同；面對祖母與老闆，我們解釋工作的方式不同；從烤箱取出的東西要用鍋墊，但是從冰箱拿出來的不用。前額葉皮層對這類日常生活的適應策略是必要的，無論我們是在熱帶稀樹草原覓食，或是住在城市裡的摩天大樓裡。

為達成目標，要能忽略分散注意力的刺激

神經心理學家利用稱為威斯康星卡片分類測試的方式，評估靈活思維和專注任務之間的平衡。受試者依照要求，根據規則分類特殊標記的撲克牌。在下面的例子中，指令可能是依照其上有深灰色圖案的特質為這張未標號的卡片分類，在這種情況下它應該被歸入第一組。在習慣以這條規則為一堆卡片分類後，受試者又接到另一項新規則，比方說根據形狀分類（在這種情況下新卡片應分入第四組），或根據數字分類（在這種情況下新卡片應該歸入第二組）。

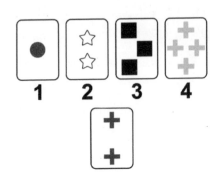

額葉受損的人難以改變他們已經開始應用的規則；他們往往墨守成規，在獲得新指示後仍舊施用舊規則。又或者他們會表現出無法堅持規則的一面，在未被提示的情況下犯下突然應用新規則的錯誤。最近發現，當人心裡掛念並遵循規則時，神經網絡同步放電模式會以獨特的腦電波振盪。例如，

如果你依照卡片上的陰影分類，你的腦電波會以特定的頻率振盪；而當你轉而以形狀分類，它們也會以不同頻率振盪。你可以與電台廣播做類比來設想這個狀況：就好像你所收到規則在大腦裡以特定頻率運作，使得所有與該規則相關的說明和溝通，都會和其他規則的相關說明和溝通不同，並且都以特定的波段發送和協調。

有效達到我們的目標，需要選擇性地專注在最有助完成任務的部分，同時成功忽略環境中其他分散注意力的刺激。但是你怎麼知道哪些因素相關，哪些則否呢？這就是我們需要專業知識之處。事實上，專家與從初學者之間的差別，就在於他們知道什麼要注意，什麼該忽視。如果你完全不懂汽車而試圖診斷車子哪裡出毛病，引擎所發出的每個刺耳、劈啪或敲擊聲，對你而言都是潛在資訊，而你想要關照所有狀況。但若你是一位專業技師，你只會集中注意在其中一個有關的噪音上而忽略其他。

一位好技師就像是偵探（也像是好醫生）般研究問題的根源，從而得知發生了什麼事。有些汽車部位與事件相關，有些則否。今天早上你添加辛烷值低的汽油可能與引擎逆火有關，而你的剎車發出吱吱聲響則無。同樣地，某些事情發生的時間點很重要，某些則否。你是在今天早上還是一年前添加低辛烷值的汽油？其重要性是不一樣的。

我們想當然爾地認為，電影有良好規劃的時間框架——電影場景——而故事的各個部分以開頭和結束劃分開來。指出這點的一個方式，就是當一個場景結束時會有個不連續的斷裂，即影片剪接。剪接這個名稱類比自電影；影片膠卷在剪接室中，實際上在一個事件結束時被剪斷，然後拼接到另一事件的開頭（今日的數位剪接不再實際上剪接影片，而是利用數位編輯的剪刀圖示來表示這動作，我們仍然稱之為剪接，就像我們用 word 編輯文字時會用「剪下與貼上」）。

若沒有剪接標誌著一個場景的結束，電影將成為長達一百二十分鐘的單一資訊接連上陣，大腦將難以處理和消化。當然現代的電影，特別是動作片，運用比先前常見更多的剪接，以此吸引我們渴求視覺刺激的胃口。

電影使用三種不同的方式剪接，我們已從經驗中學會如何解讀。剪接可以表示時間上的不連續（新場景意味三小時後發生的事）、地點改變（新場景是城鎮另一頭發生的事）或觀點不同（像是當你看到兩個人交談而攝影鏡頭在兩個人的臉上

切換）。這些對我們而言似乎是顯而易見的慣例，但我們是透過這輩子接觸漫畫、電視和電影才學到的。它們實際上是文化的發明，對我們文化以外的人來說則是沒有意義的。史丹福大學的人類學家吉姆·弗格森（Jim Ferguson）闡述他的經驗觀察。當他在撒哈拉以南的非洲進行田野調查時：

> 當我住在索托時，有一天我跟一名村民進城。他不曾來過城市。他是位聰明、識字的人，比方說他讀過聖經。但是，當他在一家商店首次看到電視時，他完全不能理解這是怎麼一回事。
>
> 我們在電影和電視裡用來陳述故事的敘述慣例，對他而言是全然陌生的。例如一個場景結束後，接下來的另一個場景時間和地點都改變了。這種差距他完全不能理解。又或者在一個單一場景中，攝影機會拍攝一個人，然後轉到另一個人身上，以便採取不同觀點。他雖然努力想要理解故事，卻根本無法做到。我們將這些視為理所當然，是因為我們從小就有所接觸。

電影剪接是特定文化敘事慣例的延伸，在我們的戲劇、小說和短篇故事中也看得到。故事，不包括角色生命的每項細節、人生的每一分鐘，而是在顯著的事件中跳轉，而我們長久以來都接受訓練，所以能瞭解發生了什麼事。

時間管理：將長時間事件切割成活動區塊

我們的大腦將資訊劃分成場景或區塊，反映了編劇、導演和編輯工作。為了做到這一點，資訊包裹（就像電影場景）必須要有開始和結束。我們的時間管理，隱含著大腦會自動將我們看到和著手的事情組織並切割成活動區塊。理查今天沒有蓋房子也沒建造浴室，他整理廚房的地板準備鋪瓷磚。即使是超人也將事情分成區塊處理，他可能每天早上醒來都告訴路易絲·萊恩說：「親愛的，我今天休息不用拯救世界。」但他告訴自己的是區分成塊以完成目標的任務清單，當中每一件都有良好規劃的開始和結束（一、追捕萊克斯·盧索。二、安全處置氪石。三、把定時炸彈丟到外太空。四、從乾洗店取回乾淨的斗篷）。

將事情區分成塊，為我們生活中的兩項重要功能提供能量。第一，藉由給予我們有清楚差異的任務，讓大型計畫成為可行。其次，利用妥善規劃開始與結束，區分我們的生活體驗，使之令人難忘。這又回過頭來讓記憶在可處理的單位中儲存和檢索。

　　雖然我們實際清醒的時間是連續的，但我們可以很容易地談論自己的生活事件，好像它們在時間之流中是被區分開來的。吃早飯的行為或多或少具有劃分開來的開始和結束，早晨淋浴也是如此。它們在你的記憶之中不至於相互滲透，因為大腦為你進行編輯、分割並貼上標籤。

　　我們可以隨意細分這些場景。因為分割，我們能夠理解生活中發生的事情，給它們時間界限。我們不會視日常生活為未分化的時刻，而是將這些時刻組織成明顯的事件，諸如「刷牙」、「吃早餐」、「看報紙」、「開車去火車站」。也就是說，我們的大腦暗中賦予事件開始和結束。同樣地，我們不會感知或記住一場美式足球賽是一連串的連續動作，我們是以每個階段、進攻和特定的重要表現，來記住這場比賽。不只是因為比賽的規則造成了這些劃分；當我們談到某個特定的打法時，我們還可以進一步細分：我們記得跑鋒切入空檔、四分衛閃躲防守線球員、四分衛的手臂向後伸張並準備扔球、他假裝要扔球，然後這名四分衛突然大步奔跑，讓人吃驚地達陣。

　　大腦有個專門部位將這些長時間的事件劃分成區塊，它就在（你已經猜到了）前額葉皮層。這類事件劃分的有趣特點，在於分層結構的建立並不需要我們思考或給予大腦指示；也就是說，我們的大腦會自動針對現實情況製作多元的分層再現。我們可以用心靈之眼從任何方向進行回顧：從上而下，也就是說從大的時間尺度往細處看；或是由下向上，從小的時間尺度往大處著眼。

　　試想一個問題，比如詢問一位朋友「你昨天做了什麼？」，你的朋友可能會給出簡單而籠統的描述，像是「哦，昨天就跟平常一樣。我去上班、回家、吃晚飯然後看電視」。這樣的描述是人們談論事件的典型方式——藉由劃分數量適中的有意義單位，分段感知複雜而動態的世界。請注意，這個反應暗中跳過了可能是一般性和不起眼的細節，像是你的朋友如何醒來並離開家門。這樣的敘述直接跳到他或她要上班，之後接著兩件較為突出的事件：吃晚餐和看電視。

分層處理的證據在於一項事實，亦即如果你對正常人提出要求，他們可以不斷細分他們的回答。「可以多談一點你的晚餐嗎？」用這類問題鼓勵他們，你可能會得到回應像是：「嗯，我做了沙拉，加熱前晚聚餐的剩菜，然後喝完希瑟和萊尼帶來的好喝的波爾多葡萄酒，即使萊尼並不喝酒。」

　　你還可以繼續往下追問。「你究竟如何準備沙拉的？不要省略任何步驟。」

　　「我從冰箱的蔬果室裡取出一些生菜清洗，番茄切片、胡蘿蔔切絲，然後加入一罐棕櫚心。接著，我淋上卡夫義大利式沙拉醬。」

　　「更詳細地告訴我，你是如何準備生菜的？就好像你在告訴一位從來沒這麼做過的人。」

　　「我從櫥櫃裡拿出一個木製沙拉碗並用抹布抹乾淨。我打開冰箱，從蔬果室取出紅葉生菜。我剝去一層菜葉，仔細查看，確保沒有任何蟲子。我將菜葉撕成一口大小，然後將它們放在一盆水裡浸泡一下。接著我把水倒掉，在水流之下沖洗菜葉，並把它們放進蔬菜脫水器脫水。然後我把所有脫去水分的生菜放入沙拉碗中，並添加我提到的其他配料。」

　　這些描述的中的每個點都在階層結構中佔有地位，並且每個都是不同時間解析度的事件。我們傾向以一種自然的分層描述這些事件，仿照我在第二章描述的自然分層（在描述像是鳥和樹時所依照的根本分類）。如果你在描述時所使用的階層分類太高或太低，也就是你的說明出人意料之外或是非典型的，通常是為了呈現某種觀點。運用錯誤的描述層級似乎是異常的，這違反了格里斯的量的規則。

　　藝術家往往無視這些規範而呈現藝術，讓觀眾能以不同角度觀看事物。我們可以想像在電影的連續畫面中，某人正在準備沙拉，而每個撕裂生菜的小動作都用特寫鏡頭呈現。這似乎違背了講述故事就是要讓故事向前推動的資訊傳統，但是這個看似不重要的撕生菜動作，引發我們對於電影導演或講故事者手法的戲劇化感到訝異。藉由聚焦於平凡動作，它可能傳達了劇中角色的精神狀態，或是為故事即將發生的危機營造緊張。又或者，也許我們看到了生菜裡有著該角色沒注意到的蜈蚣。

　　我們的大腦所產生的時間區塊並不總是明確。在電影場景切換時，我們的大腦會自動填補缺失的資訊，經常完全依從文化傳統的慣例。在相對而言

較為節制的 1960 年代電視劇中（勞勃和蘿拉‧皮特里[2]分開睡在兩張單人床上！），可能會看到一男一女坐在床緣接吻，然後畫面轉黑，並切換到隔天早上他們一同醒來的場景。我們一定會推測有些親密活動發生在畫面淡出與新場景出現之間，這些活動是不會在 1960 年代的電視上顯現的。

在很多單格漫畫中都可以見到某類特別有趣的推測例子。一般而言，當中的幽默之處有賴你想像恰恰發生在你所看到的這格漫畫之前或之後的事情。這就好像是，雖然漫畫家設計一系列四或五格的漫畫講述一個故事，他卻選擇性地只讓你看到其中一格，而且通常不是最有趣的那一格，而是在那格之前或之後。讓讀者參與並想像的這一步，使單格漫畫變得迷人並讓人樂在其中——要弄懂笑話，你必須釐清那些沒看到的畫面為何。

看看 Bizzarro 網站[3]上的例子：

「證人會以正常的聲音回答問題。」

2　譯注：美國 1970 年代電視影集「迪克‧范‧戴克秀」的男女主角。
3　譯注：刊載藝術家 Dan Piraro 單格漫畫作品的網站。

幽默不完全在於法官說了什麼，而是我們想像之前發生了什麼事才引發了這樣的警告！因為我們一同參與釐清笑點，比起每項細節都呈現在我們眼前的漫畫，這更令人難忘，並更容易取悅我們。這依循了認知心理學一項眾所周知的原則，即處理層次水平。我們較積極參與、深層處理過的項目，往往記憶會更加深刻。這就是為什麼被動地透過課本學習與聽課，不比自己搞懂新材料的學習方式有效。稱為同儕學習的方式已被引進課堂，並取得巨大成功。

睡眠時間能強化記憶

你晚點上床睡覺或是早點起床——我們每天都會運用這項時間管理策略，卻幾乎沒注意到我們損失了一大塊所有人都覺得缺乏生產力的時間：睡眠時間。直到最近我們才開始理解，極為大量的認知處理過程發生在我們睡覺時。尤其我們現在知道，睡眠在合併過去幾天發生的事件中起著至關重要的作用，因而能形成與保護記憶。

剛獲取的記憶最初並不穩定，需要神經增強或加固的過程轉而抵抗干擾，我們才能理解和檢索。理解記憶意味著我們可以利用各種不同的線索進行檢索。舉例來說，幾個星期前我與高中好友吉姆‧弗格森在海灘上享用奶油蒜味明蝦做為午餐。如果我的記憶系統功能正常，以下任何一個問題在今日應該都能喚起一個或多個與該經驗相關的記憶：

- 我是否享用了奶油蒜味明蝦？
- 上回我吃海鮮是什麼時候的事？
- 上回我與朋友吉姆‧弗格森碰面是什麼時候的事？
- 吉姆‧弗格森用餐的規矩如何？
- 你是否還與任何高中同學保持聯絡？
- 你曾外出享用午餐嗎？
- 這時節海灘是否風大？
- 上週三下午一點你在做什麼？

換句話說，有各種不同的方式可以鋪陳像是和老朋友一起享用午餐的單一事件。為了將所有這些特徵與該事件結合在一起，大腦必須在經驗發生後翻來覆去地進行分析，以複雜的方式提取並整理資訊。這個新記憶需要被整合到現有的概念框架中，納入大腦先前儲存的舊記憶之內（明蝦是一種海鮮、吉姆・弗格森是高中時期的朋友、良好的餐桌禮儀不包括用桌巾抹乾淨你吃蝦的嘴）。

　　在過去幾年裡，我們已經更細緻入微地理解到，這些不同的過程是在睡眠的不同階段中完成的。這些過程保留記憶原來的形式，也從經驗中提取特徵和含義。這使得我們腦中所持有的新經驗，能夠融入更一般化且以分層結構呈現的外在世界。

　　強化記憶有賴我們的大腦微調首先遭逢新體驗的神經迴路。根據一項逐漸被接受的理論，這工作必須在我們睡眠時進行，否則這些迴路的活動將與正在發生的經驗相混淆。所有這些調整、提取和加強的工作，不會全發生在一夜之間，而是連續好幾個晚上。經驗產生後即便只是中斷兩、三天的睡眠，也可能在幾個月或幾年後破壞你對該經驗的記憶。

　　睡眠專家馬修・沃克（Mattew Walker，來自加州大學柏克萊分校）和羅伯特・史提克顧德（Robert Stickgold，哈佛醫學院），注意到有三種不同的資訊處理在睡眠過程中進行。第一種是整合，即將互不相關的要素或經驗組合成統一的概念。例如，音樂家和演員在學習新樂曲或是一幕劇時，可能一次只會練習一段；睡眠時的整合能將這些段落連結成渾然一體。

　　我們在睡眠時完成的第二種資訊處理是同化。大腦在此將新資訊整合進其他你已知事物的既有網絡結構中。例如當你學習到新詞彙，你的大腦不自覺地運用它們建立例句，反覆使用並體驗它們如何能融入你現存的知識裡。任何白日消耗大量能量的腦細胞，在睡眠時會顯示 ATP（神經信號輔酶）的增加，而這一點向來與同化相關。

　　第三種處理是提取，我們在此發現隱藏規則，然後輸入到記憶中。如果你在孩童時期學習英語，你知道構成字詞的某些規則，例如「在字尾加 s 使其成為複數」或是「在字尾加 ed 變成過去式」。但如果你像大多數學習者一樣，沒人教過你這些規則，你的大腦就會藉由接觸多個實例抽取規則。這就是為什麼孩子會犯下完全合乎邏輯的錯誤說：「他 goed」而不是「他

went」，或是「他swimmed」而不是「他swam」。這代表提取的過程是正確的；只是並不適用於這些特定的不規則動詞。

在一系列涉及不只是語言，還包括數學、邏輯問題和空間推理方面，睡眠已經證實能增強提取關係的形成和理解，程度之深以至於人們經常醒來時已經解決了前一晚無法解決的問題。這可能也是為什麼剛開始學習語言的幼兒睡得這麼多的原因。

我們已經看到許多不同種類的學習會在一晚的睡眠後獲得改善，經歷相等長度的清醒時間則無此效果。學習新樂曲的音樂家會在一晚的睡眠後明顯提升表現。在日間被微積分問題困擾的學生，在一晚睡眠後更容易解決問題，勝過等量的清醒時間。新資訊和概念似乎在我們睡眠時悄悄地演練，有時呈現在夢中。需要洞見才能解決的問題，在一晚睡眠後成功的機率增加了不只一倍。

很多人都記得他們第一天玩魔術方塊的情形。他們提到，當天晚上他們的夢被明亮的彩色方塊影像所干擾，它們在睡眠中旋轉歸位。隔天，這些人在遊戲上的表現有所進步了，因為大腦在睡眠中調整提取位置的原則，改善了他們前一天許多有意識的感知和無數無意識的感知。研究人員在研究俄羅斯方塊玩家的夢境時也發現同樣的情況，雖然玩家提到關於俄羅斯方塊的夢，特別是在他們開始學習的階段，但他們並沒有夢到特定賽局或是他們做出的移動；相反地，他們是夢到的是遊戲的抽象元素。研究人員推測，透過模組的創造，他們的大腦藉以組織和儲存了某種在遊戲中取得成功必要的通用資訊。

這類的資訊整合在我們腦中持續發生，尤其是在我們較深入參與的任務中。這些微積分課堂的學生並不只是在白天時瀏覽一下問題而已，他們主動試圖解決問題，專注其上，然後在一夜睡眠之後再次嘗試。如果你只懵懵懂懂地聽著法語錄音帶，你的睡眠不可能會幫助你學習語法和詞彙。但若你在白天努力鑽研法語一小時或是更長的時間，在上面投注你的注意力、精力和情感，那麼它就會在你的睡眠時進行重播與細緻化。這就是為什麼沉浸在語言中的學習效果這麼好——當你試圖在新的語言環境中生存，你投入情感並涉入人際關係。在某種程度上，這種學習是很難在教室或語言實驗室中製造

出來的。

　　也許記憶最重要的原則，就在於我們往往將我們最關心的事情記得最牢。在生物層面，我們會為情感上的重要經驗建立並附上神經化學標記；而它們似乎被我們的夢境所掌握。

睡眠的兩種型態

　　不是所有的睡眠對於改善記憶和學習的效果都一致。睡眠主要可分為兩類：REM（快速動眼時期）和 NREM（non-REM，非快速動眼時期）。NREM 又可進一步劃分成四個階段，每個階段的腦電波都有其獨特的模式。當我們最生動而詳細的夢出現時，就是在 REM 睡眠期間。其中最明顯的特徵是暫時的選擇性肌肉抑制（所以如果你在夢中跑步，你不會下床並開始在房子裡跑步）。REM 睡眠的另一項特徵是低電壓的腦電波模式（EEG），以及因之為名的眼皮快速閃動運動。

　　我們所有的夢曾被認定都發生在 REM 睡眠期間，但新的證據表明，我們也會在 NREM 睡眠期間做夢，雖然這些夢往往不那麼複雜。大多數哺乳動物都具有類似的生理狀態，所以我們假設牠們也做夢，但我們無法確知。其他類似做夢的狀態，可能發生在我們正要入睡或正要轉醒時；它們的特徵是生動的聲音和視覺影像，就好像幻覺。

　　REM 睡眠被認為是大腦對事件進行最深層處理過程的階段——上面提到的整合、同化與提取，都發生在這階段。居中斡旋的大腦化學物質，包括去甲腎上腺素的減少和乙醯膽鹼與皮質醇濃度的增加。在 REM 睡眠期間，THETA 波的活動主導了大腦不同腦區之間的相關連結，這造成兩點有趣的效應。第一，它讓我們的大腦繪出連結，生活事件之間的深層連結，讓我們能透過刺激遠在我們意識和無意識中的想法而感知到。這就是何以我們會感知到那些雲看起來有點像棉花糖，或者法爾可（Falco）的「祕密警察」與里克・詹姆斯（Rick James）[4]的「超級怪物」使用相同的音樂疊句。第二個效

4　譯注：美國藍調歌手。

應是，它導致在夢中這些連結變身為其他事物。你夢到你正在吃棉花糖，而它突然漂浮到空中變成一朵雨雲；你看到電視上的里克·詹姆斯駕駛福特的獵鷹系列汽車（大腦愛搞雙關語這點可能很糟糕——法爾可變成獵鷹（Falco becomes Falcon））；你走在街上，突然來到完全不同的城鎮，人行道變成一片水域。這些扭曲是大腦探索不同想法和事務之間可能關係的產物。它們只在你睡眠時發生可說是一件好事，不然你對現實的看法就不可靠了。

在我們的睡眠中還有另一種扭曲發生——時間的扭曲。看似漫長、複雜、橫跨三十分鐘甚是更久的夢，可能實際上是在一分鐘的時間內發生的。這可能是由於人體內部的時鐘是處在活性縮減的狀態（你可以說它也睡著了），所以變得不可靠。

REM 和 NREM 睡眠之間的轉換，是由鄰近腦幹的 GABA 神經元所引導，這些神經元也在前額葉皮層充當抑制劑。目前的想法是，這些神經元和大腦中的其他神經元就像是開關，讓我們從一個狀態進入另一個狀態。該大腦區域的部分受損會導致 REM 睡眠顯著減少，而損害另一部分大腦區域則會增加 REM 睡眠。

一般人的睡眠週期持續約九十至一百分鐘。平均約有二十分鐘處於做夢中的 REM 睡眠階段，另外則是七十到八十分鐘的 NREM 睡眠階段，雖然其長度徹夜都在變化。REM 睡眠週期在晚上一開始時可能只持續五到十分鐘，到了清晨可能延伸為三十分鐘或是更長時間。大部分的記憶固化發生在前兩個小時腦波緩慢的 NREM 睡眠，以及早上最後九十分鐘 REM 睡眠期間。

這就是為什麼飲酒和藥物（包括安眠藥物）可能干擾記憶，因為這關鍵的第一個睡眠週期受到中毒的損害。這也是為什麼睡眠不足會導致記憶力減退，因為睡眠終了前的關鍵九十分鐘若非被中斷就是從未發生。你也無法彌補損失的睡眠時間，在一日的學習後，睡眠不足會阻止與睡眠相關的進步，即便接下來兩個晚上擁有良好睡眠，三日後情況也不會改善。這是因為恢復睡眠或重返睡眠的特點都是腦波異常，而做夢的週期則試圖與身體的生理節律重新同步。

睡眠可能也是神經元新陳代謝的一項基本特性。除了鞏固資訊的功能，2013 年的新發現顯示，睡眠對清理細胞來說是必要的。就像是清晨五點在城

市街道遊走的垃圾車，腦部類淋巴系統中特定的代謝過程，為神經通路清理清醒時累積的潛在有毒廢物。正如我在第二章中提到的，這不是一個全有或全無的現象：部分大腦入睡時，其他部分卻沒有，導致我們有時不只是感覺，而是實際上處於半夢著的狀態，或是睡得很淺。如果你曾有過大腦凍結的經驗——暫時無法記住某些明顯的事物——或是曾經發現自己正做著蠢事，像是把柳橙汁倒在你的早餐麥片上，這可能是因為你有部分的大腦正在打盹，或可能只是你同時考慮太多事情，讓你的注意力系統超載了。

大多數人的睡眠—清醒模式

有幾個因素導致睡意。首先，二十四小時的明暗週期會影響專門誘發清醒警覺性或嗜睡的神經化學物質產生。陽光照射在視網膜的感光細胞上會引發連鎖反應，刺激視交叉上核和松果體，這是位於大腦根部大約米粒大小的小腺體。天黑後約一小時松果體產生褪黑素，這種神經激素負責提供我們睡眠的欲望（並導致大腦進入睡眠狀態）。

睡眠—清醒週期可比喻為你家的恆溫控制器。當溫度下降到某種程度時，恆溫控制器會關閉一個電力迴路，藉以開啟暖氣。然後當到達你預設的期望溫度時，恆溫控制器會中斷電路，並再次關閉暖氣。睡眠也是由神經元開關以類似方式掌控，這些神經元開關遵循體內平衡的過程，並受到許多因素的影響，包括生理節奏、飲食、血糖濃度、你的免疫系統狀況、壓力和明暗。當你的同態調節器提升超過某一點時，它會觸動釋放誘導睡眠的神經激素；當你的同態調節器降低到低於某一點時，另一組不同的神經激素則會誘導你清醒過來。

你可能三不五時想過，如果你能少睡些，就能完成更多的事情。或者你可以今晚跟明晚都少睡一小時，用這種方式擠出時間。這些方式似乎很誘人，卻都沒有研究背書。睡眠是獲得最佳表現、記憶、生產力、免疫功能與調節情緒的最關鍵因素。即使是輕微地減少睡眠或偏離固定的睡眠習慣（例如晚上很晚睡，然後隔天白日睡覺），都可能對多日後的認知表現產生不利影響。職業籃球運動員一晚睡上十小時後，他們的表現顯著提升：罰球和三分球的

準確度各改善了 9%。

　　我們大多數人依循的睡眠—清醒模式是六至八小時的睡眠，接著保持清醒大約十六至十八小時。這是相對晚近的發明。人類歷史上大多數時候，我們的祖先除了午睡還採行兩輪的睡眠，被稱為分段睡眠或雙模睡眠。第一輪睡眠是晚餐後四或五個小時，緊接著是在半夜清醒一個小時或更長的時間，再來是第二輪四或五個小時的睡眠。半夜醒來可能是演化來幫助抵禦夜間的掠食者。雙模睡眠這種生物規範似乎已被人工照明的發明所顛覆，有科學證據顯示，雙模睡眠外加午睡的機制更健康，並促使人對生活更滿意、更有效率、表現也更好。

　　對我們很多只睡六至八小時、理想的狀態下不用午睡的人來說，這聽起來很詭異、古怪愚蠢到像是騙人，但它被極受推崇的美國國家衛生研究院科學家托馬斯‧韋爾（Thomas Wehr）所發現（或者可以說是重新發現）。在一項具有里程碑意義的研究中，他徵求受試者在每天有十四小時是黑暗狀態的房間裡生活一個月，模擬燈泡發明前的生活條件。順其自然地，結果他們每天夜裡睡八小時，但是分成兩個不同的區塊。他們傾向在房間轉暗後一或兩個小時入睡，睡了約四小時，然後保持清醒一或兩個小時後再睡四小時。

　　數以百萬計的人提到他們難以徹夜安眠。由於不間斷的睡眠似乎是我們文化的標準，他們因此面臨很大的困擾，並要求醫生開立藥物幫助他們保持入睡。很多安眠藥物具有成癮性和副作用，並讓人在第二天早上昏昏欲睡，而且還會干擾記憶的固化。要改變我們對睡眠的期望可能很簡單，但要改變我們的時間表則有很長的路要走。

　　每個人的睡眠週期差異頗大。有些人夜裡只要幾分鐘的時間就可以入睡，其他人則需要一個小時或更長的時間。兩者都在人類行為的正常範圍之內——重要的是什麼對你來說是正常現象，以及注意你的模式是否突然改變，這可能意味著疾病或障礙。無論你是一夜好眠，或是採用古老的雙模睡眠模式，你應該睡多久呢？從研究而得的粗略準則建議如下，但這些都只是平均值，有些人確實需要更多或更少的睡眠時間，而這似乎與遺傳有關。與時興的迷思相反，老人需要的睡眠並不比較少；他們只是不太有辦法一口氣睡八小時。

平均睡眠需求	
年齡	所需睡眠
新生兒（0-2 個月）	12-18 小時
嬰兒（3-11 月）	14-15 小時
幼童（1-3 歲）	12-14 小時
學齡前兒童（3-5 歲）	11-13 小時
兒童（5-10 歲）	10-11 小時
十三歲以下兒童及青少年（10-17 歲）	8 1/2 到 9 1/4 小時
成人	6-10 小時

睡眠不足是一種文化現象

美國的工作人口中每三名就有一名每晚睡眠不足六小時，遠低於上述的建議範圍。美國疾病控制和預防中心在 2013 年宣布，睡眠不足是項公共衛生流行病。

一直到 1990 年代，普遍的看法是人們能適應長期睡眠不足，而不致產生負面的認知影響；但新的研究清楚指出不一樣的觀點。2009 年，有二十五萬起的交通事故是嗜睡（疲勞駕駛）所造成的；此外，嗜睡也是誤傷——士兵誤射自己身邊的人——的主因之一。睡眠不足被判定是造成某些最知名全球性災害的一個因素，包括在車諾比爾（烏克蘭）、三哩島（賓州）、戴維斯—貝瑟（俄亥俄州）和蘭橋塞科（Rancho Seco，加州）的核電廠災害；艾克森瓦德茲號油輪漏油；星星公主號郵輪擱淺；發射挑戰者太空梭的致命決定。還記得 2009 年 6 月法航客機失事墜入大西洋，造成機上兩百八十八人全數罹難？機長因為連續飛行僅睡了一小時，而副駕駛也睡眠不足。

除了人員傷亡，睡眠不足還造成經濟影響。睡眠不足導致的缺勤、意外與生產力損失，估計耗損美國企業每年超過一千五百億美元——這數字大致等同於蘋果電腦公司每年的營收。如果將睡眠相關的經濟損失視為一門生意，這將是美國國內第六大業務；它也與心臟疾病、肥胖、中風和癌症風險提升相關。

睡眠過量也不是好事，但要讓身體的靈活反應達到最佳狀態，最重要的

因素或許是睡眠的一致性，使人體的生理節奏維持一致的週期。只要晚上晚一小時上床，或是早上多睡一或兩個小時，這樣的失序會連續好幾天都還顯著影響你的工作效率、免疫功能和情緒。

問題的部分原因出自文化——我們的社會不重視睡眠。睡眠專家大衛·K. 蘭德爾（David K. Randall）這樣說：

> 當我們花費不貲地在奢華假期放鬆身心、花好幾個小時時間做運動，並購買昂貴的有機食物時，我們的文化風氣仍根深蒂固地認定睡眠是可以拖延、分次完成或忽略之事。我們並不將睡眠視為對自身健康的投資，因為畢竟只是睡覺嘛！把頭安放在枕頭上，很難讓你感到是邁出積極改善生活的一步。

我們許多人用藥物代替好眠——多來一杯咖啡，以此替代損失的一兩個小時睡眠，然後如果白天攝取過量咖啡因而造成夜裡難眠，就來一顆安眠藥。咖啡因確實會增強認知功能，但只有當你數日或數週維持一致的睡眠習慣，咖啡因才能起最佳作用；做為損失睡眠的替代品，它可能讓你保持清醒，卻無法使你持續保持靈活或最佳狀態。安眠藥已被證實對睡眠和生產力都會起反作用。一項研究發現，認知行為治療（改變思維和行為模式的做法）比處方用安眠藥能更有效地防治失眠。在另一項研究中，安眠藥平均僅能使人多睡十一分鐘。更重要的是，安眠藥讓睡眠品質變差，破壞睡眠時的正常腦波，並在隔天早上留下反應遲鈍的後遺症。由於服用藥物入睡的品質不佳，影響記憶固化，所以我們會經歷短期的失憶——我們不記得自己夜裡睡得不好，也不記得我們如何昏昏沉沉地起床。

我們的身體調節睡眠與清醒週期最強大的一個提示就是光線。早上明亮的光線對下丘腦發出信號，釋放諸如食慾素、皮質醇和腎上腺素等化學物質，幫助我們醒來。基於這個理由，如果你有睡眠問題，就寢前很重要的一點就是避免像是從電視或電腦螢幕發出的明亮光線。

如何讓自己一夜好眠？

下面是一夜好眠的幾項準則：每天晚上在同一時間上床，每天早上在同一時間醒來。如果有必要的話，設置鬧鐘。如果你某晚熬夜，隔天早上仍在固定時間起床。短期來看，你的睡眠週期一致比睡眠量更重要。在涼爽、黑暗的房間入睡。如果有避開光線的必要，就把窗戶遮起來。

下午在沙發上小睡片刻呢？午覺的魅力其來有自：其重要性在於重新啟動磨損的神經迴路。要不要午睡、午睡有沒有用？很大程度上因人而異。對於需要睡午覺的人來說，午覺在提升創意、記憶和效率上扮演重要角色。然而超過四十分鐘的午睡可能就適得其反，會造成睡眠慣性。對很多人來說，五到十分鐘的午覺就足夠了。

但你不能在任何你想要的時間打盹──並不是任何時刻小睡片刻的效果都是相同的。早上按下鬧鐘貪睡裝置換來的片刻小睡只會適得其反，讓你的睡眠異常無法融入正常的腦波模式。太靠近就寢時間的小睡可能會造成夜裡很難或無法入睡。

在美國、英國與加拿大，人們談起午睡往往就要皺眉頭。我們知道拉丁美洲有午休文化，但我們認為這是奇特的文化，不適合我們。睡意來襲時，我們試著再來一杯咖啡戰勝它──英國已將這類戰鬥制度化為下午四點的下午茶。午睡的好處是廣受承認的，即便是五或十分鐘「恢復精力的小睡」，也能促成認知能力明顯提升、記憶改善並提高生產力，但越是需要絞盡腦汁的工作來說，小睡的回報越大。

小睡也能重新平衡情緒──暴露在憤怒和恐懼的刺激後，午睡能扭轉負面情緒並提振幸福感。午睡是如何辦到的？藉由刺激做為大腦情緒中樞的邊緣系統，減少自然產生的單胺類神經遞質濃度（這被製成藥物用來治療憂鬱、焦慮和思覺失調症）。午睡也證實能減少心血管疾病、糖尿病、中風和心臟病發作。許多公司現在鼓勵員工小睡片刻──公司的標準是十五分鐘──很多公司還設有附床的專門午休室。

正在形成的共識是，睡眠不是全有或全無的狀態。當我們疲累時，我們大腦的某部分可能是清醒的，而其他部分則在睡覺。這創造出一種矛盾的心

智狀態，就是我們自認清醒，但核心的神經迴路卻收工，打起瞌睡來。在這樣的情況下，首先退場的神經群集就是記憶，所以即使你自認清醒，你的記憶系統卻非如此。這將導致記憶檢索失效（我要說的是什麼？）和記憶儲存失靈（我知道你剛剛自我介紹，但我忘了你的名字）。

一般情況下，我們身體建立的晝夜節律會與所處時區的日出日落同步，主要是基於陽光的提示和影響較輕微的用餐時間。這種節奏是位於下丘腦的生理時鐘的一部分，有助於調節體溫、食欲、反應和生長激素。時差發生就是因為晝夜節奏無法與所處時區同步，由於日出日落的時間出乎你的生理時鐘預料之外，結果對松果體發出意想不到的信號。時差也是因為我們起床、運動、飲食和睡眠都得根據新的當地時間，取代了我們生理時鐘原本適應的時間。大體上來說，生理時鐘不容易因為外部理由改變，這種阻力導致許多時差引起的難題，包括動作笨拙、思緒模糊、胃腸道問題、決策偏差，以及（最明顯的）在不適當的時間精力充沛或是昏昏欲睡。

我們能夠跨越時區，不過是過去一百五十年中的事，我們還沒有演化出適應的方式。朝向東方旅行比起西方更難適應，因為我們的生理時鐘偏好一天有二十五個小時。因此要我們多保持一個小時的清醒，比起提早一小時入睡來得容易。朝向西方旅行意味著我們必須推遲上床時間，這並不難辦到。而朝向東方旅行表示我們抵達一座城市時，在該入睡的時刻卻尚未感到疲憊。即便是常常朝向東方旅行的人也難以克服。一項針對十九支大聯盟棒球隊的研究顯示出這方面的重大影響：剛剛朝向東方旅行的球隊，在每場比賽中平均多輸超過一分。奧運會選手歷經無論是朝向哪個方向的跨時區旅行後表現明顯變差，包括肌力和協調性的衰退。

隨著年齡增長，要我們重新調整與時鐘同步變得更加困難，部分原因出自神經的可塑性降低。六十歲以上的人要調整時差的難度更是高，特別是向東航行的航班。

讓你的生理時鐘適應新環境有賴階段性的調整。每跨越一個時區就需要一天的時間調整。根據你將要跨越的時區數目，決定該在幾天前就調前或延後你的生理時鐘。在朝向東方旅行之前，白天早點接觸陽光。在朝向西方旅行之前，不要在傍晚將自己暴露於明亮的光線下，拉起窗簾早點避開陽光，

模擬你目的地的午後陽光。

　　一旦上了飛機，如果你向西航行，頭頂的閱讀燈不要關，哪怕在你家此時已是該上床睡覺的時間。當你抵達西方的城市，利用在陽光下散步的輕量運動，日光將延遲你體內褪黑素的生產。如果你搭乘向東航行的飛機，戴上眼罩遮蔽雙眼兩小時，或是在你目的地城市的日落時分戴上眼罩，讓自己適應新的「黑暗」時刻。

　　一些研究顯示，在睡前二至三小時服用三至五毫克褪黑素有助睡眠，但這有爭議，因為其他研究並未發現助益。沒有研究針對褪黑素的長期效用進行檢視，而青少年和孕婦向來被建議該全面迴避。儘管褪黑素有時在市場上被視為輔助睡眠商品來販售，但它不會幫助失眠的你入睡，因為在睡前你的身體已經產生它所能使用份量的褪黑素。

早上第一件事就處理你最不喜歡的工作

　　許多極為成功人士聲稱患有注意力不足過動症，當中有些人真的符合臨床醫療上的定義。其中一位是電影製片人傑克・艾勃茲（Jake Eberts），他的作品包括《溫柔火戰車》、《甘地》、《與狼共舞》、《溫馨接送情》、《大河戀》、《殺戮戰場》和《落跑雞》，他的電影共獲得六十六度奧斯卡提名，並贏得十七座奧斯卡獎項（他於 2012 年去世）。他自己承認，他的注意力持續時間短、非常缺乏耐心，也很容易覺得無聊。

　　但他二十歲時就因為過人的聰明才智從麥吉爾大學畢業，二十五歲取得哈佛商學院 MBA 學位之前，就負責帶領歐洲公司 Air Liquide 的工程團隊。傑克很早就認出自己的主要弱點，即喜歡拖拖拉拉；這當然不是他獨有的毛病，對患有注意缺陷的人來說也不是特殊問題。為了對付這個毛病，傑克採用嚴格的「現在就做」策略。如果傑克必須要打好幾通電話，或是有堆積如山的事情待處理，他會立刻投入，即使影響到休閒或社交活動的時間也不例外。

　　他在早晨做的第一件事，就是把他最不喜歡的工作處理掉──開除人、跟投資者討價還價、支付帳單等。傑克學馬克吐溫稱這做法叫做「吃青

蛙」：[5] 早上精力最旺盛時，第一件事就是處理你最不喜歡的工作，因為意志力會隨著一天過去而耗竭。就像大多數的管理高層一樣，傑克雇用行政助理，這有助於他繼續前進。他無需自己記得截止日期或其他小事；他只要把特定的工作放進「給艾琳的籃子」裡，他的助理艾琳就會把事情辦好。

我們所有人都會有不同程度上的拖延。我們很少覺得自己能即時追趕上所有的事情。家裡有家務要做、感謝卡要寫、電腦和智慧型手機要同步和備份。我們當中某些人因拖延而受到的影響還算輕微，另一些人則情況慘重。橫跨這整個光譜，所有拖延都可被視為自我規範、計畫與控制衝動的失敗，或是三者的結合。

根據定義，拖延涉及延遲活動、工作，或是有助我們達到目標的決定。最輕微的情況就單單只是比預定時間晚開始動手，並因為最後期限步步逼進，能夠完成工作的時間越來越少而經歷不必要的壓力。然而拖延可能導致更多問題產生，比方說有人因為延後看醫生，在這段拖延的期間當中病情惡化，致使藥石罔然；或者有人拖延寫遺囑、填寫醫療指示、安裝煙霧探測器、辦理人壽保險，或開始退休儲蓄計畫，直到為時已晚。

拖延的傾向與某些特質、生活方式和其他因素相關。雖然這些因素產生的影響在統計上還滿顯著的，但沒有任何一項具有較大的影響力。較年輕的單身人士（包括離婚或分居）做事拖拖拉拉的可能性稍高；具有 Y 染色體也是如此（這可能是女性比男性更有可能大學畢業的原因，因為她們比較不會拖延）。正如前面提到的，戶外的自然環境中——公園、森林、海灘、山脈和沙漠——與大腦中的自我監管機制互補，因此與都市環境相較，在大自然中生活或消磨時間能減少拖延傾向。

另一個相關因素是劍橋大學心理學家賈森・倫特福羅（Jason Rentfrow）所稱的「選擇性遷移」，即人傾向遷移至他們認為與自身個性相符之處。在大型城市中心生活的人們較擅長批判性思維和創造，但也包括拖延。這可能是因為在大城市中心有這麼多的事情要做，或是因為感官資訊增加的轟炸，降

5　譯注：馬克吐溫原文 Eat a live frog first thing in the morning and nothing worse will happen to you the rest of the day.

低了人們進入白日夢模式的能力，而這個模式補充了中央執行注意系統的不足。

是否有某個大腦區域涉及拖延行事？如果你猜測是前額葉皮層導致自我監管、規劃與控制衝動的失敗，你是對的：拖延就像我們在這一章開頭所看到的，因為額葉損傷造成無能規劃時間所致。醫學文獻提到的許多患者在他們的這個大腦區域受損後，突然出現拖延的行為。

拖延有兩種類型。有些人拖延是為了追求充分的休息（在床上打發時間、看電視）；另一些人則是在面對困難或不喜歡的工作時拖拖拉拉，至於那些比較有趣或是能產生立即回報的活動則不會拖延。從這點來看，這兩種類型的活動程度有別：尋求休息的拖延者大多希望完全不要出力；而偏好有趣工作的拖延者向來享受忙碌和積極主動，但面對不那麼有趣的工作時難以開始動手。

另一個因素與延遲滿足有關，而人們容忍的程度因人而異。很多人面對工作計畫，眼光必須放遠，例如學者、商人、工程師、作家、建商和藝術家；也就是說，他們努力從事的事情可能需要數週或數月（甚至幾年）才能完成，而完成後也需要很長一段時間，才能得到任何獎勵、表揚或滿足。許多從事這些行業的人喜好諸如園藝、演奏樂器和烹飪，因為這些活動能得到直接而實質的結果──清除雜草後你可以看出花園的佈置；你可以聽見自己剛才彈奏的蕭邦樂曲；你可以嚐到剛烘焙好的大黃派。一般來說，需要長時間完成的活動（也因此需要很久以後才能獲得獎勵）我們更容易延遲動手，能立即得到回報的活動就不太可能被拖延。

你是否把自我價值放在成功上？

皮爾斯・史提爾（Piers Steel）是一位組織心理學家，在卡爾加里大學哈斯凱恩商學院擔任教授的他，是全球首屈一指的拖延研究權威。史提爾指出，導致我們做事拖延的兩項基本因素：

人類對挫折的低忍受度。當需要選擇有待展開的任務或活動時，那

個當下我們傾向選擇最簡單而非最能得到回報的行動。這意味著我們會推遲令人不快或困難的事。

我們傾向用自身的成就評估我們的自我價值。無論我們對於特定計畫的結果大體上來說缺乏信心，或是很有自信——我們拖延，因為它讓我們能將危及聲譽之舉延到日後（這就是心理學家所說的自我保護措施）。

對挫折的低容忍度具有神經學上的基礎。我們的大腦邊緣系統以及尋求立即報酬的大腦部位，與我們的前額葉皮層相衝突，它們都十分清楚落後的結果。這兩個區域的運行都有賴多巴胺，但多巴胺對它們產生的效用卻不相同。前額葉皮層中的多巴胺使我們能夠專注和集中在任務上；大腦邊緣系統中的多巴胺與大腦本身的內源性鴉片類物質共同作用，使我們感到愉悅。每當尋求即時享樂的欲望勝過我們延遲滿足的能力時，我們便拖延行事，端賴由哪一項多巴胺系統取得掌控權。

史提爾指出他所謂的兩項錯誤信念：第一，生活是容易的；第二，我們的自我價值取決於是否成功。他進一步建立方程式量化我們拖延的可能性。如果我們的自信心與完成任務的價值都很高，我們就不太可能拖延。這兩個因素因而成為拖延方程式的分母（它們成為分母，是因為它們與拖延成反比關係——當它們的數值高時，拖延的可能性就下降，反之亦然）。

與它們呈現對立的其他兩項因素是：獎勵有多快來臨以及我們分心的程度（注意力分散被視為是我們需要立即滿足的需要、我們衝動的程度，以及我們履行自我控制能力的結合）。如果完成任務所需的時間長，或是我們的注意力非常不集中，就會導致拖延的可能性增加。

$$拖延 = \frac{完成任務所需時間 \times 注意力分散程度}{自信 \times 任務的價值}$$

為了改進史提爾的方程式，我添加了延遲的項目，指的是任務完成後接收正面回饋前必須等待的時間長度。延遲的時間越久，拖延的可能性越大：

$$拖延 = \frac{完成任務所需時間 \times 注意力分散程度 \times 延遲}{自信 \times 任務的價值}$$

成功的人往往有更多失敗經驗

　　某些行為可能看起來像拖延，卻是由不同的因素所引起。有些人遭遇「開始障礙」，缺乏開始動手的能力。這問題與規劃困難不同，後者指的是個人之所以無法及早有效地開始工作以完成任務，是因為他們對於需要多長時間才能完成階段性目標，有著不切實際或天真的想法。另有一些人無法完成準時完成任務，則是因為當他們終於坐下來工作時，手邊並不具備所需的物品或材料。

　　後面這兩種困難是缺乏規劃所引起的，而非拖延本身。另一方面，有些人可能在缺乏經驗的情況下，嘗試具有挑戰性的任務；他們可能根本不知道該從哪裡或是如何開始。在這些情況下，若有主管或老師幫助他們將問題拆解成較小的部分，會非常有助益且往往是不可少的。採用有系統、零散化的方法完成任務，能有效減少這種形式的拖延。

　　最後，有些人長期無能完成他們已經開始的計畫。這不是拖延，因為他們推遲的不是開始計畫，而是相反地推遲結束計畫。這可能是因為個人不具備必要適切完成工作並達到令人可接受品質的技能——許多居家愛好者或週末從事木工者可以證明這一點。這也可能是出於一種隱藏的完美主義，亦即個人具有深層、幾乎偏執的信念，認為他們的工作結果永遠不夠好（這種失敗就敗在無法滿意）。

　　研究生往往因為這種完美主義受苦，毫無疑問地，是因為他們將自己與指導教授相提並論，並將他們的論文草稿與指導教授已經完成的作品相較。這樣的比較當然是不公平的，他們的指導教授經驗較為豐富，況且研究生看不到指導教授受挫、被退稿和作品的草稿。所有的研究生看到的都是教授的完稿，以及這些完稿與自身作品之間的差距。這是情境的威力被低估的經典案例，認定兩者間的差異是固有特質所造成的。這種情況在職場也會發生，監督者的角色幾乎可以保證他會顯得比被監督者更聰明、更能幹。

主管可選擇在自己工作已經完成並精煉後才向員工展示。員工則沒有機會採行這種對自己較為有利的展現方式，而是常常得出示草案和進行中的作品，這讓員工的作品看來老是無法符合期待，也讓許多擔任下屬的人感覺自己不夠優秀。但這類因情境差異造成的限制，並不能預見學生與下屬的能力。瞭解這種認知錯覺可以讓個人減少自我批判，並從完美主義的束縛中自我解放。

同樣重要的是，不要將自我價值感建立在工作的結果上。自信來自接受你一開始時可能會失敗，但沒關係，這是過程的一部分。博學的作家喬治‧普林頓（George Plimpton）指出，成功的人比我們大多數人所認定的失敗者擁有更多的失敗經驗，這真是非常弔詭。如果這聽起來有些故弄玄虛或莫名奇妙，我們來分辨當中的弔詭，那就是成功人士（或是最終成功的人）與其他人處理失敗和挫折的方式非常不同。無法成功的人將失敗或挫折詮釋為事業中斷的宣告，並得出「我不擅長這件事」的結論。成功人士則認為，每次的挫折都是獲致額外知識的契機，是完成目標所必備的經歷。

一位成功人士（或最終成功的人）的內心對話，比較像是「我原本以為實現目標所需的知識我都知道了，但是這次經驗告訴我，情況並非如此。一旦我學到這點，我就可以重回正軌」。成功人士通常都知道可能會有顛簸的道路，但遇到令他們失衡的顛簸並不能阻止他們——這些都是過程的一部分。就像是皮爾斯‧史提爾會說的，他們不同意「生活應該很容易」這樣的錯誤信念。

額葉使人能抵抗挫折。兩個涉及自我評價和評判自己表現的次區域，是背外側前額葉皮層和眼眶額葉皮層。當它們過度活躍時，我們傾向嚴厲評判自己。事實上，爵士樂手即興演出時需要將這些區域關閉，才能擺脫揮之不去的自我評價感、自由地開創新想法，而不會覺得這些想法都不夠好。當這些區域受到損壞，會產生一種超然的應變能力。在損傷發生之前，一位病人一邊測試標準電池一邊哭泣，即使她正確地完成測試也是如此。當她前額葉皮層受損後，她再也無法完成同樣的測試，但她的態度明顯出現改變：她一遍又一遍持續嘗試解決問題，比主試者更富耐心，一次次犯錯卻沒有絲毫的尷尬或沮喪。

企業執行長、將領、總統⋯⋯閱讀這類偉大領導者的傳記，會發現他們當中許多人的失敗經驗數量之多與規模之大是很驚人的。很少有人想到理查・尼克森（Richard Nixon）能從 1962 年加州州長競選失利的難堪處境中恢復過來（「尼克森不會再出現了。」）。愛迪生失敗的發明超過上千，相較之下只有少量的發明是成功的。但成功的發明影響廣泛，包括燈泡、留聲機和電影攝影機。億萬富翁唐納德・川普（Donald Trump，美國前總統）引人注目的失敗與成功數目相當：失敗的生意像是川普伏特加、川普雜誌、川普航空公司與川普抵押貸款，還有四度破產和總統競選失利。他是一個備受爭議的人物，但他卻展現韌性，絕不讓企業倒閉降低他的自信心。太過自信當然不是好事，自信和傲慢可能出現的內心拉鋸，會在某些情況下導致全面的心理失調。

自信心似乎有遺傳基礎，是一項橫跨一生相對穩定的特徵，雖然就像任何特徵一樣，個人在不同情況下會觸發不同反應，而環境因素可能有助建立或蠶食它。一項有效的策略是假裝，換句話說，即使是那些內心缺乏自信的人也可以假裝他們擁有自信、不放棄、在看似困難的任務上努力，並試圖翻轉暫時的挫折。這可以形成良性的回饋循環，額外的努力實際上會導致成功，並幫助個人逐步建立自己的力量和勝任感。

創造性時刻

下面是一道謎題：什麼字可以連接到下方所有的字，並創造出三個新合成字？

螃蟹 *crab*　　醬汁 *sauce*　　松樹 *pine*

大多數人目不轉睛地專注在字詞上，想找出答案。他們大多失敗。但如果他們開始思索別的事情，讓自己的思緒遊走，解答會像一閃而過的洞見出現（謎題的答案在本書注釋部分，見 446 頁）。這是如何發生的呢？

一部分的答案在於，我們是否足夠放鬆讓自己在時間的壓力下進入白日夢模式。大多數人說當他們在該模式下時間似乎停止了，或者感覺起來像是

他們已經走出時間。創造力涉及熟練的整合這種時間停止的白日夢模式，以及受到時間監控的中央執行模式。

對生命做出任何貢獻與否的感受，是我們思索自己一生時不斷重複出現的主題。其中最讓我們感到驕傲的，往往是廣義上認定的創造性貢獻。在電視連續劇《流氓醫生》中，威爾遜罹患癌症只剩五個月的生命。知道自己即將死去，他懇求豪斯醫生，「我需要你告訴我，我的一生沒有白活。」我們知道他對生命的價值感來自於實施創新性解決的方案，讓數十名患者因而得以延續生命。

洞見的實現跨越各種各樣的問題——不僅局限在詞語的問題，還包括諸如人際衝突、醫療、西洋棋、音樂創作——並通常遵循一個模式：我們依照問題的呈現或是我們對問題的理解，專注全副心力在問題的各個面相，透過結合我們的左側前額葉皮層和前扣帶，尋找不同的解決方案和可能情況。

然而，將我們對問題的所知依序排列，這僅是籌備階段。如果問題十分複雜或棘手，或是我們對問題的瞭解還不足夠，在第二階段我們就需要放鬆，放手讓問題由大腦右半球的網絡接管。右半球的神經元有較長的分枝和更多的樹突小刺，能更廣泛地調整。與大腦左半球的神經元相比，它們能從較大的皮層空間收集資訊，儘管不是那麼精確，連接能力卻更好。當大腦尋求洞見時，它們是最有可能產生洞見的細胞。洞見出現前的第二階段或其他階段，伴隨著連結不同神經網絡的伽馬波發送，有效地將看似無關的想法結合成一個連貫的整體新思維。要讓這一切能順利運作，放鬆階段是不可或缺的。

這就是為什麼暖呼呼的淋浴能催生眾多洞見的發生。這也是為什麼老師和教練總是說要放鬆。

如果你正從事任何一種創造性的目標，那你組織自己時間的其中一種方法，可能就是極大化你的創造力。我們都曾有過奇妙而幸福的體驗，在一項活動中失去時間感、我們自己與我們的問題都不復存在。我們忘了吃飯，忘了這個有手機、最後期限和其他責任義務的世界。亞伯拉罕·馬斯洛（Abraham Malsow）在 50 年代稱此為「高峰經驗」，晚近心理學家米海·切奇山特米海（Mihaly Csikszwntmihalyi）稱之為「心流狀態」則最為有名。心流狀態感覺起來

就像完全不同的存在狀態，是種意識提升伴隨著幸福感和滿足感的狀態。就神經化學和神經解剖學層面來說，它也是一種不同的狀態。

無論是誰當處於心流狀態，大腦活躍的區域同樣包括了左前額葉皮層（具體來說，是區域 44、45 和 47）和基底神經節。但在心流狀態期間，大腦有兩個關鍵區域停止運作：負責自我批判的前額葉皮層部分，以及大腦的恐懼中心杏仁核。這就是從事創造性工作的藝術家經常提到他們感到無所畏懼的原因，即便他們正冒著前所未有的創造性風險——他們的大腦中會阻止他們這樣做的兩個區域，已明顯降低活性。

心流：當極端專注時會出現

人們在許多種類的工作中經歷心流狀態，從觀看最微小的細胞，到探索廣大無垠的宇宙皆然。細胞生物學家約瑟夫‧高爾（Joseph Gall）透過觀看顯微鏡描繪這種心流狀態；天文學家則利用望遠鏡形容它。類似的心流狀態也被音樂家、畫家、撰寫電腦程式者、鋪地磚工人、作家、科學家、公眾演講者、外科醫生與奧林匹克運動員所描繪。人們也在下棋、寫詩、攀岩和跳迪斯可時體驗到它。幾乎毫無例外地，處在心流狀態讓人拿出最好的表現。事實上，是超越自己通常認定的最好表現。

處在心流狀態時，注意力會集中在一個有限的感知領域，該領域接收到你充分的專注和完整的投入。行動和意識融合在一起。你不用去思考自己是否獨立於活動或世界之外，你不覺得你的行為和感知有所不同——你所想的就是你所做的。

這當中也有心理學的面向。在心流狀態中，你經驗到無需憂慮失敗的自由；你知道需要做什麼，但你並不感覺自己正在這麼做——自我並不參與其中而完全消失。羅撒娜‧凱許（Rosanne Cash）描述她所撰寫的最佳歌曲中，有些就是在這種狀態下產生的。「我不覺得是我自己在寫歌。比較像是這首歌就在那裡，我只要拿起我的捕手手套，憑空抓住它。」帕特農‧赫胥黎（Parthenon Huxley）是「樂團」樂隊（目前轉型為英國樂隊 ELO）的主唱，回憶樂隊在墨西哥城的演唱會時，他說：「我張開嘴唱歌，各種音符都自己流動

著——我簡直不敢相信它們出自我的口，不敢相信那是我在唱歌。」

心流可能會發生在一項活動的規劃或執行階段，但它通常與一項複雜任務的執行相關，像是長號獨奏、撰寫論文或射籃。因為心流狀態是一種如此專注的狀態，你可能會認為它會是停留在規劃或執行階段，但實際上它通常使兩者毫無縫隙地合在一起——想與做，通常是兩件獨立的任務，在此成為相互滲透連結在一起的任務、合成一體的動作。心流的特點是心神專注——向來讓人分心的事物還是在那裡，但我們不為所動、不去管他。心流狀態的第二個特點是當我們觀看自身表現時，不帶有自我打擊的負面評價，這點往往會伴隨著創造性工作產生。置身心流之外，我們心裡面往往有個嘮叨的聲音說：「這還不夠好。」但在心流狀態中，一個令人放心的聲音說：「我能解決這問題。」

不是任何既有的任務或活動都會引發心流狀態，它只在當一個人深深專注於任務，且該任務亟需集中心力與投入，包含明確的目標，能提供即時回饋，並完全契合這人的技能水準時發生。最後一點要求創作者本身的技巧和能力，要能與眼前任務難度相匹配。如果你所從事的任務太過簡單、不具挑戰性，你會覺得無聊。這種無聊將讓你無法專注在任務上，心不在焉。如果任務太困難、挑戰太多，你會變得沮喪並感到焦慮。沮喪和焦慮也會讓你無法集中注意力。只有面臨對你來說恰到好處的挑戰時（也就是與你所擁有的技巧相符時），你才有達到心流狀態的機會。當然這並不保證你就會實現心流，但如果沒有這條件，如果面臨的挑戰不正好適合你，心流狀態肯定不會發生。

在下面的曲線圖中，y 軸代表挑戰。從圖中可以看到，挑戰大會導致焦慮，而挑戰低則會造成無聊。正中央是心流狀態可能出現的區域。漏斗狀的心流區域與你具備的技巧水準相關，由 x 軸表示。這張圖顯示你的技巧越好，實現心流的可能性越大。但若你的技巧水準低，面臨的挑戰就會變大。這是因為心流狀態的特點是完全沒有自我意識，你與計畫合而為一，思想、行為、動作和結果毫無縫隙地合為一體。你的技巧水準越高，越容易出於潛意識自發地將技巧表現出來，接著就越容易脫離你的意識心靈、自我和其他心流的敵人。心流狀態較常發生在專家或是在特定領域投入大量時間進行訓練的人

身上。

　　心流的定義就是獻身投入，意即高水準的參與。在這樣的狀態中，資訊的獲取和處理毫不費力，我們所需的事實就在我們的指尖，即便是那些遺忘許久、我們甚至不知道自己知道的事實；我們不知道自己具備的技巧也開始出現。由於沒有必要進行自我控制以保持專注，我們釋放出神經資源給手頭的任務。這就是大腦中出現的弔詭現象：在心流狀態中，我們不再需要努力專注在任務上──當我們進入這個特別專注的狀態時，它會自動發生。與避免分心相比，在心流狀態（參與創作的高峰）中，所消耗的能量較少。這就是為什麼心流狀態富有生產力和效率的原因。

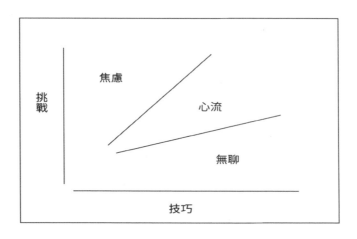

　　心流也經歷一種不同的化學狀態，涉及尚未確認的特定神經化學湯。看來需要在多巴胺和去甲腎上腺素間──特別是當它們在稱為紋狀體（注意力切換之所在）的大腦區域被生產出來──與血清素（與自由地親近意識流相關）和腎上腺素（保持專注和精力）取得平衡。GABA 神經元（對於 gamma- 氨基丁酸敏感）向來的功能是抑制行動並幫助我們實行自我控制，此時需要減少活性，使我們不會在這些狀況下過度自我批評，故而讓我們在創意生產上較不受抑制。

　　最後，某些過程還涉及體內平衡，特別是性欲、飢餓和乾渴感的降低，使我們不會因為身體機能而分心。在極高度的心流狀態中，我們甚至喪失對環境的認識。切奇山特米海提到一個例子，一名外科醫生直到手術結束後，才注意到手術期間屋頂塌了下來。

心流在你並沒有明確地想著在做什麼時出現；相反地，你的大腦處在一種特殊的模式當中，自動地執行程序與運作，無需你執行意識的控制。這就是為什麼練習和專業知識是心流的先決條件。已經學會音階的音樂家只要根據動作記憶演奏，而無需專注在認知音階之上。事實上音樂家提到，自己的手指「就是知道要到哪裡去」那樣，而無需思索。籃球員、機師、電腦程式撰寫者、體操選手以及其他具有高超技巧和大量練習的人都提到類似的現象，他們的能力水準如此之高，似乎完全不需要思考了。

當你學騎腳踏車時，你必須專注在保持平衡、踩踏以及方向控制上。你可能摔倒好幾次，因為要做到這幾件事是困難的。但經過幾回練習，你可以登上自行車就開始騎，將注意力轉移到更讓人感到愉快的事情上，像是觀看你的周圍環境。如果你之後有機會教別人如何騎車，你就會理解到你所知道的許多技巧，都無法在意識層面用來反省或描述。

大腦迴路已經變得有些像是自主進行，它們不需要你位於前額葉皮層的中央執行系統指揮。我們只要按下大腦開關，騎腳踏車的程序就會接手。人們在綁鞋帶、開車，甚至解微分方程式時都提到類似的自主管理。

儘管我們都有這樣的大腦程序，但只要試圖思索你正在做的事情就能迅速介入干預，結束你樂在其中的自主管理和高水準表現。讓人摔下腳踏車最簡單的方法，就是要求他專注在他怎麼不會摔下來，或是描述他正在做什麼。偉大的網球選手約翰·馬克安諾（John McEnroe）用這招來稱霸球場。當對手表現特別好時，比方說反手拍特別俐落，馬克安諾就讚美他在這方面的表現。馬克安諾知道這會導致對手思索他的反手拍，而這一思索就打亂了自主應用。

心流並不總是好的；當它成癮時也可能具有破壞性，如果體驗心流的當事人從眾人中隱退待在自己的繭中，那麼心流也會破壞他的社交生活。珍娜·沃爾斯（Jeannette Walls）在《玻璃城堡》[6]書中描述她的母親如此投入在繪畫中，不理睬她那肚子餓的孩子哭喊食物。三歲的珍娜意外被火灼傷，因為她的藝術家母親投入在繪畫中時，她站在爐子前的椅子上，試圖用一鍋滾

6　譯注：美國作家，《玻璃城堡》是她的回憶錄。

燙的水煮熱狗。即使在珍娜住院六週後返家，繪畫中的母親仍不能被打擾離開心流狀態為孩子做飯。

極大化你的心流時間

有創造力的人安排自己的生活，往往為了極大化心流發生的可能性，並且一旦到達致心流狀態能停留在那裡。歌手和詞曲作家尼爾‧楊（Neil Young）[7]形容的最好：無論他人在何處，無論他在做什麼，如果一首歌的想法出現了，他就「退場」停下不管他正在做的什麼事情，然後創造出可以投以在這首歌上的時間和空間。他將車停在路邊、突然離開晚宴，不惜一切代價與繆斯女神保持連結，專注在工作上。如果最終他得到的是古怪的名聲，並且總是不準時，這就是創造力的代價。

看來在某些方面，創造性和責任感是不相容的。如果你想縱情自己創造性的一面，就意味著你沒有辦法準時赴約。當然人們可以提出反對意見，說尼爾非常認真面對他的藝術，為藝術付出所有。這不是缺乏責任感，只是他認真面對的優先順序不同。

史蒂夫‧汪達（Stevie Wonder）也用同樣一種強制與世界隔離的做法滋養他的創造力。他用情感來形容這個方式──當他感到心理有股情緒，比方說聽到不幸的消息或是花時間與他所愛之人相處時──他會跟隨並停留在這情感體驗中，不讓自己被干擾，即便這意味著錯過一場約會。如果他能在那一刻針對那股情感寫一首歌，他就寫；否則他稍後會嘗試完全沉浸在同一情緒狀態中，將它灌注在歌曲中（他也有不守時的壞名聲）。

史汀組織和劃分他的時間就為了極大化地投身創作。在巡迴演出期間，他的時間由他人完善安排，好讓他擁有最大的自由。除了音樂，他不需要思考任何事情。他該去哪裡、他該做什麼事、何時該吃飯，一天之中這所有部分都有人為他打點好。重要的是，每天他都有幾個小時的個人時間是神聖不可侵犯的。每個人都知道不要打斷他，而他也會利用時間做瑜伽、詞曲創作、

7　譯注：加拿大著名創作型搖滾歌手。

閱讀與練唱。藉由結合他出色的自我規範，並專注於大幅減少干擾的外在世界，他更容易投入創造性的追求中。史汀也做了一些有趣的事情，幫助他應付旅行可能造成的方向迷失（與創造力破碎）效應。他與一位室內設計師緊密合作，找到款式、顏色和質料與他家裡窗簾、枕頭、地毯等家飾品類似的物件，然後在巡迴演出的每一天，工作人員用相互扣連的鋁桿和窗簾打造一個虛擬房間。當他在城市間移動時，這個演唱會場地中的私人空間，在所有的變動中提供龐大的舒適性和連續性。這種做法促成平靜和不受干擾的心靈狀態，背後支持這一點的則是神經科學的基本原則：正如我們前面提到的，大腦是一個巨大的變化檢測器。我們大多數人都容易因為新奇的事物分心，這是前額葉皮層的新鮮感偏誤。因此，我們可以藉由打造我們的環境和行程，以推動和促成創作的靈感。因為他的感知（至少在他為期四小時的個人時間內）沒有被每天的新景象、顏色和空間安排所轟炸。史汀可以讓他的大腦和心靈放鬆，讓心流狀態更容易實現。

有句古諺說，如果你真的需要完成事情，把事情交給大忙人來辦。這聽起來有點自相矛盾，但忙碌的人往往有套高效的系統能把事情做好。本書這一節的目的就是要找出那是什麼樣的系統。即使是根深蒂固的拖延者，也會因為有更多事情要做而受益——他們會投身較具吸引力的工作，勝過他們試圖避免的任務，並在大量的計畫上取得重大進展。拖延者很少什麼事都不做。《浮華世界》和《紐約客》作家羅伯特·本奇利（Robert Benchley）寫道，面對文章截稿期限，他仍能打造書架並鑽研一堆科學文章。

有效的時間管理很大一部分就是要避免分散注意力。生活諷刺的一個面向，就是我們多麼容易被我們渴望的事情所傷害。魚兒被魚餌所誘惑，老鼠被奶酪所誘惑。但至少這些欲望的對象看起來是能吃的。我們的情況通常不是如此。會擾亂我們的生活的誘惑往往純粹就是放縱，賭博、喝酒、閱讀電子郵件或強迫檢查社群網絡上的回覆訊息，這些都不是我們的生計之所需。瞭解到原本的一個消遣已經全面失控，是人生的一大挑戰。

凡是引誘我們中斷面對具挑戰性任務時所需的專注力的，都是成功的潛在障礙。位於你大腦中的改變與新奇中樞，會在你完成任務時提供化學獎勵回饋，無論那是多麼微不足道的任務。社群網路上癮循環，無論是臉書、

推特、Vine、Instagram、Snapchat、Tumblr、Pinterest、電子郵件、簡訊，或是任何在未來幾年中會被採納的新玩意兒，透過大腦的快樂中樞分泌化學物質，造成真正的生理成癮。完成需持續投入關注和精力的計畫，能提供最大的生活滿意度，似乎任何人都不會在回首人生時滿意地說，他們在工作的同時多發送了一千條簡訊，或是多查看數百回社群網絡上的狀態更新，因此感到自豪。

打造一個不受干擾的環境

為了成功地忽略干擾，我們要對自己出招，或是打造一個能鼓勵我們堅持手頭工作的系統。我們需要對付的干擾有內外兩種——外在干擾指的是世上對我們招手的事情，內在干擾則是那些會讓我們的心靈遊蕩到閒置的白日夢模式的事情。

對於外在干擾，適用先前提到的策略。撥出一天中特定的時段來工作，不接電話、關閉電子郵件和瀏覽器。設置一個特定的工作地點讓你保持專注。讓這段工作期間內不回覆信件成為你的方針。心裡要有自覺你現在正在做的這件事，是你所能做的最重要事情。

還記得在第一章中提到美國總統候選人卡特的故事嗎？他的助手為他管理時間和空間。他們即時評估卡特該繼續與眼前這人交談，還是和其他等候的人交談最能獲益，以及他該往何處去。這讓卡特完全無需擔心時間的應用，他活在當下，百分之百地專注在眼前的人身上。

同樣地，通常行政助理為他們的上司安排時間，並讓上司們知道無論擺在眼前的是何事，一定是當下該做最重要的事情。無需擔心計畫或任務被忽略，因為助理會持續為上司追蹤。這點類似於前面提到的建築工人情況：當做事的人與計畫或監督工作的不是同一人時，生產效率提高，品質也會提升。至於我們這些沒有行政助理的人，我們就必須依靠自身的智慧和前額葉皮層的中央執行功能。

要克服內在干擾，你所能做的最有效事情就是練習本書第三章中寫到的清空心智。持續五十分鐘或更長的專注時間，有助於困難任務的完成，端賴

你大腦進入並保持在專注狀態所需的時間長度而定。最佳的時間管理技術是藉由書寫，確保你掌握到每一件你注意到或是你應該注意到的事情。我們的目標是清空你腦中的計畫和情況推定，但不至於喪失任何可能有用的想法；也就是說，將你的額葉功能外部化。然後，你就可以從旁觀者的角度，退一步來檢視你的清單，而不是任由自己被腦海中最新與最大聲的意見所驅動。

休息也很重要。專家建議至少每九十分鐘該起身走動一下，並且安排每日的體能活動。現在即使是我們當中最懶得動、賴在沙發上的電視迷，都已經聽說每天運動是很重要的。我們試圖告訴自己我們的狀況很好，我們的褲子還穿得下，而這一類體能鍛鍊之事的重要性被高估了。不過，保險精算和流行病學研究毫無疑問地指出，體能活動與預防多種慢性疾病和早逝密切相關，也能增強免疫系統檢測和抵禦某些癌症的能力。雖然二十年前，很少有四十五歲以上的人會積極主動進行這類建議所提到的劇烈運動，但目前的研究表明，即便是中等強度的運動（如每週五天快走三十分鐘）也能產生顯著效果。一週三天走路四十分鐘的老年人（五十五至八十歲）明顯看出其海馬迴的尺寸增加，記憶也因此增強。運動也被證明能防止與老化有關的認知衰退，這是藉由增加流向腦部的血液量，促使前額葉皮層變大，以改善執行控制、記憶和批判性思維能力。

當我們有一個大計畫的截止期限迫在眉睫，面對這個非常重要且需要許多小時或日子或星期才能完成的計畫，我們很多人都會犯下一個錯誤，就是傾向把一切擱置在旁，將我們所有的時間都投注在那個大計畫上——就好似分秒必爭、不容浪費。但是這種做法意味著會有大量的小型任務無法完成，只能堆放累積，然後造成你日後的問題。

你知道你應該關注這些事情，在你腦海中的微弱聲音或是待辦事項清單上的項目讓你感到不安；不去處理它們需要非常自覺的努力。當你的大腦不停地在意識層面壓制它們，就造成有形的心理壓力，不去處理這些小型任務所消耗的心理能量，最終會超過你原本需要用來處理它們的心理能量。因此，解決之道是遵循五分鐘法則。如果你能在五分鐘內完成一項事情，立刻就動手。如果你有二十件事情都只需要五分鐘完成，但你現在只能挪出三十分鐘的時間，將它們按照優先次序排列，某些可以稍後或明天再做，或是委

託他人處理。關鍵在於可以現在處理的事情你最好不要擱置，別讓它們累積。有個訣竅是，每天撥出一定的時間來處理這類事情——無論是拾起地板上的衣服、撥個令人不快的電話，或是迅速回覆一封電子郵件。

如果這違背了上述討論中不要讓自己被無關緊要的事情干擾，那麼注意關鍵的區別：在這裡，我的建議是預留指定的時間處理所有這些小事情；不要將它們穿插在你撥來專注於一項單一而大型計畫的時間區塊中。

許多成功人士進行時間管理時都會做的一件事情，就是計算時間對自身而言的主觀價值為何。這指的不一定是時間的市場價值，或者每小時工作的酬勞，儘管時間可能是以這類方式呈報——這裡指的是他們覺得自己的時間對他們而言有多少價值。比方說，當你決定該自己清潔地毯或雇人來做時，你可能會考慮到你的時間還可以用來做些什麼。如果空閒的週末很難得，而你真心期待將週末時光用來和朋友相偕騎腳踏車，或參加派對，你可能決定付錢雇人來做。或者如果你是每小時收入高達三百美元的顧問或律師，機場安檢時花一百美元繞過長排人龍、加入優先通關的行列，似乎還滿值得的。

計算時間對你而言的價值可以簡化大量的決策，因為你不必每次重新評估個別的情況。你只要按照你的規則：「花 XX 美元可以節省我一小時的時間，就值得去做。」當然，這是假定該活動是你不感興趣的。如果你喜歡用蒸汽清潔地毯，或是在機場大排長龍，那麼這樣的計算就起不了作用。但是對於你沒興趣的任務或是家務，有一個通用的時間價值計算法則是非常有幫助的。

時間管理祕訣：預測未來的需求

與瞭解你的時間價值相關的是以下規則：花在決策上的時間，不該超過它本身的價值。想像一下你逛街買衣服，找到一件你特別喜歡的襯衫，它的價格剛好就是你的預算上限。銷售人員走過來向你展示另一件你同樣喜歡的襯衫，此時因為你的預算有限，你願意投注一定的時間試著在兩者之間做出選擇。但如果銷售人員提出的條件是加買第二件襯衫只要多付五美元，你大概就會抓住這個機會兩件都買下，因為在這個時間點上（只要多付出少量金

錢），花費時間苦苦思考該做出什麼決定並不值得。

　　大衛・拉文（David Lavin）是前西洋棋冠軍，也是以他之名命名的國際講者機構[8]現任總裁，如此闡明這種方式：「一位同事曾抱怨『你沒有考量全部的事實就做出了決定！』好吧，將所有的事實納入考量需要花費我一個小時，但這個決定涉及的收入金額只值得我花十分鐘的時間。」

　　時間管理也需要運用提示來建構你的未來；也就是說，管理眼前時間的祕訣之一是預測未來的需求，這讓你不會不知所措地一路苦苦追趕。第三章中提過的琳達是市值兩百億《財富》雜誌百大企業的總裁行政助理，她描述自己如何管理行政辦公室，特別是她上司的時間安排、工作與代辦事項清單的方法。她是我見過的最有效率和最有組織的人。

　　琳達說自己運用很多備忘錄檔案，有效提前提醒她一些未來必須完成的事項。這類備忘錄檔案可能是她辦公桌上的一份真實文件，或者越來越常見的是在她日曆上顯示的注意通知。「我主要是透過日曆來做上司的日程安排。我也使用日曆安排自己的時間。早上一進辦公室，日曆就告訴我今天要做的事情，以及今天該思索哪些未來需處理的事情。」

　　「當一項新計畫來到我上司的辦公桌上，我要搞清楚他認為他需要多久的時間去完成它，以及計畫的截止期限。假設說他需要兩週的工作時間，我就會建立備忘錄，在截止日期前三週設置提醒物——也就是他所需要的兩週工作時間之前的一週——這樣他可以開始思索計畫，並知道自己將要開始動手。接著在他應該開始工作的那一天另設備忘錄，之後也每天設置注意通知，以確保他在著手進行中。」

　　「當然他的許多計畫都有賴他人投入，或是有部分需要其他人提供幫忙。我坐下來和他討論，他會告訴我還有哪些人將一同促成該項計畫的完成，以及何時需要這些人的支持，才能在截止日期之前完成。我就在日曆上設置提醒物聯繫他們。」

　　要讓這方式起作用，把所有而非僅是部分事項記錄在日曆上十分重要。原因很簡單：如果日曆上有空白，你和其他人一看就會假定這段時間能拿來

8　譯注：這裡指的是 The Lavin Agency.

運用。你不能只是部分地使用日曆，將某些約會記在你的腦中——這會讓你將兩件事安排在同一時間或是失約。

最好的辦法是立刻將事件、說明和提醒物填入日曆，或者換個方式，將你寫在索引卡片或紙條上有待填入日曆的條目聚集在一起，每天撥出一、兩次的時間一併更新日曆。

琳達說，她也將日曆上的每項條目列印出來，以防電腦發生故障或當機。她運用多份日曆管理時間：一個是給上司看的，一個是只有她自己能看到的（她的這份日曆包括她為自己設置的提醒物，是上司不需知道的）。她也為她自己的私人事務（與工作無關）以及與她上司有往來的重要人物另設個別的日曆。

琳達也用日曆安排會面之前需要先做的事情。「如果是跟醫生約診，看診前有些事情需要先做，比方說做測試，我會搞清楚需要多長的時間才能得出測試結果並記在日曆上，好在實際看診前取得測試結果。或者我安排的是項會議，而在會議前有某些文件需要提前進行審查，我會弄清楚閱讀這些文件所需的時間，並將這個行程安排在日曆上。」現在大多數的電腦日曆都可以和 Android、iPhone、黑莓機或其他智慧型手機上的日曆同步，並讓日曆中的每一項提醒或是當中某些選定的細項內容，也顯示在手機上。

在日曆上記下特殊日子時，也要提前記下備忘。琳達說，「在日曆上記下生日，並在之前一到兩週設下提醒備忘錄，好提醒我們購買禮物或寄張卡片。事實上，任何需要準備禮物的社交事件或商務會議，都在日曆上都要記下兩筆，一個是事件本身，另一個則是提前選購禮物的時間。」

當然也有你想花時間完成，但不是現在的事情。記下要完成的任務，並在最方便的時間動手做，現在變得比以前更容易了，因為可以更簡單地將其外部化。有些程式能讓你撰寫電子郵件或簡訊，但在稍後幾天才發送。這就是一種備忘：你在想到這件事時撰寫電子郵件或簡訊，提醒自己未來某一天需要做的事或開始一項計畫。像是阿薩納（Asana）這樣的工作流程應用程式，能讓你做到這一點，如果你參與需要他人支援的合作計畫，透過標記同事和朋友，阿薩納會自動發送電子郵件，提醒人們在何時以及何事需要完成。

身為節省時間專家，認知心理學家斯蒂芬·科斯林（Stephen Kosslyn）建議，

如果你不是會超支的那種人（也就是說，如果你知道你自己不會超支），那就不要再花時間平衡收支了。他指出，現在銀行很少犯錯，而錯誤的平均規模與你結算每筆採購所花的時間，相形之下可能是微不足道的。他建議快速瀏覽結算單，辨識任何未經你授權的開銷，接著存檔，就算大功告成。如果你設定自動透支保護，就不必擔心跳票。其次，每筆經常性的帳單都設定自動支付：你的 VISA 卡、手機、電費與貸款。你賺得了每個月花在支付帳單上的時間。

我們對時間的感知因年齡而異

隨著年齡增長，人們常說時間似乎比他們年輕時更迅速流逝。關於這點有幾種假說。其中一個是我們對時間的感知是非線性且根植於我們已經活過的時間總量。和四十歲的人相比，一年的時間長度對四歲的孩童來說，佔了他已活過生命的一大部分。實驗表明，計算主觀時間的公式是冪函數，[9] 這個等式顯示一年對十歲的小孩來說，似乎是四十歲人的兩倍長。你可能還記得當你還是個孩子時想安靜不動一分鐘的情況；對現在的你來說，一分鐘的時間快速流逝。另一個因素是年過三十後，我們的反應時間、認知處理速度以及新陳代謝率都減緩；也就是說，神經傳導的實際速度減慢。相對於我們思維的速度減慢，造成了世界加速向前的印象。

我們選擇填補時間的方式也自然地隨著生命週期改變。當我們年輕時，我們被好奇心所驅動，主動地學習和體驗新事物。十幾二十歲的時光是我們盡可能想要瞭解自己和世界的階段，這樣我們才能在無限的可能性中認識到自己喜歡什麼，以及該如何度過自己的生命時光。我喜歡的是跳傘、武術，還是現代爵士樂？隨著年齡的增長來到五、六十歲，大多數人都更重視實際去做我們已知自己喜歡的事情，而不是試圖去發現新事物（這一點當然因人而異；有的老年人相形之下對新鮮的經驗更感興趣）。

我們覺得自己還剩下多少時間可活，多少影響我們想要怎麼消磨時光的看法。當時間被認為是無止境的，成為最高度優先的目標是那些預備性的工

9　譯注：$f(x) = x^a$ 的函數。

作：專注於收集資訊、新奇體驗並拓展知識廣度。當時間被認為是有限的，最高度優先目標就會是那些能在短期內實現並富含情感的事情，像是花時間與家人朋友相處。此外，雖然證據都顯示老年人往往社交範圍較小，並且感興趣的事較少，與年輕人相比也較不受新鮮事吸引，但老年人就跟年輕人一樣開心，這是因為他們已經找到自己喜歡做的事，也將時間投注其上。

研究清楚地顯示，這是由於感到所剩時間不多，而非年紀增長本身所造成的。告訴一名二十歲的人他只有五年可活了，他往往會變得更像是個七十五歲的人——對新經驗不特別感興趣，而是傾向花時間與家人朋友相處，將時間使用在熟悉的樂趣上。事實證明，罹患不治之症的年輕人對世界的看法往往更像老人。這一現象特有的邏輯可用風險評估來解釋：比方說，如果你還能用餐的次數有限，當你可以點你喜歡的菜色時，為什麼還要冒著可能會不喜歡的風險，點你從沒嘗試過的全新菜色？事實上，死囚的最後一餐往往會要求他們熟悉的食物：披薩、炸雞或漢堡，而不是鮮橙乞麗餅或卡酥來砂鍋（至少美國死囚的情況是如此。法國在 1981 年廢除死刑，沒有資料顯示法國死囚的要求為何）。

有項與時間感知相關的差異，是由注意力和情緒記憶的差異所驅動。老年人對帶有正面情緒記憶的特殊偏好，勝過帶有負面情緒的記憶；而年紀較輕的成人在這方面的表現則相反。這是有道理的。我們早就知道，與正面資訊相比，年輕人較受負面資訊吸引也較難忘懷。認知科學家認為，我們往往從負面資訊學到較正面資訊更多的東西——因為正面資訊往往只是確認我們已知的事情，而負面資訊則向我們揭示了未知的領域。就這層意義上來說，年輕人對負面資訊的追求與他對知識的渴求平行，這會隨著年齡的增長減弱。這項與年齡相關的正面偏誤也反映在腦部掃描上：老年人的杏仁核只會因正面資訊而活躍，但是年輕人的杏仁核會因正面和負面資訊活躍。

迴避老化影響的一個方法是保持心態活躍，從事你以前從來沒做過的事。這會將血液輸送到大腦原本不會去到的部位——訣竅在於讓血液流到每一個角落。阿茲海默症患者的大腦顯示出澱粉沉積，相互作用產生錯誤的蛋白質在大腦形成微小的纖維狀微絲。生活中認知功能較活躍的人大腦中的澱粉較少，這表明心理活動可以預防阿茲海默症；而且這意味著不只是你在七、

八十歲時主動學習新事物才有用，而是大腦終生學習及運作的模式。加州大學柏克萊分校的神經學家威廉・賈克思特（Willian Jagust）說，「談到老年癡呆，我們往往把重點放在人們七十五歲時在做什麼，但有更多證據顯示，你在四、五十歲時所做的事情可能是更重要的。」

南加大的神經學家亞瑟・托加（Arthur Toga）補充說：「維持大量的社會互動是非常重要的。社會互動涉及大腦的大量使用。你必須解讀面部表情和理解新概念。」此外，你會面臨即時反應和吸收新知帶來的壓力。談到認知活動，在一生中持續從事社會互動可預防老年癡呆症。

無論對任何年齡的人來說，這個世界正變得越來越線性。我用這個字來做比喻，並非採用它數理上的意義。非線性的思想家，其中也包括許多藝術家，都感覺他們越來越被邊緣化。

我們的社會需要創新思維

我們的社會似乎越來越少關注藝術。從神經生物學的角度看，在此過程中我們可能會錯過具有深層價值與重要性的事物。藝術家為現實重設新的理解脈絡，提供先前看不見的願景。創意直接參與在大腦的白日夢模式，並刺激自由的心流和概念聯想，形成概念和神經節點之間原本不會出現的連結。如此一來，無論是以創作者還是消費者的身分參與藝術，都會幫助我們的大腦重新開機。時間靜止而我們陷入沉思，重新設想我們與世界的關係。

充滿創意，意味著讓非線性的思維衝撞線性思維，並對結果行使某種控制。過去幾千年來，科學與藝術的主要成就需要的是歸納，而非演繹──演繹需要從已知推斷未知，並在很大程度上盲目猜測接下來會發生什麼事，並且有時矇對了。總之，演繹需要大量創意，加上剛剛好的一點運氣。這些步驟如何一個接著一個發生，沒有人知道，但我們可以用對自己有利的方式預先準備。我們可以組織我們的時間、我們的心智，好為創造性與的狀態空出時間，讓我們每個人都能在有生之年做出獨特的貢獻。

創造性思維與理性決策相對立。不幸的是，人類大腦在這方面的演化差強人意，演化生物學家和心理學家也只能推測可能的原因。我們處理大量資

訊的注意力有限，結果就是演化而來的節省時間和注意力策略，只能在大部分時間而非全部時間起作用。關於這方面，我們在生活中表現得越好，就變得越像我們夢想成為的卓越人士（那些非常成功的人），一些決定也就變得更令人費解，然而我們都能運用更好的決策策略。

在本書的下一章中，我們會檢視如何能更好地組織科學和醫療資訊，學習在生病時成為我們自己最佳的支持者，並在重要關頭更知道如何根據證據做出決策。

第六章

當人生面臨存亡之際，
為最艱難的決定組織資訊

ORGANIZING INFORMATION FOR THE HARDEST DESICIONS
When Life is on the Line

「呈到我辦公桌上的事情，沒有一件能被完美解決。」歐巴馬擔任總統時這樣觀察說。「不然，就會有人先把它解決了。」

任何解決方式極為明顯的決定，也就是任何顯而易見的決定，都可以由位階低於總統的某個人來下。沒人想浪費總統的時間，換句話說，也就是我們全體國民的寶貴時間。那些唯一會上呈給總統的決定，往往難倒了在總統之前處理這些問題的每個人。

大多數美國總統需要做出的決定都有重要意涵——人員的可能傷亡、國與國間的緊張情勢邊升、可能導致工作機會減少的經濟變革。一般來說，這些決定都是在資訊不足或不詳盡的情況下做出的。總統的顧問不需要總統進行腦力激盪，想出新的可能性，當然有時他需要這麼做。總統顧問將問題上呈到總統面前，並不是因為他們的聰明才智不足以解決這些問題，而是因為那個問題牽涉到的決定，需要在兩種損失、兩種負面結果中擇其一，總統必須決定何者更能被接受。就這點而言，歐巴馬說：「你最終是處理的是機率問題。你所下的每一個決定，都會面對 30% 至 40% 行不通的可能性。」

我在第三章中談過永利渡假村的執行長史蒂夫・永利，關於制定決策，他說：「任何夠大的組織若存在有效率的管理系統，每一層級的決策制定者會排列成一個金字塔型。我唯一加入決策的時刻，是在當下唯一存在的解決

方式伴隨著一個負面效應，像是有人會因此丟了工作，或是公司會損失一大筆錢。通常這個決定會被簡化成兩個負面影響供我裁決，我是那個必須從兩個負面影響中選出我們能夠承受結果的人。」

醫療上的決定通常也與此雷同——兩害相權取其輕。我們面對的是一場賭局，一邊是如果我們什麼都不做，會有健康衰退的危險；但若選擇某種醫療方式，則有極大可能會面對不舒服、疼痛和種種代價。想要理性評估各種結果頗為耗費心神。

我們大多數人都缺乏自己計算這類機率的能力。我們不只缺乏這項能力，我們也沒有接受過能理性評估它們的訓練。如果醫師以機率角度對病人解釋各種醫療選擇，病人有可能無法有效理解這些資訊。當我們得知自己罹病時，可能處於情緒極度脆弱、同時認知又過載的階段（你被診斷出疾病時有何種感受？）。當醫生對你解釋，有 35% 的機率會發生這個情況，另有 5% 的機率會發生另一種情況時，我們的心智受到干擾，浮現醫療帳單及保險，還有該怎樣才能請假等種種念頭。我們想像著疼痛、不舒適，以及自己的遺囑是否更新到最新版本，還有當我們住院時誰照顧家裡小狗？頓時醫生的聲音退成背景音樂。

本章提供一些簡單工具，供你用來組織整理關於健康照護的相關資訊；這些工具也適用於我們面對的所有艱難決定。當醫療資訊與未知甚至是生命的意義交纏時，其複雜度無疑地會引起你強烈的情緒。做出醫療決定對於我們組織化的心靈來說，是項巨大的挑戰，無論你讀了哪些書，無論你有多少助理，無論你接受過多少年訓練亦然。

我們的大腦不擅長處理機率問題

做決定很困難，這是因為本質上這件事牽涉到不確定性。如果沒有不確定性，那麼做決定就很容易了！不確定性之所以會出現，是因為我們不知道未來、不知道我們所做的決定是否會帶來最佳結果。認知科學教導我們，光是仰賴我們的膽量或是本能，會導致不正確的決定，特別是在那些可取得數據資訊的案例上。我們的膽量和大腦演化的目的並不是為處理機率問題。

試想一名想生育子女的四十歲女性。她讀到因為年紀之故,她有五倍高的機率會生出具生理缺陷的孩子。乍看之下,這似乎是個不可接受的風險。她被要求在她強烈想孕育子女的情感需求以及理性的數據知識中進行拉扯掙扎。是否有一種數據知識能彌補這鴻溝,帶領她做出正確結論——那個能帶給她最快樂人生的結論呢?

要維持組織化心靈智以及組織化的生活,需要我們盡可能做出最佳決定。錯誤決定會使我們筋疲力盡,更不用說我們可能花在重新檢討,並找出該決定何處出錯所花費的時間。那些時常要做高風險決定的忙碌人士,往往會將他們的決策分門別類、進行排序,方式與我在第三章中寫到的列清單以及清單分類類似:

1. 答案很明顯,現在就能做出的決定。
2. 你可以請那些比你有時間或比你更擅長的人來代理的決定。
3. 你已擁有所有相關資訊,但還需要一些時間去處理或吸收的決定。法官面對棘手案件時常常這麼做。他們並非手邊沒有資訊——而是他們想從不同角度反覆琢磨,考慮更廣的面向。面對這類決定,加上最後期限是一件好事。
4. 那些你需要更多資訊的決定。在當下,你可能會請一名幫手去取得資訊,或是記下你需要取得這些資訊。無論是這兩種情形的哪一種,設下最後期限都是好事,就算是一個武斷的決定亦然;如此一來,你就可以在你的待辦清單中將之劃去。

醫療決策有時會被劃分為第一類決定(現在就能做出決定),像是如果你的牙醫告訴你,你有新蛀牙,他想幫你補好。由於補牙很平常,關於其替代做法也沒有太多嚴重的爭議;加上你可能之前就補過牙,或是認識幾個補過牙的人,因此你對補牙的程序很熟悉。風險確實存在,但被普遍認為不比蛀牙未補會造成的嚴重併發症更嚴重。「普遍」一詞在此處很重要;你的牙醫不需花太多時間解釋替代方案,或是說明不治療蛀牙的後果。相較於此,由於最佳治療方式的不確定性,大多數處理嚴重疾病的醫生無法這麼容易就做

出判斷。

有些醫療決定被歸類為第二類（委託出去），特別是當文獻出現矛盾或是資料量過於龐大時。當你不知如何是好，問說：「醫生，如我是你，你會怎麼做？」實際上是把決定委託給他。

當問題剛剛出現在你面前，或是你已採取第二類或第四類行動卻仍未做出決定時，第三類（吸收它）似乎是正確的選項。畢竟要做出影響我們於此星球生活時間的決定，本能上我們會較為謹慎，不會一下子就做出決定。

然而，大多數決定都屬於第四類——你單純只是需要更多資訊。醫生能提供你其中一些，但你很可能還需要額外資訊，對之進行分析，才能得到適合你的明確決定。我們的直覺可能沒有演化到能夠用本能來處理機率思考，但我們可以在一個下午就訓練我們的大腦，成為一個有邏輯、有效率的決策機器。如果你想做出更好的醫療決定——特別是在情緒耗損的危機時刻下要做出決策——你需要瞭解一些跟機率有關的事。

別混淆日常生活中的兩種機率概念

我們在日常對話中使用的機率這個單詞，指涉了兩種完全不同的概念。區分這兩種用法非常重要。在其中一個概念中，我們指的是一種數學計算，它告訴我們在許多可能結果中，其中一個特定結果發生的可能性有多少，這是一種客觀的計算。而在另一個概念中，我們指的是一種主觀性的東西，即一種意見。

第一種機率描述的是可計算或可數的事件，重點在於理論上它們是會重覆的。我們可能會將擲銅板連續三次有頭像的正面朝上，或是從一疊牌中抽出梅花 K，或是贏得州營樂透大獎等描述為機率事件。「可計算」意指，我們能夠把數字套入公式，然後算出答案。「可數的」則意指，我們可以透過操作實驗，或是進行調查並計算結果，以實證經驗來決定機率。而它們是「會重覆的」，這純粹表示我們可以一次又一次地操作實驗，並期待在所研究的事件中有類似的發生機率。

就許多問題而言，計算很容易。我們思考各種可能的結果以及我們有興

趣的結果，就這兩者之間做出一個等式。從一整疊牌中抽出梅花K（或任何一張牌）的機率是 1/52，因為從五十二張牌中抽出任何一張都有可能，但我們只對當中一種可能性感興趣。而選出一張K的機率則是 4/52，因為五十二張牌中我們只對其中四張感興趣。如果在一次州營樂透中售出一千萬張彩券，而你買了一張，那麼你贏得大獎的機率是一千萬分之一。在樂透或醫療情境中，你可以採取一些行動來大幅提升機率，但這在現實生活中不管用；瞭解上述這點很重要。你可以透過買一百張彩券，將你贏得樂透的機率增加一百倍。但如此一來你贏得樂透的機率仍非常低，只有十萬分之一，這似乎不是個理性的投資。你可能讀到如果你接受某種特定療法，你得到該疾病的機率會減少 50%。但如果你本來就只有一萬分之一的機率得到這種疾病，花上這筆錢，或是承受可能的副作用來降低得病風險，可能就不值得。

　　某些客觀型態的機率雖然難計算但是可數，至少原則上如此。舉例而言，如果一名友人問你抽到同花順（數字連續的五張同花色撲克牌）的機率，在不參考機率教科書的情況下，你可能不知道怎麼計算。但是理論上你能算出答案來。你可以連續多天鎮日埋首撲克牌間抽牌，然後寫下你抽到同花順的頻率；你得到的答案會與理論上的機率 0.015%（一萬分之十五）非常接近。你做這項實驗的時間越長（抽牌的次數越多），記錄下的觀察就越接近被計算出的機率。這稱為大數法則（the law of large numbers）：當你的樣本數越來越大，所觀察到的機率會與理論上的數字越來越靠近。也就是說，得到同花順的機率不但可數算，同時也是會重覆的。如果你請朋友來操作這項實驗，只要他們操作實驗的次數多到足以累積多次抽牌，他們應該會得到類似的結果。

　　有些結果雖然不是理論上可計算的，但仍是可數算的。一名嬰兒出生為男孩、一樁婚姻最後以離婚收場、艾姆街上的一棟房子失火……這些事件都屬於此類。我們會將這類問題訴諸觀察，也就是進行數算，因為沒有公式告訴我們如何計算機率。我們查看地區醫院的出生紀錄。查看該社區十年來的火警報告。汽車製造商從十萬台燃油推進器中取得故障數據，推斷增加產量後可能的故障機率。

主觀機率：表達了對一件事情的主觀信心

客觀機率來自理論的計算或是觀察的數算，然而第二種機率既不可計算也不可數算。在這類機率概念中，我們使用機率一詞表達的是我們對於一項未來事件的主觀信心。舉例而言，如果我說，我下週五有90%的機率會去參加蘇珊的派對，這並非根據我或是其他人所進行的某種計算而來——沒有方法去測量或計算這件事。反之，這是說明我對即將發生的結果有多大信心的一種表達方式。給出這個數字給人估計很準確的印象，但事實並非如此。

這兩種機率一個是客觀的、另一個則是主觀的。幾乎沒有人注意到兩者之間的不同——我們在日常語言中盲目使用並傳播機率這個單字，把兩種不同的機率混為一談。

「兩國之間的衝突有60%的機率會發展成戰爭」或是「接下來十年這個流氓國家有10%的機率會引爆原子裝置」這類言論，都不屬於第一類那種能被計算出的機率；而是屬於第二類的主觀陳述，表達了發言者對於該事件會發生的信心有多大。第二類事件並不像第一類那樣可供複製，它們與玩牌、出生率或燃油推進器不同，是不可計算也不能數算的。我們沒有一長串相同的流氓國家或是一堆相同的原子設備供觀察和計算。在這些案例中，當受過教育的博學觀察者談論「機率」時，他們是在進行猜測，但這不是數學上所稱的機率。稱職的觀察者可能會反對這種陳述主觀意見的機率。

想要連續抽到兩張梅花K，那是不可能的。有多麼不可能呢？我們可以透過將一起事件發生的機率，與另一起事件發生的機率相乘，計算出兩起事件發生的機率。第一次和第二次分別從一整疊撲克牌中抽到梅花K的機率是1/52（如果你把第一張抽到的梅花K放回整疊撲克牌中，讓整副牌又回到五十二張的話），那麼連續抽到兩張梅花K的機率就是$1/52 \times 1/52 = 1/2{,}704$。同樣地，投擲銅板連續三次丟到正面朝上的機率，其計算方式是把每一起單獨事件的機率，也就是1/2乘上三次：$\frac{1}{2} \times \frac{1}{2} \times \frac{1}{2} = 1/8$。你也可以設計一個小小的實驗，連續丟擲銅板三次，一連重覆多次。最終你會得到連續投擲三次都正面朝上的機率是1/8。

相乘得出機率的規則想要派上用場，必須每起事件都是獨立事件。換句

話說，我們假設我第一次抽出的牌卡與我第二次抽出的牌卡之間沒有任何關係。如果整疊牌卡充分洗過了，這就沒錯；當然也有些時候事件與事件間並非獨立不相連的。如果我看到我第一次抽牌後，你把梅花 K 放回整疊牌卡的最底層，然後我第二次抽了最底層的那張牌，那麼這些事件就不是獨立事件。如果一名氣象學家預測今天會下雨，明天也會下雨，而你想要知道連續兩天下雨的機率，首先要知道這兩起事件並非獨立的，因為鋒面要花一段時間才會通過一個區域。雖然並不總是如此，但如果事件不是獨立的，用來計算的數學就變得有點複雜。

獨立性必須要被仔細考慮。被閃電打中是極不尋常的，根據美國國家氣象局，這個機率是一萬分之一，所以連續兩次被閃電擊中的機率是一萬分之一乘以一萬分之一等於一億分之一。只有在這些事件為獨立事件時，這個算法才成立。但它們可能並非獨立事件。如果你住在雷雨頻仍的地區，你又常在雷雨發生時待在外頭，你就比住在其他地區、採取更多預防措施的人更可能被閃電擊中。有名男子在兩分鐘內被閃電擊中兩次；一名維吉尼亞州的公園巡警一生中被雷擊中七次。

如果有人說：「我已經被雷打過一次，所以我在雷雨天可以在外頭晃蕩，不會出事。」這就太愚蠢了。這就是沒受過機率訓練的人會提出的假邏輯。幾年前。我在一間旅行社不經意聽到旁人對話，那是一對年輕夫妻試著決定該搭乘哪一間航空公司的飛機。對話大致如下（根據我不甚完美的記憶力）：

艾麗絲：「我不是很想搭 A 航空，它們去年才發生墜機事故。」

鮑伯：「但墜機的機率是百萬分之一。A 航空已經發生過墜機，應該不會再發生同樣的事情。」

在對 A 航空公司墜機事故沒有更多瞭解之前，艾麗絲表達的是一種完全合理的恐懼。墜機事故通常不是隨機事件，它們可能顯示一間航空公司運作上的某些潛藏問題——訓練不佳的機師、粗心大意的技術人員，或是老舊的機群。因此，A 航空公司連續發生兩次墜機事件的機率並不能被看做是獨立事件。至於鮑伯，他使用的是「直覺式推論」而非邏輯式推論，這就像是

說，既然你已經被雷打過一次，就不會再發生一樣。如果把這種假邏輯推到極致，你可以想像鮑伯說明：「這班飛機上有炸彈的機率是百萬分之一，所以我會帶一顆炸彈上飛機，因為飛機上同時有兩枚炸彈的機會極為渺茫。」

就算墜機事故是獨立事件，光因為「才剛發生過」就認為現在不會發生，這便落入了賭徒謬誤當中，認為現在該「輪到」一趟安全飛行了。機率之神並不會數著一架架飛機，確保在下次墜機之前，順利飛行了一百萬次；它也不保證接下來的墜機事件是平均分配在剩餘的飛機上。所以任何一家航空公司連續發生兩次墜機事件，無法被認為是獨立事件。

人們常忽略基本比率的重要訊息

然而，透過客觀方式得出的機率並非就是保證。雖然長期來看，我們期望擲銅板時有一半的結果是正面朝上，然而機率不是一個會自動調整的過程。銅板沒有記憶、沒有知識，也沒有意志或決心，並不存在一個至高的機率理論，確保每件事都依照你所期望的方式發生。如果你連續丟十次銅板，出現連續十次正面朝上，下一次丟擲時反面朝上的機率仍舊是 50%，反面並不會更有可能出現，也不是「該輪到反面了」。認為機率程序會自我調整的這個概念，也是賭徒謬論的一部分，這讓包括史蒂夫・永利在內的許多賭場老闆變得非常富有。

數以百萬計的人持續把錢投進吃角子老虎機中，存著該輪到他們得到回報的幻想。機率往往會平均分攤，這是對的，但只有長期下來看才是如此。而這一個長期，可能要花上所有人都付不起的更多時間及更多金錢。此處最令人感到困擾的部分是，我們的直覺告訴我們，連續擲出十一次正面是非常不可能的。那是對的，但只對了一部分。

這個推論的缺陷來自把連續十次擲出正面的稀少性，與連續十一次擲出正面的稀少性搞混了。事實上，它們沒有那麼不同。連續丟出十次正面後，跟著不是會丟出正面就是反面，兩者發生的可能性是均等的。

人們對於何者構成一個隨機序列的感知度不高。當被要求選出何者為隨機序列，何者又為製造出來的序列，大多數人都會選擇製造出來的序列。我

們往往會期待出現更多的變化（正一反一正一反），而連續發生（正一正一正）的次數較少，但這並非實際的隨機序列。在其中一項實驗中，人們被要求寫下他們所認為連續投擲一百次銅板可能出現的隨機序列長得怎樣，幾乎沒有人寫出連續七次都出現正或反同一面的情況。雖然在丟擲一百次銅板的情況下，上述狀況發生的機率高於 50%。我們的直覺讓我們將正／反面出現的比例平均分配，在短序列中亦是如此。然而實際狀況是，要在序列拉得非常長——投擲好幾百萬次以後——才會穩定出現 50:50 的比例。

試著對抗這種直覺！如果你連續丟三次銅板，你只有 1/8 的機會能連續丟出三次正面沒錯，但你檢視的是個短序列，所以可能被混淆。平均而言，丟擲十四次就會出現連續三個正面朝上的情況；而每丟一百次，就有超過 99.9% 的機率至少出現一次連續三次丟出正面朝上的情況。

我們之所以會被這種不合邏輯的思考方式所蒙蔽，認為機率在序列中會改變，是因為在某些案例中它們確實會改變。的確如此。玩牌的時候，如果你一直等待一張 A 會出現，你等的時間越久，A 出現的機率就越高。如果已經發出四十八張牌，下一張牌會出現 A 的機率是 1（剩下的牌都是 A）。如果你是一名採食者，找尋去年夏天在某塊土地上曾看到的果樹叢，每當你多逡巡一個沒有果樹的區域，就提高了你在下個區域找到果樹的機率。除非你停下來仔細思考，不然你很容易被各種不同的機率模型給搞混。

許多我們感興趣的事過去都曾發生過，所以我們通常能計算或觀察它們往往多久發生一次。一件事的基本比率（base rate）是事情的背景發生率。我們大多數人對此都有直覺。如果你因為引擎不順而把車送進修車廠，你的修車師傅可能在檢查還沒開始前就說：「可能是正時（timing）出問題。我們檢修的車子中 90% 都出在這原因。也可能是燃油推進器故障，但推進器不常壞掉。」你的修車師傅正運用（一件事發生在世上的）基本比率做已知推測。

如果你受邀參加在蘇珊家舉辦的派對，派對上有一些你不認識的人，你覺得你遇到一個醫生的機率比較高，還是遇到一名總統內閣閣員的機率比較高？在這世上，醫生的數量遠比內閣閣員的數量高，也就是說醫生的基本比率較高。所以如果你對該派對一無所知，你最好猜測你會遇到更多的醫生勝過內閣閣員。同樣地，如果你突然間頭痛，而你又是個容易擔心的人，你可

能會擔心自己得了腦瘤。然而原因不明的頭痛非常常見，但腦瘤並不常見。醫療診斷中有句老生常談：「當你聽見蹄響聲，要想到馬匹，而不是班馬。」換句話說，不要忽略該症狀最有可能病因的基本比率。

認知心理學實驗已充分展現，我們在做判斷和決定時一般會忽略基本比率；相反地，我們偏好醫學上所謂的診斷性資訊。在蘇珊的派對上，如果和你對話的那個人別著一枚美國國旗徽章，並對政治非常熟悉，而他身後跟著一名美國特勤局幹員，你可能會推論他是一名內閣閣員，因為他有閣員的特徵。但你忽略了基本比率。在美國有八十五萬名醫生，卻只有十五名內閣閣員。在八十五萬名醫生中必然有會配戴美國國旗徽章、對政治事務熟稔，甚至因為某種原因被特勤幹員跟著的人。舉例而言，美國第一百一十一屆國會中有二十一名是醫生——這比內閣閣員中的醫生人數多。還有那些為軍隊、FBI 和 CIA 工作或者配偶、父母或子女為高知名度公職人員的醫生——當中有些人可能需要接受特勤局的保護。在這八十五萬人當中，可能有人正接受特別保護或因為某些原因接受調查，這說明了為什麼特勤幹員會存在。這種推理上的錯誤非常普遍，被稱為代表性捷思法（representativeness heuristic），意指看起來似乎能代表一件事的人或情況，凌駕了大腦的推理能力，造成我們忽略數據上或基本比率上的重要資訊。

利用貝氏定理，精煉我們的估計

某個科學文獻實驗中提過一個情境。在一所特定大學中，有 10% 的學生是工程師，另外 90% 則非。你去到一場派對上，看到有個人胸前插著一個口袋保護套（描述中未提到這是許多人對工程師的刻板印象）。接著，你被要求評估這人是工程師的比例有多高。許多人百分百確定他是，口袋保護套似乎是極明顯且強而有力的證據，很難想像這人會是其他身分。但在該所大學中工程師的數量特別少，我們需把這點考慮在內。這人會是工程師的機率可能沒有基本比率 10% 這麼低，但也絕對沒有高到百分之百——其他人可能也會戴口袋保護套。

接下來才是有趣的地方。接著，研究者設定了一樣的情境（一場在 10%

的學生是工程師、其他90%不是的大學所舉辦的派對），然後解釋說：「你遇到一個人，他或許有、也或許沒有戴著口袋保護套，你無法確定，因為他穿了一件夾克。」當被問到這人可能是工程師的機率時，人們一般會說「50:50」。當被要求解釋原因時，他們會說「嗯，他可能有戴口袋保護套，也可能沒有。我並不清楚。」這裡再次是個沒有把基本比率列入考慮的謬誤。如果你對那人一無所知，那麼他是工程師的機率是10%，而非50%。只有兩個選項並不代表兩者機率是一樣的。

舉一個直覺上可能更容易明瞭的例子。想像你在你所在當地的雜貨店中，然後在沒看到人的情況下撞到某人。這人有可能是伊莉莎白女王，也可能不是。這人有多少可能性是伊莉莎白女王呢？大多數人不認為這是一個50:50的情況。女王有多少可能會出現在一間雜貨店裡，更不用說是我購物的那間？極不可能。只有在極端不可能時，我們才會使用基本比率資訊；而在情況只稍微不可能時，我們的大腦會凍結。

要組織我們的決定，需要我們將基本比率資訊與其他相關的診斷性資訊做結合。這種推理在18世紀由數學家暨長老教會湯瑪士・貝氏（Thomas Bayes）發現，稱為「貝氏定理」。

貝氏定理讓我們得以精煉我們的估計。舉例來說，我們讀到大約有半數婚姻以離婚收場。但如果我們有額外資訊，像是我們討論的族群其年齡、宗教信仰或是所在地，我們就能精煉我們的估計；這是因為這50%的數據代表的是所有人的集合。有些子集合的離婚率較其他人來得高。

記得在那所有10%的工程師以及90%非工程師的大學所舉辦的派對嗎？一些額外的資訊能幫助你估計一個戴口袋保護套的人身為工程師的機率。或許你知道該派對的主人曾和工程師撕破臉分手，所以他不再邀請工程師來參加他的派對。或許你知道這所學校有50%的醫學院預科生以及醫學院學生會戴口袋保護套。這類資訊讓我們能運用新資訊來更新我們原初的基本比率估計。量化這個更新過的機率，就是貝氏定理的應用。

我們不再提問簡單而單面向的問題：「那個戴口袋保護套的人是工程師的機率為何？」而會改問一個複合而多面向的問題：「在該校有50%的醫學院預科生及醫生會配戴口袋保護套的情況下，這個戴口袋保護套的人是工

程師的機率有多高？」工程師的稀少性因為口袋保護套在該校的普遍性，新添了相互抗衡的間接資訊。

我們同樣可以更新下列這些醫療問題，像是「我喉嚨痛，是因為三天前去拜訪一個感冒的人而被傳染的可能性多高？」或是「我在花粉季高峰期到戶外做園藝，我喉嚨痛是花粉熱所引起的可能性為何？」。我們會在腦中進行這類非正式的思考，但是透過工具能幫助我們量化這類新資訊的效果。非正式思考有其困境，因為我們的大腦模式並非設計成能依靠直覺得出這些問題的正確答案。我們大腦經過演化能解決很多問題，但貝氏問題（還）不在其中。

哦不！我的檢查結果是陽性！

我在研究所學到的一種技巧——四格列聯表（也稱列聯表）能輕鬆解決這類複雜問題。直覺或是預感則無法輕易解決這些問題。比如說，你有天早上起床，發現自己雙眼模糊。假設有種罕見疾病叫做「視覺模糊症」，在全美只有三萬八千人罹患此病，這讓你的發病率（或說基本比率）為一萬分之一（三億八千萬人中的三萬八千人）。你才閱讀過該病的報導，現在你很擔心你得了此病。不然還有什麼理由會讓人視力模糊呢？

你接受視覺模糊症的抽血檢查，結果是陽性反應。你和你的醫生正試著決定接下來該做些什麼治療。問題來了。視覺模糊症的治療法是種叫做chlorohydroxelene的藥物，服用這種藥物有 5% 的機率會造成嚴重副作用，包括在背部你無法觸及處的皮膚，可能會有嚴重且不可逆的搔癢症狀（你可以用藥物治療搔癢，但那種藥物有 80% 的機率會讓你的血壓一路飆高）。

5% 的機率並不算高，或許你願意接受治療，好擺脫模糊的視力（此處說的 5% 是第一類的客觀機率——不是主觀推測，而是追蹤數以千萬計服藥者後得到的數據）。很自然地，你會想要冒著被搔癢症狀逼瘋的風險。但你可以在決定服用藥物之前，精確瞭解你真正得到這種疾病的機率有多高。

四格列聯表有助於我們把所有資訊以一種方便視覺化的方式列出來，它不需要比八年級數學更難的其他東西。如果數字和分數會讓你想要尖叫著逃

跑，別擔心——附錄中詳列了細節，此章僅會以鳥瞰觀點來介紹它（這個觀點可能較模糊，畢竟你現在正承受視覺模糊症之苦呀）。

檢視一下我們所擁有的資訊。

· 視覺模糊症的基本比率是一萬分之一，或是 0.0001。
· 服用 chlorohydroxelene 會有 5% 的機率，或是 0.05，出現討厭的副作用。

你可能會認為檢查結果是陽性，就表示你罹患了該疾病，然而並非如此——大多數的檢查是不完美的。現在你對貝氏思考已有一些瞭解，你可能想提出更精準的問題。「在檢查結果是陽性的情況下，我確實罹患該疾病的可能性有多高？」記住，基本比例告訴我們，任何一個隨機選中的人得到該疾病的機率是0.0001。但你並不是隨機選出的人，你的醫生幫你做過檢查了。

我們需要更多資訊才能進行下去。我們需要知道檢查出現錯誤的比例有多高，還要知道檢查可能會在兩方面出錯。檢查報告可能會說你罹患了該病，但你其實沒有，這是偽陽性；或者是檢查報告說你沒有罹患該疾病，但實際上你有，這是偽陰性。我們假設這兩種狀況的可能性各為2%。在真實生活中兩者數據可能不同，但此處我們都假設為 2%。

我們先畫一個像這樣的四格列聯表，然後依此方式標示各格名稱：

檢驗結果

		陽性	陰性	
疾病	有			
	無			
	總數			

表格上方的標題顯示檢查結果不是陽性就是陰性。我們此刻先保留檢驗

結果是否準確這件事──我們就是要透過這張表格來幫忙確認這件事。直排欄名顯示特定病患是否真的罹患該疾病。每一個空格則代表上標和直排欄名之間的關聯。我們看到罹患該疾病的人（位於「有」的那列）中，有些人的檢查是陽性（位於左上格者），有些人的檢驗結果呈陰性（位於右上格者）。「無疾病」那列也一樣，有些是檢查呈陽性反應者，有些則是檢查呈陰性反應者。而你的期望是就算你的檢查結果是陽性（左欄），你也沒有罹患該疾病（左下格）。

填完手邊的資訊後，我們就可以回答「當檢查結果為陽性的情況下，我罹患該疾病的可能性為多少？」這問題。

檢驗結果

疾病	陽性	陰性	
有	1	0	1
無	200	9,799	9,999
總數	201	9,799	10,000

思考一下顯示檢查結果為陽性反應的欄位：

檢驗結果

疾病	陽性	陰性	
有	1	0	1
無	200	9,799	9,999
總數	201	9,799	10,000

你可以看到在一萬個人中，有兩百零一人（左欄位最下方）像你一樣呈陽

性檢驗反應。但在這兩百零一人當中，只有一人罹患該病，因此你罹患該疾病的確切機率應為 1/201。將 1/201 換算成百分比，可看出你的得病機率是 0.49%——無論怎麼看可能性都不高。在你接受檢驗之前你的得病機率是一萬分之一，現在變成了 1/201，但你仍有 99.51% 的機率未得該病。

如果這讓你想到前面講到的樂透彩案例，的確如此。你的機會大大改變了，但這並不影響現實結果。檢驗結果無法告訴你所有你需要知道的資訊，所以此刻你的回家功課是找出更多基本比率與錯誤率的相關資訊，好讓你的瞭解變得更準確。這是四格列聯表能讓你做到的事。無論這疾病是否會造成視力模糊等中等症狀，還是癱瘓等嚴重症狀，這表格仍能讓你以容易消化的方式去組織資訊。最理想的狀況是你與你的醫生緊密合作，考慮任何一種共病症、併發症狀以及家族史，讓你的估計更準確。

讓我們檢視另一則資訊。能治療視覺模糊症的靈藥有 1/5 的機率會出現副作用（在實際醫療用藥上，20% 的副作用並非少見）。如果你服用這種藥物，你需要在有 1/5 的機會出現背部持續搔癢難忍和 1/201 的痊癒率之間做選擇。換句話說，若有兩百零一個人服用這個藥物，當中只有一人會痊癒（因為服用該藥物的其中兩百人並未真正得到此病，天啊！）。現在在同樣一群服用藥物的兩百零一人中，有 1/5（四十人）將會遭遇藥物的副作用；也就是說，在每有一人會被治癒的情況下，將有四十人遭遇背部搔癢的症狀。因此如果你服用這種藥物，你遭遇副作用的機會比治癒的機會高了四十倍。不幸的是，這些數字在美國現代健康照護中是個典型數字。應該不會有人再對為何醫療費用奇高無比、逼近失控而感到好奇了吧？

兩種毒藥問題中的常見思考謬誤

關於四格列聯表的用處，我最愛的一個案例來自我的老師艾默斯・特佛斯基，被稱為兩種毒藥問題。當艾默斯在各大醫院及醫學院針對醫生、統計學家以及商學院學生，進行兩種毒藥問題的其中一種版本測試時，幾乎所有人都答錯，而讓狀況中的病人因此死亡！藉此他得出結論：我們無法自然做出機率性的思考；而是必須對抗我們的直覺反應，學習系統性地運用這些數

字。

艾默斯說，想像一下你外出到一間餐廳吃飯，隔天起床後感覺不適。你看著鏡子，發現自己的臉變成藍色。然後內科醫生告訴你，有兩種食物會引發中毒疾病，其中之一會讓你的臉變成藍色，另一個會讓你的臉變綠（這個問題假設沒有其他可能性會讓你的臉變藍或變綠）。幸運的是，這兩種疾病各有一種藥丸可以治療。當你身體健康時，藥丸不會產生任何影響；但如果你罹患兩者之一而你服錯了藥丸，你就必死無疑。然而在每個案例中，你臉部變成的顏色有 75% 的機率與你的疾病一致，而臉部變綠的疾病發生率又比臉部變藍的發生率高五倍。那麼你該服用哪種顏色的藥丸呢？

大多數人的直覺（包括艾默斯詢問的醫療專業人士的直覺）都是應該服用藍色藥丸，因為 (a) 病患的臉呈藍色，以及 (b) 病患臉上顏色大部分時間（即 75% 的機率）是一致的。但此判斷忽略了此疾病的基本比率。

讓我們填寫四格列聯表。我們並不知道被討論的人數有多少，為了便利表格的建置，讓我們假設被統計的總人數為一百二十人（為填在表格外右下角區域的數字）。從問題敘述中，我們已有足夠資訊可填完表格的其他部分。如果綠臉病出現的機率比藍臉病高五倍，這表示每一百二十個病患當中，有一百人得的是綠臉病，而二十人得的是藍臉病。

你的臉呈現的顏色

		藍色	綠色	
疾病	藍臉病			20
	綠臉病			100
	總數			120

由於你臉上的顏色與你的疾病一致的機率是 75%，因此有 75% 的藍臉病患臉部會呈藍色（二十人的 75% 是十五人）。你可以依照類似方式填寫這表格的其他部分。

你的臉呈現的顏色

		藍色	綠色	
疾病	藍臉病	15	5	20
	綠臉病	25	75	100
	總數	40	80	120

現在在你服用可能會拯救你也可能會奪你性命的藍色藥丸之前，你需要問的貝氏問題是：「在我的臉呈藍色的情況下，我得藍臉病的機率是多少？」答案是：在四十個臉呈藍色的人當中，有十五人罹患該病，佔 38%（15/40 = 0.38）；而這四十人當中罹患綠臉病的比率是 25/40，即 62%。在此數據下，無論你的臉變成什麼顏色，你最好都服用綠色藥丸。這是因為綠臉病較藍臉病更常見。

我們再次看到基本比率和症狀表現之間的抗衡，並學到基本比率不容忽視。我們很難在大腦中完成這件事，但四格列聯表提供我們一種方式，以視覺化方式組織資訊，並讓資訊變得容易瞭解。透過這類計算，我們也能看到為什麼醫生在病患的檢驗結果出來前，通常會先讓病人服用抗生素的原因——因為某種特定抗生素能治療的疾病症狀範圍夠廣。

在我一開始提到的視覺模糊症例子中，有兩百零一人在檢驗中呈陽性反應，其中卻只有一人真正得到該病。但在許多實際的健康照護案例中，這兩百零一人全部都會被給予藥物治療。這說明了醫療實踐的另一個重要概念——需治人數。這指的是，在一名病患能夠得到治療之前，必須接受諸如藥物或手術治療的人數。兩百零一這個需治人數在今日醫藥界並不罕見，有些固定會被操作的手術之需治人數是四十八；而部分藥物的需治人數高達三百。

撇開藍臉和為想像中可能的疾病做的檢查不談，如果是直接關係一個人生存的決定呢？當你的醫生告知這些藥物能給你 40% 的五年存活率時，你

該如何評估呢？

有個方法能讓我們使用和兩種毒藥問題中同樣清晰的推論法來思考這個決定，那就是使用「期望值」的概念。一個事件的期望值是它的機率乘上其價值。商界高階主管常用這個方式評估財務上的決策。假設有個人在派對上走向你，提議要和你玩個遊戲，她會丟銅板，每次銅板落下時若正面朝上，你就可以得到一美元。那麼你玩這個遊戲要付出的代價是多少呢（假設你並不特別喜歡這個遊戲，但你對賺錢有興趣）？ 這遊戲的期望值是美金五十分；即銅板落下時正面朝上的機率 0.5 乘上利潤一美元。要注意，期望值通常不是你在賭局中能贏到的實際數目：在這個案例中，你要麼沒贏到任何錢，要麼贏一元。但在賭局重覆好幾百次後算下來，你每場賭局能贏到的錢大約是美金五十分。如果你每一次玩遊戲都花不到美金五十分，那麼長期看下來你最終能以賺錢告終。

運用期望值計算損失

期望值也可應用在計算損失上。比如說，你可以用來釐清到底要付錢把車停在市中心，還是要冒著被開罰單的風險把車停在卸貨區。我們假設停車場的收費是二十美元，而罰單金額是五十美元，但你從經驗得知只有 25% 的機率會被開罰單。把車停在停車場的期望值是負二十美元（若你把車停在停車場，你有百分之百的機率要付二十美元給停車場管理人員，這裡使用負號來表示這是一個損失的情況）。

決策看起來是這樣的：

a. 付錢停車：有 100% 機率損失二十美元
b. 不付錢停車：有 25% 機率損失五十美元

被開罰單的期望值是 25% 乘上負五十美元，也就是負十二點五美元。當然你討厭罰單，可能會想方設法避免被開罰單。你也可能覺得今天不太走運，因此情願付二十美元把車停到停車場，也不想冒收到五十美元罰單的風

險。但評估這個決定的理性方式，應該要考慮長時間下來的結果。我們在日常生活中會遇到數以百計這類決策，真正重要的是我們平均來說會怎麼做。我們來計算兩個不同決策的期望值。如果你選擇付罰單的話，長期下來的結果是平均損失十二點五美元。而你選擇到停車場停車，你的平均損失是二十美元。因此，如果你連續一年每週都在這條街道上停車，你需付的罰單總金額是六百五十美元；而如果你把車停在停車場，則需付一千零四十美元——這有很大的差別。當然，在任何一天你都可以使用貝氏定理更新你的決定。如果你在原本想停車的那條街上不遠處看到一個抄表員，那麼那天最好還是停到停車場去。

期望值也以使用於非貨幣性的結果上。如果兩種醫療措施在有效程度和長期利益上都相同，你可以就它們會消耗你日常生活多少時間來進行選擇。

措施一：有 50% 的機率會花上六週的時間恢復；有 50% 的機率可在兩週內恢復。

措施二：有 10% 的機率會花上十二週的時間恢復；有 90% 的機率只需半週即可恢復。

此處我再次使用負號來表示時間的損失。因此，措施一的（時間）期望值為：

$$（0.5×-6 週）+（0.5×-2 週）=（-3 週）+（-1 週）= \textbf{-4 週}$$

措施二的期望值是：

$$（0.1×-12 週）+（0.9×-0.5 週）=（-1.2 週）+（-0.45 週）= \textbf{-1.65 週}$$

如果忽略其他所有因素，你最好選措施二，因為它（平均）只要花上一週半的休養時間，而措施一（平均來說）要讓你休養四週。

當然你可能無法忽視所有其他因素；縮短恢復期可能並非你的唯一考

量。如果你剛訂了十一週後前往非洲進行遊獵的團體行程並且無法退費，那麼你可能無法承受花上十二週才能康復的可能性。如此一來，措施一變成較好的選項，因為最糟的情況是待在床上六週。所以期望值在平均值的評估上相當有用，但還需考慮最佳和最糟情況。最需斟酌的情況就是當其中一個措施具有致命風險，或是造成嚴重障礙。期望值也能幫助我們組織這些資訊。

當兩者皆會帶來風險

　　在你人生中的某些情況中，你有可能會遇到要為你自己或是你關心的人做出關鍵醫療決策的時刻。在那種情況下，身體和心理上的壓力會讓問題變得更加棘手，降低你決策判斷的敏銳度。你向醫生諮詢檢查的準確度，但他可能也不知道。你嘗試研究不同療法的機會，結果可能會發現你的醫生在省視這些數據上也有很大困難。醫生的必要工作是診斷疾病、列出不同治療選項、治療病人，以及持續追蹤確保療效。然而如同一名醫生所說的：「醫生對功效的瞭解比對風險來得多，這讓決策容易出現偏見。」更有甚者，一般研究多專注於一項醫療措施是否能夠提供治療，對那些設計實驗的人來說，副作用比較不是他們關注的重點。醫生以醫療措施的成效來教育自己，而非從其短處學習——這部分要由你自己完成，又是另一形式的影子工作。

　　舉心臟繞道手術為例。在美國，每年有五十萬人接受這種手術。這項手術具有成效的證據何在？隨機的臨床實驗顯示，大多數接受這項手術的病患存活率並沒有較顯著，但是手術醫生不這麼認為，對他們來說這個措施的邏輯已足以成為其自身的辯護。「你的血管堵塞，所以你繞過阻塞之處，修好問題所在，結束。」如果醫生認為一項治療有用，他們就會相信它確實有用，就算當臨床證據並不存在。

　　在沒有臨床試驗的情況下，擴張術的手術進行數目也從零變成每年十萬起。如同繞道手術般，擴張術之所以普遍也僅是因為該措施的邏輯，然而臨床實驗並未顯示其有較高的存活率。有些醫生告訴病人說，擴張術能增加他們十年的壽命，但對那些穩定型冠心病的患者來說，擴張術連一天的壽命都沒幫他們延長。

這些病人都是笨蛋嗎？一點也不，但他們很脆弱。當醫生說「你生病了，這病會害死你，但我有一種有效的療法」時，很自然地大家都會擁抱這個選擇。我們會問問題，但不會問太多——我們想回歸正常人生，所以願意遵照醫囑。當我們被壓力擊垮，並認為醫生說的是被實驗記錄下來的事情，往往會把自己的決策程序關閉。當手邊出現一個選項，且那個選項是來自專家建議時，人們往往會停止使用自己大腦中獨立決策的部位，把決定權交給專家。

從另一方面看，儘管許多心臟科醫生以這種方式向病人推銷繞道手術以及擴張術，然而壽命延長並非唯一一件重要的事。許多病人回報在接受這些手術後，生活品質有了戲劇性的改變，他們有能力去做自己愛做的事。他們也許無法活得更久，卻能活得更好。這是在做任何一個醫療選擇時不該被忽略的關鍵因素。不要只問你的醫生關於療效和存活率的問題，也問一些生活品質以及可能影響生活品質的副作用相關問題。的確有許多病人珍視生活品質的程度更甚於長壽，願意以後者交換前者。

攝護腺癌治療的現況可做為醫療決策中隱藏陷阱的有效例子。據統計，全美有兩百五十萬男性罹患**攝護腺癌**，當中有 3% 的人會因此過世。攝護腺癌並非全美前十大死因，卻是繼肺癌之後男性癌症致死的第二大原因。幾乎每個向病患報告這個消息的泌尿科醫生，都會建議動手術切除攝護腺，以此根治疾病。乍聽之下這相當合理——我們在這裡發現癌細胞，就該把這地方切除。

但有一些問題讓攝護腺癌的治療變得複雜。其中一者是這種癌症的進程特別慢——大多數男性最後往往並非因攝護腺癌而死，而是死於其他原因。然而癌症這名詞是如此恐怖嚇人，讓許多男性只想「切除後一了百了」。只要知道癌症不復存在，他們願意承受各種副作用。但是等等！攝護腺癌在手術後仍有相當高的復發率。至於副作用，其發生率則列在下面副作用名稱後的括弧內：

· 勃起時間不足，無法完成性行為（80%）
· 陰莖長度變短二公分半（50%）

- 尿失禁（35%）
- 排便失禁（25%）
- 疝氣（17%）
- 尿道斷裂（6%）

這些副作用都很可怕。大多數人會說他們寧可死去，這是他們在手術以外的另一個選項。但數據告訴我們一個不一樣的故事。首先，因為攝護腺癌進展得很慢，在大多數患者身上甚至不會出現症狀，某些人甚至可以不接受治療，就安然與這個疾病共處。多少人呢？四十八人中有四十七人。換句話說，每四十八名接受攝護腺手術的人中，只有一人的生命因此獲得延長，其他四十七人存活的時間和之前差不了多少，同時也不需忍受副作用。這麼說來，需治人數是四十八人。至於副作用，一名病患有超過 97% 的機率會經歷上述至少一種的副作用。如果忽略與性行為相關的副作用（也就是前兩者），單單檢視其他幾種副作用，病患經歷當中至少一種副作用的機率仍超過 50%；而同時經歷兩種的機率也很高。所以在那四十七名並未獲益於手術的病患當中，大約二十四人會有至少一種副作用。

我們再簡單重述一次：每四十八名接受攝護腺手術的患者中，有二十四人就算沒接受手術也不會有事，但這二十四人得承受嚴重的副作用；至於治癒人數總體而言只有一人。可以說你因為這項手術受到的傷害，比你獲益於這項手術的機率高上二十四倍。而接受這項手術的男性中，有 20% 後悔自己的決定。很明顯地，在決策時把生活品質納入考量是非常重要的。

那麼，為什麼幾乎每位泌尿科醫生都做出這項手術的建議呢？更何況，這又是已知最複雜又最困難的一種手術。你可能會認為，這理由會讓醫生不建議病人動手術切除，但事實是醫生們投入了無數努力去研究如何進行這項手術。要執行這項手術需經過複雜而廣泛的訓練，以致精通這項手術的醫生將之視如珍寶。此外，病患及其家屬也期待醫生有些治療行為，如果醫生只是說「我們再觀察看看」，病人往往會感到不滿。人們感冒去看醫生，如果空手走出醫院，沒拿到處方箋，他們某種程度上會感到不開心。多項研究顯示，這些病人往往認為醫生沒有認真看待他們，或是檢查得不夠徹底，或兩

者皆是。

醫生會推銷這種手術的另一個原因，在於手術醫生的目標是要根治癌症，而這樣做是復發率最低的方法。病患和醫生於此有共謀關係——很難告訴醫生說：「那就讓癌症保持原樣吧！」攝護腺癌基金會主席強納森・西蒙斯（Jonathan Simons）醫生如此解釋。醫學院的教導是，手術是大多數癌症的黃金準則，存活率高於其他方法，更遠高於忽略問題。透過統計，他們算出有多少人在進行這項手術的五年和十年後因這癌症復發而死亡。然而，這項統計忽略了該手術對其他疾病的誘發性、術後的生活品質以及恢復時間。

曼哈頓一名皮膚科醫生巴尼・肯納特（Barney Kenet）發現下面這件有趣的事。「外科醫生受到的教育是：多切除一個部位，就多一個治癒的機會。」他表示，「這是他們文化 DNA 的一部分。你所提供的癌症案例，全都使用機率和數據仔細做過分析，治療的科學與行醫的技藝在此產生碰撞——這是一種藝術。」

醫學院和外科醫生可不用擔心生活品質，但是你需要。在醫療決策當中，許多部分圍繞著你承受風險的意願，以及你承受不便、痛苦或副作用的程度打轉。你願意花多少時間開車往返醫院複診，然後坐在醫生的診療間中對著檢查結果不斷煩惱擔憂？這並非容易的答案。但在這裡透過數據的使用能讓我們釐清問題。

透過數據來釐清問題

將話題轉回攝護腺手術上。一般來說恢復期是六週，考量到這項手術可能會拯救你的性命，這段時間不會不合理。但在這裡我們要問的問題並不是「我要花上六週的時間拯救我的性命嗎？」，而是「這手術真的救了我的命嗎？有四十七人根本不需要接受手術，我會是那其中一人嗎？還是我是那個需要接受手術的人呢？」。雖然答案無從知曉，然而仰賴機率來指引你的決定有其道理：除非有特定資訊指出你的癌症是惡性的，否則從數據上來看你不可能從這項手術中得到幫助。

一項額外的資訊或許可讓決策聚焦：手術確實延長了患者的壽命，但平

均來說只有六週。這個數字來自那四十七個生命沒有被延長的病患（當中有人甚至因為手術的併發症而縮短了生命），以及那個生命確實因手術得到救治的病患，他多活了五年半。在這個例子中，六週的生命延長剛好是六週的恢復期！如此一來，我們可以將問題重新闡述一次：你想在此刻你還年輕也較健康時花上六週時間躺在床上，等待這個你可能並不需要的手術恢復？還是你寧可在年紀較大、較沒有活動力時，比預計的時間早六週結束生命？

許多手術和藥物治療都是這類交換：恢復所需時間，等於甚至超過你拯救回來的生命時間。運動對延長壽命有所助益，其證據也類似於此。不要誤會我的意思——運動的確有很多好處，包括能改善情緒、增強免疫系統，以及改善肌肉張力（進而改善整體外觀）。部分研究顯示，運動甚至能透過增加血液含氧量，讓思慮變得更清晰。但是讓我們檢驗在新聞中頗受關注的一點聲明，那就是如果你每天進行一小時的有氧運動，並於運動時間內達到你的目標心跳率，你就能活得更久。聽起來不錯，但是能多活多久呢？

有些研究告訴你，你每運動一小時就能多活一小時。如果你喜歡運動，這是一筆很棒的交易——你在做你喜歡的事，同時又能延長同樣長度的壽命。這就像是說你每進行一小時的性行為，或是每吃一小時冰淇淋，就能多活一小時。對你來說，這會是很容易的選擇。但如果你討厭運動，認為運動讓人不開心，那麼你每花在運動上一小時就是損失一小時。日常運動有無數好處，但延長你的壽命並非其中之一。沒有理由不運動——但重要的是，要對結果有合理期待。

上面這種思考方式常被反對的主要理由有二。第一，談論這類生死攸關議題的平均值沒有意義，因為沒有一個人的壽命真的如上所述延長了六週；實際上，有一個人延長了五年半的壽命，而其他四十七人連一天壽命也沒延長。這個「平均」六週的壽命延長只是一種統計學上的想像，如同停車案例一般。

的確如此，沒有一個人的壽命得以延長這麼多。平均值通常只是一個數字，無法在任何一個人身上找到相符的驗證，但這並不會推翻其背後的推論。這導引出第二種反對說法：「你無法用你評估丟擲硬幣和抽撲克牌的方式，也就是根據機率來評估這個決定。只有在檢視多次反覆試驗的結果時，

機率和期望值才有意義。」但要理性檢視這類決策，就不能把這類狀況當做是完全隔絕於時間以及生命經驗的「絕無僅有的一次機會」，而是把它當成你終其一生會做出的一連串決定的其中一部分。雖然每一個獨立決策可能都獨一無二，但我們面對的是終其一生的選擇，每一個都有自己的機率和期望值。你並不是在做一個孤立於你人生其他決定的單一手術決定，而是在你所做出的數以千計個決策脈絡下做出這個決定，像是是否要吃維他命、運動、餐後使用牙線、注射流感疫苗或是做活組織檢查一樣。直截而理性的決策需要我們留意每一個決定的期望值才行。

每一次的決定都帶來不確定性與風險，經常要你從時間、方便性和某些後續會發生的未知後果間進行取捨。當然，如果你百分之百相信每餐餐後都使用牙線，你的口腔就能保持健康，你就會這麼做。你真的期待從頻繁的牙線使用中得到這麼大的回報價值嗎？大多數人似乎並不相信，比起其利益，每天使用三次牙線（如果吃點心就得使用更多次）似乎帶來更多麻煩。

取得準確的數據聽起來容易，但通常並非如此。以普遍及頻繁操作的活組織切片檢查為例，這種檢查存在一些風險，但就連許多負責操作的外科醫生對其風險都不是很瞭解。在切片檢查進行時，一根小針被插進組織中，之後取出一塊組織樣本供病理科醫生進行後續分析，以確認這些細胞是否為癌細胞。然而這個程序本身就不是確切的科學——不像在《CSI 犯罪現場》電視影集中，會有個技術人員把樣本輸入電腦，然後從另一端看到答案。

活組織切片分析牽涉到人為判斷，以及一個相當於「這看起來很奇怪嗎？」的測驗。病理學家或是組織學家會在顯微鏡下檢查組織樣本，觀察是否有任何區域就他的判斷來說是不正常的。然後他會計算異常的區域範圍，再算出異常區域在整個樣本中所佔的比例。病理報告中可能會提到「樣本中有 5% 異常細胞」，或是「在樣本中發現到 50% 的癌細胞」。兩位病理學家常會對彼此的分析提出異議，甚至就同一樣本給出不同程度的癌症判斷。這是何以你的切片檢查應該要取得第二意見的重要原因——在你確定真的有需要之前，你不會想要手術、化療或是放療。但你也不應該對結果為陰性的活組織檢查報告太過自滿。

你的醫生並不懂得統計

回到我們舉例的攝護腺癌。我與主要大學教學醫院的六名外科醫生進行過討論，針對攝護腺切片檢查的副作用徵詢他們的意見。當中有五人表示，切片檢查的副作用風險大約是 5%，這與我們在醫學期刊中查到數據一樣。第六人則說沒有風險——沒錯，他說一點風險也沒有。在文獻中最常提到的副作用是敗血症，第二常見是直腸裂傷，第三普遍的副作用則是尿失禁。敗血症相當危險，有致命危險。切片使用的針頭需穿過直腸，而敗血症的風險就來自攝護腺及腹腔會被排泄物汙染。為降低這個風險，醫生通常會讓病人在進行切片之前使用抗生素，然而就算如此，仍有 5% 的機率會出現有害的副作用。

與我談話的外科醫生當中，沒有一人提到切片檢查的恢復期以及他們婉轉稱之為「不便」的副作用。這些都不會危及健康，只是令人感到不快。直到我拿出 2008 年刊登於《泌尿科》期刊（*Urology*）中的一項研究，他們才承認在切片檢查後的一個月內，有 41% 的男性經歷到勃起障礙，而在檢查六個月後仍有 15% 的人有勃起障礙。

其他被歸類為「不便」的副作用，還包括腹瀉、痔瘡、腸胃疼痛和持續數個月的精液出血。當中有兩名醫生羞怯地承認，他們故意保留這項資訊。如同其中一人所說：「我們不會向病人提到這些併發症，因為他們可能會因此不願接受切片，但這檢查對他們來說是很重要的醫療程序。」這就是為什麼我們當中有許多人厭惡醫生的家長式作風，而這也違背了知情同意的核心原則。

切片檢查出現嚴重副作用的風險是 5%，這聽起來可能沒那麼糟，但若把以下這件事也納入考慮，就會瞭解其嚴重性。許多被診斷出早期或低惡性攝護腺癌的男性選擇與癌症共存，定期監測其發展，這叫做觀察式等待或主動監測。當選擇這麼做時，泌尿科醫生可能會要求你在一定時間間隔做一次切片檢查，間隔可能是十二到二十四個月。以一種發展緩慢甚至在十二年內都不會出現任何症狀的疾病來說，這表示有些病人會接受五次（或以上）的切片檢查。那麼我們接著要問，如果你做了五次切片檢查，而每一次有 5% 的

風險，那麼在一次又一次的切片中，你得到敗血症或另一種嚴重的副作用的風險是多少？

這次的計算並非依循我前面所列的相乘方式；我們如果想知道，在總共五次的切片檢查中其中一種副作用出現的機率，可以使用相乘的方式來計算，如同計算連續五次丟擲銅板，正面都朝上的機率為何一樣。這也不需要一個四格列聯表，因為我們問的並不是一個諸如「在切片檢查為陽性的情況下，我得癌症的機率有多少？」這類貝氏問題。要問在五次切片中至少有一次出現副作用的風險（或是問在丟五次銅板至少一次正面朝上），我們需要使二項式定理的觀念。二項式定理可以告訴你副作用這件壞事至少發生一次、五次或任何你想知道次數的機率。

如果你已經做了思考，那麼在這個案例中你要問的，並非你在五次切片檢查中出現一次確定且嚴重副作用的機率為多少（更何況，我們已經知道如何使用乘法規則算出答案）；相反地，你想要知道在一次或更多次切片檢查中，出現至少一次嚴重副作用的機率為何。這兩個機率是不同的。

最簡單的方式是使用網路上的計算機，有許多可供選擇，像是下面這個：
http://www.stat.tamu.edu/~west/applets/binomialdemo.html

在使用線上計算機時，你要將下列資訊輸入螢幕上的方框中：

n 指的是你接受該程序的次數（在統計學術語中，這被稱為「試驗」）
p 指的是其中一種副作用發生的機率（在統計學中，這些被稱為「事件」）
X 指的是該事件發生的次數。

使用上面例子，我們想要知道如果你接受了五次切片檢查，那麼出現至少一次嚴重副作用的機率有多少。因此，

n＝5（五次切片）
p＝5％或0.05
X＝1（一次副作用）

在二項式計算公式中填入這些數字，結果發現如果你接受五次切片檢查，至少出現一次副作用的機率為 23%。

在五名承認攝護腺切片檢查出現副作用風險為 5% 的外科醫生中，只有一人瞭解到風險會隨每次切片而增加。當中有三人表示，5% 的風險適用於終身，也就是你可以進行你想要次數的切片檢查，而風險每次都是 5%，並不會隨之增加。

我向他們解釋，每一次切片代表一次獨立事件，兩次切片代表著其風險比僅進行一次切片來得大。他們當中沒有人相信。我們一開始進行的對話與下列對話類似：

「我讀到切片檢查所導致的嚴重併發症，風險有 5%。」

「沒錯。」

「所以如果一名病人接受了五次切片，他們的風險會提高到近 25%。」

「你不能就這樣把機率相加。」

「我同意不能這樣。你必須要使用二項式定理，然後你會算出 23%——與 25% 相當靠近。」

「我從未聽過二項式定理，我確定它不適用於此處。我並不期待你能瞭解這點，這需要統計學上的訓練。」

「嗯，我接受過一些統計學上的訓練，我想我能夠瞭解。」

「再次請問您的職業是？」

「我是一名研究員，一名神經科學家。我在研究所教統計學，出版過一些統計方法論文。」

「但你不像我一樣是個醫生。你的問題在於你不瞭解醫學。你知道的，醫學統計和其他統計不一樣。」

「你說什麼？」

「我有二十年的醫學經驗。你呢？我處理的是真實世界。你可以使用所有你想要的理論，但你什麼都不知道。我每天都在診斷病人。我知道我看到的是什麼。」

另一名外科醫生，他是達文西「機器人」手術的全球專家；他告訴我：

「這個數據似乎不太對。我操作過的切片檢查可能有五百次，我不認為我職涯中看過的敗血症發生率超過一、二十次。」

「嗯，五百次發生二十四次大概就是 5%。」

「喔。嗯，那麼我確定沒有那麼多次。如果有 5% 的話，我一定會注意到的。」

我要不是酷愛折磨自己，就是一個樂觀主義者，因此我訪問了另一間頂尖醫院腫瘤科的負責人。我指出，由於需治人數，一個人若得了攝護腺癌，最好不要接受治療，因為只有 2% 的病人能從手術中得到益處。

「假設被診斷出得了這種癌症的是你，」他說。「你不會想要放棄手術的！如果你是 2% 中的那一人怎麼辦？」

「嗯……我有可能不是。」

「但你不知道呀。」

「你是對的，我不知道，但是根據定義，我只有 2% 的機率會是那 2% 當中的一人。」

「但你並不知道你是不是呀。如果你是呢？那時你就會想要進行手術了。你有什麼問題呀？」

我與另一所大學教學醫院泌尿腫瘤科的主任討論了以上問題；他是一名研究人員暨臨床醫生，研究曾刊登於科學期刊上，在研究論文中他對數據的掌握相當專業。他對同事們所說的不是感到驚訝就是失望。他解釋，關於攝護腺癌的部分問題，在於目前大眾普遍對用在檢測攝護腺癌的測試 PSA 不太瞭解，而 PSA 在預測結果時其效用與數據並不一致。切片技術本身也有問題，因為它們仰賴的是取自攝護腺的樣本，然而攝護腺較其他區域較容易取得樣本。

最後他解釋，磁振造影和超音波等醫療造影技術是個有效的方法，但是目前長期研究還太少，尚未總結出造影術在預測結果上的效用。在某些案例中，有三分之二可透過切片檢查發現的癌症會被高解析度的 MRI 造影忽略。無論如何，不管是透過切片診斷，或是切除手術，還是放射線治療，這些仍被認為是控制攝護腺癌的金科玉律。醫生的訓練教導他們去治療病人，並使

用有用的技術，但他們一般並沒有受過科學或機率方面的思考訓練——你必須要靠自己使用這些推理；理想狀況下，你應該和你的醫生一起進行。

醫生能提供的幫助

但等一下，如果醫生都這麼不擅長推理，那麼醫學是如何減緩那麼多人的痛苦，並延續那麼多人的性命呢？我前面關注的知名案例，包括攝護腺癌、心臟手術在內，都是醫療中不斷變化的部分。我也將重點放在那些出了名困難的問題上，即那些會利用認知弱點讓我們混淆的問題。但還是有許多成功的狀況，比如預防接種、感染治療、器官移植、預防照護以及神經手術（如同第四章提到埃康納西所接受的手術）等等。

實際情況是，你如果有哪裡不舒服，你不會去翻閱一本統計學的書，而是會去看醫生。行醫既是一門藝術，也是一種科學。有些醫生會在不知道自己正在使用貝氏定理的情況下使用了它，並會運用他們的訓練與觀察的權力從事模式比對——當知道一名病人符合某種特定症狀和風險因素時，進行某種診斷及預後，以此預測該疾病的發展狀況。

如同加州大學聖塔芭芭拉分校的頂尖神經學家史考特・葛雷夫頓（Scott Grafton）所說：「經驗和隱性知識非常重要。我近來才與兩名加起來有五十年臨床經驗的急診室醫生進行臨床匯報，康納曼醫生和特佛斯基醫生在報告時，沒有使用任何艱深的推論或是正式的邏輯，但他們就是能辨認出問題何在。他們在高強度的學習中學會技巧，形成能看出例外樣式的辨識系統。這種模式辨認的應用，在放射師檢視 X 光片上很容易理解。任何一名傑出醫生也是如此。他們根據多年經驗，加上妥善使用測試、物理檢查以及病人病史資料，能得到相當準確的貝氏機率。」

一個好醫生醫過數以千計的病人，形成一個豐富的歷史數據庫（在貝氏推理中，這稱為先驗分布〔prior distribution〕）；他們可以依此建構出對新病患的基礎認知。一個好醫生能夠輕鬆應用這些資訊，總結出對病人最佳的療法。

「貝氏推理與啟發式邏輯推理的問題在於，」葛雷夫頓說，「它們無法理解醫生大部分是直接從病人身上吸取資訊，並從中為這次決策進行獨立判

斷。這種方式非常有效。一名好醫生可以在走進診間後聞到迫在眉睫的死亡氣息。」舉例而言，許多醫生一走進重症加護病房，就會先檢查病患的生命徵象和紀錄表格。當葛雷夫頓走進加護病房，他會先為病人做檢查，衡量病患的必要生存機能，以此瞭解病患的心智及身體狀態。

好醫生會和病人聊天，從中瞭解他的病史以及症狀。他們優雅地使用模式比對。科學是他們判斷基準，但他們並不仰賴任何一種測試。在兩種毒藥與視覺模糊症的案例中，我掩蓋了真實情況中做出醫療決策時的一個重要事實：你的醫生只會在根據對你的檢查和你的病史、覺得你可能罹患某種疾病的情況下，才安排你接受檢驗。

以我編造出的視覺模糊症為例，雖然一般人當中得此病的基本比率是三萬八千分之一，但這並不是視力出現模糊症狀的人群當中，最終在醫生診斷或接受檢查後，確定罹患該病症者的基本比率。假設上述基本比率是九百五十分之一好了，那麼你得重新填寫表格，並發現你得到視覺模糊症的機率從 1/201 增加到 1/20。這是貝氏更新所能做到的——找到符合你特定情況的統計數據並利用它們。透過將問題鎖定在相關維度上與你極相似的人們上，你便能改善對於機率的預測。舉例來說，問題不在於「我會中風的可能性有多少？」，而是「與我有相同年紀、性別、血壓以及膽固醇的人，會中風的機率有多少？」，這需要將醫療科學與醫療藝術結合在一起。

雖然醫學並不特別擅長某些部分，但我們仍無法否認在過去一百年間醫學有壓倒性的勝利。根據美國疾病管制局報導，在 1900 至 1998 年間，有九種過去奪去數千名美國人性命的疾病——天花、白喉、破傷風、麻疹、腮腺炎、德國麻疹、流感嗜血桿菌、百日咳和小兒麻痺，都接近完全根絕，亦即這些疾病的罹病率減少了 99%。白喉的罹病人數從十七萬五千人減少為一人；麻疹的罹病人數從五十萬人減少為九十人。在一萬兩千年前到西元 1820年間這段佔了人類歷史大多數的時間當中，人類的壽命平均約為二十五歲。而自 1820 年起，全球平均壽命增加到超過六十歲；1979 年起，美國人民的平均壽命從七十一歲增加為七十九歲。

至於那些醫生與病人有更直接接觸的案例呢？畢竟人類壽命可能會受到其他因素（如衛生條件改善）影響。在戰場上，儘管致命性武器與時俱增，能

成功治療一名士兵傷口的機率也有戲劇性的提升。在美國內戰時期以及兩次世界大戰期間，因為傷口致死的機率約為 40％；而在伊拉克戰爭期間，機率降到了 12％。

嬰兒死亡率、新生兒死亡率以及新生兒後期死亡率也都減少了。1915年，每一千個新生兒中，有一百人會在他們第一個生日來臨前過世；到了2011 年，這個數字減少為十五人。雖然攝護腺癌、乳癌和胰臟癌都是特別難控制的癌症，但兒童白血病的生存率從 1950 年的接近 0％ 增加到現今的80％。

很明顯地，醫療以及其背後的科學做了很多好事，但當中仍存在偽醫學的灰色陰暗地帶。正因為這個陰暗地帶，真正需要醫療幫助的民眾常做出錯誤判斷，更因為資訊未做良好組織，產生了許多問題。

違反知情同意原則的替代醫療

知情同意是現代醫學的核心原則之一，你必須大略知道你所接受的任何一項治療的所有優缺點，得到所有可獲得的資訊，這樣才能在知情狀況下做出決定。

不幸的是，現代醫療照護並沒有真正落實知情同意原則。我們受到各種資訊轟炸，其中大多數都是不完整、帶有偏見或是模擬兩可的訊息；更何況我們在面對這些資訊時，正處在情緒上最沒有做好準備去處理問題的時刻。在面對替代醫學和替代療法時，這點格外明顯。

有越來越多人尋求以替代療法取代專業醫療／醫院體系，來治療疾病。然而，由於這個產業並未受到法規管理，目前很難取得其相關數據；《經濟學人》估計，替代醫療在全球的產值達六百億美元。據報導，有 40％ 的美國人使用過替代醫學以及替代療法，當中包括草藥、順勢療法、精神或心理療法，以及各種帶著治療意圖對身體及心理進行的非醫藥性控制。由於替代醫療在我們的生活中相當普遍，任何贊同這種醫療方法的人都需要知道一些基本資訊。

簡單來說，替代醫療是一種沒有證據證明其療效的醫療方式。一種療法

一旦經科學證實其療效，就不再被稱為替代醫療，而是改稱為醫學。一種療法在成為常規醫學的一部分之前，都會先經歷一系列縝密的控制實驗，以取得證明這種療法安全有效的證據。而替代醫療沒有經歷這種驗證過程。只要有人相信特定療法有用，那種療法就會成為一種「替代療法」。知情同意表示我們應該要先瞭解一項療法的有效性，以及所有可能出現的問題；而這點是替代療法所缺乏的。

持平來看，當我們說一項療法沒有證據時，並不代表它沒有效果；這純粹是指這種療法尚未經過實驗證明──我們是不可知論者。但是「替代醫療」這說法卻會讓人誤會。它是替代性的，但不是一種醫療方式。這不就引起另一個問題：那麼它替代了誰？

科學與偽科學的差異何在？偽科學通常使用科學以及觀察的用詞，但是並未使用完整的控制實驗，以及可被證明為偽的假說。順勢療法就是一個很好的例子，這種 19 世紀的療法會給病人極度少量（或幾乎不含任何劑量）的有毒物質，並聲稱這些物質具有療效。

順勢療法有兩個主要信仰。首先是當一個人出現失眠、胃痛、發燒、咳嗽或是腫瘤等症狀時，使用在正常劑量下會造成這些症狀的物質，能夠治療這些症狀。這種說法完全沒有科學根據。如果你誤服了毒漆藤，我再給你更多的毒漆藤，我所做的事只是讓你服下更多的毒漆藤而已。這不是一種療法，而是會造成問題！

第二種信仰是重覆稀釋一種物質，會保留住原本物質的活性而擁有療效，稀釋越多，該物質就變得更有效或更強大。根據順勢療法，原本物質的「振動」會在水分子中留下它們的印記。順勢療法相信，在藥品製劑時稀釋越多次，它的療效就越強。

順勢療法要求按照非常專門的步驟來進行稀釋。順勢療法治療師拿出一部分的化學物質，將它稀釋在物質總量十倍的水中，然後上下搖個十次，前後搖個十次，最後傾斜搖個十次。接著，他們會取出這溶劑的十分之一，稀釋在十倍的水中，然後再進行同樣的搖晃過程。這整個過程共反覆操作至少二十次，最終將溶液中的原始物質稀釋成水的 1/100,000,000,000,000,000,000。如果是零售的順勢療法商品，稀釋程度通常

是一後面加上三十個零分之一，還有一後面（看看這數字）加上一千五百個零分之一。這等於是拿一粒米，把它碾磨成粉，然後溶解到如同我們太陽系一般大小的水域中。喔，我忘了，然後還要再重覆這個過程二十億次。

順勢療法發明在義大利科學家亞佛加厥發現以他命名的數學常數之前；亞佛加厥常數表達了原子或分子被稀釋的數值（6.02×10^{23}）。重點在於在標準的零售順勢療法稀釋劑中**幾乎不存在**原始物質了。但這被認為是一件好事，因為，還記得嗎？順勢藥物稀釋越多次，它的療效就越強。以上種種讓職業懷疑主義者詹姆士．蘭迪（James Randi）觀察到，只要服用一丁點藥，就會達到順勢醫療所指的藥物過量（蘭迪曾連續十年提供一百萬美元的懸賞獎金，徵求可以證明順勢療法有其療效的人）。

順勢療法是偽科學，因為第一，它禁不起控制實驗的檢驗；第二，它使用稀釋及分子等科學語言；以及第三，在科學對因果關係的理解上，它一點也不合常理。

先將順勢療法擱在一旁，當面對嚴重疾病像是癌症、感染、帕金森氏症、肺炎，或者甚至較為緩和的疾病，如一般感冒或流感時，都沒有證據顯示替代醫療有一絲功效。英國科學家愛德札．厄尼斯特（Edzard Ernst）檢視了數以百計針對順勢療法研究，發現當中有 95% 與不接受任何療法沒有任何差異——等同於安慰劑（另外 5% 順勢療法確實有用的案例，可能代表科學研究的傳統方式所造成的實驗誤差）。

前腦的演化讓我們忽視沒發生的事

維他命和補充品也好不到那去。在累積了數十年以上來自許多不同實驗室與實驗方案的昂貴臨床實驗後，我們發現綜合維他命一點用處也沒有。事實上，維他命還可能造成傷害。以維他命藥丸的劑量來看，維他命 E 和葉酸過量與罹癌風險提高具有相關性。攝取維他命 D 過量會提高心臟發炎的風險，而維他命 B6 過量則與神經傷害有關。以正常攝取量（也就是你從正常飲食中攝取的量）來說，這些維他命並不是問題，但是補充品或是市面上維他命丸的劑量可能對人體有害。儘管有數以百萬計的美國人在自己感冒或快要感冒

時服用維他命 C 或紫錐花，卻少有證據顯示它們對症狀改善有所幫助。然而我們為什麼認為它們有呢？

我們前腦的演化讓我們注意到事件的共同發生性，而不是去注意沒發生的事。這與我們先前所看的四格列聯表有關：我們的大腦是有偏見的，僅會關注左上方欄位發生的事——心理學家稱此為謬誤相關（illusory correlation）。

這種相關性是錯誤的，原因在於左上欄位並不會告訴我們得到最佳結論所需的一切。想像你感覺自己快要感冒了，你開始喝許多紫錐花。你注意到感冒沒有發出來。同樣的事發生在你身上五次，因此你的結論是紫錐花很有用。你的四格列聯表長得像下面這樣：

隔天覺得自己變健康了

這非常驚人！但當中有些問題要釐清。一定次數的感冒會在不做任何處置的情況下消失。有些時候你覺得自己快要感冒了，在什麼都不做下很快就可以把它拋在腦後。如果你參與的是一項科學研究，想必會有大多數人自己無法做到的更精確的資料搜集。下面表格是如果你參與一項科學實驗，填寫後的表格可能如下：

隔天覺得自己變健康了

要注意，如果想要得到完整圖像，你必須知道你感冒而沒有服用紫錐花，以及你沒有感冒下服用紫錐花的次數各是多少——那是大多數的時候。知道這些資訊似乎是很反直覺的事，但這就是此處重點所在，因為我們的大腦較難理解這種資訊。只要看看這張表格，你可以看到如果你服用紫錐花，感冒發作次數是沒有發作的兩倍。以貝氏表格的方式來看，在服用紫錐花的情況下，你得到感冒的機率還是 67%。

　　順道一提，安慰劑效應（意即我們服用了某些可能並未含有醫療成分的東西，卻感覺身體變舒服，甚至真的好轉）是非常真實而強大的。大顆藥丸比小顆藥丸有更強的安慰劑效應，不含藥效的注射劑比藥丸的效果更大。許多沒有醫療價值的產品，其效果可能都只是這種安慰劑效應。這也是為什麼必須進行雙盲且隨機的臨床控制實驗，在實驗中每個人都拿到一顆藥丸，沒人知道自己拿到了什麼。結果，比起沒有服用藥丸的人，許多服用「空藥丸」的人情況有所改善。但如果一個藥物真的有效，功效就該比安慰劑效應更強才是。這是一項新療法要得到許可必須進行的實驗。

　　不是只有紫錐花和維他命 C 會擾亂我們的因果推理。我們總是苦於難以分辨謬誤的相關性。你有過那種你突然想到某人，一個你好久沒想到的人，然後突然間電話鈴響了，哇！竟然是他打來的這種經驗嗎？在馬上得出念力之類的結論前，你必須知道其他三個資訊：你多常想到那個沒打電話給你的人？你多不常想到那些會打給電話給你的人？最後，你多不常想到某人而他也不會打電話來？如果把這些資訊都填入四格列聯表內，你可能會發現這種偶然的奇妙巧合馬上被另外三種情況覆蓋過去，點出這是一個謬誤相關。

忽略分母讓我們過於看重災難

　　很顯然地，我們的大腦演化成會去關注左上欄位的提示，其他則不記得。我過去的老師保羅·斯洛維克（Paul Slovic）稱這為「忽略分母」（denominator neglect）。他說大部分人都會想像分子——像是你在新聞上看到的車禍慘劇——但不會去思考分母，即以平安收尾的開車行程之可觀數字。忽略分母往往以非常奇怪的方式呈現。在其中一項研究中，人們得知有種疾病的

致死率是每一萬人中有一千二百八十六人死亡。他們因此判斷這種疾病的危險性，比會讓 24.14% 人口死亡的疾病大。但其實每一萬人就有一千二百八十六人死亡換算成百分比還不到 13%，因此實際上，前者的危險性只有後者的一半。但在討論前者時我們關注的是分子，也就是因這疾病喪命的一千二百八十六人，這讓我們在腦海中勾勒出好多人躺在病床上的畫面。但在討論後者時我們聽到的是 24.14%，大腦會把它當成抽象的數據對待，沒有活生生的人類牽涉其中。

忽略分母會造成災難化的傾向，讓人去想像最糟的情節發展，而非以合宜的統計觀點做出分析判斷。如同康納曼所寫：「每個曾忍住不睡、等待家中參加派對而深夜未歸青少女的家長，都知道這種感覺。你知道實際上沒什麼好擔心的，但卻抑制不住那些不斷浮現腦中的災難畫面。」

我們腦中浮現關於災難的鮮明印象，加上對於分母的忽略，讓我們做出真正糟糕的決定。2001 年美國 911 恐怖攻擊後的兩個月內，有許多人因為害怕搭飛機，選擇以開車代替原本的搭機行程。結果該年 10 月、11 月並沒有發生更多空難，但在那段期間因汽車事故過世的人比起同期平均多了兩千一百七十人。這些人關注在分子上（四起嚴重墜機事故，上頭共有兩百四十六人），卻忽略了分母（全美一年有一千萬次安全的商業飛行）。如同一名研究者所說：「恐怖分子能造成兩次威脅。第一次是直接造成人員傷亡；第二次則是透過人們內心恐懼而生的恐怖行為。」

同樣地，人們往往會過度重視少見稀罕的事件。康納曼描述了下面這個情景：想像一下，情報官員判斷自殺炸彈客已進入兩個不同的城市，準備發動攻擊。其中一個城市有一名炸彈客，另一個城市則有兩名。邏輯上來說，第一個城市的居民感到安全的程度應該是第二個城市居民的兩倍，但實情並非如此。很明顯的是，兩個城市的居民的恐懼大致上是一樣的。但如果現在有一百名自殺炸彈客，情況可能就會有些不同。但此處的重點是，因為我們大腦的建置，我們對這種計算並不敏感——幸運的是，我們可以訓練它。

對西方醫療的不信任，讓許多人轉向另類醫療

讓我們回到另類療法。許多聲稱因另類療法獲得治療的案例，實際上就是以對分母的忽略這種謬誤相關為根據。此外，另類醫療的吸引力至少有部分建立在越來越多人對「西方醫療」產生懷疑，從而轉向尋求另類醫療。他們被現代醫療照顧過程中的不完善嚇到，覺得有必要抵制那些供應我們既不全然見效又昂貴藥物的藥商。他們懷疑藥廠（還有醫院）獲取大筆利益，不信任這個講求利益最大化的強勢醫療文化所建議的種種療法，並擔心某些療法之所以被建議，並不是出於對病患最有利的考量，而是他們想從中獲利。不幸的是，近來的新聞事件顯示這有時是對的。

另類醫療的擁護者也抱怨部分醫生的家長式傲慢作風（「我知道什麼對你才是好的，你不需要瞭解這是什麼」）；那個曾與我對話的泌尿腫瘤醫生即是一例；當我要求討論他對切片手術做統計推理時，他的敵意就出現了。在美國一所頂尖醫院中，乳癌患者在接受放射線治療之前，並未得知該療法有很高的比例會經歷疼痛不堪的放射線灼傷；這是因為腫瘤科醫生自行為病患做決定，認為這項療法的好處比它所帶來的疼痛和不舒適要來得多。但這違反了知情同意原則。所有的病患都應該要知道當下可得到的所有資訊，如此一來，他們才能決定他們能接受什麼，不願意接受的又是什麼。

另一件值得擔心的事是部分醫生缺乏判斷和自我校正的能力。在一項研究中，內科醫生的預後準確度只有 20%。在另一項研究中，研究者搜集了在醫院死亡的病患的解剖結果，並將死亡解剖報告與病人在世時內科醫生進行的診斷進行對照。這個實驗之所以有趣，在於內科醫生同時回報了他們對自己診斷的信心程度。若只檢視醫生對診斷「完全有把握」的案例，當中就大概有 40% 的誤判。由於病例的複雜性，以及我們前面看到的種種檢查缺陷，誤判次數如此之多是可以理解的，可能也是該被原諒的。但是醫生的過度自信就較難理解，因為這代表醫生並沒有警覺問題所在，也不重視結果。

由於許多人真的對正統醫療充滿不信任感，也難怪另類醫療極具吸引力。它提供了希望，雖然那可能是對天然、非侵入性的自然產品過度浪漫化的產物。使用另類醫療常會支持天性論者的看法，認為某個東西的原料若來

自植物或是天然，那這東西一定是好東西（這當然不正確：想想看毒胡蘿蔔、篦麻籽、茉莉漿果和毒蘑菇）。但問題是在美國及許多其他國家，草藥和草本藥物並未受到管制。美國食品暨藥品管理局預估，有70%的公司連基本的品質控管標準都無法遵守。儘管草藥的品質控管是一大問題（大量樣本都能找到汙染物和裝填物），但就算生產過程全都合乎規定，這種補充品本身也可能會造成傷害。

另類醫療的迷思？

十七歲的德州青年克里斯多福・賀瑞拉（Christopher Herrera），在2012年某日被送進休士頓一間醫院的急診室；他的胸口、臉上和雙眼都呈黃色；根據治療他的醫生佩托的說法，那顏色「幾乎是螢光黃」。賀瑞拉在健康食品店買了一種綠茶萃取物做為燃脂補充品，結果造成肝臟損傷，程度嚴重到需進行換肝手術。食用補充品目前佔藥物相關肝臟損傷的20%，與十年前相比增加了三倍。

然而，我們當中大多數人都認識某個人說自己因為某種另類醫療而獲得痊癒，無論治好的是感冒、背痛或甚至癌症。我有一名被診斷罹患攝護腺癌的好友，得知自己只剩六個月可以活。「把你的事情處理好，然後去做一些一直想做的事吧，」他們說，「像是去夏威夷度個假之類的。」後來，我朋友聽說有個醫生擅長另類療法，這醫生會進行詳盡的「另類」血液測驗，再依照結果擬定一套特定的飲食及運動方案。這個方案對可食用以及禁止食用的食物規定非常嚴格，我朋友每天光準備這些吃的，就要花上三、四個小時。他發揮了使用在他人生其他領域所有的精誠及專注，遵照這套飲食暨運動計畫——就是這種紀律，讓他在三十八歲時就擔任上知名國際公司的總裁。

這個倒數六個月的死刑宣判發生在十二年前。我的朋友現在還精神充沛，狀況比以前更好。在醫生宣告他過世的兩年後，他回到那群腫瘤醫師夢幻團隊面前，讓他們為他進行一連串的測試。他的PSA（攝護腺特異性抗原）數值降到幾近於零，而他的其他生物指標也全都正常穩定。醫生們拒絕相信他透過飲食及運動治癒了自己。他們唯一能說的是：「你上次來的時候，我

們的測試一定出了些問題。」

我知道半打有類似故事的人，這些人都是令人信服的人。我很感激我的朋友還活著。但重點是這些不是科學研究，它們只是故事。儘管這些故事令人振奮、感到古怪神祕又具有挑戰性，但總歸來說也只是故事。軼事奇聞並非資料，在這些故事中不存在實驗控制，病患並非隨機被指派一個情境；同時，這裡也沒有科學家在疾病發展或療法過程中進行的詳盡紀錄。我們無從得知如果我的朋友沒有改變他的飲食習慣，也沒有開始運動，他會發生什麼事——他可能會活得一樣長，而且每週不需花八十個小時在廚房裡狂切蔬菜。當然他也有可能已經過世了。不久之前我問他，是否回去接受切片手術或醫療造影以確認癌症真的消失了。「我為何要這麼做？」他問，「我比之前更健康、感覺也更好。況且我不打算根據他們檢查的發現來改變我的生活。」

我的朋友透過飲食和運動打敗癌症，這既沒有與科學一致，也沒有不一致；這個狀況在科學的範疇之外，因其數據並非以科學方式搜集而來的。

與那些因為手術具有可理解的機制，就相信冠狀動脈繞道術和冠狀動脈再造形術的醫生類似，我們也願意相信飲食和運動可以打敗癌症，即便這是在沒有任何科學證據的支持下。這看似合理，也很符合我們的直覺。我們當中沒有一人對於飲食、運動、疾病和健康三者之間的關係有完整的瞭解。當我們聽到這個故事，我們會想「沒錯，這裡面可能有點道理」。我們會這麼做，是因為這個機制聽起來合理，而非因為有資料。想想看，如果我的朋友倒立著睡在一個金字塔形的帳篷中，而不是改變飲食和運動，我們一定會說這樣就想病好真是瘋狂。

科學的一個優點在於它對於我朋友的這類故事保持開放，因此才不會忽略重要的新療法。大多數科學發現始自簡單且通常還有些偶然的觀察，然後才對其進行了仔細的研究；試著想想看，打到牛頓的那顆蘋果或是阿基米德進入浴缸後流出的水。

在另類醫療中，可能確實有癌症或其他疾病的治療方法。在全球有數百個實驗室正在進行各項疾病研究，測試草本製劑、另類醫藥以及其他療法的可行性。但在證明這些療法有效之前，它們都可能會製造風險，讓病患延遲尋求已被證明有效的醫療，因而有時延遲病患的痊癒時間，甚至導致病情無

可挽回。這樣的事就發生在賈伯斯身上——他拒絕手術,改以針灸、飲食補充和果汁等另類療法替代;當他後來發現這些療法沒有用,但已延遲他能接受傳統治療的黃金時間;而這些傳統療法被專家認定可以延長他的生命。

每年美國有數以千計的人死於原本可被「西方醫療」預防或治癒的疾病。「過去兩百年來,科學方法帶來的文明進步,遠超過之前超過一萬年所有其他方法所推動的進步。醫藥研究專家知道在他們實驗進行時,病人的生命已危在旦夕——通常在臨床實驗完成前,若看到實驗藥物有明顯優點,科學家會提早終止實驗,讓該藥物盡快上市,不再讓病患空等;當中有些人病況危急,等待對他們來說不是選項。」

的確,由於飲食以及運動等部分另類療法聽起來很有道理,也因為有很多像我朋友這樣的故事,美國國立衛生研究院設立了一個部門,使用所有現代科學的工具,專門研究補充品以及這類療法。截至目前為止,NIH 的報告指出,許多案例中的另類療法是沒有效果的,或是效果很小,這代表只有一小部分人得益於此療法,而大多數人無法從中獲益。

在一項典型的研究中,近十萬人隨機分配服用維他命 D、不含任何醫療成分的安慰劑,或是什麼也不服用,以此測試維他命 D 預防癌症或心血管疾病的功效。研究結果發現,每當有一人的生命被拯救,連續五年得服用維生素 D 的需治人數為一百五十人;而在這些未從維他命 D 得到幫助的一百四十九人當中出現了惱人的副作用,包括腎結石、疲憊、胰臟炎以及骨頭疼痛等。我們並不清楚維他命 D 療法的長期效益;而較新的證據將維他命 D 過量與死亡率提高之間做了連結。仍有許多後續研究需進行。

你該如何思考、如何行動

當你要選擇對你而言最好的療法時,你可能會發現自己絕大部分時間都只能仰賴自己。你必須自己搜集資訊,並且善用四格聯表。面對有類似風險的另類療法,要做出決定可能是件困難的事。人們願意承受風險的程度各有不同,願意接受不舒適感(身心皆然)的程度亦不相同。在傑若米・古魯普曼(Jerome Groopman)和潘蜜拉・哈茲班德(Pamela Hartzband)的《你的醫療心智》

一書中，詳盡描繪了病人做決定過程的這一面向。

你對醫療的偏見是什麼呢？我們全都有偏見。古魯普曼和哈茲班德描寫了四種類型的病人：極簡主義者、永不妥協派、自然主義者和技術派。醫療極簡主義者努力將與醫療以及醫生的接觸盡可能降到最低。永不妥協派則認為每個問題、每個疼痛在醫療中都可以找到解決方法。自然主義者認為，身體本身（或許再加上草本和精神性的療法）可以自己療癒自己。技術派則認為，永遠會有比之前更好的新藥或醫療程序出現，而這將會是最有效的治療途徑。

這些代表的都是極端狀況。我們當中大多數人混合了這些類型中的部分特點。在進行牙齒保健時，你可能是個極簡主義者，但在肉毒醫美和其他「抗老」程序上卻是個永不妥協派。你在面對感冒和流感時可能是個自然主義派，但若得進行闌尾穿孔手術，你就搖身變為技術派。確實也存在著永不妥協的自然主義者，他們有好幾個書架關於草藥療法的書；也存在極簡的技術派，他們盡可能避免任何治療，一旦必須接受手術，便要求最先進、最高科技的機器人指引手術，搭配時光機中使用的一點二一百萬千瓦熔式電容器指引系統。理解你的偏見何在，這能讓你更有效率地做出決定，也能讓醫生及病人間的對話更有意義。如果你直接告訴醫生你傾向何種風格，那會特別有幫助。

然而，純粹暸解機率並暸解四格聯表上各種數字的分布，永遠是有用的方法；無論你的個性為何，都將一次又一次證明四格聯表的效力。

你可能聽說如果你採用某種療法，或者遵循某種新的治療方法，就能將得到 X 疾病的風險降低 50%。這聽起來似乎連想都不用想，就可以點頭答應。但別忘了基本比率。試想一名懷孕的四十歲女性，她得知在她這樣的年紀下，孩子得到某種特定的先天缺陷機率是一般孩子的五倍。假設較年輕女性生下的孩子有此先天缺陷的機率是五萬分之一，那麼這名四十歲女性生下有這種先天缺陷孩子的機率就是一萬分之一。這個機率仍然很低。由於這個先天缺陷的基本比率本來就很低，所以就算風險提高了五倍，從比例上來說聽起來很嚇人，卻不會有任何實際上的影響。如果這讓你想到第四章所提到的，因網路戀愛而結婚的夫妻離婚率較低的統計惡作劇，那你完全正確。離婚率減少 25%，不過是從 7% 減少到 5.3%，這在真實世界中沒有任何意義。

這類風險提高或降低，雖然能通過統計顯著性測驗（研究者主要關心的部分），但不具有任何真實世界中的意義。

還有另外一個狀況。如果你面臨的是有80%的機率會有悲劇性的結果，而你能將之減少25%來到60%，這似乎值得一試──減少25%的風險，以級別來看更具意義。我們所有人都會這樣。我們知道那些稱為展望理論和期望效用的概念，在心理學和行為經濟學上也行得通。因此，對我們這群非理性決策者中的大多數人來說，損失的部分遠比獲得的部分更重要。換句話說，損失一百美元的痛苦程度，比贏得一百美元的快樂要來得強烈。也因此，我們當中大多數人為了減少損失一年壽命所付出的努力，會比贏得多一年壽命所付出的努力來得多。

康納曼和特佛斯基還提出一個洞見。損益是非線性的，這是指同樣數量的獲益（或損失）並沒有辦法造成相等的快樂（或悲傷），而是與你當下的狀態有關。如果你破產了，得到一美元也很重要；但如果你是個百萬富翁，那就不然。還有其他的非線性案例：假如你被診斷出得到某種特定疾病，醫生建議你一種能增加10%恢復機率的療法。此時，根據你原本恢復率的不同，這10%對你的意義也不同。試想下面幾種不同情境：

a. 將你的恢復率由0%增加為10%
b. 將你的恢復率由10%增加為20%
c. 將你的恢復率由45%增加為55%
d. 將你的恢復機率由90%增加為100%

如果你與大多數人一樣，那麼情境A與D對你來說會比情境B和C更有吸引力。情境A把確定死亡變成有一絲生存的可能性。這個可能性很小，但人類的內建程式是要堅持活下去。因此在面臨這類選擇時，看到的是光明面。情境D則把有可能死亡的機率，變為一定會活下去。所以在情境A或D中，我們會馬上擁抱這種療法；而在情境B和C下，我們需要更多資訊來決定是否值得一試。

問題如何包裝左右我們的觀感

我們的本能系統中並沒有一種配置，能理解統計數據或是每一次都做出理性選擇——這是康納曼《快思慢想》一書的中心思想。舉例來說，我們大部分人對於一個問題如何呈現（也就是問題被如何包裝）非常敏感，因此只要透過簡單甚或荒謬的操縱，都能大幅影響我們的選擇和偏好。思考一下下面關於癌症手術 vs. 放射線治療的假設性數據，你會選擇哪一個？

1a. 在一百個接受手術的人當中，九十人活著挺過手術；而在手術後五年仍有三十四人活著。

1b. 在一百個接受放射性治療的人當中，所有人都活著挺過了治療；而在治療後五年仍有二十二人活著。

如果你選擇手術，那麼你的決定和大多數人一樣——五年後的結果似乎更吸引人，就算有放射線治療的即刻效果比較好的事實，也無法影響你的決定。現在，若我們改以死亡人數代替生存人數呈現，重新包裝上述資料，你又會偏好何者呢？

2a. 在一百個接受手術的人當中，有十人在過程中死亡；而在手術後五年，有六十六人死亡。

2b. 在接受放射線治療的一百人當中，沒有人在治療中死亡；但在手術後五年，有七十八人死亡。

這個問題的兩個組成方式（或者架構）在數學上顯然是相等的。一百人當中有十人死亡，等同於一百人當中有九十人活著。但從心理學的角度看，它們卻是不同的。人們在第一個情境中比較會選擇手術；而在第二個情境中，傾向選擇放射性治療。

在第一組情境中，我們的注意力很明顯地被五年後的結果吸引：在該組情境中，手術的生存率有 34%，而放射性治療只有 22%。至於第二組情境架

構，很明顯地把我們的關注拉到不同治療方式所造成的風險程度上：放射線把立即死亡的風險從 10% 降低到零。這種框架效應不只在病人身上觀察得到，就連經驗豐富的醫生和對統計嫻熟的商務人士身上也可觀察到。

框架的另一個面向是，比起面對單純的數字，我們大多數人更嫻於面對圖像，這是大學微積分課程改用圖表來呈現較困難素材的一個動機。曾有醫生嘗試換個方式幫助病患更瞭解醫療種種風險，即以視覺來展現在虛構的一百名病患中會出現的各種結果。

此處舉的例子是使用抗生素治療中耳感染（中耳炎）的風險及優點。此處的需治人數是二十人，因為在一百個接受抗生素治療的人中有五人會好轉。此外，另有九人無法被抗生素治療，需要後續處理。在這組人當中，有八十六人實際上並未得到任何幫助，也沒有受到任何傷害——至少從生理層面來看是如此（或許在財務上有受到一點損害）——以這個情況來看，為了這少許利益，人們服用了太多抗生素。

這類圖表能幫助病人瞭解風險，以做出更好的決定，因為他們能看到每個類別的組成。

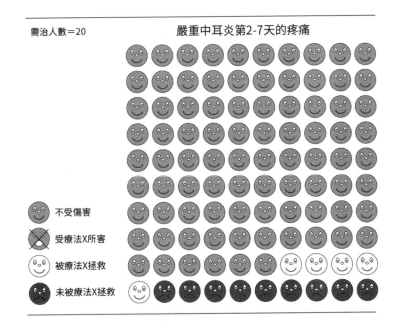

後悔是決策心理的另一個面向。特佛斯基教導我們，風險規避是由後悔所驅動，這是一種強大的心理力量。在做決定時，我們往往會避免那些可能會因為做錯決定而導致後悔的選項。就算依期望值來看，存在選項的期望值實際上有明顯對比，我們也會如此選擇。

雖然療法 X 只有 10% 的可能性會有幫助，且有很高的風險會出現副作用，你還是可能會選擇它，而不是放棄它，以免後來知道自己是那 10% 的得益者，而一直活在後悔中。後悔造成的情感損失可能很巨大。一名乳癌病患這樣說：「他們告訴我，他們並不知道手術後的放射性療法有沒有幫助。但我一直在想：如果癌症又復發了，而我沒有接受放射療法的話該怎麼辦？我一定會覺得自己是個白癡。」

我座車的兩個前胎已經使用超過五年，胎面中心還保持完整，但我注意到邊緣處已出現一些磨損（這可能是打氣不足或開過多山路所致）。我向一名輪胎專家請教，他指出在使用五年後，輪胎的橡膠會開始變得脆弱，甚至破裂，導致胎面和輪胎帶與輪胎其他部位脫離。除了胎面過低外，輪胎所受的保護變少，也可能導致爆胎。

我開車已有多年，開過的路程好幾十幾萬里，只發生過兩到三次爆胎，而且都不是危險情況，只是很不方便，得要把車開到路邊、頂起車子、更換備用輪胎。如果一切順利，最壞的結果只是遲到半小時，還有把衣服弄得有點髒。但從另一方面看，如果爆胎發生在大雨天、山路上或是沒有路肩的公路上，就會變得麻煩許多，而且也變得不太安全。然而，無論是修車工人或是美國交通部都無法告訴我，在我的胎面中心磨損到非更換不可的地步之前，該輪胎爆胎的確切機率有多少。但即使我無法得到這項資訊，我的預感和幫我修車的師傅的預感是一樣的：更換兩個輪胎的期望值或優點，遠低於更換所需的費用。

我的朋友艾倫喜歡省錢。我的意思是他很省錢，總是告訴我們他是在一元商店買到餐點，並且在救世軍商店買衣服。他並不是無法負擔其他選項，他有足夠的錢，他只是覺得自己是對抗現代消費文化的冠軍。艾倫會開心地對我們吹噓他因為保留舊輪胎省下兩百美元；他願意冒險面對風險發生的未知機率，但我們卻喜歡有保障的生活所帶來的平靜心靈。於是我買了新輪胎

（艾倫在讀了這段落後要我告訴讀者，他認為我的這個決定是出於不理性的恐懼，還有擔心太多不會發生的事）。

後悔在這類決定中扮演重要角色。如果因為我沒有花這兩百美元，就會毀掉一次很棒的野餐、一套很棒的衣服或是導致車禍的話，我會覺得自己是個白癡。而艾倫等了兩年後舊輪胎才磨損到需要更換的程度，他會開心地在我面前揮舞著兩百美元現金，告訴我我這麼愛操心真是太蠢了。

醫療上的決策也同樣由害怕後悔的恐懼感所驅動。我們當中有些人願意拿現在的不便以及不舒服，去交換如果未來可能會有的 5% 出事機率，以及那種「如果我當初做了醫生建議的那件事就好了！我是怎麼了？我的生命當時面對極大的存亡風險呀！」的那種後悔感。而另一方面，艾倫想讓他當下的樂趣最大化，他重視不受其實並非當下必須的健康療法或醫療程序所阻礙那種隨心所欲的自由。

在這類案例中，組織醫療資訊的最佳策略是，使用你可以拿到的最準確資訊來武裝自己，瞭解你的偏見何在，以及你對於風險和後悔的接受程度為何。如果你發現自己感到迷失又困惑，此時通常親友能夠幫助你，提醒你你此生奉行的核心價值為何。

醫療、數學和做出有意義的選擇

本書中有一章特別把重點放在注意力和記憶上，但如果你現在是為比任何事都重要的事情做決定，那麼記住有一項偉大恩賜，即所謂的科學之母——數學。有時數學看似些無聊又無生命的計算，但如果想要將我們對人生的思考組織化，我們終究必須放開我們對幾乎毫無人性可言的機率分析和數學計算之持續嫌惡。

在生命面臨可能帶來最嚴重後果的困難抉擇時，當我們處在害怕、不知所措或挫敗灰心的當下，當生命處於危急之中，把你的信心放在數字上吧！試著盡你一切可能搜集多一點資訊，然後與專家一起分析。如果你需要手術，請有過多次執刀經驗的人來協助你完成。身為你自己健康照護的執行長，你需要瞭解如何評估醫生給你的資訊，並應用貝氏推論，以四格聯表做

出分析。在你為醫療方式做決策時，往往會有很多猜測臆想的部分，若將它們轉換成數字，就可以輕鬆地去評估。畢竟，我們大多數人並沒有怪醫豪斯一般的直覺。

花一些時間做決定，從數學的角度進行考慮。試著和你的醫生討論，如果你的醫生對此感到不舒服，另外尋找一位能自在討論統計數字的醫生。重要的是，要克服你對諮詢醫生問題或與醫生爭論的抗拒。帶一位親愛的家人或朋友一同前去，給你支持。確保看診時間夠長——你可以問醫生：「你有多少時間可以保留給我？」

當我們生病或受傷時，我們的人生似乎受專家所控制，但並不必然如此。我們可以為自己的疾病管理負起責任，盡我們所能學習關於疾病的一切，並尋求不只一名醫生的建議。醫生當然也是人，有許多不同個性、風格和強項。找一個風格與你相近、瞭解你的需求、能幫助你達到你的需求的醫生，這樣做很值得。你與醫生的關係不應該是父母對子女般的關係，而應該是能一起合作、達到共同目標的夥伴關係。

第七章

我們如何創造價值？組織我們的商業世界

ORGANIZING THE BUSINESS WORLD
Creating Value

2006 年 9 月 30 日中午，加拿大蒙特婁郊區拉瓦勒的德拉康克爾德天橋倒塌，墜落在魁北克十九號高速公路這條主要南北幹道上。多輛汽車因此摔落，造成五人死亡、六人重傷。

在這座大橋建造之時，建商以錯誤方式在混凝土中裝置鋼筋，並且為了節省經費，單方面決定使用不符合設計規範的低品質水泥。政府所做的調查隨後判斷，建商此舉造成天橋倒塌。在政府主導的建築業貪腐調查中，更查出魁北克地區其他幾起用於橋梁、天橋及高速公路的低品質水泥案件。

這類豆腐渣工程在歷史上由來已久。古羅馬時代，費德那的木造競技場不但建造過程有所疏失，更因選址不當、搭建在不穩固的地基上，導致競技場於西元 27 年倒塌，造成兩萬人死傷。此外，全球各地都有類似的災難發生，包括 1976 年美國愛達荷州的提頓水壩坍塌事件、2008 年中國四川學校校舍倒塌事件，以及 2010 年芬蘭圖爾卡的馬利西爾塔橋事故等等。

大型公共建設計畫若要運作得當，需要許多專業人士的合作，更需要各個層級的檢查與制衡機制。計畫的組織架構通常是以能增進計畫成功機會為方向，來做整體設計、決策制定和執行。理想上來說，每個人都在努力追求人力與物力資源的分配適得其所，達到最大效用（當一個系統的所有組成成分都能發揮最大效用，且系統中沒有任何部分會因為變得更好而讓其他部分變得較糟，這個系統就稱為達到「柏瑞圖最適狀態」）。

到底要使用哪種材料鋪路，或是一層要鋪多厚？這類問題通常不該由第一現場鋪路的柏油工人來決定——這些決定必須由能考慮預算、車流、天氣狀況、預計使用年數、標準習慣及使用以及如果出現凹洞後續的法律問題……等等能進行優化選擇的較高層人士來決定。

在組織中，資訊的搜集和決策的不同面向，通常會被分配下去給不同的管理者，由他們分別回報給他們的高層主管；而他們的高層主管再就各種因素進行平衡決策，以滿足這城市的長期目標。如同亞當斯密 1776 年在《國富論》中提到的，工作生產力最偉大的其中一個進步就是勞力分工。已證實在較大型的企業中，勞力分工有極大的影響力和效用。

功能專門化的時代來臨

直到 1800 年代中期，商業型態都還是原始、小型，並且主要由家庭經營並針對當地市場的規模。1800 年代中期開始的電報和鐵路發展，讓更多公司接觸到全國甚至國際市場，在好幾世紀以來發展的海上貿易基礎上持續前進。隨着遠距商業急速發展，紀錄和功能專門化或是跨界訓練的需求，也有了戲劇性的成長。信件、合約、會計、存貨清單和狀態報告等部分的整合，成為企業的新挑戰：你該如何在今天下午之前，從這堆積如山的文件中找到你要的那則資料？工業革命同時也宣告文書作業時代的來臨。

1840 年代初期的一連串鐵路事故，讓大眾迫切想就紀錄和功能專門化做改善。調查員的結論是：這些事故肇因於工程師和各線路操作員之間的溝通沒有被嚴謹對待，沒有人知道誰對運作擁有管理權，彼此之間也不常確認對方窗口是否收到重要訊息。鐵路公司調查員建議，將操作程序以及規則標準化並記錄下來，這麼做可以超越對於任何一人的技能、記憶或能力的依賴，因此必須寫下每項工作的內容以及負責範圍的準確定義，並標準化其責任歸屬的運作方式。

對勞動力進行功能專門化，帶來越來越多利益，也變得越來越必要。如此一來，若有一名負責特定事務的員工請病假，整個公司的運作也不至於嘎然而止。這也導致講求功能專門化區隔的公司出現，以及對文書作業的更大

需求；這樣員工才能與他們的上級溝通（上級可能在別州），而公司的其中一個分支也才能與其他分支溝通。小型家庭企業的紀錄方法和管理風格，則無法符合這些新型態大公司所需的規模。

因為這些發展，突然間管理階層對員工的控制力變大了；說得更精準一點，他們更能掌握誰在做哪些工作。員工手冊記錄了原本只記在員工腦中的步驟和程序，如今全公司的人都能分享，這讓每位員工都有機會向之前的員工學習，並加入自己改善的想法。這樣的改變遵循了組織化心智的基本原則：將記憶具體化。整個程序包括將記憶從特定幾個人的腦中取出，然後把這些知識（像是寫進工作內容描述表格內）放到其他人也能看到並使用的地方。

一旦管理階層得到詳盡任務以及工作描述的資料，就有可能解雇懶惰或不用心的員工，讓其他人取而代之，卻不會對生產力造成太大的損失——管理階層只要就工作細節和工作中斷處進行溝通即可。在建築及鐵路修建上這是必要的，因為公司總部和工地工人相距甚遠。將份內工作系統化的這股驅力，很快地也延伸到經理人身上；結果經理人變得和勞工一樣可隨時被取代。這項發展是由英國工業效率工程師亞歷山大・漢米爾頓・邱吉（Alexander Hamiltan Church）所推動。

順道一提，鐵路事故之所以頻傳的另一個原因，在於並未同步每一個車站的鐵路時刻表。這在過去並非太嚴重的事，因為每個車站的時區也沒有同步——在同一時間，克里夫蘭可能是三點三十分，哥倫布市卻是三點三十五分，當時每一個行政單位都有權依照自己喜歡的方式來計時。在火車提供的相對高速運輸出現之前，時區不統一並不會造成問題，也沒有實際方式能做區辨。當時沒有電話也沒有收音機，所以沒方法知道（也沒有一定要在乎的原因）隔壁鎮的時鐘和你們鎮上的時鐘時間一不一樣。當時人們定約會時間也比我們今日寬鬆得多，當時典型的約會安排可能像是「我會在下午到你那裡拜訪」（仔細想想，這與今日青少年約在購物商場見面的方式沒有多大不同）。

組織結構圖 vs. 組織網絡圖

系統化工作以及增進組織效率的趨勢，促使蘇格蘭工程師丹尼爾・麥卡

倫（Daniel McCallum）在 1854 年創造了第一個組織結構圖，輕鬆地將員工之間的通報關係視覺化。典型的組織結構圖顯示出誰要對誰回報（向下的箭頭代表長官對下屬的關係）：

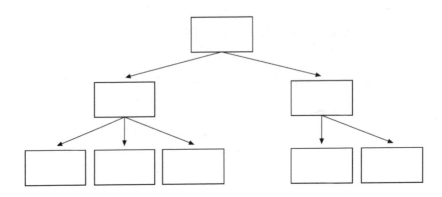

　　組織結構圖詳盡說明了組織中的回報階級，但並未顯示同事間彼此如何互動；雖然結構圖顯示了商業關係，卻未展現出人際關係。網絡圖（Network diagram）一開始由羅馬尼亞社會學家雅各・莫瑞諾（Jacob Moreno）於 1930 年代引介，在理解員工是與誰一起工作以及誰和誰彼此認識上，網絡圖更為有用。因此，管理顧問常使用網絡圖為結構性組織、生產力或效率問題做診斷。

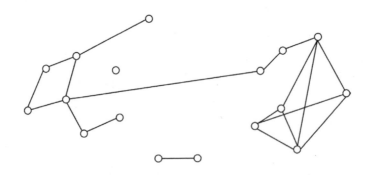

　　上面是針對一間網路新創公司（這間公司最後賣給了索尼）進行一個月調查後畫出的網絡圖。這張圖顯示出在調查的那一個月中，誰與誰之間有互動；圖表顯示的互動呈叉狀分枝，但無法顯示互動的數量或品質。從這張圖可以看出公司創辦人（頂端的節點）只與一人，也就是他的營運長互動；這名創辦

人在這個月中剛好外出進行募資。而營運長與三人之間有互動：其中一人負責產品開發，這人又與一名員工有互動，這名員工則監督一個由七名顧問組成的網絡。這些顧問彼此之間則連絡頻繁。

管理階層透過這個網絡圖瞭解到，組織裡有個人完全沒和任何人互動，另有兩人彼此之間密切互動，但這兩人都未與其他人互動。網絡圖可以多種形式呈現，包括使用「熱區圖」，以不同顏色顯示互動的程度（使用暖色調的顏色表示兩個節點之間互動較多；冷色調表示互動較少）。網絡圖可以和階級式組織結構圖合併使用，以辨認出組織中哪些成員彼此認識，如此便能進一步創造不同的專案小組，或是針對特定功能和回報架構重新組織。

標準的組織運作是把組織中尚未有效運作的團隊解散，然後嘗試以能夠有效運作的團隊取而代之。但因為團隊效率並不僅是「誰有哪種技能」就能解決的事，而更是一種人際間的熟悉程度，以及誰和誰一起工作比較合拍的問題，因此在這樣的情況下網絡圖特別有用，因它不僅記錄了哪些團隊成員會在一起工作，還記錄了（如果有的話）哪些成員在工作之餘還有社交往來（可用不同顏色或點狀線在圖表上標示，或是使用標準製圖技術以數字標出）。

組織的階層要不是扁平式（水平）就是金字塔式（垂直）的。這對於員工與管理者的效率和效用有很大影響。比較下方這個只有三個層級的扁平式公司和另一間有五個層級的垂直式公司：

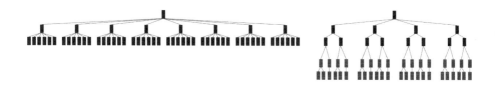

企業或軍事組織的命令架構不脫這兩者，而兩個系統分別有優缺點。傳統軍事架構是垂直式的，但恐怖組織或其他基層游擊組織一般來說會使用扁平式組織，其運作強調去中心化的控制和溝通。扁平式組織鼓勵人們一起工作，允許勞務分配上有所重疊，通常會賦予員工進行該完成任務的權力，並讓員工於正規命令和任務結構之外運用他們的才能。

扁平式組織的缺點則是可能只有一人擁有有效力的決策權，而那人要做

的決定太多。由於缺乏上下階層，扁平式組織需要額外努力去建立何人負責何種任務的歸屬。從這點來看，垂直式結構的部分形式的確有其存在必要，如此才能協調員工以及他們負責的任務，避免勞務重覆，也確保任務的各個部分能夠和諧運作。垂直性組織的另一個優勢，在於員工能更輕易地為他們的決定和產品負責。

　　大型垂直性組織常鼓勵專門化和隨之而來的效率。不過大型架構也容易造成員工的孤立和閉門造車，不能理解其他人在做的事也與自己的工作緊密相關。當垂直性組織變得太大時（階層太多），指令要從上層傳到最底層（或是底下的意見要傳到上層）可能會花費太多時間。在此處，鐵路公司可做為商界較複雜組織的示範。過去五十年來，鐵路公司的發展更加快速且複雜，在許多案例中甚至無法追蹤每個員工的工作內容。全球有五十間鐵路公司有共超過二十五萬名員工；還有七間的員工人數超過一百萬。

公司：不斷交換的記憶系統

　　我們可以把公司想成不斷交換的記憶系統。身為一名新進員工，若要適應公司並成為有效率的員工（特別是上層管理階層），有部分工作在於瞭解公司中哪些人擁有哪些技術。設想，如果你想知道東南地區 2014 年的銷售數據，你打給瑞秋但她手邊只有其他地區的數據；如果你想將拓展公司業務去販賣 Gronespiels 的產品，你必須打電話給史考特；如果你想知道 United Frabezoids 公司是否收到款項，你打給羅賓詢問應付款項的事情。公司整體就是一個大型資訊庫，每個人都有效率地在這個神經網絡中扮演自己的角色，各自運作著專案計畫。沒有一個人擁有所有知識；的確，在大公司中沒有人知道哪個人擁有讓公司順利運作的每一則知識。

　　一個典型的故事：博思艾倫漢密爾頓控股公司得到一間排名《財富》雜誌一百大公司的合約，而琳達是那間公司執行長的執行助理。合約任務是研究該公司的組織，並提出改進組織結構的意見。在與該公司員工進行訪談後，博思的顧問發現有三位受過高等訓練的數據分析師有著類似的技能和工作職責，卻分屬該公司組織圖三個完全不同的單位。每位數據分析師分別對

一位副理回報，而三位副理會分別回報到經理處，三位經理又分別回報到分部經理處，三位分部經理則又各自回報給所屬的副總裁處。

結果，每名數據分析師最後是向完全不同的副總裁回報，這讓他們自己、他們的老闆以及他們老闆的老闆都不知道其他人的存在（他們甚至在不同的建築裡工作）。博思的顧問將幾些分析師聚在一起進行每週會報，讓他們挹注他們的知識、分享技能，並互助解決共同面對的技術性問題。這為公司帶來很大的效益，也節省了許多經費。

若得對員工進行高度控制和直接管理，就必須使用垂直結構。舉例來說，核電廠往往採取非常大型的垂直架構，這是因為核電廠需做嚴密的監控管理——一個微小錯誤也可能導致巨大災難。垂直結構讓管理階層能持續並交叉檢查較低層管理者的工作，以確保他們能準確並持續遵守公司的規定和程序。

RBC（加拿大皇家銀行）是一間市值三百億美元的公司，服務客戶有一千八百萬名。這間公司的企業文化極重導師制度，也就是管理階層要負責照顧下屬，讓他們有晉升的機會，並同時確保公司內部的性別平等。該公司的垂直架構讓經理人能對於員工進行密切的管理。

麗詩卡邦公司是第一間由女性創辦的《財富》雜誌五百大公司。麗詩卡邦在設計公司的組織架構時，選擇了扁平式架構——四千名員工僅分成四個層級，希望藉此讓公司保持敏捷機動，能快速回應瞬息萬變的時尚潮流。目前沒有證據顯示，不同的組織架構是否會影響公司的營利能力；不同的架構適用於不同公司。

基本上，我們可以從組織大小預測它有架構層級有幾層，這兩者之間的關係是以對數型態呈現；也就是說，若一間有千名員工的組織垂直分成四層，當其員工人數增加十倍，並不會讓組織分層也增加十倍，而是增加為兩倍。而在員工人數達到一萬人以後，組織分層的成長開始趨近漸近線，亦即即使擁有一萬兩千名員工、十萬名員工或是二十萬名員工，公司也幾乎不會有超過九或十個層級。命令鏈最小化的原則指出，一個組織應盡可能選擇最少數量的階層，這樣會更有利。

垂直和扁平組織概念也適用於檔案管理

扁平式和垂直式這兩個詞彙，也可以應用在企業網站或是你的電腦檔案系統中。想像一下前面的扁平結構圖和垂直結構圖是一間公司網站索引的兩種不同版本。兩種網站呈現給訪客的資訊可能是一樣的，但訪客會有非常不同的使用經驗。

在設計精良的扁平式組織中，訪客只要按一次滑鼠就能得到摘要性的資訊，若想得到更多詳盡資訊，只需再按一下滑鼠。而在垂直式組織中，同一名訪客可能也只要按一下或兩下滑鼠，就能找到想要的摘要資訊，但如果想要得到詳盡的資訊，則需按四下滑鼠。當然網站的設計並不永遠精準，不一定能讓訪客馬上就找到想要的資訊——網頁設計師往往不是典型的使用者，他們所選用的標籤、選單和分層，對其他人來說可能不夠明顯。因此，使用者可能要花很多時間搜尋、尋找並回到上一頁。

扁平式組織在回返時比較容易，垂直式組織則比較容易定位出一項很難找的檔案。然而，扁平式組織也有其限制：如果中層類別太過龐大，要瀏覽全部類別可能要花上太長時間，且因為它們並不是按層級一層層組織起來的，容易出現累贅及重疊的情況。如果有太多選擇，訪客很容易被淹沒；分層太深，一次能提供的選擇則會太少。同樣的分析也適用於你硬碟中的資料夾，以及資料夾中的資料夾。

不過，由人類組成的組織和網站組織有根本上的不同。就算位在極深分層的垂直式架構中，人們有時還是會使用和需要代理制度。最底層的運輸工人有時需跳上軌道，拯救落入軌道的婦人；投資銀行的秘書有時需要當一個告發者；收發室員工也需要注意拿著來福槍來辦公室的不滿同事。這些行動都符合公司的部分目標——符合安全和道德的對待方式。

在任何一種分層組織的公司或單位，落實公司目標的任務通常落在階層最低的人身上。手機並不是由負責設計的工程師或是負責行銷及銷售的經理人生產的，而是由裝配線上的技術人員完成。火災現場並非由消防隊隊長撲滅，而是在街頭上賣命的消防員們共同的功勞。雖然管理階層和行政階層一般來說並沒有負責公司的主要工作，但在達成公司的目標上扮演了必要角

色。真正在戰場上打仗的是機關槍槍手而非少校，但就一場戰役的成敗與否來說，少校的影響力可能比任何一個機關槍槍手來得更大。

在層級中的決策

只要你有過維修高價物品的經驗（舉例來說一棟房子或一輛車子），就必定曾掙扎於是否妥協並知道管理階層的觀點在決策中的必要性。你要買三十年的屋頂保固還是二十年保固呢？買最高級的洗衣機還是較便宜的品牌呢？假如修車師傅告訴你，你的車需要一個新水泵，若你想要節省一點，他也可以幫你裝從經銷商那裡訂到的原廠委託製造零件（OEM），其功能與海外公司生產的零件相同；而舊貨場買到的保固二手零件也是一種選擇。

他不能為你做決定，因為他不知道你可支配的收入有多少，或是你對這台車有何計畫（你準備把它賣了嗎，還是要把它留下來參加車展，還是你計畫明年7月開它到落磯山脈，在那裡車子的冷卻系統會被推到極限？）換句話說，修車師傅無法從高層次觀點來看你的車子或你的財務長期計畫，除了請經銷商幫你裝一個OEM零件外，其他選擇都是妥協的結果。許多人會在面臨利益層面的考量時會選擇妥協方案。

決策的標準模型往往假設決策者（特別是那些在經濟或商業脈絡中的決策者）不會被情緒因素影響。然而神經經濟學顯示這不是事實；經濟方面的決策會引發大腦情緒相關區域（包括島葉和杏仁核）的活動。早期卡通總是描繪一個困惑不已的人站在中間，一個肩膀上站著天使，另一個肩膀上站著惡魔，兩者給出完全相反的建議；這圖像非常適用於這個情況。

大腦深處紋狀體最靠近脊椎的那個部位（當中包含大腦的獎勵中樞依核／nucleus accumbens）是評估利益的地方；同時，杏仁核這個一般認為是大腦恐懼中樞（當面對生存或其他危險時負責攻擊或逃避反應）的深層結構，則是評估損失的地方。在接收關於損失和利益的對照訊息後，前額葉皮質扮演決策的角色，但這與我們有意識地從兩個選項中做出選擇不同：大腦做出決策通常非常快速，且在我們的意識控制之外，這裡面牽涉到捷思（heuristics）和認知衝動等人類大腦演化來在各種不同情況中服務我們的反應。我們認為我們在決

策上是理性的，某部分來說這是虛假的。

重要的決定通常不是由任何一人做出來的，也非任何一個由人們組成、能輕易被定義的團體做出來的。重大決定往往在廣泛討論、諮詢和資訊分享後出現。這是大型組織的正面力量，同時也是其負面特點。當大型組織運作順暢時，能完成只有一小群人無法完成的偉大事業：包括胡佛水壩的設計和建造、電漿電視的發明、波音七七七或非營利組織仁人家園（Habitat for Humanity）等。如同本章一開始提到的，當理當賢能的當權者溝通不良或運作不彰，或是理想的檢查和制衡機制沒有到位，最後會導致橋梁倒塌、安隆或美國國際集團（AIG）這些失敗案例。

一般而言，在一個多層級的垂直式組織中，權力鏈和命令鏈越向下傳達，專門性就越強。執行長可能會對其中一位副執行長傳達一項計畫；這名副執行長則會就他認為該計畫最可行的方式添加一些專業性，再傳達給對這類操作有經驗及專門技術的分部經理。這個向下傳達的過程持續進行，直到命令抵達真正要執行這項工作的人為止。

我們在軍事組織中常看到這個現象。將軍或總司令決定目標，上校會分配任務給他麾下的每個軍營；少校則分配任務給軍營中的每一連；接著上尉會把任務分配給他連中的每一排。每位軍官都縮小範圍，增加他傳遞下去命令的專門性。然而，現代軍隊給予在作戰現場的士兵相當程度的情境掌控權和判斷自由。這聽來可能很驚人，原來美國陸軍屬於那些最能適應改變的組織；此外，美國陸軍也深入思考該如何應用心理學上的發現於組織當中。

美國陸軍目前致力於讓命令鏈上的每個人都有一定程度的權力，「允許下級及相關單位運用他們對於戰地環境和指揮官意圖的瞭解，加上他們的直覺，在沒有更高層級總部的直接控制下同步調整，以配合其他單位的行動。」

一道命令不該侵犯下級單位的職權

下層單位有限度的自治和判斷，這並非公司或軍隊組織近來才有的發展。在近一百年前，1923 年美國陸軍戰地指南中就期待，能給予下層單位一定程度的自治去判斷，並指出「一道命令不該侵犯下級單位的職權」。軍隊

或公司要運作順利，需要下屬和上級之間的互相信任，以及上級對下屬做出正確的期待。美國陸軍訓練手冊目前的版本是這樣寫的：

> 我們命令的基本原則，要求的是在命令鏈中的信任。上級信任下屬，給予下屬在上級意圖中完成任務的權力。下屬信任上級，能給予他們自由去執行上級的意圖，並支持他們的決定。坦率是所有階層間的信任的基礎……
>
> 軍隊條例強調使命性指揮（mission command），也就是在軍事行動中要給下級領導者最大的主動權。此舉承認了陸上戰事情況複雜，經常混亂不堪，微型管理在此並不管用。使命性指揮強調，當現場有情況發生時，有能力的領導者會應用他們的技能，根據指揮官的意圖完成任務。使命性管理沿用了信任、相互瞭解和願意從錯誤中學習的文化……。指揮官……盡可能提供下屬主動調整的機動性，於此同時保持行動的同步性。

上級長官通常會拒絕將權力或決策交給下屬代理。他們的理由常常是他們的技術、訓練或經驗比下屬來得高。不過，有許多好理由支持將決策委託出去。首先，上級的薪資高得多，所以必須權衡是否需要支付這麼高的代價讓高薪者做決定（還記得第五章的座右銘嗎？「你的時間價值多少？」）。上級應該保留他的時間使用在更重要的決策上。第二，下屬通常處於做決定的更佳位置，因為要決定的事情可能更直接與他們相關，而非上級。史丹利・麥克克利斯特爾（Stanley McChrystal）將軍在領導美伊戰爭時，就清楚說明了這點的重要性：

> 當我指揮時，我會下放行動的能力和權力。這並不表示領導者廢除自己的責任，而是團隊成員實際上彼此是夥伴，而非下屬。他們會在半夜把我叫醒，問：「我們可以丟這顆炸彈嗎？」我會問：「我們應該嗎？」然後他們會說：「我們叫你起來就是為了這個！」但除了他們告訴我的，我也不知道更多資訊；我也可能不夠聰明，能

為他們已從戰場上得到的知識增添更多價值。

史蒂夫・永利的管理哲學也為同樣的觀點背書：

與大部分的管理者一樣，我位在一個大型金字塔組織的頂端，在我下方的人負責做大部分的決定。大多數時候他們所做的決定是 A 或 B 的單選項：我們該做 A 還是該做 B 呢？當中大部分的決定都很明顯──其中一個結果很明顯比另一個好。而有些時候，我的下屬必須認真思考到底要採取哪個行動，卻覺得困難。他們可能必須要諮詢其他人，深入研究這個問題，並取得更多資訊。

偶爾，兩個選項看起來都會帶來很糟的結果。他們要從 A 和 B 中做出選擇，但當中沒有一個是好的，他們無法判斷要選擇那一個。就是在這個時候，他們會被排進我的行事曆中。所以當我檢查行事曆，發現上頭標了要和餐飲部的主管會面，我就知道有不好的事發生了。要不是他要辭職，就是他必須要從兩個非常糟的結果中做出決定。當這件事發生時，我的工作並非如你可能臆測的去幫他們做決定。從定義上來看，來找我的那些人是該問題的真正專家，他們對問題知道的比我還多，而且他們也比較靠近問題核心。我所能做的只是試著帶領他們用不同角度檢視問題。如果拿航空做比喻，我試著讓他們從一千五百公尺的高空看事情。我告訴他們要後退幾步，找出他們知道不容置疑的那個事實。無論他們可能要退後幾步，我不斷和他們談論，直到他們找到深藏於這一切之下的真相。真相可能像是「我們旅館最重要的事是顧客經驗」，或是「無論如何，我們都不能提供不是百分之百新鮮的食物」。一旦他們辨認出核心的那個事實，我們就能慢慢地爬梳問題，通常也就能在過程中浮現解答。但是我並不會為他們做決定。他們是要把決定帶給他們下屬的人，他們是要承擔決定後果的人，所以他們必須自己做出決定，並對做出的決定感到寬心。

認同能在必要時刻做出困難決定的價值也一樣重要。如同紐約前市長彭博所說：

> 領導者就是願意做決定的人。如果選民認為政治人物會做事，那麼就算他們不完全支持這些政治人物做的事，這些政治人物還是會選上。小布希總統會當選，不是因為每個人都認同他，而是因為他們知道他是一個真誠的人，會完成那些他認為應該要做的事。

道德在組織文化中扮演重要角色

在企業和軍事決策上，道德必須納入考量。對某人的個人利益或公司利益有利的，並不總是與對社區、對一般大眾或對全世界有利的事情一致。人類是社會動物，我們當中大多數人會無意識地調整我們的行為，好讓我們與周圍其他人的衝突最小化。

社會比較理論徹底展示了這個現象。如果我們看到其他車子停在禁止停車區，我們就更有可能把自己的車停在那裡。如果我們看到其他狗主人忽略必須把狗兒排泄物清理乾淨的法律，我們就更有可能去忽略這項法律。會這樣的部分原因來自一種平等公平感，那是我們大腦天生的傾向，是演化的產品（就連三歲小孩遇到不公平對待時也會有所反應）。實際上，我們會認為「當其他人都把他們狗兒的大便留在波士頓中心公園時，我幹麼要當那個揀狗大便的傻瓜？」當然這是一種似是而非的自我辯護，因為好行為的感染力和壞行為一樣強，如果我們身先士卒做出正確行為，其他人就有可能會跟隨。

那些公開討論道德並且組織上下以道德行為當做準則的組織，會創造一個遵循道德常規的文化，因為「那是這個地方每個人都在做的事」。允許員工忽視道德的組織會變成壞行為的溫床，甚至連那些最具道德和意志最強的人都會動搖；這就是當環境凌駕個人特質時常出現的經典狀況。原本遵守道德的人最後可能會發現自己想著「我在打一場必輸的仗，沒有理由再繼續下去了，因為沒有人注意到，也沒有人在乎」。

出現過這類論述最具影響力的組織之一就是陸軍：

因為所有戰事都挑戰了士兵的道德觀和倫理觀。敵人可能不尊重國際慣例，可能會施加暴行希冀引起對方反擊⋯⋯所有領導人都肩負一個責任，要讓其下屬從戰事中歸來時不只是好軍人，更仍舊是個好公民。軍人的重大責任在於有效並具道德地運用戰力。

道德上做決定所使用的腦區與商業決策所使用的部位不同。由於消耗大量能量，對許多人來說，在這些思考模式間切換十分困難；要同時權衡經濟利益和道德意義也很困難。要做道德或倫理上的決定，牽涉到額葉中的眼窩前額皮質（就位於眼睛後方）和其上方的背外側前額葉皮質。瞭解人我關係（社會知覺）和遵守社會常規也需要這兩個區域。當它們受損時，便造成不合社會常規的行為，像是胡亂咒罵、裸身上街行走或是當面汙辱他人。

做出並評估道德上的決定也牽涉到杏仁核、海馬迴（大腦的記憶指數／memory index）和顳上溝後部，這是大腦中一個從耳前沿續到耳後的一條深溝。如同在做牽涉成本收益的經濟相關決定時，前額葉皮質在思考道德行為上扮演決策者的角色。

神經造影顯示，無論是幫助有需要的人或是阻礙一個不道德行為，大腦都是以同樣方式來處理道德行為。在其中一個實驗中參與者觀看影片，而影片分別是人們對一個受傷的人展現溫情，還有對一名暴力攻擊者展現侵略性。只要影片中的人在做的是符合道德以及社會標準的行為，觀看影片者的大腦同樣區域也會開始活躍。

更有甚者，這種腦部區域的活躍普遍見於不同的人群當中，亦即不同人在觀看同樣道德行為時，他們的大腦顯示了高度的同步性。也就是說，他們的神經元以類似且同步的型態發射，受此影響的神經群體還包括位於島葉（先前討論經濟決策時曾提到）、前額葉皮質和楔前葉，該區域與自省和觀點選擇有關，位於頭頂上方及後方。這個情況不只發生在人類身上，也發生在猴子身上。

是否這表示就連猴子也有道德感？由頂尖動物行為科學家法蘭茲・德瓦爾（Frans de Waal）所進行的研究探討了這個問題。他發現，就連猴子對於公平也擁有高度發展的觀念。在一項研究中，與另一種猴子一起參與實驗的褐

捲尾猴，在只獎勵牠們（自私的選擇），還是兩種猴子都得到獎勵（公平與利社會的選擇）間做選擇時，猴子一致選擇了要獎勵牠們的夥伴。這並非只是一個膝反射反應。德瓦爾發現令人信服的證據，證明實際上這是捲尾猴進行了某種道德計算的結果。

當實驗操縱者「意外地」給牠們的夥伴猴子更好的獎勵時，具決定權的猴子會扣住給夥伴的獎勵，並把獎勵均分。在另一項研究中，猴子要進行任務以換取食物獎勵。如果操作的是同一任務，而實驗者給其中一隻猴子的獎勵比另一隻大份的話，拿到較小份獎勵的猴子會驟然停止任務並開始鬧情緒。思考一下：這些猴子願意完全放棄獎勵（誘人食物），就因為牠們覺得組織所賦予的獎勵結構是不公平的。

那些負責的人

領導的概念隨著文化和時代的演變各有不同，從凱撒、傑弗遜、奇異公司的傑克・威爾許到西南航空的赫伯・凱爾勒，各有各的典型。領導者也會遭到辱罵和反對；他們透過委任、懲罰上的威脅（經濟、心理或生理上的）或透過個人魅力、動機和鼓勵，來贏得跟隨者。在現代公司、政府或軍隊中，一名好領導人的最佳定義，可能是能夠鼓勵並影響人們去完成目標，並能夠為組織達成更大利益的人。在自由社會中，一名得力的領導者會讓人們盡其所能地發揮，激勵人們專注於思考和努力，並生產出能將他們潛力推到最高層次的工作。在部分案例中，被鼓舞的人們能從工作和與同事的互動中，自由探索未被看見的天賦，從而達到深刻的滿足感。

哈佛心理學家霍華・加德納（Howard Gardner）為領導者提出一個更寬廣的定義。領導者還包括透過他們創造的作品，像是藝術品、食譜、技術產品等幾乎所有事物，相當程度上間接影響一定數量人群的想法、感受或行為。若依照這個概念，具影響力的領導者還包括亞曼婷・杜邦（Amantine Dupin）、畢卡索、阿姆斯壯、居禮夫人以及瑪莎・葛蘭姆（martha Graham）。一般來說，這些領導者在企業結構以外工作，他們雖然和任何人一樣得要和大企業合作，但他們並不符合商學院所描述的「領導者應該要具有重大經濟影響力」

的這個說法。

這兩種分別處於企業組織內部和外部的領導者，都擁有特定的心理特質。他們往往具有適應力，能對改變做出回應；具有高度同理心，能從各個角度檢視問題。這些特質需要兩種截然不同的認知形式：一個是社會智能，另一個則是有彈性且具深度的分析智能。

有能力的領導者能快速瞭解對立觀點以及人們如何得到這些觀點，並能以雙方都認為滿意且雙贏的方式來解決衝突。領導者擅長讓人們團結在一起，包括供應商、潛在對手、競爭者、甚至看起來擁有相衝突目標的敵方亦然。偉大的企業領導者會運用同理心，讓人們（或組織）在協商時保全顏面，好讓雙方在協商完成後都感覺他們得到想要的東西（有天分的協商者甚至能讓雙方感覺自己比對方陣營多爭取到多一些）。

依照加德納提出的模型，許多偉大的領導者同時也是偉大的說故事者。這並非巧合——他們能以扣人心弦的故事鼓舞他人，這是他們能力的具體展現。領導者腦部不同區域間的電力活動有更強的整合，代表他們比其他人更協調地使用更多大腦部位。透過神經整合的方式，我們可以辨認出運動及音樂領域的領導者；未來幾年內，這項科技將會進步到能用來篩選領導者。

偉大的領導者能將競爭者變成盟友。BMW 的執行長諾伯特·雷瑟夫（Norbert Reithofer）和豐田汽車的執行長豐田章男（Akio Toyada）很明顯是競爭對手，他們卻在 2011 年開始一項合作案，旨在創造一款環境友善的豪華車款和一款中型跑車。蘋果的賈伯斯和微軟的比爾蓋茲斷斷續續的夥伴關係和策略聯盟，反而鞏固了兩間公司，讓這兩間公司能為其顧客提供更好的服務。

透過過去二十年美國層出不窮的企業醜聞，我們能明白看出負面領導是有害的，會造成公司崩潰或是名譽和資源上的損失。這通常是自我中心的態度所招致的結果，即對組織中其他人缺乏同理心，並對組織長期健康缺乏關切的態度。美國軍隊也承認，在軍隊及公民組織中會出現這種情況：「不良的領導者持續使用機能不全的行為，去欺騙、恫嚇、威脅或以不公平的手段處罰他人，以此得到他們自己想要的東西。」長期使用這些手段，會損害侵蝕下屬的意志、自發性和士氣。

不用是執行長，也能對企業文化發揮影響力

公司的各個階層都能找到領導者，一個人不需要是執行長，才能發揮影響力並對企業文化產生影響（也並非如此才能成為能鼓舞他人的說故事者）。關於這個主題的最佳思考再次出自於美國陸軍。他們的任務指導手冊中列出了指揮官與最成功跨國企業高階主管具有的五項原則：

· 透過互信建立具凝聚力的團隊
· 創造共識
· 提供明確簡潔的期待和目標
· 允許各層級員工採取有紀律的自發行為
· 承擔審慎穩健的風險

信任的取得或喪失，均來自日常行為，而非偶然的裝腔作勢。信任需要時間去建立，來自成功的共同經驗和訓練——雙向溝通的歷史、計畫的順利完成，以及目標的達成。

創造共識，指的是公司管理階層與各階層下屬溝通企業願景、目標，以及必須由員工擔負起責任的特定行動或計畫背後的目的和重要性。擁有共識有助於上級授權員工去自行斟酌處理各種狀況，因為員工對於自己的首要目標有相當的理解。管理者如果想保留自己的權力，而對下屬隱藏其目標，最後會出現眼光短淺、缺乏資訊而無法主動行動的不快樂員工。

麥基爾大學科學學院院長，數年前著手一項稱為「湯與科學」（Soup and Science）的新計畫，邀請科學系的教授在午間時間對一般員工，包括秘書、圖書管理員、技術人員以及警衛人員等講述他們的研究；這些員工的工作往往離科學本身有段很大的距離。然而從任何角度來看，這項計畫都非常成功——員工從更大的脈絡來瞭解他們正在做的事。圖書管理人理解到她不只是在為隨便一間老舊的研究實驗室整理書籍，而是為了正努力治療一項重大疾病的實驗室工作。秘書發現，她所支援的工作能揭開 2011 海嘯的成因，也有助於提供更佳的海嘯預測，從而拯救他人性命。

「湯與科學」讓每個人對於自己的工作都有了新的目標感。一名警衛後來表示，他為自己身為進行如此重要研究工作的團隊一員感到驕傲。他的工作表現進步了，他也開始以非常實際且明確的方式主動改善研究環境。

第三點原則涉及的，是就特定任務的目的和結束時想要的狀態之期待及目標，提供明確簡潔的表達。這會提供員工關注的重心，幫助下屬以及他們的上級在不需要進一步詳盡指示的情況下達到想要的結果。資深管理階層的目標，提供了更大群員工間戮力同心的基礎。

成功的管理者瞭解，他們無法對所有可預見的意外事故提供指導或命令，因此在針對目標做出明確簡潔的溝通後，他們會告訴員工一個界線，好讓下屬能在界線中，並在維持共同目標的基礎下採取有紀律的自發行為。有紀律的自發行為，指的是當現存指示不再符合當下情況或是出現之前未預料到的機會時，在沒有主管指示的情況下主動採取行動。

審慎穩健的風險則是當員工判斷某件事具正面效應值得一試，卻得暴露在另一個負面後果中，此時主管要能承擔這樣的風險。這樣做，需要對行動的正反面影響做出仔細且深思熟慮的評估。如同生產力專家馬文‧魏斯博德（Marvin Weisbord）提到的：「沒有任何科技能替代工作場所中的個人責任與合作。所需的是更多願意冒險的員工。」

有些員工的生產力比其他人來得高。這種差異部分來自於個性、工作倫理或其他個人特徵（在基因以及神經認知基礎上）的不同，然而工作本質也扮演了重要角色。管理者可以根據近來神經科學和社會心理學的發現，採取行動改善人們的生產力。其中某些原則已廣為人知，像是設定明確目標，並提供高品質的即刻回饋等等。上級對員工的期待必須合理，否則員工會覺得大受打擊，如果他們的進度落後，便會覺得自己永遠都跟不上。員工的生產力與工作滿意度直接相關；而工作滿意度反過來又與員工是否從工作成果的品質和數量中，感受到自己的表現良好有關。

大腦側前額葉中有一個區域稱為 Area 47，過去十五年來，我的同事梅農和我一直針對這個區域進行詳盡研究。這個區域雖然沒有小指來得大，但這個位於太陽穴後方的區域卻讓我們處於忙碌狀態中。Area 47 中包含預測迴路，並使用這個迴路和記憶一起形成對未來事件的規劃。如果我們能預測一

項工作未來發展的幾個（並非所有）面向，我們就認為很值得。如果我們能預測一項工作的所有面向直至枝微末節，這項工作往往很無聊，因為沒有新鮮感，也沒有機會利用到判斷力和評估能力；而這兩種能力，是管理顧問（以及美國陸軍）認為能讓工作具有意義且令人滿意的重要元素。如果工作中有部分而不是太多面向，能以有趣驚奇的方式呈現，便能帶給人探索的樂趣和自我成長感。

要找到讓 Area 47 開心的正確平衡很困難，但是大部分的工作滿意度都來自於以下兩者的結合：處於某些限制下，但又被允許在這些限制中發揮個人創造力，此時我們的工作表現最好。事實上，這被視為包括文學及音樂在內的許多創造力形式的驅動力。

音樂家在調性非常嚴格的規範下工作——西洋音樂只用十二個不同音程——然而這個系統卻有很大的彈性。音樂史上公認最有創意的作曲家都符合這個描述。莫札特並沒有發明交響曲（這歸功於托雷利和史卡拉第），披頭四也沒有發明搖滾樂（這歸功於查克・貝里和小理查，但搖滾樂的根源可清楚追溯至 1951 年的艾克・透納和傑基・布萊斯頓，以及 1940 年代的路易斯・喬登和李奧尼・漢普頓）。然而，莫札特和披頭四卻在這些音樂形式的嚴格限制中完成作品，在作品中注入巨大的創造力和獨創性，挑戰這些形式的底線，也重新定義這些形式。

透過瞭解控制源傾向，發揮最大生產力

有些人能在員工生產力上發揮更多影響力，他們與其他人之間有一個關鍵差異，就是「控制源」（locus of control）；控制源說明了人們在這個世界上如何看待他們的自主性和力量。擁有內在控制源的人相信，他們能為自己的命運和人生負責（或至少能對其產生影響力）。他們可能覺得、也可能不感覺自己是領導者，但他們本質上覺得自己在為自己的人生負責。

而那些擁有外在控制源的人則認為，自己是其他人棋局裡一顆相對無力的棋子；他們相信其他人、環境、天氣、心懷惡意的神明、星體排列等這些外在力量，對他們的人生產生最大的影響力（卡夫卡和卡繆的存在主義小說都以

藝術角度傳達了這種觀點，更不用說在希臘、羅馬神話中了）。當然這些都只是極端。大多數人處於兩者連續光譜間的某處。這也是美國陸軍允許下屬採取自發性行為時所做的：將相對重大份量的控制源轉移給實際工作的執行者。

擁有內在控制源的人會將成功歸因於自己的努力（「我很努力嘗試過了」），面對失敗時亦然（「我不夠努力嘗試」）。而擁有外在控制源的人會稱讚或怪罪外在世界（「這都是運氣」或「這比賽有人在背後操縱」）。在學校中，擁有高度內在控制源的學生相信努力和專注能帶來正面結果；確實在團體之中，這群人的學業表現較好。控制源也會影響人們的購買行為。舉例來說，相信自己能控制體重的女性，會對纖瘦的廣告模特兒有更多回應；認為自己不能控制體重的女性，則對大尺碼模特兒有更多回應。

控制源也顯示在賭博行為上：擁有高外部控制源的人相信，發生在他們身上的事情總是反覆無常（而不認為他們自己有生財的能力），因此更可能去相信諸如運氣等隱藏的看不見力量，從而更多採取投機行為、嘗試更具風險的賭注，或是下注在一段時間都沒出現的某張牌卡或某個輪盤號碼上。他們受到所謂賭徒謬誤這種錯誤觀念影響，認為該是它出現的時候了。他們也更可能會相信，如果他們需要錢，賭博能提供他們金錢。

控制源顯然是一種不會受到經驗影響的穩定內在特質。也就是說，你可能會期待經歷過許多艱辛的人，在面對與他的信念相反的強力證據時，會放棄自己的觀念和想法，變得有外部控制傾向。你也可能期待那些擁有許多成功經驗的人，會變成內控傾向的忠實信徒，認為自己才是這一切成功的理由。但研究證明並非如此。

在一項研究中，研究者以在 1972 年艾格尼斯颶風中被摧毀的小型獨立店主為研究對象；當時這個颶風是有史以來對美國造成最大損失的颶風。有超過一百名店主接受傾向內控或外控特質的評估測驗。接著，在颶風發生的三年半後他們重新接受評估。當中許多人在這幾年重建生意中大有起色，也有許多人並非如此，曾經興隆的生意驟然惡化，還有人以破產作終。但有趣的是，這些人當中沒有一人因為財富的轉變，將原本內控或外控的觀點改變為另一者。那些開始時傾向內控者仍然傾向內控，無論他們的生意在那段時間是否有所改善。傾向外控者亦然。然而耐人尋味的是，那些生意有所改善

的內控傾向者變得更加內控，將生意改善歸因於自己的努力；而那些傾向外控且經歷到挫折和損失者，則變得更為外控，更加深化自己終其一生所經歷的種種情境因素以及噩運的感覺，並將他們的失敗歸因於此。

換句話說，颶風對財富造成的影響讓他們更加確認自己的信念，並增加信念的強度；倘若財富的變化與他們的信念相反，比方說內控傾向者喪失了所有財富，或是外控傾向者生意復甦，也對改變他們的信念毫無幫助。

一個人的控制源傾向可透過標準的心理測驗進行測量，並用來預測其工作表現。控制源也會影響一個人適用的管理風格。擁有外在控制源的員工相信，他們的行為不會為他們帶來獎勵和成就，或讓他們趨避懲罰，因此不會以其他人通常採取的方式來回應獎勵和懲罰。至於較高階的管理者往往擁有高內在控制源。

內控傾向者往往成就較高，而外控傾向者會經歷更多壓力，有抑鬱傾向。如同你可能預測到的，內控傾向者會更努力去影響他們所在的環境（與外控傾向者不同，他們相信努力會有回報）。內控傾向者往往有更好的學習效果，會更主動尋求新知，更有效使用資訊，並且更擅長於解決問題。這樣的發現可能會讓管理者認為，他們應該尋找並只聘用那些擁有內部控制源的員工，不過這其實要取決於工作類型。

比起外控傾向者，內控傾向者服從性較低，在接受具說服力的訊息後，也比較不會改變態度。由於內控傾向者更傾向去影響他們所在的環境，所以較難管理。更有甚者，他們對於增強（reinforcement）很敏感，所付出的努力如果沒有得到獎勵，他們可能會比外控傾向者更容易失去動力，因為外控傾向者對於自己的努力是否真能造成影響並沒有期待。

南佛羅里達大學企業組織科學家保羅・史拜克特（Paul Spector）表示，內控傾向者會試圖控制工作流程、任務完成、操作程序、工作指派、與上司下屬的關係、工作條例、目標設定、時程安排以及組織政策等等，因此他總結說：「比起內控傾向者，外控傾向者會是更順從的跟隨者或下屬。前者可能會獨立行事，拒絕接受上級或其他人控制……外控傾向者則因為順從度較高，更容易接受領導，因為他們更願意去遵從指示。」

所以哪種員工表現得會更好，完全取決於需完成的是何種工作。如果這

份工作需要的是適應性、學習力、獨立、主動或很高的動力，那麼可預期內控傾向者會表現得更好。而當這份工作需要的是服從和嚴格遵守規章，外控傾向者則更佔優勢。

高度自主性和內部控制源的結合，常與最高層級的生產力有關。一般來說，內控傾向者會「讓事情發生」，若結合可以這麼做的機會（給予高度自主性），常會有豐碩成果。很明顯地，有些工作是重覆且受到高度約束的任務，像是裝配線上的工作、收費、庫房、收銀或體力勞動，這些就更適合不想自主決定的人。許多人喜歡可預測的工作，不喜歡自己規劃時間或負起決策的責任，若只要求他們遵循指示，而不要求他們做決定，他們就會表現得很好。

然而在商業史上有過各種案例讓我們看到，就算是被要求嚴格遵照指示的工作，仍有許多第一線工作者為正在操作的工作想到了更好的進行方式；他們在一般而言無法找到自主性的工作中，運用了自己的主動性；而管理者則深具遠見，接受了他們的建議（砂紙銷售員理查・德魯〔Richard G. Drew〕就是一個有名的例子，他發明了紙膠帶，把 3M 變成一間大型公司）。

從另一方面來看，那些能自我激勵、積極主動且具創意的員工，可能會覺得缺乏自主性的工作很沉悶、洩氣和無聊，從而大幅降低他們想努力表現，以達到高標準的動力。這代表管理者應該要注意激勵風格的差異，提供擁有內部控制源的人自主性較高的工作，而給外部控制源的員工規範較嚴謹的工作。

員工需要知道自己在企業藍圖中的角色

另一個與自主性相關的部分，在於大多數員工是受到內部報酬而非薪資所激勵。管理者往往認為自己透過尊嚴感、自我尊重和從事有價值的工作這類內部報酬中得到激勵，卻覺得他的員工不在意薪水以外的其他事物；但從研究得到的結果並非如此。由於只提供員工淺薄的激勵，管理者低估了員工心智的確切深度，因而無法給員工真正能激勵他們的事物。

以通用汽車（GM）在加州佛蒙特的汽車工廠為例。1970 年代晚期，該工廠是 GM 全球所有工廠中表現最差的一間——產品缺陷嚴重、缺席率達

20%，員工甚至還會破壞汽車。工廠上級認為員工都是群沒有大腦的蠢蛋，員工果然這樣表現。員工對自己的工作沒有主控權，只知道他們唯一要做的就是去完成他們份內局限的工作；他們並不知道自己的工作在工廠或公司的藍圖中扮演什麼角色。

1982 年，GM 關閉佛蒙特廠。幾個月後，豐田開始與 GM 合作，重啟佛蒙特廠，聘回了 90% 的原廠員工。豐田的管理方式建立在一個概念上，那就是若給予機會，員工都會想為自己的工作感到自豪，也想看到自己的工作對公司較大遠景起何種作用，更想擁有能改善並減少缺失的能力。一年之內，同樣這批員工讓該廠變成 GM 工廠中的第一名，曠職率也降到 2% 以下。但這裡面只有一件事情改變了，那就是管理階層以尊重的態度，就如同管理階層彼此對待那樣來對待他們。他們將員工視為得到內在激勵且有責任心的團隊成員，分享共同的目標。

誰是有史以來最具生產力的人呢？這是一個很難回答的問題，主要因為生產力本身並未被好好定義過；生產力的定義也會隨著時代和位在世界不同地區而改變。有人說莎士比亞非常多產，在他五十二歲過世之前寫了三十八齣劇作、一百五十四首十四行詩以及兩首長篇敘事詩。他的大多數作品完成於生產力旺盛的二十四年間，且這些作品並非泛泛之作──它們都是世界文學史上最受人尊敬的作品。有人則舉愛迪生為例。愛迪生擁有近一千件專利，當中包括許多改變人類歷史的發明：電燈和電力設備、錄音機和電影。他也在 1894 年引介了按次付費的概念。

這兩個人以及其他如莫札特和達文西等人的共同點，就是他們是自己的老闆，他們活動的控制源有很大一部分是內控的。莫札特的確是受人委託創作，但在一個限制的系統中，他能自由地以他想要的方式做他想做的事。要當自己的老闆需要很多紀律，但對那些能做好自我管理的人來說，其回報就是更高的生產力。

其他能帶來生產力的因素還包括當個晨型人。研究顯示，比起夜貓子，晨型者往往更快樂、更有責任心也更有生產力。遵照行事曆行事也有幫助。花點時間做運動也是。而地標劇院和達拉斯小牛隊的老闆馬克・庫班（Mark Cuban）對於會議的看法，也呼應了許多執行長（以及必須參加會議的可憐員工）

認同的想法：會議通常都是在浪費時間。只有在就合約內容進行協商，或是向一大群人徵詢意見時才例外。但即便是那些例外，會議還是應該盡可能簡短、按照嚴謹議程進行，並在限制的時間內結束。

巴菲特的行事曆幾乎是空的，這個狀態已持續二十五年——他幾乎不計畫任何事，並認為這樣的開放行程就是他生產力的關鍵。

提高生產效率，文書作業必不可少

對任何企業來說，將人力組織起來是創造價值的開始。但是組織中的人力（也就是我們每一個人）要如何開始組織那些佔據我們工作和私人生活每個面向、如洪流不停湧進的各種檔案呢？企業想提高生產效率，管理大量文件與電子檔案日益重要。然而，如今的我們不該擁有無紙化的辦公室嗎？這似乎重蹈《機器女傭蘿西》的覆轍。從 1980 年開始，紙類消耗量增加了50%，今日美國每年用掉七億噸的紙，這代表每人每年用掉四百六十七磅或是一萬兩千張的紙，這個數字需要六棵十二公尺高的樹才能補回。我們是怎麼變成這樣，又該如何改變呢？

1800 年代中期後，許多公司的規模大幅成長，也開始在不同地區聘用員工。在這個情況下，企業發現不論是手抄或是使用書信複印器（影印機原型），將發出的通訊紀錄留下備份有其必要。而公司收到的各式通訊文件則會被放在分類架和櫃子裡，有時會先經分類，但通常沒有。信件或檔案外面可能會寫有寄件人、日期和主題等資訊，以利後續查找。在當時收到通訊文件量很少的情況下，這個系統還堪用——在幾封信當中翻一下就能找到正確那封，整個過程不會花上太多時間，可能和兒童牌卡遊戲「記憶大考驗」很類似。

「記憶大考驗」這個遊戲源自 1960 年代修・唐斯（Hugh Downs）所主持的電視競賽節目。在原本的節目中，參賽者面前擺著一個由多張蓋上牌卡排成的矩陣——可能是橫排六張、直排五張，總共三十張牌（首先你要確保牌卡兩兩成對）。每位參賽者一次可以翻開兩張牌卡，如果兩張牌卡成對，參賽者可以留下牌卡；如果不成對，參賽者就得把牌卡蓋上，輪到下名參賽者。在這個遊戲中，能記住之前翻開過的牌卡位置的參賽者有較大優勢，而讓參賽

者能這麼做的能力，就存在於海馬迴中（記得嗎？就是倫敦計程車司機記憶系統中膨大的部分）。

　　無論是試圖找到某份文件或是某種居家物件，我們每天都在使用海馬迴的空間記憶。我們通常對物件與其他物件的相對位置有清楚概念。認知心理學家羅傑・薛帕德（Roger Shepard）的整套歸檔系統，是他辦公室裡一疊又一疊的文件。他知道每個特定檔案位於哪一疊中，又大概是在那疊文件中多深的地方。他透過這種空間記憶，縮減他找尋文件的時間。同樣地，早期辦公室員工若想尋找堆疊在文件架上未分類的信件，仰賴的就是他對那封信件位在何處的空間記憶。

　　空間記憶可以非常非常優異。松鼠能找到牠們好幾百顆松果的埋藏位置——牠們不是只使用嗅覺；實驗顯示，牠們會優先找出自己埋下的松果，而不是找出其他松鼠埋下的松果。然而隨著文書及通訊文件數量的激增，19世紀時要找出正確的那份文件變得耗時耗力起來。

　　格架檔案系統是最早將人類記憶具體化，並擴充我們大腦處理資料能力的現代嘗試。在這個系統中，重要的資訊被寫下，可供日後查閱確認。不過，這個系統的限制在於需要人類幫助記憶文件被建檔於何處。

文件檔案收納方式的演進

　　格架檔案系統的下一個發展是……更多的格架！經典寫字桌 Wooton Desk（1874 年專利）的特色就是有超過一百個儲物格；該產品廣告向欲購買該產品的生意人保證，他將會成為「情勢掌握者」。如果使用者有先見之明，依照客戶姓氏、訂單日期或其他有組織的邏輯方式，為每一個格架做標籤，這個系統便能運作順利。

　　但還存在一個重大問題，那就是每份獨立文件需被摺成符合格架大小的尺寸，這表示在每次辨認和使用文件前，都得將文件攤開成原本大小。因應這問題而有的第一次重大進步，是 1800 年代晚期所引介的文件夾。文件夾可以放在抽屜裡、夾在大部頭精裝書中，或是放在櫃子裡；它們能增加尋找效率和資料容量。文件夾可能裝訂好或沒有裝訂，若把文件夾裝訂起來，文

件就能依日期儲存，這表示需要知道文件送到的時間，就能確定它的所在位置。若文件夾是未經裝訂就儲放在盒中或抽屜中，那就更有彈性了；這樣文件便能像第二章中費德拉斯（以及許多 HSP 人）所喜歡的 3×5 索引卡片一樣，能依照需求排列、重新排列或移動。

19 世紀末最先進的文件夾儲存技術，是一套按照字母排列的檔案盒，與今日大多數文具行能買到的那種類似。使用者可依字母順序或日期將信件縫上、黏進或單純插入盒中。1868 年，人們開始使用平面檔案櫃，這些櫃子裡有數十個抽屜，每個抽屜的尺寸與看似大尺寸圖書館索引卡的展開大小相等。這些抽屜可依照之前提到的任一種方式安排，一般來說是按時間、字母順序或主題，而抽屜內的內容物可進一步做整理。這些抽屜中的東西通常不會再被分類，需要使用者透過翻找內容來找出正確檔案。麻省理工學院組織研究教授喬安・葉慈（JoAnne Yeats）是商業溝通的世界專家，他清楚地指出這些方式的問題：

> 要在一個打開的檔案盒或水平檔案櫃中找到想要的那封信，得先移開那封信上方的所有信件。水平檔案櫃中以字母或以數字標記的抽屜被裝填的速率不同，因此信件從這些常被使用的檔案區移到備份儲存區的速率也不同。這些抽屜不能裝太滿，否則打開抽屜時紙張會被卡住，並撕扯到角落。信件盒必須從架上取下再打開，當要處理大量檔案時，這變成非常耗時。

如同葉慈所說的，這種收納方式無法明確標定一份文件或是成疊檔案，目前該分到高使用頻率類別還是備份類別。更有甚者，如果使用者想要擴充檔案規模，得反覆將盒子的內容物移到另一個盒中，且可能要從櫃子裡搬出好幾十個盒子，才能挪給新盒子空間。

為避免檔案遺失，並依照檔案最初建檔時的順序放置，1881 年左右出現活頁式收納系統，類似於我們現在所使用的三孔活頁夾。活頁式平面檔案夾的優點是堅固、可隨機取用（就像費德拉斯的 3×5 索引卡片系統），並將檔案遺失的風險降到最低。雖然有以上種種優點，活頁文件夾並沒有成為文件儲

存的主流。接下來五十年間，水平式檔案夾和檔案冊（無論是訂上或膠黏）成為辦公室整理文件的標配。

類似我們今日使用的垂直式檔案夾，首次出現在 1898 年。在當時的時空背景下，它們的使用變得頻繁。影印技術的改善，增加了需被歸檔的文件數量；公司推動的「系統化管理運動」則不斷增加檔案與信件；圖書館使用來整理書籍的杜威十進位圖書分類法的發明（於 1876 年出現），仰賴的是保存在抽屜中的索引卡片，也因此保存垂直式檔案的檔案櫃當時已為人所知。

現代打字機的發明提高完成檔案的速度，也因此增加需被歸檔的文件數量。由麥爾威・杜威（Melvil Dewey）所創辦的圖書館局，為歸檔及文件整理發明了一個新裝置，其中包括垂直式檔案、指南、標籤、卷宗以及木櫃，這個設計在 1893 年芝加哥世界博覽會上贏得金獎。

在以字母排序時，垂直式檔案的運作最佳。它之所以沒有更早發明出來，原因在於字母在 18 世紀並不普及。歷史學家詹姆士・葛萊克（James Gleick）注意到：「一個活在 17、18 世紀之交，識字且會買書的英國人，可能終其一生沒遇過一套按字母排列的資料。」因此，當時按字母排列檔案並非最先被想到的整理方式，因為讀者可能不知道以字母排列來看，H 出現在 C 的後面。我們現在把記誦字母順序視為理所當然，是因為所有學童都被要求要記住字母。再者，直到 18、19 世紀，拼字並沒有一定的正確或錯誤標準，所以按字母排序並不切實際。第一代字典就面臨該如何安排字詞的困擾。

當垂直式檔案夾在 1900 年前後成為檔案整理的標準版本（後來則由其後代——1941 年法蘭克 D. 喬納斯〔Frank D. Jonas〕發明的懸掛式資料夾成為標準版本）後，提供了一些整理上的優點，這些優點對現今的我們而言可能顯而易見，但在經過數百年來的醞釀發展，在當時它們是個創新之舉：

1. 文件可以攤平不用被摺疊起來，能輕鬆檢閱內容。
2. 容易處理取用：文件從邊緣裝訂較易取出；也不需移開排在目標文件之前的文件。
3. 相關文件可被存放在同一資料夾中，再在該資料夾中進行子分類（像是按日期或主題或作者姓氏的字母排序）。

4. 可從櫃中取出整個資料夾，方便好用。

5. 與之前使用的黏貼式裝置不同，可從裝置中單獨取出文件，並隨個人意願重新拆裝或歸檔（符合費德拉斯原則）。

6. 當檔案夾滿了，能輕鬆地重新分配內容物。

7. 整套裝置能輕鬆擴大。

8. 透明易懂：如果給予合適的標籤並妥善執行，每個第一次使用這套裝置的人都能輕易上手。

當然，垂直式檔案並沒有解決每個問題。關於要如何整理這些檔案及檔案夾，仍存在著許多困難，更不用說該如何整理裝滿檔案的櫥櫃抽屜；此外，如果你有不只一個檔案櫃，該如何整理它們，這也是一個問題。如果每個檔案夾都按姓名來分類（像是醫生辦公室中的做法），如此嚴格按字母順序整理十幾個不同的檔案櫃應該很有效，但如果歸檔的文件中有不同種類的資料呢？你可能會有顧客資料和供應商資料，將它們分別收納在不同檔案櫃中應該更有效率。

成功系統：搜尋時間降到最少並易於上手

典型來說，卓越人士採用階層式或巢狀系統來組織檔案，將以主題、人名、公司或時間順序分類的檔案植入另一個組織框架中。舉例來說，有些公司一開始會按全球區域或國家地理分布來組織檔案，接下來再按主題、人物、公司或時間順序來整理。

今日中型企業的巢狀系統看起來會是如何呢？假設你經營一間汽車零件公司，你的商品運送到美國大陸四十八州。基於各種原因，你對待東北部、東南部、西岸以及「中部」的方式有所不同。可能是因為運費不同，或是這些地區各有不同的專門產品線。你一開始可能用的是四格抽屜檔案櫃，每一抽屜各標上這四個地區的名稱。每格抽屜裡放著顧客資料檔案夾，按顧客姓氏或公司名稱的開頭字母順序排列。但巢狀系統的階層分級不止於此。你該如何整理每名顧客所屬檔案夾中所有的文件呢？或許可以逆著時序排列，最

新文件排在最前面。待生意擴大後，光是一個地區的檔案最終可能需要一整個檔案櫃，此時一號抽屜的標籤就會標成 A–F，二號抽屜則會標成 G–K，以此類推。

如果你有許多待辦訂單需要花些時間填寫，你可能需要在每個地區的抽屜最前方，放一個專門置放待辦訂單的資料夾，並且依時間順序將待辦訂單歸檔，這樣你便能迅速看到誰是那個等待最久的顧客，以及他的訂單被忽略了多久。

當然，檔案系統有無窮的變化形式。除了使用地區來標誌每個抽屜，而當中又使用顧客姓氏來分類檔案夾外，你也可以按字母順序做最頂層的檔案分類，然後再以字母順序排序的抽屜內再按照地區細分。舉例來說，你先設置一個標有 A 的檔案抽屜（裡頭放姓氏開頭或公司開頭為 A 的顧客資料），然後裡頭使用抽屜隔板再分出東北地區、東南地區、西岸和中部地區的空間。

並沒有單一規則來決定對於某個特定企業來說什麼是最有效率的系統。一套成功的系統能讓搜尋時間降到最少，同時也讓任何走入這房間的人都感到容易上手；此外，還要能輕鬆解釋這套系統的分類方式。再次強調，有效率的系統是一個能讓你盡可能卸下大腦記憶功能，轉嫁到一個貼好標籤且按照邏輯整理的外部物件，如此的一個支援系統。

文件整理系統的多種形式，完全取決於你的想像力和創造力安排。如果你常常搞混不同資料夾，那就使用不同顏色的資料夾，如此便能輕易辨認。一間相當仰賴電話或 Skype 電話且顧客、員工或供應商遍布不同時區的公司，若依照時區順序整理所有電話資料，便能輕鬆檢視一天當中的哪些時段該打給哪些人。律師則會依照標上法律條文編號的文件夾或檔案夾，為各個案件的相關資料歸檔。

有時簡單又異想天開的排序更容易記憶——有名服飾零售商把與鞋子相關的檔案放在最下層抽屜，與褲子相關的檔案放在再上面一層，再上方是與襯衫以及夾克相關的檔案，最上層則是和帽子有關的檔案。

琳達描述她與同事在一間市值八十億美元、擁有二十五萬名員工的公司中所使用的系統。這個系統非常健全，不同類別的檔案分別收進行政辦公室裡貼有標籤的櫥櫃中。有一個以上的櫥櫃用來儲存個人檔案，其他則分配來

儲放股東資料（包括年度報告）、不同單位的預算與支出以及信件。而信件的歸檔方式是這套系統不可或缺的一部分。

> 每封信的實體複本我都要保留三份。其中一份會被歸進依時間順序存檔的檔案中，另一份被歸進依主題存檔的檔案中，最後一份則會依照通信者姓氏的字母順序歸檔。我們使用三孔文件夾收納這些信件；每個文件夾標有依字母順序的標籤，如果檔案特別龐大或是經常使用的部分，則會特製一個標籤，在文件夾的外面清楚標示檔案內容。

除了實體複本以外，琳達也使用資料庫程式做檔案管理，她利用關鍵字製作一份所有往來通信者的名單（她使用的是 Filemaker 軟體，Excel 亦可）。當她需要找出一份特定文件，她會在電腦的資料庫中使用關鍵字搜尋。如此一來，她便會知道文件位於哪個三孔夾中（例如「1987 年 2 月」這個時間分類檔案中，或是 Larch 專案第三冊這個主題分類檔案中）。如果電腦故障或是她在資料庫中找不到，她就透過瀏覽文件夾找到目標文件。

這套系統非常有效率，比起取出文件的效率，維護這套系統的時間完全不值一提。這套系統聰明利用了相聯記憶的原則（第一章中提到的消防車例子，還有第四章中沙皮羅和寇曼所注解的連絡清單）；這種記憶能夠透過各種匯入節點（converging node）取得。我們並不總能記住一個事件的每個細節，但如果我們能夠記住一件事（像是確切日期，或是特定文件與其他文件間的相對位置，或是那人與這事件有關），我們就能使用我們大腦中的關聯網絡找到我們要找的東西。

琳達使用三孔文件夾整理信件的這個決定，反映了檔案文件夾管理的一個基本準則：在一個檔案夾中，不要放進超過檔案夾負荷的文件，一般不要超過五十頁。如果檔案夾中的檔案超過這個數目，專家建議可將內容重新分配到子資料夾中。如果你真的需要儲存超過這個數目的頁數，那麼可考慮改用三孔文件夾。

文件夾裝置的優點是，每一頁的文件都能整齊保存，不會四散飛佚。且透過費德拉斯原則，它們能讓使用者隨機取用，並在必要時重新排列。

除了這些系統之外，卓越人士還創造了能依緊急程度，暫時自動分類文件和專案的系統。最靠近使用者的是被標為「立刻」的文件，那是需要馬上處理的事。第二類「近期」文件則離得較遠，可能在辦公室另一端或是放在走廊盡頭。第三類的參考或檔案性文件則放得更遠，可能在另一樓層或是辦公室以外的地方。關於這部分，琳達補充說明，任何需定期取用的文件應該要放在一個獨立的「重覆使用」檔案夾內，如此才便於取用。這當中可能包括交貨紀錄、每週更新並記錄銷售數字的試算表，或是員工的電話號碼。

雜項檔案夾是進步，而非後退

在商業環境中建立組織系統的要點，在於要將那些不合標準的事（即那些無法恰好符合你分類中任一個分項的事）考慮在內。你可以設置一個雜項檔案或雜物櫃——就像你在家中廚房會做的一樣。如果你無法幫某件東西找到一個符合其內在邏輯的歸檔位置，這並不代表你在認知或想像上出了差錯；而是顯示我們生活中有許多物件具有複雜且相互關聯的結構，邊界模擬兩可，使用方式重疊。

如同琳達所說：「雜項檔案夾是一種進步，而非後退。」你經常查閱的飛行常客編號該放在哪裡？把它放在重覆使用檔案夾中，或是在抽屜前端的「雜項」檔案夾中。假設你去參觀城市另一端的空辦公大樓，你並不真的想要搬遷辦公室，但你想把拿到的相關資訊保存起來以防萬一。如果你的檔案系統中沒有一個專門放置搬家、辦公室出租或是辦公室硬體設施資訊的分類，新建這樣一個資料夾可能有點浪費。你為這份資料單獨建立的檔案文件夾裡如果只有這份資料，那麼你該把這個文件夾歸檔到哪一個母文件夾中呢？

艾德・里托費爾德（我在 Utah International 的前老闆）是創造一個「我不知道這要如何歸檔」檔案夾的大力擁護者。他定期一個月左右檢查那個檔案夾一次，以恢復記憶想起裡面有些什麼；有時他會為累積一定數量的特定主題素材，另外開啟一個新檔案夾。有個成功的科學家（同時也是英國皇家學會成員）就擁有一系列具雜物抽屜概念的檔案夾，分別命名為「我想讀的東西、

我想開始的計畫，還有雜七雜八的重要論文」。你去修車後店家送你的小罐補漆該放在哪裡？如果你有一個抽屜或是一層層架專門放置汽車零件等相關物品，顯然那就是這瓶補漆的去處；但如果你除了這一小罐補漆以外，沒有其他汽車零件的話，單為這個東西創造一個分類就沒什麼道理。因此，最好還是將它與其他很難歸類的東西一起放到雜物抽屜中。

當然，企業執行長、最高法院法官和其他卓越人士不需要自己做這些事，他們只需跟助理要「潘斯基案的檔案」即可。更常發生的情況是，他們的助理會在交給他們的檔案上注記要處理的事項，以及該在何時之前處理完畢。他們的助理必須遵循邏輯系統，而這些系統通常都還有進步的空間。關鍵在於這個系統必須明顯易懂，這樣一來即使助理生病請假，其他就算沒有受過特別訓練的人，也能找到執行長要的東西。

琳達表示，在訓練新助理時，最重要的一點是「要記住你組織的對象是人，而不是檔案或文件。你需要知道老闆的日程——他們可能有堆積如山的事要完成，你要幫忙檢查他們該完成的工作。或是如果他們常搞丟東西，你就要為他們保留備份。如果你不只為一個人工作——或是你的老闆規律地與其他人互動——在你辦公桌上為每個人各準備一個單獨資料夾會是個好主意，這樣當他們不期而至時，你面前就有必要的資訊。」

此處值得重新複習一次琳達在第五章中對於時間管理的建議。「關於各種期限，你可能需要做一個備忘錄檔案。好比說，你一旦知道某件事的最後期限，你就要與老闆討論，看看他們認為這些事要多久才能完成。接著，你在行事曆上用備忘錄標出老闆認為應該著手這件事的那天。」有些助理甚至在開始的前幾日就貼上備忘錄，這樣老闆才可以事先開始思考他即將開始的專案。

「在辦公室中，通常需要組織的事是信件、商業文件、簡報、會議所需要資料（包括回顧資訊）、待辦清單、行事曆、通訊錄以及書本和期刊。」琳達補充。前面四者通常很適合整理在檔案夾、資料盒或文件夾中。待辦清單、行事曆和通訊錄非常重要，所以她建議要在紙上及電腦中各保留一份。這只有在通訊錄清單簡短到可用紙張做紀錄的情況下才管用。大西洋唱片的執行長克雷格・寇曼（Craig Kallman）有一萬四千個聯絡人，他必須仰賴電腦來記

錄整個名單，不過他把最常用的幾個聯絡人的聯絡方式儲存在手機中。如果他手機儲存的不只是最常使用的那幾支電話，要在這串名單中找到目標聯絡人，就會太過麻煩耗時。

的確，電子郵件的歸檔及分類變得越來越耗時，許多卓越人士回報，就算過濾軟體篩選掉垃圾郵件，每天仍會收到好幾百封電子郵件。大西洋唱片主席寇曼每天收到約六百封郵件，如果每封郵件只花一分鐘處理，也要花上十小時才能全部看完。他利用週末來追上進度，如果可以，也會把電子郵件轉交給他人處理。

不過，和許多卓越人士相同，他與他的工作融合為一，因為他熱愛這份工作。也因此將專案授權給他人處理，會減少他參與的程度以及從中得到的樂趣，更不用說別人可能無法企及他的專業和經驗——這些都是他的投入回饋給他的工作產品；但除了電話和一般郵件外，單單電子郵件就要花上他許多時間。

分類和規檔標準沒有唯一標準

那麼，白宮是如何整理往來信件的呢？首先，總統和副總統的辦公桌上不會有成堆文書檔案，他們也不使用電子郵件，兩者都是基於國安理由。所有信件會先經過執行秘書，由他決定事項的優先順序，以及哪些事項現在就要開始進行。總統和副總統會收到特定主題的簡報書。舉例而言，如果總統想知道明尼蘇達州一項輸油管計畫的所有訊息，員工便會彙整從電話、會議、電子郵件和傳真信件中得到的資訊，把它們放進文件夾中交給總統。

每位員工都能自主做出決定，但他們是怎麼將所需的文件及信件進行分類或歸檔呢？並沒有所謂的「白宮標準」或是類似規則的標準答案。只要他們能找到所需的資料，就按照自己喜愛的方式整理。這個分散式的組織系統有力地提醒我們，由上到下的方法（在 GM 佛蒙特廠所使用的類似）並不總是最有效的方法。

歐巴馬任內的白宮通訊辦公室主任麥克・克勒赫（Mike Kelleher）表示，每週通訊辦公室會收到六萬五千封一般郵件、五十萬封電子郵件、五千封傳真

以及一萬五千通電話。如果每一封都只花一分鐘處理，共需要九千七百五十小時的工時，相當於需要兩百四十四名全職員工來處理。這麼龐大的數字需要艾德·里托費爾德在富國銀行董事會、克萊斯勒以及 Utah International 服務時，為郵件做快速分類與區分優先順序的系統來處理。

克勒赫的辦公室中有四十九名全職員工、二十五名實習生以及一小群志工。一般信件會根據收信人（第一夫人、第一狗狗、總統子女、副總統，或是諸如住宅與都市發展部或運輸部的內閣辦公室等），分類到超過一百個箱子或個別小房間中，就像郵局後方的分類空間一樣。由於數量如此龐大，授權他人代理是必要的。白宮可不能像第二章中提到的列西格一樣，宣布收件信箱破產。

如同你可能會想到的，雖然有數十萬封信件和電子郵件都是寫給總統的，當中有許多內容卻是與政策相關的問題，因此會被歸入政府特定部門的管轄或監督範圍。關於健保、經濟政策或是退輔政策的問題，都會被轉介到相關部門進行處理。

也有許多信件是請求總統寫信去祝賀特定活動或事件，像是成為鷹級童子軍、百歲生日、結婚五十週年等等，這些都是白宮會想致意的事。因此這些信會留在通訊辦公室中。再次提醒讀者，將這些電子郵件分類和歸檔並沒有一套中心準則，辦公室員工可用他們認為合適的方法來處理，只要能在上級需要時找到就可以了。

透過多個帳戶組織不同事情，避免干擾

越來越常使用電子郵件的人有不同的帳戶。卓越人士可能會有兩個生意上的帳戶，其中一個用來與定期來往的人通信，另一個則交由助理去監管和分類，除此之外還有一到兩個個人信箱。使用不同帳號有助於將不同事項做組織和區分，並限制干擾：你可能想在工作時間中關閉所有電子郵件信箱，只留下助理和老闆可以馬上連絡到你的那一個。

一個有效處理多個帳號的方法，是使用一套單獨的電腦程序，將所有帳號集合在一起。包括 Outlook、AppleMail、Gmail、Yahoo! 等等，大多數電子郵件程式都能幫助你將來自各個電子郵件信箱的信件下載到它們提供的介面

上。這樣做的優點是，如果你的不同帳戶能顯示在同一介面上，便能更容易找出你想要的東西，不用登入好幾個信箱只為尋找一封特定郵件或檔案。此外，分類的界線有時很模糊。同事寄給你的晚餐邀請可能會出現在你的公事用信箱中，她的丈夫卻把他的空檔時間表寄到你的個人信箱，因為你需要與他協調出一個時間。

重申第三章中提到的一點，有些人，特別是有注意力缺失症的人，會在看到所有檔案放在面前時感到恐慌。他們光想到要在電腦上為電子郵件建檔，壓力就很大。所以對他們而言，採用琳達的系統，也就是把電子郵件全部印出來是有必要的。開放式的文件車和文件架之所以存在，就是要讓實體文件不被藏在抽屜後頭。

還有些人單純就是無法設置或維護檔案系統。把東西放在小隔間中的想法，與他們的認知風格矛盾，或是這麼做脫離了他們的創意模式。這與第二章中提到的兩種注意力系統有關。有創意的人在進入白日夢模式時最有創意；而要把東西分類進小隔間中，不只需要專注，更要保持在中心執行模式中。回想一下，這些模式的運作就像蹺蹺板一樣——如果你在其中一個模式中，你就不會在另一個當中。因此，許多有創意的人對此處列出的科技偏執或嚴格分類系統敬謝不敏。

拒絕進行分類的人可在各行各業中看到，從法律到醫學，從科學到藝術界都有。在這些案例中，他們要不是聘請助理來幫他們進行歸檔工作，就是直接宣布歸檔破產，直接讓檔案堆積如山。

傑夫・莫吉爾（Jeff Mogil）是個非常有創意又多產的行為遺傳學家。他的書桌異常乾淨，唯一擺在書桌上的東西都與當下進行的工作有關，且都整齊地排列成疊。他的歸檔系統無懈可擊。而在另一個極端的則是薛帕德，他的辦公室看起來總像是災難肆虐過後一般。他的書桌表面被層疊的文件蓋住很長一段時間，久到連他也想不起來桌面到底是什麼顏色。一疊疊文件更蔓延到辦公室每一個可用空間，包括咖啡桌、地板和窗台。他幾乎連從門口走到書桌的空間都沒有。但是他知道每樣東西放在哪裡，這歸功於他敏銳的時間和空間記憶。「這裡的這疊是五年前的，」他說，「而這些是這個月才開始的。」

當我還是個學生時，從薛帕德的辦公室走到另一頭的特佛斯基辦公室，就像是一場嚴肅的對比研究。艾默斯的辦公室乾淨整齊到令訪客不可置信；他的桌上沒有任何東西。多年後，他最親近的合作夥伴康納曼透露：「沒錯，他的書桌很乾淨。但你不會想檢查他的抽屜和櫃子！」乾淨和有組織，不必然是同一件事。

被認為是五大人格特質面向之父的人格心理學家路·葛德柏格（Lew Goldberg），設計了一套將信件和影印文件（其他科學家文章的複本）歸檔的系統。他將這些影印複本分成七十二個主題類別，每一篇文章都被標注在──你猜到了──一張 3×5 索引卡片上。這些索引卡片放在木製的圖書館索引盒中，利用作者、標題和主題交叉分類。他會先在索引盒中找到他要的項目，然後按照指引，找到佔據辦公室那面從地板直至天花板牆面空間的數百個三孔文件夾中的一個。雖然這個系統對他來說五十年來都很管用，他也承認這並不適用於每個人。

他在奧勒岡大學的同事史蒂夫·基爾（Steve Keele）是大腦計時機制研究的先驅，是一個與薛帕德一樣的堆疊式收納者。「史蒂夫以擁有全世界最亂的辦公室聞名，到處都是一疊又一疊的資料，但他總是可以找到每件東西。你可以走進他的辦公室跟他說：『史蒂夫，我知道這不是你的研究領域，但我最近對人類如何將視線固定在一個移動中的物體上這主題有興趣。』然後他會說：『哦，我剛好有篇學生在 1975 年寫過的相關論文，我還沒評分呢，但它就在……這裡。』」

一疊堆完後，就會出現下一疊。通常堆疊式收納者是在延遲做出保留一個物件或是丟掉它的決定。不管如何，重要的是要定期檢視這些文件，才能減少其份量、整理它們，並且使用它們──裡頭的每件東西並不是永遠都有相關性。

回想一下微軟資深研究人員史萊內在第三章中提議的：要把所有事情都記在電腦中。劍橋大學的科學家傑森·蘭特佛洛（Jason Rentfrow）同意這個看法，並補充說明：「雖然 Gmail 不會整理你的檔案，卻可以讓檔案的取用和搜尋變得容易。某種程度上來說，這個工具以及你電腦上的『搜尋』或『尋找』功能──就像把 Google 網路搜尋策略應用到自己電腦一般。不用再花

時間建立資料夾了，你只需要建立一個資料夾，把所有東西存入其中，然後使用搜尋功能找出你想要的任何東西。你可以將搜尋範圍限制在特定日期、內容和名稱中。」

從同時處理多項工作到為失敗做準備

第五章中，我提到反對以同時間一心多用做為完成更多工作的策略。但不這麼做真的實際嗎？這難道不是在商業世界中的我們必須做的嗎？史丹福大學教授克里佛・納斯（Clifford Nass）假設（如同大多數人所假設的），能同時進行多項工作的人是超人，他們能立刻成功完成許多事情，且在電話、電子郵件、實體對話和簡訊傳送間游刃有餘。他進一步假設，這些人擁有一種特別高超的能力，因此能將注意力從一項任務轉換到另一種任務，他們的記憶則總是能以有秩序的方式區別同時進行的不同任務。

> 我們全都打賭，高度一心多用者一定會成為某個領域的明星，但結果令我們完全吃驚不已！我們全都輸了。最終來說，同時間一心多用者在所在的每個領域都表現得極糟。在忽略不相關資訊上他們表現得很糟；在妥善記憶並整理腦中資訊上他們表現得也不理想；在從一項任務轉換到另一項任務時，他們的表現更是乏善可陳。

我們全都希望自己能同時處理許多事情，而我們的注意力是無限的，但這是一個長久以來存在的迷思。事實上，我們真正做的是將注意力很快地從一項任務轉移到另一項任務上。因此在這個過程中出現兩件壞事：我們並沒有對當中任何一件事投入足夠的注意力，而我們也降低了放在任何一項任務上應有的注意力品質。當我們只做一件事（即單一任務）時，大腦的白日夢網絡和增強其連接上都會出現有益的改變。一般相信，其中一個改變是能預防阿茲海默症。進行五次一小時的注意力控制訓練課程的年長成人，其腦部活動模式與年輕成人的腦部活動模式更為接近。

你可能會認為，人們最終都會瞭解到他們並不擅長於一心多用，而放棄

這麼做。然而，認知幻覺加上多巴胺—腎上腺素回饋網絡的刺激，讓一心多用者往往以為自己做得很好。這個問題部分出在工作職場總是誤導並鼓勵員工一心多用。納斯注意到，鼓勵一心多用的社會力量還為數不少。許多管理者會強加「你必須在十五分鐘內回電子郵件」，或是「你的聊天視窗一定要打開」之類的規定，強迫你停下手邊正在做的事，分散你的注意力，並切割你前額葉皮質的大量資源。

而前額葉皮質是經過數萬年演化，才讓我們能專注在我們的工作之上。這個專注模式帶給人類金字塔、數學、偉大城市、文學、藝術、音樂、盤尼西林，以及送人類上月球的火箭（還有很快就會有的小型噴氣推進器）。那些傑出發明不可能在被分割的兩分鐘片段注意力中被激發。

這是我們認知彈性和神經可塑性存在的證據，它讓我們撐過演化過程；但至少在我們前額葉皮質下一次出現演化上的飛躍之前，一心多用帶來的不是更多的工作成果，而是更少；不是帶來更高品質的工作，而是更為粗略的工作。

此外，每一天我們都面對新的臉書和 Instagram 更新、新的 Youtube 影片和 twitter 串流，以及在接下來一兩年內會取而代之的新科技。在我書寫本書時，每天會有一千三百個行動裝置專用的 app 發布。「文化的力量以及希望人們立即回覆的期待，還有同步聊天、說話和做所有事的現象，代表所有壓力都把我們推向那個方向。」納許表示。

休閒和充電時間能讓雇主及員工雙贏

在生產力戰爭上贏得勝利的公司，是那些允許員工擁有生產力時間、打盹和運動時間，以及創造一個平靜、寧靜又整齊工作環境的公司。如果你處在一個壓力極大的環境下，當中被要求生產再生產，你不可能擁有任何深刻的洞見。因此，Google 在總部放置乒乓桌是有道理的。

Safeway Stores 是美國及加拿大市值四十億美元的連鎖食品雜貨品牌，過去十五年來，在史蒂芬・博德（Steven Burd）的領導下，銷售量增加為兩倍；除了其他措施之外，博德以獎金制度鼓勵員工在工作時運動，並在企業總部

設立一個完整的健身房。研究發現，當每週工時減少，生產力會增加，這強烈暗示足夠的休閒和充電時間，能為雇主及員工都帶來利益。

目前已知，過度工作以及伴隨而來的睡眠不足會帶來錯誤和過失，之後為彌補錯誤而需的修正時間，遠超過過度工作所完成的部分。每週六十小時的工時，雖然比標準的每週四十小時工時多了 50% 的時間，生產力卻減少25%，這代表加班兩小時才能完成正常工時一小時工時能完成的事。十分鐘的小盹相當於晚上多睡一個半小時。那麼假期呢？安永發現，員工每多休假十小時，他們主管評價他們的年終表現會進步 8%。

現在大家都熟知的一些最具生產力的公司，像 Google、Twitter、盧卡斯影業、赫芬頓郵報等等，都提供諸如辦公室健身房、美味可口的員工餐廳、小憩室，以及彈性工時等額外福利。Google 為員工的十萬次免費按摩買單，並以令人欽羨的辦公室運動環境自豪，其中包括一個健身中心和一座佔地七英畝的複合式運動中心，可從事籃球、保齡球、義大利式球戲以及滑輪曲棍球等運動。

統計軟體巨人 SAS 和豐田經銷商 JM Family Enterprise 的特色是辦公室內的醫療服務。Atlantic Health 提供員工現場針灸按摩。微軟總部有個可進行水療的溫泉浴場。SalesForce.com 提供免費瑜珈課程。Intuit 讓員工花 10% 的工時在任何他們有熱情的專案上。Deloitte 鼓勵員工捐時間給非營利組織，最多可達六個月，期間提供全部福利以及 40% 的薪資。給予員工這樣的環境看來是有回報的，從神經生物學的觀點看，這是有道理的。持續的專注和努力，並非在時間被多項工作切割成小塊零星時段時最有效率，而是在被分配成大塊的專注時段，中間以休閒、運動或其他修復心智的活動間隔時，會有最大的效率。

我們需要多少資訊，才能做出最佳決定？

資訊過載以及想要同時處理太多事情，造成了一心多用的局面。在我們處理的這麼多事情中，若有一些需要決策，最佳複雜性理論（optimal complexity）描述了我們究竟需要多少資訊，才能做出最佳決定。關於要多少

資訊或複雜性才是最佳狀況，該理論以一個倒 U 型圖形做說明。

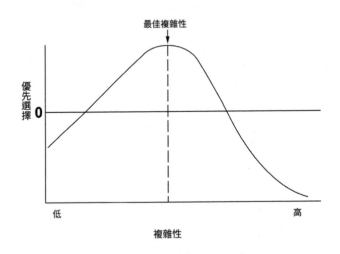

太少並不好，太多亦然。在一項研究中，實驗者模擬一項軍事演習，而模擬遊戲中的玩家由大學生扮演。這些大學生被分配到扮演侵略或防守一個小島國家的兩支隊伍中。玩家被允許掌握一定數量的資訊，然後透過這些資訊做出決定。他們得到一份檔案，上面寫著：

> 你得到的這個資訊是為你準備的，資訊呈現方式與真實世界中情報人員上呈給指揮官的方式一樣。情報員接受的指導是只通知你重要事件。你可能會覺得他們並沒有給你充足資訊，或者並沒有提供足夠細節給你。從另一方面來看，你可能會覺得你收到的資訊細節太多，你暴露在一些並不重要的資訊中。你可能會要求情報員增加或減少他們上呈給你資訊量。我們想讓你自己決定這件事。在任何時候都請不要向其他指揮官諮詢這件事。我們會根據你團體中的主流意見來調整資訊流量。請檢視與截至目前為止的遊戲時間中收到資訊量相比，你偏好的資訊量：

> 我想要：
> 收到比現在多更多的資訊

收到稍微多一點的資訊

收到和目前資訊量一樣多的資訊

收到稍微少一點的資訊

收到比現在少更多資訊

事實上，玩家無法控制資訊量，他們的回應被使用在一項關於資訊最佳層級的研究上。他們在遊戲進行的三十分鐘內，分別接收到兩件、五件、八件、十件、十二件、十五件或二十五件資訊。根據最佳化資訊理論，遊戲期間玩家收到十到十二件資訊時表現得最好，實驗也證明了這點。那些接收到十五或二十五則資訊的玩家，所要求的額外資訊數量開始減少，造成了顛倒的 U 字形曲線。

雖然最佳表現出現在十到十二則資訊，但每一層級的玩家都要求了更多資訊，即便這造成了超過資訊最佳量的結果，而進入資訊過載的狀態。更有甚者，即使超過十到十二則的額外資訊量讓玩家的表現退步，他們還是做出這樣的要求。驅使他們做出這種要求的，可能是下一則資訊或許就是關鍵資訊的信念。但是就如同我們現在所知道的，額外的資訊可能會造成損失。

擁有更多資訊，反而會做出更差的選擇？

這些發現指出，消費者對於在一定時間內自己能吸收、處理多少資訊，寧可擁有範圍上的限制。且讓我們稱之為負載效應（load effect）。事實上，可從實證上看出：當擁有更多資訊時，消費者會做出更差的選擇。另一個研究則檢驗在購買住宅的決定上，額外資訊會造成何種影響。

研究發現，一次能被處理的資訊量參數最多大約只有十個。有趣的是，參數可以是選項或替代選項的屬性；換句話說，如果你想在兩間房子中做決定，你最好掌握的比較資訊不要超過十則。或者說，你可以把你的參數選項修正到你感興趣的兩則資訊——比如說根據坪數或學區品質來判斷——然後以此為標準來比較十間房子。

在購屋的研究中，消費者往往會取得二十五間不同房子的二十五個不同

屬性。當參數大於十時，消費者在決策上開始遭受痛苦。而且當參數超過十個之後，無論是十五、二十或二十五，都沒有什麼差別了。一旦消費者的資訊過載，更多資訊不再明顯影響已飽和的系統。這個十的限制就是它的最大值。事實上，研究指出最佳數字接近五，這與大腦中央執行系統的處理限制一致。

這可能會讓你想起第四章中提到的線上約會網站問題——更多資訊並不一定總是最好的。在那個脈絡中我們發現，當線上約會者被不相干的資訊轟炸，承受認知過載和決策疲乏的情況時，他們的選擇力會變差，反而做出更糟的選擇。

另一個由杜克大學經濟學家暨作者丹・艾瑞里（Dan Ariely）指出的重要因素，是消費者在擁有特定種類的內部控制源時，即當他們能確實掌控他們接收到的資訊時表現得較好。在一系列的實驗中，艾瑞里指出，如果消費者能選擇自己接受資訊的參數以及接受的量，他們能做出更好的決定。這主要是因為消費者會選擇與他們相關或是最能瞭解的那則資訊。

舉例來說，在購買相機時，消費者 X 可能在乎的視尺寸或價格，而消費者 Y 的主要關注可能放在影像解析度和鏡頭種類上。那些會讓消費者分心或是無法詮釋的資訊，則會造成資訊過載，干擾他們做出最佳決定。由康納曼和特佛斯基進行的另一項研究顯示，人們無法忽略跟自己不相關的資訊，所以暴露在自己不在意也無法使用的資訊中，實際上是一種神經耗損。

所以問題不再是你可以同時做多少事，而是你可以將資訊環境整理得多有秩序。有許多研究檢視了單一資訊和複合性資訊之間的差異。在貝爾實驗室工作的電機工程師克勞德・夏農（Claude Shannon），在 1940 年代發展出信息理論。夏農信息理論（Shannon Information Theory）是 20 世紀最重要的理論；該理論廣泛影響了運算、電訊，以即聲音、影像和電影檔案（如 .mp3、.jpg 以及 .mp4）壓縮的基礎。

信息理論：最少量時間或空間裝入最多資料量

電訊、信號和安全面臨的基本問題，是傳輸訊息的方式要盡可能越簡短

越好，要在最少量的時間或空間中裝入最大量的資料量；這個包裝過程稱為資料壓縮。回到電話服務還是透過一對銅絲（這被電訊阿宅稱為 POTS，是簡單、老舊電話服務 plain old telephone service 縮寫）的時代，主要電話線（中繼線）能傳輸的電話量有一定限制，要牽新的線路費用貴得嚇人。這讓研究者開始各類知覺實驗，結果發現電話公司不需將人類說話的整個頻率範圍都傳輸出去也能保持聲音的清晰。

在跨越二十到兩萬赫茲的人類聽力範圍中，所謂的「電話頻寬」只傳輸了三百到三千三百赫茲的子集合，造成電話傳輸彷彿「蓋了一層膜」的音色。電話不是高傳真的，但對於大多數目的來說，聲音的清晰度已經足夠，能滿足最低限度的要求。但如果你想要透過 POTS 解釋你說的是字母 f 而不是字母 s，則會遭遇頻寬限制，因為這兩個字母在聽覺上的差異，完全位在貝爾刪去的範圍內。

透過這個做法，電話公司將數個對話壓縮在原本一通電話所需的空間中，將其網絡效用最大化，並讓硬體耗費最小化。行動電話基於同樣理由限制頻寬，以將信號塔的能力最大化，傳輸多個對話。如果你想透過電話聆聽音樂，頻寬限制最為明顯——低音部的低音頻以及高音部的高音頻幾乎都會完全消失。

第一章提到的信息理論，討論的是一個人能同時進行的對話數量為何，以及在大約每秒一百二十位元的情況下，人類注意力對於資訊處理的限制。這是量化任何傳輸、命令和感官刺激當中資訊含量的一種方式，可應用在音樂、演說聲音、繪畫和軍事命令上。信息理論的應用產生了數字，藉此讓我們能比較一項傳輸和另一項傳輸中所涵蓋的資訊量差異。

假設你想要對某個人傳達如何畫出一個棋盤的指示。你會說：

畫出一個方形，把它塗成白色。接著畫出另一個方形，與前一個方形相連，把它塗成黑色。請再畫出一個與剛剛那個方形相鄰的方形，塗成白色。然後再畫出一個與剛剛那個方形相鄰的方形，把它塗成黑色。再來，畫出一個與剛剛那個方形相鄰的方形……

你可以持續給出這種指示，直到你得到八個方格（完成棋盤一橫排所需），然後你必須指示你的友人回到第一個方格，然後在它的上方畫一個黑色方格，然後繼續一個方格又一個方格地畫完填滿第二排，之後繼續再畫下一排。以下達指令來說，這是一個笨拙又不流暢的方式。比較下面這種說法：

畫一個 8×8 方格所形成的矩陣，然後以黑白兩色間隔，為每一個方格上色。

前一種指示為六十四個方格個別指出畫法。在二進制運算中，六十四則資訊需要六位元的資料（位元數是公式 $2^n = 64$ 中的指數，在這個例子中 n = 6，因為 $2^6 = 64$）。然而，執行一個「然後以黑白兩色間隔，為每一個方格上色」這樣的指令，只需要一位元：特定方格不是黑色就是白色，所以只有兩種選擇。因為 $2^1 = 2$，我們只需要一位元（一是決定資訊量的指數）；再加上棋盤是八個方格寬、八個方格長這兩個事實，總共有三則資訊，共佔兩位元。然而你若明確說出每顆棋子位在哪裡，最多要花上六位元，因為需個別指出每一個的位置。

也就是說，一個空棋盤可以用二位元來說明，而一個放了三十二顆棋子的棋盤則需要六位元。放滿棋子的棋盤比空棋盤的資訊量來得多，而我們現在有量化兩者間資訊多寡的方式了。儘管夏農和他在貝爾實驗室的同事是在一個電腦發明前的模擬世界中工作，他們卻憑藉遠見想到了電腦被運用在電子通訊時的情況。因為電腦以二進位運算為基礎，夏農因此選擇使用數位電腦的量測單位——位元。

但其實不需如此。如果我們想要的話，我們也可以捨棄位元，使用正常數字來談論：要做出一張空棋盤所需的指示最少需要四則資訊；而要製作一張擺滿棋盤所需的指示，最少要六十四則資訊。

同樣邏輯也適用在你電腦裡的照片和圖片上。當你在螢幕上觀看一個 .jpg 或其他影像檔的圖片時，你是在看一張該檔案的重製檔——這個影像是在你於檔名上點擊兩下時立刻創造出來的。如果你想要檢視原檔，也就是你的操作系統用來建構這張圖片的電腦檔案，你會看到一連串的 0 與 1 的排

列。沒有照片，只有0和1，也就是二進位演算法的語言。在一張黑白圖片中，每個螢幕上的小點（也就是像素）不是黑色就是白色，而那些 0 與 1 就是在告訴你的電腦，要讓一個像素呈白色或是黑色。

彩色照片所需的指示較多，因為它們是由黑、白、紅、黃、藍色等五種不同的可能性所呈現的。這也是為什麼彩色照片檔案比黑白照片檔案來得大的原因——它們包含更多資訊。

信息理論並沒有告訴我們，我們可以用多少資訊來描述事物；它告訴我們的是所需的最少數量資訊。要記住，夏農試著找出如何盡可能多塞一些電話通話到一對銅線上，如此才能讓貝爾大媽（Ma Bell）的能力最大化，而把投資在新基礎建設（電線桿、電線和網絡開關）的成本降到最低。

電腦科學家花了許多時間，試圖以這個方法濃縮資訊，這樣他們的程式才能以更高效能運作。另一個檢視夏農信息理論的方式，是思考兩串各有六十四個字母的單字串：

1. abababababababababababababababababababababababababababababababab

2. qicnlnwmpzoimbpimiqznvposmsoetycqvnzrxnobseicndhrigaldjguuwknhid

其中第一串可以用二位元指示來表現：

六十四個字母、ab、交互出現

第二串則是一串隨機序列，需要六十四個獨立指示（六位元），因為指示本身必須與序列完全一樣。我們該如何判斷一串數字或字母組成的序列是否為隨機排列的呢？關於這點，俄羅斯數學家安德雷‧柯爾莫葛洛夫（Andrey Kolmogorow）提出一個深具影響力的概念。他表示，如果沒辦法以縮寫的形式描述或是表現，那麼一個序列就是隨機序列。

按照他的定義，上面第一串字母序列並非隨機序列，因為我們可以找到一個架構（資訊科學家稱為演算法）來簡潔地描述它。而第二串字母序列是隨機的，因為除了按原本序列的確切順序，一次一個地將每個字母列出之外，得

不出任何系統來表現這個序列。

　　「柯爾莫葛洛夫複雜性理論」（Kolmogorov Complexity Theory）可濃縮成下面這個說法：當你無法用於該序列本身元素數目的元素來解釋如何生出這個序列時，那東西就是隨機的。這個複雜性的定義充分融入我們日常生活的使用當中。我們會說，汽車比腳踏車複雜。的確，要製造出一台汽車所需的指示，遠較製造出一台腳踏車多上許多。

把信息理論應用在道德、法律、網站架構上

　　信息理論可應用到電腦檔案及資料夾階層系統的組織架構中，或是應用到一間公司的組織圖中；換句話說，根據柯爾莫葛洛夫複雜性理論，如果一張組織圖能用幾條簡單的規則來描述，這間公司便是高度結構化。

　　比較下面這兩段敘述。第一家公司從最上層的執行長開始，每人下面有三個人，以這方式向下延續四個階層，在第四層後每人要負責管理五十到一百人。這個模型可能適用於公營事業、電話公司、自來水公司、電力或瓦斯公司這些擁有四層階層的管理系統，同時又有為數眾多的員工實地在進行修理、裝配管線或抄表的公司。這也可以是一間以顧客服務及技術協助為最下面階層的科技公司。這張組織圖可以準確地以二位元的形式來具體說明。

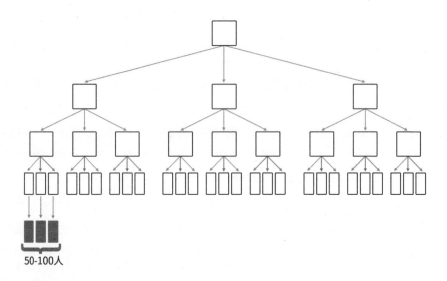

50-100人

而一間較不系統化、較無秩序的公司結構，需要使用與所擁有元素一樣多的位元來呈現，因為它沒有可辨識的模式，類似上面例子中第二串的隨機字母。

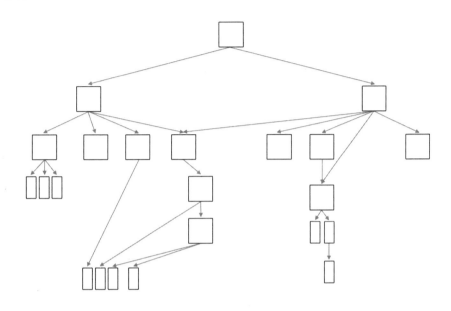

　　一個系統越有架構，所需要用來描述它的資訊就越少。相對地，在描述一個混亂或沒有架構的系統時，需要更多資訊。極端來看，最混亂的系統是每件事物都隨機安排的系統——因為在隨機系統中沒有任何模式可循，需要單獨描述每一元素。在這樣的系統中需要大量溝通，或是夏農所稱的大量資訊。這種事物的組成違背直覺，讓你很難摸清頭緒。

　　然而，我們所受的教育告訴我們，資訊越多越好。當你要做出艱難的醫療決策時，你從你的醫生和其他研究報告中得到越多資訊，你就越能做出一個有效的決定。但這是不對的。如果能充分瞭解醫療情況，並將病歷整理得很清楚，在選用適當療法做治療上就不需要太多資訊。「如果你感染的是肺炎球菌，那麼服用抗生素。」這很容易。但是癌症、多發性硬化症以及紅斑性狼瘡等病症，還存在著許多「如果」、「還有」和「但是」，也有許多例外和需要平衡的不同因素，此時需要更多資訊才能為這些疾病選擇治療方法。

信息理論的力量在於它可以應用到任何事物上——網站架構、法律以及道德領域，甚至在有人試圖找出你家的某樣東西時你所給的指示。回想之前將扁平式組織和垂直式組織應用在網站或電腦檔案整理上的討論，夏農信息理論也可用來量化系統層級，或是它們所包含的資訊量（此處我們談論的是在階層架構中的資訊，與網站包含的資訊內容不同）。

舉法律制度為例。因為要包含所有可能案例，這裡面往往包含許多贅言、例外和特例。比方說，幾乎所有文明社會都有針對強暴、謀殺、搶劫、勒索、傷害致殘、攻擊、毆打和毀謗的法律，無論是編進教科書中或是在電腦上呈現，法律條文總佔據了很大的空間。從信息理論的觀點來看，這些都可以透過一個簡短的演算法則來最小化：己所不欲、勿施於人（這本質上是條黃金規則）。

同樣地，比較下面這兩個同一名友人告訴你如何到達他家的指示：

1. 從東 40 公路接東 158 公路，然後在中央大街上左轉，沿著巴西里大道直開，在南湖路左轉，直走北湖路，在中央街上右轉（不是你剛剛開過的那條中央大街），然後很快地在瀑布大路時左轉，接著在 8 號小徑上右轉，直到公園入口前會看見 66 號就在你的右邊。

2. 開上東 40 公路，沿著大瀑布地方公園的指標開——我家就在公園入口前。

演算法二比較不複雜。要注意，它之所以能夠如此簡潔，部分原因在於遵循了第二章中提到的名言：盡可能將資訊卸除到外在世界中——此處，路標已經存在了。

取得一張組織圖，就能計算當中所包含的資訊量，並用來衡量該組織的複雜度，或是透過這個方法的相對面，計算出一個企業體、軍事單位或任何形式的工作或社會單位的結構（或組織）程度。當複雜度很低時，也就等同於夏農信息的資訊量很低時，結構性就很高。再者，可能與一般人直覺相反，如果一間企業的組織圖能以最少文字規則來描述，那麼這間企業就有一個更

多層級的結構性組織，這個規則沒有例外。

一間公司的結構度是否跟他們的效率、獲利能力或工作滿意度相關，仍需要實證資料佐證，目前還沒有人做過這方面的調查。從另一方面看，每個人管理他人的能力明顯不同，所以很自然地有些主管的下屬較多，單純因為他們擅長管理更多人。每個人的技能也大大不同，一個靈活有效率的組織，應該允許員工為了公司利益使用他們的強項。這可能會形成臨時的回報系統和某種特殊安排。就連最精密計畫過的階層，都會為了讓公司更大獲利而於現行層級中另闢蹊徑。其中一個例子就發生在琳達的公司中。

該公司有一個資訊分析師擁有他處遍尋不著的技術，他的主管安排他接下一項特別專案；這位分析師在進行這項專案時，必須直接向公司組織圖中高他兩級、且歸屬在不同垂直欄位的一名經理回報。在公司架構上，這個臨時回報系統需要額外的兩位元來呈現，但是這個安排對企業是有益的，會為公司創造能大幅增加收益的新產品。

這種安排將動機也列入考慮。因為專案而增加的收益，會被歸到監督該工作完成的那個部門，而非歸屬到出借那位優秀資訊分析師的部門。如同在許多大公司中一般，組織架構與獎勵制度都太過強調單一部門或單一分區的利益，而不夠強調整間公司共同的目標。

如同我早先提到的，博思艾倫漢米爾頓顧問公司花了好幾個月時間訪問琳達公司的員工，以求進一步瞭解他們的技術、正在處理的問題以及他們的工作內容。在顧問公司提出建議後，琳達的公司重新調整了動機架構和企業遠景宣言，加入跨部門的團隊合作。我們可能覺得這還滿顯而易見的，但在一間有二十五萬人的大公司中，大型計畫很容易就迷失方向。

雖然臨時通報系統的安排能促進合作，但這個系統亦存在缺點。一張垂直向下的組織圖如果出現太多例外，就會變得難以遵循，也很難管理要對太多位老闆負責的員工，並追蹤他們的工時。

一般來說，一個高度架構化的企業在遇到壓力時更有韌性。假如一名管理者離開其工作崗位，接替者接手的若是一份定義清楚、有明確的回報系統，且較少臨時通報安排的工作，公司就能持續順暢地運作下去。明確定義的角色能促進持續性和效率，也賦予上級管理者更多彈性重新安排管理者和

員工。在一個高度系統化且架構完整的組織中，要追蹤並記錄誰是誰也較為容易。因為從定義上來看，這種組織只需使用非常少的幾個字就能溝通，像是「每個分部經理管理四個分部」。

在設置任何種類的架構性系統，像是抽屜內部的檔案夾或電腦中檔案的安排方式，或是公司內員工的組織時，一個成功的系統是所需搜尋時間最少的系統，是一個對任何走進房間的人來說都明顯易懂的系統。那是一個可被簡潔描述的系統。這個系統會減少夏農信息的內容，並減少柯爾莫葛洛夫複雜性。工作流程圖也可使用同樣方式來進行類似的分析。

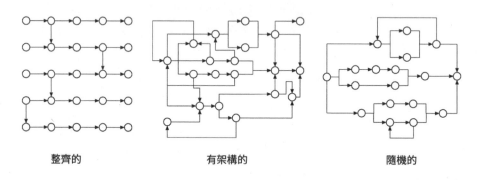

整齊的　　　　　　　　有架構的　　　　　　　　隨機的

建檔前就要思考文件被找到的方式

我們可以透過對資訊流動更加關注，來讓我們的商業世界變得更有秩序，並擺脫同時間進行多項工作的錯覺。但這樣就夠了嗎？在第三章中，我們介紹了「為失敗做計畫」的概念，這個策略能讓你找出任何有可能出錯的事、會出怎樣的錯，然後安置一個能預防或修補這些錯誤的系統。

在家裡，那類會出錯的事一般而言會造成我們及家人的不便。在工作場域中，出錯可能會影響數千人，賠上可觀的金錢。為失敗做計畫這個方法，是要去思考每件可能會出錯的事，接著想出辦法，把這些事情發生的可能性降到最低；同時也想出備案或保險計畫，以應對那些錯誤真正發生時的情況。把你的鑰匙留在靠近大門的地方，會將你忘記帶鑰匙的可能性降到最低。把鑰匙藏在花園裡，則能讓你在真的忘記帶鑰匙時優雅地回家（不用打破窗戶或叫鎖匠）。那麼，在商業世界中，為失敗做計畫代表著什麼呢？

與居家生活一樣，錯過截止日期或重要約會，是辦公室常會出錯的事情。在你的電腦或是手機上設定電子日曆備忘錄很有用；至於非常重要的會議，拜託同事或助理打電話提醒或是當面提醒，則是一個有效備案。

為了確保你能找到重要文件，Google 創始人兼前首席執行長道格拉斯‧梅瑞爾（Douglas Merrill）建議，要事先思考找到文件的方式，而非在檔案整理完成後再思考；也就是說，無論是電子或實體物件，在建檔時就要以能讓你快速提取的方式來整理。問問自己：「當我需要它時，我要到哪裡找它？」，或是「我要如何為這個物件建立標籤，這樣我才能找到它？」

相關情況還包括要為以下這種情況的可能性做好準備：你被派去出席一場對於主題毫無所知的會議，且毫不瞭解自己出席的原因。「我會確保自己行事曆中的所有條目都按脈絡進行。」梅瑞爾表示，「當助理在我的行事曆上加入一場新會議時，她會在那個會議條目上做注解，告訴我那場會議的主題和目標，以及其他與會者的相關細節。如果裡面有我不認識的人，助理就會多增加幾則附注，將那人職稱以及他對目前這個專案的貢獻的相關資訊提供給我。」

為什麼心理治療師每次療程只花一小時中的五十分鐘呢？因為他們會使用另外那十分鐘記錄發生的事。與其安排一個接一個沒有停歇的會議，專家建議，給自己十分鐘寫下發生的事，並將需被完成的事情，以及你接下來處理這個專案時能幫助你進入狀況的其他評論，好好筆記下來。此外，在會議開始前，要給自己預留十分鐘檢視可能會發生的狀況。由於專注力的轉移會消耗新陳代謝，你的大腦需要一段時間慢慢進入下一場會議的狀態，這樣對大腦神經健康是件好事。如果在進行一項專案時被打擾，專家建議筆記下你被中斷之處，這樣你後來才能更快速回到專案內容中。

這是一則很棒的建議，但當中存在一個潛在重點。事先思考什麼地方可能會出錯、檢視未來、預測威脅，這是一個組織化的企業頭腦能夠做到、應該做到也必須做到的事。

有些威脅比其他威脅來得大。企業的順利運作與否深受電腦系統影響的程度，已到許多人從未嚴重看待的地步。這包括硬碟故障以及網路伺服器當機等等（無論是你自己的或是你所仰賴的第三方）。許多餐廳、計程車或服飾店

的顧客，都曾經歷無預期的刷卡機「無法連線」情況。那些無法承受因刷卡機不能運作而損失任一筆款項的大城市計程車司機，通常會隨身攜帶一種舊式塑膠信用卡印壓機。這種機器能把信卡號碼印在信用卡公司特別設計的表格上。這說明了他們為失敗做了萬全準備。那些認為事情不會出錯的人，則會經歷銷售量上的損失和破財。現實主義者通常會為出錯預先準備，如此一來，儘管技術上出了問題，仍能取得收益。

為數位檔案備份，做好預防降低損失

重要紀錄和資料的損失，則是更嚴重的情況。另一個同樣糟糕的情況則是無法打開被毀損或過期的檔案。此處有兩種危險需要擔心——硬碟毀損和檔案格式過時。因此，要對你的資料進行縝密的「為失敗做準備」計畫，你需思考可能無法提取這項資料的種種可能，並設置好各種防範措施來做預防，或至少將損失降到最低。

在書寫這本書時，全世界有 90% 的資料被儲存在磁碟中。它們與錄音帶一樣易受磁場變化而毀損——長時間暴露在磁鐵（像是在揚聲器的組成零件）或是放射線中，可能會讓資料受到毀損；而超過攝氏十五度的溫度變化，足以讓毀損加倍。

複製或儲存備份檔案也可能會造成轉錄錯誤——對許多形式的檔案來說，頁眉的一個錯誤位元就可能讓檔案完全無法讀取。除此之外，硬碟、隨身碟、CD 和其他儲存媒介都有可能毀損（一台放在架上的老舊硬碟，就算是放在防塵防磁箱中，若硬碟軸承受過凍害，硬碟也有可能會停止運作）。而如果硬碟壞了，光是在同一個硬碟上存取多份檔案是無法保護你的。硬碟在五年內毀損的機率高達 50% 以上。一份由微軟工程師進行的研究發現，在所有伺服器中，有 25% 的機會會在兩年內遭到磁碟失效。這些都是要為你的資料備份的理由。

許多電腦專家都知道一句格言：「問題不是你的硬碟**是否**會壞，而是**何時**會壞。」對於任何企業來說，能不受阻礙地存取目前的檔案和歷史檔案，是件非常重要的事。對一間公開上市交易的公司或是政府機構來說，從法律

和監管上的理由來看，這也是必須的。USB 隨身碟和固態硬碟比磁碟來得昂貴，但在面對環境的變化上卻更為堅固耐用。

建議的解決方案是把你的檔案備份在至少兩個不同的硬碟上，並定期檢查這些硬碟，以確保它們仍能運作正常。按照經驗法則，每三個月檢查一次是個好選項。許多公司使用回滾備份（rolling backup）保存一天前、一週前、一個月前，以及兩個月前等時間內的檔案，這些檔案會被保存兩份、三份或更多。如果其中一個備份毀損了，你還有備份的備份。

不太可能發生全部檔案備份同時毀損的情況。發生這種狀況的唯一可能就是發生火災、水災、核爆，或其他會把一個區域內所有事物毀滅殆盡的事件。基於這個理由，政府組織和大公司會將硬碟備份分散在不同區域保存，如此分散風險。對於一間沒有龐大資源的小企業來說，這麼做仍在能力所及的範圍內。如果你有個客戶或親近的同事（甚至親戚）住在另一座城市，你可以在他的家中或辦公室裡裝置遠端遙控備忘硬碟，讓它從你家主機中定期自動備份及儲存。

備份到雲端（也就是備份到網路上可取得的遠端伺服器）是另一個保存檔案的方式。這對於讓你所使用的數個不同設施維持同步，而你能直接存取資料有很大功效。假設你有一台筆記型電腦、家用電腦、辦公室電腦、智慧型手機和一台平板電腦，你該如何掌握特定檔案位在哪台設備中，或是哪台電腦裡有最新版本的 Pensky 檔案呢？科技作家保羅‧布汀（Paul Boutin）總結說，分散是現代數位生活的一個象徵：「有些照片存在你的手機中，其他則儲存在你的家用電腦中。你的數位工作檔案、我的最愛書籤和會議筆記，又存放在哪裡呢？恐怕像除夕夜會撒的彩紙般分散各處吧。」

因此最好的解決辦法是讓你所有的設施保持同步，但我們當中很少人會花時間這麼做。在工作了漫長一日後，很少人會督促自己去把手機插到電腦上，更別說設立一個從一開始就能自動且正確運作的同步程式。雲端儲存大幅解決了這個問題——你只要把所有設備設成自動上傳，並將檔案同步在一個由第三方維護的數位儲存夾中，然後當你要尋找你的愛犬戴太陽眼鏡的照片，或是你在上班途中於地鐵上擬好的購物清單時，你只需到一個地方尋找，就可以馬上找到（在你連上網路的情況下）。

普林斯頓大學資訊科學教授派瑞・庫克（Perry R. Cook）指出，將你的檔案備份在雲端有利有弊。優點是有其他人負責維護硬體，並為這些大型伺服器進行備份（他們不是只存取一份你的稅務檔案或家庭照片，而是有多個備份），並保持每一件事運作順利。

從另一方面來看，庫克指出，「雲端儲存的其中一個問題是可取得性。MegaUpload 除了讓人們儲存備份檔案外，也成為一個大型盜版網站。當美國司法部 2012 年關閉該站時，沒有一個人能取回檔案。它們所有的客戶，包括專業攝影師和電影工作者在內，全都失去了所有檔案。這就像是你跟你的鄰居談好把你的除草機借放在他那裡，而他因為種植大麻遭聯邦官員搜捕，結果他家裡的每件東西都被查封。你因此失去了你的除草機。至於MegaUpload，即使過了很長一段時間，法庭仍不願重啟它的網站，讓合法使用者取回他們的東西。雲端服務公司可能會倒閉，或易受到規範或司法所限，到時你就運氣不好了。這個故事的寓意是：自己要保存好自己的資料。」

要做好檔案遷移計畫

回到為失敗做準備：你把檔案都備份好了，但如果你的系統升級後檔案都打不開，那又該怎麼辦呢？庫克建議你要擁有一份檔案遷移計畫。

檔案遷移指的是，讓那些因系統、軟體或硬體更新而再也讀不出來的檔案，重新變為可讀的程序。基本上，許多電腦檔案格式都被淘汰，這源自科技的快速發展。軟硬體製造商都有動機去創造更快、更強大的產品，而這些新產品會造成與舊系統之間的不相容性。

你或是你認識的某個人可能都經歷過這種狀況：你的舊電腦發生故障，當你把它送修時，技術人員告訴你他無法修理這台電腦，因為找不到同樣零件了──主機板、邏輯板之類的。他建議你買一台新電腦，你也照做了，當你帶著新電腦回家時，你發現新電腦使用的是一個全新的但你不熟悉的操作系統。新的操作系統打不開你舊電腦裡的檔案，你也不能重新安裝舊的操作系統，因為新電腦的硬體不支援。現在你有一個硬碟裝滿你打不開的檔案，你的退稅資料、家族照片、往來信件，以及工作上的專案，這些全都無法讀取。

為了積極進行檔案遷移，你得記錄下你電腦中所有不同的檔案格式。當新的操作系統上市，或是你所使用的軟體應用程式有新版本時，不要盲目按下螢幕上出現的「立即更新」按鈕。在你改用新系統前，必須測試舊檔案是否能在新版本上開啟。你不需要全部測試一遍，只要每種檔案找些樣本，試著打開即可（在另一個不同機器，或者不是你目前使用的那台外接硬碟上進行測試）。可能會發生三種典型的狀況。

1. 檔案沒出任何差錯地打開了，且你的新舊軟體使用同樣的檔案格式。
2. 檔案開得很慢，因為它們需要轉換為能被新軟體使用。新軟體現在有不同的格式（像是微軟從 .doc 升級到 .docx 格式）。如果是這種狀況，你需要開始做檔案遷移，也就是把你的檔案轉成新格式。
3. 檔案怎麼都打不開。你需要等到取得轉譯程式（有時會出現這個情形）之後，或是找出一個方法，以新電腦仍可讀取的不同格式，儲存你的舊檔案（就像以 .rtf 來儲存一個 Word 檔，.rtf 是一個能以更快速讀取檔案的檔案形式，雖然有些頁面格式會因此而消失）。

　　誰需要擔心檔案遷移的事情呢？對於企業、公開上市交易的公司、研究實驗室和記者來說，動手去調整檔案材料可能會有法律問題。但對我們其他這些電腦使用者，並把數位資料視為生命的人來說，檔案遷移只是為失敗計畫的一種思考方式。

　　庫克建議企業以及盡責的個人，把有歷史的（舊）機器保留在身邊，或確保自己能取得它們，同時也要保存這些舊電腦當時所搭配的印表機（一般來說，舊式印表機無法配合現代電腦使用）。這樣一來，即使你無法把舊檔案轉譯成目前可讀的格式，你總是還可以選擇把它們印出來。

　　「以現代科技來看，這是非常復古、如同山頂洞人般的方式。」庫克表示，「但這確實管用。所以如果你想把貝莎阿姨寫給你的電子郵件留下來，就印出來吧。」庫克建議，當你幫電腦升級時，不要把舊電腦丟掉；相反地，製作一個可啟動的磁碟影像，每三到六個月在你的舊機器上測試一下。

仍有一些公司把重要資訊儲存在大型電腦時代的九厘米標籤帶或是第一代家用電腦的十四公分軟碟機上，未曾遷移過檔案。許多大城市都提供檔案遷移的服務，但它們相當昂貴。這些媒介太過古老，很少有現存的機器能夠讀取，況且這個程序需要數個步驟，透過幾個不同格式轉譯檔案。圖書館員和大企業的科技部門建議，聘用至少一名以上的專職人員來處理檔案遷移（獨立於任何處理備份業務的人員，這兩者是不同的事）。

最後，庫克表示：「如果你的檔案是開放原始碼，也會有幫助。為什麼呢？微軟的檔案非常脆弱，只要一個位元遺失了，電腦就完全無法打開那個檔案。如果這個檔案是開放原始碼，在某處總存在一個電腦科技狂，能幫你找到打開這個檔案的方法。」

另外一個需要進行為失敗做準備的面向，是特別針對商務旅行者，也就是我們常常發現自己被困在飛機上、機場中或旅館房間中，受困的時間比我們預料的還要久。我們無法就這些不可預料的事件做太多預防措施，但是做為為失敗準備思考方式的一個面向，我們至少可以掌握自己該如何處理的部分。卓樂人士可能會把行動辦公室所需的所有東西裝入一個袋子中：

- 電話及電腦的備份充電器
- USB 隨身碟
- 筆
- 鉛筆、橡皮擦
- 迷你釘書機
- 筆記本
- 便利貼
- 另一組你慣常使用設備接頭

這項工作的關鍵在於要把它收藏好。在家裡不要拿來用，因為這個袋子很神聖。依照同樣邏輯，有經驗的商務旅行者會裝一小袋緊急食物袋：堅果、乾果和能量棒。此外，他們會比照家中盥洗設備裝一個盥洗袋，如此一來，他們不需在旅行前急忙從浴室中拿出盥洗用品來打包。匆忙就是造成東西被

忘記的原因。

　　在資訊過載的時代，為失敗做準備是思考的一個必要方式。這是企業執行長、營運長和他們的代理人會做的事，軍事官員、軍事家和政府官員也會這麼做，表演藝術家亦然。音樂家會準備額外的吉他弦、簧片和電子連接器這些可能會在表演中途故障、而讓表演突然中斷的零件。這些人都花上好一段時間思考哪些事可能會出錯、該如何避免，以及真的出錯時該如何修復等這類事情。

　　人類是唯一擁有這種能力的物種。如同在第五章中提到的，沒有其他動物會為未來做準備，或是會為還沒發生的情況思考對策。這種準備不僅對個人整理來說很重要，對成功的企業來說也是必要的。這可以歸結到控制源上：一個有效率的組織是能採取行動管理自己的未來，而不是讓人類、環境或其他外力來支配其進程的組織。

PART THREE

第三部

第八章

帝國大廈有多重？
未來心靈的資訊識讀教育

WHAT TO TEACH OUR CHILDREN
The Future of the Organized Mind

五年前，兩名來自美國中西部的青少年決定從零開始建造一架飛機。他們想要建造的不是一架滑翔機，而是一台能載五十名乘客，可飛到一千五百公尺高空以上的雙引擎噴射機。這兩人對飛機或引擎的原理一無所知，也從未製造過任何東西，但這並沒有讓他們打退堂鼓——他們兩人堅持，如果別人可以製造出噴射機，他們也能。他們搜尋了與這主題相關的書籍，但他們很早就決定，他們不想被前人完成的事給限制住——他們認為自己的直覺與教科書中的資訊一樣重要。畢竟他們辯護說，像萊特兄弟之類的早期飛機設計師也沒有可以依循的教科書，但最後他們和他們的飛機不都成功了？

他們在鎮上的高中生和廣大社區同伴也一起加入。人們可以在一天中任何時候過來，為這架飛機添加任何部分，或者如果想的話，也可以移除任何覺得不妥的地方，然後想辦法找其他東西來代替，或是讓其他人幫忙。一個標示告訴所有路過的人，這項飛機建造計畫是對任何人開放的，無論他們的背景或能力為何，這是一項所有人都能平等參與的真正社區計畫。為什麼建造飛機只能是一個由少數菁英控制的領域呢？任何渴望有所貢獻的人都被鼓勵一起參與。

在某個時間，一名到鎮上拜訪親戚的航空工程師路過這塊空地，覺得有

點擔心（恐懼可能是更貼切的單詞）。他為燃料供給系統增加一個緊急關閉閥，還有一個在鄰近垃圾場找到的機油冷卻器。離開小鎮之前，他留下關於機翼設計以及噴射引擎控制的大量說明，此外還提出在讓飛機升空之前必須注意的警告和小心之處。幾天後，一名擁有「自己動手做」（DIY）精神的十一歲地方報紙盃飛機製作冠軍，帶著一把扳手來到工地，接著把工程師留下的說明和警告全都丟掉。當然，這符合計畫精神，所以沒人阻止他。

飛機在兩年後建造完成時，安排了十名幸運的社區民眾進行試飛。他們認為駕駛飛機是另一項被過度評價的工作，因此透過抽籤決定誰擔任機長，讓任何有興趣的人都有機會飛看看。

你會想成為該飛機的乘客嗎？當然不會！但到底為什麼不呢？

一來，你可能會覺得這種公然漠視專家意見的態度令人厭惡。我們當中大多數人相信，建造（更不用說駕駛）一台飛機需要經過特殊訓練，不是隨便誰都能做的。在一個組織化社會中，我們設立專門學校提供飛行訓練，這些學校也都必須取得獨立機構授權並發予證書，以確保學校能提供完整訓練。我們都贊成像醫生、律師、電氣工人或建築公司等等多種特定職業，需要有取得執照及證書的系統，如此我們才能確信這些服務達到品質以及安全的高標準。簡而言之，我們接受這個世界上有知道得比我們更多的專家存在，我們承認專業很可貴，在承擔某些重要計畫上的確也非常需要專業的介入。

沒有菁英、沒有階級的維基百科

這個故事完全是虛構的，它模擬了維基百科正在做的事。我誠惶誠恐地這麼說，是因為維基百科至少做了兩項非常令人敬佩的事：它以大規模而史無前例又驚人的方式，讓資訊變得容易企及；此外，它讓資訊的取得成為一件免費的事。我全心同意資訊應該要是容易取得的，此外我也相信，一個成功的社會應該讓見多識廣的公民，更能為我們共治的社會做出更好的決定，如此他們也更能夠成為社會中更快樂且更富生產力的成員。

但是這當中是有些權衡的，即對專業的反感。這是根據一點也沒有比較不權威的維基百科創辦人勞倫斯・桑格（Lawrence Sanger，他與吉米・威爾斯一起

創辦維基百科）所說的話。他指出，問題在於任何人——真的是任何人！——不論知識或受過的訓練為何，都能編輯一則維基百科條目。沒有所謂具資格的專家這種中心權威去檢視各個條目是否符合事實，或是非得是對該主題有一定知識的人所編輯的。身為一個維基百科的讀者，你無從得知自己讀到的東西是否正確。這並不是一個無意識狀態下的副作用，而是維基百科原初的部分設計。威爾斯曾說，專家得到的尊重應該與新手一樣，在那些想要參與維基百科編輯工作的新手中「沒有菁英，沒有階級」。

當你看著前文提到的那架飛機的指導原則，你恐怕也無法知道它究竟是由專家還是由新手設計的，特別當你自己就是一名新手的時候。而當真正的專家（也就是那位來訪的航空工程師）出現時，他的付出和貢獻受到重視的程度與一名十一歲兒童的看法一樣。此外，如果你第一次看到這架飛機，不知其歷史，你非常可能會推測它是由專家設計的，這是因為當我們看到國家進行這樣的大型工程時會出現類似的期待。我們期待橋梁不要崩塌，汽車瓦斯槽不要爆炸，水壩能支撐得住。

傳統的百科全書聘用個別領域的知名領袖人物擔任編輯。這些編輯轉而聘請不同領域的世界級知名專家，負責撰寫該主題下的各個條目。然後，這些條目再由該領域的其他世界級專家審閱，檢查其準確性以及偏見；而審閱者必須接受該主題被處理的方式。作者在負責撰寫的條目下署名、標注他們的學術資歷，這樣讀者便知道誰該為那條條目負責以及他們的資歷為何。

然而，這套系統並非萬無一失。至少有三種因素會讓這些條目出現錯誤：本質上的偏見、維持現狀，以及作者的預先選擇效應。中國藝術的專家可能會貶低韓國藝術的價值（本質上的偏見）；挑戰主流概念和學術理論的想法，可能需要一段時間才會被地位穩固的學術大老所接受，而這些被認為是百科全書當仁不讓作者的學術大老，在其領域具有卓越的成就（維持現狀的驅力）；手上有研究計畫和對新興趨勢最瞭解的活躍科學家，可能沒時間來編寫百科全書條目，因為這不被他們的學術同儕認為是「重要的」學術成就（預先選擇效應）。

雖然這個制度並非萬無一失，但就算有缺失，也是發生在一個承認並尊重專業的價值體系中，這個體系於內於外都建立起一個知識界菁英團體，在

當中，那些對某個主題知道得比較多的人，被放在一個特定位置來分享他們的知識。我直截了當地說好了，在維基百科的模式下，一名神經外科醫生對於大腦動脈瘤的話語權與一名高中中輟生一樣多。沒有一個理性的人會選擇高中中輟生做為自己的腦部外科醫生，但如果維基百科成為諸如動脈瘤等科技議題（以及非科技議題）的資訊來源時，為什麼我們就該對於它的文章來源有信心呢？

當然，最後可能會有一個具備相關知識的人，來修正這條高中中輟生給的業餘建議，但是要等到何時呢？你如何才知道這個條目已經做了修正？這可能發生在你參考該條目之前或之後。此外，在沒有監督者或統籌者的情況下，這些條目少有連貫性。而受到個人關注的細節會在條目中佔有重要位置，若沒有人對真正重要的事情具備相關知識，或是有興趣編輯這些欄位，那麼真正重要的事得到的關注就會很少。這裡顯然缺少對內容做出「關於這個條目，這件事情值得知道嗎？這個事實比起其他事實更重要嗎？」的判斷。

讓說故事成為一種集體參與

極端來說，一條百科全書條目能告訴你關於一個人或一個地方的每一件可能事實，沒有任何遺漏，不過這樣會讓這個條目太過累贅，使用起來不便利。因此，大多數專業摘要的有用性，就在於具有觀點的某個人利用他們的最佳判斷，來決定哪些事情該被納入條目之內。最投入編寫「狄更斯」這個條目的人，可能與「契科夫」的編寫者沒有任何關聯，因此最終我們面對的是風格殊異的文章。在編寫兩名作家的生活、作品、對後世影響，以及他們的歷史地位上，處理的重心各不相同。

就算是有同儕審閱機制的期刊，也不總是能清楚陳述關於科學、醫學和科技等主題的資訊來源。在沒有特別訓練下，科技文章可能很難瞭解；許多領域都存在著爭議，需要有經驗的人去進行區辨。一名專家知道如何衡量不同的資訊來源，並能辨別明顯的矛盾。

持續不懈地為維基百科某些條目更新版本的編寫者，大多數是那些單從

教科書上讀到相反論述，或是在高中時期學到與當今專家相信論點不同的人（「如果課本這樣寫，就一定是對的！」）。許多新手不知道的是，教科書若要加入最新資訊，得要花上五年以上的時間；他們也可能不知道，他們的高中老師不永遠都是對的。

如同勞倫斯‧桑格所說的，維基百科條目可能會「因為對於特定主題的知識僅來自書中片段，或對大學課堂僅剩殘留記憶的大多數人，而降低品質」。一開始正確的條目，有可能會被一大群非專家修改成不正確版本；那些非專家當中有許多人狂熱地相信，他們的直覺、記憶或感覺與科學論文或是真正專家意見有一樣的重要性。桑格表示，問題的根源出在「缺乏對專業的尊重」。如同一名維基百科評論家所指出的：「一名專家為什麼要把他的寶貴時間貢獻在一個隨便就會被網路上的白痴給毀掉的計畫上？」

維基百科有兩個勝過傳統百科全書的明顯優勢。其中一個是它很靈活。當出現重大新聞時，像名人過世、某個動盪國家發生暴力事件或發生地震等，維基百科很快就能做出回應，在幾分鐘或是幾小時內就報導這些事件，這與需要花上漫長時間編纂的紙本百科不同。

第二個優點則在於，那些不一定會被列入紙本百科全書的主題，可以以網路形式存在，因為空間以及印刷問題都不構成限制條件。在維基百科上，電腦遊戲「龍與地下城」和電視節目《吸血鬼獵人巴菲》的條目都有好幾千字，遠超過針對前美國總統費爾摩或但丁《神曲》條目的字數。維基百科也會記錄流行的電視節目每一集劇情大綱，其中甚至包含客串來賓與卡司陣容的廣泛資訊。像這類的條目就是維基百科力量之所在，也是群眾外包這個概念發揮作用之處。

任何一個被 CSI 影集中跑龍套演員的表演感動的人，可以在片尾字幕中找到該演員的名字，然後把他加在該集的維基百科條目之中；這一切都不需要身為某個領域的專家才能完成。其他對這個條目有興趣的粉絲則能仰賴節目字幕，得到他人信任去修正錯誤資訊。

這種以粉絲為基礎的編輯手法與同人小說有關，是近來興起的一股風潮。粉絲就他們在電視節目或電影中最喜歡的角色，書寫自己的作品或對現行故事進行增補，以填補他們在原作中認為不足的情節漏洞或故事線。這一

切都始自《星際大戰》粉絲誌。這個以粉絲創作為基礎的類文學，展現出一種對於社區講古的人類需求。畢竟我們是一種社群動物。我們透過共同故事得到參與感，無論那是關於人類或我們生活的國家起源的故事。維基百科明顯回應了「讓說故事成為一種參與且集體行動」的需求，同時激勵了數以百萬計的人貢獻他們的熱忱和興趣（沒錯，有時是專業），在一項可能最具野心的學術建構計畫中。

維基百科的免費信仰造成各種問題

改善維基百科的一個方法，是聘用一個編輯委員會來監管條目的編輯過程。這些專家能確保條目的一致性和品質並減少爭議。新手仍能貢獻一己之長，畢竟這是部分維基百科有趣刺激之處，但是專家委員會應該負責最後的裁決。但上述這種改革，只會在維基百科擁有較多收入（無論是透過註冊或使用費，還是透過捐款）時才有可能發生。與百萬億萬富翁、慈善家、政府單位、書本出版商以及大學保持些許連結，或許能讓他們贊助這項大工程；但很難去挑戰那些伴隨維基百科成長、認為維基百科內容是透過民主方式決定，並且當中所有資訊都應該隨時免費使用的這類草根信仰。

這種對付費模式缺乏同情心的狀況，與 1960 年代迷幻音樂界的情況類似。當音樂人比爾・葛拉罕（Bill Graham）開始籌辦在舊金山金門大橋公園全球第一場戶外搖滾音樂會時，許多嬉皮激烈抱怨說他竟然要收取演唱會入場費。「音樂應該是免費的！」他們怒吼。有些人補充說，音樂具有能安撫人類靈魂的力量，並且基於它是「宇宙的聲音」這理由，音樂應該是免費的。

葛拉罕耐心地指出問題之所在。「好的，」他說，「讓我們假設所有的音樂家都願意免費演出，他們不需要擔心該怎樣付他們的房租，或是付錢買他們的樂器。你們看到舞台了嗎？我們在公園裡把它搭起來，這需要一隊木工，而木頭及其他材料也需要被運進來。連他們也要免費工作嗎？那麼卡車司機還有卡車所用的燃油瓦斯呢？還有電工、音效工程師、燈光、流動廁所……這些人也都要免費工作嗎？」

如同此處詳列的，維基百科的免費信仰造成了各種問題。截至目前為

止，情況已進入死胡同，只有一個著名的例外，那就是出現公共機構推動的有組織、有系統的編輯活動。華盛頓特區史密桑尼學會美國藝術博物館舉辦了長達一天的「編輯馬拉松」活動，試圖改善各條目的撰寫品質，他們邀請維基百科的編輯者、作者以及其他志工，在史密桑尼職員的陪伴下，使用該學會的廣泛資料庫和資源。不幸的是，如同米納爾和歐茲實驗中那些重覆壓下按鈕索取獎勵的老鼠般，反對這種做法的使用者只消按一下滑鼠，就能把那些經整理的編輯全都消去。

免費獲得許多資訊這件事的優點大過其缺點嗎？這取決於對你而言資訊正確與否有多重要。根據這個詞彙的某些定義，某件事只有在正確無誤時才被認為是一則「資訊」。資訊識讀以及將資訊組織化的一個重要部分，就在於暸解何者為真、何者為假，並去暸解有哪些證據支持了這個資訊。雖然尊重其他觀點很重要，但這才是我們學習新事物的方式。承認所有觀點並不盡然具有同樣效力，這點也很重要。有些觀點來自真正的學者和專家。但就算有些人全心相信俄羅斯位於南美洲中央，也不會讓這件事成真。

教師角色轉換：訓練孩童批判性思考的心智技巧

對學齡兒童來說，世界已經改變了（更不用說對大學生和其他所有人而言）。十年前，如果你想學習一個新知識，需要花點時間。舉例來說，你想要知道你最喜愛的鳥類紅鶯的棲息範圍或蒲朗克常數的價值，在網路發明之前（也就是二十年前）你要不是去詢問某個知道這件事的人，就是自己翻書找答案。假如採取後面這種方式，你首先要搞清楚哪本書可能會包含這項資訊。你走到實體圖書館中，在卡片索引目錄那裡耗上一段時間，才能找到那本正確的書，或至少被導引到正確的圖書分類區。在那裡，你無疑要翻閱好幾本書，直到你找到答案為止。整個過程確實會花上好幾個小時。現在這兩項搜尋都只要花上幾秒鐘就能完成。

資訊的取得這個過去要花上好幾個小時，甚至好幾天的過程，現在變得幾乎可以即時完成。這劇烈改變了從幼稚園到研究所教室中教師的角色。教師不再有理由認為他們的主要功能是資訊的傳遞。如同《紐約客》散文作家

亞當‧葛普尼克所說,現今當教授解釋哀歌(elegy)和讚詞(eulogy)的不同時,課堂上每個人都已經 Google 過這些詞彙了。

　　當然不是每件事都能輕鬆找到。但維基百科、google、Bing 以及其他網路工具,讓我們可以立即取得資訊,已創造一個我們當中多數人都不曾受過訓練去解決的新問題,而這問題就是我們訓練下個世代公民時的共同目標:教導我們的子女如何評估現存的大量資訊,辨別其中真偽,挑出偏見和半真半假的陳述,如此訓練他們成為具批判性的獨立思考者。

　　簡而言之,教師的主要任務必須從傳播原始資訊,轉變為訓練學生養成各種批判性思考的心智技巧。伴隨這個轉變而來的第一項也是最重要的功課,就是瞭解這世上存在許多不同領域的專家,他們在所屬領域知道的比我們多。雖然不該盲目地相信他們,但是他們的知識和意見,若能通過特定表面效度(face validity)和偏見檢驗,得到的尊重就該比那些缺乏特殊訓練的人所提出的意見來得高。

　　對於教育和專業的需求,從來沒有比此時更強烈的時刻了。專家花上大量時間找出哪種資訊來源可信,而哪些沒有可信度,並區別出它們知道什麼以及不知道什麼。這兩種技巧可能是這個後維基百科時代、後 Google 時代中,我們能教給孩子最重要的事了。還有那些呢?要負責任,要和善。要容忍其他人。去幫助那些不像他們一樣幸運的人。要小睡一下。

　　一旦孩子大到足以瞭解分類的概念,並懂得如何整理組織後,我們就可以教他們如何整理他們的世界,而這能增進他們的認知技巧和學習力。可以是教他們整理填充玩具、衣服或廚房裡的鍋碗瓢盆。讓分類變成一種遊戲,可以讓孩子按顏色、高度、亮度或名稱分類,這些都是一個個檢視物件特色的練習。要記住,井然有序且負責任,預示孩子擁有正面的未來,即使這會過了好幾十年才透過諸如長壽、健康和工作表現等展現出來。與過去的時代相比,成為有組織的人在此時更為重要。

　　拖延是一種普遍的毛病,在兒童當中的普遍程度較成人更廣。每位父母都知道,當孩子正看著最愛的電視節目時叫他去寫功課,或是當朋友都在外面玩耍時叫他回家打掃房間,或是在規定的時間叫孩子上床,總會遇到許多困難。造成這些困難的有兩個原因:孩子更想要立即的滿足,還有他們較無

法預測當下不行動對於未來會產生什麼後果。這兩個原因都是他們未完全發展的前額葉所造成的，前額葉要到二十歲才會完全成熟（！），這也讓他們更容易上癮。

某種程度而言，大多數兒童都能學會當下就去做事，避免拖延的習慣。有些父母甚至把這變成遊戲。記得電影製作人傑克・艾伯茲（Jack Eberts）教給他孩子的名言：「吃掉那隻青蛙。早上就第一個把那件討厭的事做完，一整天剩下的時間你都會覺得很輕鬆。」

有些批判性思考的技巧很重要，而教導這些技巧相對直截了當。的確這當中大多數技巧都已在法學院和研究所教過了，而在前幾個世代，甚至還在為學院教育做準備的六到十二年級教室中教授。其中最重要的部分，平均十二歲便能理解。如果你喜歡看法庭戲（派瑞・梅森、《洛城法網》、《法網豪情》），便會對其中多種技巧感到熟悉，因為這些批判性思考技巧與法庭審理時會運用到的極為相像。在法庭上，法官、陪審團及雙方律師，必須決定要上呈哪些資料給法庭，根據的就是資料來源的可信度、證人是否擁有做出特定判斷的必要專業，以及論點的可信度。

我的同事史蒂芬・柯斯林（Stephen Kosslyn）是名認知神經科學家，曾任哈佛心理系系主任，現任 KGI 米涅瓦學校學院院長；他將這些稱為集體的「共同概念以及心智習慣」。應該把這些心智習慣和反應能力教給所有孩子，並在他們高中及大學時再次強化。

新聞是你處理資訊的方法

沒有一個中央權威去控制網站或部落格該如何命名，因此要創造出假身分或是假文憑是很容易的事。Whole Foods 的主席冒稱自己是個平常的顧客，在網上貼文讚美該店的價格和政策。諸如此類的故事還很多。一個網站名為「美國政府健康服務」，不表示它是由美國政府管理的網站；一個名為「獨立實驗室」的網站，並不一定代表它就真的是獨立的——它可能是某個想讓所生產的汽車，在一連串不那麼獨立的實驗中，看起來表現良好的汽車製造商所創造的網站。

諸如《紐約時報》、《華盛頓郵報》、《華爾街日報》和《時代》雜誌等報章雜誌，都很努力在報導新聞時保持中立。它們的記者受過訓練，透過獨立查證取得資訊——查證是這類新聞報導的基石。如果有某位政府官員告訴他們一件事，他們會從另一個消息來源做求證。如果一名科學家聲稱自己有項新發現，記者會與和第一位科學家沒有任何私人或專業上關係的其他科學家連絡，以取得獨立意見。很少人會只根據美國杏仁種植者協會所出版的杏仁健康益處這種表面意見進行報導，而不另行求證。

聲名卓越的新聞來源多少有些保守，那是因為它們想在報導一則新聞前確認事實的真實性。許多網路上的新興媒體，對於事實求證並不遵照傳統標準，所以在某些案例中它們會報導突發重大新聞，搶在較為傳統以及保守的媒體之先。TMZ率先其他媒體報導麥可傑克森的死訊，正因為與CNN或《紐約時報》相比，前者願意在證據還沒有那麼多的情況下就報導這則新聞。在這個案例中，它們的報導是正確的，但事情不總是如此。

在發生諸如「阿拉伯之春」這類快速發展的新聞事件時，記者並不總是身在現場。一般公民所寫的報導透過推特、臉書和部落格在網路上迅速蔓延，這也可以說是一種可靠的資訊來源，特別在把它視為大眾觀察時更是如此。非專業記者，即那些在危機中竄起的公民，提供了關於事件即時而第一手的紀錄。但是他們通常不會在報導中區分他們第一手經驗到的事，以及純粹透過謠言或影射而得知的事情。

我們對於即時更新和新聞快報的渴求，導致報導的不準確，這只能仰賴後來的修正。較早的報導中包含錯誤或未經證實的資訊，要在事件發生好幾個小時或好幾天後才能被辨別出來。在網路發明之前，記者有時間在報導刊登之前，去搜集必須資訊並做求證。因為報紙一天只出刊一次，而電視台的主要新聞播報一天也只有一次，並不像現在這樣，在所有事實都搜集完成之前就急著報導一則新聞。

2013年8月敘利亞發生化學武器攻擊時，社群媒體上的資訊受到錯誤資訊汙染，當中有些錯誤資訊是被人惡意散布的。如果由沒受過訓練的調查記者去整理彼此衝突且矛盾的各方說法，任何人都很難理解到底發生了什麼事。如同《紐約時報》前編輯比爾·凱勒（Bill Keller）所說：「這需要熟悉敘

利亞內戰的資深記者，像我的同事 C. J. 奇瓦士那樣，在聯合國報告中挖掘技術資訊並且勘查證據——帶著兩顆化學火箭的飛彈——才能確認攻擊是阿薩德軍隊於大馬士革的一處防禦工事發動的。」奇瓦士自己則說：「社群媒體不是新聞，只是資訊。新聞是你處理資訊的方法。」

有兩種偏見會影響報導。一是作者或編輯的偏見。身而為人，他們有自己的政治和社會看法，然而在從事嚴肅新聞時，這些意見都應放下。這並不總是那麼容易。在準備一則中性新聞故事時，其中一個困難就在於故事存在許多旁枝末節，這些細節很難被齊整裁剪為一則簡短摘要。一篇文章該刪減哪些部分（即那些讓故事變複雜的元素），就與哪些元素該被包含在內一樣重要；作者和編輯的意識和潛意識會在這個選擇中起作用。

部分新聞媒體，像是《國家觀察》、福斯電視網（兩者皆為右派）或《國家》（左派），它們之所以吸引人，是因為具有特定的政治取向。這些刊物是否會對資訊進行有意識的篩選，這並不明顯。它們旗下的記者，有些可能會覺得自己是這行中唯一中立、不帶偏見的記者。另外一些則可能覺得，找到屬於他們政治光譜的觀點是他們的責任，如此才能對抗（他們認為）所謂主流媒體上致命的政治偏見。

你的立場，決定一則新聞如何被解讀

我在史丹福大學的前教授李·羅斯做過一項研究，揭示一個新聞報導中這類政治與意識形態偏見的有趣事實，給它取名為「具敵意的媒體效應」。羅斯和他的同事馬克·列波（Mark Lepper）和羅伯特·伐農（Robert Vallone）發現，對於一項議題來說，任何一邊的支持者往往會覺得媒體報導帶有偏見、支持他們的對手。

實驗中，他們對史丹福的學生展示一系列 1982 年貝魯特大屠殺的新聞報導；學生在觀看之前，先自我辨識自己是支持以色列或支持巴勒斯坦。結果，支持以色列的學生抱怨，報導強烈偏袒巴勒斯坦觀點。他們認為，這些新聞報導以比檢視其他國家更嚴格的角度檢視以色列，顯然報導記者的立場是反以色列的。學生在這些報導中只找出幾個支持以色列的論點，但找到好

多個反以色列論點。

另一方面，支持巴勒斯坦的學生則表示，他們在觀看同樣的新聞報導時發現了完全相反的偏見——他們判斷這些報導強烈偏袒以色列，在裡頭只找到少數支持巴勒斯坦的論點，而有較多支持以色列的論點。他們同樣覺得記者帶著偏見，但是是對巴勒斯坦人的偏見，而非針對以色列人。兩組學生都擔心這些報導的偏見過深，會讓先前持中立立場的觀者看完後轉而反對他們。事實上，一組持中立態度的學生觀看同樣的影片之後，態度也介於上兩組持明顯立場的學生之間，證明了這些影片的中立性。

這些實驗所使用的報導，基本上立場近乎客觀中立（如同中立學生所指出的）。所以很容易可以想像的到，一個具明顯立場的人，在觀看傾向他信仰的新聞報導時，會認為這才是中立的報導。這或許是諸如安·寇特和瑞秋·麥道等人所做的意識形態新聞評論，成為新興媒體型態的主要因素；在新聞出現之前，這種新聞評論早已存在很久。古希臘的希羅多德不只是第一位歷史學家，更是第一個帶有黨派偏見的報導者；亞里斯多德、西塞羅、約瑟夫斯和佩脫拉克都曾因此指責他。偏見會以許多形式存在，包括判斷何者值得報導、是否引注來源，以及使用篩選過而非綜合性的資訊。

在網路上，我們不一定是在尋找中立資訊，但重要的是要瞭解誰在提供這些資訊，他們受到哪些組織贊助或是隸屬於哪些單位（如果有的話），以及網路內容是否被官方、專家、特定黨派、業餘者或是假扮並非自己身分的人所批准或提供。

網路就像拓荒時期的美國西部一樣，大部分都是自治的法外之地，因此每名網路使用者的責任，就是自我警惕不要被數位版本中的惡棍、騙子以及油腔滑調的銷售員所騙。如果這聽起來像影子工作的另一個案例，那麼它確實是。鑑別資訊的工作曾在不同的程度上由圖書館員、編輯和出版者所完成。在許多大學中，圖書館員擁有高學歷，校內職等與教授相當。一名好的圖書館員是學者中的學者，熟悉經嚴格審閱過的期刊和自費出版作品之間的差異，能跟上不同領域的學術與可信度缺失所引起的種種爭議，更知道哪裡有不偏不倚的觀點。

圖書館員和其他資訊專家，發展出一套如何評鑑網站優劣的使用者指

南。當中也包括我們該要問的問題，像是「這個頁面是最新的嗎？」或是「它的網域為何？」（由美國太空總署所準備的指南特別有幫助）。批判性思考需要我們不以表面價值，衡量那些我們在網路上找到的內容。我們演化出與他人互動的一般提示，包括人們的身體語言、臉部表情和整體態度舉止，在網路上都看不見。人們會根據自己的利益轉貼並修改文章；廣告置入行銷偽裝成評論；很難偵測出冒名者。這網頁只是一種意見分享嗎？你有任何理由比起其他頁面，更相信這一頁面的內容嗎？這個網頁是否是他人的咆哮、極端的觀點，可能被扭曲誇大了嗎？

在評估科學和醫療資訊時，報導應該包括注腳或其他引自專家審核過的學術文獻摘文。事實應以不同資料來源的文獻摘要佐證。十年前，要知道一本期刊是否具有聲名相對容易，但在偽學術橫行的平行世界中，付點錢就能幫你印製任何資料的開放期刊不斷增生，模糊了與著名期刊之間的界線。如同史丹福醫學院院長暨教授史蒂芬・古德曼（Steven Goodman）所指出的：「大多數人不瞭解期刊論文的世界，他們無法從一本期刊的名稱知道它是真是假。」

你怎麼知道你面對的是本知名期刊？出現在 PubMed（由美國國立醫學圖書館所維護）之類索引中的期刊，因其高把關品質被選出；出現在 Google Scholar 中的文章則非如此。丹佛市科羅拉多大學的研究型圖書館員發展出一份稱為「掠奪性開放期刊」黑名單，這份名單從四年前的二十家出版商，發展到今日的超過三百家。

網路識讀的三面向：鑑定、驗證和評估

假設醫生建議你服用一種新藥，而你試著找出更多與這項新藥相關的資訊。你在你最愛的搜尋引擎中輸入這種新藥的名稱，搜尋結果中，www.RxList.com 這個網站排在最前面的幾個搜尋結果中。你從未看過這個網站，你想要驗證它的可信度。從「關於 RxList」頁面中，你得知「RxList 於 1995年由一群藥劑師創立，是最早的網路藥物索引資源」。然後該頁面的一個連結帶你到網站作者以及編輯名單，他們各有進一步連結可以連到個人的簡短

自傳，顯示他們的學歷或專業領域，讓你自己決定他們的專業是否合格。

　　你也可以在 Alexa.com 輸入 RxList.com，前者是一個免費的資料搜尋以及分析服務；透過該網站，你得知 RxList.com 大多數被「只接受過一些學院教育」的人所使用，與其他網站相比，這網站較少被有大學或研究所學位的人所使用。這告訴你，這是典型為門外漢設置的資源網站，這可能就是你在尋找的，可以避免太多關於醫藥產品的醫療專門術語；但對更有經驗的使用者來說，這是個警告，提醒你它所提供的資訊可能未經查證。這項資訊的可信度有多大呢？根據 Alexa，與 RxList.com 有關的前五名網站是：

Amazon.com
bbc.co.uk
blogger.com
wikia.com
ancestry.com

　　當中只有一個可用來判斷該網站的有效性，那就是來自 BBC 新聞網的連結。然而當你點開連結，你發現那是一則出現在留言版上的訊息，僅是一則讀者評論。透過 Google 搜尋與 RxList.com 相關的 .gov 網站更有幫助，總共顯示一千七百五十項結果。當然這個數字本身是無意義的——可能是該公司收到的傳票或訴訟，但隨機抽樣的結果顯示這些搜尋結果並非如此。在最前面幾個順位的搜尋結果中，有一個連自國家衛生研究院，RxList.com 出現在該頁面醫療藥物的推薦資源中，這些推薦資源還有來自紐約州、阿拉巴馬州、美國食品藥物署、國家癌症研究院以及其他組織的連結；這為 RxList.com 帶來合法性和認可。

　　由於網路未受法規管束，每一名使用者在使用網路時，都需要運用批判性思考。你可以使用一個在會面或道別時，會用來祝他人好運的英文單字 ave（萬福），來記住網路識讀的三個面向：鑑定（authenticate）、驗證（validate）和評估（evaluate）。

　　我們所遇到大多數關於健康、經濟、我們最喜愛的運動以及新產品評鑑

的資訊，都與數據有關，儘管它們看起來不像是以這種方式呈現的時候亦是如此。錯誤數據的其中一個來源，來自數據取得時的偏見，這最常出現在我們看到的統計摘要中，也常出現在正式的新聞故事中。這種偏見指的是當收集到缺乏代表性樣本（人、細菌、食物、收入或任何被測量物品的數量）的案例。假設一名記者想要測量明尼波里斯市居民的平均身高，以此書寫一篇自來水中汙染物，是否導致人口身高減少的調查故事。這名記者決定站在街角，幫路過的人量身高。如果記者是站在籃球場前，這個樣本可能會比一般大眾的身高來得高一些；如果記者是站在明尼波里斯矮子協會前面，樣本則會比平均值來得低。

不要笑。這種類型的取樣誤差，就連在備受尊重的科學期刊中也很普遍（雖然並不一定明顯！）。那些志願參加藥物實驗的人，無疑地和那些不會志願參加的人不同；他們可能有較低的社經地位，急需用錢；而眾所周知，社經地位會造成人們在兒童期營養和是否定期接受健康檢查上的差別，因此社經地位與整體健康狀況相關。當只有屬於一種特定子集合的實驗參與者能走進實驗室大門時，這種取樣誤差就被稱為預先選擇效應。

在另一個例子中，研究者為一項新藥實驗招募參與者，條件是參與者在接受測試的八週內不能喝任何酒精飲料。因此，研究者最後可能會略過一般大眾，事先選擇那些生活方式能配合參與條件的特定人士。他們可能會因為無法躲過三不五時的小酌而感到壓力特別大；他們可能是正在接受戒酒治療的酒鬼；他們還可能是特別愛好健康的運動狂熱者。

哈佛大學會定期公布近期畢業生的薪水資料。然而，那些我們從童年起就要教導學生的心智訓練，應該會讓他們提出下面這個問題：哈佛公布的資料有可能有偏差資料來源嗎？這些薪資數據是否會因為數據搜集方式的潛在偏見，而在某種程度上出現錯誤？如果哈佛是透過電子郵件對新近畢業生進行調查，可能就會忽略掉那些無家可歸、貧困或入獄的新近畢業生。而且在接到調查問卷的學生中，並不是所有人都願意回覆。那些失業、從事基層工作或是單純沒有賺那麼多錢的人，可能會羞於回覆，這些似乎都有可能發生。最後，這些可能性會造成哈佛對新近畢業生真實的平均薪資過度預估。當然還有另一種誤差來源（也可謂令人震驚的事），就是人們是會說謊的（就

連哈佛學生也會）。在一項類似的調查中，新近畢業生高報了他們的收入，目的是為了讓讀到這項調查的人驚豔，也可能出於他們沒有賺這麼多錢的羞愧感。

「選擇性窗口」：消失的資訊

想像一名股票經紀人主動寄了封信到你家。

親愛的鄰居：

我剛搬到這附近，我是一名股市預測專家。我已因此致富，而我希望你也能透過我多年努力發展出的這套系統獲利。

我不是在向你要求任何金錢！而只是想請求你給我一個機會證明自己，你不需要做出任何承諾。接下來的幾個月內，我會透過郵件告訴你我對市場的預測，你需要做的，只有等待驗證我的觀察是否正確。你任何時候都可以要求我停止寄信給你。但如果我的預測是正確的，你可以透過下面這個電話號碼連到絡我，我會很高興你成為我的客戶，幫助你賺取超越你最狂野夢想的財富。

一開始，我預測 IBM 的股票下個月會上漲。四週後我會寄另一封信給你，告訴你我接下來的預測。

一個月後，你接到另一封信。

親愛的鄰居，展信愉快。

如你所記得的，我上個月預測了 IBM 的股票會上漲，而它確實上漲了！我的下一個預測是陶氏化學將會上漲。下個月再敘。

一個月後，你收到另一封信，那名股票經紀人在信中指出他再度預測正確，並做了新的預測。這持續了六個月，每一次他都如他所說的，他正確預測了市場走向。到了此時，一個普通人可能會認為，他們應該要拿出一些錢

跟著這個人投資。有些人甚至會想拿房子去抵押貸款，把所有錢交給這個人投資。連續六個月欸！這個傢伙是個天才！然而你從第四章中學到，光是靠著機率，他正確預測的機會就有 $1/2^6$ 或是約 1/100。

但你不是普通人。你已經受過心智習慣的訓練，因此會去問：是否存在著消失的資訊？若非擁有未曾聽聞的市場預測能力，有任何具邏輯性的替代解釋能去說明這個經紀人的成功嗎？根據你的觀點，這裡面可能遺漏了哪些資訊或模糊了哪些資訊呢？

試想在這個特定案例中，你只看到他寄給你的信──你並沒有看到他寄給別人的信。統計學家稱這為「選擇性窗口」。我在這裡敘述的案例的確存在，而這名經紀人已因詐欺入獄。在整個計畫一開始，他寄出了兩組信件：有一千人收到了預測 IBM 股票會上漲的信件，另外一千人收到預測 IBM 股價會下跌的信。在該月月底，他只需等著看接下來發生什麼事。如果 IBM 股價下跌，他就將那一千名收到錯誤預測的人拋下，繼續寄信給那一千個收到正確預測的人。他告訴當中半數人，陶氏化學股價會上漲，而告訴另外半數人陶氏化學股價會下跌。在六次這樣的反覆書信往來後，他會得到一個三十一人的核心小組，小組中的每一個人都連續收到六次正確預測信，從此願意追隨他到天涯海角。

選擇性窗口也會以不那麼邪惡、不那麼蓄意的方式呈現。一台瞄準籃球員連續投進十次球的錄影機，可能選擇性地框住成功案例，而周圍一百個沒投中的人不會被顯示出來。小貓在鋼琴上彈出一段耳熟能詳曲調的影片，可能是在數小時漫無意義的雜音中，十秒鐘隨機出現的樂音。

我們常聽到關於干預的報導：一種有人服用後改善健康的藥丸、一項減少某國緊張情勢的政府計畫、一項讓許多人重返職場的經濟復甦方案。在這些報導中消失的常常是控制組，意即如果沒有這些干預會發生什麼事？如果我們想為一起事件引起另一起事件的因果關係下結論，控制組就特別重要。若沒有一個合適的控制組，我們無法知道這件事是否真實。

「我吃了維他命 C，我的感冒在四天內就好了！」但若你沒有吃維他命 C，你的感冒要多久才會好呢？看過幽浮的人所描述的幽浮特定飛行和移動方式，若能用一台傳統飛行器複製出來，便會讓那台飛行器一定是幽浮的說

法失去可信度。

好幾十年來，專業魔術師暨懷疑論者詹姆士‧蘭迪（James Randi）一直追隨全球各地自稱靈媒的人，完整複製這些所謂靈媒的讀心術。他的目的是什麼？他想對抗一般人認為「靈媒一定是使用超感官知覺和神祕心靈力量，否則沒有別的辦法可以解釋他們傑出才能」的論點。蘭迪透過魔術完成了同樣的事，對這現象提供一個更有邏輯且更簡約的解釋。他不是在證明超能力不存在，而是在證明靈媒並沒有做出任何他無法用魔術完成的事。

他是控制組，代表的是沒有使用超能力的情況。這留下了下面的邏輯可能性：

1. 超能力和魔術都存在，它們能產生同樣的成果；
2. 超能力並不存在。靈媒使用了魔術，卻說是用超能力完成的；
3. 魔術並不存在。魔術師使用了超能力，卻說是用魔術完成的。

其中有兩個選項要你拋下科學上已知的事實、因果關係以及這世界運作的方式。而其中有一個選項則要你相信，這世界上有一些人為了維持生計，謊稱他們所做的事以及做事的方式。更有趣的是，蘭迪提供了一百萬美元獎金，給任何可以以超能力完成他以魔術無法完成事情的人；唯一的限制是，靈媒必須在被控制的條件下操作他們的技術——使用牌卡或其他中性物件（不是靈媒自己提供的道具，以免他們有機會去修改）——並使用錄影機進行錄影。

有超過四百人嘗試拿下獎金，但他們的超能力在這些條件下都神祕地失去作用，這筆錢至今仍存在代管帳戶中。如同史丹福心理學家教授李‧羅斯所說：「如果超能力存在，它們也太調皮了，不想在科學家面前被發現。」

容易搞混的相關性和因果關係

當兩個參數在某種特定關係中一起產生變化，我們會說這兩個參數彼此相關。在某些早期研究中，服用綜合維他命與較長的壽命是相關的。但這並不代表綜合維他命可以讓你活得更久，它們可能完全不相關，或是有第三因

素 X 造成這個結果。之所以會稱為 X，就是因為至少一開始它並沒有被辨識出來。可能有一系列被稱為「健康良知」的行為，懷抱這種良知的人會定期去看醫生，吃得健康並且勤做運動。這個第三因素 X，可能會讓他們規律攝取維他命，並活得較久；維他命在這個故事中可能是一個並不會讓人更長壽的人為產物（碰巧綜合維他命與較長壽命之間相關的證據是假的，如同第六章中所提到的）。

毫無疑問地，哈佛薪資調查的結果也試圖引導一般人認為，在哈佛受過教育就是新近畢業生高薪的理由。可能真是這樣，但也有可能是那些能上哈佛的人，從一開始就來自能支持子女教育的富裕家庭。因此無論他們到哪裡讀大學，都會獲得高薪的工作。童年社經狀況已被證明是與成年薪資相關的一項主要參數。相關並非因果關係。因果關係需要經過有精細控制的科學實驗之證實。

然而，真的存在偽造的關聯性——彼此之間沒有關係的事實被亂點鴛鴦譜，且沒有第三因素 X 把它們連結在一起。舉例來說，我們可以畫出過去四百年來全球均溫與世界上海盜數量的關係，然後提出海盜數量減少，是全球暖化所造成的這個結論。

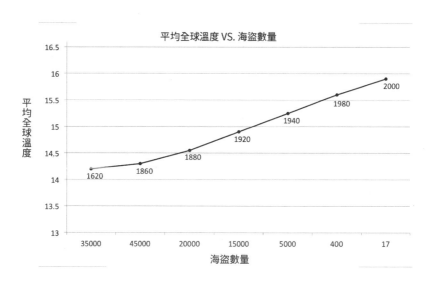

「葛伊斯相關性原則」（Gricean maxim of relevance）認為，若非有人覺得這

兩件事有關，不然不會有人建立這樣的圖表，但此處需要使用你的批判性思考。這張圖顯示兩者間有所關聯，但並非其中一者造成另一者。你可以編造一個隨機理論——海盜耐不住高溫，所以當海洋溫度變高，他們就另謀高就。這類例子證明了無法分辨相關和因果之間的差別，會有多麼荒謬。

相關性很容易跟因果關係搞混。通常會有第三因素 X 把兩個具相關性的觀察結果連結在一起。在海盜數量減少與全球暖化現象加劇互相關聯的例子中，因素 X 可能是工業化。工業化促成航空旅行與航空貨運的出現、更具防護力且更嚴備的船隻，以及更精良的安全警戒措施。海盜數量減少，是因為我們長距運送珍貴貨物的方式改變了，法律執行上也有所進步。而帶來這些發展的工業化，同時也帶來以二氧化碳為主的排放物以及溫室氣體增加，從而造成了氣候變遷。

我們大多數時候會取用相關性數據，是因為要進行對照實驗可能並不切實際或不道德。進行對照實驗是科學的黃金準則，要求依照實驗情況對「處理單位」（treatment unit）做隨機安排。要研究抽菸對肺癌的影響，「處理單位」就是人，而實驗條件是抽菸或不抽菸。要研究這個議題，唯一嚴格符合科學規定的方式，就是隨機安排一些人為抽菸組，強迫他們每天固定抽一定的香菸；而另一組則隨機安排一些人不抽菸。然後研究者只需等著檢視兩組中有多少人得到肺癌。

對照實驗按例是以實驗性藥物來操作，人們若認為藥物有助於治療他們的疾病，自然就會願意參加服用藥物的組別。但若這項實驗會帶來傷害的威脅，像是抽菸，那麼操作這項實驗就是不道德的。隨機分配背後的邏輯是：某些人可能比起另一些人，更容易在實驗中出現明顯效果，隨機分配能將他們平均分配在不同實驗組中。如我們所知，在煤坑工作或是居住在嚴重空汙區域的人，更有可能得到肺癌；如果這些人都位於吸菸組或被分配到非吸菸組，這就不會是個公平的測試。因此，研究者透過隨機分配研究對象，攤平在既存狀況、個性類別或其他會對結果造成偏見因素的任何可能影響。

從相關資料推導出因果關係相當具誘惑力，特別是無法進行對照實驗時。而想像出一個看似合理的潛在機制，這個誘惑又更大。將吸菸與得到肺癌的數據連結起來的是相關性；而其數據取自回溯性地檢視因肺癌過世的

人，追溯他們是否吸菸以及所吸的菸量。這個相關性並不完美，換句話說，並不是每個吸菸者都因肺癌過世，也不是每個死於肺癌者都是吸菸者。

有些吸菸者活得很久，而是因為其他因素過世；有許多人甚至持續抽到八、九十歲。有些肺癌患者是不抽菸的人，之所以罹患肺癌是因為基因或表觀遺傳因素、暴露於放射線中或其他因素。但是抽菸和肺癌間的相關性很強——90% 的肺癌患者都曾是吸菸者——科學家已辨認出一個可信的潛在機制：香菸中的有毒化學物質會傷害肺部組織。沒有人會以對照實驗證明抽菸會導致肺癌，但我們卻做出因果關係的判斷。瞭解這個差異是很重要的。

尋找第三因素 X

考慮另一種說法，這說法由科學家（暨老菸槍）漢斯・艾森克（Hans Eysenck）所捍衛。他認為，有一種特定的個性傾向會讓人選擇抽菸；這似乎很有道理。那麼，我們假設有一種基因與這種個性有關，也與得到肺癌的傾向有關。這種基因成為第三因素 X——它會增加人們吸菸的可能性，也會增加他們得到肺癌的風險。要注意，如果這是真的，這些人無論抽菸與否都會得到肺癌。不過因為是基因讓他們抽菸，我們永遠不會知道他們在不抽菸的情況下是否會得到肺癌。少有科學家認真看待這個觀點，但艾森克可能是對的。

這種第三因素 X 的解釋方式最後證實為真，其中一個例子是丹佛郊區高壓電線與兒童白血病罹患率之關係的故事。1980 年代，美國疾病管制中心開始關注到，在丹佛幾個特定郊區的兒童白血病發病率，與美國其他地區相比高出了好幾倍，於是開始一項調查。結果，研究者發現，白血病發病率最高的那幾個社區有很密集的高壓電線，而住宅離變電高壓電線越近，白血病的風險就越高。因此推測高壓電線的強力電磁場會干擾兒童的細胞膜，讓細胞更容易產生突變，進而造成癌症。

此處出現了相關性以及看似合理的潛在因果機制。這個機制是：高壓電線造成白血病罹患率。然而，在長達數年的電磁場調查下，結論卻是第三因素 X 造成大多數的白血病，讓白血病罹病率提高的，是孩子的社經情況。因

為電線是不體面的，且丹佛郊區大多數區域的電線都埋在地底，所以位在肉眼可見電線附近的房子房價較低。基於這個理由，那些住在可見電線附近的人，更可能來自社經系譜中較低的位置；他們的飲食較不健康，較難取得健康照護，且平均來說生活方式較不健康。居住於電線附近和白血病罹病率增加的相關性是真的，但一開始對於原因的解釋並不正確──是社經情況造成兩者的關係。

富含 omega-3 脂肪酸的魚油被發現能預防心血管疾病，已有超過十年的時間。美國心臟協會曾建議人們每週食用兩次魚類，同時服用魚油膠囊補充品。在鯡魚、沙丁魚、鮭魚和鯖魚之類油魚身上富含的 omega-3 長鏈脂肪酸，被認為是人類健康所必須，能減少發炎，也與改善情緒、認知能力和能量有關，更能強化心臟功能。雖然近來有部分研究對於魚油的效力有所懷疑，仍有大量證據指出其優點，也有許多醫生持續向病患推薦魚油。

然而在 2013 年夏天，一項新出版的研究發現，omega-3 與男性攝護腺癌風險增加有相關性。與未罹患此癌症的男性相比，那些被診斷出患有攝護腺癌的男性血液中出現油魚體內的化學物質濃度較高。而這方面血液濃度，與增加 43% 攝護腺癌的風險有關。當然，在一項相關研究中可能會有同時造成兩者的第三因素 X，但在這個案例中還未被辨識出來（報導這項發現的文章未多做著墨）。因此，對於是否還要持續對男性病患推薦魚油，醫生們意見分歧。

退一步來說，這個情況令人困惑。對該研究批評聲音最大的其中一位批評者馬克・黑曼（Mark Hyman）醫生，於此擁有潛在的利益衝突：他經營一間以測試人類血液中 omega-3 濃度來營利的實驗室，並營運一個販賣 omega-3 膠囊的網站。但這並不表示他是錯的。他提到這些數據是相關的，但是控制對照研究的結果並不是。他對血液樣本被分析的方式提出擔憂。事實上，這部分尚有許多未知，各種風險以及優點也都沒有進行足夠的量化，以至於第六章所提到的四格聯表分析雖然還是能進行，但卻不可靠。這導致儘管有相當堅實的證據顯示魚油能預防心臟病，但卻因為一項單獨的新研究指出魚油可能會增長攝護腺癌，而遭到懷疑。

為了找出醫生如何應對這則新聞，我與心臟病專科醫生、泌尿科癌症醫生以及內科醫生做過討論。心臟病專科醫師和泌尿癌症醫師一般來說各持己

見，心臟病專科醫師會建議服用魚油補充品，以預防相關疾病；至於泌尿癌症醫師則會建議不要服用，以免增加罹癌風險。這個決定的一種極端表達方式是：「要死於心臟病還是攝護腺癌？你自己選擇一個！」

加州大學舊金山分校的泌尿科癌症醫生 Katsuto Shinohara 在許多醫生中打破僵局。他指出：「不要對單一研究抱持太大信心，這才是謹慎的做法。」未來幾年內，無疑會有許多針對這單一研究的後續研究以及複製研究。他也認為，數十項研究中關於魚油預防性功能的證據，強過單一研究中所顯示的魚油風險。

然而，過去被診斷出攝護腺癌的人可能會特別小心。對他們（以及五十歲以上未診斷出此病的男性）來說，這種情況並沒有帶來明確的解決方案。如果一個人等到新的魚油研究出來後才做決定，在這段期間內也會經歷服用 omega 3 或不服用的風險。附帶一提，美國心臟協會也建議食用豆腐和大豆，因為它們對心血管有益；而部分研究顯示，大豆還能預防攝護腺癌。其他研究則顯示，大豆無法減少攝護腺癌的復發，這可能與年長男性心智靈敏度降低有關。

評估數字資訊是否合理：設定邊界條件

魚油問題面臨的是和雜物抽屜類似的決策過程——一個我們目前無法以我們所知資訊進行明確分類的決定。有時批判性思考會得到這結論：事實上沒有所謂的確定答案。然而，我們還是得做出一個選擇。

無論何時，當我們遇到以數字形式呈現的資訊，重要的是先進行一個快速的心智檢測，檢視其中牽涉到的數字是否合理。為了這麼做，你需熟知一些普世知識。我們每個人都有一個心智抽屜，裡頭裝滿關於美國人口、汽車正常行駛速度、減肥一般要花多久時間，或是正常女性懷孕孕程多長等零碎知識。而任何你沒記住的這類知識，只要花上幾毫秒的時間在網路上搜尋，就可以找出來。對數字資訊是否合理進行快速檢測，是批判性思考中最簡單也最重要的一部分。

如果有人說美國上次選舉有四億人投票，或說新款國民車的最高車速

可達每小時六百四十公里，或說可以靠果汁斷食法在兩天內瘦上一百一十公斤，你的普世知識和你與生俱來的計算能力，就該對這些數字的真實性舉起紅旗。

我們能教給我們孩子的一項最重要技能，就是具邏輯性且批判性地思考數字，並讓這類的質疑和確認成為習慣。這些技能的目標並非去檢視你所遇到的數字是否完全正確，而是去檢視其是否大略正確——也就是是否在合理範圍內。

有個在批判性思考文章中極少提到的快速方法，能評估數字資訊是否合理：設定邊界條件（boundary condition）。邊界條件描述的是可能答案的最低值和最高值的範圍。假設我問你俠客歐尼爾有多高，而你不知道答案。他高於一百二十公分嗎？嗯，他無疑一定超過。你可能會推論既然他是一個知名的 NBA 球員，而籃球員往往很高。他高於一百五十公分嗎？再一次這幾乎完全正確。那他矮於三百公分嗎？你可能會發現自己在記憶中進行搜尋；你從未聽過有任何人身高高於三百公分，所以是的，你可能會說，他矮於三百公分。

透過一次快速又不用那麼準確的邊界條件比對，我們可以設定出歐尼爾的身高界於一百五十公分到三百公分之間。如果你對 NBA 球員的身高有些瞭解，而且你對人類生理限制有點認知的話，你可能可以調整你的邊界條件，指出他的身高可能界於一百九十五公分到二百五十公分之間。設置邊界條件的藝術是：在維持你對答案的信心之同時，界線兩端盡可能接近。根據 NBA 的資料，俠客歐尼爾的身高是二百一十五公分。

設定邊界條件是科學和日常批判性思考的一個必要部分，對於做決定來說這至關重要。我們在毫不自知的情況下，其實都一直這樣做。如果你到雜貨店買了一袋雜貨，收銀台櫃員跟你說要付五美元，你不用加總購物袋中每件物品的單價，馬上就知道出了一些差錯。同樣地，如果她告訴你，總價是五百美元，你也知道出錯了。有效的估計能設定不那麼荒謬的邊界條件。根據你的消費習慣，你可能知道有 90% 的情況，你買一袋雜物通常花費是在三十五至四十五美元之間；如果總額是十五美元或七十五美元，你會感到很驚訝。因此我們會說，你買一袋雜貨金額的邊界條件是三十五至四十五美

元。科學家將之描述成你的 90%「信賴區間」（confidence interval），意即你90% 可以確信購物總額會落在這個區間之中。你的邊界條件越接近，對你的估算就越有幫助，這是無庸置疑的。

設定邊界條件，有部分需要使用你正確的普世知識，或是取得一些基準來幫助你的估計。如果你估計的是一名朋友的身高，你可以利用北美地區平均門框高度約為兩公尺的這個事實，估計這人相對於門框來說有多高。又或者，你也可憑著當你在和他說話時，你需要抬頭仰望或是低頭俯看他們的眼睛來做估計。如果你想估算一台汽車或公車的寬度或是房間的大小，想像你躺在裡頭——你能不蜷曲身體就躺下嗎？需要幾個你才能填滿這個空間呢？

概略就可以了

科學家提到數量級（order of magnitude）的估計，所謂數量級是指用十的倍數來衡量；換句話說，在第一次粗糙的估計中，我們試著判斷答案裡會有幾個零。假設我問你一杯咖啡中有幾茶匙的水。下面是幾種「十的倍數」的可能性。

a. 2

b. 20

c. 200

d. 2,000

e. 20,000

為了完整性，我們還可以使用分數來表示十的倍數：

f. 1/20

g. 1/200

h. 1/2,000

現在你可以快速排除那些以分數表示的選項。1/20 茶匙是非常小的數量，而 1/200 茶匙更小於前者。你可能也會輕鬆排除兩茶匙做為正確答案的可能性。那麼二十茶匙呢？你可能不那麼確定，你可能發現自己正試著在心裡將二十茶匙換算成其他更有用的測量單位，像是「杯」或「盎司」。讓我們先把這個擱在一旁，以本能為基礎，將計算及換算留待第二步。

重新整理一下：你確定杯中的水超過兩茶匙，但你不確定是多於或少於二十茶匙。那麼兩百茶匙呢？聽起來似乎很多，但再次強調，你不太確定。但很明顯地，兩千茶匙太多了。在上面列出的八種估計中，你很快過濾剩下當中兩個合理數字：二十茶匙和兩百茶匙。這著實很不尋常。這是一個你之前可能沒有考慮過的問題，透過一些推理及本能，你能將答案縮小到這兩個可能性中。

現在讓我們計算一下。如果你曾從事過烘焙，你可能會知道 1/8 杯等於兩茶匙，因此一杯咖啡中有 2×8 = 16 茶匙。真正的答案不是上方所列的任何一者，但是正確答案十六茶匙最靠近二十茶匙，而非其他。這個十的倍數概念，這個數量級的估計，讓我們在估計時不會受到不必要答案的牽絆。在這個思考實驗中，知道答案接近於二十而非接近於二或兩百，已經足夠有用。這就是數量級估計。

如果你不知道一個量杯有幾茶匙，你可能會想像一把茶匙和一個量杯，然後想像用茶匙勺幾次才能把杯子裝滿。並不是所有人都知道前面提到的這項事實，也不是每個人都能將這些數量量化，因此對很多人來說，這個程序可能到此為止。你可能會直接說答案可能是二十或兩百，但不確定是哪一個。你已經把答案縮減到兩個數量級，看來這個結果還不算太糟。

我們每天當中無意識地設定邊界條件好幾次。當你站上磅秤，你預期上頭的數字與昨天的數字差距在幾公斤之內。當你走出戶外時，你預期氣溫與你上次走出室外時相差不遠。當你家中的青少年告訴你從學校回來要花上四十分鐘，你知道這是否在合理的時間範圍內。重點是，你不需要計算你購物袋中的每項物品，才知道總額是否合理；你不需要使用碼錶，才能知道你的通勤時間是否比平常久或短。我們聚攏數字、估計數字、調整數字，以此快速理解我們所觀察到的是否合理，而這是一項關鍵工作。

Google 的面試題：帝國大廈有多重？

在對數字進行批判性思考時所使用的工具中最重要的一項，就是要允許自己就所遇到的數學問題提出錯誤的答案。刻意為誤的答案！工程師以及科學家總是這麼做，所以沒理由我們不該知道他們的小祕密：估計的藝術，或所謂「餐巾紙背面」的計算。這種故意為誤的答案，足以讓你靠近正確答案，讓你在短暫時間內做出決定。如同英國作家薩基所寫：「少許不準確，能節省大量解釋。」

過去十年來，當 Google 進行工作面試時，它們會問申請者沒有答案的問題。Google 這間公司的存在仰賴創新——仰賴發明嶄新且之前並不存在的事物，仰賴修正現存概念及科技，讓顧客進行之前做不到的事。這與大多數公司進行面試大相逕庭，大部分公司在面試時，會想知道你是否能確實完成他們期盼你的任務。

在餐廳中，必須的技能可能是切蔬菜或製作湯底。在會計公司中，可能是瞭解稅法以及能正確填寫稅務表格。但是 Google 甚至不知道它們需要新員工擁有哪些技能。他們更想知道的是，這名員工是否能自己思考問題。從頂尖大學諸如電腦科學、電子工程、經濟或商業等領域畢業的學生，知道如何應用他們所學，也知道如何尋找所需的資訊。但是相對來說，很少人能進行有效的思考和推論。

思考下面這個曾真實出現在 Google 面試中的問題：帝國大廈的重量為何？

這個問題從任何一個實際角度來看都沒有正確答案，因為沒有人知道答案。有太多變因和未知存在，而這個問題也很難處理。然而 Google 對答案並不感興趣，他們感興趣的是過程，是準員工會如何解答這個問題。他們想看到一個推論詳盡且合理的問題處理方式，用以瞭解這個應徵者的心智如何運作，他的組織能力如何。

面對這個問題有四種常見的回應。有人會舉雙手投降說「這不可能算出來的」，或是試著在某處找到答案。雖然這個問題的答案現在已可在網路上查到（這問題已成為資訊科學社群的一個出名案例），但 Google 想聘用的是能以過

去不曾出現過的答案來回答這問題的員工；這需要一種系統化思考的心智能力。幸運的是，這種思考能力是可以學習的，而非一般人無法企及的。喬治·波利亞（George Polya）在他影響力深遠的著作《怎樣解題》（How to Solve It）中，展示了一般人要如何在沒受過特別的數學訓練下解出複雜的數學題。這種技能也適用於這種瘋狂未知的問題。

第三種回應呢？要求給予更多資訊。當你問「帝國大廈的重量」時，你指的是包含家具還是不包含家具的重量呢？包不包含其他設備呢？要把人也算進去嗎？但是這類問題是一種干擾；因為它們無法讓你更靠近解決問題的方法，反而只會延遲你開始解題的時機，很快地你就會回到起點，思考自己究竟該如何解決這類問題。

第四種反應是正確的，使用估計或是某些人稱為「瞎猜的估計」（guesstimating）的方式。這類問題也被稱為估算題或是費米問題，以物理學家費米（Enrico Fermi）的名字命名。費米本人以在面對似乎無法回答的問題，或者只有很少或沒有確切資訊的情況下，進行估計而聞名。費米問題的幾個知名案例包括「要多少顆籃球才裝得滿一台公車？」「要幾塊瑞思花生醬巧克力才能環繞赤道一圈？」，或是「在芝加哥有幾位鋼琴調音師？」等。估算，需要有系統地將將問題切割成幾個可處理的區塊，然後進行一系列根據經驗而來的判斷，以此辨別各種推測的可行性，並運用你的普世知識去填空。

芝加哥有多少名鋼琴調音師？

該如何解答「芝加哥有多少名鋼琴調音師」這問題？ Google 想知道的是，人們如何理解這個問題——他們如何有系統地區辨已知事物和未知事物。要記住，你不能打電話給芝加哥調音師協會詢問正確數字，而是必須透過自己腦中已知的事實（或合理的猜想）來找出答案。

將問題分解成幾個你能處理的單位，會是有趣的出發點。但是該從何處下手呢？如同處理許多費米問題一般，估計中間量（intermediate quantity）通常會有些幫助，也就是，先算出能幫助你抵達目的地的過程中會遇到的東西，而不是直接估算被要求得出答案的事項。在這個案例中，你可以從芝加哥的

鋼琴數著手，然後再算出要幫這麼多鋼琴調音需要多少位調音師，這樣一來就會變得比較容易。

在任何費米問題中，我們首先會列出我們需要知道的事情，然後列出一些假設。要解決這個問題，你可以先從估計下面這些數字開始：

1. 鋼琴多久需要調音一次（一台鋼琴一年需調音幾次？）
2. 調音一次要花多久時間？
3. 一名調音師每年工作幾小時？
4. 芝加哥的鋼琴數目？

知道上面這些事實能幫你找出答案。如果你知道鋼琴多久調音一次，而一次調音又花上多少時間，你就知道幫一台鋼琴調音要花上多少小時。然後你把該時數乘上芝加哥所有鋼琴總數，就能得出芝加哥每年花在鋼琴調音上的時數。把該時數除以每名調音師的工時，就能得出調音師的數目。

假設 1：一般鋼琴一年調一次音。

這個數字從何而來？是我編出來的！但這就是估計時會做的事。這個數字無疑位於數量級當中：一般鋼琴不會十年只調一次音，也不會一年調十次音。有些鋼琴會一年調四次音，有些連一次都沒有，因此一年調一次音是個合理的猜測。

假設 2：幫一台鋼琴調音需要兩小時。這也是一個猜測。可能只需一小時，但是兩小時還在一個數量級中，所以不算太差。

假設 3：一般調音師每年工作幾小時？讓我們假設他一週工作四十小時，然後每年休兩週。每週兩千小時工時（四十小時乘以五十週）是標準工時。調音師因為工作需要四處旅行，畢竟人們無法把他們的鋼琴送去調音師那裡，所以鋼琴調音師可能會花 10% 至

20% 的工時在交通上。先記住這點，這在最後會用得到。

假設 4：要估計芝加哥有幾台鋼琴，你可能會猜每一百人就有一人
擁有一台鋼琴，再一次，這只是個大略猜測，但你仍然可
能位於數量級中。此外，有些學校和機構也擁有鋼琴，
還有人擁有的鋼琴不只一台。一所音樂學校可能有三十台
鋼琴，還有老人院、酒吧等單位。這個估計要根據事實並
不容易，不過我們假設這數字大略與私家擁用的鋼琴數相
等。所以我們得出每一百人會有兩台鋼琴。

現在來估計芝加哥的人口數。如果你不知道這問題的答案，那你至少可
能會知道它是全美第三大城，僅次於紐約（八百萬人）和洛杉磯（四百萬人）。
好吧，那我們猜芝加哥有兩百五十萬人，這表示共有兩萬五千人擁有鋼琴。
不過，我們想把機關用鋼琴也涵蓋在內，所以結果要乘以兩倍，結果是共有
五萬台鋼琴。

以下列出我們估計出的數字：

1. 芝加哥有兩百五十萬人
2. 每一百人有一人擁有鋼琴
3. 每一百人中有一台機構用鋼琴
4. 因此，每一百人擁有兩台鋼琴
5. 所以，在芝加哥有五萬台鋼琴
6. 每台鋼琴每年需調音一次
7. 每幫一台鋼琴調音需要花上兩小時
8. 調音師一年工作兩千小時
9. 每一年，每名調音師可以為一千台鋼琴調音（每年兩千小時除以每
   台鋼琴兩小時）
10. 要幫五萬台鋼琴調音，需要五十名調音師（五萬台鋼琴除以每名調
    音師調音的一千台鋼琴）

11. 為該數字加上 15%，以代表通勤時間，這表示芝加哥大約有
　　五十八名鋼琴調音師

　　正確答案為何？芝加哥黃頁上列出八十三名。這包含了重覆出現的號碼（一家公司若有不只一隻電話號碼會被列出兩次），而該類別也把鋼琴調音師和其他並非調音師的樂器專家列在一起。減去二十五個這類異常來源，我們估計出來的五十八名調音師非常接近這個數字。就算不減去異常數字，這數字仍位在數量級當中（因為答案不是六或六百）。

重點是你的推理方式

　　回到 Google 面試時的帝國大廈問題。如果你坐在面試官前，而他會請你大聲說出你的思考，並且帶他走過一遍你的思路。解決這問題可能有無窮盡的方法，但要讓自己表現得像是一個聰明、有創意以及具系統化思考能力的思考者，此處有一個可能的「答案」。要記住，最後的數字不是重點——思考過程、整套假設以及你的思路，才是所謂的答案。

　　讓我們來看這個問題。其中一個思考方式是先估計帝國大廈的尺寸，然後依據尺寸估計其重量。我會從一些假設開始。先計算該建築本體的重量，假設裡頭沒有住人、沒有家具、沒有器具及任何設備；同時我假設該建築有一個方型地基和垂直側壁，此外頂端沒有尖頂，以簡化計算。

　　若要估計尺寸，我需要知道高度、長度和寬度。雖然我不知道帝國大廈有多高，但我知道它一定高於二十層樓，但低於兩百層樓。我不知道一層樓有多高，但我從曾去過的辦公大樓得知，每層樓的天花板至少有八英呎高，且一般還會有隱藏式屋頂隔板來藏住電線、水管和暖氣管線等。我猜測這些隱藏式隔板大約兩英呎高，所以每層樓可能有十至十五英呎高。我試著調整我的高度估計，假設這棟建築可能超過五十層樓，因為我曾去過許多三十至三十五層樓高的建築。因此，我的邊界條件界在五十至一百層樓之間。如此一來，五十層樓高度大約在五百至七百五十英呎間（每層樓十至十五英呎），而一百層樓的高度就會落在一千至一千五百英呎之間。因此我估計高度會在

五百至一千五百英呎間。為了讓計算更為容易，我取其平均值，也就是一千英呎。

接著是估計面積。我不知道其基座有多大，但應該不會大過一個街區的範圍，我記得自己曾學過，一般來說一英哩有十個街區。一英哩是五千兩百八十英呎，所以一個城市街區是該數字的十分之一，也就是五百二十八英呎。我會取五百英呎來讓計算變得更容易。我猜測帝國大廈每邊有半個街區寬，也就是大約兩百六十五英呎寬。如果這個建築是方形的，它的長乘寬就是兩百六十五英呎乘以兩百六十五英呎。我無法在腦中算出答案，但我知道如何計算兩百五十乘以兩百五十（25×25 = 625，然後我加上兩個零，得出六萬兩千五百）。我會取大略值六萬，好讓這個數字便於後續計算。

現在我們有它的大小了。從這裡開始，有好幾個方式可以用來計算最後答案，全都仰賴這棟建築大部分是空的這項事實；意即這棟建築是中空的。這棟建築的重量絕大部分來自牆面、地板以及天花板。我想像這棟建築是由鋼鐵所製成（牆面），而地板則是鋼鐵及水泥組合而成。我並不確定，但我知道它八成不是由木頭製成的。這棟建築的體積是它的底面積乘上高度。我上面已估計過底面積是六萬平方英呎，而我估計高度是一千英呎。六萬乘以一千，結果是六千萬立方英呎。我計算時故意忽略越上層越呈錐狀的這個事實。

接下來，我要估計牆壁和地板的厚度，並估計每一立方呎的材料重量為何，如此估計出每一層樓的重量。又或者，我可以設定這棟樓體積的邊界條件；也就是說，我可以說它比同樣體積的固態空氣要重，而比同樣體積的固態鋼鐵要輕（因為它大部分是空的）。前者似乎要做許多計算，後者則不令人滿意，因為它算出的數字差距可能非常大。此處有個綜合選項：我會假設每一樓層有95%的體積是空氣，而有5%是鋼鐵。我只是憑空做出這個估計的，但這似乎很合理。如果一層樓的寬度大約兩百六十五英呎，兩百六十五的5%約為十三英呎。這表示每一側的牆面加上內部的支撐牆面，總共約十三英呎。如同數量級所估計的，全部牆面不會只有一點三英呎（小一級數量級），也不會是一百三十英呎（大一級數量級）。

我碰巧記得以前在學校學過一立方英呎的空氣重零點零八磅，我就抓零

點一好了。很明顯地這棟建築並非全都是空氣，但有很大一部分是，實際上整個內部空間都是如此，而這讓我設定了重量的最低界線。體積乘上空氣的重量，也就是六千萬立方英呎乘以零點一磅，等於六百萬磅。

我不知道一立方英呎的鋼鐵有多重。但我可以根據一些比較來進行估計。對我來說，一立方英呎的鋼鐵，一定比一立方英呎的木頭來得重。我也不知道一立方英呎的木頭有多重，但是當我堆疊柴火時，我知道一把抱的木頭重量大約和一袋五十磅的狗食差不多重。所以我猜測一立方英呎的木頭大約五十磅重，而鋼鐵大概是這個的十倍重。如果整個帝國大廈都是鋼鐵製造的，它的重量就會是六千萬立方英呎乘以五百磅，等於三百億磅。

這給了我兩個邊界條件：如果這棟建築全都是空氣，就是六百萬磅；而如果全都是固態鋼鐵，則是三百億磅重。但就如同我所說的，我的假設是5%的鋼鐵和95%的空氣。

$$5\% \times 300\ 億磅 = \quad 15\ 億磅$$
$$+\ 95\% \times 600\ 萬磅 = 570\ 萬磅$$
$$\overline{\qquad\qquad\qquad\qquad 15\ 億\ 570\ 萬磅}$$

或是大略來說，十五億磅。換算成噸的話，一噸等於二千磅，所以十五億噸除以二千，得出七十五萬噸。

這名虛構的面試者陳述了他每個階段的假設，建立了邊界條件，最後得出估計值是七十五萬噸。做得好！

另一名面試者可能會以更簡單的方式來處理這個問題。使用同樣的假設算出建築的尺寸，然後假設建築是空的，最後歸結出下面這個簡潔方案。

摩天大樓是由鋼鐵製造而成的。想像帝國大廈裡全都裝滿汽車。汽車裡頭也有很多空氣，而它們也是鋼鐵製成的，所以它們能成為絕佳媒介。我知道一台汽車大約兩噸重，大約十五英呎長、五英呎寬、五英呎高。而大廈的地板，如同上面所估計的，大約每塊是長度是

兩百六十五英呎，寬度也是兩百六十五英呎。如果我一台挨著一台地把汽車排在地板上，一排可以排十八台汽車（265/15 = 18），四捨五入取得二十（猜測的好處之一）。那一個平面總共可以排幾排呢？一輛車約五英呎寬，建築本身是二百六十五英呎寬，所以是五十三（265/5 = 53），四捨五入取五十好了。也就是每層樓有二十台車乘以五十排，總共可以放入一千台車。每一層樓約有十英呎高，汽車本身則高五英呎，所以從平面疊到屋頂需兩台車。因此得出每層樓可以放兩千台車（2×1000 = 2000）。而兩千台車乘上一百層樓，得出總共可以放二十萬台車。現在計算它們的總重量：兩十萬台車乘上一台車兩噸重，得出答案為四十萬噸。

這兩種方式得出相當接近的估計值——其中一個比另一個的兩倍要少一些——因此幫我們進行了一項重要的心智檢查。第一種算法給出七十五萬噸的答案，第二種算法則給出近五十萬噸的答案。由於這題目已成為一個有名的問題（且是 Google 上熱門搜尋關鍵字），紐約州運輸部也提供了它們的重量估計值，結果是三十六萬五千噸。所以我們發現，這兩種猜測所得到的結果都位於官方估計的數量級中，這正是出題者期待看到的結果。

有技巧的估計能給出實用的答案

這些方法沒有一個能真正算出該建築的重量。但請記住，重點不是要算出確切的數字，而是想出一套推理方式，一種計算方法。我們想要教資訊科學研究生的就只有下面這個：如何創造出能解決前所未見問題的演算法？要讓這一捲電話線延伸到市區需要多少容量？一條即將新建地鐵的乘客量會是多少？如果發生水災，會有多少水溢入這個社區，要花上多久時間土壤才能將水完全吸收？這些都是沒有已知答案的問題，但是有技巧的估算能給出非常實用的答案。

一間知名《財富》雜誌五百強的公司主席，提出下面這個解決方案。雖然他沒有嚴格遵守問題的規則，但無論如何都是非常聰明的方法：

我會找出在財務上資助帝國大廈建造的（各間）公司，然後要求查看材料進貨單……亦即被送到工地的每一項材料的清單。假設當中有 10% 至 15% 的消耗，接著便能透過送來的材料重量，估計建築的重量。事實上，更準確的方式可能是下面這個：記住每輛載貨於高速公路上行駛的卡車都需要過磅，因為卡車公司根據這些卡車的重量支付道路局使用稅。你可以查看這些卡車的重量，然後就能擁有所需的所有資訊了。建築的重量是所有送來建造大樓的材料的重量總和。

真的會有你需要知道帝國大廈重量的狀況嗎？是的。如果你想興建一條行經帝國大廈下方的地鐵，你就會想知道該建築的重量，這樣才能正確支撐地鐵車站的屋頂。如果你想為該建築頂端添加一根重量頗重的天線，你會需要知道整棟建築的重量，以計算基座是否足以支撐額外的重量。但是實用的考量並不是重點。在一個知識快速增加、數據累積無法想像並且科技進步快速的世界中，新科技的建造者需要知道如何解決看似無法解決的問題，如何把這些問題分割成較小的幾個問題。帝國大廈問題是一扇窗口，讓人們窺看一名有創意、以科技為出發點的人，他們的心智如何運作，這題目可能比起學校成績或是智力測驗分數，更能預測這類工作的成功。

除了寫字之外，你可以用鉛筆做什麼？

這些所謂的「信封背面」問題的估算問題，只是評估創造力的一個窗口。另一項不需仰賴計算就能評估想像力和彈性思考的測驗，是「盡可能列出許多用法」的測驗。舉例來說，你可以想出一根掃帚柄有多少種用法呢？一顆檸檬呢？這些都是從小就可以培養的技能。大多數的工作都需要某種程度的創造力和彈性思考。在培養商業航空機師的飛行學校入學考試中，就使用了「盡可能列出許多用法」的測驗，因為機師需要在緊急狀況下快速反應，當系統故障時要能想出替代方案。如果滅火器故障，你要如何撲滅機艙中的火？如果液壓系統壞了，你要如何控制電梯？操練大腦中的這個部位，需要

利用自由聯想的力量——大腦的白日夢模式——來進行解決問題的服務，你會想聘請在陷入困境時能這麼做的機師。

小說家黛安·艾克曼（Diane Ackerman）在她的著作《愛的百種名字》（*Hundred Names for Love*）中描述了她與丈夫保羅進行的一次這種遊戲：

除了寫字之外，你可以用鉛筆做什麼？

我開始說：「打鼓。指揮交響樂團。施魔法。捲毛線。用來當作羅盤指針。玩抽竹籤遊戲。用一隻眼睛盯著看。固定披肩。把頭髮固定在頭上。用來當做小人國船隻的桅杆。射飛鏢。製作日晷。在打火石上垂直旋繞來生火。與一條皮帶一起使用，製造彈弓。點火當做蠟燭使用。測試油碗深度。清管路。攪拌顏料。用在通靈板上。在砂地上鑿出一條通道。用來捲麵團製作派皮。用來聚攏一珠珠水銀。當做陀螺的軸心。清潔窗戶。為你的鸚鵡提供棲木……我把這支鉛筆接力給你……」

「用來當做模型飛機的翼梁，」保羅接著說。「測量距離。刺破氣球。當做旗桿。用來把領帶捲起。把火藥填進步槍中。測試糖果內包的餡料……弄碎鉛筆，拿裡頭的鉛來做毒藥。」

這種思考方式可以教導、練習，可以從孩童五歲起就開始培養。在面對無可言說的未知和科技主導的世界，這是一項日趨重要的技能。沒有正確答案，只有各種機會。讓我們運用創造力、新連結，並允許奇思異想和實驗，成為我們思考的一個正常習慣，這能帶來更佳的問題解決能力。

教育我們的孩子成為終身學習者，永保好奇和探究之心，這很重要。同樣重要的還包括灌輸孩子遊戲的心情，讓他們知道思考不是那麼嚴肅的事，思考可以很有趣。這包括要給他們犯錯的機會，去探索出乎常規之外的新想法和新概念的自由——在解決今日世界所面臨的部分最大問題上，多元思考越來越重要。波士頓愛樂指揮班哲明·詹德（Benjamin Zander）教育年輕音樂家時說，自我批評是創意的最大敵人：「當你犯錯時，要對自己說『真有趣！』一次錯誤就是一次學習的機會！」

你要從何處取得資訊？

如同許多概念所述，「資訊」對於數學家和科學家來說，具有某種特殊及特定的意義：任何能減少不確定性的事情都是資訊；換句話說，只要出現一種模式、一種非隨機序列，資訊就存在。當有越多資訊，這個序列就越有結構、越能格式化。資訊有各種不同來源，像是報紙、與友人的對話、樹木年輪、DNA、地圖、遠處星光以及森林中野生動物的足跡等。光是擁有資訊還不夠。如同美國圖書館協會具先見之明地在 1989 年的報告《資訊識讀總統委員會》中所提出的結論，應該要教導學生在瞭解、辨認、尋找、評估、組織和使用資訊上，扮演主動角色。回想一下《紐約時報》編輯克勒所說的——重要的不是你所擁有的資訊，而是你如何處理資訊。

知道一件事需要兩個面向：不去懷疑，以及那件事為真。「宗教狂熱者『知道的』不比我們科學家少，」康納曼表示。「問題在於『我們是如何知道的？』我相信科學的一點，在於因為那些我認識、我也相信的人告訴我這些事情。但如果我喜歡並相信其他事情，我會相信並『知道』其他事情。『知道』是其他替代信仰缺席的表示。」這是何以教育和接觸多種不同概念極為重要的緣故。在信仰的其他替代選項存在的情況下，關於何者為真，我們可以做出有依據且根據證據的選擇。

我們可以教導我們的孩子，要更能理解其他人或其他觀點。今日這個世界面臨的最大問題，包括饑荒、貧窮和敵意，都需要不認識彼此（從歷史上來看甚至彼此無法信任）的人們之間細膩的合作。想想成為一個令人愉悅的人對於健康的種種益處，這並不代表在面臨有害和明顯錯誤的觀點上要表現得友善；而是要保持開放的心胸，並能從其他人的觀點看事情。

網路這偉大的平衡裝置，事實上讓問題變得比起過去更加棘手。大部分的人都知道，絕大多數搜尋引擎會追溯你的搜尋歷史，它們利用「自動完成」的資訊，讓你下次搜尋時不用再打出整個搜尋字串。它們還把這項功能使用在兩個額外的方式上。第一，尋找目標廣告（這是為什麼你上網尋找新鞋後，下回你登入臉書時就會跳出鞋子廣告）；另一個則是改善每位個別使用者的搜尋結果。也就是在你搜尋了某個特定事物後，搜尋引擎會追蹤你最終停在哪裡並

點入閱讀，這樣下回它們會把這項連結放在頁面較上面位置，避免你下回做類似搜尋浪費時間。

現在試想看看，如果你不是只使用搜尋引擎幾天或幾個星期而已，而是使用了二十年，你的搜尋結果想必會越發精煉而變得更加個人化。結果是，你在網路上更可能得到的是那些支持你的世界觀，而非那些可能會挑戰你觀點的結果。儘管你保持開放心胸並且願意思考替代想法，搜尋引擎卻將你實際能看到的範圍窄化了。這可能是無意造成的結果，但在這樣一個全球合作和瞭解相形之下越來越重要的世界中，卻讓我們感到憂心。

我們有三種學習資訊的方式——可以暗中內化吸收，可以被明確告知，又或者可以自己發現。內化學習，如同透過浸淫在一種新語言的環境中來學習，通常是最有效的。在課堂上或是工作場所中，大多數的資訊都是由後兩者之一的方式傳遞——明確告訴我們，或是我們自己發掘。

過去二十年來，針對學習的科學研究已經顯示，如果我們是自己發掘事物而非被告知，我們會記得更牢也更久。這是物理學教授凱薩琳·克羅曲（Catherine Crouch）和艾瑞克·馬祖爾（Eric Mazur）在著作《同儕教導法》（*Peer Instrnction*）中描繪的翻轉教室的基礎。在他哈佛的課堂中，馬祖爾並不講課；相反地，他以學生的回家閱讀作業為基礎，向學生提出困難問題，這要求學生將他們讀到的資訊組合起來，以解決問題。馬祖爾並沒有給學生答案，而是將學生分成小組，讓他們分組討論問題。最後，幾乎全班每個人都得到了正確答案，而這些概念會深植在他們心中，因為這是他們自己推理出來的解答。

藝術領域也發生類似的事。舉例來說，當讀到文采飛揚的文學小說，我們的前額葉會開始補足角色個性的各個面向，藉此預測他們的行動，簡而言之，我們成為塑造故事的主動參與者。閱讀讓我們的大腦有時間這麼做，因為我們可以依照自己的步調前進。我們都曾經驗過，閱讀一本小說時會在某些段落慢下來，沉思剛剛讀到的東西，我們思緒游盪，反芻整個故事。這是白日夢模式的行動（與中央執行模式相反），這麼做是很健康的。記住，這是大腦的「預設」模式。

閱讀文學小說，能增加對他人的共感力

相反地，有時娛樂呈現在我們面前時過於快速，讓我們的大腦沒時間專心進行思考和預測。有些電視節目和電動遊戲確實如此。它捕捉我們表層的注意力，使用的是感官皮質而非前額葉皮質。但如果只在意媒介而做出「書本很好，電影很糟」這樣的結論，那就大錯特錯了。許多非文學或流行小說以及非小說性的書籍，就算讓我們依照自己的步調前進，卻缺乏文學小說中的細緻和複雜，而是直接呈現資訊。第四章提過的研究發現：閱讀文學小說而非流行小說或非小說文類，能增加讀者的同理心和對其他人的情感理解。

一項針對兒童電視節目的研究也發現一個驚人的類似特點。維吉尼亞大學的安潔琳‧利拉德（Angeline Lillard）和珍妮佛‧彼得森（Jennifer Peterson），讓四歲兒童分別觀看九分鐘的海綿寶寶卡通（快步調）、慢步調的公視卡通卡利歐，或是自己畫畫五分鐘。結果發現，快步調的卡通節目對於兒童的執行功能產生負面影響；所謂的執行功能，是前額葉皮質處理程序的集合，包括目標導向行動、注意力集中、工作記憶、解決問題、衝動控制、自我規訓以及延遲滿足等程序。研究指出，造成影響的不僅是快步調本身，還有「美妙情節的突擊」（onslaught of fantastical event），即那些讓人感到新奇又不熟悉的事件。解讀這類資訊特別會增加認知系統的負荷，因此海綿寶寶這類節目的快步調，並沒有給兒童時間去吸收新資訊，反而強化一種不去仔細思考，或不使用自己的邏輯去思索新概念的認知風格。

如同許多心理學研究，此項研究存在著重要且需留心的警示。首先，研究者在測驗之前並未測試這三組兒童的注意能力（但他們確實使用了隨機分配方式，讓任何一種實驗前的注意力差別平均分配到不同實驗組中）。第二，海綿寶寶是為六到十一歲兒童設計的節目，所以對四歲兒童的影響可能僅限於該年齡層；這項研究並未就卡通對其他年齡層的影響進行探究。最後，參與者是一群同質性異常高的團體，絕大部分是大學社區中招募到的白人、中上階層家庭子女，因此這項發現可能無法概括所有兒童。

但無論如何，此間想要傳達的有趣訊息是，閱讀高品質的小說以及文學性非小說，或許還加上聽音樂、觀賞藝術作品以及欣賞舞蹈表演，能帶來兩

種令人滿意的結果：增加人際間的同理心以及更佳的執行注意力。

網路時代要知道如何找尋資料，並分辨真假

在今日這個網路時代，重要的不是你是否知道某件特定事實，而是你是否知道如何找尋這項資料，並且分辨答案是否合理。網路上什麼東西都有：陰謀論者說麥當勞是一項跨國邪惡計畫的一部分，想要摧毀社會安全，將權力交到一批自由派菁英手中，而外星人就在我們之間。但在現實世界中，事實就是事實：哥倫布是在 1492 年開啟航海計畫，不是 1776 年。紅光的波長比藍光長。阿斯匹靈可能會造成胃痛，但不會造成自閉症。事實是重要的，追蹤事實的來源變得越來越容易之際，也變得越來越困難。

在舊日沒有網路的時代中，你走進圖書館查詢你想要的資訊。那裡可能只有一些文獻資料，或是一則由著名學者書寫的百科全書欄目，或是一些經同儕審查的論文，來供你查證事實。找到你的證據後，你就能輕鬆休息。你必須自己找出哪些是社會邊緣意見或是完全錯誤的意見。但現在有數以千計的意見，遇到正確意見的機會不會比遇到錯誤意見的機會高。如同俗諺所云，只有一支手錶的人永遠知道現在是幾點；有兩支手錶的人永遠不確定現在幾點。我們對於我們所知和未知越來越不確定。比起歷史上的任何時候，我們每一個人都更應該負起責任去辨別我們所遇到的資訊，去測試它、評估它，這至為重要。這是我們必須要教導下一世代世界公民的技能——能清晰、完整、批判又具創意地去思考的能力。

第九章

雜物抽屜的力量：保持分類的彈性

EVERYTHING ELSE
The Utility of the Junk Drawer

　　對許多人來說，組織化代表「有個地方可以放所有東西，所有東西都井然有序」。這是在家中和辦公室以及其他地方整理檔案、工具或物件的一項重要原則。但是對於我們的組織系統和基礎設施來說，同樣重要的是允許模糊的分類，來安置那些無法被歸類的東西——那些檔案系統中雜七雜八的檔案或是你廚房中的雜物抽屜。如同道·梅瑞爾（Doug Merrill）所說，組織化給予我們一些沒有條理的自由。

　　一個典型的美國廚房雜物抽屜裡會有原子筆、火柴、紙張，或許還會有榔頭、筷子、捲尺和畫鉤。在實務上，由於設計上的限制，讓能裝載一切雜物的雜物抽屜存在有其必要性：你不會為了有一個小抽屜或小空間特別放置筷子，然後另一塊空間專門放火柴，就重新設計廚房。雜物抽屜是在你有時間整理東西前，先把東西集中在一處的地方，或是一個因為沒有收納這些東西的更好地方，就把東西放置於此的地方。如果你可以靜下來觀察種種細節，有時候看起來一團亂的地方，實際上不需要重新進行整理。

　　如同我在整本書中反覆強調的，組織化的最基本原則（即避免遺忘或丟失事物最關鍵的一條原則）就是：把組織化的重擔從我們大腦轉移到外在世界。如果我們可以把大腦中部分或所有程序都取出來，將它實踐在實體世界中，我們就比較不會犯錯。組織化心智讓你能完成的事比單單只是避免錯誤還多。它能讓你達成你可能沒有想像過的目標，到達你可能沒想像過的目的

地。將資訊具體化，並不總是把資訊寫下來，或是編碼進某些外部媒介中而已。通常它已經幫你完成了。你只必須瞭解該如何閱讀這些徵兆。

高速公路命名系統與週期表

美國州際高速公路系統是在艾森豪總統任期時開辦的，於 1956 年動工。今日它由近八萬公里的公路所組成。州際公路的編號依照一套簡單規則，如果你知道這些規則，要辨認出自己的位置就變得更容易（也更不會迷路），這是因為它把資訊從你的記憶中卸除，並將它放入一個現實世界中的規則系統中；換句話說，你不需要記住一套看似任意的事實，像是「五號公路走南北向」或是「二十號公路在國土南部走東西向」。相反地，你學會一套能應用在所有這些數字上的規則，然後這些數字就會告訴你這些公路的行進方向：

1. 號碼在 100 以下的一及兩位數公路數字，代表跨越州際線的主要道路（如 1、5、70、93）。
2. 偶數是東西向的公路，奇數是南北向的公路。
3. 偶數公路數字由南到北增加；奇數公路數字由西向東增加。
4. 公路號碼為 5 的倍數的公路，是長距離的主要幹道。舉例來說，I-5是最西邊的主要幹道，連結加拿大與墨西哥之間的南北交通；I-95是最東邊的主要幹道，連結加拿大與佛羅里達之間的南北交通。I-10 是最南邊的主要幹道，連結加州與佛羅里達之間的東西交通；而 I-90 是最北邊的主要幹道，連結華盛頓州到紐約州之間的東西交通。
5. 三位數的公路號碼代表的是城市內或周邊的環狀線或替代道路。如果第一位數字是偶數，就是一條從主要道路分出、穿過或延著城市而行，最後會接回主要道路的公路。如果第一位數字是奇數，就是進入或開出城市，不會再與主要道路相接的公路（如果你害怕迷路，第一位數字為偶數的替代道路永遠是較安全的選擇）。一般來說，第二位以及第三位數字指的是這條三位數公路所服務的主

要州際公路。舉例來說，如果你在北加州，你發現你自己開在一條叫做 I-580 的公路上，你可以推斷出下面這些事實：

這是 80 號公路的替代道路
這是東西向公路 (偶數)
這是開進城市的公路 (第一位數字為奇數)，不會再接回 80 號公路

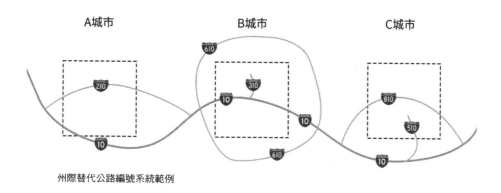

州際替代公路編號系統範例

在紐約州，I-87 是主要的南北向公路。它不是 5 號公路的並聯道路，所以不是與附近平行的 95 號公路一樣的主要道路。在靠近阿巴尼處，分支出去的 I-787 接回了 I-87，帶領駕駛人回到城市。這套規則系統有些難記，但它具有邏輯性及結構性，也好過記住這個國家所有不同公路的方向及性質。

元素週期表讓潛藏於世間、可能會被遺漏的元素關係以及特定特性變得明顯。從左至右，元素依照原子序 (原子核當中質子的數量) 的增加而排列。有同樣核心或核電荷的元素 (由最外層電子數目決定) 會出現在同一列而擁有類似的特性；從上到下，電子數持續增加。每一排由左到右，元素每增加一個質子和一個電子，金屬特性就越來越少。有類似物理特性的元素往往會被分在同一組，金屬位於左下角，而非金屬位於右上角；擁有中介特質的元素 (像半導體) 則位在中間。

建構元素表出現一些未預期到卻令人興奮的結果，當中一項就是當科學家將元素擺放進這個架構中，會發現有些時候在「每個元素比左邊元素多一個質子，比右邊元素少一個質子」的規則下，某些位置出現了鴻溝，沒有已

知元素符合這個描述。這引導科學家去尋找失蹤的元素。在每一個案例中他們都找到了，無論是在自然中或是透過實驗室合成。

週期 ↓族 →族	1	2	3	4	5	6	7	8	9	10	11	12	13	14	15	16	17	18
1	1 H																	2 He
2	3 Li	4 Be											5 B	6 C	7 N	8 O	9 F	10 Ne
3	11 Na	12 Mg											13 Al	14 Si	15 P	16 S	17 Cl	18 Ar
4	19 K	20 Ca	21 Sc	22 Ti	23 V	24 Cr	25 Mn	26 Fe	27 Co	28 Ni	29 Cu	30 Zn	31 Ga	32 Ge	33 As	34 Se	35 Br	36 Kr
5	37 Rb	38 Sr	39 Y	40 Zr	41 Nb	42 Mo	43 Tc	44 Ru	45 Rh	46 Pd	47 Ag	48 Cd	49 In	50 Sn	51 Sb	52 Te	53 I	54 Xe
6	55 Cs	56 Ba		72 Hf	73 Ta	74 W	75 Re	76 Os	77 Ir	78 Pt	79 Au	80 Hg	81 Tl	82 Pb	83 Bi	84 Po	85 At	86 Rn
7	87 Fr	88 Ra		104 Rf	105 Db	106 Sg	107 Bh	108 Hs	109 Mt	110 Ds	111 Rg	112 Cn	113 Uut	114 Fl	115 Uup	116 Lv	117 Uus	118 Uuo

鑭系元素	57 La	58 Ce	59 Pr	60 Nd	61 Pm	62 Sm	63 Eu	64 Gd	65 Tb	66 Dy	67 Ho	68 Er	69 Tm	70 Yb	71 Lu
錒系元素	89 Ac	90 Th	91 Pa	92 U	93 Np	94 Pu	95 Am	96 Cm	97 Bk	98 Cf	99 Es	100 Fm	101 Md	102 No	103 Lr

元素表的優雅很難複製，但值得一試，就算是在相對世俗的設定中也是如此。一間按照兩種長寬尺寸整理螺絲攻和螺絲版或是螺帽及螺釘的機械零件商店，能輕鬆地在店內商品間發現少了哪些品項。這種系統化的組織法，也讓人更容易能注意到哪些品項歸檔錯誤。

資訊具體化會讓你更有創意

將資訊具體化的基本原則能普遍應用。飛機機師曾使用兩套操縱裝置，這兩者極度相像，卻是分別控制襟翼和起落架的不同功能。在發生多次意外後，人因工程師想出將這些操縱裝置行動具體化的做法，從那時起，襟翼控制系統被做成一個迷你版機翼的樣式，而起落架控制系統被做成一個圓形輪子模樣，代表起落架。往後，機師不再需要仰賴記憶來記住那些操縱裝置位於何處，犯下的錯誤也變少，因為控制裝置本身就提醒了機師其功能為何。

但是當你無法將一項資訊具體化，像是遇到未曾謀面的人時，又會發生什麼事呢？確實有方法能把他們的名字記得更牢。這發生在我們所有人身

上：你遇到了某個人，你們進行了很有趣的對話，也做了多次眼神交流，交換了一些個人隱私，但最後你發現自己忘了他們的名字。此時要再次發問太過尷尬，所以你一聲不吭，不確定接下來該怎麼做。

為什麼會這麼困難呢？這是因為記憶運作的模式：我們只有在專心時才能為新資訊編碼，我們在互相自我介紹的當下，並不總是專心的。在遇到新朋友時，我們當中許多人的思緒會被自己給這些人的第一印象給佔據——我們思考著自己穿著如何、我們的口氣是否清新，我們會閱讀他們的肢體語言，以判斷他們如何看待我們。這讓為諸如名字等新資訊編碼變成不可能的事。假設是那些很有自信且任務取向的人遇到新朋友，他們的思緒可能會放在「這人是誰？我能從這次對話中搜集到哪些重要資訊？」上，整個內在對話如同脫韁野馬，因此在新朋友的名字被介紹的簡短五百毫秒中，你並不專心。

要記住一個新名字，你需要留些時間讓自己進行編碼：五秒鐘左右通常就足夠。你可以對自己一遍又一遍重誦這名字，當你這麼做時看著他們的臉，專注地把他們的名字和臉孔做連結。你可能之前就聽過這名字，所以你不是在學習一個新名字，你只需把一個熟悉的名字和一張新面孔進行連結。如果你夠幸運，這人的臉孔會讓你想起你認識的某個有同樣名字的人。如果不是整張臉，或許一個特徵，也有同樣功效。或許你現在認識的這位新蓋瑞，與另一位叫做蓋瑞的朋友眼睛長得很像，又或者這位新艾莉莎與你高中友人艾莉莎一樣顴骨很高。如果你無法找出這類關聯，試著把你已認識的同名友人的臉重疊在眼前這位新友人臉上，製造出一張奇想荒謬的臉孔。這能幫助它變得更好記。

那如果這人說完名字後就沉默不語了呢？五秒鐘的空檔會在你們之間造成一大片死寂。如果這真的發生了，問問你的新朋友來自何處，或是從事什麼工作之類的問題——你不是真的想聽他們對這問題的答案，而是給自己一點緩衝時間，將他們的名字編碼進記憶（別擔心，輔助資訊通常也會被編碼）。

如果你從未聽過這人的名字，只會讓狀況稍微複雜一點。編碼時間是此處的關鍵。請他們拼出他們的名字，然後你複誦這個拼法，再對他們說一次這個名字。在這整段時間中，你有機會不斷重覆這個名字，取得珍貴的複誦

時間。同時間，試著在你腦中創造能讓你對這名字產生連結的鮮明圖像，然後想像那人在這個圖像中。

舉例來說，如果你遇到一名叫做艾迪兒（發音為 a deal）的人，你可能會想到那個陳年電視競賽節目《估價王》（Let's Make A Deal）。如果你在五秒的編碼時間中，想像艾迪兒是該競賽的參賽者（想像這個畫面時，要不斷對自己複誦艾迪兒、艾迪兒、艾迪兒、艾迪兒、艾迪兒），這樣你接下來會更容易記住他。如果你遇到一個名叫 Ye-Sho 的人，你可能會想像在一個老式英國街角，你的新朋友手上拿著一張海報，上頭寫著「Ye Olde Show」。這些古怪的技巧確實有效。你心裡想像的畫面越古怪特殊，你對這個名字就記得越牢。為了進一步記住這個名字，一旦你學會後就要趕快使用它！如果你參加一場派對，你可以向別人介紹你新認識的朋友，這讓你有更多機會練習這名字。或用這名字開啟一個句子：「寇特尼，我想問你這件事……」

將資訊具體化能夠整理思緒，並讓思緒變得更有創造性。科學史以及文化史中充滿偉大科學和藝術發現，都是在其創造者並未思考自己正在做什麼（也就是在無意識狀態下）時出現的故事——白日夢模式為他們解決問題，答案如同電光火石般出現。

約翰・藍儂（John Lennon）在一次訪問中回想起他是如何寫下名曲 Nowhere Man 的。在努力五小時試圖想出些東西後，他放棄了。「然後，Nowhere Man 就出現了，歌詞與曲調都是，在我躺下後這整個可惡的東西都來了。」在夢中，華生發現了 DNA 的結構，而浩爾發明了自動縫衣機。薩爾瓦多・達利、保羅・麥卡尼和比利・喬，都在白日夢中創造了他們最為人喜愛的作品。莫札特、愛因斯坦和華茲華斯對於自己創作過程的描述，也強調了白日夢模式在支持他們洞見上扮演的角色。尼采三冊《查拉圖斯特拉如是說》（Thusspake Zarathustra）是分別在三個十天的靈感爆發期中寫出來的。如同贏得普利茲獎的小說家瑪麗蓮・羅賓森（Marilynne Robinson）觀察到的：

> 每位作家都想知道小說的靈感從何處尋得。當中最棒的通常是突如其來發生在一段想像力枯竭的時期之後。奇妙的是，它們真的是很棒的點子，比起有意識的發明設計還要傑出許多。

許多有創意的藝術家和科學家回報，他們並不知道自己最棒的點子來自何處，他們覺得自己就像抄寫員一樣，把憑空而來的點子記錄下來。海頓聽到自己創作的神劇《創世紀》第一次公演時，據說他熱淚盈眶哭著說：「我從未寫過這首曲子。」西方文化在注意力的兩種運用模式之間，過度重視中央注意力執行模式，輕忽了白日夢模式。利用中央注意力執行模式來解決問題，通常是診斷式、分析式、沒耐心的；而白日夢模式是有趣的、直覺的、放鬆的。

瀏覽與機運

微軟資深研究員史蘭尼及劍橋大學教授蘭特佛提議（在第七章），摒棄所有實體文件和郵件，以及所有這些文件所需的歸檔、分類與定位。一般來說，以電腦為主的數位典藏更有效率，而在提取上也更為快速。

但是我們當中還是有許多人，仍然認為手邊保有實體文件更令人感到滿足。記憶是多面向的，我們對於物件的記憶，根據的往往是多元特徵。想想你使用實體檔案夾的經驗。你可能使用的是一種和其他檔案夾長得都不一樣的老式檔案夾，裡面放的東西或寫在上頭的字也不一樣，它會引發你的記憶，讓你想起裡面裝了些什麼。

就像這樣，實體物件通常個個不同，而電腦檔案並非如此，所有位元都長得一樣。你電腦中表示垃圾郵件的 0 和 1 位元，也表示了馬勒《第五號交響曲》、莫內的《睡蓮》，還有一頭戴著鹿角的波士頓梗犬圖。這個媒介本身沒有任何被承載訊息的線索。所以當你檢視上述任意一者的數字表示法，又以數字表示法來呈現這一段落，你根本不會知道這些 0 和 1 是在表示圖片、文字還是音樂。資訊本身開始與其意義分離。

電腦世界中並沒有一個系統，可以模擬對我們來說運作順暢且令人滿足的真實世界經驗。超過十年前，軟體應用讓人們能個人化他們的檔案和檔案夾圖示，但這個概念並未繼續發展，可能是因為缺乏實體收納物件，再加上各種細微變化，讓所有電腦圖示看起來太過異類或是太蠢。這是為何許多年長者排斥 mp3 檔案的其中一個原因——它們全都看起來一樣。除了檔名之

外，沒有能區別的東西。

唱片和 CD 的顏色及尺寸各不相同，有助我們回想裡面裝的是什麼。蘋果公司引介了 Album Art 來幫助回想，但許多人認為這還是與手持實體唱片不同。在便於尋找性（數位檔案的特性）和賦予視覺和觸覺提示這種內化並具美感的滿足行為（我們這物種演化出的行為）之間，我們總在做程序和認知上的權衡交換。

科技作家尼可拉斯・卡爾（Nicholas Carr）寫道：「媒介有其重要性。如同一項科技，一本書佔據了我們的注意力，將我們孤立於填滿我們日常生活的種種紛擾之外。一台連上網路的電腦則相反。」更快不一定總是人們想要的，直接找到你想要找的東西，並不總是最好的方式。

這當中有一個特別諷刺的事實：就使用的便利性來說，小型圖書館反而較大型圖書館更實用。國會圖書館可能收藏了每一本出版過的書，但是你極常不可能在其中偶然找到一本你不知道的書，但後者會讓你開心。那裡收藏的書太多了。一間由圖書館員精心規劃照顧的小型圖書館，可能會特意選擇館藏。當你想找特定的一本書時，你也會瀏覽鄰近書架上可能引起你興趣的書，又或者你的視線會被館中一個完全不同又不太相干的圖書分類給吸引，開始瀏覽該部分。但卻沒有人會在國會圖書館中進行瀏覽，因為它太大、太完整了。

如同奧古斯都・迪・摩根（Augustus De Morgan）對大英博物館的描述，如果想要找特定作品，「你可以提出尋找特定作品的請求；但如果想靠自己找出來，你必須知道它在哪裡。」館藏作品的位置為人所知的機率有多大？微乎其微。歷史學家葛雷克說：「太多資訊了，而當中有許多已經遺失。」

今日有許多人表示，他們是透過瀏覽友人（有限的）收藏，發現了他們最愛的音樂和書籍。相反地，如果你是在雲端百萬本的收藏中隨機挑出一首歌或一本書，你不太可能找到能吸引你的事物。

葛雷克在他的歷史著作《資訊》（The Information）中觀察到：「這類警告中有一絲懷舊之情，還有一個無可否認的事實：在追求知識上，慢一些總是比較好。探索落伍過時的圖書館裡的成疊書籍有其價值。閱讀，就算只是瀏覽，一本老書也能產生資料庫搜尋無法提供的養分。」這或許說明了我在奧

本學院圖書館與上述這段文字相遇的故事。當時我正在尋找完全不同的資料，而葛雷克的書背吸引了我的目光。許多科學家的研究生涯之所以突飛猛進，是因為在尋找另一個東西時，偶然遇到吸引他們目光的文章，從中吸取概念，最終他們原本要找的東西反而變得無聊且派不上用場。

今日許多學生並不知道透過翻閱瀏覽成疊老舊學術期刊，將原本「不相干」的文章引入他們正在尋找的方向，發現自己被一個特別有趣的段落或標題所吸引，這種偶然機緣的樂趣。相反地，他們把想尋找的期刊文章標題輸入電腦，而電腦會精準地將他們要的文章找出來，不費吹灰之力。有效率，的確如此。然而是否具有啟發性？是否能解放創造潛能？那就不一定了。

有些電腦工程師已注意到這點，採取了一些措施來應對。有些網站讓人能透過其他有類似興趣和品味的使用者推薦，發現新的內容（新網站、照片、影片和音樂），這是一種協同過濾的形式，StumbleUpon 就是一個這類網站。維基百科設計了「隨機文章」按鈕，而 MoodLogic 音樂推薦服務曾設計「給我驚喜」按鈕。但這些設計包含的範圍太過廣泛，而且並不尊重人類處理素材時所使用的那種有知覺又具認知能力的組織系統。

當我們在一本期刊上偶遇一篇文章，它勢必在我們尋找的那篇文章附近，這是因為編輯認為這兩篇文章某種程度上有相似之處，對同一類族群來說這具相關性。在圖書館中，無論是杜威十進位分類法或是國會圖書館分類法，都會有重疊主題的書籍（至少在這些分類法創造者的想法中它們是相關的）被分進同一類。北美地區小型圖書館的圖書館員，現在正在實驗一種「杜威分類法的修正版本」幫圖書歸架，以期更能服務那些在特定圖書館空間中信步瀏覽的讀者，讓他們不用翻找藏書卡或是使用線上搜尋引擎。

網路上的偶然機運按鈕截至目前為止，範圍太大未受限制，能提供的幫助沒有那麼多。維基百科能夠也該知道你所瀏覽主題的歷史，這樣它們的「隨機文章」按鈕才能帶你遇到在廣泛意義中符合你興趣的東西。然而，相反地，它平等地對待所有主題，所有位元都是平等的，你遇到一篇講述馬達加斯加南部地區小河支流文章的可能性，與你遇到一篇講述前額葉文章的機率一樣高。

愛因斯坦：想像力遠比知識更重要

　　另一件隨著數位化以及免費資訊而消逝的，是對於成套收藏物件的珍惜。不久之前，個人的音樂收藏空間還令人讚嘆，而且可能會有令人嫉妒的珍藏，成為所有想進一步認識的人一個瞭解的途徑。因為唱片專輯需要一張一張購買，也因為它們相對昂貴佔空間，音樂愛好者是經過特意思考和計畫，才擁有這樣的收藏。自學關於音樂藝術家的種種，才能成為更仔細的消費者。犯錯所需的代價鼓勵我們在添加任何一張新收藏前都考慮再三。高中生和大學生將新朋友的唱片收藏瀏覽一番，一瞥朋友的音樂品味，並瞭解他們為了取得某個特別收藏可能經過的音樂道路。

　　然而現在我們若在 iTune 上偶然看見，就會下載我們從未聽過也可能不喜歡的歌曲，但是犯錯的代價已無足輕重。葛雷克以下面方式陳述這個概念：「過去在一個人擁有什麼以及沒有什麼之間，存在著一條界線；現在這個差別已經不存在。當曾錄製過的每首歌都能輕易取得，包括每一個版本，每一個出錯，每種細微變化，取得問題已變得無足輕重，但選擇的問題變得不可能。」我要如何決定自己該聽什麼？當然這是全球性的資訊問題，不僅限於音樂領域。我要如何決定要看哪部影片？要讀那本書？要追哪則新聞的進度？21 世紀的資訊問題是個選擇問題。

　　面對這個狀況，實際只有兩種選擇策略：搜尋和過濾。這兩個策略又可概略總結為一個策略，就是過濾，唯一變數就是那個進行過濾的人，是你或其他人都好。當你尋找某樣東西時，你會從你想要什麼的想法出發，然後走出去，試著把它找出來。但在網路時代，「走出去」可能只是在鍵盤上打幾個關鍵字，你甚至可以癱坐床上，腳蹬拖鞋，但你卻有效地走入數位世界中尋找你要的東西（資訊科學家稱這為「拉」，因為你將資訊從網路中拉出來。反之，則是網路自動將資訊傳送給你的「推」）。你或你的搜尋引擎篩選結果並進行排序，如果一切進行順利，你會馬上得到你要的東西。我們往往不會在手邊留存虛擬或實體複本，因為我們知道只要我們需要，下回還是可以在網路上找到。這裡面沒有規劃、沒有收集，也沒有偶遇巧合。

　　這是數位組織的一個缺點，也讓白日夢有了史無前例的重要地位。「最

偉大的科學家也是藝術家。」愛因斯坦表示。愛因斯坦的創意也是在追隨白日夢、直覺和靈感後，出現的靈光一閃。「當我檢驗我自己和我的思考方式時，」他表示，「我得到了一個結論：對我而言，想像力所賜予的禮物，比起吸收任何絕對知識還來得重要……所有科學上的偉大成就，必然從直覺性的知識為起點。我相信直覺和靈感……有些時候雖然不知道理由，但我確信我是對的。」對愛因斯坦來說，創造力的重要性被濃縮在他的座右銘中：「想像力遠比知識更重要。」

　　世上許多問題，包括癌症、種族滅絕、鎮壓、貧窮、資源財富分配不均、氣候變遷等，都需要極多創意來解決。美國癌症協會因為認可非線性思考和白日夢模式的價值，2012 年贊助一項腦力激盪活動。該活動在冷泉港舉辦，集合了藝術家、科學家及其他創意人士。美國癌症協會過去數十年斥資數十億的研究經費，但仍未找出治療癌症的方法。因此，他們選了一些對癌症研究沒有任何瞭解的人或非專業者，將他們與幾位全球頂尖癌症專家配成一組。腦力激盪活動要求非專家提出各種點子，多瘋狂都行。其中有幾個點子被專家認可為傑出想法，目前各方正合作想要落實那些點子。

　　如同愛因斯坦所仰賴的，美國癌症協會這項創意計畫的關鍵，在於把非線性的創意思考與理性的線性思考緊緊連結在一起，才能盡可能地以堅實準確的方式把問題落實——男人和女人的夢想與電腦的龐大資源配對。英特爾日前退休的執行長保羅・歐特里尼（Paul Otellini）這樣表示：

> 當我進入英特爾時，電腦將形塑我們生活各個面向的可能性僅存於
> 科幻小說中……科技能解決我們的問題嗎？試想造就電腦產業急速
> 成長的摩爾定律被應用在其他產業時會發生什麼事。拿汽車產業說
> 吧。汽車將能用每加侖汽油跑上五十萬英哩，達到時速每小時三十
> 萬英哩。而丟棄一台勞斯萊斯的錢，要比停車費還便宜。
> 不久前，我們已見識到科技完成一些似乎科幻小說中才會有的事。
> UPS 卡車上裝配有偵測器，能在卡車故障發生前就偵測出來。要
> 知道你自己的基因序列，過去要花上十萬美元，現在不到一千美元
> 即可完成。在這個世紀結束之前，人腦的同等物，也就是一千億

個神經元，將能被裝在單獨一張電腦晶片上。科技能解決我們的問題嗎？那些創造科技的奇妙、聰明、好奇又性格各異的人，似乎認為如此。

單單藝術、科技或科學無法解決問題，三者的結合可能才是當中最具威力者。科技若得到正確指引，將擁有前所未有的力量去解決全球問題。我從歐特里尼處學到的訊息是，我們追求的是我們目前還無法完全想像的報酬。

不要怕改變：摒棄舊的，會有更好的事物出現

數年前在為著作《你的雜物抽屜洩露你的哪些秘密》的構想進行研究時，我看了數十個人的雜物抽屜。他們當中有政治記者、作家、作曲家、律師、社會運動人士、家庭照顧者、教師、工程師、科學家以及藝術家。我請求每一個人讓我拍攝他們雜物抽屜，然後把抽屜裡每樣東西取出放在桌上，再把裡面相似的物件排在一起。我請他們整理、分類並重新歸類這些物件，然後再放回去，讓它成為一個更乾淨更整齊的抽屜後，再拍一張照片。

我也這樣處理自己的雜物抽屜。當我小心翼翼地為裡面的雜亂物品分類時，我突然想到我們的雜物抽屜為我們該如何生活提供了完美譬喻。我是如何搜集老朋友的購物清單以及姨婆出租公寓的故障門把的呢？我為什麼覺得有必要屯積五把剪刀、三把榔頭和兩副額外的狗項圈呢？在廚房中囤積多卷膠帶是一個策略思考過的決定嗎？我決定把助眠藥 Nyquil 放在活動扳手旁邊，是使用了湯馬斯·葛茲的決策樹，還是只是無意識地因為 Nyquil（睡眠）和扳手（很像夜空的新月）間的記憶聯結呢？

我想並非如此。一個人的雜物抽屜就像一個人的人生一樣，經歷了一種自然的能量退化歷程——熵（entropy）。三不五時我們必須花時間問問自己下面這些問題：

· 我真的需要保有這件物品或這個關係嗎？這能為我帶來能量和快樂嗎？這符合我的利益嗎？

- 我的溝通雜亂無序嗎？我直接了當開門見山嗎？我有要求我想要以及需要的事物嗎？還是我期待我的伴侶／同事／友人和我有心電感應，能讀出我想要的事物？
- 我一定要囤積同一種東西好幾件，儘管它們一模一樣嗎？我的朋友、習慣以及想法太過類似嗎？還是我願意對新朋友的想法和經驗保持開放呢？

　　另一天，當我盡可能將自己的學術雜物抽屜整理整齊時有了另一項發現。那是一則 Reddit 上的文章——一則關於資訊過載時代的資訊和意見——裡頭寫到數學這個科學女王以及抽象組織帝王。

　　有時在你的數學生涯中，你發覺自己的緩慢進展。有時過去對工具和觀念的累積，突然間讓你完成你之前完成不了的事物。就算你在學習毫無用處的事物，當它成為你的第二天性時，可能性會如同嶄新世界般在你面前開展。你已經「進階」了。有些事情會觸發你，在你面對新挑戰的當下，你過去無法想到的事突然至關重要。

　　當你和程度高你一級的人談話時，這通常很明顯，因為他們能馬上看到許多事情，而你必須花很多工夫才能瞭解。從這些人身上學習是很好的，因為他們記得像你一樣掙扎努力時的模樣，但從你的觀點來看，他們做的事仍是有道理的（你只是無法自己完成）。

　　與程度高於你兩級以上的人談話則是另一回事。他們說的幾乎和我們不是同一種語言，想要瞭解他們所瞭解的事，這幾乎不可能。你仍然可以從他們身上學習，如果你不會因此感到挫折的話，但是他們想要教你的事似乎太過哲學性，你不認為他們能夠幫助你——但基於某種理由，他們真的幫了你。

　　那些程度高於你三級的人真的在說一種不同語言。對你來說，他們似乎沒有程度高你兩級的人那樣令你印象深刻，因為他們在思考的大多數事物是你完全看不到的。從你所立足之處，根本不可能想像他們在想像什麼或為什麼這樣思考。你可能認為你可以，但這只是

因為他們知道如何講述有趣的故事。如果你有足夠時間思考，這些故事當中每一個可能都包含了足以讓你提升到下一個階段的智慧。

變得組織化，能讓我們所有人進入生命的下一個階段。

人的境況囿於舊習慣中，因此我們必須有意識地檢視生命中需要清理的區域，有系統並主動積極地這麼做。然後繼續進行。

偶爾宇宙會為我們這麼做。我們無預期地失去一名友人、心愛的寵物、一筆生意，或是全球經濟整個崩盤。要讓這個自然賜予我們的大腦有所進步，最好的方式就是嘗試去適應新情況。我自己的經驗是，當我失去了某件我認為無可替代的事物時，通常會有更好的事物取代它。改變的關鍵是要有信心，相信當我們拋棄了舊的，會有更美好的事某物取而代之。

附錄

建立你自己的四格列聯表

當我們想到完整的醫療推理時，我們經常面對的是非常罕見的疾病，就算陽性測試結果也不表示你罹患了該疾病。許多醫藥產品達到成效的機率極低，產生副作用的風險卻比其承諾的藥效高上許多倍。

四格列聯表能讓我們更輕鬆地計算貝氏機率模型，像是「我在檢驗結果為陽性的情況下，罹患該疾病的機率是多少？」以及「在我有這樣症狀的情況下，這種藥對我有幫助的機率是多少？」等問題的答案。

此處，我使用第六章中虛構的疾病視覺模糊症為例。回想一下已知的資訊：

· 你接受假設性疾病視覺模糊症的血液檢查，結果是陽性。
· 視覺模糊症的基本比率是一萬分之一或 0.0001。
· 使用假設性藥物 Chlorohydroxelene 會有 5% 情況（或是 0.05 的機率）出現令人不悅的副作用。
· 視覺模糊症血液檢查出錯率是 2% 或 0.02。

問題是，你該不該服用這種藥？
我們先從畫出表格、將行列標好開始。

檢查結果

		陽性	陰性	
疾病	有			
	無			
	總結			

空格讓我們把數據分成四種互斥的類別：

· 罹患該病且檢驗為陽性者（左上欄位）。我們稱為**正確識別**。
· 罹患該病但檢驗為陰性者（右上欄位）。我們稱為**失誤**或**假陰性**。
· 未罹患該病但檢驗為陽性者（左下欄位）。我們稱為**假陽性**。
· 未罹患該病且檢驗為陰性者（右下欄位）。我們稱為**正確否定**。

檢查結果

		陽性	陰性	
疾病	有	正確識別	假陰性	
	無	假陽性	正確否定	
	總結			

　　現在我們開始填上我們知道的訊息。這個疾病的基本率是一萬分之一。在表格右下角外側，我會填上「總數」為一萬。我將之稱為「母群體」（population box），因為這個數字告訴我們，我們正在檢視的總人數有多少人（我們也可填上美國人口數三億八千萬人，然後將每年總病例設為三萬八千人，但我比較偏好填入較小的「發生率」，因為它們比較容易處理）。

檢查結果

		陽性	陰性	
疾病	有			
	無			
	總結			10,000

透過這張表格的幫助，我們想計算出的是表格線內外其他欄位的數字。在一萬人當中，我們知道當中有一人罹患了視覺模糊症。我們還不知道根據檢驗結果，這人應該被分配到哪一個欄位中，所以我們將數字一另外列於右側一個欄位中，對應「疾病：有」。

檢查結果

疾病	陽性	陰性	
有			1
無			
總結			10,000

這個表格的設計方式，也就是數字由上到下由左至右排列時，應該要沿著圖表的邊界，隨著增加它們的「邊欄總次數」。這是符合邏輯的：如果罹患該疾病的人數為一人，而我們界定的總人數是一萬人，我們知道在這個母群體中，沒有罹病者必定為九千九百九十九人。所以我們接下來可以這樣填寫表格。

檢查結果

疾病	陽性	陰性	
有			1
無			9,999
總結			10,000

透過之前的描述，我們得知有 2% 的檢驗是不準確的。因此我們可以算出右方欄位母群體數的 2% 為多少。在未罹患該疾病的九千九百九十九人當中，有 2% 遭到錯誤診斷。也就是說，雖然他們並未罹患該疾病，檢驗卻顯示他們罹病（即左下欄位的假陽性）。我們計算九千九百九十九的 2% 約為一百九十九點多，取概略值兩百。

檢查結果

疾病		陽性	陰性	
	有			1
	無	200		9,999
	總結			10,000

現在，因為需要加上各欄位的數字，我們能計算出那些未罹病且檢驗結果為陰性的人數，也就是**正確否定**。那是九千九百九十九去掉二十，為九千七百九十九。

檢查結果

疾病		陽性	陰性	
	有			1
	無	200	9,799	9,999
	總結			10,000

現在我們再填上另一個錯誤診斷，即 2% 的假陰性。假陰性表示，你罹患了該疾病，但是檢驗告訴你沒有，也就是右上欄位。只有一人罹患該疾病（如同我們在最右欄所看到的）。我們計算 2%×1 = 0.002，或是零，如果你是整數來數算的話。

檢查結果

疾病		陽性	陰性	
	有		0	1
	無	200	9,799	9,999
	總結			10,000

所以當然就讓我們把空白的欄位填上一（我們的算法是從最右欄的總罹病人數一，減去表格右欄的數字零，得出左上空欄位應填的數字一。記住，將每一欄每一列的數字進行加總）。

檢查結果

		陽性	陰性	
疾病	有	1	0	1
	無	200	9,799	9,999
	總結			10,000

現在為了表格完整度，我們將各欄數字從上到下進行相加，得出填在表格底部框線外的數字——那些檢查結果為陽性的總人數，就是左欄的相加總和：1＋200＝201。而檢查結果為陰性的總人數為 0＋9,799＝9,799。

檢查結果

		陽性	陰性	
疾病	有	1	0	1
	無	200	9,799	9,999
	總結	201	9,799	10,000

從此處開始，我們可以解決第六章提到的問題。

1. 你檢查結果為陽性，而確實也罹患該病的機率為何？

傳統上，我們會用 | 這個符號，來替代「在這個情況下」，而以 p 來取代機率這個字，以建構出下方等式：

1.1. p（你罹患該疾病 | 你的檢查結果為陽性）

這個格式相當便利，因為它提醒我們，句子的前半段，也就是在 | 符號之前的每件事，都成為分數的分子（上半部），而在 | 符號之後的每一件事則變為分母。

要回答這個問題，我們只需檢視陽性檢查結果左欄人數。在兩百零一個檢查結果為陽性者當中，有一人確實罹患該疾病。問題一的答

案是二百零一分之一或 0.49%。

2. 在你得到該疾病的情況下，你的檢驗結果為陽性的機率為多少？

　　2.1. p(你的檢驗結果為陽性 | 你罹患該疾病)

　　此處我們只檢視上面那排，得出 1/1 這個分數，也就是說，如果你真的罹患該病，你的檢驗結果為陽性的機率為百分之百的結論。

　　要記住，我所假設的這種療法 chlorohydroxelene 有 20% 的機率會出現副作用。如果我們讓每個檢測結果為視覺模糊症陽性反應的人，也就是這兩百零一人中的所有人都接受這種療法，有 20% 的機率或是四十人會經歷到副作用。記住，當中只有一人確實罹患該病，也就是說，這項療法帶來副作用的機率是確實治療某人機率的四十倍。

　　在第六章描述的視覺模糊症以及藍臉病兩個案例中，就算你檢查的結果為陽性，你也不可能罹患該病。當然，如果你真的患病，選擇正確的藥物至關重要。那麼，你能做些什麼呢？

　　你可以接受第二次檢查。我們於此處應用的是機率的乘法率，假設這些檢查的結果各自獨立；也就是說，造成所有人檢查結果都不正確的情況是隨機的，不是實驗室中某人故意針對你亂搞，所以如果你得到一次不正確的結果，你不太可能再次得到錯誤結果，其他人也是。回想一下我所說的，這項檢查有 2% 的機率會出錯。它連續兩次出錯的機率是 2%×2% 或 0.0004。如果你比較喜歡以分數表示則是 1/50，而 1/50×1/50 = 1/2,500。但是這個數據並未將基本比率，也就是這個疾病的稀有性考慮進去。而這麼做，就是全部重點之所在。

　　當然，有助於釐清這狀況的一件事，是建構一張四格列聯表來回答「在我連續兩次檢查都得出陽性反應的情況下，我得到這種疾病的機率為何？」

　　當我們開始檢視視覺模糊症時，我們只有一串數字，我們一一將它們填進四格列聯表中；這讓我們輕鬆地進一步算出機率。貝氏推理的一個特點是，你能把這些更新過的機率數字填入新表格中，以更新表格。每一筆資訊都會帶來新的更新，你可以建立新的圖表，做出越來越準確的估計。

這個圖表全部填滿時如下圖：

檢查結果

		陽性	陰性	
疾病	有	1	0	1
	無	200	9,799	9,999
	總結	201	9,799	10,000

我們從這張表格中讀出下面這些訊息：

檢驗結果為陽性的人數：201
檢驗結果為陽性且確切罹病人數：1
檢驗結果為陽性但並未罹病人數：200

要注意，現在我們只檢視了一半的表格，也就是只表示了檢驗為陽性結果的那一半。這是因為我們想要回答的問題假設你的檢查結果為陽性：「如果我連續兩次檢查都得出陽性反應，我得到這種疾病的機率為何？」

所以，現在我們利用這個新資訊來建立一張新表格。在表格的標題上，第二次的檢查結果可能為陽性或陰性，你可能患病或沒有，且我們檢視的不再是一開始的母群體一萬人，我們檢視的是在這一萬人當中，於第一次檢查中得到陽性反應的子集——兩百零一人。所以我們在下表右下角落的母群體處填上兩百零一。

第二次檢查結果

		陽性	陰性	
疾病	有			
	無			
	總結			201

我們也可能利用上面訊息，填入一些額外資訊。我們知道在這個母群體

中，罹病及未罹病者的人數分別為何，所以我們把這些填入右側邊緣。

第二次檢查結果

疾病		陽性	陰性	
	有			1
	無			200
	總結			201

現在我們回到我們一開始得知的訊息，也就是每次檢查會有 2% 錯誤機率。有一人確實罹患該病；當中有 2% 是被錯誤診斷的，而 98% 得到的診斷是正確的。1 的 2% 是 0 .02。我會概略將之取為 0，這是呈假陰性反應的人數（他們罹患該病，但於第二次檢查時被錯誤診斷）。1 的 98% 趨近於 1。

第二次檢查結果

疾病		陽性	陰性	
	有	1	0	1
	無			200
	總結			201

接著，我們利用同樣的 2% 錯誤率在那些沒有罹病的人數上。沒有罹病的兩百人中，有 2% 會得到陽性的檢驗結果（儘管他們是健康的）。200 的 2% 是 4。這表示右下欄位表示得到正確診斷的欄位中會得出 196。

第二次檢查結果

疾病		陽性	陰性	
	有	1	0	1
	無	4	196	200
	總結			201

我們可以將各欄位垂直相加，得出邊欄總次數，我們需要用這些總次數。來計算我們更新後的機率。

第二次檢查結果

		陽性	陰性	
疾病	有	1	0	1
	無	4	196	200
	總結	5	196	201

如同之前所進行的，我們計算左方欄位，因為我們只對那些兩次檢查中呈陽性反應者感興趣。

第二次檢查結果

		陽性	陰性	
疾病	有	1	0	1
	無	4	196	200
	總結	5	196	201

在五名兩次檢查中呈陽性反應的人當中有一人確實罹患該疾病：1/5 ＝ 0.20。換句話說，這個疾病極為罕見，就算你連續兩次檢查都呈陽性，你的罹病並機率仍只有 20%，因此你未罹病的機率是 80%。

那麼，那些副作用呢？如果每一名連續兩次檢查結果為陽性的人都接受假設性療法 chlorohydroxelene 的治療，當中會有 5% 出現副作用。而這五人的 5%，是 0.25 人將經歷副作用。所以雖然你不太可能罹患該病，你也不太可能會出現頭髮全都掉光的情況。在每五個接受治療的人當中，有一人能被治癒（因為那人真的患有此病）而有 0.25 人會出現副作用。在這個案例裡，接受兩次檢查後，你得到治癒的機率比經歷副作用的機率來得高，這與我們之前所看到的案例相比是極佳的反轉（如果你覺得談論 0.25 人不太舒服，只要把所有數字乘以四即可）。

我們可以進一步運用貝氏統計。假設有項新出版的研究顯示，若你是名女性，你罹患該病的機率是男性的十倍。你可以利用這項新資訊建立一張新表格，然後調整你確實罹病的估計值。

在實際生活中，機率的計算可應用在遠超過醫療議題的各個方面。我曾問過永利這位五間賭場的老闆：「就算只有一點，難道看到顧客離開時帶著

大把你的鈔票離去，你不會感到難過嗎？」

「看到顧客贏錢我總是很開心。這為賭場製造許多刺激感。」

「拜託，真的嗎？那是你的錢耶。有時人們帶著幾百萬離開。」

「首先，你知道我們賺到的錢比付出的獎金要多。第二，我們通常能把那些錢拿回來。這些年來，我從未看過一個贏家真的離開賭場。他會回到賭場，用他贏得的錢來賭博，我們通常能全賺回來。」

賭場賭注的期望值永遠對莊家有利。是這種賭博心理讓那些能帶著大把賭金離開的贏家，留下來把贏來的錢全部輸掉。暫且先不論這點，就算所有贏家真的離開，長期下來機率仍對莊家有利。是什麼讓我們會幫雷射印表機、電腦、吸塵器以及 DVD 放映機等東西購買延長保固呢？折扣數較大的零售商會推銷這些保固，他們利用你理智上不願為你剛買的產品付上大筆修理費的這種心態。他們承諾以最優惠價格提供你「免煩惱」的保固服務。但不要搞錯了——這可不是出於好意提供的服務，而是一種賺錢手段。對許多零售商來說，真正的利潤並非來自賣給你的那項產品，而是來自賣給你用來保護產品的保固。

對你而言，這類保固幾乎永遠都是一筆不划算的交易，而是對「莊家」有利。如果你有 10% 的機率用到它，它能幫你省下三百美元的修理費，所以它的期望值是三十美元。但如果它們賣你九十美元，那麼超過期望值的六十美元就是零售商的淨利。他們試圖讓你落入諸如「如果機器壞了，最低的修理費也要兩百美元。但保固只要九十美元，所以你賺到了」的陷阱。但不要上當。只有在你是那 10% 需要用到保固的人時，你才會賺到。其他時候，它們才是賺到的一方。

做出醫療決策並沒有什麼不同。你可以應用期望值計算在不同療法選項的花費和利益上。當然有非常嚴格的數學方式能用來計算這些期望值——使用這些列聯表沒什麼神奇的。然而許多人喜歡這麼做，因為它扮演著組織這類資訊的經驗法則，而且它們能簡單地呈現數字，到頭來讓你抓出你在思考過程中犯下的錯誤。事實上，本書中關於組織化的許多建議，都可以歸結成將事物組織化能幫助我們抓出在建立系統時犯下的錯，或是能讓我們從無可避免的錯誤中復原。

致謝

　　非常感謝我的未婚妻 Heather Bortfeld，謝謝她花上好幾百個小時與我進行具啟發性的討論，以及真誠的陪伴。

　　感謝 The Wylie Agency 的每一個人，特別是 Sarah Chalfant 和 Rebecca Nagel，我將數千筆細節交給他們，而他們幫助我將我的想法具體化。服務於我在麥基爾實驗室的 Dawn Coleman 和 Karle-Philip Zamor 好心處理了另外數千條細節，當中有許多是連我也不知道的細節，它們對本書的完成有很大幫助。企鵝出版社的 Stephen Morrow、Stephanie Hitchcock、LeeAnn Pemberton、Daniel Lagin、Christine Ball、Amanda Walker、Diane Turbide 和 Erin Kelly，則提供甚多幫助，讓手稿付梓成書。

　　我很感激 Mark Baldwin、Perry Cook、Jim Ferguson、Lew Goldberg、Michael Gazzaniga、Lee Gerstein,、Scott Grafton、Diane Halpern、Martin Hilbert、Daniel Kahneman、Jeffrey Kimball、Stephen Kosslyn、Lloyd Levitin、Shari Levitin、Sonia Levitin、Linda、Ed Littlefield Sr.、Ed Littlefield Jr.、Vinod Menon、Jeffrey Mogil、Regina Nuzzo、Jim O'Donnell、Michael Posner、Jason Rentfrow、Paul Simon、Stephen Stills、Malcolm Slaney、Tom Tombrello 和 Steve Wynn，他們對本書草稿提出評論意見，並回答我提出的相關問題。David Agus, MD、Gerry Altmann, MD, Stephen Berns, MD、Melanie Dirks、Baerbel Knaüper、Eve-Marie Quintin、Tom Reis、Bradley Vines 和 Renee Yan 等人亦提供了有助益的評語。感謝 José Cerda、Stan McChrystal、Alexander Eberts、Paul Otellini 和 Sting 等人，對於組織化這個概念慷慨分享了他們的想法。

　　感謝 Joni Mitchell 讓我在她的後院完成本書的幾個部分（我一定要再回到她的花園……）。感謝麥基爾大學和 The Minerva Schools at KGI 在本書書寫期間的鼓勵及支持。特別感謝麥基爾科學學院院長 Martin Grant 和心理系主任 David Zuroff 幫忙創造了一個令人豔羨、具有生產力和智性刺激的環境。

注釋

注釋附注

科學家仰賴評估證據維生，並根據證據的重量得出暫時的結論。我之所以說「暫時」，是因為我們承認有一天可能會出現能挑戰目前假設和理解的新數據。在評估已出版的資料時，科學家必須考慮諸如實驗（以及實驗者）品質、論文評鑑過程的品質，以及該論文的詮釋力。這個評估過程，包括考慮另一種解釋和互悖的發現，並就現存所有數據所顯示的內容，形成一個（初步的）結論。在許多狀況下，我們有可能找到與特定論點相抵觸或彼此支持的已出版文獻；沒有任何一則單一研究能窺見全貌。以「挑櫻桃」式的數據來支持一個論點，被認為是科學的原罪。

當我引用科學論文來支持本書中所指出的特定科學論點時，我是將它們當作支持該論點的範例，而非一個詳細清單。只要在我能力所及，關於每個主題我讀遍了各式各樣論文，以理解每種論點其證據的可信度，但此處我僅列出代表性論文。若列出我讀過的每一篇論文，會讓注解部分增長為目前的十倍，對於一般讀者來說，實用度便會大幅降低。

前言

13　**幾乎每項意識的經驗都儲存在你腦中某個位置：** Goldinger, S. D. (1998). Echoes of echoes? An episodic theory of lexical access. *Psychologial Review*, 105(2), 251.

and, Hintzman, D. L. (1988). Judgments of frequency and recognition memory in a multiple-trace memory model. *Psychological Review*, 95(4), 528.

and, Magnussen, S., Greenlee, M. W., Aslaksen, P. M., & Kildebo, 0. 0. (2003). High-fidelity perceptual long-term memory revisted—and confirmed. (2003). *Psychological Science*, 14(1), 74-76.

and, Nadel, L., Samsonovich, A., Ryan, L,, & Moscovitch, M. (2000). Multiple trace theory of human memory: computational, neuroimaging, and neuropsychological results. *Hippocampus*, 10(4), 352-368.

24　**樂於接受新體驗：** Goldberg, L. R. (1993). The structure of phenotypic personality traits. *American Psychologist*, 48(1), 26-34, p. 26

24　**人類許多重要結果的最佳預測指標：** Schmidt, F. L., & Hunter, J. E. (1998). The validity and utility of selection methods in personnel psychology: Practical and theoretical implications of 85 years of research findings. *Psychological Bulletin*, 124(2), 262-274, p. 262.

24　**包括：死亡率、長壽：** Kern, M. L., & Friedman, H. S. (2008). Do conscientious individuals live longer? A quantitative review. *Health Psychology*, 27(5), 505-512, p. 512.

and, Terracciano, A., Likkenhoff, C. E., Zonderman, A. B., Ferrucci, L., & Costa, P. T. (2008). Personality predictors of longevity: Activity, emotional stability, and conscientiousness. *Psychosomatic Medicine*, 70(6), 621-627.

24　**受教育程度：** Hampson, S. E., Goldberg, L. R., Vogt, T. M., & Dubanoski, J. P. (2007). Mechanisms by which childhood personality traits influence adult health status: Educational attainment and healthy behaviors. *Health Psychology*, 26(1), 121-125, p. 121.

24　**相關的事業成功標準：** Barrick, M. R., & Mount, M. K. (1991). The big five personality dimensions and job performance: A metaanalysis, *Personnel Psychology*, 44(1), 1-26.

and, Roberts, B. W., Chernyshenko, O. S., Stark, S., & Goldberg, L. R. (2005). The structure of conscientiousness: An empirical investigation based on seven major personality questionnaires. *Personnel Psychology*, 58(1), 103-139.

24　**外科和移植手術後較佳的恢復效果**：Kamran, F. (2013). Does conscientiousness increase quality of life among renal transplant recipients? *International Journal of Research Studies in Psychology*, 3(2), 3-13.

24　**幼兒期的責任感**：Friedman, H. S., Tucker, J. S., Schwartz, J. E,, Martin, L, R., Tomlinson Keasey, C., Wingard, D. L., & Criqui, M. H. (1995). Childhood conscientiousness and longevity: Health behaviors and cause of death. *Journal of Personality and Social Psychology*, 68(4), 696-703, p. 696.

and, Friedman, H. S., Tucker, J. S., Tomlinson-Keasey, C., Schwartz, J. E., Wingard, D. L., & Criqui, M. H. (1993). Does childhood personality predict longevity? *Journal of Personality and Social Psychology*, 65(1), 176-185.

24　**更加西化和複雜**：Goldberg, L. R., personal communication. May 13,2013.

and, Gurven, M., von Rueden, C., Massenkoff, M., Kaplan, H., & Lero Vie, M. (2013). How universal is the Big Five? Testing the five-factor model of personality variation among forager-farmers in the Bolivian Amazon. *Journal of Personality and Social Psychology*, 104(2), 354-370.

第一章　過多資訊，眾多決定：認知超載的內部歷史

30　**滿意度**：Simon, H. (1957). Part IV in Models of man. New York: Wiley, pp. 196-279.

31　**沃倫・巴菲特的家**：Nye, J. (2013, January 21). Billionaire Warren Buffet still lives in modest Omaha home he bought for $31,500 in 1958. Daily Mail.

32　**在1976年，超市平均擺放……**：Waldman, S. (1992, January 27). The tyranny of choice: Why the consumer revolution is ruining your life. *The New Republic*, pp. 22-25.

32　**對店裡三萬九千八百五十項商品視而不見**：Trout, J. (2005, December 5). Differentiate or die. Forbes.

32　**百萬種產品**：Knolmayer, G. F., Mertens, P., Zeier, A., & Dickersbach, J. T. (2009). *Supply chain management case studies. Supply Chain Management Based on SAP Systems: Architecture and Planning Processes*. Berlin: Springer, pp. 161-188.

32　**較難控制衝動**：Vohs, K. D., Baumeister, R. F., Schmeichel, B. J., Twenge, J. M., Nelson, N. M., & Tice, D. M. (2008). Making choices impairs subsequent self-control: A limited-resource account of decision-making, self-regulation, and active initiative. *Journal of Personality and Social Psychology*, 94(5), 883-898.

32　**「…比操控阿波羅太空任務更具處理能力…」**：Overbye, D. (2012, June 5). *Mystery of big data's parallel universe brings fear, and a thrill.* The New York Times, p. D3.

32　**相當於一百七十五份報紙**：Alleyne, R. (2011, February 11). Welcome to the information age-174 newspapers a day. *The Telegraph*.

and, Lebwohl, B. (2011, February 10). Martin Hilbert: All human information, stored on CD, would reach beyond the moon. EarthSky. Retrieved from http:// earthsky.org

32　**三百四十億位元組或十萬字**：Bohn, R. E., & Short, J. E. (2010). How much information? 2009 report on American consumers (Global Information Industry Center Report). Retrieved from littp://hmi.ucsd.edu/

32　**八萬五千小時的原創節目**：Lyman, P., Varian, H. R., Swearingen, K., Charles, P., Good, N., Jordan, L. L., & Pal, J. (2003). How much information? 2003 (University of California at Berkeley School of Information Management Report). Retrieved from http://www2.sims.berkeley.edu

and, Hilbert, M. (2012). How to measure "how much information"? Theoretical, methodological, and statistical challenges for the social sciences. *International Journal of Communication*, 6, 1042-1055.

33　**每小時上傳六千小時長度的影像**：Hardy, Q. (2014, January 8). Today's webcams see all (tortoise, we're watching your back). *The New York Times*, p. Al.

33　**使用的位元組超過……所有媒體的總和**：Nunberg, G. (2011, March 20). James Gleick's history of information. The

New York Times Sunday Book Review, p, BR1.

33 **每秒一百二十位元：**這個估計從數個不同來源而來。我最早是從齊克森米哈里（Mihalyi Csikszentmihalyi）處聽到，那是在2007年於史丹福大學一場關於流態的研討會上，我兩皆是該研討會講者。而語音處理專家史萊尼則提到，貝爾實驗室工程師賴奇（Robert Lucky）進行了獨立預測，認為不管模態如何，大腦皮質都無法以每秒超過五十位元的速度進行處理——這低於我在主文中引用的數字，但仍在數量級當中。齊克森米哈里解釋，他的估計是根據下面說法所進行的數量級粗估：「如同米勒以及其他人所指出的，我們在一次統覺中，可以處理五到七位元的資訊；每一次統覺要花上至少十五分之一秒，以七乘以十五計算，相當於每秒一百零五個位元。努斯邦姆曾計算過，要理解口語材料，要花上平均每秒六十位元。」

Csikszentmihalyi, M., & Nakamura, J. (2010). Effortless attention in everyday life: A systematic phenomenology. In B. Bruya (Ed.), *Effortless attention: A new perspective in the cognitive science of attention and action* (pp. 179-189). Cambridge, MA: MIT Press.

and, Csikszentmihalyi, M. (2007, May). Music and optimal experience. In G. Turow (Chair), Music, rhythm and the brain. *Symposium conducted at the meeting of The Stanford Institute for Creativity and the Arts, Center for Arts, Science and Technology*, Stanford, CA.

and, Csikszentmihalyi, M., *Personal communication*, November 8,2013.

and, Lucky, R. (1989). *Silicon dreams: Information, man, and machine*. New York, NY: St. Martin's Press.

and, Rajman, M., & Pallota, V. (2007). *Speech and language engineering (Computer and Communication Sciences)*. Lausanne, Switzerland: EPFL Press.

34 **充滿那麼多的誤解：**Csikszentmihalyi, M. (2007, May). *Music and optimal experience*. In G. Throw (Chair), Music, rhythm and the brain. Symposium conducted at the meeting of The Stanford Institute for Creativity and the Arts, Center for Arts, Science and Technology, Stanford, CA.

也難怪我們如此有目的性地尋求音樂的協助。音樂是我們一次能以超過兩人以上一起參與的案例。這是因為音樂具有和諧的結構，而且當人們一起演奏音樂時不會影響其理解力。

35 **陸地脊椎動物：**Dennett, D. C. (2009). The cultural evolution of words and other thinking tools. *In Cold Spring Harbor Symposia on Quantitative Biology* 74, 435-441.

38 **不注意視盲：**Mack, A., & Rock, I. (1998). *Inattentional blindness*. Cambridge, MA: The MIT Press.

38 **大猩猩研究：**Chabris, C. F., & Simons, D. J. (2011). *The invisible gorilla: And other ways our intuitions deceive us*. New York: Penguin Random House.

38 **康德和華茲華斯抱怨：**Blair, A. M. (2010). *Too much to know: Managing scholarly information before the modern age*. New Haven, CT: Yale University Press.

39 **分類減少心力消耗：**Direct quote from Rosch, E. (1978). *Principles of categorization*. In E. Rosch & B. B. Lloyd (Eds.), *Cognition and categorization* (pp. 27-48), Hillsdale, NJ: Lawrence Erlbaum Associates.

39 **歷史最初99%的時間：**Direct quote from Bryson, B. (2010). *At Home: A short history of private life*. New York, NY: Doubleday, p. 34.

39 **前所未有的交易量：**Almost direct quote from Wright, A. (2008). *Glut: Mastering information through the ages*. Ithaca, NY: Cornell University Press, p. 49.

39 **書寫的最早形式：**Childe, V. G. (1951). *Man makes himself* New York, NY: New American Library.

39 **埃及國王塔木思：**argued Postman, N. (1993). *Technopoly: The surrender of culture to technology*. New York, NY: Vintage, p. 74.

40 **卡利馬科斯說：書是「重大罪惡」：**Blair, A. M. (2010). Too much to know: Managing scholarly information before the modern age. New Haven, CT: Yale Uni-versity Press, p. 17.

40 **塞內卡反而建議：**Blair (2010), p. 15.

40 **「愚蠢、無知、惡意、誹謗……」：**Blair (2010).

40 **「回到野蠻狀態」：**Blair (2010). 14

40　「即使所有知識都可以在書本上找到……」：Blair, A. M. (2010). *Too much to know: Managing scholarly information before the modern age.* New Haven, CT: Yale University Press. On the topic of too many books, see also, Queenan, J. (2013). *One for the books.* New York, NY: Viking.

40　針對電視的警告：Greenstein, J. (1954). Effect of television upon elementary school grades. *The Journal of Educational Research,* 48(3), 161-176.

and, Maccoby, E. E. (1951). Television: Its impact on school children. *Public Opinion Quarterly,* 15(3), 421-444.

and, Scheuer, J. (1992). The sound bite society. *New England Review,* 14(4), 264-267.

and, Witty, P. (1950). Children's, parents' and teachers' reactions to television. *Elementary English,* 27(6), 349-355, p.396.

40　針對電腦的警告：Cromie, W. J. (1999, January 21). *Computer addiction is coming on-line.* Harvard Gazette.

and, Shaffer, H. J., Hall, M. N., & Vander Bilt, J. (2000). "Computer addiction": A critical consideration. *American Journal of Orthopsychiatry,* 70(2), 162-168.

40　針對iPod的警告：Cockrill, A., Sullivan, M., & Norbury, H. L. (2011). Music consumption: Lifestyle choice or addiction. *Journal of Retailing and Consumer Services,* 18(2), 160-166.

and, McFedries, P. (2005). Technically speaking: The iPod people. *IEEE Spectrum,* 42(2), 76.

and, Norbury, H. L. (2008). *A study of Apple's Wad: iPod addiction: Does it exist?* (Master's thesis). Swansea University, Wales.

40　針對iPad的警告：Aldridge, G. (2013, April 21). Girl aged four is Britain's youngest-known iPad addict. *Daily Mirror.*

and, Smith, J. L. (2013, December 28). Switch off-it's time for your digital detox. *The Telegraph.*

40　針對電子郵件的警告：Lincoln, A. (2011). FYI: TMI: Toward a holistic social theory of information overload. *First Monday* 16(3).

and, Taylor, C. (2002, June 3).steps for e-mail addicts. *Time.*

40　針對推特的警告：Hemp, P. (2009). Death by information overload. *Harvard Business Review,* 87(9), 82-89.

and, Khang, H., Kim, J. K., & Kim, Y. (2013). Self-traits and motivations as antecedents of digital media flow and addiction: The Internet, mobile phones, and video games. *Computers in Human Behavior,* 29(6), 2416-2424.

and, Saaid, S. A., Al-Rashid, N. A. A., & Abdullah, Z. (2014). The impact of addiction to Twitter among university students. In J. J. Park, I. Stojmenovic, M. Choi, & F. Xhafa (Eds.), Lecture notes in electrical engineering Vol. 276: *Future information technology* (pp. 231-236). Springer.

40　針對臉書的警告：Pinker, S. (2010, June 11). Mind over mass media. *The New York Times,* p. A31,

and, Saenz, A. (2011, December 13). How social media is ruining your mind. Retrieved from http://singularityhub.com

41　到了1623年，這一數字……：Citing Brian Ogilvie, in Blair, A. M. (2010). *Too much to know: Managing scholarly information before the modern age.* New Haven, CT: Yale University Press, p. 12.

41　草類就有九千種：United States Department of Agriculture. (n.d.). Retrieved from www.usda.gov

41　二千七百種棕櫚樹：Fairchild Tropical Botanical Garden, Coral Gables, FL (2011).

41　這個數字還在不斷增加中：Jowit, J. (2010, September 19). Scientists prune list of world's plants. *The Guardian.*

and, Headrick, D. R. (2000). *When information came of age: Technologies of knowledge in the age of reason and revolution, 1700-1850.* New York, NY: Oxford University Press, p. 20.

41　增加了至少三千篇：Nervous system squid. (2012, February 8). Internet search: Google Scholar. Retrieved from http://scholar.google.com

41　五百萬兆兆位元：Lyman, P., Varian, H. R., Swearingen, K., Charles, P., Good, N., Jordan, L. L., & Pal, J. (2003). How much information? 2003 (University of California at Berkeley School of Information Management Report). Retrieved from http://www2.sims.berkeley.edu

41　館藏字數的五萬倍：Wright, A. (2008). *Glut: Mastering information through the ages.* Ithaca, NY: Cornell University Press, p. 6.

42　警告系統：在科學文獻中，這通常被稱為顯著性網絡或定向系統。

42　**只注重相關的資訊**：在科學文獻中，這通常被稱為使用由上到下的處理歷程，特別是警示系統。

45　**「影子工作」**：Illich, I. (1981). *Shadow work*. London, UK: Marion Boyars.

and, Lambert, C. (2011, October 30). Our unpaid, extra shadow work. *The New York Times*, p. SR12.

45　**淘汰一次手機**：Manjoo, F. (2014, March 13). A wild idea: Making our srnartphones last longer. *The New York Times*, p. B1.

45　**選出適任的官員代表**：Turner, C. (1987), *Organizing information: Principles and practice.* London, UK: Clive Bingley, p. 2.

49　**四到九個月大的人類嬰兒**：Baillargeon, R., Spelke, E. S., & Wasserman, S. (1985). Object permanence in five-month-old infants. *Cognition*, 20(3), 191-208.

and, Munakata, Y., McClelland, J. L., Johnson, M. H., & Siegler, R. S. (1997). Rethinking infant knowledge: Toward an adaptive process account of successes and failures in object permanence tasks. *Psychological Review*, 104(4), 686-713.

50　**與其他系統溝通**：Levinson, S. C. (2012). Kinship and human thought. Science, 336(6084), 988-989.

50　**六千種通用語言**：Levinson, S. C. (2012). Kinship and human thought. Science, 336(6084), 988-989.

50　**在許多語言中情況卻有所不同**：Trautmann, T. R. (2008). *Lewis Henry Morgan and the invention of kinship.* Lincoln, NE: University of Nebraska Press.

53　**日本鵪鶉**：Wilson, G. D. (1987). *Variant sexuality: Research and theory.* Baltimore, MD: The Johns Hopkins University Press.

53　**為植物和動物命名的模式**：Atran, S. (1990). *Cognitive foundations of natural history: Towards an anthropology of science.* New York, NY: Cambridge University Press.

57　**「對於所使用的各式各樣東西都感興趣」**：Atran, S. (1990). *Cognitive foundations of natural history: Towards an anthropology of science.* New York, NY: Cambridge University Press, p. 216.

57　**三萬種食用植物中**：Bryson, B. (2010). *At home: A short history of private life.* New York, NY: Doubleday, p. 37.

第二章　注意力與記憶力如何運作

64　**讀了好幾頁的書卻不記得內容**：Schooler, J. W., Reichle, E. D., & Halpern, D. V. (2004). Zoning out while reading: Evidence for dissociations between experience and meta-consciousness. In D. T. Levin (Ed.), *Thinking and seeing: Visual metacognition in adults and children* (pp. 203-226). Cambridge, MA: MIT P

64　**白日夢模式（或稱魂不守舍模式）**：In particular, the insula. Menon, V., & Uddin, L. Q. (2010). Saliency, switching, attention and control: A network model of insula function. *Brain Structure and Function*, 214(5-6), 655-667.

and, Andrews-Hanna, J. R., Reidler, J. S., Sepulcre, J., Poulin, R,, & Buckner, R. L. (2010). Functional-anatomic fractionation of the brain's default network. *Neuron*, 65(4), 550-562.

and, D'Argembeau, A., Collette, F., Van der Linden, M., Laureys, S., Del Fiore, G., Degueldre, C., Salmon, E. (2005). Self-referential reflective activity and its relationship with rest: A PET study. *Neuralmage*, 25(2), 616-624.

and Gusnard, D. A., & Raichle, M. E. (2001). Searching for a baseline: Functional imaging and the resting human brain. *Nature Reviews Neuroscience*, 2(10), 685-694.

and, Jack, A. I., Dawson, A. J., Begany, K. L., Leckie, R. L., Barry, K. P., Ciccia, A. H., & Snyder, A. Z. (2013). fMRI reveals reciprocal inhibition between social and physical cognitive domains. *Neurolmage*, 66,385-401.

and, Kelley, W. M., Macrae, C. N., 'Nyland, C. L., Caglar, S., Inati, S., & Heather-ton, T. F. (2002). Finding the self? An event-related fMRI study. *Journal of Cognitive Neuroscience*, 14(5), 785-794.

and, Raichle, M. E., MacLeod, A, M., Snyder, A. Z., Powers, W. J., Gusnard, D. A., & Shulman, G. L. (2001). A default mode of brain function. *Proceedings of the National Academy of Sciences*, 98(2), 676-682.

and, Wicker, B., Ruby, P., Royet, J. P., & Fonlupt, P. (2003). A relation between rest and the self in the brain? *Brain Research Reviews*, 43(2), 224-230.

64　**那就是白日夢模式**：Raichle, M. E., MacLeod, A. M., Snyder, A. Z., Powers, W. j., Gusnard, D. A., & Shulman, G. L. (2001). A default mode of brain function. *Proceedings of the National Academy of Sciences*, 98(2), 676-682.
　　在科學文獻中，我所稱的白日夢模式（心智漫遊模式），指的是不履行模式或無任務網絡。中央執行模式指的則是執行任務網絡。

64　**「不履行模式」**：Raichle, M. E., MacLeod, A. M., Snyder, A. Z., Powers, W. J., Gus-nard, D. A., & Shulman, G. L. (2001). A default mode of brain function. *Proceedings of the National Academy of Sciences*, 98(2), 676-682.

65　**這兩種大腦狀態形成了一種陰與陽的關係**：Binder, J. R., Frost, J. A., Hammeke, T. A., Bellgowan, P. S., Rao, S. M., & Cox, R. W. (1999). Conceptual processing during the conscious resting state: A functional MRI study. *Journal of Cognitive Neuroscience*, 11(1), 80-93.
　　and, Corbetta, M., Patel, G., & Shulman, G. (2008). The reorienting system of the human brain: From environment to theory of mind. *Neuron*, 58(3), 306-324.
　　and, Fox, M. D., Snyder, A., Z., Vincent, J. L., Corbetta, M., Van Essen, D. C., & Raichle, M. E. (2005). The human brain is intrinsically organized into dynamic, anticorrelated functional networks. *Proceedings of the National Academy of Sciences*, 102(27), 9673-9678.
　　and, Mazoyer, B., Zago, L., Mellet, E., Bricogne, S., Etard, 0., Houde, 0., ... Tzourio-Mazoyer, N. (2001). Cortical networks for working memory and executive functions sustain the conscious resting state in man. *Brain Research Bulletin*, 54(3), 287-298.
　　and, Shulman, G. L., Fiez, J. A., Corbetta, M., Buckner, R. L., Miezin, F. M., Raichle, M. E., & Petersen, S. E. (1997). Common blood flow changes across visual tasks: II. Decreases in cerebral cortex. *Journal of Cognitive Neuroscience*, 9(5), 648-663.

65　**越壓抑白日夢**：Menon, V., & Uddin, L. Q. (2010). Saliency, switching, attention and control: A network model of insula function. *Brain Structure and Function*, 214(5-6), 655-667.

65　**注意力過濾器**：作者在此處為了清楚簡潔，將神經科學文獻中分別開來的三種系統，統稱為一個。這三系統分別是：注意力過濾器、顯著偵測，以及警告模式。這種區分對神經科學家來說很重要，對於非專家來說則沒有那麼重要。

65　**白日夢模式是種網絡**：Greicius, M. D., Krasnow, B., Reiss, A. L., & Menon, V. (2003). Functional connectivity in the resting brain: A network analysis of the default mode hypothesis. *Proceedings of the National Academy of Sciences*, 100(1), 253-258.

67　**這個切換的機制受到大腦中稱為島葉的部位所控制**：Sridharan, D., Levitin, D. J., & Menon, V. (2008). A critical role for the right fronto-insular cortex in switching between central-executive and default-mode networks. *Proceedings of the National Academy of Sciences*, 105(34), 12569-12574.
　　島葉也與注意力有關，因為它能幫助調節生理及情緒上的衝動。衝動通常表示喪失了體內平衡；注意這些情況對我們來說是重要的，口渴或飢餓即是明顯的例子，或是瘋狂想吃蛋白質，或是特別想待在涼爽環境中，這些都是；但是持續性注意力需要我們去壓抑這些衝動。我們當中有些人比其他人更擅長這麼做。在我們當中的某些人身上，專注力贏得勝利，但最後我們的生理卻不太舒服；而在其他人身上，則是衝動勝出，我們會在我們真的需要工作的時候，還頻繁地跑去翻冰箱。島葉幫助平衡這些，它的另一部分工作則是在重要的衝動升起時，將信號送到意識。光是大腦中的「誰」來決定何者重要，這又可以是另一本書的主題了。有趣的是，試著要戒菸的腦部損傷者，若傷到的是島葉的部分，戒菸會順利一些。這是因衝動無法被傳達到意識處。Naqvi, N. FL, Rudrauf, D., Damasio, H., & Bechara, A. (2007). Damage to the insula disrupts addiction to cigarette smoking. *Science*, 315(5811), 531-534.

67　**注意力在兩個外部對象之間的轉換，涉及到顱葉與額葉的交界處**：Corbetta, M., Patel, G., & Shulman, G: L. (2008). The reorienting system of the human brain: From environment to theory of mind. *Neuron*, 58(3), 306-324.
　　and, Shulman, G. L., & Corbetta, M. (2014). Two attentional networks: Identification and function within a larger cognitive architecture. In M. Posner (Ed.), *The cognitive neuroscience of attention* (2nd ed.) (pp. 113-128). New York, NY:

Guilford Press.

另一個觀點請見：Geng, J. J., & Vossel, S. (2013). Re-evaluating the role of TPJ in attentional control: Contextual updating? *Neuroscience & Biobehavioral Reviews*, 37(10), 2608-2620.

68　**就像一個蹺蹺板**：Meyer, M. L., Spunt, R. P., Berkman, E. T., Taylor, S. E., & Lieberman, M. D. (2012). Evidence for social working memory from a parametric functional MRI study. *Proceedings of the National Academy of Sciences*, 109(6), 1883-1888.

70　**丹尼爾‧丹尼特表示**：Dennett, D. C. (1991). *Consciousness explained*. New York, NY: Little, Brown and Company.

70　**最多同時只能注意到四或五項事物**：喬治‧米勒1956年的經典發現指出，注意力局限在7±2個物件上。這曾是數十年來的標準教材，但現在這個說法在神經科學中已開始被一個範圍更限定的四個物件說給取代。

Cowan, N. (2009). Capacity limits and consciousness. In T. Baynes, A. Cleeremans, & P. Wilken (Eds.), Oxford companion to consciousness (pp. 127-430). New York, NY: Oxford University Press.

and, Cowan, N, (2010), The magical mystery four: How is working memory capacity limited, and why? *Current Directions in Psychological Science*, 19(1), 51-57.

70　**人類的注意力系統由四個部分組成**：認知神經科學家辨認出第五個組成部分，也就是前面注解中所提到的改變或警告系統。這在概念上與注意力過濾有所區別。但在此處，我將它視為任務執行模式的特殊案例。於這個狀況下，任務為尋找或警戒。

這是一個持續保持警戒的狀態。在這個狀態下，休息狀態被偵測及回應預期信號的準備中的新狀態給取代。當我們在等電話響起、等待交通號誌燈變綠，或等待另一隻鞋子掉下來時，我們會這麼做。它的特徵是一種高度覺知、感官敏感以及醒覺的感受。

71　**白日夢網絡募集位於前額葉皮層內的神經元**：Menon, V., & Uddin, L. Q. (2010). Saliency, switching, attention and control: A network model of insula function. *Brain Structure and Function*, 214(5-6), 655-667.

71　**緊密的纖維連接到前額葉皮層**：Corbetta, M., Patel, G., & Shulman, G. L. (2008). The reorienting system of the human brain: From environment to theory of mind. *Neuron*, 58(3), 306-324.

71　**抑制神經傳導的GABA**：Kapogiannis, D., Reiter, D. A., Willette, A. A., & Mattson, M. P. (2013). Posteromedial cortex glutamate and GABA predict intrinsic functional connectivity of the default mode network. NeuroImage, 64, 112-119.

71　**（來自名為COMT的基因）**：Baldinger, P., Hahn, A., Mitterhauser, M., Kranz, G. S., Friedl, M., Wadsak, W., ... Lanzenberger, R. (2013). Impact of COMT genotype on serotonin-1A receptor binding investigated with PET, *Brain Structure and Function*, 1-12.

71　**運送血清素的基因SLC6A4**：Bachner-Melman, R., Dina, C., Zohar, A. H., Constantini, N., Lerer, E., Hoch, S., ...Ebstein, R. P. (2005). AVPR1a and SLC6A4 gene polymorphisms are associated with creative dance performance. *PLoS Genetics*, 1(3), e42.

and, Ebstein, R. P., Israel, S., Chew, S. H., Zhong, S., & Knafo, A. (2010). Genetics of human social behavior. *Neuron*, 65(6), 831-844.

71　**以及……基底神經節**：Posner, M. I., & Fan, J. (2008). *Attention as an organ system*. In J. R. Pomerantz (Ed.), *Topics in integrative neuroscience: From cells to cognition* (pp. 31-61), New York, NY: Cambridge University Press.

71　**維持注意力也取決於去甲腎上腺素和乙醯膽鹼**：Sarter, M., Givens, B., & Bruno, J. P. (2001). The cognitive neuroscience of sustained attention: Where top-down meets bottom-up. *Brain Research Reviews*, 35(2), 146-160.

72　**前額葉皮質右側的乙醯膽鹼**：Howe, W. M., Berry, A. S., Francois, J., Gilmour, G., Carp, J, M., Tricklebank, M., ... Sarter, M. (2013). Prefrontal cholinergic mechanisms instigating shifts from monitoring for cues to cue-guided performance: Converging electrochemical and fMRI evidence from rats and humans. *The Journal of Neuroscience*, 33(20), 8742-8752.

and, Sarter, M., Givens, B., & Bruno, J. P. (2001). The cognitive neuroscience of sustained attention: Where top-down meets bottom-up. *Brain Research Reviews*, 35(2), 146-160.

and, Sarter, M., & Parikh, V. (2005). Choline transporters, cholinergic transmission and cognition. *Nature Reviews*

Neuroscience, 6(1), 48-56.

72 大腦中的乙醯膽鹼濃度則可在不到一秒的時間內迅速變化：Howe, W. M., Berry, A. S., Francois, J., Gilmour, G., Carp, J. M., Tricklebank, M., ...Sarter, M. (2013). Pre-frontal cholinergic mechanisms instigating shifts from monitoring for cues to cue-guided performance: Converging electrochemical and fMRI evidence from rats and humans. *The Journal of Neuroscience*, 33(20), 8742-8752.

72 乙醯膽鹼在睡眠中也發揮作用：Sarter, M., & Bruno, J. P. (1999). Cortical cholinergic inputs mediating arousal, attentional processing and dreaming: Differential afferent regulation of the basal forebrain by telencephalic and brainstem afferents. *Neuroscience*, 95(4), 933-952.

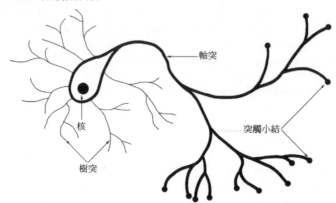

72 乙醯膽鹼和去甲腎上腺素是藉由異源受體整合進入大腦迴路：Sarter, M., *personal communication*. December 23,2013.

72 尼古丁有助於在人們被誤導時提高信號的檢測率：Witte, E. A., Davidson, M. C., & Marrocco, R. T. (1997). Effects of altering brain cholinergic activity on covert orienting of attention: Comparison of monkey and human performance. *Psychopharmacology*, 132(4), 324-334.

72 注意力過濾器也與扣帶並肩作戰：Menon, V., & Uddin, L. Q. (2010). Saliency, switching, attention and control: A network model of insula function. *Brain Structure and Function*, 214(5-6), 655-667.

72 注意力過濾器內含警告系統：Called the alerting system in most of the neuroscientific literature, e.g., Posner, M. I. (2012). *Attention in a social world*. New York, NY: Oxford University Press.

73 藥物，如胍法辛：Marrocco, R. T., & Davidson, M. C. (1998). *Neurochemistry of attention*. In R. Parasuraman (Ed.), *The attentive brain* (pp. 35-50). Cambridge, MA: MIT Press.
    至於其他觀點，請見Clerkin, S. M., Schulz, K. P., Halperin, J. M., Newcorn, J. H., Ivanov, L, Tang, C. Y., & Fan, J. (2009). Guanfacine potentiates the activation of prefrontal cortex evoked by warning signals. *Biological Psychiatry*, 66(4), 307-312.

73 注意力開關由去甲腎上腺素和皮質醇所掌控：**governed by noradrenaline and cortisol@** Hermans, E. J., van Marie, H. J., Osse-waarde, L., Henckens, M. J., Qin, S., van Kesteren, M. T., ... Fernandez, G. (2011). Stress-related noradrenergic activity prompts large-scale neural network reconfiguration. *Science*, 334(6059), 1151-1153.
    and, Frodl-Bauch, T., Bottlender, R., & Hegerl, U. (1999). Neurochemical substrates and neuroanatomical generators of the event-related P300. *Neuropsychobiology*, 40(2), 86-94.

73 這裡……多巴胺的濃度提高：Dang, L. C., O'Neil, J. P., & Jagust, W. J. (2012). Dopamine supports coupling of attention-related networks. *The Journal of Neuroscience*, 32(28), 9582-9587.

73 演化歷史淵遠流長的去甲腎上腺素系統：Corbetta, M., Patel, G., & Shulman, G. L. (2008). The reorienting system of the human brain: From environment to theory of mind. *Neuron*, 58(3), 306-324.

74　「靠牆的書櫃上滿是書籍」：Wegner, D, M. (1987). Transactive memory: A contemporary analysis of the group mind. In B. Mullen & G. R. Goethals (Eds.), Theories of group behavior (pp. 185-208). New York, NY: Springer-Verlag, p. 187.

74　而學生把考試答案寫在手上：Wegner, D. M. (1987). *Transactive memory: A contemporary analysis of the group mind.* In B. Mullen & G. R. Goethals (Eds.), *Theories of group behavior* (pp. 185-208). New York, NY: Springer-Verlag, p. 187.

74　「記憶並不可靠」：Harper, J. (Writer). (2011). *Like a redheaded stepchild* [television series episode]. In B. Heller (Executive producer), *The Mentalist* (Season 3, Episode 21). Los Angeles, CA: CBS Television.

75　還有一個問題：那就是記憶是會改變的：Diekelmann, S., Btichel, C., Born, J., & Rasch, B. (2011). Labile or stable: Opposing consequences for memory when reactivated during waking and sleep. *Nature Neuroscience*, 14(3), 381-386.
and, Nader, K., Schafe, G. E., & LeDoux, J. E. (2000). Reply-Reconsolidation: The labile nature of consolidation theory. *Nature Reviews Neuroscience*, 1(3), 216-219.

78　即使是美國總統布希都誤記憶說：Greenberg, D. L. (2004). President Bush's false [flashbulb] memory of 9111/01. *Applied Cognitive Psychology*, 18(3), 363-370.
and, Talarico, J. M., & Rubin, D. C. (2003). Confidence, not consistency, charac-terizes flashbulb memories, *Psychological Science*, 14(5), 455-461.

79　表現不如我們牢記的第一個項目：在某些例子中，清單上的第一件及最後一件物品被記憶的牢固度是一樣的；而在一些例子中，最後一個物件被記憶的牢固度較第一件高。這些差異主要因為兩個變因：這個清單有多長，以及你是否在遇到這些物件時進行複誦。如果清單很長又沒有進行複誦，初始效果就會降低。如果清單長度中等並進行複誦，初始效果便會比新近效果久，因為你較早遇到的物件比稍後的物件接受了更多複誦及編碼。

79　問題中是否有碎玻璃的出現：Loftus, E. F., & Palmer, J. C. (1974). Reconstruc-tion of automobile destruction: An example of the interaction between language and memory. *Journal of Verbal Learning and Verbal Behavior*, 13(5), 585-589.

79　回憶這個行為本身也會因為扭曲因素的引入而改變記憶：Nader, K., & Hardt, O. (2009). A single standard for memory: The case for reconsolidation. *Nature Reviews Neuroscience*, 10(3), 224-234.

80　「下回你提取『檔案』時……」：Perry, B. D., & Szalavitz, M. (2006). *The boy who was raised as a dog and other stories from a child psychiatrist's notebook: What traumatized children can teach us about loss, love, and healing.* New York, NY: Basic Books, p. 156.

81　我們最常使用的是自然而富代表性的單詞：Rosch, E. (1978). *Principles of categorization.* In E. Rosch & B. B. Lloyd (Eds.), *Cognition and categorization* (pp. 27-48). Hillsdale, NJ: Lawrence Erlbaum Associates.

82　可追溯到亞里士多德：Irwin, T. H. (1988). *Aristotle's first principles.* New York, NY: Oxford University Press.
and, MacNamara, J. (1999). *Through the rearview mirror: Historical reflections on psychology.* Cambridge, MA: MIT Press, p. 33.
and, Vogt, K. (2010). *Ancient skepticism.* In E. N. Zalta (Ed.), *The Stanford encyclopedia of philosophy* (Winter 2011 ed.). Retrieved from http://plato.stanford.edu /entries/skepticism-ancient/

86　系統分類：Ross, B. H., & Murphy, G. L. (1999). Food for thought: Cross-classification and category organization in a complex real-world domain. *Cognitive Psychology*, 38(4), 495-553.

86　這些連接代表著學習：Seung, S. (2012). *Connectome: How the brain's wiring makes us who we are.* New York, NY: Houghton Mifflin Harcourt.

87　在大腦中具有特定的位置：雖然心理範疇的準確區域因人而異，但在同一個人身上，它往往是穩定的，固定於大腦中的一個特定區域。

88　何謂競賽／遊戲：Wittgenstein, L. (2010). *Philosophical investigations.* New York, NY: John Wiley & Sons.

91　隨身攜帶一支筆記記事本的人：不出所料，大多數人不希望名字在本書出現，但這份名單包括數名諾貝爾獎得主、頂尖科學家、藝術家和作家、財星五百強以及全國性政治人物。

91　「就像身上背著石板和鑿子」：Sandberg, S. (2013, March 17). By the book: Sheryl Sandberg. *The New York Times*

Sunday Book Review, p. BR8.

92　「你的思維會在你無力處理時提醒你⋯⋯」：Allen, D. (2008). *Making it all work: Winning at the game of work and business of life*. New York, NY: Penguin, p. 35.

92　「如果我一直把一項工作只記在心裡⋯⋯」：Allen, D. (2002). *Getting things done: The art of stress-free productivity*. New York, NY: Penguin, p. 15.

92　「你必須確保⋯⋯」：Allen, D. (2002). *Getting things done: The art of stress-free productivity*. New York, NY: Penguin.

93　「當資訊以小紙片的方式組織⋯⋯」：Pirsig, R. (1991). *Lila: An inquiry into morals*. New York, NY: Bantam.

95　「與其間⋯⋯」：Pirsig, R. (1991). *Lila: An inquiry into morals*. New York, NY: Bantam.

96　**使用索引卡片，你可以完全不受限制地整理並重新排列：**假設你今天要打電話給十個人，你可以把每個人的名字及電話寫在一張小卡上，再附加上一個提示物或是一些明顯的筆記，然後寫下他們需要討論的事。在第二通電話中，你得知了一個時間緊迫的消息，而那正好與名單上的第十人有關，你可以拿出小卡，把這人的卡片放在最上面。至於你的採買清單，你可以根據取用的時間將卡片疊起來，但如果你發現你剛好會開車經過雜貨店，而且時間還有餘裕，你可以從那疊卡片中拿出採買清單那張卡片，將它疊在最上面。

97　**保羅・西蒙無論到哪裡都帶著他的筆記本：**Simon, P., *personal communication*. September 19, 2013, New York, NY.

97　**約翰 R. 皮爾斯：**Pierce, J. R., *personal communication*. January 3, 1999, Palo Alto, CA.

97　**馬克吐溫、托馬斯・傑弗遜和喬治・盧卡斯：**McKay, B., & McKay, K. (2010, September 13). The pocket notebooks of 20 famous men [Web log message]. Retrieved from http://www.artofmanliness.com/2010/09/13/the-pocket-notebooks-of-20-famous-men/

第三章　我們為什麼老是弄丟東西？組織你的家園

101　**今日的我們不吃的東西：**Bryson, B. (2010). *At home: A short history of private life*. New York, NY: Doubleday, pp. 52-53.

and, Steyn, P. (2011). *Changing times, changing palates: The dietary impacts of Basuto adaptation to new rulers, crops, and markets, 1830s-1966*. In C. Folke Ax, N. Brimnes, N. T. Jensen, & K. Oslund (Eds.), *Cultivating the colonies: Colonial states and their environmental legacies* (pp. 214-236). Columbus, OH: Ohio University Press.

See also, Hopkins, J. (2004). *Extreme cuisine: The weird & wonderful foods that people eat*, North Clarendon, VT: Tuttle Publishing.

102　**公務員還曾要求一紙保證：**Bryson, B. (2010). *At home: A short history of private life*. New York, NY: Doubleday, p. 80.

102　**一千六百年前：**Bryson, B. (2010). *At home: A short history of private life*. New York, NY: Doubleday, pp. 56-61.

102　**二千二百六十項有形物品：**Arnold, J. E., Graesch, A. P., Ragazzini, E., & Ochs, E. (2012). *Life at home in the twenty-first century: 32 families open their doors*. Los Angeles, CA: Cotsen Institute of Archaeology Press at UCLA.

and, Segerstrom, S. C., & Miller, G, E. (2004). Psychological stress and the human immune system: a meta-analytic study of 30 years of inquiry. *Psychological Bulletin*, 130(4), 601-630.

102　**舊家具霸佔車庫：**This is nearly a direct quote from Kolbert, E. (2012, July 2). *Spoiled rotten*. The New Yorker.

102　**四分之三的美國人說⋯⋯：**Teitell, B. (2012, July 10). Boxed in wanting out. The Boston Globe.

102　**女性的皮質醇濃度會急遽增高：**Green, P. (2012, June 28). *The way we live: Drowning in stuff*. The New York Times, p. D2.

102　**皮質醇濃度升高可能會導致⋯⋯：**Kirschbaum, C., Wolf, O. T., May M., wippich, W., & Hellhammer, D. H. (1996). Stress- and treatment-induced elevations of cortisol levels associated with impaired declarative memory in healthy adults. *Life Sciences*, 58(17), 1475-1483.

and, Lupien, S. J., Nair, N. P. V., Briere, S., Maheu, F., Tu, M. T., Lemay, M., ... Meaney, M. J. (1999). Increased cortisol levels and impaired cognition in human aging: Implication for depression and dementia in later life. *Reviews in the Neurosciences*, 10(2), 117-140.

and, Melamed, S., Ugarten, U., Shirom, A., ICahana, L., Lerman, Y., & Froom, P. (1999). Chronic burnout, somatic arousal and elevated salivary cortisol levels. *Journal of Psychosomatic Research*, 46(6), 591-598.

102　**抑制人體的免疫系統**：Maule, A. G., Schreck, C. B., & Kaattari, S. L. (1987). Changes in the immune system of coho salmon (Oncorhynchus kis utch) during the parr-to-smolt transformation and after implantation of cortisol. *Canadian Journal of Fisheries and Aquatic Sciences*, 44(1), 161-166.

105　**蘭蔻提供設備和商品**：Interview with MAC counter agent at Macy's San Francisco (Union Square) store, December 30, 2013, 11:15 A.M. (her name is being withheld because she is not authorized to speak on behalf of the company). This was confirmed in an interview with the associate manager.

105　**最大量的資訊**：Rosch, E. (1978). *Principles of categorization*. In E. Rosch & B. B. Lloyd (Eds.), *Cognition and categorization* (pp. 27-48). Hillsdale, NJ: Lawrence Erlbaum Associates.

106　**就是靠著牠的海馬迴**：Lavenex, P., Steele, M. A., & Jacobs, L. F. (2000). Sex differences, but no seasonal variations in the hippocampus of food-caching squirrels: A stereological study. *The Journal of Comparative Neurology*, 425(1), 152-166.

106　**倫敦所有的計程車司機都必須通過城市交通路線的常識測試**：Harrison, L. (2012, August 6). Taxi drivers and the importance of 'The Knowledge'. *The Telegraph*.
and, No GPS! Aspiring London taxi drivers memorize a tangle of streets [Video file]. (2013, April 11). NBC News. Retrieved from www.nbcnews.com

106　**倫敦計程車司機的海馬迴**：Maguire, E. A., Frackowiak, R. S. J., & Frith, C. D. (1997). Recalling routes around London: Activation of the right hippocampus in taxi drivers. *The journal of Neuroscience*, 17(18), 7103-7110.
and, Maguire, E. A., Gadian, D. G., Johnsrude, I. S., Good, C. D., Ashburner, J., Frackowiak, R. S. J., & Frith, C. D. (2000). Navigation-related structural change in the hippocampi of taxi drivers. *Proceedings of the National Academy of Sciences*, 97(8), 4398-4403.
and, Maguire, E. A., Woollett, K., & Spiers, H. J. (2006). London taxi drivers and bus drivers: A structural MRI and neuropsychological analysis. *Hippocampus*, 16(12), 1091-1101.

106　**海馬迴的體積增加**：Deng, W., Mayford, M., & Gage, F. H. (2013). Selection of distinct populations of dentate granule cells in response to inputs as a mechanism for pattern separation in mice. *eLife*, 2, e00312.

107　**著名的記憶系統**：goer, J. (2011). *Moonwalking with Einstein: The art and science of remembering everything*. New York, NY: Penguin.

107　**認知功能的義肢**：Kosslyn, S. M., & Miller, G. W. (2013, October 18). A new map of how we think: Top brain/bottom brain. *The Wall Street Journal*.

107　**齊瓦哥醫生**：瓊妮・蜜雪兒（Joni Mitchell）回想：「我記得我第一次看那部電影時的事。當然我喜愛它的攝影、故事以及服裝。但當Julie Christie走到前門口，把鑰匙掛上掛鉤時，我心想：『這是我可以學起來的事。』她把鑰匙放在不會弄掉的地方。」Mitchell, J., *personal communication*. October 4, 2013.

108　**「我記不得各式各樣〔其他〕東西擺在哪裡」**：Dominus, S. (2014, January 26). My moves speak for themselves. *The New York Times Sunday Magazine*, p. MM10.

108　**把雨傘放在前門附近**：Kosslyn, S., personal communication. August, 2013.

109　**如果無論晴雨，傘一直都放在門旁**：效率專家建議，把東西放在我們會需要用到它們的地方。

110　**「我不想浪費精力翻找東西……」**：Conversation with the author, September 7, 2012, British Columbia.

110　**史蒂芬・斯蒂爾斯家中的工作室**：Conversation with the author, January 3, 2013.

110　**麥可傑克森一絲不苟地編目管理他所有的財產**：Logan, L. (Writer). (2013). Michael Jackson's lucrative legacy [television series episode]. In J. Fagar (Executive producer), *60 Minutes*. New York, NY: CBS News.

111　**這個數目較實際的說法可能是接近四項**：Cowan, N. (2010). The magical mystery four: How is working memory capacity limited, and why? *Current Directions in Psychological Science*, 19(1), 51-57.
and, Cowan, N. (2009). *Capacity limits and consciousness*. In T. Bayne, A. Cleere-mans & P. Wilken (Eds.), Oxford companion to consciousness (pp. 127-130). New York, NY: Oxford University Press.

112 **他們需要掌控自身的心理與外在環境：** Direct quote from Allen, D. (2008). *Making it all work: Winning at the game of work and the business of life*. New York, NY: Penguin, p. 18.

112 **使你能看見常常需要的東西：** Norman, D. (2013). *The design of everyday things: Revised and expanded edition*. New York, NY: Basic Books.

112 **為了要組織生活空間：** 整理層架和抽屜的4個主要認知原則如下：把經常使用的物件擺在看得見的地方，或至少擺在方便取用的地方；按照同樣的道理，把不常用的物件藏起來，這樣它們才不會分散你的注意力；把類似的東西收在一起；把會搭配在一起使用的物件收在一起，就算它們不是「相似物件」亦然；如果可能的話，進行分層式的整理。

112 **擺放酒瓶的原則：** Nearly direct quote from Mutkoski, S. (professor, Cornell School of Hotel Administration), *personal communication*. May 2, 2013.

112 **肯塔基州萊辛頓的酒吧：** Nearly direct quote from Mutkoski, S. (professor, Cornell School of Hotel Administration), *personal communication*. May 2, 2013.

115 **準備考試的學生：** Farnsworth, P. R. (1934). Examinations in familiar and unfamiliar surroundings. *The journal of Social Psychology*, 5(1), 128-129.

and, Smith, S. M. (1979). Remembering in and out of context. *Journal of Experimental Psychology Human Learning and Memory*, 5(5), 460-471, p. 460.

and, Smith, S. M., & Vela, E. (2001). Environmental context-dependent memory: A review and meta-analysis. *Psychonomic Bulletin & Review*, 8(2), 203-220.

115 **大腦的設計原本就不能在……：** 我以較不嚴謹的角度來使用這個詞彙；大腦不是被設計出來的，而是做為一個特殊目的處理模組的總集合，不斷演化而來的。

117 **1941年……由牛津檔案系統供應公司：** by the Jonas, F. D.(1942). U.S. Patent No. 2305710 A. East Willison, NY. U. S. Patant and Trademark Office。由喬納斯和牛津申請的相關專利包括US2935204, 2312717, 2308077, 2800907, 3667854, 2318077和其他更多。

118 **你擁有的文件夾類別可能包括：** Creel, R.(2013).How to set up an effective filing system. Smead Corporation. Retrieved from http://www.smead.com/hot-topics/filing-system-1396.asp

and, United States Evrionmental Protection Agency. (2012). Records management tools. Retrieved from http://www.epa.gov

118 **對於……你常用的文件：** 另一方面，不常用的文件不需要得到這樣層級的注意力。你可能想要保留家用器具的銷售收據，是為了授權聲明的需求。假如你的使用經驗是，其實你不常用壞它，為所有收據預備一個資料夾是個彆有效率的做法，比起為每個器具都預備單一一個資料夾來得好。當三年內的某一天你需要找到洗衣機的收據，你只需要花上兩三分鐘從所有收據的資料中篩選，就可以找到東西。

119 **把所有東西都放在固定地方：** Merrill, D. C., & Martin, J. A. (2010). *Getting organized in the Google era: How to get stuff out of your head, find it when you need it, and get it done right.* New York, NY: Crown Business, p. 73.

120 **無法做到一心多用……：** As quoted in Kastenbauin, S. (2012, May 26). Texting while walking a dangerous experiment in multitasking [audio. p ocicast]. *CNN Radio*.

120 **我們比較像是一個糟糕的業餘轉盤子雜技演者：** Naish, J. (2009, August 11). Is multi-tasking bad for your brain? Experts reveal the hidden perils of juggling too many jobs. *Daily Mail*.

120 **現在手機擁有者多過擁有廁所的人：** Six billion of the world's 7 billion people have cell phones, while only 4.5 billion have toilets, according to a United Nations report, Worstall, T. (2013, March 23). More people have mobile phones than toilets. *Forbes*.

121 **降低你的有效智商多達十分：** Naish, J. (2009, August 11). Is multi-tasking bad for your brain? Experts reveal the hidden perils of juggling too many jobs. *Daily Mail*. and, Wilson, G. (2010). Infomania experiment for Hewlett-Packard. Retrieved from www.drglennwilson.com

121 **資訊會來到海馬週：** Foerde, K., Knowlton, B. J., & Poldrack, R. A. (2006). Modulation of competing memory systems

by distraction. *Proceedings of the National Academy of Sciences*, 103(31), 11778-11783.

and, Cohen, N. J., & Eichenbaurn, H. (1993). *Memory, amnesia, and the hippocampal system.* Cambridge, MA: MIT Press.

121 「人們『一心多用』的表現不可能太好……」：As quoted in Naish, J. (2009, August 11). Is multi-tasking bad for your brain? Experts reveal the hidden perils of juggling too many jobs. *Daily Mail.*

121 大腦很擅長自欺欺人：See, e.g., Gazzaniga, M. (2008). *Human: The science behind what makes us unique.* New York, NY: HarperCollins.

121 切換注意力本身的代謝成本：任務轉換造成前額葉皮質、前扣帶迴以及其他腦部區域的血氧濃度相依對比 (BLOD) 信號，而這些含氧量的改變幾乎總是讓葡萄糖被代謝掉。

121 我們已經確確實實地耗盡了大腦的養分：任務轉換得到的疲憊感，也很可能與我們執行的任務有關。依班來說，我們會在兩個無聊的任務中做切換。因為按照定義，當我們覺得一個任務有趣時，我們會專注在其上。M. Posner, personal communication, April 16,2014.

121 重複切換工作會造成焦慮：Nash, J. (2009, August 11). Is multi-tasking bad for your brain? Experts reveal the hidden perils of juggling too many jobs. *Daily Mail.*

121 會促成攻擊性和衝動的行為：Naish, J. (2009, August 11). Is multi-tasking bad for your brain? Experts reveal the hidden perils of juggling too many jobs. *Daily Mail.*

121 當我們專注在工作上時，會由前扣帶和紋狀體接管：Tang, Y-Y., Rothbart, M. K., & Posner, M. I. (2012). Neural correlates of establishing, maintaining, and switching brain states. *Trends in Cognitive Sciences*, 16(6), 330-337.

121 降低大腦對葡萄糖的需求：Haier, R. J., Siegel, B. V., MacLachlan, A., Soderling, E., Lottenberg, S., & Buchsbaum, M.S. (1992). Regional glucose metabolic changes after learning a complex visuospatialimotor task: A positron emission tomographic study. *Brain Research*, 570(1-2), 134-143.

124 生命線：Kaufman, L. (2014, February 5). In texting era, crisis hotlines put help at youths' fingertips. *The New York Times*, p. Al.

125 老鼠會一遍又一遍地按下槓桿：Olds, J. (1956). Pleasure centers in the brain. Scientific American, /95(4), 105-116.
and, Olds, J., & Milner, P. (1954). Positive reinforcement produced by electrical stimulation of septal area and other regions of rat brain. Journal of Comparative Physiological Psychology, 47(6), 419-427.

125 因為心臟停止跳動而住手：Associated Press (2007, September 18). Chinese man drops dead after 3-Day gaming binge. and, Derrick, B. (2005, August 29). Garners rack up losses. *The Los Angeles Times.*

127 三百萬名Adobe客戶：Dove, J. (2013, October 3). Adobe reports massive security breach. *PC World.*

127 二百萬名德國沃達丰公司的客戶：Thomas, D. (2013, September 12), Hackers steal bank details of 2m Vodafone customers in Germany. *Financial Times.*

127 一億六千萬Visa信用卡客戶：Yadron, D., & Barrett, D. (2013, October 3). Jury indicts 13 cyber-attack suspects. *The Wall Street Journal*, p. A2.

127 一個聰明的密碼產生公式：Manjoo, F. (2009, July 24). Fix your terrible, insecure passwords in five minutes. Slate.

129 生物特徵識別標記：Nahamoo, D. (2011, December 19). IBM 5 in 5: Biometric data will be key to personal security [Web log message]. IBM Research. Retrieved from http://ibmresearchnews.blogspot. com/2011/12/ibm-5-in-5-bionaetric-data-will-be-key.html

130 康納曼建議採取積極的態度：Kahneman, D., *personal communication.* July 11, 2013.
See also, Klein, G. (2003). *The power of intuition: How to use your gut feelings to make better decisions at work.* New York, NY: Crown, pp. 98-101.
and, Kahneman, D. (2011). Thinking, fast and slow. New York, NY: Farrar, Straus and Giroux.

130 把你所有的醫療紀錄存在隨身碟密鑰上：像是你醫療紀錄、實驗室檢驗報告、所有手邊的X光片等的掃瞄檔，把它們轉成pdf格式，存在隨身碟中。這個pdf檔的第一頁應該要有包括你的姓名、地址、生日、血型（如果你知道的話），以及有無任何藥物過敏（這點非常重要！）等重要資訊。這樣一來，如果你出了意外或

是需要急救，或是你離家很遠但需要進行例行的醫療治療，你的主治醫生不需要等待由你的家庭醫生送來的紀錄。隨身碟很便宜，而pdf檔在何處都可被讀取。如果這項資訊被預先準備好，各種誤診、過失和錯誤都能夠避免。要確保它不遺漏，我建議在你皮夾或皮包放健保卡的地方旁邊加上一張紙條，上頭寫著：「我所有的醫療紀錄都在我隨身攜帶的隨身碟裡。」

131　試過每個組合直到名字浮現：Wynn, S., personal communication. May 5, 2012, Las Vegas, NV.

133　在許多較低等的物種中也能發現這項特徵：Levitin, D. J. (2008). *The world in six songs: How the musical brain created human nature.* New York, NY: Dutton.

第四章　今日人們如何保持聯絡？組織你的社群

137　2013年7月16日：Hu, W., & Goodman, J. D. (2013, July 18). Wake-up call for New Yorkers as police seek abducted boy. *The New York Times*, p. Al. and, Shallwani, P. (2013, July 17). Missing-child hunt sets off wake-up call. *The Wall Street Journal*, p. A19.

137　這項警報上顯示……車牌號碼：Amber Alert" refers to the Child Abduction Alert System in the United States, named in memory of Amber Hagerman, a nine-year-old abducted and murdered in Texas in 1996.

138　DARPA懸賞四萬美元：Markoff, J. (2009, December 1). Looking for balloons and insights to online behavior. *The New York Times*, p. D2.

138　第一個電腦網絡阿帕網：Leiner, B. M., Cerf, V. G., Clark, D. D., Kahn, R. E., Kleinrock, L., Lynch, D. C., ... Wolff, S. (2009). A brief history of the Internet. *ACM SIGCOMM Computer Communication Review*, 39(5), 22-31.

139　專家指出這個問題無法用傳統的情報收集技術解答：Markoff, J. (2010, April 13). New force behind agency of wonder. *The New York Times*, p. Dl.

139　有效處理《威利在哪裡？》的問題：Buchenroth, T., Garber, F., Gowker, B., & Hartzell, S. (2012, July). Automatic object recognition applied to Where's Waldo? Aerospace and Electronics Conference (NAECON), 2012 *IEEE National*, 117-120.

and, Garg, R., Seitz, S. M., Ramanan, D., & Snavely, N. (2011, June). *Where's Waldo: Matching people in images of crowds, Proceedings of the 24th IEEE Conference on Computer Vision and Pattern Recognition*, 1793-4800.

140　維基百科是群眾外包的一個例子：Ayers, P., Matthews, C., & Yates, B. (2008). *How Wikipedia works: And how you can be a part of it.* San Francisco, CA: No Starch Press, p. 514.

140　超過四百五十萬人捐款：Kickstarter, Inc. (2014). *Seven things to know about Kickstarter.* Retrieved from http://www.kickstarter.com

141　整體的平均數字：Surowiecki, J. (2005). *The wisdom of crowds.* New York, NY: Penguin. and, Treynor, J. L. (1987). Market efficiency and the bean jar experiment. *Financial Analysts Journal*, 43(3), 50-53.

142　現在癌症病情已經緩解：Iaconesi, S. (2012). TED (Producer). (2013). Why open-sourced cures to my cancer: Salvatore Iaconesi at TEDGlobal 2013 [Video file]. Available from http://blog.ted.com

and, TEDMED. (2013, July 17). Salvatore Iaconesi at TEDMED 2013 [Video file]. Retrieved from http://www.youtube.com

and, TEDx Talks. (2012, November 4). My open source cure: Salvatore Iaconesi at TEDx transmedia [Video file]. Retrieved from http://www.youtube.com

142　經常顯示在網頁上的扭曲詞語：Google. (2014). Digitalizing books one word at a time. Retrieved from http://www.google.com/recaptcha /learnmore

and, von Ahn, L., Maurer, B., McMillen, C., Abraham, D., & Blum, M. (2008).reCAPTCHA: Human-based character recognition via web security measures. *Science*, 321(5895), 1465-1468.

142　reCAPTCHAs的名稱則來自……：von Ahn, Luis (co-inventor of reCAPTCHA), *personal communication*. April 15,2014, e-mail.

142　**reCAPTCHAs充當哨兵**：Google. (2014). Digitalizing books one word at a time. Retrieved from http://www.google. com/recaptcha/learnmore

and, von Ahn, L., Maurer, B., McMillen, C., Abraham, D., & Blum, M. (2008). reCAPTCHA: Human-based character recognition via web security measures. Science, 321(5895), 1465-1468.

143　**Google掃描實體書籍**：This reCaptcha figure has been redrawn to match one in actual use by Google Books, and to highlight some of the difficulties entailed in machine vision.

143　**與顳頂交界處的連結**：Decety, J., & Lamm, C. (2007). The role of the right temporoparietal junction in social interaction: How low-level computational processes contribute to metacognition. *The Neuroscientist*, 13(6), 580-593.

144　**「一項有基本共識的議題還行得通……」**：Gopnik, A. (2014, February 14). The information: How the internet gets inside us. *The New Yorker*, 123-128.

144　**太過複雜而難以組織**：Isolated sentences here and there in this section of Chapter 4 first appeared in my review of Mindwise in *The Wall Street Journal*. Levitin, D. J. (2014, February 22-23). Deceivers and believers: We are surprisingly terrible at divining what's going on in someone else's mind [Review of the book Mindwise by N. Epley]. *The Wall Street Journal*, pp. C5, C6.

145　**二十名家族成員**：Perry, B. D., & Szalavitz, M. (2006). *The boy who was raised as a dog and other stories from a child psychiatrist's notebook: What traumatized children can teach us about loss, love and healing*. New York, NY: Basic Books.

145　**你認識幾百個人**：Perry, B. D., & Szalavitz, M. (2006). *The boy who was raised as a dog and other stories from a child psychiatrist's notebook: What traumatized children can teach us about loss, love and healing* New York, NY: Basic Books.

145　**到了1850年，歐洲家庭成員共同居住的平均人數**：This is nearly a direct quote from Perry, B. D., & Szalavitz, M. (2006). *The boy who was raised as a dog and other stories from a child psychiatrist's notebook: What traumatized children can teach us about loss, love and healing*. New York, NY: Basic Books.

145　**50%的美國人獨自生活，且當中少有人養兒育女**：Klinenberg, E. (2012, February 12). America: Single, and loving it. *The New York Times*, p. ST10.

145　**共享臥室甚至床鋪都是常見的做法**：Bryson, B. (2010). *At home: A short history of private life*. New York, NY: Doubleday, p. 323.

145　**「僕人睡在主人的床腳邊再正常不過了……」**：Bryson, B. (2010). *At home: A short history of private life*. New York, NY: Doubleday.

145-146　**每天與一千七百人有眼神接觸**：Statistic Brain. (2013, December 11). Walmart company statistics. Retrieved from http://www.statisticbrain.com 122 "When I meet someone new, I make notes . . ." Shapiro, R., *personal communication*. May 6,2012, Las Vegas, NV.

146　**「假如我在2008年遇到維爾博士……」**：Gold, D., *personal communication*. November 26, 2013, Montreal, QC.

147　**克雷格·卡爾曼是紐約大西洋唱片公司的董事長兼執行長**：Kallman, C., *personal communication*. September 20,2013, New York, NY.

148　**幾乎用不到的艱深資料庫**：Wegner, D. M. (1987). *Transactive memory: A contemporary analysis of the group mind*. In B. Mullen & G. R. Goethals (Eds.), *Theories of group behavior* (pp. 185-208). New York, NY: Springer New York, p. 189.

148　**技術上稱為交互記憶**：Wegner, D. M., Giuliano, T., & Hertel, P. (1985). *Cognitive interdependence in close relationships*. In W. J. Ickes (Ed.), *Compatible and incompatible relationships* (pp. 253-276). New York, NY: Springer-Verlag.

149　**交互記憶之間的交互結合**：Wegner, D. M. (1987). *Transactive memory: A contemporary analysis of the group mind*. In B. Mullen & G. R. Goethals (Eds.), *Theories of group behavior* (pp. 185-208). New York, NY: Springer New York, p. 194.

149　**靈長類遺產**：Baumeister, R. F., & Leary, M. R. (1995). The need to belong: Desire for interpersonal attachments as a fundamental human motivation. *Psychological Bulletin*, 117(3), 497-529, p. 497.

149　**孤獨太久會造成神經化學的變化**：Grassian, S. (1983). Psychopathological effects of solitary confinement. *American Journal of Psychiatry*, 140(11), 1450-1454.

and, Posey, T. B., & Losch, M. E. (1983). *Auditory hallucinations of hearing voices in 375 normal subjects. Imagination,*

Cognition and Personality, 3(2), 99-113.

and, Smith, P. S. (2006). The effects of solitary confinement on prison inmates: A brief history and review of the literature. *Crime and Justice*, 34(1), 441-528.

149　社會隔離甚至比吸菸更可能造成心跳驟停而死亡：Epley, N., Akalis, S., Waytz, A„ & Cacioppo, J. T. (2008). Creating social connection through inferential reproduction: Loneliness and perceived agency in gadgets, gods, and greyhounds. *Psychological Science*, 19(2), 114-120.

149　雖然很多人都認定自己喜歡獨處：Klinenberg, E. (2012, February 12). America: Single, and loving it. *The New York Times*, p. ST10.

150　無論受試者是外向、害羞、開放或保守：Epley, N. (2014). *Mindwise: How we understand what others think, believe, feel, and want*. New York, NY: Alfred A. Knopf, pp. 58-59.

150　歸屬感會為人帶來安慰：The amygdala used to be called the fight-or-flight fear center of the brain. We now know it isn't just for fear, but rather, for keeping track of salient emotional events of all kinds-the brain's emotional learning and memory consolidation center. Decbiec, J., Doyere, V., Nader, K., & LeDoux, J. E. (2006). Directly reactivated, but not indirectly reactivated, memories undergo reconsolidation in the amygdala. *Proceedings of the National Academy of Sciences*, 103(9), 3428-3433.

and, McGaugh, J. L. (2004). The amygdala modulates the consolidation of memories of emotionally arousing experiences. *Annual Review of Neuroscience*, 27(1), 1-28.

and, Phelps, E. A. (2006). Emotion and cognition: Insights from studies of the human amygdala. *Annual Review of Psychology*, 57(1), 27-53.

150　甚至超過了Google：Cashmore, P. (2006, July 11). MySpace, America's number one. Retrieved from http://www.mashable.com and, Olsen, S. (2006, July 13) Google's antisocial downside. Retrieved from http://news.cnet.corn

150　每月固定的使用者超過十二億：Kiss, J. (2014, February 4). Facebook's 10th birthday: from college dorm to 1.23 billion users. *The Guardian*.

151　取代人際接觸：Marche, S. (2012, May). Is Facebook making us lonely? *The Atlantic*.

and, Thrkle, S. (2011). *Alone together: Why we expect more from technology and less from each other*. New York, NY: Basic Books.

151　這類電子聯絡方式所付出的代價：Fredrickson, B. (2013, March 23). Your phone vs. your heart. *The New York Times*, p. SR14.

151　能一起合作的朋友：Buhrmester, lD., & Furman, W. (1987). The development of companionship and intimacy. *Child Development*, 58(4), 1101-1113.

151　在需要時提供協助：George, T. P., & Hartmann, D. P. (1996). Friendship networks of unpopular, average, and popular children. *Child Development*, 67(5), 2301-2316.

and, Hartup, W. W., & Stevens, N. (1997). Friendships and adaptation in the life course. *Psychological Bulletin*, 121(3), 355-370.

151　鼓勵、信心和忠誠：Berndt, T. J. (2002). Friendship quality and social development. *Current Directions in Psychological Science*, 11(1), 7-10.

151　我們的行為、想法、歡笑、痛苦，以及害怕受到傷害的心情：Buhrmester, D., & Furman, W. (1987). The development of companionship and intimacy. *Child Development*, 58(4), 1101-1113.

and, L'Abate, L. (2013). [Review of the book The science of intimate relationships by Garth Fletcher, Jeffry A. Simpson, Lorne Campbell, and Nikola C. Overall]. *The American Journal of Family Therapy*, 41(5), 456.

See also, Brehm, S. S. (1992). *Intimate relationships: The McGraw-Hill series in social psychology* (2nd ed.). New York, NY: McGrawHill.

151　建立共享的意義：Weingarten, K. (1991). The discourses of intimacy: Adding a social constructionist and feminist view. Family Process, 30(4), 285-305. and, Wynne, L. C. (1984). The epigenesis of relational systems: A model for understanding family development. *Family Process*, 23(3), 297-318.

151 **在涉入個人情感的議題上採取明確立場**：This is a close paraphrase of Lerner, H. G. (1989). *The dance of intimacy: A woman's guide to courageous acts of change in key relationships*. New York, NY: Harper Paperbacks, p. 3. I first encountered it in, Weingarten, K. (1991). The discourses of intimacy: Adding a social constructionist and feminist view. *Family Process*, 30(3), 285-305.

151 **並不是所有文化都認為親密關係是必要的**：Hatfield, E., & Rapson, R. I. (1993). *Love, sex & intimacy: Their psychology, biology & history*. New York, NY: HarperCollins.

and, Hook, M. K., Gerstein, L. H., Detterich, L., & Gridley, B. (2003). How close are we? Measuring intimacy and examining gender differences. *Journal of Counseling & Development*, 81(4), 462-472.

151 **女性更注重承諾和持續溝通**：Luepnitz, D.A. (1988). *The family interpreted: Feminist theory in clinical practice*. New York, NY: Basic Books.

151-152 **男性則更渴望有性和身體上的親近**：Ridley, J. (1993). Gender and couples: Do women and men seek different kinds of intimacy? *Sexual and Marital Therapy* 8(3), 243-253.

152 **親密關係、愛情與激情屬於完全不同的多層結構**：Acker, M., & Davis, M. H. (1992). Intimacy, passion and commitment in adult romantic relationships: A test of the triangular theory of love. *Journal of Social and Personal Relationships*, 9(1), 21-50.

and, Graham, J. M. (2011). Measuring love in romantic relationships: A meta-analysis. *Journal of Social and Personal Relationships*, 28(6), 748-771.

and, Sternberg, R. J. (1986). A triangular theory of love. *Psychological Review*, 93(2), 119.

152 **就像我們的黑猩猩表親一樣**：Hare, B., Call, J., & Tomasello, M. (2006). Chimpanzees deceive a human competitor by hiding. *Cognition*, 101(3), 495-514.

and, McNally, L., & Jackson, A. L. (2013). Cooperation creates selection for tactical deception. Proceedings of the Royal Society B: *Biological Sciences* 280(1762).

152 **現代的親密關係更加多樣**：Amirmoayed, A. (2012). [Review of the book Intimacy and power: The dynamics of personal relationships in modern society by D. Layded . *Sociology*, 46(3), 566-568.

152 **親密關係很少如今日這樣被人們所重視並強調**：Wynne, L. C., & Wynne, A. R. (1986). The quest for intimacy. *Journal of Marital and Family Therapy*, 12(4), 383-394.

152 **人類歷史最初99%的時間**：Bryson, B. (2010). *At home: A short history of private life*. New York, NY: Doubleday, p. 323.

152 **交往中的人健康情況較佳**：Cohen, S., Frank, E., Doyle, W. J., Skoner, D. P., Rabin, B. S., & Gwaltney Jr., J. M., (1998). Types of stressors that increase susceptibility to the common cold in healthy adults. *Health Psychology*, 17(3), 214-223.

and, Hampson, S. E., Goldberg, L. R., Vogt, T. M., & Dubanoski, J. P. (2006). Forty years on: Teachers' assessments of children's personality traits predict self-reported health behaviors and outcomes at midlife. *Health Psychology*, 25(1), 57-64.

152 **能從疾病中早日康復**：Kiecolt-Glaser, J. K., Loving, T. J., Stowell, J. R., Malarkey, W. B., Lemeshow, S., Dickinson, S. L., & Glaser, R. (2005). Hostile marital interactions, proinflammatory cytokine production, and wound healing. *Archives of General Psychiatry*, 62(12), 1377-1384.

152 **壽命更長**：Gallo, L. C., Troxel, W. M., Matthews, K. A., & Kuller, L. H. (2003). Marital status and quality in middle-aged women: Associations with levels and trajectories of cardiovascular risk factors. *Health Psychology*, 22(5), 453-463.

and, Holt-Lunstad, J., Smith, T. B., & Layton, J. B. (2010). Social relationships and mortality risk: A meta-analytic review. *PLoS Medicine*, 7(7), e1000316.

152 **令人滿意的親密關係**：Diener, E., & Seligman, M. E. P. (2002). Very happy people. *Psychological Science*, 13(1), 81-84. In this paragraph, I'm closely paraphrasing the excellent article by Finkel, et al. Finkel, E. J., Eastwick, P. W., Karney, B. R., Reis, H. T., & Sprecher, S. (2012). Online dating: A critical analysis frOm the perspective of psychological science. *Psychological Science in the Public Interest*, 13(1), 3-66.

152　合群代表願意合作：Knack, J. M., Jacquot, C., Jensen-Campbell, L. A., & Malcolm, K, T. (2013). Importance of having agreeable friends in adolescence (especially when you are not). *Journal of Applied Social Psychology*, 43(12), 2401-2413.

152　這項特質在童年早期便出現：Hainpson, S. E., & Goldberg, L. R. (2006). A first large cohort study of personality trait stability over the 40 years between elementary school and midlife. *Journal of Personality and Social Psychology*, 91(4), 763-779.

and, Rothbart, M. K., & Ahadi, S. A. (1994). Temperament and the development of personality. *Journal of Abnormal Psychology*, 103(1), 55-66.

and, Shiner, R. L., Masten, A. S., & Roberts, J. M. (2003). Childhood personality foreshadows adult personality and life outcomes two decades later. *Journal of Personality*, 71(6), 1145-1170.

152　諸如憤怒和沮喪的不良情緒：Ahadi, S. A., &Rothbart, M. K. (1994). *Temperament, development and the Big Five*. In C. F. Halverson Jr., G. A, Kohnstamm, & R. P. Martin (Eds.), *The developing structure of temperament and personality from infancy to adulthood* (pp. 189-207). Hillsdale, NJ: Lawrence Erlbaum Associates.

153　合群的人在維持正向的社交關係上享有龐大的優勢：Knack, J. M., Jacquot, C., Jensen-Campbell, L. A., & Malcolm, K. T. (2013). Importance of having agreeable friends in adolescence (especially when you are not). *Journal of Applied Social Psychology*, 43(12), 2401-2413.

153　我們朋友的所作所為影響著我們：Knack, J. M., Jacquot, C., Jensen-Campbell, L. A., & Malcolm, K. T. (2013). Importance of having agreeable friends in adolescence (especially when you are not). *Journal of Applied Social Psychology*, 43(12), 2401-2413.

153　成熟的標誌：Kohlberg, L. (1971). *Stages of moral development*. In C. Beck & E. Sullivan (Eds.), *Moral education* (pp. 23-92). Toronto, ON: University of Toronto Press.

153　擁有一個合群的朋友：Boulton, M. J., Trueman, M., Chau, C., White-head, C., & Ainatya, K. (1999). Concurrent and longitudinal links between friendship and peer victimization: Implications for befriending interventions. *Journal of Adolescence*, 22(4), 461-466.

153　男孩和女孩都會受益於合群的朋友，尤其是女孩：Schmidt, M. E., &Bagwell, C. L. (2007). The protective role of friendships in overtly and relationally victimized boys and girls. *Merrill-Palmer Quarterly*, 53(3), 439-460.

153　強排序模式：Hitsch, G. J., Hortacsu, A., 8(Ariely, D. (2010). What makes you click?-Mate preferences in online dating. *Quantitative Marketing and Economics*, 8(4), 393-427.

153　18世紀初類似現代報紙的首批出版品：Cocks, H. G. (2009). Classified: The secret history of the personal column. London, UK: Random House. and, Orr, A. (2004). *Meeting, mating, and cheating: Sex, love, and the new world of online dating*. Upper Saddle River, NJ: Reuters Prentice Hall.

153　提供個性或特徵介紹的可能對象：Orr, A. (2004). *Meeting, mating, and cheating: Sex, love, and the new world of online dating*. Upper Saddle River, NJ: Reuters Prentice Hall.

153　在美國，有三分之一的婚姻：Cacioppo, J. T., Cacioppo, S., Gonzaga, G. C., Ogburn, E. L., & VanderWeele, T. J. (2013). Marital satisfaction and break-ups differ across on-line and off-line meeting venues. *Proceedings of the National Academy of Sciences*, 110(25), 10135-10140.

153　十年前只有很少人這麼做：Fewer than one percent of Americans met romantic partners through personal ads in the 1980s and early 1990s according to national surveys. Laumann, E. 0., Gagnon, J. H., Michael, R. T., & Michaels, S. (1994). *The social organization of sexuality: Sexual practices in the United States*. Chicago, IL: University of Chicago Press. and, Simenauer, J., & Carroll, D. (1982). *Singles: The new Americans*. New York, NY: Simon & Schuster.

153　這些婚姻中有半數是從交友網站開始：Cacioppo, J. T., Cacioppo, S., Gonzaga, G. C., Ogburn, E. L,, & VanderWeele, T. J. (2013). Marital satisfaction and breakups differ across on-line and off-line meeting venues. *Proceedings of the National Academy of Sciences*, 110(25), 10135-10140.

154　在1995年，線上約會開始的姻緣還很罕見：Randall, D., Hamilton, C., & Kerr, E. (2013, June 9). We just clicked:

More and more couples are meeting online and marrying. *The Independent.*

154　**大約1999至2000年之間**：Finkel, E. J., Eastwick, P. W., Karney, B. R., Reis, H. T., & Spre-cher, S. (2012). Online dating: A critical analysis from the perspective of psychological science. *Psychological Science in the Public Interest*, 13(1), 3-66.

154　**推出線上約會二十年後**：在1960年代以前出生的人，一般要到成年期以後才遇到網路，當中許多人因為網路犯錯、個資偷竊，以及其他今日仍存在的問題，對網路抱持懷疑態度。當一個嶄新、不熟悉的媒介被貼上有問題的標籤，人們就比較不會去使用它。而對在1980年以後出生的人來說，網路如此發達，以至於他們認為它所面臨的風險與其他已存在媒介的風險無異。我們知道支票帳戶以及信用卡很容易被竊取個資，但它們已存在很長一段時間，其風險亦為大眾所接受。如果新的替代品出現了，如同1998年的Paypal，轉而使用新媒介的代價，會被它最多和現狀有一樣大的風險這個認知所抵銷。但如果PayPal的使用，被結合在你的初次網路互動經驗中，被當作是一種現行金融工具的替代，那麼改用它的障礙就降低了。

154　**因個性內向而開始重度依賴網路的用戶**：Kraut, R., Patterson, M., Lundmark, V., Kiesler, S., Mukophadhyay, T., & Scherlis, W. (1998). Internet paradox: A social technology that reduces social involvement and psychological well-being? *American Psychologist*, 53(9), 1017-1031.

　　and, Stevens, S. B., & Morris, T. L. (2007). College dating and social anxiety: Using the Internet as a means of connecting to others. *Cyber-psychology & Behavior*, 10(5), 680-688.

154　**大學生的同理心急劇下降**：This is a direct quote from Gopnik, A. (2014, February 14). *The information: How the internet gets inside us*. The New Yorker, 123-128.

　　He goes on to cite Turkle, S. (2011). *Alone together: Why we expect more from technology and less from each other.* New York, NY: Basic Books.

154　**他們顯然不認為設身處地為別人著想是件有價值的事情**：This is a direct quote from Turkle, S. (2011). *Alone together: Why we expect more from technology and less from each other.* New York, NY: Basic Books.

154　**使用、交流、配對和非同步**：Finkel, E. J., Eastwick, P. W., Karney, B. R., Reis, H. T., & Sprecher, S. (2012). Online dating: A critical analysis from the perspective of psychological science. *Psychological Science in the Public Interest*, 13(1), 3-66.

154　**接觸範圍更加廣大**：Kerckhoff, A. C. (1964). Patterns of homogamy and the field of eligibles, *Social Forces*, 42(3), 289-297.

154　**數百萬用戶極為驚人地增加了交友的可能性**：Finkel, E. J., Eastwick, P. W., Karney, B. R., Reis, H. T., & Sprecher, S. (2012). Online dating: A critical analysis from the perspective of psychological science. *Psychological Science in the Public Interest*, 13(1), 3-66.

155　**往往和他們面對面時所發現的事實有所出入**：Finkel, E. J., Eastwick, P. W., Karney, B. R., Reis, H. T., & Sprecher, S. (2012). Online dating: A critical analysis from the perspective of psy-chological science. *Psychological Science in the Public Interest*, 13(1), 3-66.

155　**「可能引發一種秤斤算兩心態……」**：Finkel, E. J., Eastwick, P. W. Karney, B. R., Reis, H. T., & Sprecher, S. (2012). Online dating: A critical analysis from the perspective of psychological science. *Psychological Science in the Public Interest*, 13(1), 3-66.

155　**認知和決策超出負荷**：Finkel, E. J., Eastwick, P. W., Karney, B. R., Reis, H. T., & Sprecher, S. (2012). Online dating: A critical analysis from the perspective of psychological science. *Psychological Science in the Public Interest*, 13(1), 3-66.

　　and, Wilson, T. D., & Schooler, J. W. (1991). Thinking too much: Introspection can reduce the quality of preferences and decisions. Journal of Personality and Social Psychology, 60(2), 181-192.

　　and, Wu, P.-L., & Chiou, W.-B. (2009). More options lead to more searching and worse choices in finding partners for romantic relationships online: An experimental study. *Cyber-Psychotogy*, 12(3), 315-318.

155　**當認知資源不足**：Martin, L. L., Seta, J. J., & Crelia, R. A. (1990). Assimilation and contrast as a function of people's willingness and ability to expend effort in forming an impression. *Journal of Personality and Social Psychology*, 59(1), 27-37.

此處也應用到了一個數學原則：想要找到更好的匹配對象的這個誘惑，導致網路交友使用者搜尋了那些遠比條件匹配對象條件更好者的檔案，因此減少了選擇集合中的平均品質。決策過載開始出現，交友者在較難選擇的情況下，做出更不好的決定。

155　**提供迷人的可能對象**：Lydon, J. E. (2010). How to forego forbidden fruit: The regulation of attractive alternatives as a commitment mechanism. *Social and Personality Psychology Compass*, 4(8), 635-644.

156　**81%的人謊報自己的身高、體重與年齡**：Toma, C. L., Hancock, J. T., & Ellison, N. B. (2008). Separating fact from fiction: An examination of deceptive self-presentation in online dating profiles. *Personality and Social Psychology Bulletin*, 34(8), 1023-1036.

156　**線上交友者會謊報自己年輕十歲**：Toma, C. L., Hancock, J. T., 8c Ellison, N. B. (2008). Separating fact from fiction: An examination of deceptive self-presentation in online dating profiles. *Personality and Social Psychology Bulletin*, 34(8), 1023-1036.

156　**承認自己是共和黨人**：Toma, C. L., Hancock, J. T., & Ellison, N. B. (2008). Separating fact from fiction: An examination of deceptive self-presentation in online dating profiles. *Personality and Social Psychology Bulletin*, 34(8), 1023-1036.

156　**潛在的緊張**：Rosenbloom, S. (2011, November 12). Love, lies and what they learned. *The New York Times*, p. ST1.

156　**風險降低了22%**：Cacioppo, J. T., Cacioppo, S., Gonzaga, G. C., Ogburn, E. L., & Van-derWeele, T. J. (2013). Marital satisfaction and break-ups differ across on-line and off-line meeting venues. *Proceedings of the National Academy of Sciences*, 110(25), 10135-10140.

157　**我們對自己在乎的人瞭解多少？**：Epley, N. (2014). Mindise: How we understand what others think, believe, feel, and want. New York, NY: Alfred A. Knopf. and, Eyal, T., & Epley, N. (2010). How to seem telepathic: Enabling mind reading by matching construat. *Psychological Science*, 21(5), 700-705. and, Kenny, D. A. (1994). *InterpersOnal perception: A social relations analysis*. New York, NY: The Guilford Press, p. 159.

157　**他們卻認為自己十次中能猜對八次**：Epley, N. (2014). *Mindwise: How we understand what others think, believe, feel, and want*. New York, NY: Alfred A. Knopf, pp. 10-12.

157　**相信自己能準確判定真假的比例高達七成**：This is a direct quote from Epley, N. (2014). *Mindwise: How we understand what others think, believe, feel, and want*. New York, NY: Alfred A. Knopf, p. 12.
See also, Swann, W. B., Silvera, D. H., & Proske, C. U. (1995). On "knowing your partner": Dangerous illusions in the age of AIDS? *Personal Relationships*, 2(3), 173-186.

157　**我們極不擅長判定某人是否撒謊**：Bond Jr., C. F., & DePaulo, B. M. (2006). Accuracy of deception judgments. *Personality and Social Psychology Review*, 10(3), 314-234. 134

157　**反面誤讀意圖**：This paragraph quotes nearly directly from Epley, N. (2014). *Mindwise: How we understand what others think, believe, feel, and want*. New York, NY: Alfred. A. Knopf.

157　**「深水地平線」鑽油平台**：Urbina, I. (2010, July 22). Workers on doomed rig voiced safety concerns. *The New York Times*, p. Al.

158　**醫療事故訴訟減少了一半**：Kachalia, A., Kaufman, S. R., Boothman, R., Anderson, S., Welch, K., Saint, S., & Rogers, M. A. M. (2010). Liability claims and costs before and after implementation of a medical error disclosure program. *Annals of Internal Medicine*, 153(4), 213-221.

158　**解決的最大障礙**：This is a direct quote from Epley, N. (2014). *Mindwise: How we understand what others think, believe, feel, and want*. New York, NY: Alfred A. Knopf, p. 185.
See also, Chen, P. W. (2010, August 19). When doctors admit their mistakes. *The New York Times*.
and, Kachalia, A., Kaufman, S. R., Boothman, R, Anderson, S., Welch, K., Saint, S., & Rogers, M. A. M. (2010). Liability claims and costs before and after implementation of a medical error disclosure program. *Annals of Internal Medicine*, 153(4), 213-221.

158　**當我們面對人性因素**：This is a paraphrase from Epley of a quote from Richard Boothman, Chief Risk Officer for the

University of Michigan hospital that participated in the disclosure study. Epley, N. (2014). *Mindwise: How we understand what others think, believe, feel, and want.* New York, NY: Alfred A, Knopf, p. 185.

158　**善意的小謊言**：Camden, C., Motley, M. T., & Wilson, A. (1984). White lies in inter-personal communication: A taxonomy and preliminary investigation of social motivations. *Western Journal of Speech Communication*, 48(4), 309-325.

and, Erat, S., & Gneezy, U. (2012). White lies. *Management Science*, 58(4), 723-733.

and Scott, G. G. (2006). *The truth about lying: Why and how we all do it and what to do about it.* Lincoln, NE: iUniverse.

and, Talwar, V., Murphy, S. M., & Lee, K. (2007). White lie-telling in children for politeness purposes. *International Journal of Behavioral Development*, 31(1), 1-11.

158　**保羅・格里斯稱之為言外之意**：Grice, H. P. (1975). *Logic and conversation.* In P. Cole and J. Morgan (Eds.), *Syntax and semantics* (Vol. 3). New York, NY: Academic Press, also available in, Levitin, D. J, (2010). *Foundations of cognitive psychology: Core readings* (2nd ed.). Boston, MA: Allyn & Bacon.

160　**說話者所說的**：Searle, J. R. (1991). Indirect speech acts. In S. Davis (Ed.), *Pragmatics: A reader* (pp. 265-277). New York, NY: Oxford University Press.

160　**社會排斥引起刺激**：Eisenberger, N. I., & Lieberman, M. D. (2004). Why rejection hurts: A common neural alarm system for physical and social pain. *Trends in Cognitive Sciences*, 8(7), 294-300.

and, Eisenberger, N. I., Lieberman, M. D., & Williams, K, D. (2003). Does rejection hurt? An fMRI study of social exclusion. *Science*, 302(5643), 290-292.

and, MacDonald, G., & Leary, M. R. (2005). Why does social exclusion hurt? The relationship between social and physical pain. *Psychological Bulletin*, 131(2), 202-223, p. 202.

160　**人們體驗到的社交痛苦**：DeWall, C. N., MacDonald, G., Webster, G. D., Masten, C. L., Baumeister, R. F., Powell, C., . Eisenberger, N. I. (2010). Acetaminophen reduces social pain: Behavioral and neural evidence. *Psychological Science*, 21(7), 931-937.

161　**意圖百分之百清楚**：Searle, J. R. (1965). What is a speech act? In R. J Stainton (Ed.), *Perspectives in the philosophy of language: A concise anthology*, 2000 (pp. 253-268). Peterborough, ON: Broadview Press. I'm paraphrasing and simplifying the story liberally; Searle's own account is much better and funnier.

161　**資料會透過社會契約更新**：Turner, C. (1987). *Organizing information: Principles and practice.* London, UK: Clive Bingley.

161　**我們現在知道厄尼是個騙子**：Sesame Street (1970, April 23). Ernie eats cake. [Television series episodel. In *Sesame Street* (Season 1, Episode 119). New York, NY: Children's Television Workshop.

161　**不值得信任**：Turner, C. (1987). *Organizing information: Principles and practice.* London, UK: Clive Bingley.

161　**不該再視冥王星為一顆行星**：National Aeronautics and Space Administration. (n.d.). Pluto: Overview. Retrieved from https://solarsystem,nasa.gov/planets/profile.cfm ?Object=Pluto

162　**所有的談話都開展了合作關係**：Shannon, B. (1987). Cooperativeness and implicature—A reversed perspective. *New Ideas in Psychology*, 5(2), 289-293.

164　**諷刺、矯情、挖苦或任何非字面意義上的談話**：Anderson, J. S., Lange, N., Froehlich, A., DuBray, M. B., Druzgal, T. J., Proiinowitz, M. P., . Lainhart, J. E. (2010). Decreased left posterior insular activity during auditory language in autism. *American Journal of Neuroradiology*, 31(1), 131-139.

and, Harris, G. J., Chabris, C. F., Clark, J., Urban, T., Aharon, I., Steele, S., . Tager-Flusberg, H. (2006). Brain activation during semantic processing in autism spectrum disorders via functional magnetic resonance imaging. *Brain and Cognition*, 61(1), 54-68. and, Wang, A. T., Lee, S. S., Sigman, M., & Dapretto, M. (2006). Neural basis of irony comprehension in children with autism: The role of prosody and context. *Brain*, 129(4), 932-943.

164　**釋放名為催產素的荷爾蒙**：Blaicher, W., Gruber, D., Bieglmayer, C., Blaicher, A. M., Knogler, W., & Huber, J. C. (1999). The role of oxytocin in relation to female sexual arousal, *Gynecologic and Obstetric Investigation*, 47(2), 125-126.

and, Carmichael, M. S., Humbert, R., Dixen, J., Palmisano, G., Greenleaf, W., & Davidson, J. M. (1987). Plasma oxytocin increases in the human sexual response. *Journal of Clinical Endocrinology d Metabolism*, 64(1), 27-31.

See also, Diamond, L. M. (2004). Emerging perspectives on distinctions between romantic love and sexual desire. Current Directions in *Psychological Science*, 13(3), 116-119.

and, Young, L. J., & Wang, Z. (2004). The neurobiology of pair bonding. *Nature Neuroscience*, 7(10), 1048-1054.

165　受到催產素的影響下觀看：Most of this section is based on information in Chanda, M. L., & Levitin, D. J. (2013). The neurochemistry of music. *Trends in Cognitive Sciences*, 17(4), 179-193.

165　能更全面且迅速地康復：Blazer, D. G. (1982). Social support and mortality in an elderly community population. *American Journal of Epidemiology*, 115(5), 684-694.

and, Broadhead, W. E., Kaplan, B. H., James, S. A., Wagner, E. H., Schoenbach, V. J., Grimson, R., . , . Gehlbach, S. H. (1983). The epidemiologic evidence for a relationship between social support and health. *American Journal of Epidemiology*, 117(5), 521-537.

and, Wills, T. A., & Ainette, M. G. (2012). *Social networks and social support*. In A. Baum, T. A. A. Revenson, & J. Singer (Eds.), *Handbook of Health Psychology* (pp. 465-492). New York, NY: *Psychology Press*, p. 465.

165　催產素的真正作用是組織社會行為：Oxytocin is not prosocial per se, but rather, regulates stress and anxiety, affective motivational states, and/or perceptual selectivity related to social information.

Bartz, J. A., & Hollander, E. (2006). The neuroscience of affiliation: Forging links between basic and clinical research on neuropeptides and social behavior. *Hormones and Behavior*, 50(4), 518-528.

and, Bartz, J. A., Zaki, J., Bolger, N., & Ochsner, K. N. (2011). Social effects of oxytocin in humans: context and person matter. *Trends in Cognitive Sciences*, 15(7), 301-309.

and, Chanda, M. L., & Levitin, D. J. (2013). The neurochemistry of music. *Trends in Cognitive Sciences*, 17(4), 179-193.

165　音樂已被證明能增加催產素的濃度：Grape, C., Sandgren, M., Hansson, L. 0., Ericson, M., & Theorell, T, (2003). Does singing promote well-being?: An empirical study of professional and amateur singers during a singing lesson. *Integrative Physiological and Behavioral Science*, 38(1), 65-74.

and, Nilsson, U. (2009). Soothing music can increase oxytocin levels during bed rest after open-heart surgery: A randomised control trial. *Journal of Clinical Nursing*, 18(15), 2153-2161.

165　保護配偶不受情緒（和身體）衝動所影響：Insel, T. R. (2010). The challenge of translation in social neuroscience: A review of oxytocin, vasopressin, and affiliative behavior. *Neuron*, 65(6), 768-779.

and, Young, L. J., Nilsen, R., Waymire, K. G., MacGregor, G. R., & Insel, T. R. (1999). Increased affiliative response to vasopressin in mice expressing the Vla receptor from a monogamous vole. *Nature*, 400(6746), 766-768.

166　（此時老鼠會離開牠們的座位）：Trezza, V., Baarendse, P. J., & Vanderschuren, L. J. (2010). The pleasures of play: Pharmacological insights into social reward mechanisms. *Trends in Pharmacological Sciences*, 31(10), 463-469.

and, Trezza, V., & Vanderschuren, L. J. (2008). Bidirectional cannabinoid modulation of social behavior in adolescent rats. *Psychopharmacology*, 197(2), 217-227.

167　卻用「視情況而定」論斷自己：I thank Jason Rentfrow for this demonstration and formulation. Rentfrow, J., *personal communication*. November 4,2013.

See also, Rothbart, M., Dawes, R., & Park, B. (1984). Stereotyping and sampling biases in intergroup perception. In J. R. Eiser (Ed.), *Attitudinal judgment* (pp. 109-134). New York, NY: Springer-Verlag, p. 125.

and, 'Watson, D. (1982). The actor and the observer: How are their perceptions of causality divergent? *Psychological Bulletin*, 92(3), 682-700.

167　丹尼爾‧吉爾伯特稱此為「看不見」的問題：Gilbert, D. T. & Malone, P. S. (1995). The correspondence bias. *Psychological Bulletin*, 117(1), 21-38.

168　普林斯頓神學院的學生：Darley, J. M., & Batson, C. D. (1973). "From Jersulem to Jericho": A study of situational and dispositional variables in helping behavior. *Journal of Personality and Social Psychology*, 27(1), 100-108.

168　「他們還需要幾分鐘的時間為你準備……」：我於此處進行了簡化。實際的研究有三種條件，共有四十名參

與者。這三個條件是非常急、中等程度急和不太急。但是這個假設中最明顯對比，也最有趣的兩個情況是非常急以及不太急，所以我於此處選用。

169　**李‧羅斯和他的同事：**Ross, L. D., Amabile, T. M., & Steinmetz, J. L. (1977). Social roles, social control, and biases in social-perception processes. *Journal of Personality and Social Psychology*, 35(7), 485-494, p. 485.

169　**「1969年世界棒球大賽的冠軍隊伍？」：**The actual questions from the Ross experiment are not reported in the literature, but these examples illustrate the kind, scope, and breadth of what the Questioners asked. The questions about Auden and glaciers do come from their original report. Ross, L., *personal communication*. January, 1991.

170　**參賽者不太可能知道答案：**Ross, L. D., Amabile, T. M., & Steinmetz, J. L. (1977). Social roles, social control, and biases in social-perception processes. *Journal of Personality and Social Psychology*, 35(7), 485-494, p. 485.

170　**基本歸因謬誤的認知錯覺：**The fundamental attribution error has received lots of critiques, including that social, and not just inferential processes are at work, see, e.g. Gawronski, B. (2004). Theory-based bias correction in dispositional inference: The fundamental attribution error is dead, long live the correspondence bias. *European Review of Social Psychology*, 15(1), 183-217.

and also, it may be unique to Western culture, reflecting an individualist bias: Clarke, S. (2006). Appealing to the fundamental attribution error: Was it all a big mistake? In D. Coady (Ed.), *Conspiracy theories: The philosophical debate* (pp. 130-140). Burlington, VT: Ashgate Publishing.

and, Hooghiemstra, R. (2008). East-West differences in attributions for company performance: A content analysis of Japanese and U.S. corporate annual reports. *Journal of Cross-Cultural Psychology*, 39(5), 618-629.

and, Langridge, D., & Butt, T. (2004). The fundamental attribution error: A phenomenological critique. *British Journal of Social Psychology*, 43(3), 357-369.

and, Truchot, D., Maure, G., & Patte, S. (2003). Do attributions change over time when the actor's behavior is hedonically relevant to the perceiver? *The Journal of Social Psychology*, 143(2), 202-208.

170　**以結果論英雄這種具偏見的推論：**Mackie, D. M., Allison, S. T., Worth, L. T., & Asuncion, A. G. (1992). The generalization of outcome-biased counter-stereotypic inferences. *Journal of Experimental Social Psychology*, 28(1), 43-64.

170　**茱莉通過艱難的大學課程：**This example comes from Mackie, D. M., Allison, S. T., Worth, L. T., & Asuncion, A. G. (1992). The generalization of outcome-biased counter-stereotypic inferences. *Journal of Experimental Social Psychology*, 28(1), 43-64.

171　**人們不斷認定：**Allison, S. T., & Messick, D. M. (1985). 'The group attribution error. *Journal of Experimental Social Psychology*, 21(6), 563-579.

and, Mackie, D. M., Allison, S. T., Worth, L. T., & Asuncion, A. G. (1992). The generalization of outcome-biased counter-stereotypic inferences. *Journal of Experimental Social Psychology*, 28(1), 43-64.

and, Schaller, M. (1992). In-group favoritism and statistical reasoning in social inference: Implications for formation and maintenance of group stereo-types. *Journal of Personality and Social Psychology*, 63(1), 61-74.

171　**依賴這種原始的無意識線索：**Kahneman, D. (2011). Thinking, fast and slow. New York, NY: Farrar, Straus and Giroux. and, Mackie, D. M., Allison, S. T., Worth, L. T., & Asuncion, A. G. (1992). The generalization of outcome-biased counter-stereotypic inferences, *Journal of Experimental Social Psychology*, 28(1), 43-64.

171　**「陪審團不要理會這發言」：**Rachlinski, J. J., Wistrich, A. J., & Guthrie, C. (2005). Can judges ignore inadmissible information? The difficulty of deliberately disregarding. *University of Pennsylvania Law Review* 153(4), 1251-1345.

172　**它提供的有效數據：**Anderson, C. A., & Kellam, K. L. (1992). Belief perseverance, biased assimilation, and covariation detection: The effects of hypothetical social theories and new data. *Personality and Social Psychology Bulletin*, 18(5), 555-565.

and Bonabeau, E. (2009). Decisions 2.0: The power of collective intelligence. *MIT Sloan Management Review*, 50(2), 45-52.

and, Carretta, T. R., & Moreland, R. L. (1982). Nixon and Watergate: A field demonstration of belief perseverance.

Personality and Social Psychology Bulletin, 8(3), 446-453.

and, Guenther, C. L., & Alicke, M. D. (2008). Self-enhancement and belief perseverance. *Journal of Experimental Social Psychology*, 44(3), 706-712.

Even the emotional qualities of a decision linger when the evidence has been invalidated. Sherman, D. K., & Kim, H. S. (2002). Affective perseverance: The resistance of affect to cognitive invalidation. *Personality and Social Psychology Bulletin*, 28(2), 224-237.

172 **大學男生被領入實驗室**：Nisbett, R. E., & Valins, S. (1972). *Perceiving the causes of one's own behavior*. In D. E. Kanouse, H. H. Kelley, R. E. Nisbett, S. Valins, & B. Weiner (Eds.), Attribution: *Perceiving the causes of behavior* (pp. 63-78). Morristown, NJ: General Learning Press.

and, Valins, S. (2007). *Persistent effects of information about internal reactions: Ineffectiveness of debriefing*. In H. London & R. E. Nisbett (Eds.), *Thought and feeling: The cognitive alteration of feeling states*. Chicago, IL: Aldine Transaction.

關於基本歸因錯誤普遍存在性以及會引起基本歸因錯誤的情況，存在著一種有趣的對立觀點，見：: Malle, B. F. (2006). The actor-observer asymmetry in attribution: A (surprising) meta-analysis. *Psychological Bulletin*, 132(6), 895-919.

172 **頻率波動已由實驗者預先設定好**：在實驗的預設點，心跳率大幅增加，顯示警醒的最大可能程度。另外從暗示中看來，還有吸引力。這並不是當中一名女性普遍被認為比其他女性更有吸引力；這個因素是隨機的，所以實驗中不同男性會對不同照片有最高心跳率。

172 **這個過程所產生的結果相當持久並難以改變**：This is nearly a direct quote from Valins, S. (2005). Persistent effects of information about internal reactions: Ineffectiveness of debriefing. *Integrative Physiological & Behavioral Science*, 40(3), 161-165.

172 **尼古拉斯‧艾普里說**：Epley, N. (2014). *Mindwise: How we understand what others think, believe, feel, and want*. New York, NY: Alfred A. Knopf.

173 **這類根本劃分**：Eckert, P. (1989). *Jocks and burnouts: Social categories and identity in the high school*. New York, NY: Teachers College Press.

174 **團體內成員比起外人**：Rothbart, M., Dawes, R., & Park, B. (1984). *Stereotyping and sampling biases in intergroup perception*. In J. R. Eiser (Ed.), *Attitudinal judgment* (pp. 109-134). New York, NY: Springer-Verlag.

174 **內側前額葉皮層**：D'Argembeau, A., Ruby, P., Collette, F., Degueldre, C., Bal-teau, E., Luxen, A., ... Salmon, E. (2007). Distinct regions of the medial prefrontal cortex are associated with self-referential processing and perspective taking. *Journal of Cognitive Neuroscience*, 19(6), 935-944.

and, Mitchell, J. P., Banaji, M. R., & MacRae, C. N. (2005). The link between social cognition and self-referential thought in the medial prefrontal cortex. *Journal of Cognitive Neuroscience*, 17(8), 1306-1315.

and, Northoff, G., & Bermpohl, F. (2004). Cortical midline structures and the self. *Trends in Cognitive Sciences*, 8(3), 102-107.

174 **白日夢模式處於活躍狀態**：D'Argembeau, A., Ruby, P., Collette, F., Degueldre, C., Balteau, E., Luxen, A., . . . Salmon, E. (2007). Distinct regions of the medial prefrontal cortex are associated with self-referential processing and perspective taking. *Journal of Cognitive Neuroscience*, 19(6), 935-944.

and, Gusnard, D. A., Akbudak, E., Shulman, G. L., & Raichk, M. E. (2001). Medial prefrontal cortex and self-referential mental activity: Relation to a default mode of brain function. *Proceedings of the National Academy of Sciences*, 98(7), 4259-4264.

and, Mitchell, J. P., Banaji, M. R., &MacRae, C. N. (2005). The link between social cognition and self-referential thought in the medial prefrontal cortex. *Journal of Cognitive Neuroscience*, 17(8), 1306-1315.

174 **非常薄弱的定義**：Rabble, J. M., & Horwitz, M. (1969). Arousal of ingroup-outgroup bias by a chance win or loss. *Journal of Personality and Social Psychology*, 13(3), 269-277, p. 269.

174 **與命運相互依存**：Lewin, K. (1948). *Resolving social conflicts: Selected papers on group dynamics*. Oxford, UK: Harper.

175 **類似這樣薄弱的分組操弄會造成……**：如果這些都似乎太過牽強，所使用的潛在機制可能就只是與自尊有

關。如同奧勒岡大學心理學家Mick Rothbart所說的，我們希望透過讚揚與我們類似的族群，並蔑視那些與我們不同的人，來強化我們自己的自尊。思考Robert Cialdini的發現；他發現當人們經實驗者帶領而經歷自尊喪失時，這很明顯地影響了他們對自身最愛的球隊的感覺：他們更有可能會把勝利的球隊指稱為「我們」，而把輸球的球隊稱為「他們」。

Cialdini, R. B., Borden, R. J., Thorne, A., Walker, M. R., Freeman, S., & Sloan, L. R. (1976). Basking in reflected glory: Three (football) field studies. *Journal of Personality and Social Psychology*, 34(3), 366-375.

and, Rothbart, M., Dawes, R., & Park, B. (1984). In J. R. Eiser (Ed.), *Attitudinal judgment* (pp. 109-134). New York, NY: Springer-Verlag.

175 **人們劃分互斥的類別：** Rothbart, M., & Hallmark, W. (1988). In-group-out-group differences in the perceived efficacy of coercion and conciliation in resolving social conflict. *Journal of Personality and Social Psychology*, 55(2), 248-257.

176 **我們對所有的人事物做出概化：** There are additional explanations for racism beyond the cognitive one I present here. See, for example, Brown, R. (201.0). *Prejudice: its social psychology*, (2nd ed.). Oxford, UK: John Wiley & Sons.

and, Major, B., & O'Brien, L. T. (2005). The social psychology of stigma. *Annual Review of Psychology*, 56,393-421.

and, Smedley, A., & Smedley, B. D. (2005). Race as biology is fiction, racism as a social problem is real: Anthropological and historical perspectives on the social construction of race. *American Psychologist*, 60(1), 16-26, p. 16.

176 **米克·羅特巴教授種族關係：** Rothbart, M., Dawes, R., & Park, B. (1984). *Stereotyping and sampling biases in intergroup perception.* In J. it Eiser (Ed.), *Attitudinal judgment* (pp. 109-134). New York, NY: Springer-Verlag, p. 112.

176 **在團體內／外偏見的情況下：** This is nearly a direct quote from Rothbart, M., Dawes, R., & Park, B. (1984). *Stereotyping and sampling biases in intergroup perception.* In J. R. Eiser (Ed.), *Attitudinal judgment* (pp. 109-134). New York, NY: Springer-Verlag, p. 112.

176 **團體的成員彼此之間增加瞭解：** This is called intergroup contact theory. Pettigrew, T. F., & Tropp, L. R. (2006). A meta-analytic test of intergroup contact theory. *Journal of Personality and Social Psychology*, 90(5), 751-783.

176 **「證明……都還存在著這種現象。」：** Rothbart, M., Dawes, R., & Park, B. (1984), Stereotyping and sampling biases in intergroup perception. In J. R. Eiser (Ed.), Attitudinal judgment (pp. 109-134). New York, NY: Springer-Verlag, p. 113.

176 **我們往往不會重新審視這個刻板印象：** Rothbart, M., & Lewis, S. (1988). Inferring category attributes from exemplar attributes: Geometric shapes and social categories. *Journal of Personality and Social Psychology*, 55(5), 861-872.

177 **1962年加勒比海危機：** Garthoff, R. L. (1988). Cuban missile crisis: The Soviet story. *Foreign Policy*, 72, 61-80.

177 **「試著設身處地著想」：** Khrushchev, N. (1962, October 24). Letter to President Kennedy. Kennedy Library, President's Office Files, Cuba. No classification marking. 這份官方翻譯文件是由國務院準備，而非正式翻譯則來自莫斯科大使館，並刊登在國務院的布告欄上。November 19,1973, pp. 637-639. Office of the Historian, U.S. Department of State. (n.d.). Kennedy-Krushchev exchanges: Document 63. In Foreign Relations of the United States, 1961-1963 (6). Retrieved from http://history.state.gov/historicaldocuments/frus1961-63v06/d63

177 **「如果你真的關心你人民的和平……」：** Khrushchev, N. (1962). Telegram from the Embassy in the Soviet Union to the U.S. Department of State, October 26, 1962, 7 P.M. Kennedy Library, National Security Files, Countries Series, USSR, Khrushchev Correspondence. Secret; Eyes Only; Niact; Verbatim Text. Passed to the White House at 9:15 P.m. October 26. Other copies of this message are in Department of State, Presidential Correspondence: Lot 66 D 204, and ibid.: Lot77 D163. A copy of the Russian-language text is in the former. This "informal translation" and an "official translation" prepared by the Department of State are printed in Department of State Bulletin, November 19,1973, pp. 640-645.

and, Of cc of the Historian, U.S. Department ofState. (n.d.). Kennedy-Krushchev exchanges: Document 65. In Foreign Relations of the United States, 1961-1963 (6). Retrieved from http://history.state.gov/historicaldocuments/frus1961-63v06/d65

177 **他將甘迺迪從團體外成員轉為團體內成員：** For an experimental replication of this, see Experiment 2 in Rothbart, M., & Hallmark, W. (1988). In-group-out-group differences in the perceived efficacy of coercion and conciliation in resolving

177 **2013年底和2014年初**：Nearly a direct quote from Kirkpatrick, D. D. (2014, January 25). Prolonged fight feared in Egypt after bombings. *The New York Times*, p. Al.

177 **我們傾向認定以脅迫手段對付敵人**：This sentence, and much of the preceding paragraph are from Rothbart, M., & Hallmark, W. (1988). In-group-out-group differences in the perceived efficacy of coercion and conciliation in resolving social conflict. *Journal of Personality and Social Psychology*, 55(2), 248-257.

177 **「當我想到我們花在炸彈和軍需品的錢……」**：Shultz, G., *personal communication*. July, 2012, Sonoma County, CA.

178 **（阿根廷立法規定應幫助有需要的人）**：見於阿根廷刑法第106-108條；當中包括第106條補充條款：「若一人傷害另一人的生命或健康，無論是陷人入險境或是棄那些需要被照顧的人於不顧……都應判處2-6年徒刑。」" Hassel, G. (n.d.). Penal especial [Special penalty]. Retrieved from http://www.monograftas.com/trabajos52/penal-especial /penal-especial2.shtml

178 **恐懼插手後可能面臨的遭遇也是完全合情合理的**：Darley, J. M., & Latane, B. (1968). Bystander intervention in emergencies: Diffusion of responsibility. *Journal of Personality and Social Psychology*, 8(4), 377-383. and, Milgram, S., & Hollander, P. (1964). The murder they heard. The Nation, 198(15), 602-604.

178 **社會心理學家約翰・達利和比伯・拉塔**：Darley, J. M., & Latane, B. (1968). Bystander intervention in emergencies: Diffusion of responsibility. Journal of Personality and Social Psychology, 8(4), 377-383, p. 377.

179 **沃爾特・萬斯靶心商店倒地後死亡**：Report: Shoppers unfazed as man dies at Target [Video file]. (2011, November 26). *NBC News*.

179 **便利商店的消費者跨過門口一名遭槍擊倒地的男子**：Pocklington, R. (2013, Dec. 29). Shocking surveil-lance footage shows customers stepping over shooting victim as he lay dying in store doorway. Daily Mirror. and, Hall, Jr. R. (2013, Dec. 23). Kalamazoo man convicted of murder in 2012 shooting of Jheryl Wright, 24. Kalamazoo Gazette/MLive. com.

179 **順應他人行為的強烈欲望**：Asch, S. E. (1956). Studies of independence and conformity: I. A minority of one against a unanimous majority. *Psychological Monographs: General and Applied*, 70(9), 1-70.

179 **社會比較**：Festinger, L. (1954), *A theory of social comparison processes. Human Relations*, 7(2), 117-140.

179 **責任分散**：Darley, J. M., & Latane, B. (1968). Bystander intervention in emergencies: Diffusion of responsibility. *Journal of Personality and Social Psychology*, 8(4), 377-383.

179 **當緊急情況在場的旁觀者只有一人時**：Darley, J. M., & Latane, B. (1968). Bystander intervention in emergencies: Diffusion of responsibility. *Journal of Personality and Social Psychology*, 8(4), 377-383, p. 378.

180 **鵝會干冒巨大的個別風險彼此互助**：Kristof, N. D. (2008, July 31). A farm boy reflects. *The New York Times*. and, Kristof, N. D. (2013, October 20). Are chicks brighter than babies? *The New York Times*, p. SR13.

180 **長尾黑顎猴**：Cheney, D. L., & Seyfarth, R. M. (1990), *How monkeys see the world: Inside the mind of another species*. Chicago, IL: University of Chicago Press.

180 **貓鼬會在同伴進食時站崗**：Santema, P., & Clutton-Brock, T. (2013). Meerkat helpers increase sentinel behaviour and bipedal vigilance in the presence of pups. *Animal Behavior*, 85(3), 655-661.

180 **催產素——這種社會關係荷爾蒙同樣會增加人與人之間的信任與社會合作**：Madden, J. R., & Clutton-Brock, T. H. (2010). Experimental peripheral administration of oxytocin elevates a suite of cooperative behaviors in a wild social mammal. *Proceedings of the Royal Society B: Biological Sciences*, 278(1709), 1189-1194.

第五章　關於時間的迷思何在？保留你的創意時間

181 **三十七歲的露絲**：這個情節是唯一一個沒有逐字從文獻中抄錄來的。這是組合數名額葉病患的說明示意圖，讓讀者一窺各種機能異常的狀況。基本細節來自Penfield, W. (1935). The frontal lobe in man: A clinical study of

max-imum removals. *Brain*, 58(1), 115-133.

181　厄尼突然失去正確評估未來需求的能力：Eslinger, P. J., & Damasio, A. R. (1985). Severe disturbance of higher cognition after bilateral frontal lobe ablation: Patient EVR. *Neurology*, 35(12), 1731. The names here have been changed for patient privacy.

182　「我知道我要畫什麼，但我就是不這麼做……」：Goel, V., & Grafman, J. (2000). Role of the right prefrontal cortex in ill-structured planning. *Cognitive Neuropsychology*, 17(5), 415-436, p. 423.

182　光波本身是無色的：*Newton*, I. (1995). The Principia (A. Motte, Trans.). New York, NY: Prometheus Books.

183　夜幕降臨後，就要持續記錄時間：Lombardi, M. A. (2007, March 5). Why is a minute divided into 60 seconds, an hour into 60 minutes, yet there are only 24 hours in a day? *Scientific American*.
and, Masters, K. (2006, April 5). Why is a day divided into 24 hours? Ask an astronomer. Retrieved from http:/kurious.astro.cornelLedu/question.php?number-594

1823-184　巴比倫人也將一天固定劃分成二十四小時：Wright, A. (2008). *Glut: Mastering information through the ages*. Ithaca, NY: Cornell University Press, p. 257.

183　古希臘的數學家和天文學家依巴谷也是：North, J. D. (1975). *Monasticism and the first mechanical clocks* In J. T. Fraser et al. (Eds.), The study of time H. New York, NY: Springer-Verlag.

184　每天世界上大約有十五萬人死亡：Centers for Disease Control and Prevention. (2014, February 13). Deaths and mortality. Retrieved from http://www.cdc.gov /nchs/fastats/deaths.htm
and, Central Intelligence Agency (2010). The world factbook, Washington, DC: U.S. Government Printing Office.
and, De Grey, A. D. N. J. (2007). *Life span extension research and public debate: Societal considerations, Studies in Ethics, Law, and Technology*, 1(1), 1941-6008.

185　在老年階段會有不良影響：Kirkwood, T. B. L., & Austad, S. N. (2000). Why do we age? *Nature*, 408(6809), 233-238.

185　造成老年生存危機的遺傳變異：Kirkwood, T. B. L., & Austad, S. N. (2000). Why do we age? *Nature*, 408(6809), 233-238.

185　有次數上的限制：Shay, J. W., & Wright, W. E. (2000). Hayflick, his limit, and cellular ageing. *Nature Reviews Molecular Cell Biology*, 1(1), 72-76.

185　每分鐘六十到一百次：Laskowski, E. R. (2009, September 29). What's a normal resting heart rate? Mayo Clinic. Retrieved from http://www.mayodinic.com /health/heart-rate/AN01906

186　照片的趣味之處在於……：我很感謝David Crosby做出這個觀察。

186　每二百五十毫秒左右放電一次：Roxin, A., Brunel, N., Hansel, D., Mongillo, G., & van Vreeswijk, C. (2011). On the distribution of firing rates in networks of cortical neurons. *The Journal of Neuroscience*, 31(45), 16217-16226.

186　大腦的執行長：U.S. HHS (2013). Maturation of the Prefrontal Cortex. United States Department of Health and Human Services, Office of Population Affairs. Retrieved from http://www.hhs.gov/opa/familylife/tech_assistance/etrainingiado lescent_brain/Development/prefrontal_sortex/

186　前額葉皮層與大腦其他區域間大部分的連結：Knight, R. T., & Stuss, D. T. (2002). Pre-frontal cortex: The present and the future. In D. T. Stuss & R. T. Knight (Eds.), Principles of frontal lobe function (pp. 573-598). New York, NY Oxford University Press.

186　大多數動物所缺乏的能力：Some nonhuman primates, notably chimps and monkeys, show an ability to delay gratification, and this is consistent with their developing, evolving prefrontal cortex.
and, Beran, M. J. (2013, May). Delay of gratification in nonhuman animals. *Psychological Science Agenda*. Retrieved from www.apa.orgiscience/about/psa/2013 /05/nonhuman- animals. aspx

186　人類的前額葉皮層要到二十歲以後才發展完全：Beckman, M. (2004). Crime, culpability, and the adolescent brain. *Science*, 305(5684), 596-599. anti, Giedd, J. N., Blumenthal, J., Jeffries, N. 0., Castellanos, F. X., Liu, H., Zii-denbos, A., . . . Rapoport, J. L. (1999). Brain development during childhood and adolescence: A longitudinal MRI study. *Nature Neuroscience*, 2(10), 861-863.

and, Sowell, E. R., Thompson, P. M., & Toga, A. W. (2004). Mapping changes in the human cortex throughout the span of life. *The Neuroscientist*, 10(4), 372-392.

and, Steinberg, L. (2004). Risk taking in adolescence: What changes, and why? *Annals of the New York Academy of Sciences*, 1021(1), 51-58.

187　功能失常症候群：Baddeley, A. D. (1986). *Working memory*. Oxford, UK: Clarendon Press.

187　抑制模仿這些行為的衝動：Lhermitte, F. (1983). "Utilization behaviour" and its relation to lesions of the frontal lobes. *Brain*, 106(2), 237-255.

187　顯現出對時間控制的失能：Knight, R. T., & Grabowecky, M. (2000). Prefrontal cortex, time, and consciousness. In M. Gazzaniga (Ed.), *The new cognitive neurosciences* (pp. 1319-1337). Cambridge, MA: MIT Press.

187　不知道自己的缺失：Prigatano, G.P. (1991). *Disturbances of self-awareness of deficit after traumatic brain injury*. In G. P. Prigatano & D. L. Schacter (Eds.), *Awareness of deficit after brain injury: Clinical and theoretical issues* (pp. 111-126), New York, NY: Oxford University Press.

and, Stuss, D. T. (1991). *Disturbances of self-awareness after frontal system damage*. In G. P. Prigatano & D. L. Schacter (Eds.), *Awareness of deficit after brain injury: Clinical and theoretical issues* (pp. 63-83). New York, NY: Oxford University Press.

187　導致創造力的喪失：Knight, R. T., & Stuss, D. T. (2002). *Prefrontal cortex: The present and the future*. In D. T. Stuss & R. T. Knight (Eds.), *Principles of frontal lobe function*, New York, NY: Oxford University Press.

188　酒精會干擾前額葉皮層神經元彼此溝通的能力：Trantham-Davidson, H., Burnett, E. J., Gass, J. T., Lopez, M. F., Mulholland, P. J., Centanni, S. W., Chandler, L. J. (2014). Chronic alcohol disrupts dopamine receptor activity and the cognitive function of the medial prefrontal cortex. *The Journal of Neuroscience*, 34(10), 3706-3718.

188　額葉的多巴胺神經元：Courchesne, E., Mouton, P. R., Calhoun, M. E., Semendeferi, K., Ahrens-Barbeau, C., Hallet, M. J., . . Pierce, K. (2011). Neuron number and size in prefrontal cortex of children with autism. *JAMA*, 306(18), 2001-2010.

188　給予左旋多巴：Arnsten, A. F. T., & Dudley, A. G. (2005). Methyl-phenidate improves prefrontal cortical cognitive function through a2 adreno-ceptor and dopamine D1 receptor actions: Relevance to therapeutic effects in Attention Deficit Hyperactivity Disorder. *Behavioral and Brain Functions*, 1(1), 2.

and, Owen, A. M., Sahakian, B. J., Hodges, J. R., Summers, B. A., Polkey, C. E., & Robbins, T. W. (1995). Dopamine-dependent frontostriatal planning deficits in early Parkinson's disease. *Neuropsychology*, 9(1), 126-140.

and, Tucha, L., Tucha, 0., Sontag, T. A., Stasik, D., Laufkotter, R., & Lange, K. W. (2011). Differential effects of methylphenidate on problem solving in adults with ADHD. *Journal of Attention Disorders*, 15(2), 161-173.

188　腦部消耗身體所有使用能量的20%：Clarke, D. D., & Sokoloff, L. (1999). *Circulation and energy metabolism of the brain: Substrates of cerebral metabolism*, In G. J. Siegel, B. W. Agranoff, R. W. Albers, S. K. Fisher, & M. D. Uhler (Eds.), *Basic neurochemistry: Molecular, cellular and medical aspects* (6th ed.) (pp. 637-669). Philadelphia, PA: Lippincott-Raven.

188　單個靜止的神經元所輸出的電壓：The resting potential of a typical neuron is -70 mV, meaning that it has a negative charge, and the output of an iPod is positively charged.

189　對著貓頭鷹播放音樂：Janata, P. (1997). *Electrophysiological studies of auditory contexts. Dissertation Abstracts International: Section B: The Sciences and Engineering*, University of Oregon.

189　化學物質的觸釋放，改變大腦內資訊的流動：Direct quote from Anderson, D. (2011). Your br ain is more than a bag ofchemicals. [Video] TedXCalTech.

189　神經元從葡萄糖取得能量：Clarke, D. D., & Sokoloff, L. (1999). Circulation and energy metabolism of the brain: Substrates of cerebral metabolism. In G. J. Siegel, B. W. Agranoff, R. W. Albers, S. K. Fisher, & M. D. Uhler (Eds.), *Basic neurochemistry: Molecular, cellular and medical aspects* (6th ed.) (pp. 637-669). Philadelphia, PA: Lippincott-Raven.

and, Sokoloff, L., Reivich, M., Kennedy, C., Des Rosiers, M. H., Patlak, C. S., Pettigrew, K. E. A., . Shinohara, M. (1977). The [14C]deoxyglucose method for the measurement of local cerebral glucose utilization: Theory, procedure, and normal values in the conscious and anesthetized albino rat. *Journal of Neurochemistry*, 28(5), 897-916.

189　除了睪丸……：Himwich, H. E., & Nahum, L. H. (1929). The respiratory quotient of testicle. *American Journal of*

Physiology, 88(4), 680-685.

and, Setchell, B. P., & Waites, G. M. H. (1964). Blood flow and the uptake of glucose and oxygen in the testis and epididymis of the ram. *Journal of Physiology*, 171(3), 411-425.

189 **吃或喝葡萄糖能提高表現**：Hoyland, A., Lawton, C. L., Dye, L. (2008). Acute effects of macronutrient manipulations on cognitive test performance in healthy young adults: A systematic research review. *Neuroscience ear Biobehavioral Reviews*, 32(1), 72-85.

and, Riby, L. M., Law, A. S., McLaughlin, J., & Murray, J. (2011). Preliminary evidence that glucose ingestion' facilitates prospective memory performance. *Nutrition Research*, 31(5), 370-377.

and, Scholey, A. B., Harper, S., & Kennedy, D. 0. (2001). Cognitive demand and blood glucose. *Physiology & Behavior*, 73(4), 585-592.

189 **額外的心理能量**：卡路里的樹木取決於你的體重，這是以一個六十八公斤的人為例；每十一公斤的增減會增減八卡路里。

189 **神經元彼此的連接**：Harris, J. J., Jolivet, R., & Attwell, D. (2012). Syn-aptic energy use and supply. *Neuron*, 75(5), 762-777.

190 **你所獲知的資料與你周圍發生的事件之間沒有落差**：Kastenbaum, S. (Producer). (2012, May 26). Texting while walking a dangerous experiment in multitasking [Audio podcast]. Retrieved from http://news.blogs.cnn.com/2012/05/26/texting-while-walking-a-dangerous-experiment-in-multitasking/

190 「……並不足以深入思考任何事情。」：Quoted in Tuged, A. (2008, October 25). Multitasking can make you lose ... urn . focus. *The New York Times*, p. B7.

190 **大腦的覺醒系統具有對新奇事物的偏見**：Tucker, D. M. (1987, May). *Hemisphere specialization: A mechanism for unifying anterior and posterior brain regions*. In D. Ottoson (Chair), *Duality and unity of the brain: Unified functioning and specialization of the hemispheres* (pp. 180-193). *Symposium conducted at The Wenner-Gren Center, Stockholm, Sweden*. New York, NY: Plenum Press.

190 **人類想獲得新經驗所付出的努力**：Nearly a direct quote from Gopnik, A. (2011, May 22). The great illusion. [Review of the book Soul Dust by N. Humphrey]. *The New York Times Book Review*, p. 19.

191 **專注與創造力的相抗衡**：許多具創意的音樂家需要投入反覆性高的工作，如數位音響編輯，都說他們會服藥以提高多巴胺。但從未聽說他們在創造和演奏音樂時服藥。

191 **服藥可以幫助專注**：US National Library of Medicine. (2007, September). Genetics home reference: Genes, COMT. Retrieved from http:ll ghr.nlm.nih.govlgene/COMT

191 **循經踏矩，但不特別具有創意**：Colzato, L. S., Waszak, F., Nieuwenhuis, S., Posthuma, D., Hommel, B. (2010). The flexible mind is associated with the catechol-O-methyltransferase (COMT) Va1158Met polymorphism: Evidence for a role of dopamirie in the control of task-switching. Neuropsychologia, 48(9), 2764-2768.

and, He, Q., Xue, G., Chen, C., Lu, Z. L., Chen, C., Lei, X., . Bechara, A. (2012). COMT Va1158Met polymorphism interacts with stressful life events and parental warmth to influence decision-making. Scientific Reports, 2(677).

192 **呈現在海馬迴**：Eichenbaum, H. (2013). Memory on time. *Trends in Cognitive Sciences*, 17(2), 81-88.

193 **七千噸的車輛、物資以及每天的人員**：Kennard, M. F. (1947, April 11). The Building of Mulberry Harbour. The war illustrated, 10 (255), 771-772. London, UK: Amalgamated Press.

and, History Learning Site. (n.d.). The Mulberry Harbour. Retrieved from http:ll www.historylearningsite.co,uk

193 **人類史上最偉大的工程和軍事壯舉之一**：Kennard, M. F. (1947, April 11). The Building of Mulberry Harbour. The war illustrated, 10 (255), 771-772. London, UK: Amalgamated Press.

195 **這數多頭馬車耗費大量新陳代謝**：Chevignard, M., Pillon, B., Pradat-Diehl, P., Taillefer, C., Rousseau, S., Le Bras, C., & Dubois, B. (2000). An ecological approach to planning dysfunction: Script execution. Cortex, 36(5), 649-669.

196 **日常生活的適應策略**：Goldberg, E. (2001). *The executive brain: Frontal lobes and the civilized mind*, New York, NY: Oxford University Press.

196　**在未被提示的情況下突然應用新規則**：Knight, R. T., & Stuss, D. T. (2002). *Prefrontal cortex: The present and the future*. In D. T, Stuss & R. T. Knight (Eds.), *Principles of frontal lobe function*. New York, NY: Oxford University Press.

197　**它們也會以不同頻率振盪**：Buschman, T. J., Denovellis, E. L., Diogo, C., Bullock, D., & Miller, E. K. (2012). Synchronous oscillatory neural ensembles for rules in the prefrontal cortex. *Neuron*, 76(4), 838-846.

197　**忽略環境中其他分散注意力的刺激**：Fallon, S. J., Williams-Gray, C. H., Barker, R. A., Owen, A. M., & Hampshire, A. (2013). Prefrontal dopamine levels determine the balance between cognitive stability and flexibility. *Cerebral Cortex*, 23(2), 361-369.

198　**「……我們將這些視為理所當然」**：Ferguson, J. *personal communication*. December 9,2010.

198　**小說和短篇故事**：Gottschall, J. (2012). *The s torytelling animal: How stories make us human*. New York, NY: Houghton Mifflin Harcourt Publishing Company.

and, Gottschall, J., & Wilson, D. 'S. (Eds.). (2005). *The literary animal: Evolution and the nature of narrative* (rethinking theory). Evanston, IL: Northwestern University Press.

199　**我們的大腦會……**：Kurby, C. A., & Zacks, J. M. (2007). Segmentation in the perception and memory of events. *Trends in Cognitive Sciences*, 12(2), 72-79.

199　**劃分數量適中的有意義單位**：Kurby, C. A., & Zacks, J. M. (2007). Segmentation in the perception and memory of events. *Trends in Cognitive Sciences*, 12(2), 72-79.

201　**單格漫畫當中的幽默**：Piraro, D., *personal communication*. March 8,2014.

202　**往往記憶更加深刻**：Craik, F. I., & Lockhart, R. S. (1972). Levels of processing: A framework for memory research. *Journal of Verbal Learning and Verbal Behavior*, 11(6), 671-684.

202　**引進課堂，並取得巨大成功**：Crouch, C. H., & Mazur, E. (2001). Peer instruction: Ten years of experience and results. *American Journal of Physics*, 69(9), 970-977.

202　**可以利用各種不同的線索進行檢索**：This is nearly a direct quote from Kopasz, M., Loessl, B., Hornyak, M., Riemann, D., Nissen, C., Piosczyk, H., & Voderholzer, U. (2010), Sleep and memory in healthy children and adolescents—A critical review. *Sleep Medicine Reviews*, 14(3), 167-177.

203　**在睡眠的不同階段中完成**：Kopasz, M., Loessl, B., Hornyak, M., Riemann, D., Nissen, C., Piosczyk, H., & Voderholzer, U. (2010). Sleep and memory in healthy children and adolescents—A critical review. *Sleep Medicine Reviews*, 14(3), 167-177.

203　**我們腦中持有的所呈現的外在世界**：Diekehnann, S., & Born, J. (2010). The memory function of sleep. *Nature Reviews Neuroscience*, 11(2), 114-126. and, Walker, M. P., & Stickgold, R. (2010). Overnight alchemy: Sleep-dependent memory evolution. *Nature Reviews Neuroscience*, 11(3), 218.

203　**與正在發生的經驗相混淆**：McClelland, J. L., McNaughton, B. L., & O'Reilly, R. C. (1995). Why there are complementary learning systems in the hippocampus and neocortex: Insights from the successes and failures of connectionist models of learning and memory. *Psychological Review*, 102(3), 419-457.

203　**在我們睡眠時進行**：Walker, M. P., & Stickgold, R. (2010). Over-night alchemy: Sleep-dependent memory evolution. *Nature Reviews Neuroscience*, 11(3), 218.

203　**將這些段落連結成渾然一體**：As Walker & Stickgold (2010) write: "Overnight unitization has been seen using a sequential finger-tapping motor-skill task in which subjects learn to type numerical sequences, such as 4-1-3-2-1-3-2-1-4. During initial learning, subjects appear to break the sequence into "chunks" (e.g., 413-21-3214), separated by brief pauses. But following a night of sleep, the sequence becomes unitized, and is typed without pauses (i.e., 413213214)." This passage describes the prior work of: Kuriyama, K., Stickgold, R., & Walker, M. P. (2004). Sleep-dependent learning and motor-skill complexity. *Learning & Memory*, 11(6), 705-713.

203　**ATP（神經信號輔酶）的增加**：Dworak, M., McCarley, R. W., Kim, T., Kalinchuk, A. V., & Basheer, R. (2010). Sleep and brain energy levels: ATP changes during sleep. *The Journal of Neuroscience*, 30(26), 9007-9016.

204　**相等長度的清醒時間**：Barrett, T. R., & Ekstrand, B. R. (1972). Effect of sleep on memory: III. Controlling for timeof-day effects. *Journal of Experimental Psychology*, 96(2), 321-327.

and, Fischer, S., Hallschmid, M., Elsner, A. L., & Born, J. (2002). Sleep forms memory for finger skills. *Proceedings of the National Academy of Sciences*, 99(18), 11987-11991.

and, Huber, R., Ghilardi, M. F., Massimini, M., & Tononi, G. (2004). Local sleep and learning. *Nature*, 430(6995), 78-81.

and, Jenkins, J. G., & Dallenbach, K. M. (1924). Obliviscence during sleep and waking. *American Journal of Psychology*, 35(4), 605-612.

and, Plihal, W., & Born, J. (1997). Effects of early and late nocturnal sleep on declarative and procedural memory. *Journal of Cognitive Neuroscience*, 9(4), 534-547.

and, Stickgold, R., James, L., & Hobson, J. A. (2000). Visual discrimination learning requires sleep after training. *Nature Neuroscience*, 3(12), 1237-1238.

and, Stickgold, R., Whidbee, D., Schirmer, B., Patel, V., & Hobson, J. A. (2000). Visual discrimination task improvement: A multi-step process occurring during sleep. *Journal of Cognitive Neuroscience*, 12(2), 246-254.

and, Walker, M., Brakefield, T., Morgan, A., Hobson, J. A., & Stickgold, R. (2002). Practice with sleep makes perfect: Sleep dependent motor skill learning. *Neuron*, 35(1), 205-211.

204 **一晚的睡眠後提升表現**：Allen, S. (2013). Memory stabilization and enhancement following music practice. *Psychology of Music. Advance online publication.* Retrieved from http://pom.sagepub.com

204 **等量的清醒時間**：Wagner, U., Gais, S., Haider, H., Verleger, R., & Born, J. (2004). Sleep inspires insight. *Nature*, 427(6972), 352-355.

204 **需要洞見解決問題**：Wagner, U., Gais, S., Haider, H., Verleger, R., & Born, J. (2004). Sleep inspires insight. *Nature*, 427(6972), 352-355.

204 **夢到遊戲的抽象元素**：Stickgold, R., Malia, A., Maguire, D., Roddenberry, D., & O'Connor, M. (2000). Replaying the game: Hypnagogic images in normals and amnesiacs. *Science*, 290(5490), 350-353.

204 **會在你的睡眠時機進行重播與細緻化**：Siegel, J. (2006). The stuff dreams are made of: Anatomical substrates of REM sleep. *Nature Neuroscience*, 9(6), 721-722.

205 **乙酰膽鹼與皮質醇濃度的增加**：Hasselmo, M. E. (1999). Neuro-modulation: Acetylcholine and memory consolidation. *Trends in Cognitive Sciences*, 3(9), 351-359.

205 **在REM睡眠期間，大腦不同腦區……**：Jones, M. W., & Wilson, M. A. (2005). Theta rhythms coordinate hippocampal-prefrontal interactions in a spatial memory task. *PLoS Biology*, 3(12), e402.

206 **我們從一個狀態進入另一個狀態**：Lu, J., Sherman, D., Devor, M., Saper, C. B. (2006, June 1). A putative flip-flop switch for control ofREM sleep. *Nature*, 441,589-594.

206 **到了清晨可能延伸為三十分鐘或更長時間**：Domhoff, G. W. (2002). *The scientific study of dreams: Neural networks, cognitive development, and content analysis*, Washington, DC: APA Press.

206 **早上最後九十分鐘REM睡眠期間**：Stickgold, R. (2005). Sleep-dependent memory consolidation. *Nature*, 437,1272-1278.

and, American Psychological Association. (n.d.). Why sleep is important and what happens when you don't get enough. Retrieved from http://www.apa.org/top ics/sleep/why.aspx?item=11

206 **兩個晚上擁有良好的睡眠**：Stickgold, R., James, L., & Hobson, J. A. (2000). Visual discrimination learning requires sleep after training. *Nature Neuroscience*, 3(12), 1237-1238.

206 **神經元新陳代謝的一項基本特性**：Domhoff, G. W. (2002). The scientific study of dreams: Neural networks, cognitive development, and content analysis. Washington, DC: APA Press.

and, Xie, L., Hongyi, K., Qiwu, X., Chen, M. J., Yonghong, L., Meenakshisunda-ram, T., ...Nedergaard, M. (2013). Sleep drives metabolite clearance from the adult brain. *Science*, 342(6156), 373-377.

207 **清醒時累積的酒在有毒廢物**：Xie, Hongyi, K., Qiwu, X., Chen, M. J., Yonghong, L., Meenakshisundaram, T., , .

Nedergaard, M. (2013), Sleep drives metabolite clearance from the adult brain. *Science*, 342(6156), 373-377.

207　誘發清醒警覺性的神經化學物質產生：Van Dongen, H. P. A., & Dinges, D. P. (2000). Circadian rhythms in fatigue, alertness, and performance. In M. H. Kryger, T. Roth, & W. C. Dement (Eds.), Principles and practice of sleep med-icine (3rd ed.) (pp. 391-399). Philadelphia, PA: W. B. Saunders.

and, Stenberg, D. (2007). Neuroanatomy and neurochemistry of sleep. *Cellular and Molecular Life Sciences*, 64(10), 1187-1204.

207　對多日後的認知表現產生影響：Krueger, J. M., Rector, D. M., Roy, S., Van Dongen, H. P. A., Belenky, G., & Panksepp, J. (2008). Sleep as a fundamental property of neuronal assemblies. *Nature Reviews Neuroscience*, 9(12), 910-919.

207-208　罰球和三分球的準確度各改善了9%：Mah, C. D., Mah, K. E., Kezirian, E. J., & Dement, W. C. (2011). The effects of sleep extension on the athletic performance of collegiate basketball players. *Sleep*, 34(7), 943.

208　第二輪四或五個小時的睡眠：Ekirch, A. R. (2006). *At day's close: Night in times past.* New York, NY: W. W. Norton & Company.

and, Koslofsky, C. (2011). Evening's empire: A history of the night in early modern Europe. Cambridge, UK: Cambridge University Press.

and, Wehr .(1992). In short photoperiods, human sleep is biphasic. *Journal of Sleep Research*, 2(2), 103-107.

208　生活更滿意、更有效率、表現也更好：Chiang, Y.-Y., Tsai, P.-Y., Chen, P.-C., Yang, M.-H., Li, C.-Y., Sung, F.-C., & Chen, K.-B. (2012). *Sleep disorders and traffic accidents. Epidemiology*, 23(4), 643-644.

and, United States Census Bureau. (n.d.). Transportation: Motor vehicle accidents and fatalities. Retrieved from http://www.census.gov/

208　研究所得的準則建議如下：National Sleep Foundation. (n.d.). How much sleep do we really need? Retrieved from http://www.sleepfounda tion.org/article/how-sleep-works/how-much- sleep -do-we -really-need

208　這些似乎與遺傳有關：Hor, H., & Tafti, M. (2009). How much sleep do we need? *Science*, 325(5942), 825-826, p. 825.

208　一口氣睡八小時：Van Dongen, H. P. A., & Dinges, D. P. (2000). *Circadian rhythms in fatigue, alertness, and performance.* In M. H. Kryger, T. Roth, & W. C. Dement (Eds.), *Principles and practice of sleep medicine* (3rd ed.) (pp. 391-399). Philadelphia, PA: W. B. Saunders.

209　睡眠不足是項公共衛生流行病：Centers for Disease Control and Prevention. (n.d.). Insufficient sleep is a public health epidemic. Retrieved from http:// www.cdc.gov/features/dssleep/index.htmlReferences

209　不致產生負面的認知影響：This sentence is a direct quote from U.S. Institute of Medicine Committee on Sleep Medicine and Research. (2006). Sleep disorders and sleep deprivation: An unmet public health problem. Colton, H. R. & Altevogt, B. M. (Eds.) Washington, DC: The National Academies Press. Also available at http://www.ncbi.nlm.nih,gov/books/NBK19958/

See also, Dinges, D., Rogers, N., & Baynard, M. D. (2005). Chronic sleep deprivation. In M. H. Kryger, T. Roth, & W. C. Dement, (Eds.), *Principles and practice of sleep medicine* (4th ed.) (pp. 67-76). Philadelphia, PA: Elsevier/Saunders.

and, Nightly news: Sleep deprivation costs companies billions [Video file]. (2013, January 23). NBC News. Retrieved from http://www.nbcnews.com/

209　士兵誤射自己身邊的人：Kuruvilla, C. (2013, March 15). Captain of Air France plane that crashed into Atlantic Ocean killing everyone on board was running on one hour of sleep. New York *Daily News.*

and Randall, D. K. (2012, August 3). Decoding the science of sleep. *The Wall Street Journal.*

and, U.S. Institute of Medicine Committee on Sleep Medicine and Research. (2006). *Sleep disorders and sleep deprivation: An unmet public health problem.* Colton, H. R. & Altevogt, B. M. (Eds.) Washington, DC: The National Academies Press. Also available at http://www.ncbi,n1m.nih.gov/books/NBK19958/

209　某些最知名全球性災害：Harrison, Y., & Horne, J. A. (2000). The impact of sleep deprivation on decision-making: A review. *Journal of Experimental Psychology: Applied*, 6(3), 236-249.

209 艾克森瓦德茲號油輪漏油：U. S. National Transportation Safety Board. (1997). Marine accident report: Grounding of the U. S. tankship Exxon Valdez on Bligh Reeff, Prince William Sound, near Valdez, Alaska. NTSB Number MAR-90/ 04; PB90-916405, Washington, DC: U.S. Government Printing Office.

209 星星公主號郵輪擱淺

209 挑戰者太空梭：Presidential Commission on the Space Shuttle Challenger Accident (1986). Washington, DC: U. S. Government Printing Office.

209 這數字大致等同蘋果電腦公司每年的營收：CNN Money. (n.d.). Fortune global 500. Retrieved from http://money.cnn.com/

209 肥胖、中風和癌症：Randall, D. K. (2012, August 3). Decoding the science of sleep. *The Wall Street Journal*.

210 把頭安放在枕頭上：Randall, D. K. (2012). *Dreamland: Decoding the science of sleep*. New York, NY: W. W. Norton & Company.

210 比處方用安眠藥能更有效地防治失眠：Jacobs, G. D., Pace-Schott, E. F., Stickgold, R., & Otto, M. W. (2004). Cognitive behavior therapy and pharmacotherapy for insomnia: A randomized controlled trial and direct comparison. *Archives of Internal Medicine*, 164(17), 1888-1896.

210 不記得我們如何昏昏沉沉地起床：Randall, D. K. (2012). Dreamland: Decoding the science of sleep. New York, NY: W. W. Norton & Company. and, Randall, D. K. (2012, August 3). Decoding the science of sleep. *The Wall Street journal*

210 諸如食欲素、皮質醇和腎上腺素：Monti, J., Pandi-Perumal, S. R., Sinton, C. M., & Sinton, C. W. (Eds.). (2008). Neurochemistry of sleep and wakefulness. Cambridge, UK: Cambridge University Press. and, Stenberg, D. (2007). Neuroanatomy and neurochemistry of sleep. *Cellular and Molecular Life Sciences*, 64(10), 1187-1204.

211 可能會造成夜裡很難或無法入睡：Mayo Clinic. (n.d.). Nap-ping: Do's and don'ts for healthy adults. Retrieved from http://www.mayoclinic._corn/health/napping/MY01383

211 午睡的好處是廣受承認的：Nishida, M., Pearsall, J., Buckner, R. L., & Walker, M. P. (2009). REM sleep, prefrontal theta, and the consolidation of human emotional memory. *Cerebral Cortex* 19(5), 1158-1166.

211 越是需要絞盡腦汁的工作：Tucker, M. A., Hirota, Y., Wamsley, E. J., Lau, H., Chaklader, A., & Fishbein, W. (2006). A daytime nap containing solely non-REM sleep enhances declarative but not procedural memory. *Neurobiology of Learning & Memory*, 86(2), 241-247.
and, Wilson, J. K., Baran, B., Pace-Schott, E. F., Ivry, R. B., & Spencer, R. M. C. (2012). Sleep modulates word-pair learning but not motor sequence learning in healthy older adults. *Neurobiology of Aging*, 33(5), 991-1000.

211 午睡能扭轉負面情緒：Gujar, N., McDonald, S. A., Nishida, M., & Walker, M. P. (2011). A role for REM sleep in recalibrating the sensitivity of the human brain to specific emotions. Cerebral Cortex, 21(1), 115-123. and, Mednick, S., Nakayama, K., & Stickgold, it (2003). Sleep-dependent learning: A nap is as good as a night. *Nature Neuroscience*, 6(7), 697-698.

211 心血管疾病、糖尿病、中風和心臟病：Markowitz, E. (2011, August 12). Should your employees take naps? Inc. Retrieved from http://www.inc.com/
and, Naska, A., Oikonomou, E., Tichopoulou, A., Psaltopoulou, T., & Tichopoulous, D. (2007). Siesta in healthy adults and coronary mortality in the general population. *JAMA Internal Medicine*, 167(3), 296-301.
and, Stein, R. (2007, February 13). See, Campos, H., & Siles, X. (2000). Siesta and the risk of coronary heart disease: Results from a population-based, case-control study in Costa Rica. *International Journal of Epidemiology*, 29(3), 429-437.
需注意此點有一些爭議。首先，這個結果從數據上來看在男性身上是明顯的，但女性於數據上的反映並非如此；這可能是一個統計假象，當中有太少女性因心臟病過世，不足以構成足夠的控制組。另一個不同的研究顯示，每日的午睡與心肌梗塞風險增加有所關聯，而另一個研究則指出，午睡與任何種類的死亡風險增加都有關，雖然這些也會與文化混淆。
見：Tanabe, N., Iso, H., Seki, N., Suzuki, H., Yatsuya, H., Toyoshima, H., & Tamakshi, A. (2010) Daytime napping and

mortality, with a special reference to cardiovascular disease: The JACC study. *International Journal of Epidemiology*, 39(1), 233-243.

211　許多公司現在鼓勵員工小睡片刻：Markowitz, E. (2011, August 12). Should your employees take naps? Inc. Retrieved from http://www.inc.comi

212　剛剛向東方旅行的球隊在比賽中平均多輪超過一分：Recht, L. D., Lew, R. A., & Schwartz, W. J. (1995). Baseball teams beaten by jet lag. *Nature*, 377(6550), 583.

212　包括肌肉力量的衰退：Waterhouse, J., Reilly; T., Atkinson, G., & Edwards, B. (2007). Jet lag: Trends and coping strategies. *Lancet*, 369(9567),1117-1129.

212　六十歲以上的人：Monk, T. (2005). Aging human circadian rhythms: Conventional wisdom may not always be right. *Journal of Biological Rhythms*, 20(4), 366-374.

and, Monk, T., Buysse, D., Carrier, J., & Kupfer, D. (2000). Inducing jet-lag in older people: Directional asymmetry. *Journal of Sleep Research*, 9(2), 101-116.

213　日落時分：Burgess, H, J., Crowley, S. J., Gazda, C. J., Fogg, L. F., & Eastman, C. I. (2003). Preflight adjustment to eastward travel: 3 days of advancing sleep with and without morning bright light. *Journal of Biological Rhythms*, 18(4), 318-328.

213　睡前服用褪黑素有助睡眠：Suhner, A., Schlagenhauf, P., Johnson, R., Tschopp, A., & Steffen, R. (1998). Comparative study to determine the optimal melatonin dos-age form for the alleviation of jet lag. *Chronobiology International*, 15(6), 655-666.

and, Waterhouse, J., Reilly, T., Atkinson, G., &Edwards, B. (2007). Jet lag: Trends and coping strategies. *Lancet*, 369(9567), 1117-1129.

213　青少年和孕婦向來被建議該全面迴避：Sanders, D., Chatuvedi, A., & Hordinsky, J. (1999). Melatonin: Aeromedical, toxicopharmacological, and analytical aspects. *Journal of Applied Toxicology*, 23(3), 159-167.

213　生產它所能使用份量的褪黑素：Eastman, C. I., & Burgess, H. J. (2009). How to travel the world without jet lag. *Sleep Medicine Clinics*, 4(2), 241-255.

213　當我們拖拖拉拉：Much of this section follows the order of presentation and ideas found in Steel, P., & Ferrari, J. (2013). Sex, education and procrastination: An epidemiological study of procrastinators' characteristics from a global sample. *European Journal of Personality*, 27(1), 51-58.

213　非常缺乏耐心，也很容易覺得無聊：Eberts, J., *personal communication*. May 5,2008, Magog, QC.

213　傑克採用嚴格的「現在就做」策略：Eberts, A., *personal communication*. November 26,2013, Montreal, QC.

213-214　傑克稱這做法叫做「吃青蛙」：Eberts, A., *personal communication*. November 26, 2013, Montreal, QC.

"Eat a live frog" comes from a quote attributed to Mark Twain, "Eat a live frog first thing in the morning and nothing worse will happen to you the rest of the day."

214　有助我們達到目標的決定：Orellana-Dainacela, L. E., Tindale, R. S., & Suarez-Balcazar, Y. (2000). Decisional and behavioral procrastination: How they relate to self-discrepancies. *Journal of Social Behavior & Personality*, 15(5), 225-238.

214　病情惡化，致使藥石罔然：Harlan, L. C., Bernstein, A. B., & Kessler, L. G. (1991). Cervical cancer screening: Who is not screened and why? *American Journal of Public Health*, 81(7), 885-890.

and, Jaberi, F. M., Parvizi, J., Haytmanek, C. T., Joshi, A., & Purtill, J. (2008). Procrastination of wound drainage and malnutrition affect the outcome of joint arthroplasty. *Clinical Orthopaedics and Related Research*, 466(6), 1368-1371.

and, Saposnik, G. (2009). Acute stroke management: Avoiding procrastination, the best way to optimize care delivery. *European Journal of Neurology*, 16(12),1251- 52,

and, Steel, P., & Ferrari, J. (2013). Sex, education and procrastination: An epidemiological study of procrastinators' characteristics from a global sample. *European Journal of Personality*, 27(1), 51-58.

and, Worthley, D. L., Cole, S. R., Esterman, A., Mehaffey, S., Roosa, N. M., Smith, A., ... Young, G. P. (2006). Screening for colorectal cancer by faecal occult blood test: Why people choose to refuse. *Internal Medicine Journal*, 36(9), 607-610.

214　**開始退休儲蓄計畫，直到為時已晚**：Byrne, A., Blake, D., Cairns, A., & Dowd, K. (2006). There's no time like the present: The cost of delaying retirement saving. *Financial Services Review*, 15(3), 213-231.

and, Venti, S. (2006). *Choice, behavior and retirement saving*. In G. Clark, A. Munnell & M. Orszag (Eds.), *Oxford handbook of pensions and retirement income* (Vol. 1, pp. 21-30). New York, NY: Oxford University Press.

214　**女性比男性更有可能大學畢業**：Goldin, C., Katz, L. F., & Kuziemko, I. (2006). The homecoming of American college women: The reversal of the college gender gap. *The Journal of Economic Perspectives*, 20(4), 133-156.

and, Heckman, J. J., & LaFontaine, P. A. (2010). The American high school graduation rate: Trends and levels. *The Review of Economics and Statistics*, 92(2), 244-262.

and, Janosz, M., Archambault, I., Morizot, J., & Pagani, L. S. (2008). School engagement trajectories and their differential predictive relations to dropout. *Journal of Social Issues*, 64(1), 21-40.

214　**因為她們比較不會拖延**：其關聯性相當低，但因為研究中n的取樣數目很大，達到具統計上的意義。這些關聯性中最強的一個，在拖延行為上只有1%的變異性。

214　**能減少拖延傾向**：Kaplan, S., & Berman, M. G. (2010). Directed attention as a common resource for executive functioning and self-regulation. *Perspectives on Psychological Science*, 5(1), 43-57.

214　**但也包括拖延**：Rentfrow, P., Gosling, S., & Potter, J. (2008). A theory of the emergence, persistence, and expression of geographic variation in psychological characteristics, *Perspectives on Psychological Science*, 3(5), 339-369.

215　**這個大腦區域受損**：Freeman, W., & Watts, J. W. (1939). An interpretation of the functions of the frontal lobe: Based upon observations in forty-eight cases of prefrontal lobotomy. *The Yale Journal of Biology and Medicine*, 11(5), 527- 539, p. 537.

and, Strub, R. L. (1989). Frontal lobe syndrome in a patient with bilateral globus pallidus lesions. *Archives of Neurology*, 46(9), 1024-1027.

216　**導致我們做事拖延的因素**：Steel, P. (2007). The nature of procrastination: A meta-analytic and theoretical review of quintessential self-regulatory failure. *Psychological Bulletin*, 133(1), 65.

and, Steel, P. (2010). *The procrastination equation: How to stop putting things off and start getting stuff done*. New York, NY: HarperCollins.

216　**將導致拖延的可能性增加**：Steel 把他的等式建構成與我此處所敘述的相反，他把自信和成就感放在分子，完成的時間和注意力不集中放在分母。這樣會得出一項任務的期許商數，與拖延的可能性有反向相關，也就是：

期許＝自信×完成任務的成就感／完成任務所需時間×注意力不集中

然後可進一步得出：拖延的可能性＝1/期許

此處向Steel致歉，為了清楚表達，我省去了計算這個分數的額外步驟。

216　**任務完成後接收正面回饋**：This is based on equation 1 from, Steel, P., & Konig, C. J. (2006). Integrating theories of motivation. *Academy of Management Review*, 31(4), 889-913. Delay is more commonly expressed as T-t, the difference between the value of a reward now at time T, versus the value of that same reward later at time t.

217　**「開始障礙」，缺乏開始動手的能力**：Rabin, L. A., Fogel, J., & Nutter-Upham, K. E. (2011). Academic procrastination in college students: The role of self-reported executive function. *Journal of Clinical and Experimental Neuropsychology*, 33(3), 344-357.

217　**這種困難是缺乏規劃引起的**：This is nearly a direct quote from Rabin, L. A., Fogel, J,, & Nutter-Upham, K. E. (2011). Academic procrastination in college students: The role of self-reported executive function. *Journal of Clinical and Experimental Neuropsychology*, 33(3), 344-357.

217　**減少這種形式的拖延**：Schouwenburg, H. C., & Lay, C. H. (1995). Trait procrastination and the Big Five factors of personality. Personality and Individual Differences, 18(4), 481-490.

218　**大多數人所認定的失敗**：Plimpton, G. (1995). *The X factor: A quest for excellence*. New York, NY: W. W. Norton & Company.

218　背外側前額葉皮層和眼眶額葉皮層：Beer, J. S., John, O. P., Scabini, D., & Knight, R. T. (2006). Orbitofrontal cortex and social behavior: Integrating self-monitoring and emotion-cognition interactions. *Journal of Cognitive Neuroscience*, 18(6), 871-879.

　　and, Luu, P., Collins, P., & Tucker, D. M. (2000). Mood, personality, and self-monitoring: Negative affect and emotionality in relation to frontal lobe mechanisms of error monitoring. *Journal of Experimental Psychology: General*, 129(1), 43-60, p. 43.

　　and, Passingham, R, E., Bengtsson, S. L., & Lau, H. C. (2010). Medial frontal cortex: From self-generated action to reflection on one's own performance. *Trends in Cognitive Sciences*, 14(1), 16-21.

218　自我評價覺得想法都不夠好：Limb, C. J., & Braun, A. R. (2008). Neural substrates of spontaneous musical performance: An fMRI study of jazz improvisation. *PLoS One*, 3(2), e1679.

218　尷尬或沮喪：This is a direct quote from Freeman, W., & Watts, J. W. (1939). An interpretation of the functions of the frontal lobe: Based upon observations in forty-eight cases of prefrontal lobotomy. *The Yale Journal of Biology and Medicine*, 11(5), 527-539, p. 527.

219　引人注目的失敗與成功數目相當：Rolling Stone. (n.d.). The many business failures of Donald Trump, Retrieved from http://www.rollingstone.com

219　川普抵押貸款，還有四度破產：Donald Trump's companies filed for bankruptcy 4 times [Video file]. (2011, April 21). ABC News. Retrieved from http://abc news .go.com (Politics/don ald-trumpfiled-bankruptcy-time s/s tory?id =13419250

219　導致全面的心理失調：Ronningstam, E. F. (2005). *Identifying and understanding the narcissistic personality*. New York, NY: Oxford University Press.

219　什麼字可以連接到下方所有的字：Jung-Beeman, M., Bowden, E. M., Haberman, J., Frymiare, J. L., Arambel-Liu, S., Greenblatt, R., ... Kounios, J. (2004). Neural activity when people solve verbal problems with insight. *PLoS Biology*, 2(4), e97.

219　答案在於……：可以連接到下方所有字的那個字是：蘋果（apple）。

220　「我需要你告訴我，我的一生沒有白活。」：Friend, R., Lerner, G., & Foster, D. (Writers). (2012). House: Holding on, Season 8, Episode 22.

220　不是那麼精確，連結能力卻更好：Jung-Beeman, M. (2008). Quoted in J, Lehrer (2008, July 28). The eureka hunt. *The New Yorker*, 40-45.

220　伴隨著連結不同神經網絡的伽馬波發送：Fleck, J. I., Green, D. L., Stevenson, J. L., Payne, L., Bowden, E. M., Jung-Beeman, M., & Kounios, J. (2008). The transliminal brain at rest: Baseline EEG, unusual experiences, and access to unconscious mental activity. *Cortex*, 44(10), 1353-1363.

220　暖呼呼的淋浴能催生眾多洞見的發生：The relaxation phase is crucial. That's why so many insights happen during warm showers. This is from Jung-Beeman, M. (2008). Quoted in Lehrer J. (2008, July 28). The eureka hunt. *The New Yorker*, 40-45.

221　大腦的恐懼中心杏仁核：Bengtsson, S. L., Csikszentmihalyi, M., & Ullen, F. (2007). Cortical regions involved in the generation of musical structures during improvisation in pianists. *Journal of Cognitive Neuroscience*, 19(5), 830-842.

　　and, Ulrich, M., Keller, J., Hoenig, K., Waller, C., & Gron, G. (2014). Neural correlates of experimentally induced flow experiences. *NeuroImage*, 86, 194-202.

221　探索廣大無垠的宇宙：在這個段落中，我不受限制地改寫並借用我與Csikszentmihalyi的對話以及我們在由史丹福大學精神醫學院所舉辦的一場學術研討會上的公開對談中的內容。

221　「我不覺得是我自己在寫歌……」：Omaha, N. E., personal communication. September 15,2010, and January, 1991, Parts of the latter conversation were published in Levitin, D. J. (1991). Rosanne Cash. *Recording-Engineering-Production*, 22(2),18-19.

221　「我張開嘴唱歌，各種音符都自己流動著……」：Huxley, P., *personal communication*. May 25, 2013, Washington, DC.

223　它們在稱為紋狀體的大腦區域被生產出來：Seamans, J. K., & Yang, C. R. (2004). The principal features and mechanisms of dopamine modulation in the prefrontal cortex, *Progress in Neurobiology*, 74(1), 1-58.

and, Ullen, F., de Manzano, O., Almeida, R., Magnusson, P. K. F.., Pedersen, N. L., Nakamura, J., . . Madison, G. (2012). Proneness for psychological flow in everyday life: Associations with personality and intelligence. *Personality and Individual Differences*, 52(2), 167-172.

224　進入心流狀態時的自由：Boulougouris, V., & Tsaltas, E. (2008). Serotonergic and dopaminergic modulation of attentional processes. *Progress in Brain Research*, 172, 517-542.

224　這一思索就打亂了自主應用：Dietrich, A. (2004). Neurocognitive mechanisms underlying the experience of flow. *Consciousness and Cognition*, 13(4), 746-761.

225　這就是創造力的代價：Young, N., *personal communication*. June, 1981, and April, 1984, Woodside, CA.

225　用與世界隔離的做法滋養他的創造力：Wonder, S., personal communication. April, 1995, Burbank, CA. Parts of this conversation were published in Levitin, D. J. (1996). Conversation in the key of life: Stevie Wonder. *Grammy Magazine*, 14(3), 14-25.

225　他的時間由他人完善安排，好讓他擁有最大的自由：Sting, *personal communication*. September 27, 2007, Barcelona, Spain.

226　拖延者很少什麼事都不做：Perry, J. (2012). *The art of procrastination: A guide to effective dawdling, lollygagging and postponing.* New York, NY: Workman Publishing Company.

226　面對文章截稿期限，他仍能鑽研一堆科學文章：Tierney, J. (2013, January 15). This was supposed to be my column for New Year's Day. *The New York Times*, p. D3.

226　魚兒被魚餌所誘惑：is nearly a direct quote from Kubey, R., & Csikszentmihalyi, M. (2002, February). Television addiction is no mere metaphor. *Scientific American*, 48-55.

227　前額葉皮層的中央執行功能：Grafman, J. (1989). *Plans, actions and mental sets: Managerial knowledge units in the frontal lobes.* In E. Perecman (Ed.), *Integrating Theory and Practice in Clinical Neuropsychology* (pp. 93-138). Hillsdale, NJ: Erlbaum.

228　腦海中最新與最大聲的意見：The Freelancers' Show (Producer). (2013, August 8). The Freelancers' Show 073—Book club: Getting things done with David Allen [Audio podcast]. Retrieved from http:llwww.freelancersshow.com/the-freelancers-show-073-book-club-getting-things -done-with-david-allen/

228　慢性疾病和早逝：Warburton, D. E., Nicol, C. W., & Bredin, S. S. (2006). Health benefits of physical activity: The evidence. *Canadian Medical Association Journal*, 174(6), 801-809.

228　抵禦某些癌症的能力：Friedenreich, C. M. (2001). Physical activity and cancer prevention from observational to intervention research. *Cancer Epidemiology Biomarkers & Prevention*, 10(4), 287-301.

and, Friedenreich, C. M., & Orenstein, M. R. (2002). Physical activity and cancer prevention: Etiologic evidence and biological mechanisms. *The Journal of Nutrition*, 132(11), 3456S-3464S.

228　每週五天快走三十分鐘，能產生顯著效果：Bassuk, S. S., Church, T. S., & Man-son, J. E. (2013, August). Why exercise works magic. *Scientific American*, 74-79.

and, World Health Organization. (n.d.). Global recommendations on physical activity for health. Retrieved from http://www.who.int/dietphysicalactivity/fact_sheet_recommendations/en/and, Erickson, K. I., Voss, M. W., Prakash, R. S., Basak, C., Szabo, A., Chaddock, L., ... Kramer, A. F. (2011). Exercise training increases size of hippocampus and improves memory. *Proceedings of the National Academy of sciences*, 108(7), 3017-3022.

228　增加流向腦部的血液量：Pereira A, C., Huddleston, D. E., Brickman, A. M., Sosunov, A. A., Hen, R., McKhann, G. M., ... Small, S. M. (2007). An in vivo correlate of exercise-induced neurogenesis in the adult dentate gyrus. *Proceedings of the National Academy of Sciences*, 104(13), 5638-5643.

228　促使前額葉皮層變大：Colcombe, S. J., Erickson, K. I., Scalf, P. E., Kim, J. S., Prakash, R., McAuley, E., ... Kramer, A. F. (2006). Aerobic exercise training increases brain volume in aging humans. The Journals of Gerontology Series A: Biological

Sciences and Medical Sciences, 61(11), 1166-1.170.

and, Hillman, C. H., Erickson, K. I., & Kramer, A. F. (2008). Be smart, exercise your heart: Exercise effects on brain and cognition. *Nature Reviews Neuroscience*, 9(1), 58-65.

228　記憶和批判性思維能力：Colcombe S. J., Kramer, A. F., Erickson, K. I., Scalf, P., McAuley, E. Cohen, N. J., . Elaysky, S. (2004). Cardiovascular fitness, cortical plasticity, and aging. *Proceedings of the National Academy of Sciences*, 101(9), 3316-3321.

230　「⋯⋯只值得我花十分鐘的時間。」：Lavin, D., *personal communication*. October 23, 2012.

230　市值兩百億《財富》雜誌百大企業的總裁：This figure is in constant dollars; the company's revenues were $10 billion in 1988, and according to the U.S, Bureau of Labor Statistics, this is equivalent to $20 billion in 2013, the most recent year for which statistics are available.

United States Department of Labor Bureau of Labor Statistics. (n.d.). Databases, tables & calculators by subject, CPI inflation calculator. Retrieved from http://www .bls.govidata/inflation_calculator.htm 213 and his To Do list Linda, *personal communication*. November 16,2009.

230　代辦事項清單：personal communication. Novermber 16, 2009.

232　比他們年輕時更迅速流逝：Fraisse, P. (1963). The psychology of time. New York, NY: Harper & Row. and, Walker, J. L. (1977). Time estimation and total subjective time. *Perceptual and Motor Skills*, 44(2), 527-532.

232　一年對十歲的小孩來說，似乎是四十歲人的兩倍長：Walker, J. L. (1977), Time estimation and total subjective time. *Perceptual and Motor Skills*, 44(2), 527-532.
The formula is S (A1/A2)'" where S equals the subjective duration, and a equals the age of the person in question.

232　神經傳導的實際速度減慢：Block, R. A., Zakay, D., & Hancock, P. A. (1998). Human aging and duration judgments: A meta-analytic review. *Psychology and Aging*, 13(4), 584-596, p. 584.

and, McAuley, J. D., Jones, M. R., Holub, S., Johnston, H. M., & Miller, N. S. (2006). The time of our lives: Life span development of timing and event tracking. *Journal of Experimental Psychology: General*, 135(3), 348.

233　像是花時間與家人朋友相處：The two sentences that begin with When time is perceived as open-ended . . . are taken nearly verbatim from: Carstensen, L. L. (2006). The influence of a sense of time on human development. *Science*, 312(5782), 1913-1915.

233　對世界的看法往往更像老人：Carstensen, L. L., & Fredrickson, B. L. (1998). Influence of HIV status and age on cognitive representations of others. *Health Psychology*, 17(6), 494-503, p. 494.

and, Fung, H. H., & Carstensen, L. L. (2006). Goals change when life's fragility is primed: Lessons learned from older adults, the September 11 attacks and SARS. *Social Cognition*, 24(3), 248-278.

233　鮮橙可麗餅或卡酥來砂鍋：Wansink, B., Kniffin, K. M., & Shimizu, M. (2012). Death row nutrition: Curious conclusions of last meals. *Appetite*, 59(3), 837-843.

233　年紀較輕的成人在這方面的表現則相反：Mather, M., & Carstensen, L. I,. (2005). Aging and motivated cognition: The positivity effect in attention and memory. Trends in Cognitive Sciences, 9(10), 496-502.

233　正面偏誤也反映在腦部掃描上：Carstensen, L. L. (2006). The influence of a sense of time on human development. *Science*, 312(5782), 1913-1915.

233　保持心態活躍可以預防阿茲海默症：Furst, A. J., Rabinovici, G. D., Rosto-mian, A. H., Steed, T., Alkalay, A., Racine, C., ...Jagust, W. J. (2012). Cognition, glucose metabolism and amyloid burden in Alzheimer's disease. *Neurobiology of Aging*, 33(2), 215-225.

and, Jagust, W. J., & Mormino, E. C. (2011), Lifespan brain activity, 13-amyloid, and Alzheimer's disease. *Trends in Cognitive Sciences*, 15(11), 520-526.

234　「⋯⋯可能是更重要的。」："It has to do with lifelong patterns of behavior," says William Jagust, a neuroscientist at UC Berkeley. "We tend to focus on what people do at seventy-five in terms of dementia. But there is more evidence that what you do in your life, at forty or fifty, is probably more important." Quoted in Grady, D. (2012, March 8). Exercising an aging brain. *The New York Times*, p. F6.

234 **在一生中持續從事社會互動可預防老年癡呆症**：Seeman, T. E., Miller-Martinez, D. M., Merkin, S. S., Lachman, M. E., Tun, P. A., & Karlamangla, A. S. (2011). Histories of social engagement and adult cognition: Midlife in the US study. *The Journals of Gerontology Series B: Psychological Sciences and Social Sciences*, 66(Suppl. 1), i141-i152.

234 **大量創意，加上剛剛好的一點運氣**：Campbell, D. T. (1960). Blind variation and selective retentions in creative thought as in other knowledge processes. *Psychological Review*, 67(6), 380-400, p. 380.

第六章　當人生面臨存亡之際：為最艱難的決定組織你的資訊

237 **「呈到我辦公桌上的事情，沒有一件能被完美解決。」**：Lewis, M. (2012, September 5). Barack Obama to Michael Lewis on a presidential loss of freedom: "You don't get used to it—at least, I don't." Vanity Fair.

238 **「我是那個必須選出……的人。」**：Wynn, S., *personal communication*. August 1, 2010.

239 **最佳治療方式的不確定性**：Gerstein, L. (M.D.), *personal communication*. April 9, 2013.

241 **一名嬰兒出生為男孩**：男孩與女孩的準確比例，不是看起來這樣簡單的。我們需要具體指定我們是否討論的是出生率、是於醫院出生的出生率，還是所有的出生率；是否把雙胞胎算在內。根據這些因素，還有父母的種族、在討論範疇中的國家，以及許多其他因素，會觀察到各種變化。只能說這個比例非常靠近50-50，但不確實是如此。

242 **90%的機率**：為了完整的緣故，有極少數的情況下，當說出「我有90%的機率會去參加蘇珊的派對」這句話時，實際上是經過計算的。舉例來說，我的車還在修車廠中，它可能要換新的燃油噴射系統，或是進行壓縮閥檢修。如果只是要換燃油噴射系統，它們可能在週五前就可以到貨，剛好讓我可以開車去派對；但若是要檢修壓縮閥，那可能需要多花上一週拆卸引擎送檢的時間。我的修車技工可能曾從汽車製造商處取得資料，而資料上指出根據我這樣的里程數，有90%的機率是因為燃油噴射系統故障，而有10%機率需進行壓縮閥檢修。此處，我對參加蘇珊派對的那番話，一般來說是根據我信心的估計，不是嚴格的機率運算，但此處卻以一個確實的機率計算，也就是需要新的燃油噴射系統為條件。如果要我對參加這場派對的機率準確預測，我會說：「我很想去，但根據我的修車師傅，我的車子有10%的可能性不會準備好，如果不是這樣的話，我就會去。」這很冗長，但它清楚說明了我說的機率不是一種推測，而是以計算為根本的事件。

242 **這個流氓國家有10%的機率……**：我對於這10%的推測特別樂觀。2006年，喬治鎮大學國際事務學院院長 Robert Galluccii推測：「在未來五到十年中，蓋達組織或它的其中一個分支，很可能在美國一個城市發動核子武器攻擊。」「很有可能」明顯是大於50%的機率。引自 Kittrie, 0. F. (2007). Averting catastrophe: Why the nuclear nonproliferation treaty is losing its deterrence capacity and how to restore it. *Michigan Journal of International Law*, 28, 337-430, p. 342.

243 **這個機率是一萬分之一**：National Weather Service. (n.d.). How dangerous is lightning? Retrieved from http://www.lightningsafety.noaa.gov

243 **連續兩次被閃電擊中**：(n.a.). (2011, May 2). How lucky can you get! Incredible story of how man survives being hit by lightning TWICE in remarkable CCTV footage. Daily Mail.
and, Campbell, K. (2000). *Guinness World Records* 2001. New York, NY: Guinness World Records Ltd., p. 36.

243 **A航空公司墜機事故**：我是獨立完成這個，然而後來發現它與我後來才讀到的Hackling著作中的一個段落十分相似。, Hacking, I. (2001). *An introduction to probability and inductive logic*. New York, NY: Cambridge University Press, p. 31.

244 **兩者發生的可能性是均等的**：此處是我們的直覺，也就是我們在進行謬誤推論的案例之一。連續十次擲出頭像朝上後，擲出一次反面的機率，與連續十次擲出正面後，再擲出一次正面的機率一樣。兩個序列極度不可能發生，但當你已經擲出十次頭像朝上後，那第十一次的結果仍舊是50-50，你擲出的可能是正或反面。並不是下一次就一定會有反面。它們並不會為了平衡序列就出現。

245 **沒有人寫出連續七次都出現正或反同一面的情況**：Hacking, I. (2001). *An introduction to probability and inductive logic*. New York, NY: Cambridge University Press, p. 31.

245　丟擲十四次就會出現連續三個正面朝上的情況：

245　每丟一百次，就有超過99.9%的機率：在N次擲硬幣中，至少出現一次三連擲以上皆為頭像朝上的機率是

$$1 - (1.236839844 / 1.087378025^{(N+1)})$$

這就是說每擲一百次，會有約0.9997382次。

http://mathworld.wolfram.com/Run.html

245　（剩下的牌都是A）：Mosteller, F., Rourke, R. E. K., & Thomas, G. B. (1961). *Probability and statistics.* Reading, MA: Addison-Wesley, p. 17.

246　不要忽略基本比率：Gerstein, L. (M.D.), *personal communication.* April 9, 2013.

246　在美國有八十五萬名醫生：Young, A., Chaudhry, H. J., Rhyne, J., & Dugan, M. (2011). A census of actively licensed physicians in the United States, 2010, *Journal of Medical Regulation,* 96(4), 10-20.

246　只有十五名內閣閣員：The White House. (n.d.). The cabinet. Retrieved from http://www.whitehouse.gov/administrationkabinet There are sixteen cabinet members, counting the vice president.

246　美國第一百一十一屆國會中有二十一名是醫生：Manning, J. E. (2010). Membership of the 111th Congress: A Profile. Washington, DC: Congressional Research Service Publication https://www.senate.gov/CRSReports/crs-publish. cf m?pid=%260BL%29PL%3B%3D%0A_7-5700

248　四格列聯表（也稱列聯表）：Bishop, Y. M., Fienberg, S. E., & Holland, P. W. (1975). *Discrete multivariate analysis: Theory and practice.* Cambridge, MA: MIT Press.

and, Wickens, T. D. (1989). Multiway contingency tables analysis for the social sciences. Hillsdale, NJ; Lawrence Erlbaum Associates, Inc.

248　罕見疾病「視覺模糊症」：這是我編造出來的，並沒有chorohydroxelene這種藥。若有現存或過去曾出現過的藥物有類似名稱，純屬巧合。

251　不幸的是，這些數目在現代健康照護中是典型的：我們此處所討論的醫藥，是為了治療視力模糊症而存在的。我沒有提到任何能治療背部癢的藥物。事實上，確實有種情況是在你背上無法觸及之處一直有癢感，這被稱為notalgia paresthetica，而這沒有解藥。

252　讓我們假設被統計的總人數為一百二十人：此處可以選擇任何一個你喜歡的數目。我選擇120，是因為它可以被6整除，也才能夠讓整個例子中的數字維持整數。整數並不必要。你可以從一百人開始，最後表格上出現小數點，這是可被接受的。

252　有一百人得的是綠臉病，而二十人得的是藍臉病：這可用高中代數算出。有一些數字x代表罹患這種較罕見疾病的人數（藍臉病）。5x代表較常見疾病(綠臉病)患病人數。x＋5x必須要等於我們為這個表格所預設的人數一百二十。我們得出了x＋5x＝120這個式子。把左右方兩者相加會得到6x＝120。把等式兩邊都除以6，留下單一一個x，讓我們得出x＝20。因此，得到藍臉病的人數等於20。

255　如果你選擇付罰單的話，長期下來的結果：我的出版商告訴我，必須要加上下列這段附註：「我並不是在勸告任何人去違法停抄。我只是使用這個來進行假設性論述。」

255　罰單總金額六百五十美元vs.停車費用一千零四十美元：我們可以以一個整體期望值添加不同結果。假設有一個裝滿1、5、20美元紙鈔的缸子。你得到允許可以伸手進去拿一張出來，並保留你抽出的那張。裡頭有65張1美元鈔票、25張5美元鈔票，以及10張20美元鈔票。這個遊戲的期望值為何？因為鈔票的總數加起來是100（65＋25＋10），很容易就可以把這些換算成機率：有0.65的機率抽到1美元紙鈔，0.25的機率抽到5美元紙鈔，以及0.1的機率抽到20美元的紙鈔。我們把每一個機率乘上它的回報，然後把它們加總起來：

$$0.65 \times \$1 = \$0.65$$
$$0.25 \times \$5 = \$1.25$$
$$0.1 \times \$20 = \$2.00$$
$$\overline{\quad\quad\quad\quad \$3.90}$$

因此，期望值是3.90美元。要注意你永遠無法確實得到確切這樣一個數量的錢。但是這是你應該期待得到的平均數量，這幫助你計算你願意花上多少錢玩這個遊戲。當你參加園遊會要付錢玩投籃球擊倒牛奶瓶或套圈

圈之類的遊戲時，你可能會被當做獎賞的超大填充玩偶和其他吸引力十足的獎項給誘惑了。玩這項遊戲的費用通常只是這個獎品價值的零頭。但這類園遊會是要賺錢的生意，總是要想辦法為莊家，也就是園遊會攤主帶來好處。這些遊戲的期望值總是比玩這些遊戲的費用要低。雖然有些人能夠鶴立雞群，贏得價值比他們花在遊戲上費用高得多的獎品，長期下來，園遊會還是賺了很多錢。賭場的運作方式亦是如此。

256　**你的醫生在省視這些數據上也有很大困難：**我因為多年前曾教過醫學生而得知這點。此外，大多數醫學生因為「設備不足且不願意」，無法評估資訊來源，這是根據Thompson, N., Lewis, S., Brennan, P., & Robinson, J. (2010). Information literacy: Are final-year medical radiation science students on the pathway to success? *Journal of Allied Health*, 39(3), e83-e89. 平心而論，醫學訓練是如此難以置信地細瑣和密集，大部分學生沒有時間作課程以外的任何事，因為要在短時間內吸收大量內容。

256　**「醫生對功效的瞭解比對風險來得多……」：**Jones, D. S. (2012). *Broken hearts: The tangled history of cardiac care*, Baltimore, MD: The Johns Hopkins University Press.

256　**在美國，每年有五十萬人接受這種手術：**University of Michigan Health System. (2013). Coronary artery bypass grafting (CABG). Retrieved from http:// www.med.umich.edu/cardiac-surgery/patient/adult/adultcandt/cabg.shtml

256　**大多數病患存活機會並沒有較顯著：**Murphy, M. L., Hultgren, H. N., Detre, K., Thomsen, J., &Takaro, T. (1977). Treatment of chronic stable angina: A preliminary report of survival data of the randomized Veterans Administration Cooperative Study. *New England Journal of Medicine*, 297(12), 621-627.

256　**……他們就會相信它確實有用：**Jones, D. S. (2012). *Broken hearts: The tangled history of cardiac care*. Baltimore, MD: The Johns Hopkins University Press.

256　**擴張術的手術進行數目也從零變成每年十萬起：**Park, A. (2013, March-April). A cardiac conundrum: How gaps in medical knowledge affect matters of the heart. *Harvard Magazine*, 25-29.

256　**臨床實驗並未顯示其有較高的存活率：**Ellis, S. G., Mooney, M. R., George, B. S., Da Silva, E. E,, Talley, J. D., Flanagan, W. H., & Topol, E. J. (1992). Randomized trial of late elective angioplasty versus conservative management for patients with residual stenoses after thrombolytic treatment of myocardial infarction. Treatment of Post-Thrombolytic Stenoses (TOPS) Study Group. *Circulation*, 86(5), 1400-1406.

and, Hueb, W., Lopes, N. H., Gersh, B. J., Soares, P., Machado, L. A., Jatene, F. B., . . . Ramires, J. A. (2007). Five-year follow-up of the Medicine, Angioplasty, or Surgery Study (MASS H): A randomized controlled clinical trial of 3 therapeutic strategies for multivessel coronary artery disease. *Circulation*, 115(9), 1082-1089.

and, Michels, K. B., & Yusuf, S. (1995). Does PTCA in acute myocardial infarction affect mortality and reinfarction rates? A quantitative overview (meta-analysis) of the randomized clinical trials. Circulation, 91(2), 476-485.

256　**連一天的壽命都沒幫他們延長：**Jones, D. S. (2012). *Broken hearts: The tangled history of cardiac care*. Baltimore, MD: The Johns Hopkins University Press.

257　**大家都會擁抱這個選擇：**Engelmann, J. B., Capra, C. M., Noussair, C., & Berns, G. S. (2009). Expert financial advice neurobiologically "offloads" financial decision-making under risk, *PLoS One*, 4(3), e4957.

257　**把決定權交給專家：**Hertz, N. (2013, October 20). Why we make bad decisions. *The New York Times*, p. SR6.

257　**攝護腺癌治療：**I am borrowing liberally here from a piece I previously published. Levitin, D. J. (2011, October 9). Heal thyself. [Review of the book Your medical mind: How to decide what is right for you by I. Groopman & P. Hartzband]. *the New York Times Sunday Book Review*, p. BR28.

257　**全美有二百五十萬男性：**Howlader, N., Noone, A. M., Krapcho, M., Neyman, N., Aminou, R., Waldron, W., ... Cronin, K. A. (Eds.). SEER Cancer Statistics Review, 1975-2009 (Vintage 2009 Populations). Bethesda, MD: National Cancer Institute, based on November 2011 SEER data submission. Retrieved from http://seer.cancer.gov /archive/ csr/1975_2009_pops09/

257　**當中有3%的人會因此過世：**American Cancer Society. (2013). What are the key statistics about prostate cancer? Retrieved from http://www.cancer.org

257　**動手術切除攝護腺：**National Cancer Institute. (2013). Prostate cancer treatment (PDQ6): Treatment option overview.

Retrieved from http://www .cancer.gov and, Scholz, M., & Blum, R. (2010). Invasion of the prostate snatchers: No more unnecessary biopsies, radical treatment or loss of sexual potency. New York, NY: Other Press, pp. 20-21.

257　**大多數男性死於其他原因**：Groopman, J., & Hartzband, P. (2011). *Your medical mind: How to decide what is right for you.* New York, NY: Penguin, pp. 246-247.

and, Hessels, D., Verhaegh, G. W., Schalken, J. A., & Witjes, J. A. (2004). Applicability of biomarkers in the early diagnosis of prostate cancer. *Expert Review of Molecular Diagnostics*, 4(4), 513-526.

257　**至於副作用⋯⋯**：Hugosson, J., Stranne, J., & Carlsson, S. V. (2011). Radical retropubic prostatectomy: A review of outcomes and side-effects. *Acta Oncolog ica*, 50(Suppl. 1), 92-97.

and, National Cancer Institute. (2014). Stage I prostate cancer treatment. Retrieved from http://www.cancer.gov

and, Prostate Doctor. (2011, June 4). Shortening of the penis after prostatectomy: Yes, it really happens [Web log message]. Retrieved from http://myprostatedoc .blogspot.com and, Talcott, J. A., Rieker, P., Clark, J. A., Propert, K. J., Weeks, J. C., Beard, C. J., , Kantoff, P. W. (1998). Patient-reported symptoms after primary therapy for early prostate cancer: Results of a prospective cohort study. *Journal of Clinical Oncology*, 16(1), 275-283, p. 275.

and, Wilt, T. J., MacDonald R., Rutks, I., Shamliyan, T. A., Taylor, B. C., & Kane, R. L. (2008). Systematic review: Comparative effectiveness and harms of treatments for clinically localized prostate cancer. Annals of Internal Medicine, 148(6), 435-448.

258　**四十八人中有四十七人**：SchrOder, F. H., Hugosson, J., Roobol, M. J., Tammela, T., Ciatto, S., Nelen, V., . Auvinen, A. (2009). Screening and prostate cancer mortality in a randomized European study. *New England Journal of IVIedkine*, 360(13), 1320-1328.

258　**你獲益於這項手術的機率高上二十四倍**：Kao, T. C., Cruess, D. F., Garner, D., Foley, J., Seay, T., Friedrichs, P., . Moul, J. W. (2000). Multicenter patient self-reporting questionnaire on impotence, incontinence and stricture after radical prostatec-tomy. *The Journal of Urology*, 163(3), 858-864.

and, Bates, T. S., Wright, M. P., & Gillatt, D.A. (1998). Prevalence and impact of incontinence and impotence following total prostatectomy assessed anonymously by the ICS-Male Questionnaire. *European Urology* 33(2), 165-169.

258　**有20%後悔自己的決定**：Parker-Pope, T. (2008, August 27). Regrets after prostate surgery. *The New York Times*.

259　**「很難告訴醫生說⋯⋯」**：This quote conies from Pollock, A. (2013, May 8). New test improves assessment of prostate cancer risk, study says. *The New York Times*, p. B3.

259　**「外科醫生受到的教育是⋯⋯」**：Kenet, B., *personal communication*. January 30, 2014, New York, NY.

260　**你每運動一小時就能多活一小時**：Science Daily Health Behavior News Service, (2012). Exercise can extend your life by as much as five years. Retrieved from www.sciencedaily.com/releases/2012/12/121211082810.htm

260　**無法在任何一個人身上找到相符的驗證**：思考一下一個關於人們每週花多少時間看電視的統計數據。在一小間公寓建築中，可能有四個人每週看一小時電視，而有一個人每週看十小時電視。為了要計算平均值，我們將每週看電視的時數加總 (1＋1＋1＋1＋10＝14) 然後除以人數 (14/5)，得出二點八小時。在這個例子中，這間公寓裡沒有一個人每週看二點八小時電視，但是這是平均值。

我使用的「平均值」這個詞彙，可以與統計上的「平均數/mean」這個概念互換。另外有兩種集中趨勢量數 (measures of central tendency)，中位數 (median) 和比較眾數 (mode)，這些被稱為平均數/averages。中位數是中間點，這個數字之前高於此，之後低於此。如果我們檢視同一棟公寓建築裡的週薪，它們分別是500美元、500美元、600美元、700美元、800美元，中位數是600美元：一半的薪資高於此，另一半的薪資低於此。(按照慣例，當你有一串一樣的數字，就像是每週看電視例子一樣的話，你仍舊會數到一半，把中間那個數字當做中位數；在電視那個例子中，中位數是1)。另一種也被稱為是平均數的量數是比較眾數，最常出現的那個價值。在每週看幾小時電視的例子中，比較眾數為1。以每週收入的例子來看，比較眾數是500美元。要注意平均數、中位數和比較眾數可以是不同的。它們的功能不同。關於何時使用何者，見Wheelan, C. (2013). *Naked statistics: Stripping the dread from the data.* New York, NY: W. W. Norton & Company.

262　**勃起障礙**：Tuncel, A., Kirilmaz, U., Nalcacioglu, V., Asian, Y., Potat, F., & Atan, A. (2008). The impact of transrectal prostate needle biopsy on sexuality in men and their female partners. *Urology*, 71(6), 1128-1131.

264　**醫學統計和其他統計不一樣**：當我說醫學統計數據與其他統計數據沒什麼不同時，我希望你，親愛的讀者，能夠相信我。等式中的數字並不知道它們是被用來代稱癌症或是燃油噴射系統故障。我希望這個外科醫生的反應是異於他人的，但不幸的是，我聽到數十個類似版本。我相當感謝手術醫生們在手術上的成就比做決策上的成就大得多，但這只表示我們所有人在第一線時要更保持警戒，要決定動手術在任何情況下是否是最佳選擇。

266　**行醫既是一門藝術，也是一種科學**：Edwards, A., Elwyn, G., & Mulley, A. (2002). Explaining risks: Turning numerical data into meaningful pictures. BM]; 324(7341), 827-830.

267　**白喉的罹病人數從十七萬五千人減少為一人**：National Immunization Program, CDC. (1999). Achievements in public health, 1900-1999 impact of vaccines universally recommended for children—United States, 1990-1998. Morbidity and Mortality Weekly Report, 48(12), 243-248. Retrieved from http://www.cdc.gov/minwr/preview / mmwrhtm1/00056803.htin00003753.htna

267　**那時起，全球平均壽命開始增加……**：Global life expectancy 10, 000 BCE-2003. (n.d.), Retrieved from http://cdn. singularityhub.com/wp-content/uploads /2013/09/life- expectancy-hockey-stick.png

267　**美國人民的平均壽命**：National Institutes of Health. (n.d.). U.S. life expectancy. Retrieved from http://www.nih.gov/ about/impact/life^expectancy_graph.htm

268　**嬰兒死亡率、新生兒死亡率以及新生兒後期死亡率**：Maternal and Child Health Bureau. (2013). Infant mortality. Retrieved from http://mchb.hrsa.gov/chusal3/perinatal -health- status-indicators/p/in Pant-mortality.html

268　**兒童白血病的生存率**：Simone, J. V. (2003). Childhood leukemia—successes and challenges for survivors. *New England Journal of Pledicine*, 349(7), 627-628.

268　**產值達六百億美元**：Think yourself better. The Econarnist. (2011,May 19). *The New York Times* estimates it as a $32 billion business in the US. and, O'Connor, A. (2013, December 21). Spike in harm to liver is tied to dietary aids. *The New York Times*, p. Al.

268　**40%的美國人**：Mayo Clinic Staff. (2011, October 20). Complementary and alternative medicine. Retrieved from http:// www.mayoclinic.com/health /alternative-medicine/PNO 0001

269　**而是改稱為醫學**：I thank Ben Goldacre for this formulation.

269　**重覆稀釋一種物質**：Ernst, E. (2002). A systematic review of systematic reviews of homeopathy. *British Journal of Clinical Pharmacology*, 54(6), 577-582.

and, Jonas, W. B., Kaptchuk, T. J., & Linde, K. (2003). A critical overview of homeopathy. *Annals of Internal Medicine*, 138(5), 393-399.

269　**根據順勢療法，原本物質的「振動」**：Dancu, D. (1996). Homeopathic vibrations: A guide for natural healing. Longmont, CO: SunShine Press Publications.

and, Kratky, K. W. (2004). HomOopathie and Wasserstruktur: Ein physikalisches Modell [Homeopathy and structure of water: A physical model]. Forschende Komplementarmedizin and Klassi,sche Naturheilkunde [Research in Complemen- tary and Classical Natural Medicine), 11(1), 24-32.

and, Vithoulkas, G. (1980). *The science of homeopathy*. New York, NY: Grove Press.

269　**非常專門的步驟**：Goldacre, B. (2011, February 19). In case of overdose, consult a lifeguard. The Guardian. and, Randi, J. [Rational Response Squad]. (2006, November 16,). James Randi explains homeopathy [Video file]. Retrieved from http:// www.youtube.com

270　**太陽系的一粒米**：假設一粒米是5x1.4x1.4毫米，或是

270　**蘭迪曾提供一百萬美元的懸賞獎金**：Solon, 0. (2011, February 11). Sceptic offers $1 million for proof that homeopathy works. Wired UK.

270　**等同於安慰劑**：Think yourself better. *The Economist*. (2011, May 19).

270　**綜合維他命一點用處也沒有**：Ebbing, M., & Vollset, S. E. (2013). Long-term supplementation with multivitamins and minerals did not improve male US physicians' cardiovascular health or prolong their lives. *Evidence-Based Medicine*, 18(6), 218-219.

and, Guallar, E., Stranges, S., Mulrow, C., Appel, L. J., & Miller, E. R. (2013). Enough is enough: Stop wasting money on vitamin and mineral supplements. Annals of Internal Medicine, /59(12), 850-851.

and, Willig, A. (2014, January 19), Multivitamins are no use? *The Guardian*.

270　**攝取維他命D過量**：Rattue, G. (2012, January 9). Can too much vitamin D harm cardiovascular health? Probably. *Medical News Today*.

270　**維他命B6過量**：Sheehan, J. (n.d,). Can you take too much vitamin B6 & vitamin. B12? Retrieved from http:// healthyeating.sfgate.com/can-much-vitamin-b6-vitamin-b12-6060.html

270-271　**數以百萬計的美國人服用維他命C**：Marshall, C. W. (n.d.). Vitamin C: Do high doses prevent colds? Retrieved from http://www.quackwatch.com/01QuackeryRelatedTopics/DSH/colds.html

270　**快要感冒時，就服用紫錐花**：Bauer, B. A. (n.d.). Will dietary supplements containing echinacea help me get over a cold faster? Retrieved from http://www .mayoclinic.com/health/echinacea/an01982

273　**「每個曾忍住不睡的家長……」**："v Kahneman, D. (2011). Thinking, fast and slow. New York, NY: Farrar, Straus and Giroux.

273　**過世的人多了二千一百七十人**：關於這點存在著矛盾的數據。Deonandan and Backwell (2011) 發現，在致死率上並無差別，但受傷人數增加。Blalock, Kadiyali & Simon (2009)發現在2001年的最後三個月，死亡人數增加了九百八十二人，但長期來看，與二千三百人一樣多。九一一效應仍在持續著：每年九月因公路交通意外而過世的人多於交通意外基本線數百人之多，這是因為害怕恐怖分子在九一一週年將近或當天再次發動攻擊(Hampson, 2011). Gigerenzer (2006) 寫道：「預估有一千五百名死於公路上的美國人是為了要避免那些在四架致命班機上乘客的命運所致。」這在TChapman & Harris (2002)關於人類無法合宜地感知風險，以及對於某種形式的死亡過度反應，卻對其他形式死亡反應不足的文章中有很好的論述。另見Kenny (2011), and Sivac & Flannagan (2003). Blalock, G., Kadiyali, V., & Simon, D. H. (2009). Driving fatalities after 9/11: A hidden cost of terrorism. *Applied Economics*, 41(14), 1717-1729.

and, Chapman, C. R., & Harris, A. W. (2002). A skeptical look at September 11th. Skeptical Inquirer, 26(5). Retrieved from http://www.csicop.org

and Deonandan, R., & Backwell, A. (2011). Driving deaths and injuries post-9111. *International Journal of General Medicine*, 4, 803-807.

and, Gigerenzer, G. (2006). Out of the frying pan into the fire: Behavioral reactions to terrorist attacks. *Risk Analysis*, 26(2), 347-351.

and, Harnpson, R. (2011, September 5). After 9/11: 50 dates that quietly changed America. USA Today.

and, Kenny, C. (2011, November 18). Airport security is killing us. *Business Week*.

and, Sivak M., & Flannagan, M. (2003). Flying and driving after the September 11 attacks, *American Scientist*, 91(1), 6-8.

273　**一千萬次安全的商業飛行**：Snyder, B. (2012, January 9) An incredibly safe year for air travel. CNN. Retrieved from http://www.cnn.com

273　**「恐怖分子能造成兩次威脅……」**：Gaissmaier, W., & Gigerenzer, G. (2012). 9/11, Act II: A fine-grained analysis of regional variations in traffic fatalities in the aftermath of the terrorist attacks. *Psychological Science*, 23(12), 1449-1454.

273　**但實情並非如此**：Kahneman, D. (2011). *Thinking, fast and slow*. New York, NY: Farrar, Straus and Giroux.

274　**預後準確度只有20%**：Christakis, N. A. (1999). *Death foretold: Prophecy and prognosis in medical care*. Chicago, IL: The University of Chicago Press.

274　**大概有40%的誤判**：Berner, E. S., & Graber, M. L., (2008). Overconfidence as a cause of diagnostic error in medicine. *American Journal of Medicine* 121(5 Suppl.), S2-S23.

274　**有70%的公司**：O'Connor, A. (2013, December 21). Spike in harm to liver is tied to dietary aids. *The New York Times*, p. Al.

275　克里斯多福・賈瑞拉：O'Connor, A. (2013, December 21). Spike in harm to liver is tied to dietary aids. *The New York Times*, p. Al.

275　賈瑞拉在使用綠茶萃取物後，造成肝臟損傷：This information is taken from O'Connor, A. (2013, December 22). Spike in harm to liver is tied to dietary aids. *The New York Times*, p. Al.

276　軼事奇聞並非資料：Sechrest, L., & Pitz, D. (1987). Commentary: Measuring the effectiveness of heart transplant programmes. *Journal of Chronic Diseases*, 40(Suppl. 1), 1558-1588.

276　賈伯斯拒絕手術：Quora. (n.d.). Why did Steve Jobs choose not to effectively treat his cancer? Retrieved from littp://www.quora.com/Steve-Jobs /Why-did-Steve-Jobs-choose-not-to- effectively-treat-his- cancer and, Walton, A. G. (2011, October 24). Steve Jobs' cancer treatment regrets. *Forbes*.

277　美國國立衛生研究院設立了一個部門(NIH)：National Center for Complementary and Alternative Medicine (NCCAM). (n.d.). Retrieved from http://nccam.nih.gov/

277　部分人得益於替代療法：See, for example, Garg, S. K., Croft, A. M., & Bager, P. (2014, January 20). Helininth therapy (worms) for induction of remission in inflammatory bowel disease. *Cochrane Database of Systematic Reviews*,
(1), Art. No. CD009400. Retrieved from http://summaries.cochrane.org/CD009400/hehninth-therapy-worms-for-induction-of-remission-in-inflammatory-bowel-disease
and, White, A. R., Rampes, H., Liu, J. P., Stead, L. F., & Campbell, J. (2014, January 23). Acupuncture and related interventions for smoking cessation. *Cochrane Database of Systematic Reviews*, (1), Art. No. CD000009. Retrieved from http://summaries .cochrane.org/CD000009/do-acupuncture-and-related-therapies-help-smokers-who -are-trying-to-quit

277　服用維生素D的需治人數為一百五十人：Bjelakovic, G., Gluud, L., Nikolova, D., Whitfield, K., Wetterslev, J., Simonetti, R. G., . Gluud, C. (2014). Vitamin D supplementation for prevention of mortality in adults. *Cochrane Database of Systematic Reviews*, (1), Art. No. CD007470. Retrieved from http://s. ummaries.cochrane.org /CD 007470/vita min-d- supplementation-for-prevention-of-mortality-in-adultssthash.Z6rLxTiS.dpuf

277　維他命D過量與死亡率：Durup, D., Jorgensen, H. L., Christensen, J,, Schwarz, P., Heegaard, A. M., & Lind, B. (2012), A reverse J-shaped association of all-cause mortality with serum 25-hydroxyvitamin D in general practice: The CopD study. *The Journal of Clinical Endocrinology & Metabolism*, 97(8), 2644-2652.
and, Groopman,)., & Hartzband, P. (2011). Your medical mind: How to decide what is right for you. New York, NY: Penguin.

278　四種類型的病人：I am borrowing liberally here from a piece I previously published. Levitin, D. J. (2011, October 9). Heal thyself. [Review of the book Your medical mind: How to decide what is right for you by J. Grooptnan & P. Hartzband]. *The New York Times Sunday Book Review*, p. BR28.

279　展望理論和期望效用：See, for example, Kahneman, D., & Tversky, A. (1979). Prospect theory: An analysis of decision under risk. *Econometrica*, 47(2), 263-292.

279　情境D把有可能死亡的機率變為一定會活下去：Amos曾經說過一個精彩的故事，那是一個有兩個孩子的已婚男子，他被反抗軍團體綁架了；他們強迫他玩一個修正過後的俄羅斯輪盤遊戲，在左輪手槍中裝了一定數目的子彈。這名囚犯被允許能付錢請綁匪從槍中取出一顆子擔。他所面臨的兩難困境是，他必須要衡量他的生命價值多少，以及他的妻小會一文不剩的機率這兩者。(我們假設這個故事裡的綁匪是誠實的，在遊戲一開始準確地告訴他槍中的子彈數目，且他一旦參與遊戲，他們就會放他走。)

　　　A.如果槍中有六顆子彈，你願意付多少錢，把死亡機率從6/6減少為5/6？
　　　B.如果槍中有四顆子彈，你願意付多少錢，把死亡機率從3/6減少為2/6？
　　　C.如果槍中只有一顆子彈，你願意付多少錢，把死亡機率從1/6減少為0？

如果是情況C，我們大多數人會願意付任何金額的金錢，來把死亡的機率降到0。在情況A下，我們可能也願意付一樣多的錢，這顯示了可能性效應。情況B和另外兩者感覺上有些不同。你從一個機率換成另一個機

率，而不是從確定性變成機率 (情況A) 或是從機率變成確定性 (情況C)。

280　**康納曼《快思慢想》**：Kahneman, D. (2011). *Thinking, fast and slow*. New York, NY: Farrar, Straus and Giroux.

280　**甚或荒謬的操縱**：Kahneman, D., & Tversky, A. (1984). Choices, values, and frames. *American Psychologist*, 39(4), 341-350, p. 341.

280　**但在手術後五年，有七十八人死亡**：I've simplified these examples to focus on the critical factors. They are taken from Tversky, A., & Kahneman, D. (1986). Rational choice and the framing of decisions. *Journal of Business* 59(4 pt 2), S251-S278.

281　**比起面對單純的數字，我們大多數人更嫻於面對圖像**：Ferrara, F., Pratt, D., & Robutti, 0. (2006). The role and uses of technologies for the teaching of algebra and calculus. In A, Gutierrez & P. Boero (Eds.), Handbook of research on the psychology of mathematics education: Past, present and future (pp. 237-273). Boston, MA: Sense Publishers. and, Tall, D. (1991). Intuition and rigour: The role of visualization in the calculus. In W. Zimmermann &S. Cunningham (lids.), Visualization in teaching and karning mathematics: A project (pp. 105-119). Washington, DC: Mathematical Association of America.

281　**一百名病患中會出現的各種結果**：Cates, C. (n.d.). Dr. Chris Cates' EBM web-site. Retrieved from http://www.nntonline.net/

282　**我向一名輪胎專家請教**：Crosswhite, R., personal communication. April 29, 2013, American Tire Depot, Sherman Oaks, CA.
See also Montoya, R. (2011, November 18). How old—and dangerous—are your tires? Retrieved from http://www.edmunds.com

第七章　我們如何創造價值？組織你的商業世界

285　**政府所做的調查**：Government of Quebec, Transports Quebec. (2007). Commission of inquiry into the collapse of a portion of the de la Concorde overpass: Report. Retrieved from http://www.cevc.gouv.qc.ca/UserFiles/File/Rap port/report_eng.pdf

285　**這類豆腐渣工程在歷史上……**：Tranquillus Suetonius, C. (1997). Lives of the twelve Caesars (H. M. Bird, Trans.). Hertfordshire, UK: Wordsworth Classics of World Literature.

286　**直到1800年代中期，商業形態都還是原始**：Yates, J. (1989). Control through communication: The rise of system in American management. Baltimore, MD: The Johns Hopkins University Press. In this paragraph, I'm borrowing liberally, including close paraphrases of Yates's excellent discourse on pp. xv-xix.
There are a few exceptions. The Dutch East India Company, often cited as the first multinational company, had been around since 1602, and the Hudson's Bay Company was founded in 1670 and is still in business today. Damodaran, A. (2009). The octopus: Valuing multibusiness, multinational companies. Retrieved from http://dx.doi.org/10.2139/ssrn.1609795 and, Lubinsky, P., Romero-Gonzalez, G. A., Heredia, S. M., & Zabel, S. (2011). Origins and patterns of vanilla cultivation in.-tropical America (1500-1900): No support for an independent domestication of vanilla in South America. In D. Havkin-Frenkel & F. Belanger (Eds.), Handbook of vanilla science and technology (p. 117). Oxford, UK: Blackwell Publishing. and, Shorto, R. (2013). Amsterdam: A history of the world's most liberal city. New York, NY: Doubleday.

286　**紀錄和功能專門化的需求**：Parts of this passage are nearly direct quotes from Yates, J. (1989). *Control through communication: The rise of system in American management*. Baltimore, MD: The Johns Hopkins University Press, p. 1.

286　**沒有人知道誰……**：Yates (1989) gives a brief account of this and refers the reader to "Report on the collision of trains, near Chester," October 16, 1841, Western Railroad Clerk's File *74; in Western Railroad Collection, Case 1*, Baker Library, Harvard Business School. Yates, J. (1989). *Control through communication: The rise of system in American management*. Baltimore, MD: The Johns Hopkins University Press.

286 **鐵路公司調查員建議**：因為這些事故報告提出的建議，鐵路公司承認需要更為正式且結構性的溝通。管理者開始分辨出所需的資料項目，像是火車的行進速度、一班火車何時離站、共有幾節車廂等等，為的是最大化效率 (和利潤)，並最小化事故的可能性。

286 **任何一人能力的依賴**："a continuing attempt to transcend dependence upon the skills, memory, or capacity of any single individual." This is a direct quote from Yates, p. 10, citing Jelinek, M. (1980). Toward systematic management: Alexander Hamilton Church, *Business History Review*, 54(01), 63-79. Yates, J. (1989). *Control through communication: The rise of system in American management*. Baltimore, MD: The Johns Hopkins University Press.

286 **標準化其責任歸屬的運作方式**：a careful definition of duties and responsibilities coupled with standardized ways of performing these duties." This is a direct quote from Litterer, J. A. (1963). Systematic management: Design for organizational recoupling in American manufacturing firms. *Business. History Review*, 37(4), 369-391, p. 389.

See also, Litterer, J. A. (1961). Systematic management: The search for order and integration. *Business History Review*, 35 (4), 461-476.

287 **英國工業效率工程師亞歷山大・漢米爾頓・邱吉**：Jelinek, M. (1980). Toward systematic management: Alexander Hamilton Church. *Business History Review*, 54(1), 63-79, p. 69.

and, Litterer, J. A. (1961). Systematic management: The search for order and integration. *Business History Review*, 35(4), 461-476.

288 **同事間彼此如何互動**：Chandler, Jr., A. D. (1962). *Strategy and structure: Chapters in the history of the American industrial enterprise*. Cambridge, MA: MIT Press.

and, Kaliski, B. S. (2001). *Encyclopedia of business and finance*. New York, NY: Macmillan, p. 669.

288 **網絡圖一開始是由……引介的**：Moreno, J. L. (1943). Sociometry and the cultural order. *Sociometry* 6(3), 299-344.

and, Wasserman, S. (1994), *Social network analysis: Methods and applications* (Vol. 8). New York, NY: Cambridge University Press.

289 **比較下方這個……的公司和另一間……公司**：Whitenton, K. (2013, November 10). Flat vs. deep web hierarchies. Nielsen Norman Group. Retrieved from http://www. nngroup. corn/articles/flat-vs-deep-hierarchy/

289 **扁平式組織強調去中心化的控制和溝通**：Dodson, J. R. (2006). Man-hunting, nexus topography, dark networks, and small worlds. I0 Sphere, 7-10.

and, Heger, L., Jung, D., & Wong, W. H. (2012). Organizing for resistance: How group structure impacts the character of violence. *Terrorism and Political Violence*, 24(5), 743-768.

and, Matusitz, J. (2011). Social network theory: A comparative analysis of the Jewish revolt in antiquity and the cyber terrorism incident over Kosovo. *Information Security Journal: A Global Perspective*, 20(1), 34-44.

290 **確保任務的各個部分能和諧運作**：Simon, H. A. (1957). *Administrative behavior: A study of decision-making processes in administrative organization*. New York, NY: Macmillan, p. 9.

290 **為他們的決定和產品負責**：Simon, H. A. (1957). *Administrative behavior: A study of decision-making processes in administrative organization*. New York, NY: Macmillan, p. 2.

290 **全球有五十間鐵路公司**：CNN Money. (n.d.). Top companies: Biggest employers. Retrieved from http://money.cnn. com/ and, Hess, A. E. M. (2013, August 22). The 10 largest employers in America. USA Today.

290 **把公司想成不斷交換的記憶系統**：Wegner, D. M. (1987). Transactive memory: A contemporary analysis of the group mind. In B. Mullen & F. R. Goethals (Eds.), *Theories of group behavior* (pp. 185-208). New York, NY: Springer-Verlag.

291 **垂直結構讓管理階層能……**：This is almost a direct quote from Jones, G. R., Mills, A. J., Weatherbee, T. G., & Mills, J. H. (2006). *Organizational theory, design, and change* (Canadian ed.). Toronto, Canada: Prentice Hall, p. 150.

291 **這間公司的企業文化極重……**：Jones, G. R., Mills, A. J., Weatherbee, T. G., & Mills, J. H. (2006). Organizational theory, design, and change (Canadian ed.). Toronto, ON: Prentice Hall, p. 144.

291 **麗詩卡邦在設計公司的組織架構時**：Nearly a direct quote from Jones, G. R., Mills, A. J., Weatherbee, T. G., & Mills, J. H. (2006). *Organizational theory, design, and change* (Canadian ed.). Toronto, ON: Prentice Hall, p. 147.

291　不同的架構適用於不同公司：Andersen, J. A., & Jonsson, P. (2006). Does organization structure matter? On the relationship between the structure, functioning and effectiveness. *International Journal of Innovation and Technology Management*, 3(03), 237-263.

291　並不會讓組織分層也增加十倍，而是增加為兩倍：Blau, P. M. (1974). On the nature of organizations. *American Journal of Sociology*, 82(5). 1130-1132.

　　and, Delmastro, M. (2002). The determinants of the management hierarchy: Evidence from Italian plants. *International Journal of Industrial Organization*, 20(1), 119-137.

　　and, Graubner, M. (2006). Task, firm size, and organizational structure in management consulting: An empirical analysis from a contingency perspective (Vol. 63). Frankfurt, Germany: Deutscher Universitats –Verlag

291　不會有超過九或十個層級：Jones, G. R., Mills, A. J., Weatherbee, T. G., & Mills, J. H. (2006). *Organizational theory, design, and change* (Canadian ed.). Toronto, Canada: Prentice Hall, p. 146.

291　盡可能地選擇最少數量的階層：Hill, C. W. L., & Jones, G. R. (2008). *Strategic management: An integrated approach* (8th ed.). New York, NY: Houghton Mifflin Company.

292　火災現場並非由消防隊隊長撲滅：This section borrows liberally from Simon, H. A. (1957). *Administrative behavior: A study of decision-making processes in administrative organization* (2nd ed.). New York, NY: Macmillan, p. 2.

293　包括島葉和杏仁核：Sanfey, A. G., Rilling, J. K., Aronson, J. A., Nystrom, L. E., & Cohen, J. D. (2003). The neural basis of economic decision-making in the ultimatum game. *Science*, 300(5626), 1755-1758.

293　負責攻擊或逃避反應：Basten, U., Bide, G., Heekeren, H. R., & Fiebach, C. J. (2010). How the brain integrates costs and benefits during decision-making. *Proceedings of the National Academy of Science*, 107(50), 21767-21772.

293-294　我們在決策上是理性的，某部分來說是虛假的：de Waal, F. B. M. (2008). *How selfish an animal? The case of primate cooperation*. In P. J. Zak (Ed.), *Moral markets: The critical role of values in the economy* (pp. 63-76). Princeton, NJ: Princeton University Press, p. 63.

294　「允許下級及相關單位……」：United States Department of the Army. (2011). Unified land operations, ADP3 -O. Washington, DC: United States Department of the Army.

294　「……下級單位的職權」：United States Department of the Army. (1923). Field service regulations United States Army. Washington, DC: Government Printing Office, p. 7.

295　「坦率是所有階層間的信任的基礎……」：United States Department of the Army. (2012). *The army, ADP 1*. Washington, DC: United States Department of the Army, p. 2.

295　「……願意從錯誤中學習的文化……」：United States Department of the Army. (2012). *The army, ADP 1*. Washington, DC: United States Department of the Army, pp. 2-4.

295　「……盡可能保持行動的同步性」：United States Department of the Army. (2012). Mission command, ADP 6-0. Washington, DC: United States Department of the Army, p. 8.

295　訓練或經驗比下屬來得高：Simon, H. A. (1957). *Administrative behavior: A study of decision-making processes in administrative organization* (2nd ed.). New York, NY: Macmillan, p. 236.

295　保留他的時間使用在更為重要的決策上：Nearly a direct quote from Simon, H. A. (1957). *Administrative behavior: A study of decision-making processes in administrative organization* (2nd ed.), New York, NY: Macmillan, p. 236.

295　更直接與他們相關，而非上級：Nearly a direct quote from Simon, H. A. (1957). *Administrative behavior: A study of decision-making processes in administrative organization* (2nd ed.). New York, NY: Macmillan, p. 238.

296　「……他們已從戰場上得到的知識」：McChrystal, S., *personal communication*. July 18,2013.

296　「……並對做出的決定感到寬心」：Wynn, S., *personal communication*. May 5,2012, Las Vegas, NV.

297　「……完成那些他認為應該要做的事」：Bloomberg, M., *personal communication*. July 20,2013.

297　是我們大腦天生的傾向，是演化的產品：Mikhail, J. (2007). Universal moral grammar: Theory, evidence and the future. *Trends in Cognitive Science*, 11(4), 143-152.

　　and, Petrinovich, L., O'Neill, P., & Jorgensen, M. (1993). An empirical study of moral intuitions: Toward an evolutionary ethics. *Journal of Personality and Social Psychology*, 64(3), 467-478, p. 467.

and, Wright, R. (1995). *The moral animal: Why we are, the way we are: The new science of evolutionary psychology* (First Vintage Books ed.). New York, NY: Random House Vintage Books.

297　就連三歲小孩遇到不公平對待時也會有所反應：LoBue, V., Nishida, T., Chiang, C., DeLoache, J. S., & Haidt, J. (2011). When getting something good is bad: Even three-year-olds react to inequality. *Social Development*, 20(1), 154-170.

298　「……從戰事中歸來時，不只是好軍人……」：United States Department of the Army. (2012). The army, ADP 1. Washington, DC: United States Department of the Army, pp. 2-7.

298　「……有效並具道德地運用戰力……」：United States Department of the Army. (2012). The army, ADP 1. Washington, DC: United States Department of the Army, pp. 2-5.

298　要做道德或倫理上的決定：Salvador, R., & Folger, R. G. (2009). Business ethics and the brain. *Business Ethics Quarterly*, 19(1), 1-31.

298　也需要這兩個區域：Harlow, J. M. (1848). Passage of an iron rod through the head. *Boston Medical and Surgical Journal*, 39(20), 389-393.

and, Moll, J., de Oliveira-Souza, R., Eslinger, P. J., Bramati, I. E., Mourao-Miranda, J., Andreiulo, P. A., & Pessoa, L. (2002). The neural correlates of moral sensitivity: A functional magnetic resonance imaging investigation of basic and moral emotions. *The Journal of Neuroscience*, 22(7), 2730-2736.

and, Spitzer, M., Fischbacher, U., Herrnberger, B., Gron, G., & Fehr, E. (2007). The neural signature of social norm compliance. *Neuron*, 56(1), 185-196.

298　當它們受損時，便造成不合社會常規的行為：Salvador, R., & Folger, R. G. (2009). Business ethics and the brain. *Business Ethics Quarterly*, 19(1), 1-31.

298　只要影片中的人……：King, J. A., Blair, R. J., Mitchell, D. G., Dolan, R. J., & Burgess, N. (2006). Doing the right thing: A common neural circuit for appropriate violent or compassionate behavior. *Neurarnage*, 30(3), 1069-1076.

and, Englander, Z. A., Haidt, J., & Morris, J. P. (2012). Neural basis of moral elevation demonstrated through inter-subject synchronization of cortical activity during free-viewing. *PloS One*, 7(6), e39384.

and, Cavanna, A. E., & Trimble, M. R. (2006). The precuneus: A review of its functional anatomy and behavioural correlates. *Brain*, 129(3), 564-583.

298　受此影響的神經群體：Margulies, D. S., Vincent, J. L., Kelly, C., Lohmann, G., Uddin, L. Q., Biswal, B. Petrifies, M. (2009). Precuneus shares intrinsic functional architecture in humans and monkeys. *Proceedings of the National Academy of Sciences*, 106(47), 20069-20074.

and, de Waal, F. B. M., Leimgruber, K., & Greenberg, A. R. (2008). Giving is self-rewarding for monkeys. *Proceedings of the National Academy of Sciences*, 105(36), 13685-43689.

299　當實驗操縱者給更好的獎勵時：van Wolkenten, M., Brosnan, S. F., & de Waal, F. B. M. (2007). Inequity responses of monkeys modified by effort. *Proceedings of the National Academy of Sciences*, 104(47), 18854-48859.

299　領導的概念隨著文化和時代的演變各有不同：威爾許是通用的執行長，而科勒賀是西南航空的執行長。這兩人創造了兩種非常不同的企業文化。威爾許有一陣子被稱為「中子彈傑克」，因為他會粗魯地開除員工（把大樓清空，徒留員工站在那裡，現場如同被原子彈轟炸過一樣。）在五年內，他解雇了25%的員工。科勒賀則在他的員工間創造了友愛及有趣的氛圍；西南航空持續被財富雜誌評選為全美前五名的雇主之一。

299　在自由社會中，一名得力的領導者：United States Department of the Army. (2012). Army leadership, ADP 6-22. Washington, DC: United States Department of the Army, p. 1.

299　提出了一個更寬廣的定義：This incorporates a direct quote from Gardner, H. (2011). Leading minds: An anatomy of leadership. New York, NY: Basic Books.

300　領導者腦部不同區域間的電力活動有更強的整合：Harung, H. S., & Travis, F. (2012). Higher mind-brain development in successful leaders: Testing a unified theory of performance. Cognitive Processing, 13(2), 171-181. and, Harung, H., Travis, F., Blank, W., & Heaton, D. (2009). Higher development, brain integration, and excellence in leadership. Management Decision, 47(6), 872-894.

300 一款環境友善的豪華車款和一款中型跑車：Tschampa, D., & Rosemain, M. (2013, January 24). BMW to build sports car with Toyota in deeper partnership. Bloomberg News

300 「不良的領導者持續使用……」：United States Department of the Army. (2012). Army leadership, ADP 6-22. Washington, DC: United States Department of the Army, p. 3.

301 他們的任務指導手冊：United States Department of the Army. (2012). Mission command, ADP 6-0. Washington, DC: United States Depart-ment of the Army, p. 2.

301 信任的取得或喪失，均來自日常行為：Nearly a direct quote from United States Department of the Army. (2012). Mission command, ADP 6-0. Washington, DC: United States Department of the Army, p. 3.

302 提供一個明確簡潔的表達：Direct quote from United States Department of the Army. (2012). Mission command, ADP 6-0. Washington, DC: United States Department of the Army, p. 4.

302 「……所需的是更多願意……」：Weisbord, M. R. (2004). Productive workplace revisited: Dignity, meaning, and community in the 21st century. San Fran-cisco, CA: Jossey-Bass, p. xxi.

303 這歸功於托雷利和史卡拉第：Symphony. (2003). In Randel, D. M. (Ed.), The Harvard dictionary of musk. Cambridge, MA: The Belknap Press of Har-vard University Press.

303 他們能為自己的命運和人生負責：Ratter, J. B. (1954). Social learning and clin-ical psychology. Englewood Cliffs, NJ: Prentice Hall.

See also, Roark, M. H. (1978). The relationship of perception of chance in finding jobs to locus of control and to job search variables on the part of human resource agency personnel (Doctoral dissertation, Virginia Polytechnic University). Retrieved from Dissertation Abstracts International, 38, 2070A. (University Microfilms No. 78-18558).

304 這群人的學業表現較好：Whyte, C. B. (1977). High-risk col-lege freshman and locus of control. The Humanist Educator, 16(1), 2-5.

and, Whyte, C. B. (1978). Effective counseling methods for high-risk college freshmen. Measurement and Evaluation in Guidance, 10(4), 198-200.

See also, Altmann, H., & Arambasich, L. (1982). A study of locus of control with adult students. Canadian Journal of Counselling and Psychotherapy, 16(2), 97-101.

304 認為自己不能控制體重的女性，則對大尺碼模特兒有更多回應：Martin, B. A. S., Veer, E.,& Pervans, S. J.(2007). Self-referencing and consumer evaluation of larger-sized female modles: A weight locus of control perspective. Marketing Letters 18(3), 197-209.

304 因此更可能去相信諸如……：Lefcourt, H. M. (1966). Internal versus exter-nal control of reinforcement: A review. Psychological Bulletin, 65(4), 206-220, p. 206.

and, Moore, S. M., & Ohtsuka, K. (1999). Beliefs about control over gambling among young people, and their relation to problem gambling. Psychology of Addic-tive Behaviors, 13(4), 339-347, p. 339.

and, Rotter, J. B. (1966). Generalized expectancies for internal versus external control of reinforcement, Psychological Monographs: General and Applied, 80(1),1-28, p. 1.

304 艾格尼斯颶風中被摧毀的小型獨立店主：United States National Oceanic and Atmospheric Administration. (n.d.). Retrieved from http:// www.noaa.gov/

305 那些傾向外控且經歷到……：Anderson, C. R. (1977). Locus of control, coping behaviors, and performance in a stress setting: A longitudinal study. Journal of Applied Psychology, 62(4), 446-451.

305 一個人的控制源傾向可透過標準的心理測驗進行測量：Spector (1986) advises, "The most widely used instrument to measure locus of control is Rotter's (1966) Internal-External (I-E) scale, which consists of 23 locus of control and six filler items in a forced-choice format."

Rotter, J. B. (1966). Generalized expectancies for internal versus external control of reinforcement. Psychological Monographs: General and Applied, 80(1), 1-28, p. 1.

305　**擁有外在控制源的員工：** Spector, P. E. (1986). Perceived control by employees: A meta-analysis of studies concerning autonomy and participation at work. Human Relations, 39(11), 1005-1016.

305　**較高階的管理者：** 有文獻就CEO的控制源進行研究，有興趣的讀者可能想要參考：　Boone, C., & De Brabander, B. (1993). Generalized vs. specific locus of control expec-tancies of chief executive officers. Strategic Management Journal, 14(8), 619-625.

and, Boone, C., De Brabander, B., & Witteloostuijn, A. (1996). CEO locus of con-trol and small firm performance: An integrative framework and empirical test. Journal of Management Studies, 33(5), 667-700.

and, Miller, D., De Vries, M. F. R. K., & Toulouse, J-M. (1982). Top executive locus of control and its relationship to strategy-making, structure, and environment. Academy of Management Journal, 25(2), 237-253.

and, Nwachukwu, 0. C. (2011). CEO locus of control, strategic planning, differ-entiation, and small business performance: A test of a path analytic model. Journal of Applied Business Research (JABR), 11(4), 9-14.

305　**內控傾向者往往成就較高：** Benassi, V. A., Sweeney, P. D., & Dufour, C. L. (1988). Is there a relation between locus of control orientation and depression? Jour-nal of Abnormal Psychology, 97(3), 357.

305　**如同你可能預測到的，內控傾向者……：** Phares, E. J. (1976). Locus of control in personality. New York, NY: General Learning Press. and, Wolk, S., & DuCette, J. (1974). Intentional performance and incidental learning as a function of personality and task dimensions. Journal of Personality and Social Psychology, 29(1), 90-101,

305　**比起外控傾向者，內控傾向者服從性較低：** Crowne, D. P., & Liver-ant, S. (1963). Conformity under varying conditions of commitment. Journal of Abnormal and Social Psychology, 66(6),547-555.

305　**在接受具說服力的訊息後，也比較不會改變態度：** Hjelle, L. A., & Clouser, R. (1970). Susceptibility to attitude change as a function of internal-external control. *Psychological Record*, 20(3), 305-310.

305　**更有甚者，他們對於增強很敏感：** Spector, P. E. (1982). Behavior in organizations as a function of employee's locus of control. Psychological Bulktin, 91(3), 482-497.

See also, Wang, Q., Bowling, N. A., & Eschleman, K. J. (2010). A meta-analytic examination of work and general locus of control. *Journal of Applied Psychology*, 95(4), 761-768, p. 761.

305　**工作流程、……以及組織政策等等：** Spector, P. E. (1982). Behavior in organizations as a function of employee's locus of control. *Psychological Bulletin*, 91(3), 482-497,

305　**「……外控傾向者則因為順從度較高」：** Direct quote from Spector, P. E. (1982). Behavior in organizations as a function of employee's locus of control. *Psychological Bulletin*, 91(3), 482-497, p. 486.

306　**高度自主性的結合：** This, and the sentence that follows, are nearly direct quotes from p. 221 of Lonergan, J. M., & Maher, K. J. (2000). The relationship between job characteristics and workplace procrastination as moder-ated by locus of control. *journal of Social Behavior* 6, Personality, 15(5), 213-224.

306　**砂紙銷售員理查．德魯：** Kelley, T., & Littman, J. (2005). *The ten faces of innovation: IDEO's strategies for defeating the devil's advocate & driving creativity throughout your organization.* New York, NY: Doubleday.

306　**給外部控制源的員工規範較嚴謹的工作：** Lonergan, J. M., & Maher, K. J. (2000). The relationship between job characteristics and workplace procrastination as moderated by locus of control. *Journal of Social Behavior & Personality*, 15(5), 213-224.

306　**只提供員工淺薄的激勵：** Epley, N. (2014). *Mindwise: How we understand what others think, believe, feel, and want.* New York, NY: Alfred A. Knopf.

306　**以通用汽車在加州佛蒙特的汽車工廠為例：** Adler, P. S. (1993, January). Time-and-motion regained. *Harvard Business Review*, 71(1), 97-108.

and, Adler, P. S., & Cole, R. E. (1995). Designed for learning: A tale of two auto plants. *MIT Sloan Management Review* 34(3), 157-178.

and, Shook, J. (2010). How to change a culture: Lessons from NUMMI. *MIT Sloan Management Review*, 51(2), 42-51.

307　**員工對於自己的工作沒有主控權：** This is nearly a direct quote from Epley, N. (2014). *Mindwise: How we understand* *what others think, believe, feel, and want.* New York, NY: Alfred A. Knopf.

308　按照行事曆行事也有幫助：Currey, M. (2013). *Daily rituals: How great minds make time find inspiration, and get to work.* London, UK: Picador.

308　會議通常都是在浪費時間：Cuban, M. (n. d.) Quoted in 15 ways to be more productive. Inc.

308　巴菲特的行事曆幾乎是空的：Buffett, W. Quoted in Baer. D. (2013, June 11). Why some of the world's most productive people have empty schedules. Lifehacker, Retrieved from http://lifehacker.com/why-some-of-the-worlds-most-productive-people-have-ernp-512473783

308　紙類消耗量增加了：*The Economist.* (2012, April 3). Daily chart: I'm a lumberjack.

308　美國每年用掉7億噸的紙：United States Environmental Protection Agency. (n.d.). Frequent questions: How much paper do we use in the United States each year? Retrieved from http://www.epa.gov/osw/conserve/materials/paper/faqs.htmsources

308　這個數字需要六棵樹：*The Economist.* (2012, April 3). Daily chart: I'm a lumberjack.

308　書信複印器：現代辦公室開始成形於1870年代。那十年中見證了Gem公司發明金屬迴紋針、釘書機的發明以及數年後鋼珠筆、巴洛斯計算機以及橡膠日期戳章。Yates, op cit. 此外Yates提出：「美國大型鐵路公司在1850、60年代間發明了幾乎所有現代會計的基本技術、修正了財務會計並發明了資本及成本會計。」第8頁，另見Chandler, A. D., Jr. (1977). *The visible hand: The managerial revolution in American business.* Cambridge, MA: Belknap Press of Harvard University Press, p. 109.

309　松鼠能找到牠們好幾百顆松果的埋藏位置：Jacobs, L. F., & Liman, E. R. (1991). Grey squirrels remember the locations of buried nuts. *Animal Behaviour*, 41(1), 103-110.

309　第一次重大進步：Lenning, M. A. (1920). *Filing methods: A text book on the filing of commercial and governmental records.* Philadelphia, PA: T. C. Davis & Sons.

310　「……當要處理大量檔案時」：Yates, J. (1989). Control through communication: The rise of system in American management. Baltimore, MD: The Johns Hopkins University Press, p. 27.

310　類似於我們現在所使用的三孔活頁夾：This consisted of two arched metal rings that could be opened and closed, and that were typically built inside of a horizontal drawer (these were often Called Shannon files after a leading manufacturer of them).

311　我們今日使用的垂直式檔案夾：Legacy of leadership: Edwin G. Seibels. (1999). Retrieved from http://www.knowitall.orgilegacy/laureates/Edwin%20G.%20Seibels.ht ml

311　「識字且會買書的英國人……」：Gleick, J. (2011). *The Information: A history, a theory, a flood.* New York, NY: Vintage, p. 58.

312　「……給予合適的標籤並妥善執行……」：Linda, personal communication. November 16,2009.

314　第三冊這個主題分類檔案：This is adapted from the Penda-flex School. Esselte.com.

317　只要他們能找到所需的資料：這個資訊來自於作者對目前以及前任白宮員工的訪問，包括一名白宮前副秘書長，他們全都要求匿名，因為他們未獲授權代表白宮發言。

317　通訊辦公室主任麥克‧克勒赫：Kelleher, M. (2009, August 3). Letters to the President [Video file]. Retrieved from http://www.white ho us e.gov/blog/Letters-to -the-President

318　只要能在上司需要時找得到就可以了：這個資訊根據的是對三名白宮員工的訪問，他們要求匿名，因為他們並未獲授權代表公司發言。

320　「這裡的這疊是五年前的……」：Shepard, R., personal communication. February 18, 1998.

320　「沒錯，他的書桌很乾淨……」：Kahneman, D., *personal communication.* December 12, 2012, New York, NY.

320　乾淨和有組織不必然是同一件事：Allen, D. (2008). *Making it all work: Winning at the game of work and the business of life.* New York, NY: Penguin Books, p. 131.

321　「……在從一項任務轉換到另一項任務時」：Citing an interview on the PBS Television program Frontline. Yardley, W. (2013, November 10). Clifford Nass, who warned of a data deluge, dies at 55. The New York Times.

321 **我們全都希望自己能同時處理許多事情：**This paragraph is nearly a direct quote from Konnikova, M, (2012, December 16), The power of concentration. *The New York Times*, p. SR8.

See also, Konnikova, M. (2013). *Mastermind: How to think like Sherlock Holmes*. New York, NY: Penguin Books.

322 **許多管理者會強加如……：**PBS Frontline. (2010, February 2). Interview: Clifford Nass. Retrieved from http://www. pbs.org/wgbh/pages/frontline/ digitalnation/interviews/nass,html

322 **在我書寫本書時，每天會有一千三百個行動裝置專用的app發布：**Freierman, S. (2011, December 11). One million mobile apps, and counting at a fast pace. *The New York Times*.

and, Readwrite. (2013, January 7). Apple iOS App Store adding 20,000 apps a month, hits 40 billion downloads. Retrieved from http://readwrite.com/2013/01/ 07/apple-app -store- growing-by

322 **如果你處在一個壓力極大的環境下，……因此，Google在總部放置乒乓桌是有道理的：**John Kounios, quoted in Lehrer, J., (2008, July 28). The eureka hunt. The New Yorker, 40-45. Although there have been questions raised about Lehrer's scholarship, there is no evidence that the content and quotes in the article cited here are inacccurate. These two sentences are paraphrases of quotes from Lehrer's article.

See also: Lametti, D, (2012). Does the New Yorker give enough credit to its sources? Brow beat I Slate's culture blog. Slate. Retrieved from http://www.slate.com/

323 **企業總部設立了一個完整的健身房：**Somerville, H. (2013, May 12). Safeway CEO Steve Burd has legacy as a risk-taker. *San Jose Mercury News*.

323 **足夠的休閒和充電時間，能為雇主及員工都帶來利益：**

323 **加班兩小時才能完成正常工時一小時工時能完成的事：**Mar, J. (2013, May 3). 60-hour work week decreases productivity: Study. Retrieved from http://www.canada,com/

323 **十分鐘的小睡相等於晚上多睡一個半小時：**Brooks, A., & Lack, L. (2006). A brief afternoon nap following nocturnal sleep restriction: Which nap duration is most recuperative? *Sleep*, 29(6), 831-840.

and, Hayashi, M., Motoyoshi, N., & Hori, T. (2005). Recuperative power of a short daytime nap with or without stage 2 sleep. *Sleep*, 28(7), 829-836.

and, Smith-Coggins, R., Howard, S. K., Mac, D. T., Wang, C., Kwan, S., Rose-kind, M. R., . Gaba, D. M. (2006). Improving alertness and performance in emergency department physicians and nurses: The use of planned imps. *Annals of Emergency Medicine*, 48(5), 596-604.

323 **主管評價他們的表現進步了：**Schwartz, T. (2013, February 10). Relax! You'll be more productive. The New York Times, p. SRL

323 **現在大家都熟知的：**Crowley, S. (2013, November 11). Perks of the dot-corn culture [Video file]. Retrieved from http:// www.myfoxny.com/

323 **Deloitte鼓勵員工捐出時間：**CNN Money. (2013). Fortune: 100 best companies to work for. Retrieved from http:// money.cnn.com/

324 **模擬一項軍事演習：**Streufert, S., Suedfeld, P., & Driver, M. J. (1965). Conceptual structure, information search, and information utilization. Journal of Personality and Social Psychology, 2(5), 736.

See also, Streufert, S., & Driver, M. J. (1965). Conceptual structure, information load and perceptual complexity. *Psychonomic Science* 3(1), 249-250.

325 **根據最佳化資訊理論：**Streufert, S., & Schroder, H. M. (1965). Conceptual structure, environmental complexity and task performance. Journal of Experimental Research in Personality 1(2), 132-137.

325 **擁有更多資訊，反而會做出更差的選擇？：**Jacoby, J. (1977). Information load and decision quality: Some contested issues. Journal of Marketing Research, 14(4), 569-573.

and, Jacoby, J., Speller, D. E., & Berning, C. K. (1974). Brand choice behavior as a function of information load: Replication and extension. *Journal of Consumer Research*, 1(1), 33-42.

and, Jacoby, J., Speller, D. E., & Kohn, C. A. (1974). Brand choice behavior as a function of information load. *Journal of*

Marketing Research, 11(1), 63-69.

325 **購買住宅的決定**：Malhotra, N. K. (1982). Information load and consumer decision-making. *Journal of Consumer Research*, 8(4), 419-430.

325 **一次能被處理的資訊量參數最多大約……**：Aridly, D. (2000). Controlling the information flow: Effects on consumers' decision-making and preferences. *Journal of Consumer Research*, 27(2),.233-248.

326 **自己不在意也無法使用的資訊中**：Kahneman, D., Slovic, P., & Tversky, A. (Eds.). (1982). Judgment under uncertainty: Heuristics and biases. Cambridge, UK: Cambridge University Press.

326 **1940年代發展出信息理論**：Shannon, C. E. (1948). A mathematical theory of communication. *The Bell System Technical Journal*, 2Z 379-423, 623-656.

See also, Cover, T. M., & Thomas, J. A. (2006). Elements of information theory

(2nd ed.). New York, NY: Wiley-Interscience. and, Hartley, R. V. L. (1928). Transmission of information. *The Bell System Technical Journal*, 7(3), 535-563.

Pierce, J. R. (1980) *An introduction to information theory: Symbols, signals, and noise*, New York, NY: Dover Publications.

327 **傳輸了三百到三千三百赫茲**：Anderson, H., & Yull, S. (2002). BTEC nationals—IT practioners tutor resource pack. Oxford, UK: Newnes.

328 **棋盤是八個方格寬、八個方格長這兩個事實**：位元的計算仰賴程式設計師如何在演算法中分配資訊。這三種指示可能是：

> 形狀[方形]
> 尺寸[8]
> 著色[交替]

或者是

> 水平尺寸 [8]
> 垂直尺寸 [8]
> 著色[交替]

這兩個例子都需要三個指令，因此在二進位算術中，2位元（這讓1位元變成多餘的，因為2^2傳送了四則資訊）。

328 **製作一張擺滿棋盤所需的指示，最少要六十四則資訊**：這類組態可以用不到六十四則資訊來描述，像是一開始的組態可以用三十二則資訊來表示每一個棋子，再加上第三十三個指示指出所有方塊必須要是空的。

330 **信息理論可以應用到……**：在數學(拓樸學的分支)及電腦科學中，一套完全下行的分層企業組織表，被稱為有向非循環圖(DAG)。所有監管都是下行的DAG是非循環的，表示無論任何情況，圖表中沒有一個較下層的人會回過頭來監督較上層的人；的確，這是大多數公司運作的方式。然而，一張被畫來表示溝通架構而非回報架構的組織圖，會自然出現循環，用來表示下層的報告回到他們上級手上時的狀況。
見例：

Bang-Jensen, J., & Gutin, G. (2007). Digraphs: Theory, algorithms and applications. Berlin, Germany: Springer-Verlag. and, Christofides, N. (1975). *Graph theory: An algorithmic approach*. New York, NY: Academic Press, and, Harary, F, (1994). Graph theory. Reading, MA: Addison-Wesley.

330 **可以準確地以二位元的形式來具體說明**：此處顯示的組織圖可以用四個電腦指示，或是2位元來表示：

> 結構[標準樹]
> 每名監督者所監督的人數[3]
> 諸如這個的層級[4]
> 最後一層每名監督者所監督的人數 [>=50,<=100]

331 **需要使用與所擁有元素一樣多的位元來呈現**：Kolmogorov, A. N. (1968). Three approaches to the quantitative definition of information. *International Journal of Computer Mathematics* 2(1-4), 157-168.

and, Kolmogorov, A. (1963). On tables of random numbers. *Sankhyd: The Indian Journal of Statistics, Series* A 25(4), 369-375.

332　**能計算當中的結構（或組織）程度：**我首次得知這個觀念是在：Hellerman, L. (2006). Representations of living forms. Biology and Philosophy, 21, 537-552.

Hellerman用它來量化生物存在的量化程度。對他來說，一個組織化系統的主要特色包括了可辨性。也就是說，如果一個機體中有部分是可辨別的，就可以說它有較高的組織性。一個單細胞有機體有最小的組織性。

他提出了一個公式：

讓ni表示在當中的事物數量。

v 表示在資訊-理論中，結構程度的價值

lg 代表對數底2

然後v(n1, n2, …, nk)＝n1lg(n/n1)＋n2lg(n/n2)＋…＋nklg(n/nk)

一個各部分無差別的扁平式結構的組織價值是0。

完全垂直或完全水平架構會有同樣數量的資訊，因為{0,8}＝{8,0}。所以當樹架構良好時，組織會有帕雷托最優狀態。

334　**工作流程圖也可使用同樣方式來進行類似的分析：**Work flow chart taken from Cardoso, J. (2006). Approaches to compute workflow complexity. In F. Leymann, W. Reisig, S. R. Matte, & W. van der Aalst (Eds.), The role of business processes in service oriented architectures. IBFI: Schloss Dagstuhl, Germany.

335　**為了確保你能找到重要文件：**Merrill, D. C., & Martin, J. A. (2010). *Getting organized in the Google era: flow to get stuff out of yourhead, find it when you need it, and get it done right.* New York, NY: Crown Business.

335　**「當助理在我的行事曆上加入一場新會議時……」：**Merrill, D. C., & Martin, J. A. (2010). *Getting organized in the Google era: How to get stuff out of your head, find it when you need it, and get it done right.* New York, NY: Crown Business, p. 161.

336　**在書寫這本書時，全世界有90%的資料：**Pinheiro, E., Weber, W-D., & Barroso, L. A. (2007). Failure trends in a large disk drive population. Proceedings of the 5th USENIX Conference on File and Storage Technologies (FAST), Mountain View, CA. Retrieved from http://static.googleusercontent.com/media/research.google .com/enllarchive/disk_failures.pdf

336　**超過攝氏十五度的溫度變化就足以會讓毀損加倍：**Cole, G. (2000). Estimating drive reliability in desktop computers and consumer electronics systems. *Seagate Technology Paper* TP-338.1.

336　**硬碟毀損的機率：**Schroeder & Gibson found failure rates in real installations of up to 13% per year. Application of the binomial theorem yields a 50% probability of at least one failure within five years. Schroeder, B., & Gibson, G. A. (2007). Disk failures in the real world: What does an MTTF of 1,000,000 hours mean to you? Proceedings of the 5th USENIX Conference on File and Storage Technologies (FAST), *Mountain View*, CA. Retrieved from http://www.pdl.cmu.edu/ftp/Failure/failure-fast07.pdf

See also: He, Z., Yang, H., & Xie, M. (2012, October). Statistical modeling and analysis of hard disk drives (HDDs) failure. Institute of Electrical and Electronics Engineers APMRC, pp. 1-2.

336　**在兩年內遭受磁碟失效：**Vishwanath, K. V., & Nagappan, N. (2010). Characterizing cloud computing hardware reliability. In Proceedings of the 1st ACM symposium on cloud computing New York, NY: ACM (pp. 193-204).

337　**「……恐怕像除夕夜會撒的彩紙般分散各處」：**Boutin, P. (2013, December 12). An app that will never forget a file. *The New York Times*, p. B7.

第八章　帝國大廈有多重？未來心靈的資訊識讀教育

346　**這是根據一點也沒有比較不權威的……：**Sanger, L. (2004, December 31). Why Wikipedia must jettison its anti-elitism. ICuro5hin. Retrieved from http://www .kuro5hin.org

To Wikipedia's credit, it contains an article titled "Criticism of Wikipedia," although that piece is, perhaps understandably, biased toward Wikipedia.

Criticism of Wikipedia. (n.d.). In Wikipedia. Retrieved March 19,2014, from http://en.wikipedia,org/wiki/Criticism_of Wikipedia

347　吉米‧威爾斯曾說，專家⋯⋯：User: Jimbo Wales. (n.d.). In Wikipedia. Retrieved June 30, 2013, from http://enmikipedia.org/wiki/User:jimbo_Wales

347　「一名專家為什麼要把他的寶貴時間貢獻在⋯⋯」：Dharma. (December 30, 2004). Comment on Sanger, L. (2004, December 31). Why Wikipedia must jettison its anti-elitism [Online forum comment]. Retrieved from http://www.kuro5hin.org

349-350　這一切都始自《星際大戰》粉絲誌：Jenkins, H. (1992). Textual poachers: Television fans and participatory culture. New York, NY: Routledge. and, Schulz, N. (n.d,). Fan fiction—TV viewers have it their way: Year in review 2001. In Encyclopedia Britannica online.

350　當音樂人比爾‧葛拉罕開始籌辦搖滾音樂會：Graham, B., personal communication. October, 1983, San Francisco, CA.

350　如同此處詳列的，維基百科的免費信仰⋯⋯：由於有這些問題，你可能會想有人應該要創辦一個聘用專業編輯及專家作者的網站來對抗維基百科。真的有人這麼做了，他的名字是Larry Sanger，那個網站叫Citizendium。不幸的是，它無法趕上維基百科，似乎一直費力掙扎。

351　華盛頓特區史密桑尼學會美國藝術博物館：Cohen, P. (2013, July 27). Museum welcomes Wikipedia editors. *The New York Times*, p. Cl.

351-352　如同《紐約客》散文作家⋯⋯：Gopnik, A. (2013, May). Commencement address at McGill University, Montreal, QC.

352　要記住，井然有序且負責任：Friedman, H. S., Tucker, J. S., Schwartz, J. E., Martin, L. R., Tomlinson-Keasey, C., Wingard, D. L., & Criqui, M. H. (1995). Childhood conscientiousness and longevity: Health behaviors and cause of death. *Journal of Personality and Social Psychology*, 68(4), 696-703.

and, Friedman, H. S., Tucker, J. S., Tomlinson-Keasey, C., Schwartz, J. E., Wingard, D. L., & Criqui, M. H. (1993). Does childhood personality predict longevity? *Journal of Personality and Social Psychology*, 65(1), 176-185.

352　與過去的時代相比，成為有組織的人在此時更為重要：Goldberg, L. R., personal communication. May 13,2013.

and, Gurven, M., von Rueden, C., Massenkoff, M., Kaplan, H., & Lero Vie, M. (2013). How universal is the Big Five? Testing the five-factor model of personality variation among forager-farmers in the Bolivian Amazon. *Journal of Personality and Social Psychology*, 104(2), 354-370.

352　造成這些困難的有兩個原因：Beckman, M. (2004). Crime, culpability, and the adolescent brain. *Science*, 305(5684), 396-599.

and, Giedd, J. N., Blumenthal, J., Jeffries, N. 0., Castellanos, F. X., Liu, H., Zijdenbos, A., ... Rapoport, J. L. (1999). Brain development during childhood and adolescence: A longitudinal MRI study. *Nature Neuroscience*, 2(10), 861-863.

and, Sowell, E. R., Thompson, P. M., & Toga, A. W. (2004). Mapping changes in the human cortex throughout the span of life. *The Neuroscientist*, 10(4), 372-392.

and, Steinberg, L. (2004). Risk taking in adolescence: What changes, and why? *Annals of the New York Academy of Sciences*, 1021(1), 51-58.

353　「吃掉那隻青蛙。早上就第一個把那件討厭的事做完⋯⋯」：Eberts, A., personal communication. November 26, 2013, Montreal, QC.

355　「社群媒體不是新聞⋯⋯」：Keller, B. (2013, November 4). It's the golden age of news. *The New York Times*, p. A25. [Emphasis mine.]

355　一個新聞報導中這類意識型態偏見：Vallone, R. P., Ross, L., & Lepper, M. R. (1985). The hostile media phenomenon: Biased perception and perceptions of media bias in coverage of the Beirut Massacre. *Journal of Personality and Social Psychology*, 49(3), 577-585.

356　**亞里斯多德、西塞羅、約瑟夫斯和佩脫拉克都曾因此指責他：** Murray, O. (1972). Herodotus and Hellenistic culture. *The Classical Quarterly*, 22(2), 200-213.

and, Sparks, K. L. (Ed.). (1998). Ethnicity and identity in ancient Israel: Prolegomena to the study of ethnic sentiments and their expression in the Hebrew Bible. War-saw, IN: Eisenbrauns.

Although for an alternative view see Lateiner, D. (1989). The historical method of Herodotus (Vol. 23). Toronto., ON: University of Toronto Press

356　**偏見會以許多形式存在：** Nelson, R. A. (2003). Tracking propaganda to the source: Tools for analyzing media bias. *Global Media Journal*, 2(3), Article 9.

356　**圖書館員和其他資訊專家：** Georgetown University. (2014). Evaluating Internet resources. Retrieved from http://www.library.georgetown.eclu /tutorials/research-guides/evaluating-internet-content and, University of California, Berkeley. (2012, August 5). Evaluating web pages: Techniques to apply and questions to ask. Retrieved from http://www.lib.berkeley.edu/TeachingLib/Guides/Internet/Evaluate.html

357　**美國太空總署所準備的指南：** NASA. (n.d.). Evaluating and validating information sources, including web sites. Retrieved from http://wiki.nasa.gov/federal-knowledge-management-working-group-kmwg/wiki/home/z-archives-legacy-content/federal-cio-council-where-technology-meets-human-creativity-2002/f-information-literacy/f-5-tutorial-evaluating-information/f-5c-tutorial -evaluating-and-validating-information-sources-including-web-sites/

357　**這網頁只是一種意見分享……，可能被扭曲誇大了嗎？：** 直接引自http://www.lib.berkeley.edu/TeachingLib/Guides/Internet/Evaluate.html Accessed July 16, 2013

網路的本質是任何人都能夠從一個網站上拷貝一篇文章，再把它貼到另一篇上。一篇被重貼過的文章，可能會在搜尋引擎上顯示為新，因為它在特定網站上是新的，而不是新出於這個世界的。舊且過時的資訊能夠輕易偽裝成新資訊。在網站上，日期的顯示並不總是非常明顯，所以很容易就遇到舊且過時的新聞。你可能會找到過時、被刪除或不適用於你感興趣那年，而是不同一年的數據。重貼文有時會在過程中更動關鍵資訊；不要認為那個內容被重貼時未經更動。

幫助辨別更動過文章的一項工具是The Wayback Machine (以此命名向Jay Ward在1950和60年代的卡通致敬)。The Wayback包含了不同時間點對全球網站的快照截圖，這個資料庫不是連續的，它並在不固定的間隔拍攝快照，但它在進行研究以及檢視網站過去樣貌如何，以驗證資訊有效性時很有用。www.http://webarchive.org。與Wayback有關的還有當網站內容改變時提醒你的服務，像是：http://www.watchthatpage.com/。

這個網頁的網域為何？與西部電影中的西部一樣，鎮上有所謂的好區和混亂區之分。可透過縮寫看出官方及經證明為真實的政府網站的特殊網域：.gov是美國政府 (聯邦、各州以及地方)、.gc.ca代表加拿大、.gov.uk 代表大英帝國 (中央及地方)。其他官方縮寫包括 .mil (美國軍方)。在美國的 .gov網域之下又可細分。每一州有其次級或子網名 (像是 .colorado.gov 和 .nebraska.gov)，有些城市 (像是. nyc.gov、burlingtonvt.gov)和公立學校 (加州學區西敏區是wsd.k12.ca.us、達拉斯縣公立學校是dallascountytexas.us)。為了要讓事情更複雜，有些官方政府網站使用讓它更難被驗證的網域，像是佛羅里達 (www.StateOfFlorida.com)、布洛沃縣Broward County (www.broward.org)，和芝加哥市 (www.cityofchicago.org)及麥迪遜市 (www.cityofmadison.com)。在這些案例中，你無法仰賴網域名稱來核實這個網站，下面描述了其他辦法。

所有被承認的美國大專院校都能申請 .edu的網域。這是根據美國商業部的一份協議而來，由一個名為Educause的非營利組織所管理。這個系統並不完美，一些學店和其他不夠格的機構也利用漏洞申請了。["Diploma Mills and Accreditation – Diploma Mills". U.S. Department of Education. http://www2.ed.gov/students/prep/college/diplomamills/diploma-mills.html December 23, 2009. Retrieved July 18, 2013.]

最為人所知的網域可能是 .com (商業用)，美國公司及一些國際性公司的官網一般是使用這個。要證實這種網站的身分很簡單。如果你想要關於一項藥物的製造商資訊，Pfizer.com是這間公司的網站，Pfizer.info 則可能是也可能不是。仔細看URL網址。www.ChaseBank.verify.com和 www.Microsoft.Software.com都不是這些公司的官

方網站，雖然它們的網域中都把這些公司的名稱寫上了，重要的是 .com 前面的公司名 (在這個例子中，verify. com和Isoftware.com是網站提供者，根本與微軟及大通銀行什麼關係也沒有)。

不同的國家有其各別的網域，在許多例子中，它們被用在任何創始於這個國家中的公、私人網站。[http:// www.domainit.com/domains/country-domains.mhtml]. 當中包括 .ch (瑞士)、.cn (中國)、.de (德國)、.fr (法國) 和 .jp (日本)。這些可以進行進一步分類，像是 .ac.uk 和 .ac.jp代表學術機構，另外還有一看便明白的 .judiciary.uk、.parliament.uk和.police.uk。

這個網站來自那個網域，它是否合適做為資料來源呢？IRS.com和InternalRevenue.com不是美國政府的官方網站，因為它們並沒有 .gov 的縮寫 (雖然IRS.com看起來像是個官方單位)。騙子很容易就能偽造一個看起來像是官方單位的網頁。

很容易就可以透過networksolutions.com取得一個網站註冊使用者的資訊。舉例來說，如果你以Ford.com為關鍵字尋找，你會得到下列顯示網站所有者的資訊：

Ford Motor Company

20600 Rotunda Drive ECC Building

Dearborn MI 48121

US

dnsmgr@FORD.COM +1.3133903476 Fax: +1.3133905011

這似乎是真實的福特汽車公司 (你可以使用搜尋引擎以地址來進行驗證)。(也可能駭客佔領了Ford.com，然後填上了假資訊。常識於此處佔優勢；如果內容看起來很快，試著透過傳統方式連繫這間公司、把你的觀察貼到社交網站上，或就先等等。該公司的技術人員一般會在幾小時或幾天內把問題修復。)

這是那個人的個人網頁，還是一個專業組織的網頁呢？如果一個網頁看起來陌生，你要自己和背後的人熟悉一下。尋找「關於我們」之類或任何能夠顯示憑證以及為該網站負責組織相關哲學與政治觀點的聯結。此處出現了專精以及偏見的議題。作者擁有相關憑證或專業，夠格就此主題進行書寫嗎？一個反對壓裂的宗教組織，可能沒有討論環境和工程考量的技術專業；美國咖啡進口協會可能不會就綠茶的。名聲好的網頁可連到這個頁面嗎？你可以使用Alexa.com 來尋找，把你感興趣網頁的網址輸到Alexa的搜尋區，或把URL放在你的搜尋引擎上，前面再加上Alexa。它會秀出與你輸入URL有關的頁面。你也可以透過選擇僅顯示來自特定網域，像是.edu 或 .gov來限制搜尋結果。所以，舉例來說，如果你只想看看與美國擊劍協會 (www.usfa.org) 有關的政府相關連結，你就打上：link:usfencing.org site:.gov

357 **偽學術橫行的平行世界中，付點錢……**：Kolata, G. (2013, April 8). Scientific articles accepted (personal checks, too). *The New York Times*, p. Al.

357 **「大多數人不瞭解期刊論文的世界……」**：Quoted in Kolata, G. (2013, April 8). Scientific articles accepted (personal checks, too). *The New York Times*, p. Al.

357 **「掠奪性開放期刊」**：Beall, J. (2012). Predatory publishers are corrupt-ing open access. *Nature*, 489(7415), 179. and, Scholarly Open Access. (n.d.). Beall's list: Potential, possible, or probably predatory scholarly open-access publishers. Retrieved from http://scholarlyoa.com /publishers/

357 **「1995年由一群藥劑師創立……」**：RxList. (2013, November 20). About RxList. Retrieved from http://www.rxlist. com/script/main/art.asp?articlekey=64467

358 **根據Alexa**：This is only as of this writing, and Alexa's contents will no doubt have changed by the time this book is published. Alexa. (n.d.). How popular is rxlist.com? Retrieved from http://www.alexa.coin/siteinfo/rxlist.comtrafficstats

358 **當你點開連結**：rainbow05 (U14629301). (2010, October 26). Morphine! Butrans patches [Online forum comment]. Retrieved March 30, 2014, from http:// www.bbc.co.uk/ouchimessageboards/NF2322273?thread=7841114

358 **透過Google搜尋與RxList.com相關的.gov網站**：Search term used was link:.rxlist.com site.gov.

358 **在最前面幾個排位的搜尋結果中**：Graham, D. (1996, December). Scientific cybernauts: Tips for clinical medicine

resources on the Internet. Retrieved from http://! www.nih.govicatalyst/back/96.11/cybernaut.html

362　**這筆錢至今仍存在代管帳戶中：** PFreeThinker. (2012, May 23). James Randi and the one million dollar paranormal challenge [Video file]. Retrieved from http:// www.youtube.corn/watch?v-4Ja6ronAWsY

and, James Randi Educational Foundation. (2014). One million dollar paranor-mal challenge. Retrieved from http://www. randi.org/site/index.php/lm-challenge .html

and, The Skeptic's Dictionary. (2013, December 29). Randi $1,000,000 paranor-mal challenge. Retrieved from http:// skepdic.com/randi.html

362　**「如果超能力存在，它們也太調皮了……」：** Ross, L., personal communication. February, 1991.

362　**較長的壽命：** Thomas, D. R. (2006). Vitamins in aging, health, and longev-ity. *Clinical Interventions in Aging*, 1(1), 81-91.

363　**（碰巧綜合維他命與較長壽命之間相關的證據……）：** Ebbing, M., & Yollset, S. E. (2013). Long-term supplementation with multivitamins and minerals did not improve male US physicians' cardiovascular health or prolong their lives. *Evidence Based Medicine*, 18(6), 218-219.

363　**海盜數量減少，是全球暖化造成的：** Open letter to Kansas school board. Chart: Global average temperature vs. number of pirates. (n.d.). Retrieved from http:// www.venganza.org/about/open-letter/

365　**90%的肺癌患者都曾是吸菸者：** Centers for Disease Control and Pre-vention. (2013, November 21). Lung cancer, Retrieved from http://www.cdc.gov /cancer/lung/hasic_info/risk_factors.htm

365　**香菸中的有毒化學物質會傷害肺部組織：** Centers for Disease Control and Pre-vention. (2013, November 21). Lung cancer. Retrieved from http://www.cdc.gov /cancer/lung/basic_info/risk_factors.htm

365　**特定的個性傾向會讓人選擇去抽菸：** Eysenck, H. J. (1988). Personality, stress and cancer: Prediction and prophylaxis. *British Journal of Medical Psychology*, 61(1), 57-75,

and, Eysenck, H. J., Grossarth-Maticek, R., &Everitt, B. (1991). Personality, stress, smoking, and genetic predisposition as synergistic risk factors for cancer and coro-nary heart disease. *Integrative Physiological and Behavioral Science*, 26(4), 309-322.

365　**丹佛郊區的兒童白血病發病率，與美國其他地區相比高出好幾倍：** Fulton, J. P., Cobb, S., Preble, L., Leone, L., & Forman, E. (1980). Electrical wiring configurations and childhood leukemia in Rhode Island. *American Journal of Epidemiology*, 111(3), 292-296.

and, Savitz, D. A., Pearce, N. E., & Poole, C. (1989). Methodological issues in the epidemiology of electromagnetic fields and cancer. *Epidemiologic Reviews*, 11(1), 59-78.

and, Wertheimer, N., & Leeper, E. D. (1982). Adult cancer related to electrical wires near the home. *International Journal of Epidemiology*, 11(4), 345-355.

366　**富含omega-3脂肪酸的魚油：** Kris-Etherton, P. M., Harris, W. S., & Appel, L. J. (2002). AHA scientific statement: Fish consumption, fish oil, omega-3 fatty acids, and cardiovascular disease. *Circulation*, 106(21), 2747-2757.

366　**魚油的效力：** Kromhout, D., Yasuda, S., Geleijnse, J. M., & Shimokawa, H. (2012). Fish oil and omega-3 fatty acids in cardiovascular disease: Do they really work? *European Heart Journal*, 33(4), 436-443.

366　**2013年夏天，一項新研究：** Brasky, T. M., Darke, A. K, Song, X., Tangen, C. M., Goodman, P. J., Thompson, I. M., . Kristal, A. R. (2013). Plasma phospholipid fatty acids and prostate cancer risk in the SELECT trial. *Journal of the National Cancer Institute*, 105(15), 1132-1141.

366　**營運一個販賣omega-3膠囊的網站：** Dr. Hyman. (n.d.). Search results: Omega 3. Retrieved from http://store.drhyman. com/Store/Search?Terms-omega+3

366　**他對血液樣本被分析的方式提出擔憂：** Hyman, M. (2013, July 26). Can fish oil cause prostate cancer? ffluffington Post. Retrieved from http://www.huffingtonpost .corn/dr-mark-hyman/omega-3s-prostate-cancer_b_3659735.html

367　**附帶一提，美國心臟協會：** American Heart Association. (n.d.). Fish 101. Retrieved from http://www.heart.org/

367　**大豆還能預防攝護腺癌：** Yan, L., & Spitznagel, E. L. (2009). Soy consumption and prostate cancer risk in men: A revisit of a meta-analysis. *The American Journal of Clinical Nutrition* 89(4), 1155-1163.

367　減少攝護腺癌的復發：Bosland, M. C., Kato, I., Zeleniuch-Jacquotte, A., Schmoll, J., Rueter, E. E., Melamed, J., Davies, J. A. (2013). Effect of soy protein isolate supplementation on biochemical recurrence of prostate cancer after radical prostatectomy. *JAMA*, 310(2), 170-178.

367　然而，我們還是得做出一個選擇：批判性思考的另一個面向問道：這則資訊看似有理嗎？

1984年，來自中西部的業餘無名音樂人Fred Sanford控告CBS唱片，聲稱Michael Jackson/Paul McCartney的流行金曲"The Girl Is Mine"剽竊自他的作品。兩名我們這個時代最多產也最成功的音樂人會剽竊他人，這件事的可信度有多大？又或者是這名完全名不見經傳、沒有出過唱片的業餘音樂人，會寫出全世界名曲的可信度有多高呢？Michael Jackson曾聽過Sanford歌曲的可信度又有多高？這些問題當中任一個都令人難以相信，而三者要都發生似乎非常不可能。這並不證明"The Girl Is Mine"不是抄襲之作，但重要的是要衡量事實，考量它們的機率及可能性。Sanford打輸了他的官司。

可信度取決於脈絡。如果一件珍貴並保了高額保險的珠寶從某個人家消失了，她聲稱「有人把它偷走了」，這似乎很難令人相信，特別是如果她背了巨額債務、家中沒有強盜入侵的跡象，且住家保全裝置沒有任何未經許可就進入的證據的話，就更是如此。

保守立法者擔心，未婚媽媽生下寶寶都是為了要領用政府所提供的現金補貼。一篇報導刊登一條停止這項福利的法律通過後，在六個月的期間，生育率明顯下跌。這則報導的本身似乎可信，出生率因特定幾個因素上升或下跌，但這個因為法律通過所以出生率下降的暗示，很難令人信服，因為懷胎需要九個月的時間。

368　根據NBA的資料，俠客歐尼爾的身高是二百一十三公分：NBA. (n.d.). Shaquille O'Neal. Retrieved from http://stats.nba.com/playerProfile.htrnl?PlayerID=406 The tallest NBA players in history were Manute Bol and Gheorghe Mure § an at seven feet seven inches. Brown, D. H. (2007). A basketball handbook. Bloomington, IN: Author House, p. 20.

371　過去十年來，當Google進行工作面試時：Carlson, N. (2009, November 5). Answers to 15 Google interview questions that will make you feel stupid. *Business Insider*.

and, Fateman, R., professor of Computer Sciencef EECS (retired), University of California at Berkeley, *personal communication*. January 13, 2013.

371　帝國大廈的重量為何？：Carlson, N. (2009, November 5) Answers to 15 Google interview questions that will make you feel stupid. *Business Insider*.

and, Fateman, R., Professor of Computer Science/EECS (retired), University of California at Berkeley, *personal communication*. January 13, 2013.

377　一立方英呎的木頭大約五十磅重：A cubic foot of maple wood actually weighs 44 pounds—well within an order of magnitude of this estimate. Reade Advanced Materials. (2006, January 11), Weight per cubic foot and specific gravity. Retrieved from http://www.reade.com/Particle_Briefings/spec_gra2.html

377　鋼鐵大概是這個的十倍重：A cubic foot of steel weighs about 490 pounds. Reade Advanced Materials, (2006, January 11). Weight per cubic foot and specific gravity. Retrieved from http://www,reade.com/Particle_Briefings/spec _gra2.html

378　提供了它們的重量估計值，結果是三十六萬五千噸：esbnyc.com, the official site of the Empire State Building.

379　「……建築的重量是所有送來建造大樓的材料的重量總和」：Anonymous, *personal communication*. April 6, 2012.

380　描述了進行的一次這種遊戲：Ackerman, D. (2012). *One hundred names for love*. New York, NY: W. W. Norton & Company, pp. 82-83.

380　「當你犯錯時，要對自己說『真有趣！』……」：Zander, B., *personal communication*. July 25, 2013.

381　學生必須扮演主動角色：American Library Association, Association of College & Research Librarians. (1989). Presidential committee on information literacy: Final report. Retrieved from www.ala.org/ala/mgrps/divs /acrlipublications/ whitepapers/presidential.cfm

See also, Mackey, T. P., & Jacobson, T. E. (2011). Refraining information literacy as metaliteracy. *College & Research Libraries*, 72(1), 62-78.

381 「……『知道』是其他替代信仰缺席的表示」：Kahneman, D., personal communication. July 10, 2013, Stanford, CA.

382 艾瑞克・馬祖爾在他的著作：Peer Instruction Mazur, E. (1996). *Peer instruction: A user's manual.* New York, NY: Pearson.

383 這樣快速呈現的電視節目和電動遊戲捕捉……：This is a direct quote from Lillard, A. S., & Peterson, J. (2011). The immediate impact of different types of television on young children's executive function. Pediatrics, 128(4), 644-649. Retrieved from http:// pediatrics. aappublications .org/content/early/2011/09/08/peds. 2010 -1919.full .pdf +html

383 **vs.慢步調的公視卡通卡利歐**：Tanner, L. (2011, December 9). SpongeBob SquarePants causes attention problems: Study. Huffington Post. Retrieved from http://www.huffingtonpost.com/

383 **第二，海綿寶寶是為六到十一歲兒童設計的節目**：This is pointed out by Nickelodeon spokesperson David Bittler, quoted in: Tanner, L. (2011, December 9). SpongeBob SquarePants causes attention prob-lems: Study, Huffington Post. Retrieved from http://www.huffingtonpost.com/

第九章　雜物抽屜的力量：保持分類的彈性

385 **組織化會給我們一些沒有條理的自由**：Merrill, D. C., & Martin, J. A. (2011). *Getting organized in the Google era: How to stay efficient, productive (and sane) in an information-saturated world.* New York, NY: Random House.

386 **美國州際高速公路系統**：Office of Highway Policy Information (2011). Table ISM-20: Public Road Length-2010 (Report). U. S. Department of Transportation, Federal Highway Administration.

386 **偶數公路數字由南到北增加**：這與舊的美國高速公路系統相反，因此讓許多人感到混淆。人類互動設計的一個基本原則是，如果存在著一個標準，就應該使用它。Norman, D. A. (2013). *The design of everyday things.* New York, NY: Basic Books.

387 **在紐約州，I-87是主要的南北向公路**：This map is taken from Wikipedia and is in the public domain; http:// en.wikipedia.org/wiki/Inter state_Highway Systemcite note-hm20-2 Permission is explicitly granted by the creator, Stratosphere, for reuse. http://en.wikipedia.org/wiki/File:FHWA_Auxil iary Route_Numbering_Diagram.svg

387 **元素週期表**：The Periodic Table image is retrieved from http:// 0.tqn.com/d/chemistry/1/0/11W/periodictable.jpg and tagged as "Public Domain—Free to Use" by Bing.

387 **有類似物理特性的元素**：在這張表第六和第七行，就在銀和鑭的右邊，這張表的結構破裂了。在縱列三並不是存在著單一元素，而是有十五個元素 (分別) 擠在第四縱列的 和鑭之前。表格越往上，原子變得越大越重。而當它們達到特定低的關鍵尺寸及重量時，在銀元素 (原子量＝56) 附近電子層被填滿的方式越來越不穩定，所以一個增加電子，軌道的新系統變得必要。換句話說，表格上明顯的不連貫之所以出現，是做為這個元素子集裡，電子軌道被填滿的方式。以這個方式將它們分類在一起，能進一步得到合理辨識，因為這些元素彼此有很大的化學相似性。第六行受擠壓的元素被稱為鑭系元素 (稀土元素)，而第七行的受擠壓元素則稱為錒系元素 (放射金屬)。

很感謝Dr. Mary Ann White進行這番解釋 (私人互動溝通，November 16, 2013)。

389 **一個熟悉的名字和一張新面孔**：記住名字有些困難，在於不大可能有無限的名字組合這個事實，但是卻幾乎有無限的面孔，而我們並沒有非常好的方法可以描述和記憶它們。臉孔的記憶傾向更為整體勝過基於特徵。假如被要求描述一張特別的臉孔，你可能會說：「他有個朝天鼻，臉頰有酒窩，和很淡的眉毛。」但是你不大可能單單從記憶中抽取這部分記憶，相反的，你可能會整體性地描繪出這張臉，然後嘗試視覺化其上的特徵。

390 **如果你遇到一名叫做艾迪兒的人**：記住人名的基本技巧，是從希臘人開始的，他們廣泛地寫下關於記憶的事情。他們必須如此，因為大量的古代知識透過口頭傳述。

390 **約翰・藍儂在一次訪問中回想起**：Sheff, D. (2000). All we are saying: The last major interview with John Lennon and Yoko Ono. New York, NY: St. Martin's Press.

390 **在夢中**：James Watson. (2005, February). James Watson: How we discovered DNA [Video file]. Retrieved from http://www.ted.com/talks/james_watson_on_howhe_discovered_dna

and, Kaempffert, W. (Ed.), (1924), *A popular history of American invention* (Vol. 2). New York, NY: Scribner's Sons.

390 **尼采三冊《查拉圖斯特拉如是說》**：Cybulska, E. M. (2000). The madness of Nietzsche: A misdiagnosis of the millennium? *British Journal of Hospital Medicine*, 61(8), 571-575.

390 **「每位作家都想知道小說的靈感從何處尋得」**：Robinson, M. (2013, November 17). The believer. Review of A Prayer Journal by F. O'Connor. *The New York Times Book Review*, p. 11.

391 **「我從未寫過這首曲子。」**：Hospers, J, (1985). Artistic creativity. *The Journal of Aesthetics and Art Criticism*, 43(3), 243-255.

391 **利用中央注意力執行模式來解決問題**：Claxton, G. (1999). *Hare brain, tortoise mind: How intelligence increases when you think less*. New York, NY: Harper Perennial.

and, Gediman, P., & Zaleski, J. (1999, January, 11). [Review of the book Hare brain, tortoise mind: How intelligence increases when you think less by Guy Claxton]. *Publisher's Weekly*, 246(2), p. 63.

391 **所有位元都長得一樣**：在寫完這句後，我發現同樣的句子"all bits are created equal"出自Gleick, J. (2011). *The information: A history, a theory, a flood*. New York, NY: Vintage.

391 **資訊本身開始與其意義分離**：Gleick 寫道：「資訊與意義分開了。」他引用了科技哲學家Lewis Mumford 1970 年所寫的：「不幸的是，『資訊提取』無論如何快速，都無法取代個人直接檢測知識中的發現，那是人們可能並未覺察到，並會進一步依自己步調不斷延伸閱讀所進行累積的。」 Gleick, J. (2011). *The information: A history, a theory, a flood*. New York, NY: Vintage.

392 **「媒介有其重要性……」**：Carr, N. (2010). *The shallows: What the internet is doing to our brains*. New York, NY: W. W. Norton & Company.

392 **「太多資訊了，而當中有許多已經遺佚」**：Gleick, J. (2011). *The information: A history, a theory, a flood*. New York, NY: Vintage.

394-395 **「最偉大的科學家也是藝術家」**：Calaprice, A. (Ed.). (2000). The expanded quotable *Einstein*. Princeton, NJ: Princeton University Press, p. 245. and, Root-Bernstein, M., & Root-Bernstein, R. (2010, March 31). Einstein on creative thinking: Music and the intuitive art of scientific imagination. *Psychology Today*.

395 **「當我進入英特爾時……」**：Otellini, P., *personal communication*. July, 2013.

397 **一則Reddit上的文章**：Baez, J. (2013, September 29). Levels of excellence [Weblog]. Retrieved from http://johncarlosbaez.wordpress.com/2013/09/29/levels-of-excellence/

插圖目錄

第 288 頁 © 2014 Daniel J. Levitin,

第 289 頁 © 2014 Daniel J. Levitin.

第 330 頁 © 2014 Daniel J. Levitin.

第 331 頁 © 2014 Daniel J. Levitin.

第 387 頁 Illustration by Wikipedia user Stratosphere. Used by permission.

第 388 頁 Illustration by Wikipedia user DePiep user DePiep. Used by permission.

鷹之喙 05

過載：
洞察大腦決策的運作，重整過度負荷的心智和人生
The Organized Mind：Thinking Straight in the Age of Information Overload

作　　　者　丹尼爾・列維廷 Daniel J. Levitin
譯　　　者　黃珮玲、謝雯仔

總　編　輯　成怡夏
責 任 編 輯　成怡夏
行 銷 總 監　蔡慧華
封 面 設 計　莊謹銘
內 頁 排 版　宸遠彩藝

出　　　版　遠足文化事業股份有限公司 鷹出版
發　　　行　遠足文化事業股份有限公司（讀書共和國出版集團）
　　　　　　231 新北市新店區民權路 108 之 2 號 9 樓
客 服 信 箱　gusa0601@gmail.com
電　　　話　02-22181417
傳　　　真　02-86611891
客 服 專 線　0800-221029

法 律 顧 問　華洋法律事務所 蘇文生律師
印　　　刷　成陽印刷股份有限公司

初　　　版　2024 年 1 月
定　　　價　600 元

I S B N　　978-626-7255-24-7
　　　　　　9786267255254（PDF）
　　　　　　978626725526（EPUB）

國家圖書館出版品預行編目 (CIP) 資料

過載：洞察大腦決策的運作，重整過度負荷的心智和人生 / 丹尼爾．列維廷 (Daniel J.
Levitin) 作；黃珮玲，謝雯仔譯. -- 初版. -- 新北市：遠足文化事業股份有限公司鷹出
版：遠足文化事業股份有限公司發行, 2024.01
　　面；　公分 . -- (鷹之喙；5)
譯自：The organized mind : thinking straight in the age of information overload.
ISBN 978-626-7255-24-7(平裝)

1. 認知心理學

176.3